CLOSE UP
top city

9개국 50코스

홍콩 · 마카오 · 일본 · 대만 · 싱가포르 · 태국 · 필리핀 · 베트남 · 캄보디아

유재우 · 손미경 지음

저자 소개

유재우 Yu Jae Woo

My Story

만세! 드.디.어. 끝입니다! 끝이 보이지 않는 기나긴 터널에서 마침내 탈출한 기분이라고나 할까요? 이 책을 처음 구상한 때는 4년 전인 2010년. '인생 40주년 기념 스페셜 이벤트'로 계획한 '베트남→캄보디아→방콕'의 한 달짜리 배낭여행이 바로 이 책의 모태가 됐죠. 예산은 최대한 '배낭여행스럽게' 항공료 포함 120만 원! 그리 넉넉한 비용은 아니었지만 1995년 유라시아 대륙 횡단 여행 당시 8개월 동안 420만 원을 썼던 것에 비하면 그야말로 초호화판으로 업그레이드된(?) 여행이었죠. 그리고 한국에 돌아와 그간의 여행 경험을 바탕으로 100만 원 미만으로 여행 가능한 도시와 루트를 다루는 가이드북을 만들기 시작했습니다. 하지만 아.뿔.싸. 뚜껑을 열고 보니 어쩌다 이런 고행의 길을 자초한 것인지 OTL…. 본격적인 취재가 시작된 2012~2013년에는 달이면 달마다 비행기를 타고 날이면 날마다 이역만리 타향을 제집마냥 들락거리는 떠돌이 생활을 해야 했습니다. 지난 20여 년간 십여 권의 가이드북을 만들며 웬만큼 단련된 몸이라 생각했는데, 이번만큼 길고 다사다난했던 취재는 없었다는 생각마저 드네요. 하지만 덕분에 '인생 숙원 사업'이었던 스쿠버다이빙 라이선스도 따고, 지구상 최후의 파라다이스라는 열대의 해변까지 모두 섭렵했으니 나름 보람찬 시간이 아니었나 싶습니다. 아무쪼록 저희들의 고생과 많은 분들의 노고가 한데 어우러져 만들어진 이 책이 해외여행을 꿈꾸는 여러 독자님들의 든든한 동반자가 되기를 진심으로 기원합니다. 더불어 취재를 빙자한 먹자 투어로 인해 올해도 변함없이 다이어트와 치열한 전쟁(?)을 치르고 있는 마눌님도 파.이.팅!

About Him

도라라는 애칭으로 통하는 프로젝트 부부의 남편군. 대학 시절 '커피 한잔'이란 달콤한 유혹에 넘어가 배낭여행 동아리 '세계로 가는 기차'에 가입한 뒤 일명 '잘 나가는 아이'로 대변신했다. 특기는 아무 말 없이 집 나가기. 한창 '잘 나갈' 때는 "잠깐 나갔다 올게요"라는 말만 남긴 채 가출(?), 인천에서 유럽까지 8개월에 걸친 실크로드 육로 횡단 여행을 하기도 했다. 1992년 생애 첫 해외여행지로 일본을 선택한 이래 지금까지 여행한 나라는 총 43개국, 500여 개 도시. 목표는 언제나 나잇수와 동일한 국가 수를 채우며 여행하는 것이다.
대한민국 여행 문화에 한 획을 그은 《해외여행 100배 즐기기》 시리즈를 탄생시키고 이끌어온 주역으로도 유명한데, 십수 년에 걸쳐 가이드북을 만들며 느낀 문제점과 단점을 보완하고자 《해외여행 100배 즐기기》의 완전 절판을 선언하고, 대한민국 출판계에 신선한 바람을 몰고 온 《클로즈업 시리즈》를 탄생시켰다. 2006년에는 한일 관광교류 확대에 기여한 공로를 인정받아 한국 문화관광부와 일본 국토교통성이 수여하는 한일 관광교류 대상 일본 국제관광진흥회 이사장상을 수여했다.
저서로는 《배낭여행 길라잡이-일본》·《유럽 100배 즐기기》·《일본 100배 즐기기》·《동남아 100배 즐기기》·《호주·뉴질랜드 100배 즐기기》·《캐나다 100배 즐기기》·《도쿄 100배 즐기기》·《홍콩 100배 즐기기》(1995~2007), 《클로즈업 홍콩》·《클로즈업 도쿄》·《클로즈업 일본》·《클로즈업 오사카》 등이 있다.

손미경 Son Mi Kyung

My Story

지난 1년, 제 취재 일정은 맛집으로 시작해 맛집으로 끝난 듯합니다. 봄에는 오사카의 벚꽃과 함께 도지마 몬 셰르의 롤 케이크, 오코노미야키 미즈노의 오코노미야키, 아부리니쿠코보와코쿠의 와규 스테이크, 타루코야의 커피 등 무수한 맛집을 헤집고 다녔고요. 여름에는 선선한 홋카이도에서 초당 옥수수, 트라피스틴 수도원의 아이스크림, 삿포로 라면, 성게 덮밥 등을 맛봤죠. 가을에는 식도락의 허브 홍콩에서 스푼 바이 알랭 뒤카스의 프랑스 요리, 예만방의 딤섬, 첨자기의 완탕면, 베란다의 애프터눈 티 세트, 비쳉향의 육포, 피에르 에르메의 마카롱, 로드 스토우스 베이커리의 에그타르트를 즐겼네요. 겨울에는 큐슈의 온천과 함께 유후인의 오야코동, 야나가와의 장어덮밥, 이부스키의 소바 등 맛집을 순례하며 추운 날들을 따뜻하게 보냈답니다. 1년 내내 맛집 미션을 클리어하며 취재를 빙자한 미식 투어를 했다고나 할까요?
하지만 밝은 면이 있으면 어두운 면도 있는 법! 취재 여행은 언제나 큰 기쁨과 함께 엄청난 고통을 선사합니다. 산해진미를 맛보는 즐거움과 그에 비례해 늘어난 몸무게 때문에 벌이는 다이어트와의 처절한 사투(?)말이죠. 즐거움을 포기하면 고통도 없겠지만 독자 여러분의 즐거움을 위해 저는 기꺼이 이 고통을 감내하려 합니다. 여러분도 함께 해요~ *^^*

About Her

프로젝트가 생겨야만 남편군과 함께(!) 생활하는 '프로젝트 부부'의 마눌님. 이회여대에서 영문학을 전공하고 대한민국의 무궁한 발전을 위해 훌륭한 교육자가 되고자 했으나 여행의 길로 '발을 헛디딤'과 동시에 여행작가라는 유별난 명함을 갖게 됐다. 깐깐해 보이는 외모와 달리 낯가림 지수는 제로! 처음 만난 사람도 10년지기 친구처럼 완벽하게 포섭하는 환상의 재주를 가졌다. 강력한 친화력을 무기로 취재 기간 동안 막대한 분량의 인터뷰를 소화해냈다. 취미는 전 세계 아웃렛 가격 비교 & 콘서트 관람이며 지금도 취재를 빙자해(!) 지구촌 어딘가를 헤매고 있다.
저서로는 《캐나다 100배 즐기기》·《홍콩 100배 즐기기》(2000~2007), 《클로즈업 홍콩》·《클로즈업 도쿄》·《클로즈업 일본》·《클로즈업 오사카》 등이 있다.

thanks to

《클로즈업 City》 제작에 도움을 아끼지 않은 일본 정부 관광국(JNTO) 서울 사무소의 정연범 소장님, 야마다 마스미 차장님, 이주현 팀장님, 유진 과장님, 항상 배가 터져라 먹고 마시며 세계 각국의 다양한 음식문화를 섭렵(?)하는 데 일조한 용모, 노구(?)를 이끌고 스쿠버다이빙을 배우느라 고생한 재광·주경, 그리고 600여 페이지의 책을 편집하느라 1년 가까이 고생하신 여혜영·김경희님, 지도 제작에 지대한 공헌을 한 장수비님께 진심으로 감사드립니다.
더불어 수 년에 걸쳐 이 책을 나오기를 학수고대하신 에디터의 승영란 대표님, 감미로운 목소리로 피곤에 지친 영혼을 달래준 가수 이승환님, 그리고 이 책을 구입해주신 모든 독자 여러분께 킹왕짱 감사드려요!

Contents

002 저자소개
008 일러두기

여행의 기술

MY TRAVEL NOTE
012 어디로 갈까? 지역별 특징
016 완벽한 여행 준비
018 여행 예산 짜기
020 알뜰살뜰 항공권 구입
024 안락한 숙소 고르기
028 경제적인 환전 요령
030 콤팩트한 짐 꾸리기
032 완전 쉬운 출국 요령

식도락 천국

홍콩 · 마카오
HONG KONG · MACAU
036 홍콩 · 마카오 핵심 여행정보
046 홍콩 2박 4일
070 홍콩 3박 5일
077 홍콩 3박 4일
078 마카오 2박 4일
096 홍콩 · 마카오 3박 5일
108 홍콩 · 마카오 4박 5일

대만 TAIWAN
110 대만 핵심 여행정보
118 타이베이 2박 3일
134 타이베이 3박 4일
142 타이베이 4박 5일

close up
top city

열대의 낙원

청정 해변

싱가포르 SINGAPORE
156 싱가포르 핵심 여행정보
162 싱가포르 2박 4일
178 싱가포르 3박 5일

태국 THAILAND
180 태국 핵심 여행정보
186 방콕 2박 4일
200 방콕 · 파타야 3박 5일
208 방콕 4박 6일
222 푸켓 3박 5일
238 푸켓 3박 5일-B

필리핀 PHILIPPINES
240 필리핀 핵심 여행정보
244 세부 · 스쿠버다이빙 3박 5일
255 세부 · 스쿠버다이빙 4박 6일
256 보라카이 2박 4일

베트남 VIETNAM
268 베트남 핵심 여행정보
272 호치민 2박 4일
287 호치민 3박 5일
288 호치민 · 무이네 5박 7일

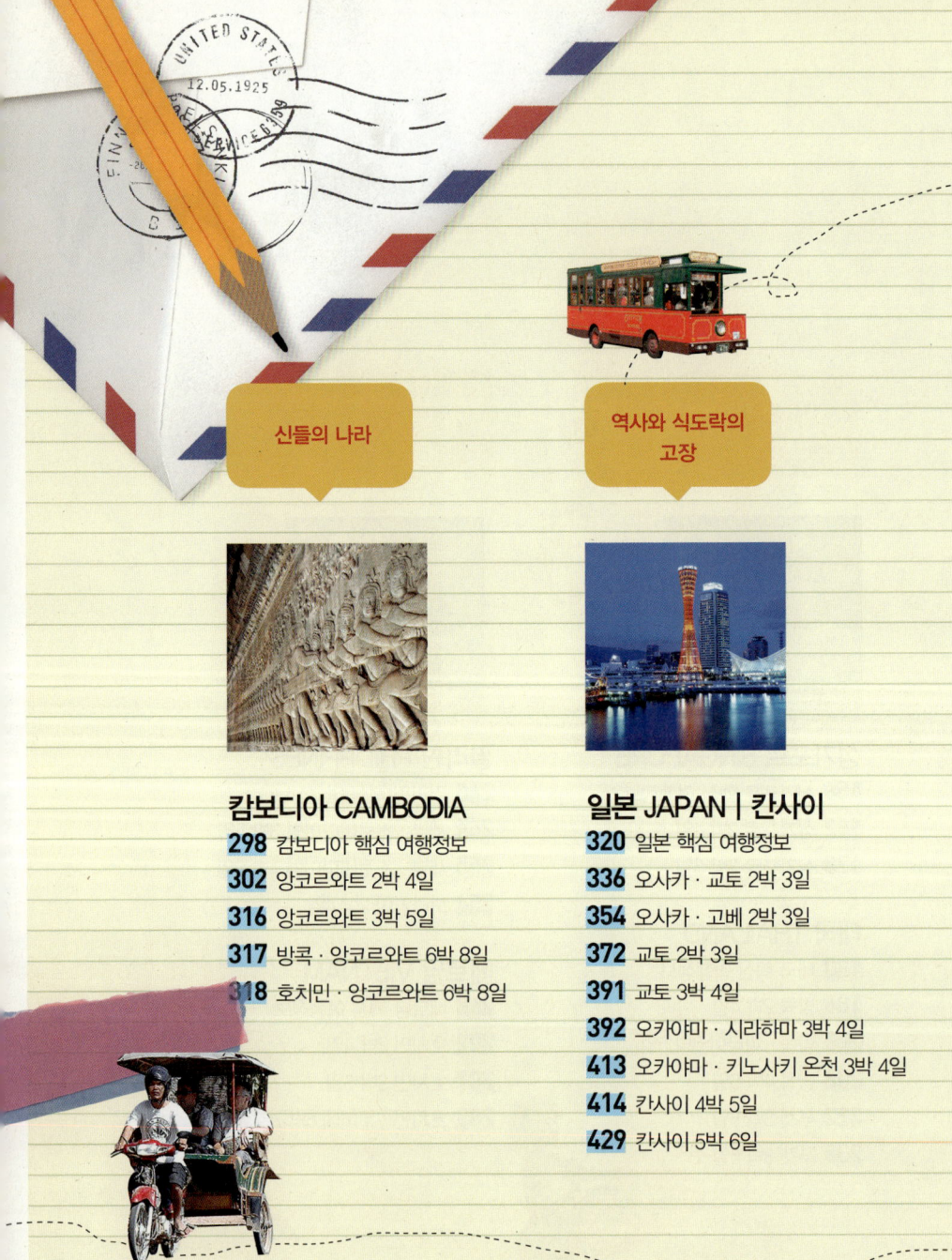

신들의 나라

역사와 식도락의 고장

캄보디아 CAMBODIA
- **298** 캄보디아 핵심 여행정보
- **302** 앙코르와트 2박 4일
- **316** 앙코르와트 3박 5일
- **317** 방콕·앙코르와트 6박 8일
- **318** 호치민·앙코르와트 6박 8일

일본 JAPAN | 칸사이
- **320** 일본 핵심 여행정보
- **336** 오사카·교토 2박 3일
- **354** 오사카·고베 2박 3일
- **372** 교토 2박 3일
- **391** 교토 3박 4일
- **392** 오카야마·시라하마 3박 4일
- **413** 오카야마·키노사키 온천 3박 4일
- **414** 칸사이 4박 5일
- **429** 칸사이 5박 6일

close up
top city

Contents

일본 경제·문화의 중심지

대자연의 힐링 캠프

일본 JAPAN | 도쿄
430 도쿄 2박 3일
447 도쿄 3박 4일
448 도쿄 쇼핑 3박 4일
466 도쿄·하코네 4박 5일
483 도쿄·근교 5박 6일

일본 JAPAN | 남북부
484 후쿠오카·유후인 2박 3일
498 후쿠오카·쿠로카와온센 2박 3일
507 큐슈 온천 일주 3박 4일
508 북큐슈 일주 4박 5일
528 큐슈 일주 4박 5일
544 삿포로·오타루 2박 3일
558 홋카이도 중부 3박 4일
568 홋카이도 4박 5일
582 나고야·게로온센 2박 3일
593 나고야·게로온센 3박 4일
594 오키나와 3박 4일

《close up top city》 120% 활용법

1. 트래블 노트

이 책에는 총 50개의 여행 코스가 실려 있습니다. 우선 각 코스의 첫 페이지인 'travel note'부터 보세요. 해당 코스의 특징·주요 볼거리와 함께 날짜·시간별로 정리된 여행 루트를 확인할 수 있습니다. 아래쪽의 '기본 준비' 코너에는 그 코스를 여행하는 데 적합한 항공편과 운항 스케줄·예상 경비, 오른쪽의 '요점 정리'에는 해당 코스 여행에 필요한 항공권·호텔·할인패스 예약 및 이용법이 소개돼 있습니다.

2. 날짜별 코스

다음 페이지의 날짜별 코스는 '친절한 가이드'와 함께 현지를 여행하는 형식으로 구성돼 있습니다. 우선 그날의 미션을 읽고 볼거리·즐길거리를 확인한 뒤, 시간순으로 이어지는 볼거리·이동법 등의 정보를 차례로 읽다 보면 여행 노하우가 자연스럽게 익혀집니다. '오늘 코스 지도로 보기'의 QR 코드를 스마트폰으로 찍거나 해당 URL을 웹브라우저에 입력하면 그날의 일정과 여행 루트를 온라인 지도로 확인할 수 있습니다.

3. 분책으로 가볍게

트래블 노트와 날짜별 코스를 모두 읽어 본 뒤에는 각각의 명소에 표시된 개관·휴관 일시를 살펴 보고 일정에 무리가 없나 점검합니다. 실제로 여행을 떠날 때는 무거운 짐을 덜 수 있도록 해당 코스가 담긴 페이지만 잘라서 가져가면 편리합니다. 모든 코스는 분책이 용이하도록 디자인돼 있습니다.

Ⓔ 오늘의 미션

Ⓕ 깨알 같은 여행 팁 · 맛집 정보

Ⓖ 알아보기 쉽게 시간 단위로 정리된 여행 루트

Ⓗ 이동 교통편 안내 및 소요시간

홍콩 2박 4일 Day 1

mission

1. 인천→홍콩 이동

2. 매력 만점 다운타운 찜사쪼이 Tim Sha Tsui 산책

3. 100만 불짜리 야경 & 레이저 쇼 감상

오늘 코스 지도로 보기

www.clzup.com/qr/a1

Hong kong

08:50 Start — 3:40min — 11:30 — 12:30 — 20min~ — 13:10 — 13:40

캐세이패시픽, 인천 출발
Cathay Pacific CX415

항공편은 캐세이 퍼시픽의 인천→홍콩 왕복편을 이용한다. 저가항공사에 비해 요금이 조금 비싸지만 우리나라에서 오전 일찍 출발하며, 귀국편은 심야에 운항하기 때문에 3일을 꽉 채워서 여행할 수 있는 게 장점!
인천에서 홍콩까지의 소요시간은 3시간 40분이다. 기내식 등의 서비스를 받으며 영화 한 편 감상하다 보면 홍콩 국제공항에 도착한다. 기내에서는 홍콩 입국심사에 필요한 신고서를 미리 작성해두자. 신고서는 공항 도착 전에 승무원들이 나눠준다.
한국과 홍콩의 시차는 -1시간. 비행기에서 내릴 때 시계 바늘을 한 시간 뒤로 돌려놓는 것도 잊지 말자.

홍콩 국제공항 도착
Hong Kong Intl. Airport

비행기에서 내려 'Immigration 入境檢查' 표지판을 따라가면 입국심사장이 나타난다. 입국심사장은 홍콩 거주자용과 외국인용으로 나뉘어 있으니 표지판을 잘 보고 'Visitors 訪港旅客' 쪽에 줄을 선다. 그리고 기내에서 작성한 입국 신고서와 여권을 제시하면 간단한 확인을 거쳐 90일간의 체류 허가증을 내준다. 이제 짐을 찾아 세관 검사대 Customs 海關을 통과하면 드디어 홍콩 도착이다. 입국심사와 세관검사를 모두 마치고 공항 밖으로 나오기까지 보통 30분~1시간이 걸린다. 특히 사람이 몰리는 입국심사장 통과에 시간이 오래 걸리니 비행기에서 내리자마자 입국심사장으로 서둘러 가는 게 좋다.

공항→숙소
Airport→Hotel

입국장을 나와 근처의 AEL(공항철도) 유인 매표소에서 교통카드인 옥토퍼스 카드 Octopus Card(p.49)를 구입한다. 그리고 'Trains to City 往市區列車' 표지판을 따라가면 AEL의 플랫폼이 있는데, 별도의 개찰구가 없으니 그냥 열차에 오르면 된다. 열차가 목적지인 까우롱 Kowloon 九龍 역 또는 홍콩 Hong Kong 香港 역에 도착하면 개찰구를 나가면서 옥토퍼스 카드를 찍는다. 요금은 이때 결제된다.

홍콩 국제공항역→까우롱 역
time 20분 소요 cost HK$90
홍콩 국제공항역→홍콩 역
time 24분 소요 cost HK$100

옥토퍼스 카드

숙소 체크인 또는 짐 맡기기
Hotel Check-In

AEL 또는 무료 셔틀버스를 타고 숙소로 가서 체크인을 한다. 일반적으로 한인민박은 12:00 이후, 호텔은 14:00 무렵부터 체크인이 된다. 도착 시각이 너무 일러 체크인이 불가능해도 짐 보관은 무료로 해주니 가볍게 돌아다닐 수 있도록 숙소에 짐을 맡겨 놓고 나오자.
이제 MTR(지하철)을 타거나 걸어서 오늘의 첫 목적지인 홍콩 역사 박물관으로 간다. MTR을 이용할 때는 목적지와 가까운 출구 번호부터 확인하고 밖으로 나가는 게 길을 헤매지 않는 요령이다.

홍콩 역사 박물관
Hong Kong Museum of History

선사시대부터 시작해 영국 · 일본 식민지를 거쳐 중국에 반환되기까지 홍콩의 역사를 생생히 보여준다. 총 8개의 갤러리로 구성돼 있으며 전통 생활상을 소개하는 모형과 역사적 의미가 담긴 유물 · 사진 등 4000여 점의 자료가 소장돼 있다.
놓치지 말아야 할 볼거리는 옛 모습을 고스란히 재현한 G/F층의 수상가옥촌 · 전통가옥 · 경극무대, 2/F층의 19~20세기 홍콩의 거리다. 거리의 소음까지 생생하게 재현해 마치 타임머신을 타고 과거로 되돌아간 듯한 기분마저 든다.

open 월 · 수~금요일 10:00~18:00, 토 · 일 · 공휴일 10:00~19:00
close 화요일, 구정연휴 2일
cost HK$10, 수요일 무료

50 51

Ⓘ 오늘의 여행 루트가 표시되는 온라인 지도 QR 코드 · 홈페이지

Ⓙ 명소의 개관 · 휴관 일시 및 입장료

《close up top city》 체크 포인트

4. 주의사항

본문의 지명 · 인명 · 업소명 가운데 일부는 현지에서의 편의를 고려해 최대한 현지 발음에 가깝게 표시했습니다. 홍콩 · 마카오의 건물 층수 표기 방법은 한국과 다릅니다. 일반적으로 1층은 G/F(Ground Floor), 2층은 1/F, 3층은 2/F입니다.

이 책에 실린 정보는 2014년 8월까지 수집된 최신 정보입니다. 단, 교통편의 운행 스케줄 및 교통요금 · 입장료 등은 예고 없이 수시로 변동되니 주의하시기 바랍니다.

5. 여행지 및 명소 사용 기호

open 개관 시간

close 휴관 · 휴업일

time 운행 시간

cost 입장료 · 요금

access 가는 방법 · 교통편

web 홈페이지

6. 교통편 사용 기호

도보

비행기

기차

버스

전차 · 트램

전철 · 지하철

택시

렌터카 · 자동차

자전거

스쿠터

페리 · 유람선

툭툭

케이블카 · 로프웨이

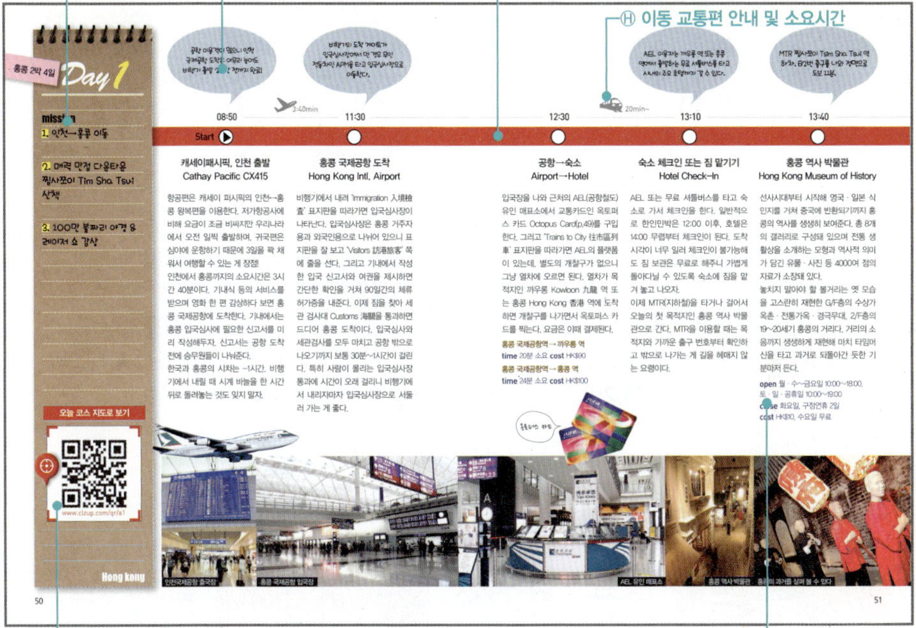

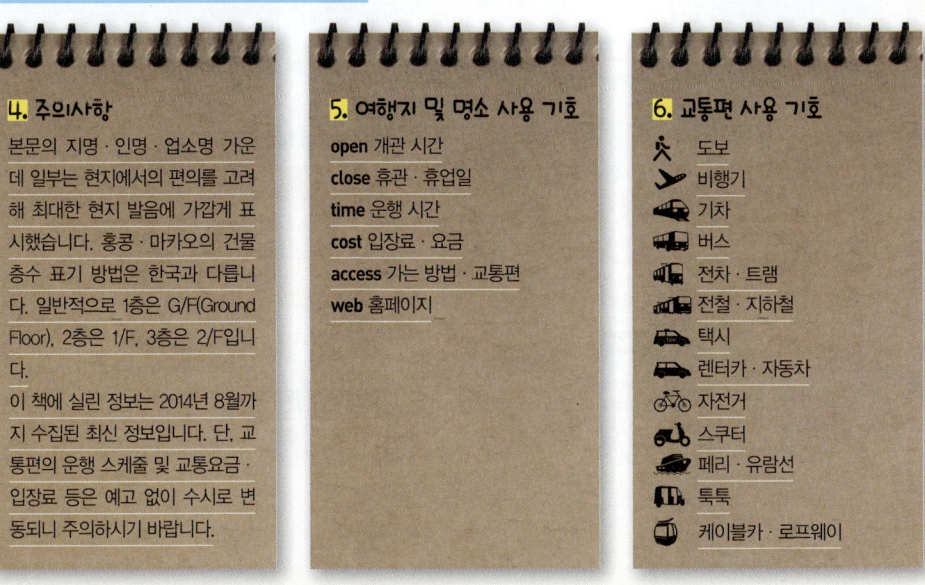

해외여행 가이드북의 정석
클로즈업 시리즈

낯선 해외여행에서 가장 큰 힘이 되는 것은 뭐니뭐니해도 잘 만들어진 가이드북이다. 수많은 가이드북 가운데 여행을 다녀온 사람들이 최고의 가이드북으로 인정하는 것은 일명 '빨간 책'으로 불리는 클로즈업 시리즈. 〈클로즈업 홍콩〉을 시작으로 〈클로즈업 도쿄〉 〈클로즈업 오사카〉 〈클로즈업 일본〉 〈클로즈업 top city〉로 이어지는 클로즈업 시리즈는 해외여행 가이드북의 정석으로 시리즈를 이어갈 것이다.

01 | Close up Hongkong

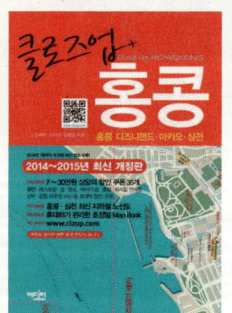

9년 연속 베스트셀러
클로즈업 홍콩
2014~2015년 최신 개정판,
값 17,000원

특별선물
① 7~30만 원 상당의 할인쿠폰 35개
② 홍콩·심천 최신 지하철 노선도
③ 휴대하기 편리한 초정밀 Map Book

02 | Close up Tokyo

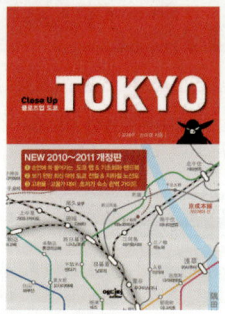

8년 연속 베스트셀러
클로즈업 도쿄
값 16,000원

특별선물
① 손 안에 쏙 들어가는 도쿄 맵 & 기초 회화 핸드북
② 보기 편한 최신 대형 도쿄 전철 & 지하철 노선도
③ 초저가 숙소 완벽 가이드

03 | Close up Osaka

3년 연속 베스트셀러
클로즈업 오사카
2014~2015년 최신 개정판,
값 18,000원

특별선물
① 3~5만 원 상당의 할인쿠폰 14개
② 최신 오사카 시내 지하철 노선도
③ 최신 교토 시내버스·지하철 노선도
④ 휴대하기 편리한 초정밀 Map Book

04 | Close up top city

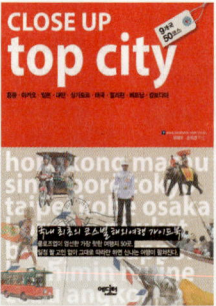

대한민국 최초 해외여행 코스북
클로즈업 top city
9개국 50코스
값 18,000원

특별구성
① 테마별 강추 여행지 50곳, 50코스
② 따라가기만 해도 여행이 즐거워지는 최초 코스 가이드북
③ 3~7일 코스, 45만 원~100만 원 코스를 다양하게 소개.

◀ 여행의 기술

MY TRAVEL NOTE

Check Point 1   어디로 갈까? 지역별 특징
Check Point 2   완벽한 여행 준비
Check Point 3   여행 예산 짜기
Check Point 4   알뜰살뜰 항공권 구입
Check Point 5   안락한 숙소 고르기
Check Point 6   경제적인 환전 요령
Check Point 7   콤팩트한 짐 꾸리기
Check Point 8   완선 쉬운 출국 요령

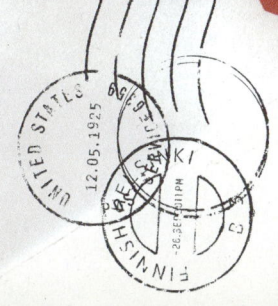

어디로 갈까? 지역별 특징

우리나라에서 비행기로 1~6시간 거리의 '쾌적한 해외여행지'는 다음과 같다. 지역별 특징을 파악하고 해당 지역을 여행하기에 알맞은 시기만 알아둬도 여행 계획 세우기가 한결 수월해진다.

홍콩 Hong Kong
볼거리 ★★★☆☆ 식도락 ★★★★★
쇼 핑 ★★★★☆ 유 흥 ★★★★☆
특징 동서양의 문화가 공존하는 이국적인 도시. 하늘을 찌를 듯 높이 솟은 마천루의 숲과 세련된 쇼핑가, 밤하늘을 색색으로 수놓은 화려한 야경, 산해진미를 두루 맛볼 수 있는 수많은 레스토랑이 있다.
여행 시즌 더위가 한풀 꺾이고 맑은 날이 이어지는 9~11월.

마카오 Macau
볼거리 ★★★★★ 식도락 ★★★☆☆
쇼 핑 ★★☆☆☆ 유 흥 ★★★☆☆
특징 포르투갈의 오랜 식민통치를 받은 까닭에 유럽적인 색채가 강하다. 유네스코 세계문화유산으로 지정된 유적과 남유럽풍의 유서 깊은 성당을 돌아보며 이국적인 정취에 흠뻑 취해볼 수 있다. 아시아 최대의 카지노 도시라는 사실도 흥미롭다.
여행 시즌 더위가 덜하고 맑은 날이 이어지는 9~11월.

일본·오사카 Osaka
볼거리 ★★★★☆ 식도락 ★★★★★
쇼 핑 ★★★★☆ 온 천 ★★★☆☆
유 흥 ★★★☆☆
특징 도쿄의 뒤를 잇는 일본 제2의 도시. 일본에서도 식도락의 메카로 꼽는 '먹부림'의 본고장이다. 오사카를 중심으로 천년고도 교토, 이국적인 멋의 고베, 온천마을 아리마온센 등 여러 도시가 모여 있다.
여행 시즌 화창한 날이 이어지는 3~5월과 9~11월.

일본·도쿄 Tokyo
볼거리 ★★★★☆ 식도락 ★★★★★
쇼 핑 ★★★★☆ 온 천 ★★★☆☆
유 흥 ★★★★☆
특징 일본의 수도답게 세련된 스타일과 현대적인 멋이 매력이라 유행에 민감한 젊은 층에게 인기 만점. 기차로 1~2시간 거리에 싱그러운 자연과 온천을 즐기기에 좋은 하코네·닛코 등의 도시도 위치한다.
여행 시즌 화창한 날이 이어지는 3~5월과 9~11월.

일본·큐슈 Kyushu
볼거리 ★★★★☆ 식도락 ★★★☆☆
쇼 핑 ★★★☆☆ 온 천 ★★★★★
유 흥 ★★☆☆☆
특징 현대적인 도시는 물론 역사적인 볼거리도 풍부하다. 느긋하게 휴식을 취하기에 좋은 온천과 기세등등하게 분연을 내뿜는 활화산 등 우리나라에서 찾아볼 수 없는 경이로운 자연도 훌륭한 볼거리다.
여행 시즌 화창한 날이 이어지는 1~5월과 9~12월.

일본·홋카이도 Hokkaido
볼거리 ★★★★☆ 식도락 ★★★★☆
쇼 핑 ★★☆☆☆ 온 천 ★★★★★
유 흥 ★☆☆☆☆
특징 끝없이 펼쳐진 초원과 울창한 원시림, 김이 피어오르는 활화산과 온천 등을 즐길 수 있다. 선선한 날씨 때문에 피서지로 인기가 높으며, 겨울에는 드넓은 설원에서 겨울 스포츠를 즐기기에도 좋다.
여행 시즌 초록빛이 가득한 5~9월과 새하얀 눈에 덮이는 11~3월.

일본·오키나와 Okinawa
볼거리 ★★★☆☆ 식도락 ★★★☆☆
쇼 핑 ★★☆☆☆ 해 변 ★★★★☆
유 흥 ★★☆☆☆
특징 일본 속의 이국을 경험할 수 있는 색다른 여행지. 일본 최남단에 위치한 아열대의 섬이라 11~3월을 제외하고는 언제나 물놀이를 즐길 수 있다. 유리알처럼 맑은 바다와 눈부신 백사장이 최대의 매력.
여행 시즌 따사로운 햇살 속에서 물놀이를 즐기기 좋은 3~5월과 9~10월.

대만 Taiwan
볼거리 ★★★☆☆ 식도락 ★★★★☆
쇼 핑 ★★☆☆☆ 온 천 ★★★☆☆
유 흥 ★★☆☆☆
특징 중국 대륙의 거창함이나 홍콩의 화려함과는 전혀 다른 느낌의 '중화권 여행지'. 소박한 스타일과 20세기 초의 모습을 간직한 여러 도시들이 흥미로운 볼거리를 제공한다.
여행 시즌 온화하고 청명한 날이 이어지는 3~4월과 9~11월.

필리핀 Philippines
볼거리 ★★☆☆☆ 식도락 ★☆☆☆☆
쇼 핑 ★☆☆☆☆ 해 변 ★★★★★
유 흥 ★☆☆☆☆
특징 사시사철 여름 날씨가 이어지는 열대의 섬답게 스쿠버다이빙·스킨스쿠버 등 물놀이를 즐기기에 안성맞춤이다. 물가가 저렴한 것은 물론 합리적인 가격에 이용할 수 있는 리조트가 많다.
여행 시즌 강수량이 적고 바다가 맑은 11~5월의 건기.

태국 Thailand
볼거리 ★★★★☆ 식도락 ★★★☆☆
쇼 핑 ★★★☆☆ 해 변 ★★★★★
유 흥 ★★★★☆
특징 동남아에서 가장 다양한 볼거리를 선사하는 나라. 역사·문화적 명소는 물론, 화끈한 클럽 문화를 즐기기 좋아 젊은층이 선호한다. 현대적인 리조트를 중심으로 호젓하게 휴식을 취하기 좋은 해변도 많다.
여행 시즌 비가 적게 내리는 11~5월의 건기.

싱가포르 Singapore
볼거리 ★★★☆☆ 식도락 ★★★★☆
쇼 핑 ★★★★☆ 유 흥 ★★★☆☆
특징 아시아에 위치한 인종의 용광로. 영국의 오랜 식민통치와 지리적 영향으로 동서양의 여러 문화·민족·종교가 공존하는 모습이 이채롭다. 고층빌딩이 어우러진 세련된 도시적인 풍광과 다채로운 먹거리, 풍부한 쇼핑 아이템이 매력이다.
여행 시즌 기후가 안정적인 3~10월의 건기.

베트남 Vietnam
볼거리 ★★★☆☆ 식도락 ★★★☆☆
쇼 핑 ★☆☆☆☆ 해 변 ★★★☆☆
유 흥 ★☆☆☆☆
특징 여타 동남아 국가에 비해 물가가 저렴해 부담없이 여행할 수 있다. 유서깊은 유적과 프랑스 식민시대의 건물들이 어우러져 다채로운 볼거리를 제공하며, 해양레포츠를 즐기기에 좋은 해변도 있다.
여행 시즌 강수량이 적고 더위가 덜한 11~4월의 건기.

캄보디아 Cambodia
볼거리 ★★★★☆ 식도락 ★☆☆☆☆
쇼 핑 ★☆☆☆☆ 유 흥 ★☆☆☆☆
특징 동남아 불교 유적의 백미로 꼽는 앙코르와트가 있는 나라. 다소 낙후된 지역이라 식도락·쇼핑 등의 재미를 찾기는 힘들지만, 불교미술과 건축예술의 극치로 일컬어지는 앙코르와트를 보는 것만으로도 방문할 가치는 충분하다.
여행 시즌 화창한 날이 이어지는 11~4월의 건기.

이번엔 어디로 갈까?

	2박 3일	2박 4일	3박 4일	3박 5일
도시 산책	타이베이 53만 원 → 대만 p.118 오사카·교토 63만 원 → 일본 p.336 오사카·고베 49만 원 → 일본 p.354 도쿄 53만 원 → 일본 p.336 삿포로·오타루 57만 원 → 일본 p.544	홍콩 70만 원 → 홍콩 p.46 싱가포르 69만 원 → 싱가포르 p.162 방콕 65만 원 → 태국 p.186 호치민 71만 원 → 베트남 p.272	홍콩 63만 원 → 홍콩 p.77 도쿄 A 63만 원 → 일본 p.447 도쿄 B 66만 원 → 일본 p.448	홍콩 89만 원 → 홍콩 p.70 홍콩·마카오 85만 원 → 홍콩·마카오 p.96 싱가포르 85만 원 → 싱가포르 p.178 호치민 79만 원 → 베트남 p.287
식도락 기행	타이베이 53만 원 → 대만 p.118 오사카·고베 49만 원 → 일본 p.354 도쿄 53만 원 → 일본 p.430	홍콩 70만 원 → 홍콩 p.46 싱가포르 69만 원 → 싱가포르 p.162	홍콩 63만 원 → 홍콩 p.77 도쿄 A 63만 원 → 일본 p.447	홍콩 89만 원 → 홍콩 p.70 홍콩·마카오 85만 원 → 홍콩·마카오 p.96 싱가포르 85만 원 → 싱가포르 p.178
역사, 문화 기행	교토 63만 원 → 일본 p.372 오사카·교토 63만 원 → 일본 p.336	앙코르와트 73만 원 → 캄보디아 p.302 마카오 79만 원 → 마카오 p.78	교토 71만 원 → 일본 p.391	앙코르와트 79만 원 → 캄보디아 p.316 홍콩·마카오 85만 원 → 홍콩 p.96
온천 힐링	후쿠오카·유후인 77만 원 → 일본 p.484 후쿠오카·쿠로카와온센 74만 원 → 일본 p.498 나고야·게로온센 69만 원 → 일본 p.582		타이베이 62만 원 → 대만 p.134 오카야마·키노사키 온천 95만 원 → 일본 p.413 큐슈 온천 일주 82만 원 → 일본 p.507 나고야·게로온센 84만 원 → 일본 p.593	
자연 탐방	삿포로·오타루 57만 원 → 일본 p.544		홋카이도 중부 80만 원 → 일본 p.558	
해변 휴양지		보라카이 94만 원 → 필리핀 p.256	오키나와 83만 원 → 일본 p.594 오카야마·시라하마 90만 원 → 일본 p.392	방콕·파타야 76만 원 → 태국 p.200 푸켓 A 94만 원 → 태국 p.222 푸켓 B 94만 원 → 태국 p.238 세부 93만 원 → 필리핀 p.244

1분 1초가 아쉬운 빠듯한 휴가 일정, 어디로 가야 할지 막막한 여행 아이디어. 여행 계획 짜기에 괴로워하는 당신을 위한 50개의 초강추 코스! 주말을 끼고 떠나는 2박 3일의 짜릿한 식도락 여행부터 6박 8일의 느긋한 역사 기행까지. 취향과 시간에 맞춰 골라보자. 나만의 일정, 나만의 여행지!

4박 5일	4박 6일	5박 6일	5박 7일	6박 8일
북큐슈 일주 97만 원 → 일본 p.508 큐슈 일주 101만 원 → 일본 p.528 홍콩·마카오 81만 원 → 홍콩 p.108		도쿄·근교 90만 원 → 일본 p.483 칸사이 78만 원 → 일본 p.429		
		도쿄·근교 90만 원 → 일본 p.483 칸사이 78만 원 → 일본 p.429		
칸사이 68만 원 → 일본 p.414	방콕 90만 원 → 태국 p.208	칸사이 78만 원 → 일본 p.429		방콕·앙코르와트 96만 원 → 태국·캄보디아 p.317 호치민·앙코르와트 101만 원 → 베트남·캄보디아 p.318
타이베이 72만 원 → 대만 p.142 도쿄·하코네 80만 원 → 일본 p.466 홋카이도 97만 원 → 일본 p.568 북큐슈 일주 97만 원 → 일본 p.508 큐슈 일주 101만 원 → 일본 p.528		도쿄·근교 90만원 → 일본 p.483		
큐슈 일주 101만 원 → 일본 p.528				
	세부 110만 원 → 필리핀 p.255		호치민·무이네 102만 원 → 베트남 p.288	

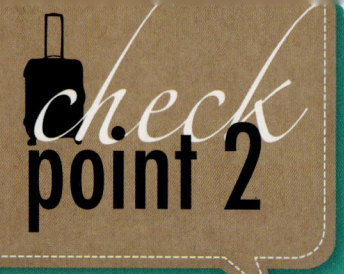

완벽한 여행 준비

해외여행이라고 해서 거창한 준비가 필요한 것은 아니다. 국내 여행을 떠날 때와 마찬가지로 목적지와 기간을 정하고 숙소 예약을 마치면 기본적인 여행 준비는 끝난다. 저렴하게 항공권과 숙소를 구할 수 있도록 출국일 기준 1~6개월 전까지 모든 예약을 마무리 짓는 게 좋다.

여행 준비 요점 정리

여행지 결정	예산 짜기	항공권 구입	숙소 예약	환전
자기 취향에 맞는 지역으로 성수기를 피해서 간다.	1주일 미만의 짧은 여행은 100만 원 정도로도 충분.	늦어도 한 달 전 가능하면 3~6개월 전에 구입한다.	한 달 전까지는 예약해야 저렴하게 이용할 수 있다.	출국 2~3일 전에 필요한 경비를 환전해 놓는다.

1 여행지 선택

여행 준비의 첫 단계는 여행지 선택이다. 어디로 갈 것인지 정해야 구체적인 여행 경비를 산출하고 필요한 정보를 구할 수 있다. 여행지를 고를 때는 자신의 취향과 여행 목적에 부합되는 곳을 선택하는 게 필수다. 도시파 여행자라면 홍콩·오사카·도쿄·싱가포르 등 세련된 현대적인

휴식을 취하기 좋은 열대의 해변

도시, 학구파 여행자라면 마카오·교토·앙코르와트 등 역사 유적과 유물이 풍부한 도시를 돌아보는 게 좋다. 느긋한 휴식을 원한다면 큐슈·홋카이도의 온천 또는 보라카이·푸켓·세부·무이네 등 열대의 해변을 눈여겨보자. 짜릿한 액티비티를 추구하는 활동파에게는 세부에서의 스쿠버다이빙, 무이네에서의 카이트보딩 배우기, 한겨울 순백의 설원이 펼쳐진 홋카이도에서 스키·스노우보드 타기에 도전해볼 것을 권한다.

2 여행 기간 결정

여행 기간은 최대한 넉넉히 잡아야 한다. 일반적으로 여행의 첫날과 마지막 날은 공항을 오가면서 시간을 소비하게 되므로 제대로 여행을 즐기기 힘들다. 따라서 공항을 오가는 날은 여행 기간에서 제외하고 실제로 현지에 며칠간 머물 수 있나 따져보는 게 바람직하다. 기간을 늘리는 데 한계가 있다면 여행 첫날은 우리나라에서 오전 일찍 출발하는 항공편, 마지막날은 현지에서 오후 늦게 또는 심야에 출발하는 항공편을 이용해 시간을 버는 것도 요령이다.

3 여행 시기 결정

성수기에는 항공료와 숙박비가 오르며 자리 구하기도 힘들다. 따라서 성수기는 최대한 피해서 떠나는 게 경제적이고 안락한 여행의 원칙이다. 우리나라의 경우

직장인 월차 활용법

주말여행을 계획한다면 하루 월차를 내 금·토·일요일 또는 토·일·월요일의 2박 3일 일정을 만들 수 있다. 여기 더해 목요일 퇴근하자마자 이용 가능한 밤 비행기와 월요일 새벽 한국에 도착하는 심야 항공편을 이용하면 따로 휴가를 내지 않더라도 목~월요일로 이어지는 3박 5일 일정도 가능하다.

6월 중순~8월 말 · 12월 중순~2월 말의 방학 · 휴가 시즌, 그리고 설날 · 추석 등의 명절, 토 · 일요일의 주말과 연휴기간이 성수기에 해당한다. 부득이하게 성수기에 떠나야 한다면 최대한 예약을 서두르자. 직장인의 경우 금 · 토 · 일요일의 '전통적인 주말 휴가'보다는 토 · 일 · 월요일 또는 일 · 월 · 화요일 등으로 성수기를 살짝 비켜서 떠나는 것도 한결 여유로운 여행을 즐기는 요령이다.

이때는 피해서 가자

홍콩 · 마카오 · 대만
문을 닫는 레스토랑과 숍이 많은 구정연휴 기간.

동남아
강수량이 집중되는 8~10월의 우기.

일본
문을 닫는 상점과 식당이 많은 연말연시, 현지인 관광객이 급증해 숙소 · 교통편 이용이 불편한 4월 말~5월 초(골든위크 연휴)와 8월 15일(오봉 연휴).

4 예산 짜기

여행지와 시기가 결정되면 필요한 예산을 잡아본다. 이에 따라 항공권과 숙소의 수준이 결정되며, 현지에서 사용 가능한 경비의 윤곽도 드러난다. 왕복 항공료만 100만 원을 훌쩍 넘는 유럽 · 미주 노선과 달리 아시아 노선은 항공료가 상대적으로 저렴하다. 더구나 한국인이 즐겨 찾는 여행지인 홍콩 · 방콕 · 일본은 저가항공편이 많아 비용 부담도 훨씬 덜하다. 일반적으로 아시아 국가를 1주일 미만으로 여행할 때 비용은 항공료와 숙박비를 포함 100만 원 정도면 충분하다. 구체적인 예산 관련 사항은 p.18을 참조하자.

예산은 여유 있게 잡는다

5 항공권 구입

항공권 구입은 서두를수록 좋다

항공권은 최대한 저렴하게 구입하는 게 경비를 절약하는 지름길이다. 하지만 무조건 싼 티켓만 고집하다 보면 오히려 여행에 불편을 초래할 수 있으니 자신의 일정에 적합한 합리적인 가격의 항공권을 고르는 게 현명하다.
출발일에 임박해서는 저렴한 항공권을 구하기 힘든 것은 물론 아예 좌석조차 구할 수 없는 상황이 벌어질 수 있으니 늦어도 한 달 전, 여유가 된다면 3~6개월 전에 항공권 구입을 마무리 짓는 게 안전하다. 기타 항공권 선택 및 구입 요령은 p.20에서 자세히 다룬다.

6 숙소 예약

국가와 도시, 그리고 자신의 여행 스타일에 따라 다양한 숙소를 선택할 수 있다. 숙소 선택의 절대 원칙은 '여행의 즐거움을 해치지 않는 범위 안에서 가장 경제적인 숙소를 고르는 것'이다. 자세한 숙소 예약 요령은 p.24를 참고하자.

자기 스타일에 맞는 숙소를 선택한다

7 환전하기

필요한 여행 경비를 현지 화폐 또는 US$로 환전한다. 출국 당일 공항에서 환전할 수도 있지만, 가장 좋은 환율을 적용 받으려면 시내의 은행에서 출국 2~3일 전까지 환전을 끝내 놓는 게 좋다. 자세한 방법은 p.28에서 다룬다.

필요한 외화를 미리 환전한다

check point 3

여행 예산 짜기

여행 경비는 자신의 여행 스타일과 시즌에 따라 천차만별이다. 따라서 막연한 금액을 떠올리기보다는 구체적인 비용을 조목조목 따져 보는 게 바람직하다. 경비에 포함되는 대표적인 항목은 숙박비·식비·교통비·입장료 등이며, 이를 토대로 1일 생활비를 계산하고 목돈으로 들어가는 항공 요금을 더하면 총경비가 나온다.

예산 짜기 요점 정리

항목별 경비 계산
인터넷과 가이드북을 통해 여행지의 정확한 항공 요금·숙박비·생활비를 확인한다.

경비 절약 방법 찾기
버스·지하철 1일권을 구입해 교통비를 절약하거나 사전 예매로 입장료를 줄일 수 있다.

경비는 넉넉하게
예상 비용보다 1.3배 많이 준비한다. 경비가 넉넉해야 마음 든든한 즐거운 여행이 된다.

1 항공 요금

여행 경비 가운데 가장 큰 비중을 차지한다. 대략으로 일본 19~60만 원, 홍콩·대만 28~60만 원, 동남아 36~70만 원 수준. 요금은 시기와 항공편에 따라 다르며 정확한 요금은 항공권 예약 때 확인할 수 있다. 저렴한 항공권 구입 요령은 p.20을 참조하자.

2 공항↔시내 교통비

공항에서 시내로 들어가는 교통비는 도시마다 차이가 심하다. 대중교통이 잘 갖춰진 홍콩·대만·싱가포르는 왕복 4000~1만 원, 물가가 비싼 일본은 왕복 1만~2만 5000원, 택시를 이용해야 하는 일부 동남아 도시는 왕복 1~4만 원 수준이다.

3 숙박비

여행 스타일과 목적에 맞는 숙소를 고른다

여행 스타일과 해당 도시의 물가에 따라 천양지차로 달라지는 변수다. 한인민박이 많은 도쿄·오사카·홍콩·대만·싱가포르에서는 1박 3~4만 원으로 해결 가능하지만, 숙소가 호텔뿐인 마카오·보라카이에서는 1박 7~15만 원을 예상해야 한다.

4 식비

숙박비와 마찬가지로 여행의 목적과 스타일에 따라 차이가 크다. 일반적으로 가벼운 아침 식사에는 2000~8000원, 본격적인 식도락에 돌입하는 점심·저녁 식사에는 1만 5000~3만 원을 예상하면 적당한 수준. 따라서 1일 식비는 3만 2000~6만 8000원 정도라고 보면 된다.

맛집 순례는 여행의 즐거움

이보다 식비를 아끼는 방법도 있지만 식비가 줄어들면 줄어들수록 인간적인 삶과 거리가 멀어진다는 사실을 기억하자.

5 교통비

교통비는 현지 물가에 비례한다. 물가가 저렴한 동남아 지역은 1일 평균 3000~5000원, 물가가 비싼 일본은 5000~1만 5000원 정도다. 지하철·버스 1일권을 이용할 수 있는 도시에서는 최대한 1일권을 활용하는 게 교통비를 절약하는 비결이다. 교통비가 비싼 일본에서는 일정기간 기차를 자유로이 탈 수 있는 외국인 전용 철도 패스를 활용해 경비를 줄이는 것도 가능하다.

저렴한 대중교통을 이용하자

6 입장료

입장료 예산은 꼼꼼히 세우다

자연 경관 위주로 돌아보는 동남아의 해변 또는 홋카이도의 경우 입장료가 거의 들지 않는다. 하지만 박물관·미술관·테마 파크 등의 볼거리가 풍부한 도쿄·오사카·교토, 전 지역이 유네스코 세계문화유산으로 지정된 앙코르와트 같은 도시에서는 적지 않은 입장료가 필요하다. 일정을 짤 때 미리 가고자 하는 명소를 정한 뒤 입장료 예산을 세워야 예상치 못한 지출을 막을 수 있다. 일부 전시관에서는 학생 할인·인터넷 예매 할인을 해주기도 하며, 여행사를 통해 티켓을 할인 판매하는 테마 파크도 있다.

7 잡비

푹푹 찌는 여름에는 시원한 음료수, 찬바람이 부는 겨울에는 따뜻한 커피 한잔이 그리워진다. 간간이 지친 다리를 쉬어가기 위해 커피 전문점에 들르거나 국제전화를 건다면 이에 따른 비용도 증가한다. 이런 비용을 통틀어 1일 평균 5000원 정도 예상하면 적당하다.

8 여행 준비 비용

여행을 준비하면서 지출하는 비용으로 여권 발급비, 가이드북 구입비, 기타 물품 구입비, 각종 증명서 발급비, 여행자 보험료 등이 여기에 해당한다. 비용은 자신의 상황에 따라 천차만별이다.

기본 예산 짜보기

교통비·식비·입장료·잡비는 1일 경비로 계산한다. 이것들을 모두 합한 뒤 여행 일수를 곱하면 실제 필요한 생활비가 나온다. 여기에 숙박 일수를 곱한 숙박비와 공항에서 시내까지의 교통비, 항공 요금을 더하면 총예산이 산출된다. 예를 들어 한인민박에서 묵는 3박 4일의 저예산 홍콩 여행이라면 경비는 오른쪽의 예와 같다.

물론 소비 스타일은 저마다 개인차가 있으므로 실제로는 이보다 적게 들거나 그 이상이 들 수도 있다. 그러나 여행 경비를 되도록 여유 있게 가져가야 한다는 사실만큼은 모든 이에게 동일하게 적용된다. 없는 상태에서 아끼는 듯 쪼들려 지내기보다는 여유 있는 가운데 절약하는 게 현실적으로 부담 없고 마음 든든하며, 필요할 때 쓸 수 있는 호기도 부릴 수 있으니까.

3박 4일 홍콩 여행 예산

생활비 HK$300(1일 경비)×4일
=HK$1200

숙박비 HK$450×3박=HK$1350

공항 왕복 교통비 HK$40

항공 요금 35만 원

총합 35만 원+35만 원(HK$2590)
=70만 원

※HK$1=135원 기준

check point 4

알뜰살뜰 항공권 구입

항공권에는 정가가 없다. 같은 노선, 같은 항공편일지라도 여행사에 따라 적게는 몇 천 원에서 많게는 몇 만 원까지 차이가 나는 게 현실. 따라서 가격 비교는 필수다. 포털 사이트에서 '할인 항공권'으로 검색하면 저렴한 항공권을 취급하는 여행사를 금세 찾을 수 있으니 여러 여행사의 요금을 꼼꼼히 비교해 보자.

알뜰 항공권 구입 요령

비수기를 노려라
12~2월, 6~8월, 설·추석 연휴, 주말 등 성수기를 피하면 항공 요금이 저렴해진다.

저가항공사·온라인 여행사
항공권은 저가항공사와 온라인 여행사의 홈페이지에서 구입하는 게 가장 저렴하다.

항공권의 조건에 주의
무조건 싸다고 좋은 게 아니다. 운항 스케줄과 서비스를 꼼꼼히 확인하고 구입하자.

국내 저가항공사
이스타 항공 www.eastarjet.com
티웨이 항공 www.twayair.com
진에어 www.jinair.com
제주항공 www.jejuair.net
에어 부산 www.airbusan.com

해외 저가항공사
세부 퍼시픽 www.cebupacificair.com
스쿠트 항공 www.flyscoot.com
에어 아시아 www.airasia.com
피치 항공 www.flypeach.com

온라인 여행사
여행 11번가 tour.11st.co.kr
온라인 투어 www.onlinetour.co.kr
웹투어 www.webtour.com
인터파크 투어 tour.interpark.com
탑 항공 www.toptravel.co.kr
투어 익스프레스 www.tourexpress.com
하나투어 www.hanatour.com
땡처리닷컴 www.072.com

1 비수기를 노려라
비수기에는 항공 요금도 내려간다. 기본적으로 12~2월, 6~8월의 방학 기간과 설·추석 연휴, 주말을 제외한 나머지 시즌이 비수기에 해당한다. 성수기에 비해 10~20% 요금이 저렴한 것은 물론, 여행자가 적어 항공권 구하기도 수월하다.

2 저가항공사를 선택하라
시기와 조건에 따라 다르지만 대체로 항공 요금은 '해외 저가항공사〉국내 저가항공사〉해외 대형 항공사〉국내 대형 항공사'의 순으로 저렴하다. 따라서 저가항공사의 요금부터 알아보는 게 순서다. 시기에 따라서는 파격적인 이벤트 요금이 등장하기도 하니 항공사 홈페이지를 수시로 들락거리는 수고도 마다해서는 안 된다.

요금이 저렴한 저가항공사를 이용

3 온라인 여행사를 공략하라
항공 요금은 일반적으로 오프라인 여행사보다 온라인 여행사가 저렴하다. 일부 온라인 여행사에서는 인터넷 판매를 전제로 특가 항공권을 내놓기도 하는데, 저가항공사에서 판매하는 것보다 저렴한 경우도 있다. 따라서 항공 요금은 '저가항공사 홈페이지→온라인 여행사 홈페이지→오프라인 여행사'의 순으로 가격을 비교해 보고 가장 저렴한 곳을 선택하는 게 요령이다.

항공 예약이 편리한 온라인 여행사

4 서둘러 예약하라

일정이 잡히자마자 항공권 예약을 서두르자. 얼리 버드(조기 예약) 티켓은 일반적으로 판매하는 티켓보다 10~30% 가격이 저렴하며, 일부 저가항공사에서는 2~6개월 전 구입을 전제로 파격적인 가격의 항공권을 내놓기도 한다.

5 소셜 커머스를 활용하라

항공 요금도 뭉치면 내려간다. 개별 요금보다 단체 요금이 훨씬 싸기 때문! 본격적인 여행 시즌이 시작될 무렵이면 소셜 커머스에서 공동구매를 진행해 싼 항공권을 내놓기도 하는데, 자신이 원하는 날짜나 일정을 선택하기 어려운 단점은 있지만 저렴하게 항공권을 구하는 방법이 되기도 하니 눈여겨보자.

6 경유편을 활용하라

굳이 직항편에 집착하지 않는다면 해외 항공사의 경유편에 관심을 가져보는 것도 좋다. 예를 들어 방콕 · 싱가포르로 갈 때 베트남 항공의 호치민 · 하노이 경유편이나 캐세이 퍼시픽의 홍콩 경유편을 이용하는 것인데, 직항편보다 3~7시간 정도 시간이 더 걸리지만 요금이 훨씬 저렴하고 자리 구하기도 상대적으로 수월하다. 경우에 따라서는 국내 저가항공사와 비슷한 요금으로 기내식 · 마일리지 적립 등의 혜택을 누리는 것도 가능하다.

경유편 요금이 저렴한 베트남 항공

> **땡처리 항공권 정말 저렴할까?**
>
> 여행사에서는 종종 '땡처리' 항공권을 판다. 일정이 정해진 단체 티켓 가운데 '펑크가 난 좌석'을 처분할 목적으로 저렴하게 내놓는 것인데, 운이 좋으면 아주 파격적인 요금에 티켓을 구할 수도 있다. 하지만 티켓이 아무 때나 나오지 않으며, 일정이 정해진 단체 티켓 가운데 일부를 파는 것이라 자신이 원하는 일정과 스케줄에 맞춰 항공권을 구하기 힘들다는 단점이 있다. 더구나 대부분의 땡처리 항공권은 출발일에 임박해서 팔기 때문에 숙소 구하기에 애를 먹기 십상이다. 자칫하면 항공료 몇 만 원을 아낀 대신 호텔비로 몇 십 만 원을 날리는 황당한 경우가 발생할 수도 있으니 주의!

할인 항공권 구입시 주의사항

할인 항공권을 구입할 때는 다음과 같은 사항에 주의해야 한다. 자칫하면 애써 구입한 항공권이 휴지조각이 되거나 비싼 수수료를 물고 재발행 받아야 하는 불상사가 발생할 수 있으니 조심 또 조심!

1 할인 항공권의 조건을 확인하라

저렴한 할인 항공권에는 유효기간이 짧은 것, 특정 기간에만 이용 가능한 것, 출발 · 귀국 일시 변경이 불가능한 것 등 다양한 조건과 제약이 붙는다. 싼 가격에 현혹되지 말고 자신의 일정과 항공권의 조건이 맞는지 꼼꼼히 점검하자.

2 운항 스케줄에 주의하라

최악의 항공 스케줄은 우리나라에서 오후 늦게, 현지에서 오전 일찍 출발하는 것이다. 하는 일 없이 꼬박 이틀을 공항과 비행기 안에서 허비하게 되니 운항 스케줄을 꼼꼼히 살펴보자. 일정이 짧으면 짧을수록 우리나라에서 오전 일찍, 현지에서는 오후 늦게 또는 심야에 출발하는 항공편을 이용해야 여행하는 시간을 최대한 벌 수 있다.

3 항공권에 기재된 날짜와 이름을 확인하라

흔하지는 않지만 항공권에 출발·귀국일이 잘못 기재되는 경우가 있다. 여행 일정이 완전히 헝클어질 수 있으니 예약할 때, 그리고 항공권을 받았을 때 다시 한 번 확인한다.

항공권에 영문 이름이 잘못 기재된 경우는 사태가 더욱 심각해진다. 항공권과 여권상의 영문 이름은 반드시 일치해야 하는 게 원칙. 알파벳 '한 자'만 틀려도 애써 구입한 항공권이 휴지조각이 돼 버리니 주의하자. 사고를 방지하는 확실한 방법은 예약시 정확한 영문 이름을 알려주는 것과 항공권을 받았을 때 꼼꼼히 확인하는 것뿐이다.

항공권의 영문 이름은 꼼꼼히 확인!

4 항공 요금에 추가되는 비용이 있다

항공권을 구입할 때는 항공 요금과는 별도로 공항 이용료·유류할증료·전쟁보험료 등의 비용이 추가된다. 예를 들어 인천국제공항~칸사이 국제공항의 20만 원짜리 할인 항공권을 구입할 경우, 인천국제공항 이용료·칸사이 국제공항 이용료·유류 할증료·전쟁 보험료 등의 명목으로 10만 원 가량의 비용이 추가돼 실제 항공권 가격은 30만 원 정도가 된다. 정확한 금액은 항공권 예약시 확인할 수 있다.

5 저가항공사의 서비스에 주의하라

저가항공사는 요금이 저렴한 대신 기내식과 영화 상영 등의 기내 서비스가 전혀 제공되지 않는다. 외국계 저가항공사의 경우 물도 사서 마셔야 하는데, 기내에서 판매하는 음료수는 3000~5000원, 기내식은 8000~1만 5000원 수준이다.

저가항공사의 단출한 기내식

기내 서비스는 항공사마다 다르다

6 저가항공사는 일정 변경에 추가 요금이 필요하다

대형 항공사의 경우 할인 항공권이라도 귀국일 변경은 비교적 자유롭다. 하지만 저가항공사는 귀국일 변경시 1회당 4~10만 원의 수수료를 물어야 한다. 예상치 않은 비용이 발생하지 않도록 항공권 구입 전에 일정을 꼼꼼히 확인하고, 일정이 유동적일 때는 일정 변경이 자유로운 대형 항공사를 이용한다.

수하물 무게가 초과될 때

짐이 많을 것으로 예상될 때는 공항에 조금 일찍 도착해 미리 짐 무게를 달아보자. 그리고 초과된 무게만큼의 짐을 일부 덜어내(10kg 이내) 기내에 직접 가지고 타면 추가 요금을 안 내도 된다. 단, 화장품 등의 액체·젤류, 그리고 칼·가위 등의 위험물은 기내 반입이 안 되니 주의하자.

7 무료 수하물 허용량에 주의하라

대형 항공사의 무료 수하물 허용량은 1인당 20~23kg이다. 하지만 국내 저가항공사의 무료 수하물 허용량은 1인당 15kg이며, 해외 저가항공사는 수하물 비용을 별도로 받는다. 수하물 추가 요금은 1kg당 1~3만 원 정도라 짐이 많으면 오히려 대형 항공사를 이용하는 게 나을 수도 있다. 특히 쇼핑이 예정돼 있거나 짐이 늘어나는 겨울철에 주의해야 한다.

공항 체크인 카운터에서 수하물 무게를 확인한다

여행의 즐거움을 더하는 정보 모으기

항공권 구입을 마치면 여행 준비의 절반은 끝난 셈. 이제 구체적인 여행 정보 수집에 나설 차례다. 정확한 여행 정보는 현지에서 발생할 수 있는 시간·경제적 손실을 감소시켜 결과적으로 여행 경비 절약에 도움이 된다. 필요한 정보는 인터넷과 가이드북만 있으면 얼마든지 구할 수 있다. 남은 과제는 최대한 신뢰도 높은 정보를 골라내는 것뿐! 현지 분위기는 다양한 인터넷 여행기로, 그리고 세부적인 여행 정보는 따끈따끈한 최신 가이드북과 여행 게시판을 통해서 얻는 게 요령이다. 최근에 여행을 다녀온 이를 만나 궁금증을 푸는 것도 좋은 방법이다.

재미난 여행기의 블로그

생생한 현지 이야기로 가득한 곳은 인터넷, 특히 개인 블로그다. 해당 도시의 '여행'을 키워드로 검색하면 수백 개의 관련 블로그가 찾아지는데, 이 가운데 가장 최근 것으로 사진이 풍부한 블로그를 차근차근 살펴보자. 2~3일만 투자하면 인기 스폿은 대충 감이 잡힌다.

체계적인 정보의 가이드북

인터넷으로 기본적인 분위기를 파악한 뒤에는 가이드북을 탐독하며 자세한 정보를 구한다. 가이드북에는 관광 명소·레스토랑·호텔 정보가 체계적으로 정리돼 있어 지리적인 개념과 일정을 잡는 데 큰 도움이 된다. 관련 홈페이지·카페·게시판을 통해 책에서 부족한 정보를 보완하면 자신만의 개성만점 가이드북도 만들 수 있다.

클로즈업 시리즈 www.clzup.com
클로즈업 시리즈 페이스북 www.facebook.com/clzup
네일동 http://cafe.naver.com/jpnstory
J 여동 http://cafe.daum.net/japanricky
포에버 홍콩 http://cafe.naver.com/foreverhk
싱가폴 사랑 http://cafe.naver.com/singaporelove
즐거운 대만 여행 http://cafe.naver.com/taiwantour

여행자를 통한 정보 수집

여행 경험자를 통해서는 현실감 넘치는 생생한 여행의 기술을 배울 수 있다. 단, 자기 경험을 하나도 빠짐없이 전달해줄 수 있는 이는 없으

레저 관련 정보도 물어보자

니 기본적인 지식을 먼저 습득하고 궁금한 사항을 조목조목 물어보는 게 현명하다. 또한 볼거리·숙소에 관한 평은 주관적 요소가 개입되기 쉬우므로 어디까지나 준비 과정에 참고로만 받아들이는 게 좋다.

여행 정보의 보고 관광청

해당 국가·도시의 관광청에서도 다양한 여행 정보를 제공한다. 일본·홍콩·마카오·대만·싱가포르 관광청에는 개별 여행자를 위한 볼거리·먹거리·쇼핑·투어·이벤트 팸플릿과 소책자가 충실히 비치돼 있으며 우편으로 관련 자료를 받아볼 수 있다. 단, 일부 자료의 경우 자세한 교통편이나 금액과 같은 여행자에게 필수적인 정보가 부족하거나 최신 정보의 업데이트가 부실한 경우도 있으니 무조건적인 맹신은 금물이다. 축제 등 시즌 정보를 제공하는 관광청 홈페이지도 있으니 꼼꼼히 살펴보자.

주요 관광청 홈페이지

일본정부관광국 서울 사무소
www.welcometojapan.or.kr

홍콩 관광청 서울 사무소
www.discoverhongkong.com

마카오 관광청 서울 사무소
http://kr.macautourism.gov.mo

대만 관광청
www.taiwan.net.tw

싱가포르 관광청
www.yoursingapore.com

태국 관광청
www.visitthailand.or.kr

필리핀 관광청
www.7107.co.kr

캄보디아 관광청
www.tourismcambodia.org

베트남 관광청
www.travelvietnam.co.kr

안락한 숙소 고르기

경제적인 곳을 원하면 한인민박·게스트하우스, 돈이 좀 들더라도 편리함을 추구한다면 호텔을 선택하는 게 바람직하다. 숙소를 고를 때는 시설·요금 못지않게 위치와 교통도 꼼꼼히 따져봐야 한다. 자칫 시내에서 거리가 먼 숙소를 고르면 이동하느라 낭비하는 시간과 교통비 부담이 커질 수밖에 없으니까!

숙소별 특징 요점 정리

한인민박
한국어가 통하며 숙박비가 저렴한 게 장점. 이용 가능한 도시가 다소 한정적이다.

게스트하우스
저렴한 숙박비가 최대의 매력. 하지만 영어·현지어를 모르면 조금 불편하다.

에어 비앤비
현지인의 집을 빌려서 사용한다. 단, 일반적인 숙박시설과 같은 서비스는 없다.

호텔
다른 숙박시설에 비해 비싸지만 예약이 쉽고 편의시설·서비스 이용이 편리하다.

한인민박

한인민박
숙박비 3만 원~(도미토리)
이용 가능 도시
홍콩·오사카·도쿄·후쿠오카·타이베이·싱가포르

아시아의 주요 대도시에는 적지 않은 수의 한인민박이 있다. 대부분 일반 주택을 개조해서 민박으로 영업하기 때문에 시설과 서비스는 떨어지지만 요금이 저렴하고 한국어가 통하는 게 장점이다. 객실은 도미토리 스타일 또는 취사시설이 딸린 콘도 스타일로 운영한다. 기본적으로 TV·냉난방기가 완비돼 있으며 자유로이 음식을 해먹을 수 있는 곳이 많다.

일본에서 흔히 볼 수 있는 한인민박

한인민박 예약
주요 포털 사이트에서 해당 도시의 '민박'으로 검색하면 쉽게 민박 홈페이지 또는 카페를 찾을 수 있으니 사진과 게시판의 글을 확인하고 예약한다. 운영이 잘 되는 곳일수록 게시판에 이용 후기가 많다는 사실을 기억할 것! 우리나라의 연휴·휴가·방학 기간에는 한국인 여행자가 몰리는 만큼 해당 시기에 여행할 때는 최대한 예약을 서둘러야 한다.

게스트하우스 Guesthouse

게스트하우스
숙박비 2만 원~(도미토리)

게스트하우스 예약 업체
트립 어드바이저 www.tripadvisor.co.kr
아고다 www.agoda.com
익스피디아 www.expedia.co.kr

일반 주택을 개조해서 운영하는 소규모 숙박시설로 어느 도시에서나 쉽게 찾아볼 수 있다. 객실은 도미토리와 1·2인실 위주이며 욕실·화장실은 공용인 경우가 많다. 전반적인 분위기나 시설은 한인민박과 비슷하지만 대부분 현지인이 운영하며 외국인 여행자가 주고객인

서비스 데스크를 운영하는 대형 게스트하우스도 있다

까닭에 의사소통은 영어 또는 현지어로 이루어진다. 다양한 국적의 친구를 사귀기에 좋은 게 매력이지만, 외국어에 익숙하지 않다면 약간의 불편을 느낄 수도 있다.

게스트하우스 예약
Yahoo · Google 등의 해외 포털 사이트에서 해당 도시의 'Guesthouse'로 검색하면 관련 업체의 홈페이지를 금방 찾을 수 있다. 예약은 대부분 이메일 · 게시판(영어)으로 이루어지며, 시설을 확인할 수 있는 방법은 해당 업체에서 올려놓은 사진뿐이니 신중하게 결정하자. 호텔 예약 사이트를 통해 예약 가능한 게스트하우스도 있으니 해당 업체를 검색해 실제 사용자들의 평가를 살펴본 뒤 결정하는 것도 요령이다.

게스트하우스의 트윈룸

에어 비앤비 Air BnB
최근 주목 받고 있는 숙박 공유 서비스. 전 세계 어느 도시에서나 이용 가능하며 현지인의 가정집을 빌리는 것이라 현지의 문화와 분위기를 온전히 체험할 수 있는 게 매력이다. 단, 시설의 편차가 크며 호텔 등 전문 숙박시설에서 제공되는 서비스는 기대할 수 없는 게 단점이다. 숙박비는 민박과 호텔 요금의 중간 정도다.

에어 비앤비 예약 홈페이지

에어비앤비
숙박비 4만 원~(1인실)
www.airbnb.co.kr

에어 비앤비 예약
에어 비앤비 홈페이지에서 방 또는 집의 상태를 확인하고 예약한다. 일반 가정집인 까닭에 교통이 불편한 경우가 많으니 이용 가능한 대중교통을 꼼꼼히 체크하는 게 중요하다. 또한 의외로 요금이 비싼 경우도 있어 호텔 등 다른 숙박시설과 가격 비교를 충분히 해보고 이용하는 게 좋다. 집주인과의 트러블이 발생하는 경우도 종종 있으니 이용자 후기를 확인하는 것도 잊지 말자.

알아두면 유용한 숙소 용어

도미토리 Dormitory 한 방에서 여럿이 자는 스타일의 숙소. 한인민박에서는 다인실이라고도 부른다.
싱글 Single 침대 한 개를 혼자서 쓰는 방.
더블 Double 침대 한 개를 둘이서 쓰는 방.
세미더블 Semi-double 침대가 하나의 싱글 룸을 둘이서 사용하는 것. 주로 일본의 비즈니스 호텔에 많다. 더블보다 요금이 조금 싸지만 그만큼 불편을 감수해야 한다. 특히 폭 140cm 이하의 소형 침대를 사용하는 세미더블은 둘이 같이 자기가 쉽지 않다는 사실을 기억할 것.
트윈 Twin 침대가 두 개 있는 방.
트리플 Triple 침대가 3개 있는 방. 또는 3인이 함께 머물 수 있는 객실.
엑스트라 베드 Extra Bed 보조 침대. 1인실 또는 2인실에 보조 침대를 설치해 두세 명이 함께 이용할 수 있다. 약간의 추가요금이 필요하다.

일본에는 쾌적한 시설의 유스호스텔이 많다

유스호스텔
숙박비 3만 원~(도미토리)

한국 유스호스텔 연맹
www.kyha.or.kr

유스호스텔 Youth Hostel

유럽·북미 지역에서는 보편화된 숙박시설이지만, 아시아에서는 일본을 제외하고는 찾아보기 힘들 만큼 숫자가 적다. 숙박비가 저렴하기 때문에 경제적인 여행을 목적으로 하는 현지인과 외국인이 주로 이용하며, 젊은층의 이용 비율이 높아 분위기도 활기차다.
객실은 대부분 2층 침대가 구비된 방을 4~8명이 함께 이용하는 도미토리 스타일이다. 냉난방기 등의 기본적인 시설만 갖춰져 있으며 TV는 별도의 휴게실에서 시청할 수 있다. 욕실·화장실은 공용이지만 숫자가 넉넉해 그리 불편하지는 않다.

유스호스텔 예약

유스호스텔은 회원제로 운영하기 때문에 비회원은 이용이 불가능하거나 추가요금을 내야 한다. 회원 가입은 우리나라의 유스호스텔 연맹에서 한다. 유스호스텔은 Yahoo·Google 등의 해외 포털 사이트에서 해당 도시의 'Youth Hostel'로 검색하면 어렵지 않게 찾을 수 있으며, 예약은 영어 또는 현지어로 한다.

호텔 Hotel

전 세계 어디서나 보편적으로 이용할 수 있는 숙박시설. 요금이 비싼 만큼 쾌적한 시설과 완벽한 프라이버시를 보장한다. 1~2성급 호텔 가운데는 민박·게스트하우스보다 시설이 떨어지는 곳도 있으니 기왕에 호텔을 이용하려 한다면 3성급 이상으로 선택하는 게 현명하다.
숙박비는 1인실(싱글)과 2인실(더블·트윈)의 요금이 동일한 경우가 많으니 혼자보다는 둘이 함께 이용하는 게 경비를 절약하는 지름길이다. 객실 설비와 무관하게 전망에 따라 요금이 달라지는 경우도 있어 숙박비를 절약하려면 전망이 조금 나쁜 방을 선택하는 것도 요령이다.

편리한 시설과 서비스가 매력인 호텔

호텔
숙박비 7만 원~(1·2인실)

호텔 예약 업체
오마이 호텔 www.ohmyhotel.com
아고다 www.agoda.com
익스피디아 www.expedia.co.kr
트립 어드바이저 www.tripadvisor.co.kr
호텔 패스 www.hotelpass.com

호텔 예약

호텔은 개인이 직접 예약하는 경우의 요금이 가장 비싸다. 조금이라도 저렴하게 이용하려면 우리나라의 여행사 또는 호텔 예약 전문 업체를 이용하자. 시기에 따라 10~70% 할인된 요금이 적용되며, 서두르면 서두를수록 저렴하게 예약할 수 있다. 호텔 예약 업체의 홈페이지에는 실제 사용자들의 평가와 후기가 올려져 있으니 그것을 참고로 마음에 드는 호텔을 고르는 것도 요령이다.

에어텔 Airtel

항공권과 호텔을 따로 알아보는 건 은근히 번거롭다. 이때는 항공권과 호텔을 한데 묶어서 판매하는 '에어텔' 상품을 이용하자. 마우스 클릭 몇 번 또는 전화 한 통이면 원하는 날짜의 항공편과 호텔을 동시에 예약할 수 있다. 현지 일정은 자기 맘대로 짤 수 있어 일반적인 패키지 여행처럼 일정에 구속받는 일이 없으며, 항공과 호텔을 따로 예약하는 것보다 가격도 저렴하다.

에어텔 예약

에어텔 상품은 여러 여행사에서 판매하는데 인터넷에서 해당 지역의 '에어텔'로 검색하면 다양한 상품을 알아볼 수 있다. 교통이 불편한 싸구려 호텔이 포함된 불량(!) 에어텔 상품도 있으니 호텔 위치를 꼼꼼히 확인해야 한다.

일본에서 이용 가능한 또 다른 숙박시설

일본에는 앞서 언급한 곳들과는 다른 조금 색다른 숙소도 있다. 저렴한 요금이 매력인 비즈니스 호텔은 물론, 일본 색채가 강한 전통 여관처럼 흥미로운 숙박시설도 있으니 자신의 취향과 여행 목적에 맞춰서 선택하자. 포털 사이트에서 검색 가능한 '일본 호텔 예약 전문업체'를 통하면 저렴하게 이용할 수 있다.

비즈니스 호텔 숙박비 1인실 5000엔~

일반적인 호텔보다 규모가 조금 작은 호텔이라고 보면 된다. 흔히 객실 크기를 보고 경악(?)을 금치 못하는데, 일반적으로 싱글 룸이 서너 평 정도라고 보면 된다. 비좁은 객실에는 침대·TV·전화·냉장고 등의 편의시설이 오밀조밀 배치돼 있다. 화장실·욕실은 대부분 객실에 딸려 있으나 요금이 싼 곳은 공용인 경우도 있다. 아주 싸구려 비즈니스 호텔이 아닌 이상 비누·샴푸·칫솔·치약·수건은 모두 무료로 제공된다. TV는 공중파에 한해 무료로 시청할 수 있으며 성인 방송은 유료다.

협소하지만 편리한 비즈니스 호텔

여관 숙박비 1인 1만 엔~

료칸 旅館이라고 부르는 여관은 일본의 주거 문화 체험이라는 의미에서 한 번쯤 이용해 볼만하다. 대부분 전통 스타일의 다다미 방이며 요를 깔고 잔다. 시설은 천차만별인데 싸구려 여관은 좁은 객실에 TV·냉장고가 시설의 전부이며 욕실·화장실도 공용인 경우가 많다. 하지만 1만 엔 이상의 고급 여관은 비교적 널찍한 객실에 깔끔하고 세련된 서비스가 기본! 여기 더해 그 여관만이 자랑하는 전통 코스 요리를 맛볼 수 있는 등 독특한 체험도 가능하다. 세면도구는 무료로 제공하며 객실에서는 유카타라는 잠옷을 입고 지낸다.

일본 문화를 체험할 수 있는 전통 여관

초저가 비즈니스 호텔 숙박비 1인실 3000엔~

우리나라의 고시원을 연상시키는 초저가 비즈니스 호텔은 저렴한 요금이 매력이다. 싱글 룸은 딱 한 사람이 누우면 꽉 찰 만큼 좁지만 요금은 일반적인 비즈니스 호텔의 절반 수준. 편의시설은 TV·냉방기·냉장고가 고작이며 욕실·화장실은 공용이다. 원래 일용직 노무자가 이용하는 곳이라 깔끔한 시설은 기대하기 힘든 곳이 많다. 체크아웃 시간도 09:00~10:00으로 이른 편이니 주의하자. 초저가 비즈니스 호텔은 도쿄·오사카 등 대도시에 모여 있다.

캡슐 호텔 숙박비 1인 2800엔~

지극히 일본적인 숙박시설. 똑바로 눕거나 앉을 수 있는 공간의 기다란 캡슐이 층층이 놓여 있고, 그 안에 한 사람씩 들어가서 잔다. 심한 표현으로 하얀 관이 질서정연하게 놓인 모습을 떠올리면 이해가 쉬울 듯. 체크인 때 프론트에서 키를 주는데 거기 적힌 번호가 자신이 이용할 로커와 캡슐의 번호다. 캡슐 안에는 미니 TV·라디오·알람시계 등이 설치돼 있으며, 세면도구는 무료로 제공된다.

단점은 일단 체크인하면 외출이 불가능하며 연속으로 숙박할 수 없다는 것. 그리고 대부분 남성 전용이라는 것이다. 자정을 넘기면 만실이 될 가능성이 높으니 가기 전에 전화로 자리가 있나 확인하는 게 좋다. 캡슐 호텔은 주로 도쿄·오사카·후쿠오카·삿포로 등 대도시의 역이나 유흥가 주변에 많다.

숙박비 1인 2800엔~

2층 침실(?)이 이어진 캡슐 호텔의 내부

check point 6

경제적인 환전 요령

홍콩·일본·싱가포르 화폐는 우리나라에서 환전해야 환율이 좋다. 반면 대만·태국·필리핀·베트남은 미국 달러를 가져가 현지에서 해당국 화폐로 환전하는 게 환율상 유리하다. 환전은 은행의 외환 코너에서 하며 필요한 것은 신분증과 환전할 액수에 상응하는 원화뿐이다.

환전 요점 정리

결제수단 선택
현찰·신용카드·직불카드·여행자수표 가운데 자신의 여건과 여행 스타일에 맞춰 선택.

미국 달러 환전 요령
동남아에서는 US$50·100짜리가 소액권보다 환율이 높아 환전하기 유리하다.

환율 우대 쿠폰 활용
환전시 은행의 환율 우대 쿠폰을 사용하면 환전 비용을 절약할 수 있다.

결제수단 고르기

해외에서 사용 가능한 결제수단은 현금·신용카드·직불카드·여행자수표 등이 있다. 각기 장단점이 있으니 자신의 여건과 여행 스타일에 맞춰 적절한 결제수단을 선택하자

1 현찰 Cash

글자 그대로 돈다운 돈이다. 여행자수표처럼 은행에서 환전하거나 신용카드처럼 긁어대는 번거로움 없이 어디서나 자유로이 사용할 수 있다. 현금은 사용하는 데 불편함이 없을 정도의 고액권 위주로 환전해 현지에서 소액권으로 쪼개서 쓰면 편리하다. 현금의 단점은 너무 많이 소지할 경우 부피가 커서 보관하기 까다롭고 분실·도난시 아무런 보상도 받을 수 없다는 것이다. 다량의 경비가 필요할 때는 여행자수표와 신용카드를 적절히 섞어서 사용하자.

2 신용카드 Credit Card

신용카드의 최대 장점은 편리한 휴대성이다. 더구나 대부분의 아시아권 도시는 소규모 숍·노점이 아니라면 어디서나 신용카드를 원활히 사용할 수 있다. 사용할 수 있는 카드는 VISA·MASTER·JCB·DINERS·AMEX 등이다. 물론 현지에 있는 현금자동지급기로 현금 서비스도 받을 수 있다.
단점은 해외 사용에 따른 수수료 부담이 은근히 크다는 것. 수수료·환가료 등의 명목으로 실제 사용 금액의 2% 정도를 추가 부담해야 한다. 예를 들어 신용카드로 100만 원을 사용하면 우리나라에서 실제로 결제해야 하는 금액은 102만 원 정도가 된다.

3 직불카드 Debit Card

국내의 주요 은행에서 발행된 직불카드 가운데 뒷면에 'International' 표시와 함께 'Plus' 또는 'Cirrus' 로고가 인쇄된 것은 다른 나라의 현금자동지급기에서도 사

씨티은행
해외에서 현금자동지급기를 이용하기 편리한 은행은 각국에 지점을 두고 있는 씨티은행 Citi Bank이다. 씨티은행의 현금자동지급기는 기본적으로 한글을 지원하기 때문에 이용시 언어적인 문제로 고생할 가능성도 적다.

용할 수 있다.
동일한 로고가 찍힌 현금자동지급기를 찾아 직불카드를 넣고 안내(영어·현지어)에 따라 기기를 조작하면 원하는 금액이 인출된다. 인출 가능 금액은 자신의 통장 잔고 범위 내에서 결정되며 1일 한도액이 정해져 있다. 한도액은 직불카드 발행 은행에 문의하자. 단점은 신용카드와 마찬가지로 인출액에 비례해 수수료·환가료가 추가되기 때문에 우리나라에서 환전할 때보다 환율이 좋지 않다는 것. 유사시에만 사용하도록 하자.

4 여행자수표 Traveler's Check

여행자수표는 현지 은행·환전소 등에서 현금으로 재환전한 다음 사용해야 하는 번거로움이 있다. 하지만 동일한 금액을 현금보다 0.5% 정도 싸게 구입할 수 있으며, 도난당하거나 분실해도 재발행이 가능한 게 장점이다.

여행자수표에는 소지자 서명란이 두 개 있다. 하나는 은행에서 수표를 구입하는 즉시 서명하는 난이고, 나머지는 '카운터사인 Countersign'이라고 해서 환전할 때 서명하는 난이다. 수표상의 두 서명은 당연히 일치해야 하고 여권의 사인과도 같아야 한다. 부당한 사용을 막기 위한 안전장치이지만, 간혹 3개의 서명이 달라 보이면 지급을 거절당할 수도 있으니 반드시 자기 손에 익숙한 서명을 해야 한다. 여행자수표를 현지 화폐로 교환할 때 수수료를 떼는 나라도 있으니 해당 은행·환전소에서 수수료 여부를 확인하고 환전하는 것도 잊지 말자.

ATM기 사용법은 우리나라와 비슷하다

한국에서 외화 환전 요령

여행 경비로 가져갈 외화가 정해지면 신문이나 은행 홈페이지의 환율란을 보자. '현찰 살 때(현찰 매도율)'라고 표시된 환율이 있는데, 이것이 외화를 구입할 때 적용되는 환율이다. 여기 맞춰 필요한 원화와 신분증(여권·주민등록증·운전면허증)을 갖고 은행으로 가면 된다. 환율이 수시로 변동되기 때문에 정확한 금액의 원화를 맞춰가기는 힘들다. 예상한 금액보다 좀더 여유 있게 돈을 가져가는 센스를 잊지 말자. 은행에 가기 전에 은행 홈페이지에 들러보는 것도 좋다. 홈페이지에서 5~30%의 환율우대 쿠폰을 다운받을 수 있는데, 소소해 보이지만 환전액이 크면 클수록 이득 보는 금액도 짭짤해진다.

국내 환전 가능 은행

국민은행 www.kbstar.com
기업은행 www.ibk.co.kr
신한은행 www.shinhan.com
외환은행 www.keb.co.kr
우리은행 www.wooribank.com
하나은행 www.hanabank.com
한국씨티은행 www.citibank.co.kr
SC제일은행 www.standardchartered.co.kr

현지에서 환전 요령

해외에서도 한국 원화를 현지 화폐로 환전할 수 있다. 하지만 환율이 무척 나쁘기 때문에 우리나라에서 외화를 구입할 때보다 손해보기 십상이다. 원화를 현지 화폐로 환전할 수 있는 곳은 공항과 시내의 은행·사설 환전소다. 대부분 'Exchange Money'라는 간판을 내걸고 있어 금방 눈에 띄는데, 환전소마다 환율이 제각각이니 적어도 서너 군데는 비교해보고 환전해야 손해를 조금이라도 줄일 수 있다. 사설 환전소에 붙어 있는 환율표는 대부분 Buy와 Sell로 나뉘어 있다. 이 가운데 원화를 현지 화폐로 바꿀 때 적용되는 환율은 Buy 쪽이다. 환전할 때는 '수수료 Commission'이 필요한지 꼭 물어보자. 환율이 좋은 대신 몇 천 원씩 수수료를 떼는 곳도 있다.

미국 달러·여행자수표를 환전 할 때도 위의 방법을 따르면 된다. 참고로 대부분의 동남아 국가에서는 미국 달러의 경우 US$1·2·5·10짜리 소액권보다 US$50·100짜리 고액권의 환율을 높게 쳐주니 고액권 위주로 환전하는 게 유리하다.

해외의 사설 환전소

콤팩트한 짐 꾸리기

1주일 미만의 짧은 여행에 무거운 짐은 절대 금물! 며칠간 입을 옷과 양말, 그리고 가이드북만 가져가도 충분하다. 몸이 가벼워야 여행도 즐거워진다는 사실을 잊지 말자. 짐을 줄이는 최선의 요령은 사용 가능성 50% 미만의 물건은 무조건 제외시키는 것이다.

짐 꾸리기 요점 정리

트렁크 · 여행용 배낭
도로 포장이 양호한 도시는 트렁크, 그렇지 않은 동남아 도시는 여행용 배낭이 편리하다.

짐 꾸리기는 미리미리
출발 3~4일 전부터 꼭 필요한 짐만 추려서 챙겨야 짐의 양을 줄일 수 있다.

계절에 맞는 복장
여행지의 계절에 어울리는 몇 개의 상하의 · 속옷 정도로 수량을 한정시켜서 가져간다.

가방 고르는 요령

여행 기간 내내 동고동락할 가방 고르기는 짐 꾸리기에 있어 무엇보다 중요하다. 순간의 선택으로 천국과 지옥을 오갈 수 있기 때문. 다음의 내용을 참고로 자신에게 어울리는 가방을 골라보자.

1 트렁크

짐을 차곡차곡 채워 넣을 수 있어 짐 정리가 용이하다는 장점과 함께 바퀴가 달린 까닭에 제아무리 무거워도 비교적 수월하게 끌고 다닐 수 있는 게 매력이다. 숙소가 정해져 있어 짐을 자주 옮기지 않아도 되는 여행자에게는 상당히 편리하다. 단, 계단 · 기차 · 지하철 · 버스 등을 오르내릴 때 일일이 손으로 들어서 옮겨야 하는 불편이 따를 것은 예상해야 한다. 특히 지하철이 발달한 대도시는 역의 수에 비례해 계단도 많다는 사실을 상기하자.

2 여행용 배낭

여행용 배낭의 장점은 어깨에 짊어지면 양팔을 자유로이 사용할 수 있다는 것이다. 특히 계단이나 기차를 오르내릴 일이 많은 여행자 또는 도로 사정이 열악해 트렁크를 끌고 다니기 힘든 일부 동남아 지역을 여행하려는 이에게는 큰 도움이 된다. 게다가 트렁크처럼 지퍼를 열면 배낭을 완전히 펼쳐 놓을 수 있어 짐을 꾸리거나 꺼내기 편리하다. 배낭의 크기는 똑바로 서서 자기 옆에 배낭을 놓았을 때 무릎에서 허리 이하 정도의 높이가 적당하다. 주머니가 많이 달린 것은 외부에서 손을 대기 쉬워 도난의 위험이 있으니 귀중품을 함부로 넣어서는 안 된다.

작은 배낭
큰 가방과는 별도로 작은 배낭이나 넉넉한 사이즈의 핸드백을 챙겨 간다. 현지에서 여행할 때 옷가지나 잡다한 물건은 큰 가방에 넣어서 숙소에 보관하고, 자주 꺼내봐야 하는 가이드북 · 지도 등은 작은 배낭에 넣어서 갖고 다닌다.

짐 꾸리는 요령

짐은 출발 직전에 싸는 것보다 3~4일 전부터 싸기 시작하는 게 좋다. 일단 가방에 필요하다고 생각되는 물건을 하나하나 담아보자. 초보 여행자라면 십중팔구 가방이 미어터질 것이다. 다시 짐을 쏟아 내고 우선순위를 정해 필요 없는 물건을 하나씩 추려낸다. 이 과정을 두세 번 반복하면 짐이 상당히 줄어든다.

1 옷가지

여행은 패션쇼가 아니다. 여행하는 계절과 지역에 맞춰 꼭 필요한 상의·하의·속옷 정도로 수량을 한정시켜야 짐을 줄일 수 있다. 일본은 우리나라와 날씨가 비슷해 우리나라에서 입던 대로 챙겨가면 된다. 단, 홋카이도 지역은 여름이라도 아침저녁으로 선선하며, 겨울에는 우리나라보다 훨씬 춥다는 점을 감안해 긴소매 옷이나 두툼한 겨울옷을 준비해야 한다. 홍콩·마카오·대만은 한겨울이라도 우리나라의 늦가을 날씨 정도밖에 안 된다. 따라서 두꺼운 옷보다는 봄·여름·가을 옷을 현지 기후에 맞춰서 가져간다. 기타 동남아 국가는 사시사철 무더운 날씨가 이어지므로 여름 복장이면 충분하다.

계절·환경에 맞는 옷가지와 신발을 준비한다

2 신발

장시간 걸어도 탈이 없는 익숙한 신발로 가져가는 게 기본. 운동화나 스니커즈가 가장 무난하다. 멋쟁이 여행자라면 의상에 맞춰 가벼운 구두를 준비하는 센스를 발휘해도 좋을 듯. 동남아의 우기 또는 일본의 장마철에는 젖어도 상관없는 샌들이 무척 유용하다.

3 세면도구

숙소에 따라 비치된 세면도구가 다르다. 게스트하우스처럼 저가형 숙소에는 수건만 비치된 경우가 많으며, 한인민박에서는 수건·비누·샴푸 등을 제공한다. 칫솔·면도기·헤어 드라이어 등은 각자 준비할 몫. 중급 이상의 호텔에는 수건·칫솔·샴푸·비누·샤워 캡·면도기·헤어 드라이어 등 세면도구가 완벽히 갖춰져 있어 맨몸으로 가도 전혀 문제없다.

4 화장품

기초 화장품은 필요한 만큼 덜어서 가져가면 편리하다. 작은 샘플을 여러 개 준비해서 쓰다 버리는 것도 짐을 줄이는 좋은 방법! 외부 활동이 많은 만큼 자외선 차단 기능이 충실한 화장품을 챙기는 센스도 필수다.

5 비상약품

은근히 유용한 준비물이다. 겉모습만으로 확연히 구별되는 일반 의약품이 아닌 이상, 현지에서 약국을 이용하기란 여간 어려운 일이 아니다. 보험 드는 셈치고 챙겨가자. 종류는 두통약·진통제·1회용 밴드·상처에 바르는 연고·종합 감기약 정도면 충분하다.

카메라

자기 손에 익은 편한 카메라를 준비하자. 디지털 카메라는 여분의 배터리·충전기·메모리 카드를 꼭 챙겨야 한다. 믿을 만한 성능의 메모리 카드는 우리나라가 가장 저렴하다는 사실도 알아두면 좋을 듯!

여성용품

생리대 등의 여성용품은 현지의 슈퍼마켓에서도 손쉽게 구입할 수 있다. 우리에게 친숙한 유명 메이커 제품을 구입하면 불편함이 없다.

완전 쉬운 출국 요령

우리나라와 아시아의 주요 도시를 연결하는 공항은 인천·김포·김해(부산)·제주국제공항의 네 곳이다. 각각의 공항은 규모만 다를 뿐 '탑승 수속 → 출국 심사 → 비행기 탑승'의 순으로 이어지는 출국 절차는 모두 동일하다. 비행기 출발 2시간 전까지는 공항에 도착해야 무리 없이 출국 절차를 밟을 수 있다는 사실을 잊지 말자.

출국 절차 요점 정리

공항 도착	→	탑승 수속	→	출국 심사	→	면세점 이용	→	비행기 탑승
비행기 출발 2시간 전까지 공항으로 간다.		항공사의 체크인 카운터에서 비행기 탑승권을 받는다.		여권과 탑승권을 제시하고 출국 스탬프를 받는다.		비행기 탑승 시각 전까지 쇼핑 또는 휴식을 취한다.		지정된 자리에 앉으면 출국 준비 완료.

인천국제공항

인천국제공항은 총 4개 층으로 이루어져 있으며 1층은 입국장, 3층이 출국장이다. 출국장에는 A~M의 알파벳 표시가 붙은 12개의 항공사 체크인 카운터가 있다. 공항 규모가 큰 까닭에 A 카운터에서 M 카운터까지 걷는 데는 무려 15~20분이나 걸린다. 따라서 자신이 이용할 항공사 카운터의 위치를 미리 알아둬야 조금이라도 걷는 수고를 덜 수 있다.

1 공항 도착

인천국제공항은 리무진 버스와 공항철도로 연결된다. 노선이 가장 다양한 교통편은 서울 시내에서 출발하는 14개 노선의 리무진 버스이며 공항까지 1~2시간 정도 걸린다. 리무진 버스가 도착하는 곳은 3층의 출국장 바로 앞이라 체크인 카운터를 찾아가기가 무척 편하다. 공항철도는 서울역·공덕역·홍대입구역·디지털미디어시티역·김포공항역(서울 시내), 계양역·검암역·운서역(인천) 등에서 탈 수 있다. 내리는 곳은 종점인 인천국제공항역이며, 역을 나와 표지판을 따라서 10분쯤 걸어가면 인천국제공항 3층의 출국장으로 연결된다.

편리한 시설을 갖춘 인천국제공항

인천국제공항의 출국장

2 탑승 수속

3층의 출국장에 설치된 안내 모니

터에서 자신이 이용할 항공사의 체크인 카운터를 확인하고 그곳으로 가서 여권과 항공권을 제시한 뒤 좌석을 배정받는다. 이때 창가 Window · 통로 Aisle 자리 가운데 원하는 좌석을 선택할 수 있다. 동시에 기내 반입이 불가능한 짐을 맡기고(수하물 탁송), 탑승권을 받으면 탑승 수속이 끝난다.

3 출국 심사

출국 심사를 마치고 나오면 탑승 게이트 안내판이 보인다

여권과 탑승권을 제시하고 출국장으로 들어가면 간단한 세관 · 보안 검색을 한다. 고가의 귀금속 · 카메라 · 전자제품은 여기서 미리 신고해야 귀국시 불이익을 당하지 않는다. 세관 출국 신고대는 출국장에 들어가자마자 있다. 보안 검색을 하는 X-레이 검색대를 통과하면 바로 앞에 출국 심사대가 보인다. 눈치껏 사람이 적은 쪽으로 가야 줄서서 기다리는 수고를 조금이라도 덜 수 있다. 이제 출국 심사대에 여권과 탑승권을 내밀고 출국 스탬프를 받으면 출국 심사도 끝난다.

4 면세점 · 휴게실 이용

출국 심사를 마친 뒤에는 탑승권에 표시된 비행기 탑승 시각 전까지 면세점 · 휴게실을 이용하며 시간을 보낸다. 시내 면세점 또는 인터넷 면세점에서 상품을 구입한 경우에는 면세품 인도장에서 물건부터 찾는 게 순서! 특히 여행 성수기에는 면세품 인도장이 북새통을 이루니 최대한 서둘러 가야 한다.

면세점 쇼핑은 해외여행의 즐거움

5 탑승

탑승은 보통 비행기 출발 시각 30~40분 전부터 시작된다. 그 시간 전에 탑승권에 찍힌 탑승구 Gate 번호를 확인하고 비행기를 타러 간다. 주의할 점은 1~50번 탑승구는 출국 심사대와 같은 건물에 있지만, 101~132번 탑승구는 1㎞쯤 떨어진 별도의 탑승동에 있다는 것이다. 탑승동으로 갈 때는 28번 탑승구 맞은편에 있는 에스컬레이터를 타고 아래층으로 내려가 무인 전동차를 이용한다.

소요시간은 2~3분 정도지만 전동차를 기다리는 시간과 탑승구를 찾아가는 데 은근히 시간이 걸리니 101~132번 탑승구를 이용할 때는 여유를 넉넉히 두고 움직이는 게 좋다. 비행기를 탈 때는 입구에 놓인 잡지 · 신문부터 챙긴다. 그리고 탑승권에 찍힌 좌석 번호를 보고 자기 자리를 찾아가 캐비닛에 짐을 넣는다. 카메라 등 파손 우려가 있는 물건은 좌석 밑의 빈 공간에 넣어 두는 게 안전하다.

탑승 시간에 늦지 않게 주의하자

김포국제공항
도쿄 · 오사카 · 나고야 · 타이베이 노선이 취항한다. 지하철 5 · 9호선 또는 공항철도 김포공항역에서 내리면 되며, 시내버스 · 리무진 버스로도 연결된다. 인천국제공항보다 시내에서 가까워 이용하기 편리하다.

김해국제공항
일본 · 홍콩 · 마카오 · 방콕 · 세부 · 호치민 · 시엠립 · 타이베이 노선이 취항한다. 부산~김해 경전철 공항역 하차 또는 부산 시내에서 좌석버스 · 리무진 버스로 연결된다.

제주국제공항
도쿄 · 오사카 · 나고야 · 후쿠오카 · 홍콩 노선이 취항한다. 제주도 내에서 좌석버스 · 리무진 버스로 연결된다.

몸이 편해지는 베테랑 여행 노하우

현지인처럼 자유로이 여행할 수 있는 노하우는 바로 꼼꼼한 준비. 특히 일정이 짧으면 짧을수록 착실한 준비가 필수! 준비가 부족하면 현지에서 까먹는 시간도 늘어난다는 사실을 잊지 말자. 가장 확실한 정보와 여행 노하우는 가이드북에 담겨 있다. 책을 정독하며 자신에게 필요한 정보를 정리하자.

일정 관리는 꼼꼼히
1주일 미만의 짧은 여행은 한마디로 시간과의 싸움이다. 제 아무리 손바닥만한 도시일지라도 계획 없이 길을 나섰다가는 어디부터 가야 할지 막막한 상황에 놓이게 마련! 여행 일정은 늦어도 출발 1주일 전까지는 세워놓는다. 특히 관광명소·레스토랑·쇼핑센터의 노는 날까지 꼼꼼히 체크해야 낭패보는 일이 생기지 않는다.

무거운 짐은 숙소에
일본 이외의 국가·도시에서 코인라커 찾기는 '하늘의 별 따기'다. 무거운 짐을 들고 돌아다닐 수는 없는 노릇이니 숙소에 짐을 맡긴 다음 가벼운 차림으로 움직이자. 자신이 묵을 호텔·민박·게스트하우스에 부탁하면 대부분 무료로 짐을 맡아준다. 체크인 시간 전에 도착한 경우는 물론, 체크아웃을 한 경우에도 당일에 한해 짐 보관이 가능하다.

쉽게 길 찾는 요령
일반적으로 도심의 주요 명소는 지하철·전철역을 중심으로 모여 있어 역을 기점으로 움직이면 찾아가기 쉽다. 역을 나가기 전에 목적지의 위치, 그리고 목적지와 가장 가까운 출구 번호를 확인하면 길을 헤맬 가능성도 현저히 줄어든다. 지도를 볼 때는 기준이 되

번지수가 표시된 도로 표지판

는 건물 몇 개를 체크해놓고 그 건물들을 중심으로 길을 찾으면 쉽다. 예를 들어 지도상에서 눈에 띄는 호텔·쇼핑센터·지하철역을 두세 개 찾은 다음 그 건물들의 위치와 똑같이 지도를 펼쳐놓으면 현재 자신이 위치한 곳과 가야 할 길을 금방 찾을 수 있다.

식사시간은 눈치껏
레스토랑이 붐비는 시간은 12:30~14:00, 18:30~20:00이다. 웬만한 대도시에서 이 시간대에 예약 없이 레스토랑을 이용하려면 30분~1시간 이상 기다려야 하는 게 당연지사. 예약하고 가거나 되도록 그 시간대를 피해서 레스토랑을 이용하자. 금쪽같은 시간을 조금이라도 절약해야 여행 스케줄이 꼬이지 않는다.

잔돈은 그때그때 처분
레스토랑·숍을 이용하다보면 자잘한 액수의 동전이 부지기수로 생긴다. 무의식적으로 지폐를 사용하는 사이 주머니가 불룩해지기 십상이니 잔돈, 특히 소액 동전은 수시로 써서 없애야 한다. 음료수나 가벼운 군것질거리를 구입할 때 잔돈을 사용 하는 게 요령!

주말은 피해서 가자
현지인들에게도 주말은 황금 같은 휴일이다. 그렇다보니 금요일 저녁부터 일요일까지 식당·쇼핑가·유흥업소가 엄청난 인파로 북적일 것은 뻔한 노릇. 특히 식당에서는 밥 한 끼 먹기 위해 기다려야 하는 시간이 평소의 배 이상 늘어난다. 쾌적하게 여행을 즐기려면 되도록 주말은 피해서 가는 게 좋으며, 꼭 주말에 가야 한다면 예약 가능한 레스토랑은 예약을 서둘러 현지에서 고생할 가능성을 줄이는 게 현명하다.

관광 인포메이션 센터 활용
부정기적으로 열리는 행사·축제에 관한 가장 확실한 정보는 관광 인포메이션 센터에서 제공한다. 우리나

여행 정보를 제공하는 인포메이션 센터

라에서 미리 해당 국가·도시의 관광청 홈페이지(p.23)에 접속해 필요한 정보를 챙겨놓고, 궁금한 사항은 현지의 관광 인포메이션 센터에서 물어본다. 현지인이 아니면 알기 힘든 생생한 정보도 쉽게 손에 넣을 수 있다.

◀ 홍콩 · 마카오

HONG KONG
MACAU

홍콩 · 마카오 핵심 여행정보
01 홍콩 2박 4일
02 홍콩 3박 5일
03 홍콩 3박 4일
04 마카오 2박 4일
05 홍콩 · 마카오 3박 5일
06 홍콩 · 마카오 4박 5일

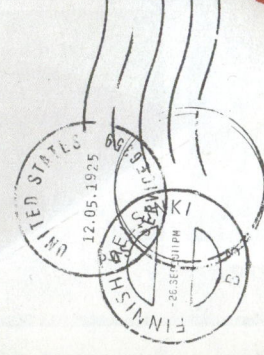

best 12
HONGKONG MACAU

#1
180도로 펼쳐지는 탁 트인 전망이 일품!
마천루의 숲이 끝없이 펼쳐지는 멋진 풍경을
감상할 수 있다. → 뤼가드 로드 전망대 p.61

#2
성룡·이소룡 등 유명 배우의
손도장과 동상 99개로 꾸민
해변 산책로. 한가로이
산책을 즐기기에도 좋다.
→ 스타의 거리. p.54

#3
한 세기가 넘도록 홍콩의 역사와
함께해 온 앙증맞은 교통수단. 2층
트램. 요금은 겨우 300원!
→ 트램 p.58

#4
도시 전체를 색색으로 물들이는 화려한 야경은 절대 놓칠 수 없는 홍콩 최고의 볼거리다.
→ 뤼가드 로드 전망대 p.61

#5
기네스북에도 등재된 세계에서 가장 긴 에스컬레이터를 타고 자유로이 홍콩의 거리를 누비자. → 힐사이드 에스컬레이터. p.58

#6
오랜 세월 홍콩의 역사와 함께해 온 도교 사원. 짙은 향 연기 속에서 잔잔하게 소원을 비는 현지인들의 모습이 이채롭다. → 만모우 사원. p.59

#7
공중에 대롱대롱 매달린 채 5.7km의 거리를 오가는 스릴 만점 케이블카. 세계에서 가장 긴 케이블카로도 유명하다.
→ 옹핑 케이블카 p.75

#8
홍콩의 나이트 라이프를 책임지는 활기찬 유흥가! 주말 밤이면 거리를 가득 메운 인파가 흥겨운 분위기를 연출한다. → 란콰이퐁. p.62

#9
45도 각도로 비스듬히 기울어진 채 해발 400m의 산을 오르내리는 트램. 멋진 전망과 짜릿한 스릴은 보너스다. → 피크 트램 p.61

#10
아시아 최대의 카지노이자 리조트 호텔. 완벽하게 재현된 베네치아의 궁전과 로맨틱한 운하가 눈길을 사로잡는다.
→ 베네시안 카지노, p.93

#11
1700여 년의 역사가 고스란히 느껴지는 성당의 외벽. 마카오의 상징으로도 잘 알려져 있다.
→ 세인트 폴 대성당, p.87

#12
포르투갈 식민시대의 분위기가 고스란히 남겨진 세나도 광장에서 중국 속의 작은 유럽을 체험하자.
→ 세나도 광장, p.83

hong kong best gourmet

C 쫄깃한 만두피 속에 감칠맛 나는 육즙과 돼지고기가 듬뿍 담긴 **씨우롱빠우**. 주문과 동시에 쪄준다.

A 포근한 빵에 달콤한 소스로 간을 한 돼지고기를 넣은 **차슈빠우**.

A 새우 두 마리를 이용해 나비 모양으로 빚은 깜찍한 **딤섬**. 예쁜 생김새만큼이나 맛도 훌륭하다.

B 3단 접시에 스콘·슈가 아이스 스틱·핑거 샌드위치·쁘티 케이크가 차곡차곡 담겨 나오는 **정통 영국식 애프터눈 티**.

A

Cheena Restaurant

로즈데일 호텔의 광동요리 레스토랑. 화학 조미료를 사용하지 않고 재료가 가진 천연의 맛을 살린 게 특징이다. 시끌벅적한 여타 딤섬 레스토랑과 달리 우아하게 식사를 즐길 수 있어 혼자 여행하는 여성에게도 강추!

open 점심 월~토요일 11:30~15:30, 일·공휴일 10:00~15:30 저녁 18:30~23:00 **access** MTR 코즈웨이 베이 역 E번 출구에서 도보 9분.

B

The Lobby

홍콩 최고의 호텔로 명성이 자자한 페닌슐라 호텔의 라운지. 격조 높은 분위기에서 차를 마시거나 휴식을 취하기 좋다. 포크·스푼 등 테이블웨어는 모두 순은제품으로 1928년 창업 당시부터 사용해온 골동품이다.

open 07:00~24:00, 애프터눈 티 14:00~18:00 **access** MTR 찜사쪼이 역 E번 출구에서 도보 2분. 페닌슐라 호텔 G/F 층에 있다.

C

Crystal Jade La Mian Xiao Long Bao

30년 역사의 광동요리 전문점. 깔끔한 인테리어와 합리적인 가격이 매력이다. 소문난 맛집이라 12:00를 전후한 점심과 18:00 이후의 저녁 시간은 무척 붐비니 서둘러 가야 한다.

open 10:00~23:00 **close** 구정연휴 이틀 **access** MTR 찜사쪼이 역 A1번 출구에서 도보 10분. 하버 시티 Harbour City 쇼핑센터 L3층에 있다.

E
오븐에 구워 겉은 바삭하고 속은 촉촉한 패스트리 스타일의 **차슈빠우**. 팀호완의 간판 메뉴다.

E
다진 돼지고기와 새우로 만든 **씨우마이**. 쫄깃한 식감과 입안 가득 퍼지는 감칠맛이 훌륭하다.

D
탱글탱글 씹히는 새우 완자를 듬뿍 넣은 **완탕면**. 야들야들한 **소고기 완탕면**도 맛있다.

F
고소한 새우와 감자튀김이 푸짐하게 제공되는 **덤럭 코코넛 쉬림프**. 새콤한 레모네이드와 먹으면 더욱 맛있다.

D Tsim Chai Kee Noodle

60여 년 전통을 자랑하는 국수 전문점. 3대에 걸쳐 비법으로 전수돼 온 담백하고 개운한 국물 맛 때문에 1년 365일 문전성시를 이룬다. 주문할 때 면의 종류를 선택할 수 있는데 우리 입에는 꼬들꼬들한 계란면이 잘 맞는 편이다.

open 09:00~22:00 **access** MTR 센트럴 역 D1번 출구에서 도보 10분. 힐사이드 에스컬레이터 근처에 있다.

E Tim Ho Wan Dim Sum Restaurant

깔끔한 분식점 스타일의 딤섬 전문점. 저렴한 가격과 세계적인 미식(美食) 가이드북 《미슐랭》에서 인정한 빼어난 맛으로 큰 인기를 누리고 있다. 점심·저녁에는 손님들로 장사진을 이루며 합석은 기본이다.

open 09:00~21:00 **close** 구정연휴 3일 **access** MTR 홍콩 역 B1번 출구에서 도보 5분. IFC Level 1층에 있다.

F Bubba Gump

영화 〈포레스트 검프〉를 테마로 운영하는 패밀리 레스토랑. 홍콩 전역이 한눈에 내려다보이는 피크 타워 꼭대기에 위치해 멋진 전망을 자랑한다. 맛난 식사와 더불어 홍콩의 야경을 즐길 수 있는 것도 놓치기 힘든 매력!

open 월~목요일 11:00~22:00, 금·토요일 및 공휴일 전날 11:00~23:00 **access** 피크 트램 역에서 도보 5분. 피크 타워 3/F층에 있다.

best gourmet
hong kong · macau

A 감칠맛 나는 소스와 튀긴 쌀국수가 다채로운 맛을 연출하는 **베이크드 랍스터.**

A 탱글탱글한 새우살과 달짝지근한 간장 소스의 조화가 일품인 **자이언트 새우볶음.**

B 홍콩의 전통 디저트 가운데 하나인 **양지깜로.** 포멜로·망고·사고를 듬뿍 넣어 달콤 상큼한 맛이 매력이다.

B 망고 푸딩과 다양한 열대 과일이 푸짐하게 나오는 모둠 과일 세트. 식후에 입가심으로 즐기기에 안성맞춤.

C 새콤한 망고 소스를 얹은 망고·바나나 롤 튀김. 새콤달콤한 맛이 일품이다.

A Tai Woo Restaurant
광동 요리와 해산물 요리로 인기가 높은 레스토랑. 분위기나 인테리어는 평범하지만 다년간의 '홍콩 미식대상' 수상 경력이 말해주듯 음식 하나는 끝내준다. 레스토랑 매니저가 외국인 손님을 위해 항상 재미난 이벤트를 제공하는 것도 색다른 즐거움!
open 11:00~03:00 **close** 구정연휴 첫날 **access** MTR 코즈웨이 베이 역 C번 출구에서 도보 2분.

B Hui Lau Shan
홍콩에서 지점이 가장 많은 디저트 전문 체인점. 망고를 비롯한 신선한 열대과일이 가득 담긴 디저트를 합리적인 가격에 맛볼 수 있어 인기가 높다. 시즌별로 다양한 세트 메뉴를 내놓으니 테이블에 놓인 스페셜 메뉴판을 눈여겨보자.
open 11:30~00:30 **access** 스타페리 선착장 바로 앞에 있다. 또는 MTR 찜사쪼이 역에서 도보 8분.

C Honeymoon Dessert
홍콩 여성에게 큰 인기를 얻고 있는 디저트 전문점. 전형적인 분식점 분위기지만 맛과 모양은 일류 호텔에 뒤지지 않는다. 훌륭한 퀄리티에 비해 가격이 무척 저렴한 것도 매력!
open 월~목요일 15:00~24:00, 금요일 및 공휴일 전날 15:00~01:00, 토요일 14:00~01:00, 일요일 14:00~24:00
close 구정 전일·당일 **access** MTR 찜사쪼이 역 B2번 출구에서 도보 5분.

추천 맛집 지도로 보기

www.clzup.com/qr/a51

E
염장한 말린 대구를 구워 해산물과 함께 곁들여 내는 포르투갈 전통요리 **바칼라우**.

D
쫄깃한 면과 탱글탱글 씹히는 새우 완자, 그리고 청량감을 더하는 생파의 맛이 절묘한 조화를 이루는 **완탕면**.

E
차갑게 얼린 생크림과 비스킷 가루를 켜켜이 쌓아서 만든 **세라두라**. 아무리 먹어도 질리지 않는 달콤한 맛이 매력.

F
바삭한 패스트리 빵과 촉촉하게 혀를 적시는 커스터드 크림의 맛이 일품인 **에그타르트**.

D

Wong Chi Kei
1946년 창업한 진통의 원탕집. 중국 풍을 가미한 현대적인 분위기의 깔끔한 인테리어가 눈길을 끈다. 직접 뽑은 쫄깃한 면만 사용하는 것으로 유명한데, 입구에는 사람 키보다 큰 대나무를 이용해 밀가루를 반죽하는 재미난 사진이 걸려 있다.
open 08:30~23:00 **access** 세나도 광장의 분수대에서 상 도밍고 교회 방향으로 도보 1분.

E

Restaurant Platau
야외 테라스가 딸린 근사한 포르투갈 요리 레스토랑. 높은 건물에 둘러싸인 아늑한 공간이 로맨틱한 분위기를 연출한다. 마카오 총독 관저에서 24년간 근무한 주방장의 정통 포르투갈 요리가 인기 높다. 주말·공휴일에는 자리잡기가 힘드니 예약 필수!
open 12:00~23:00 **close** 월요일 **access** 세나도 광장에서 상 도밍고 교회 방향으로 도보 3분.

F

Lord Stow's Bakery
1989년 문을 연 마카오에서 가장 유명한 에그타르트 전문점. 외관은 동네 빵집을 연상시킬 만큼 허름하기 짝이 없지만 정통 포르투갈식으로 만든 에그타르트의 맛은 정말 끝내준다. 주말·공휴일에는 에그타르트를 사려는 사람들로 북새통을 이룬다.
open 07:00~19:00, 수요일 07:00~18:00 **access** 꼴로안 빌리지 버스 정류장에서 도보 3분.

basic info. 홍콩·마카오

비자
우리나라와 비자 면제 협정을 맺고 있어 관광 목적으로 입국할 경우 비자가 필요 없다. 비자 없이 홍콩·마카오에서 체류할 수 있는 날짜는 각각 90일이다.

여행 시기
베스트 시즌으로 꼽는 때는 청명한 날이 이어지는 10~11월이다. 12~2월은 날씨가 조금 쌀쌀하지만(우리나라의 늦가을에 해당) 여행에는 무리가 없다. 3~5월은 우리나라의 초여름과 비슷한 날씨를 보이지만 우기가 시작되기 때문에 비오는 날이 점차 늘어난다. 6~9월은 푹푹 찌는 여름이다. 매일 비가 오고 습도는 90%를 넘나들며 콘크리트 건물과 자동차가 뿜어내는 열기가 도시 전체를 후끈 달아오르게 만들어 체감 온도는 40°C를 육박한다. 7~10월에는 호우·태풍 등 자연재해가 동반되는 경우가 빈번하니 주의하자.

복장
우리나라에 비해 날씨가 덥기 때문에 반팔 등 통풍이 잘 되는 옷 위주로 가져간다. 단, 12~2월에는 아침·저녁으로 추위를 느낄 만큼 기온이 내려가는 경우도 있으니 긴팔 옷과 카디건도 챙겨 가자. 또한 한여름이라도 에어컨을 강하게 틀어놓는 호텔·쇼핑센터 등에서는 감기에 걸릴 가능성이 있으니 가볍게 걸칠 긴팔 옷을 한두 벌 챙겨 가면 도움이 된다. 일부 고급 레스토랑·클럽은 민소매·반바지·샌들 차림으로 입장이 불가능한 경우도 있으니 주의해야 한다.

언어
일반적으로 통용되는 언어는 중국 남동부에서만 사용하는 방언인 광둥어 Cantonese 廣東語다. 과거 식민통치의 영향으로 홍콩은 영어, 마카오는 포르투갈어도 공용어로 지정돼 있으며, 중국 표준어인 북경어 Mandarin 北京語 역시 공용어로 사용된다. 외국인의 이용 비율이 높은 호텔·쇼핑센터·대형 레스토랑 등에서는 영어 사용이 비교적 수월하지만, 일상생활에서는 영어보다 북경어가 훨씬 잘 통한다.

통화
홍콩달러 HK$
HK$1=135원(2014년 10월)
동전 HK$1·2·5·10
¢(센트) 10·20·50
지폐
HK$10·20·50·100·500·1000

환전

홍콩 우리나라의 은행에서 홍콩 달러를 환전해 간다. 홍콩에서 한국 원화를 홍콩 달러로 환전할 수도 있지만 환율이 나빠 우리나라에서 홍콩 달러를 구입할 때보다 손해보기 십상이다. 일상생활에서는 HK$100 이하의 지폐·동전이 가장 널리 사용된다. HK$500·1000짜리 지폐는 중급 이상의 레스토랑·호텔·숍에서 무리 없이 사용할 수 있지만, 소규모 숍·식당·노점에서는 받지 않는 경우도 있으니 주의하자.

마카오 마카오는 홍콩과 다른 별개의 국가라 자체 화폐인 파타카 MOP를 사용한다. 하지만 홍콩 달러가 파타카와 1:1의 가치로 통용되기 때문에 홍콩 달러만 가져가도 된다.

신용카드

신용카드 사용이 보편화된 곳이라 소규모 숍·노점이 아니라면 어디서나 신용카드를 사용할 수 있다.

인터넷

PC방·인터넷 카페를 찾기가 힘들며 요금도 비싸다. 한인민박·게스트하우스에서는 인터넷을 무료로 사용할 수 있지만, 호텔에서는 인터넷 사용 요금이 별도로 부과된다. 우리나라에 비해 인터넷 속도가 느려 사용하기가 조금 불편할 것은 예상해야 한다. 홍콩의 관공서·공원·도서관, 마카오의 관공서·공원에서는 무선 인터넷을 무료로 개방한다는 사실도 알아두면 좋

을 듯. 자유로이 스마트폰을 사용하려면 자신이 가입한 이동 통신사의 해외 데이터 로밍 서비스를 이용하거나(1일 9000~1만 2000원), 홍콩·마카오 현지에서 판매하는 데이터 요금 유심 카드를 구입하면 된다.

전기

220V·50Hz이며, 콘센트는 우리나라와 다른 영국식의 3핀 타입을 사용한다. 우리나라의 가전제품을 사용하려면 변환 플러그를 우리나라 또는 현지의 전자제품 매장에서 구입해야 한다. 일부 숙소에서는 변환 플러그를 빌려주기도 한다.

시차

우리나라와 홍콩의 시차는 -1시간. 예를 들어 우리나라가 낮 12:00라면 홍콩은 오전 11:00이다.

홍콩 공휴일

1월 1일 설날
1월 1~3일(음력) 구정
4월 5일(해마다 변동) 부활절(2015년)
4월 5일(음력) 청명절
4월 8일(음력) 석가탄신일
5월 1일 노동절
5월 5일(음력) 단오
7월 1일 홍콩 특별행정구 수립 기념일
8월 15일(음력) 중추절
9월 9일(음력) 중양절
10월 1일 중화인민공화국 수립일
12월 25·26일 크리스마스

마카오 공휴일

1월 1일 설날
1월 1~3일(음력) 구정
5월 1일 노동절
5월 31일 파티마 성모 마리아 행렬
6월 2일 성체절
6월 24일 성 밥티스트제
9월 9일(음력) 중양절
10월 1일 중화인민공화국 수립일
11월 2일 사은절
12월 25·26일 크리스마스

홍콩·마카오 베스트 여행 시즌

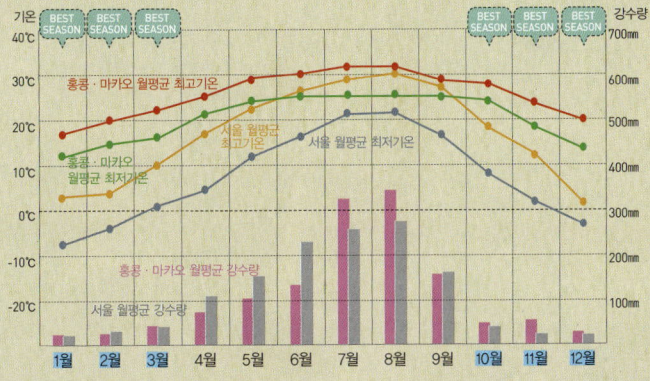

홍콩 2박 4일
travel note

볼거리 ★★★★★
식도락 ★★★★★
쇼 핑 ★★★★★
유 흥 ★★★★☆

짧은 시간 최대한 알찬 여행을 즐기려는 실속파 여행자에게 가치! 홍콩의 인기 명소만 콕콕 집어 돌아본다. 세련된 도시적인 매력, 영국 식민시대의 모습이 고스란히 남겨진 이국적인 풍경, 두 눈을 사로잡는 화려한 야경, 동서양을 아우르는 다채로운 맛의 향연이 여행의 즐거움을 더해준다.

day 1
인천→홍콩, 찜사쭈이
숙박 홍콩

- 08:50 캐세이패시픽, 인천 출발
- 11:30 홍콩 국제공항 도착
- 12:30 공항→숙소
- 13:10 숙소 체크인 또는 짐 맡기기
- 13:40 홍콩 역사 박물관
- 15:50 네이던 로드
- 16:00 페닌슐라 호텔
- 16:20 헤리티지 1881
- 17:00 하버 시티, 저녁 식사
- 18:40 캔톤 로드
- 19:00 시계탑
- 19:10 홍콩 문화 센터
- 19:20 해변 산책로
- 19:30 스타의 거리
- 20:00 심포니 오브 라이트
- 20:30 2층 버스
- 21:00 여인가 야시장

day 2
센트럴·빅토리아 피크
숙박 홍콩

- 09:00 황후상 광장·입법부 빌딩
- 09:30 홍콩상하이 은행
- 09:40 청콩 센터
- 09:50 성 요한 성당
- 10:20 중국은행
- 11:05 힐사이드 에스컬레이터, 점심 식사
- 12:30 할리우드 로드
- 13:00 만모우 사원
- 13:30 캣 스트리트
- 14:20 퍼시픽 플레이스
- 15:20 플래그스태프 하우스 다기 박물관
- 16:00 홍콩 공원
- 17:00 피크 트램
- 17:30 피크 타워
- 18:00 피크 갤러리아, 저녁 식사
- 20:00 뤼가드 로드 전망대
- 21:30 란콰이퐁

기본 준비

추천 항공편 캐세이패시픽
인천 08:50 → 홍콩 11:30
홍콩 01:00 → 인천 05:35
숙박 홍콩 2박, 기내 1박
예산 **704,000원~**
숙박비 HK$800(한인민박 1인실 2박)
생활비 HK$1050(3일)
입장료 HK$50
교통비 HK$350
항공료 40만 원~
※HK$1=135원 기준

day 3

리펄스 베이·스탠리·코즈웨이 베이

숙박 기내

- 08:00 얼리 체크인
- 09:00 센트럴→리펄스 베이
- 09:30 리펄스 베이 맨션
- 10:00 리펄스 베이 비치
- 10:50 틴하우 상
- 11:30 리펄스 베이 → 스탠리
- 12:00 머리 하우스, 점심 식사
- 13:00 틴하우 사원
- 13:30 스탠리 만 · 스탠리 마켓
- 15:00 스탠리→코즈웨이 베이
- 16:00 눈 데이 건
- 16:10 코즈웨이 베이 타이푼 셸터
- 16:20 빅토리아 공원
- 16:50 코즈웨이 베이 쇼핑가, 저녁 식사
- 19:30 IFC
- 22:30 AEL 홍콩 역
- 23:00 홍콩 국제공항 도착

day 4

홍콩→인천

- 01:00 캐세이패시픽, 홍콩 출발
- 05:35 인천국제공항 도착

Hongkong

I love Hongkong

요점 정리!!

한국 오전, 홍콩 심야 출발 항공편 이용

짧은 기간 효율적으로 홍콩 여행을 하려면 우리나라에서 아침 일찍, 홍콩에서는 심야에 출발하는 항공편을 이용한다. 이와 같은 스케줄로 운항하는 항공사는 캐세이패시픽 · 대한항공 · 아시아나 항공 등이 있으며, 이동하면서 버리는 시간적 손실을 최소화할 수 있어 유리하다.

한인민박 · 게스트하우스가 가장 저렴

숙소는 찜사쪼이 일대의 한인민박 · 게스트하우스가 가장 저렴하며 숙박비는 1박 HK$350(1인실) 수준이다. 쾌적한 시설을 원한다면 1박 HK$1000(2인실 기준) 정도의 호텔을 이용하는 게 좋다. 호텔은 1인실과 2인실의 요금이 동일하니 둘이 함께 이용하면 숙박비를 절약할 수 있다.

만능 교통카드 옥토퍼스 카드 구입

교통비 절약을 위해 옥토퍼스 카드 Octopus Card 구입은 필수! 옥토퍼스 카드는 MTR(지하철) · 버스 · 페리 · 트램 · AEL(공항철도) 등을 자유로이 이용할 수 있는 만능 교통카드인데, 대중교통 이용 시 티켓 · 잔돈을 준비할 필요가 없어 편리하며 MTR과 일부 버스에서 요금 할인도 된다. 또한 박물관 · 슈퍼마켓 · 편의점 · 식당에서도 현금처럼 사용할 수 있다. 구입 방법은 p.51 참조.

홍콩 2박 4일 **Day 1**

mission
1. 인천→홍콩 이동
2. 매력 만점 다운타운 찜사쪼이 Tim Sha Tsui 산책
3. 100만 불짜리 야경 & 레이저 쇼 감상

오늘 코스 지도로 보기

www.clzup.com/qr/a1

Hong kong

공항 이용객이 많으니 인천 국제공항 도착은 아무리 늦어도 비행기 출발 2시간 전까지 완료!

비행기의 도착 게이트가 입국심사장에서 먼 경우 무인 전동차인 APM을 타고 입국심사장으로 이동한다.

08:50   3:40min   11:30

Start ▶

캐세이패시픽, 인천 출발
Cathay Pacific CX415

항공편은 캐세이패시픽의 인천↔홍콩 왕복편을 이용한다. 저가항공사에 비해 요금이 조금 비싸지만 우리나라에서 오전 일찍 출발하며, 귀국편은 심야에 운항하기 때문에 3일을 꽉 채워서 여행할 수 있는 게 장점! 인천에서 홍콩까지의 소요시간은 3시간 40분이다. 기내식 등의 서비스를 받으며 영화 한 편 감상하다 보면 홍콩 국제공항에 도착한다. 기내에서는 홍콩 입국심사에 필요한 신고서를 미리 작성해두자. 신고서는 공항 도착 전에 승무원들이 나눠준다.
한국과 홍콩의 시차는 -1시간. 비행기에서 내릴 때 시계 바늘을 한 시간 뒤로 돌려놓는 것도 잊지 말자.

홍콩 국제공항 도착
Hong Kong Intl. Airport

비행기에서 내려 'Immigration 入境檢查' 표지판을 따라가면 입국심사장이 나타난다. 입국심사장은 홍콩 거주자용과 외국인용으로 나뉘어 있으니 표지판을 잘 보고 'Visitors 訪港旅客' 쪽에 줄을 선다. 그리고 기내에서 작성한 입국 신고서와 여권을 제시하면 간단한 확인을 거쳐 90일간의 체류 허가증을 내준다. 이제 짐을 찾아 세관 검사대 Customs 海關을 통과하면 드디어 홍콩 도착이다. 입국심사와 세관검사를 모두 마치고 공항 밖으로 나오기까지 보통 30분~1시간이 걸린다. 특히 사람이 몰리는 입국심사장 통과에 시간이 오래 걸리니 비행기에서 내리자마자 입국심사장으로 서둘러 가는 게 좋다.

인천국제공항 출국장   홍콩 국제공항 입국장

> AEL 이용자는 까우롱 역 또는 홍콩 역에서 출발하는 무료 셔틀버스를 타고 시내의 주요 호텔까지 갈 수 있다.

> MTR 찜사쪼이 Tsim Sha Tsui 역 하차. B2번 출구를 나와 정면으로 도보 11분.

 20min~

12:30   13:10   13:40

공항→숙소
Airport→Hotel

입국장을 나와 근처의 AEL(공항철도) 유인 매표소에서 교통카드인 옥토퍼스 카드 Octopus Card(p.49)를 구입한다. 그리고 'Trains to City 往市區列車' 표지판을 따라가면 AEL의 플랫폼이 있는데, 별도의 개찰구가 없으니 그냥 열차에 오르면 된다. 열차가 목적지인 까우롱 Kowloon 九龍 역 또는 홍콩 Hong Kong 香港 역에 도착하면 개찰구를 나가면서 옥토퍼스 카드를 찍는다. 요금은 이때 결제된다.

홍콩 국제공항역→까우롱 역
time 20분 소요 **cost** HK$90
홍콩 국제공항역→홍콩 역
time 24분 소요 **cost** HK$100

숙소 체크인 또는 짐 맡기기
Hotel Check-In

AEL 또는 무료 셔틀버스를 타고 숙소로 가서 체크인을 한다. 일반적으로 한인민박은 12:00 이후, 호텔은 14:00 무렵부터 체크인이 된다. 도착 시각이 너무 일러 체크인이 불가능해도 짐 보관은 무료로 해주니 가볍게 돌아다닐 수 있도록 숙소에 짐을 맡겨 놓고 나오자.
이제 MTR(지하철)을 타거나 걸어서 오늘의 첫 목적지인 홍콩 역사 박물관으로 간다. MTR을 이용할 때는 목적지와 가까운 출구 번호부터 확인하고 밖으로 나가는 게 길을 헤매지 않는 요령이다.

홍콩 역사 박물관
Hong Kong Museum of History

선사시대부터 시작해 영국·일본 식민지를 거쳐 중국에 반환되기까지 홍콩의 역사를 생생히 보여준다. 총 8개의 갤러리로 구성돼 있으며 전통 생활상을 소개하는 모형과 역사적 의미가 담긴 유물·사진 등 4000여 점의 자료가 소장돼 있다.
놓치지 말아야 할 볼거리는 옛 모습을 고스란히 재현한 G/F층의 수상가옥촌·전통가옥·경극무대, 2/F층의 19~20세기 홍콩의 거리다. 거리의 소음까지 생생하게 재현해 마치 타임머신을 타고 과거로 되돌아간 듯한 기분마저 든다.

open 월·수~금요일 10:00~18:00, 토·일·공휴일 10:00~19:00
close 화요일, 구정연휴 2일
cost HK$10, 수요일 무료

옥토퍼스 카드

AEL 유인 매표소

홍콩 역사 박물관   홍콩의 과거를 살펴 볼 수 있다

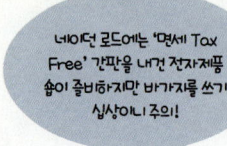

네이던 로드에는 '면세 Tax Free' 간판을 내건 전자제품 숍이 즐비하지만 바가지를 쓰기 십상이니 주의!

강추 맛집!
The Lobby 홍차와 함께 즐기는 정통 영국식 애프터눈 티. p.40

11min　15:50　1min　16:00　4min　16:20

네이던 로드
Nathan Road

찜사쪼이에서 웡꼭까지 이어지는 길이 4km의 간선도로. 홍콩의 13대 총독 매튜 네이던 Mathew Nathan 경의 이름을 따서 지금의 이름으로 불리고 있다. 왕복 6차선 도로를 따라 현대적인 외관의 상점과 호텔, 그리고 금방이라도 무너질 듯 허름한 고층빌딩이 번갈아 가며 이어지는 풍경이 이채롭다. 거리는 언제나 관광객과 짝퉁 상품을 파는 불법체류 외국인으로 북적인다. 이와 함께 하늘을 가득 메운 수백 개의 화려한 광고판은 홍콩의 대표적인 볼거리로 유명하다. 네이던 로드 가운데 찜사쪼이 지역에 속하는 1.6km 구간은 제2차 세계대전 직후 급속히 발전한 지역이라 흔히 '황금의 1마일'이라고도 부른다.

페닌슐라 호텔
Peninsula Hotel

홍콩 최고(最古)의 역사와 전통을 자랑하는 호텔(1928년). 중후한 외관과 우아한 기풍의 인테리어 때문에 흔히 '홍콩의 귀부인'이란 애칭으로 통한다. G/F층에는 식민시대의 분위기를 듬뿍 맛보며 애프터눈 티를 즐길 수 있는 라운지 더 로비 The Lobby, 그리고 바로 옆에는 최고급 명품만 취급하는 페닌슐라 쇼핑 아케이드가 있다. 투숙객이 아니어도 라운지와 아케이드는 자유로이 구경할 수 있으니 부담 없이 들어가보자. 개방감이 느껴지는 높은 천장, 그리고 벽과 기둥을 장식한 고풍스러운 부조가 볼만하다. 호텔 정문 앞의 작은 분수는 풍수적으로 돈을 모으는 형상이라 이 앞에서 사진을 찍는 관광객도 많다.

페닌슐라 호텔의 마스코트

헤리티지 1881
Heritage 1881

1881~1996년에 홍콩 해경본부로 사용되던 건물을 리뉴얼해서 만든 복합 쇼핑몰. 초호화 부티크 호텔과 레스토랑·명품 숍이 모여 있어 럭셔리한 분위기가 철철 흘러넘친다. 1800년대 풍의 빅토리안 양식으로 지어진 5개의 건물에서는 식민시대의 향취가 진하게 느껴진다. 현재 부티크 호텔과 레스토랑으로 이용 중인 해경본부 건물 앞에는 1961년에 설치된 2대의 대포도 있다. 시계탑의 첨탑에는 멀리서도 금방 눈에 띄는 대형 금속구체가 걸려 있는데, 예전에는 첨탑 꼭대기로 이 구체를 끌어올렸다가 13:00 정각에 떨어뜨리는 모습으로 주변을 오가는 선박에게 정확한 시간을 알려줬다.

open 10:00~22:00

네이던 로드의 화려한 야경　페닌슐라 호텔　헤리티지 1881

> 강추 맛집!
> Crystal Jade La
> Mian Xiao Long Bao
> 육즙이 가득한 중국식 만두 씨우롱빠우의 명가.
> p.40

🚶 4min   17:00   🚶 1min   18:40   🚶 3min   19:00

하버 시티, 저녁 식사
Harbour City

스타페리 선착장 바로 앞에 위치한 홍콩 최대의 쇼핑센터. 찜사쪼이 한복판인데다 교통이 편해 언제나 수많은 사람들로 북적인다. 총 5개 층으로 이루어져 있으며 3개의 백화점을 비롯한 700여 개의 숍이 입점해 있다. 명품부터 가전·잡화·화장품·기념품에 이르기까지 취급 상품이 무척 다양하며, 유명 레스토랑·카페·극장 등 각종 편의시설이 집중돼 있어 데이트 코스로도 애용된다. 구조가 은근히 복잡해 무작정 들어가면 건물 안에서 헤매거나 시간만 허비하게 될 가능성이 높으니 입구의 인포메이션 센터에서 플로어 가이드를 받은 다음 동선을 체크하며 돌아보는 게 좋다.

open 10:00~21:00(숍마다 다름)

캔톤 로드
Canton Road

세계적인 명품 브랜드가 모두 모인 '쇼퍼홀릭의 거리'. 길이 600m 정도의 도로를 따라 좌우에 프라다·샤넬·루이뷔통·디오르 등 내로라하는 명품 숍이 줄지어 있다. 홍콩에서도 신상 아이템을 가장 먼저 선보이는 곳이며, 여름·겨울 정기 세일 때는 파격적인 가격에 명품 아이템을 장만할 수 있어 홍콩을 찾는 이라면 누구나 한 번쯤 들르는 명소다. 단, 최근 급증한 중국 본토 관광객들로 인해 쾌적한 쇼핑을 즐기기가 조금 힘들다는 사실은 알아두는 게 좋을 듯!

open 10:00~20:00(숍마다 다름)

시계탑
Clock Tower

찜사쪼이의 상징으로 유명한 높이 44m의 뾰족탑(1915년). 붉은 벽돌과 화강암을 쌓아서 만든 에드워드 양식의 건물로 동서남북 사면(四面)에 4개의 커다란 시계가 달려 있다. 지금은 조그만 광장과 함께 이 건물 하나만 덩그마니 서 있을 뿐이지만, 원래 이 앞에는 1910~1978년 중국과 유럽을 오가던 시베리아 횡단 열차의 출발역이 있었다. 과거에는 이 시계탑을 보고 기관사가 열차의 출발·도착 시각을 확인했다고 한다. 원래의 역은 1978년 찜사쪼이 동쪽으로 4km 정도 떨어진 홍함 Hung Hom 역으로 기능을 이전하면서 철거됐다.

> 홍콩의 대표적인 명품 쇼핑가 캔톤 로드

홍콩 최대의 쇼핑센터, 하버 시티   시계탑   캔톤 로드

💭 **강추 맛집!**
Hui Lau Shan 망고·멜론 등 열대 과일로 만든 상큼한 디저트가 맛있다.
p.42

 1min　19:10　　 1min　19:20　　🚶1min　19:30

홍콩 문화 센터
Hong Kong Cultural Centre

가운데가 움푹 들어간 U자 모양의 독특한 건물. 밋밋한 타일 지붕과 창문이 하나도 없이 설계된 흉측한(?) 외관이 도시 미관을 해친다는 이유로 공사가 시작된 1984년부터 끊임없는 논란의 대상이 돼왔다. 내부에는 대극장·콘서트 홀·결혼 등기소 등 다양한 문화시설이 모여 있으며, 8000개의 파이프로 만든 아시아 최대의 파이프 오르간이 설치된 콘서트홀이 특히 유명하다. 광장에는 프랑스 조각가 세자르 Cesar(1921~1998)의 조각 작품 〈The Flying Frenchman〉이 세워져 있다. 이 주변은 결혼식 야외촬영의 명소로도 인기가 높아 언제나 웨딩드레스 차림의 수많은 커플들과 만나게 된다.

The Flying Frenchman

해변 산책로
Waterfront Promenade

찜사쪼이의 남쪽 끝에 위치한 스타페리 Star Ferry 선착장부터 해안선을 따라 2km 가량 이어지는 낭만 만점의 산책로. 빅토리아 항을 분주히 오가는 선박과 촘촘히 늘어선 센트럴의 빌딩 숲이 그려내는 풍경, 그리고 환상적인 홍콩의 야경을 원 없이 즐길 수 있어 홍콩을 찾는 이라면 반드시 들러야 하는 명소다. 분위기가 좋아 데이트 코스로도 인기가 높다. 가장 전망이 좋은 곳은 시계탑 앞에 위치한 2층 테라스 뷰잉 데크 Viewing Deck. 이 위에서는 빅토리아 항과 홍콩 섬의 전경이 180도로 펼쳐진다.

뷰잉 데크
open 07:00~23:00

스타의 거리
Avenue of Stars

해변 산책로 동쪽에 위치한 400m 남짓한 길이의 보행자 전용 도로. 홍콩의 유명 배우와 감독의 이름·손바닥을 새긴 동판 99개가 바닥에 깔려 있다. 로스앤젤레스 차이니즈 시어터 앞에 있는 스타의 거리를 흉내내 2004년 4월에 조성한 것으로 홍콩 영화 마니아라면 놓칠 수 없는 명소다. 우리에게 친숙한 배우의 동판은 2번 키오스크 앞부터 1000여m 구간에 모여 있다. 대표적인 배우는 이소룡·임청하·홍금보·성룡·주윤발·장국영·양조위 등이며, 오우삼·서극·왕가위 감독의 동판도 있다. 곳곳에 스타의 거리를 상징하는 조형물과 기념품점이 있으며, 벤치에 앉아 바다 건너 홍콩 섬의 풍경을 감상하기에도 좋다.

성룡의 손도장

홍콩 문화 센터　　해변 산책로의 뷰잉 데크　　스타의 거리

 20:00
 20:30
 21:00

> 심포니 오브 라이트 관람 명소는 해변의 산책로의 뷰잉 데크다. 관광객이 많이 몰리니 서둘러 가자.

> 2번 버스 피트 스트리트 Pitt Street 정류장 하차, 도보 5분. 버스에서 내릴 때는 옥토퍼스 카드를 찍지 않아도 된다.

■ Finish

심포니 오브 라이트
Symphony of Lights

홍콩 관광청에서 운영하는 세계적인 규모의 레이저 쇼다. 쇼의 무대는 까우룽 반도와 홍콩 섬을 가르는 빅토리아 항. 쇼의 주역은 찜샤쪼이 · 센트럴 · 완짜이에 자리한 홍콩을 대표하는 44개의 고층 빌딩이며, 14분 동안 홍콩의 탄생과 성장 · 번영을 주제로 화려한 볼거리를 제공한다. 무지개 빛으로 반짝이는 네온과 강렬한 레이저 빔이 검은 밤하늘을 색색으로 물들이는 동안 해변 산책로의 뷰잉 데크와 스타의 거리에 설치된 스피커에서는 흥겨운 음악과 함께 쇼를 소개하는 안내방송도 흘러나온다.

time 20:00~20:14
cost 무료

2층 버스
Double Decker Bus

2층 버스는 홍콩을 대표하는 명물 가운데 하나. 특히 스타페리 선착장(시계탑 근처) 앞의 버스 정류장을 출발해 네이던 로드를 따라 웡꼭 방면으로 운행하는 2번 2층 버스는 홍콩의 야경을 즐기기에 더할 나위 없이 좋은 교통수단이라 한 번쯤 타보길 권한다. 2층 맨 앞에 앉으면 도로를 따라 간판이 빼곡이 내걸린 네이던 로드의 풍경과 색색의 네온 불빛에 물든 화려한 야경을 맘껏 감상할 수 있다.

time 06:15~00:35(9~13분 간격)
cost HK$4.70

여인가
Ladie's Market

홍콩 최대 규모를 자랑하는 재래시장. 원래 여성용품을 파는 상점이 모여 있던 곳이라 '여인가 女人街'란 재미난 이름이 붙었다. 하지만 지금은 짝퉁 명품과 기념품 · 다기 · 티셔츠 · 시계 · 캐릭터 상품을 파는 곳으로 탈바꿈한 지 오래다. 고작 서너 명이 나란히 걷기도 힘든 좁은 통로를 따라 500m 남짓한 길이의 시장이 이어지는데, 본격적으로 활기를 띠는 때는 해가 지기 시작하는 18:00 무렵부터다. 대부분 중국산 저질 상품이라 쇼핑의 즐거움을 맛보긴 힘들지만, 간간이 특이한 물건이 눈에 띄어 구경하는 재미는 쏠쏠하다. 정가 개념이 없으니 흥정은 필수다!

open 12:00~23:30

심포니 오브 라이트 | 네이던 로드의 야경 | 여인가의 야시장

Day 2

mission

1. 금융·쇼핑의 메카 센트럴 Central 산책

2. 짜릿한 스릴의 피크 트램 타기

3. 빅토리아 피크에서 100만 불짜리 야경 감상

4. 홍콩 제일의 유흥가 란콰이퐁에서 화끈한 밤 보내기

오늘 코스 지도로 보기

www.clzup.com/qr/a2

Hong kong

MTR 센트럴 Central 역의 K번 출구를 나가자마자 바로 왼쪽에 있다.

09:00　🚶1min　09:20

Start ▶ ───────────── ○

황후상 광장
Statue Square

19세기 말에 조성된 유서 깊은 광장. 차터 로드 Charter Road를 중심으로 두 부분으로 나뉘는데, 북쪽 광장에는 제1·2차 세계대전 당시 희생된 병사들의 넋을 기리는 평화기념비, 남쪽 광장에는 입법부 빌딩이 있다. 원래 이곳에는 빅토리아 여왕과 그의 장남인 에드워드 7세, HSBC의 초대 은행장 토마스 잭슨 경의 동상이 세워져 '황후상 광장'이란 이름이 붙었다. 하지만 제2차 세계대전 당시 군수물자를 노린 일본군에게 동상이 모조리 약탈당하는 황당한 수모를 겪기도 했다. 현재 황후상 광장에는 토마스 잭슨 경의 동상만 남아 있으며, 빅토리아 여왕의 동상은 코즈웨이 베이의 빅토리아 공원에 있다.

입법부 빌딩
Legislative Council Bldg.

황후상 광장 동쪽에 위치한 2층짜리 화강암 건물. 빅토리아 후기 신고전주의 양식의 육중한 건물로 1912년 홍콩 식민지 정부 초기에 완공됐다. 처음에는 대법원으로 이용하다가 1985년 대법원 업무가 이전되면서 지금까지 홍콩 의회가 사용하고 있다. 돔 지붕 바로 앞에는 두 눈을 가린 채 저울과 검을 든 정의의 여신 테미스 Themis 상(像)이 서 있어 이곳이 예전에 법원이었음을 짐작케 해준다. 이 여신상은 런던 중앙형사법원에 있는 테미스 여신상의 '짝퉁(?) 버전'으로, 버킹검 궁전의 동쪽 부분과 빅토리아 알버트 박물관을 설계한 건축가 아스톤 웹 경 Sir Aston Webb의 작품이다.

정의의 여신 테미스

입법부 빌딩　황후상 광장

> 청콩 센터 뒤에는 인공 폭포와 수풀이 우거진 도시 속의 휴식처, 청콩 공원도 있다.

 1min   09:30

2min   09:40

 4min   09:50

홍콩상하이 은행
HSBC

홍콩의 대표적인 금융기관이자 세계 3위의 기업인 홍콩상하이 은행의 본사로 사용되던 곳이다. 홍콩의 중국 반환으로 인해 1993년 본사가 런던으로 이전됐기 때문에 지금은 홍콩 본점의 역할만 수행하고 있다. 게의 모양을 본뜬 특이한 외관의 47층 건물은 영국 최고의 건축가 노만 포스터 경의 작품이다. 이 건물이 빅토리아 피크에서 빅토리아 만까지 이어지는 '용의 동맥'의 한복판에 세워져 '피의 흐름'을 막는다는 풍수가들의 주장이 잇따르자, 결국 피의 흐름이 방해받지 않도록 에스컬레이터의 설치 각도까지 바꾸었다는 재미난 일화가 전해온다. 건물 앞에는 홍콩 지폐의 모델(?)로 유명한 청동 사자상이 있다.

청콩 센터
Cheung Kong Centre

현대적인 디자인의 69층 건물. 홍콩 6위의 초고층 빌딩(283m)으로 1999년 세워졌다. 설계는 세계적인 건축가 레오 A. 달리와 시저 펠리가 맡았으며, 홍콩 최대 재벌인 청콩 그룹의 사옥으로 사용 중이다. 꼭대기에는 청콩 그룹 회장이자 아시아 최고의 갑부 리카싱 李嘉誠의 사무실이 있다. 1928년 중국에서 태어난 리카싱은 전쟁과 가난으로 학업을 포기하고 세일즈맨으로 시작해 지금의 자리에 오른 입지전적인 인물. 홍콩 최대의 통신사 PCCW · 전력회사 HKE · 슈퍼마켓 파큰숍 · 60여개 언론사 등 홍콩의 주요 기업이 모두 그의 소유라 '홍콩에서 1달러를 쓰면 5센트는 리카싱이 가져간다'는 우스갯소리도 있다.

> 홍콩상하이 은행 앞의 청동 사자상

성 요한 성당
St. John's Cathedral

극동지역에서 가장 오래된 영국 성공회 성당. 홍콩에 주둔하는 영국군의 신앙생활을 위해 1847년 빅토리아(현재의 홍콩) 최초의 주교인 조지 스미스 Geprge Smith가 공사를 시작해 1849년에 완공시켰다. 높은 목조 천장과 위에서 길게 늘어뜨린 선풍기가 동남아 분위기를 물씬 풍긴다. 성당 입구의 바닥을 장식한 독수리 모자이크와 제단 옆의 황금 독수리 성서대(聖書臺)는 모두 성 요한을 상징하는 아이콘이다. 정중앙의 스테인드글라스에는 십자가에 매달린 예수와 성모 마리아, 성 요한이 그려져 있다.

open
월 · 화 · 목 · 금요일 07:00~18:00,
수요일 07:00~18:30,
토 · 일요일 07:00~19:30
cost 무료

청콩 센터   홍콩상하이 은행   성 요한 성당

> 전망대는 G/F층의 Visitor Registration Counter에서 여권을 제시하고 방문증을 받아야 올라갈 수 있다.

> 트램은 2층 맨 앞이나 맨 뒤에 앉으면 창밖으로 펼쳐지는 주변 경치를 감상하며 이동할 수 있다.

> **갑초 맛집!**
> Tsim Chai Kee Noodle
> 감칠맛 나는 국물과 탱글탱글한 새우살의 완탕면을 놓치지 말자.
> p.41

 5min 10:20   2min 10:50   🚋 5min 11:05

중국은행
Bank of China Tower

1990년 준공된 비대칭 삼각형의 70층 건물. 파리 루브르 박물관의 유리 피라미드를 설계한 건축가 아이 엠 페이의 작품이라 더욱 유명하다. 각기 다른 높이의 삼각형 건물 4개가 모여 하나의 건물로 통합된 디자인은 대나무를 모티브로 한 것인데, '쑥쑥 자라는 대나무'처럼 중국 경제와 중국은행이 거침없이 성장하라는 의미를 담고 있다.

43/F층에는 창문 9개가 개방된 미니 전망대가 있다. 이렇다할 편의시설은 없지만 센트럴 일대의 주요 빌딩은 물론 찜사쪼이까지 한눈에 들어올 만큼 전망이 좋다.

open 월~금요일 09:00~17:00
토요일 09:00~13:00
close 일·공휴일
cost 무료

트램
Tram

코튼 트리 드라이브 Cotton Tree Drive 정류장에서 트램을 타고 세 정거장 다음의 포팅어 스트리트 Pottinger Street 정류장에서 내린다. 트램은 뒷문으로 타고 앞문으로 내리며, 요금은 내릴 때 현금 또는 옥토퍼스 카드로 낸다.

포팅어 스트리트 정류장에서 트램 진행방향으로 80m쯤 가면 Queen Victoria Street와 만나는 곳 바로 앞에 'The Central Escaltor Link Alley Shopping Arcade'가 있으며, 여기서 에스컬레이터를 타고 위로 올라간 다음 왼쪽으로 2~3분 걸어가면 힐사이드 에스컬레이터가 있다.

코튼 트리 드라이브→포팅어 스트리트
트램 time 5분 소요 **cost** HK$2.30

힐사이드 에스컬레이터, 점심 식사
Hillside Escalator

800m라는 엄청난 길이를 자랑하는 세계에서 가장 긴 에스컬레이터. 미드레벨에 거주하는 주민들이 출퇴근하는 데 이용하기 편하도록 오전에는 하행, 오후에는 상행으로만 운행한다. 끝에서 끝까지 이동하는 데 걸리는 시간은 20분 정도. 반대방향으로 가려면 에스컬레이터 옆으로 나란히 이어지는 '끝 없는(?) 계단'을 걷는 수밖에 없다. 에스컬레이터 꼭대기는 평범한 주택가일 뿐이니 관광이 목적이라면 식당가인 소호 Soho 근처까지만 간다. 소호로 가는 도중에는 1864년에 건립된 구 센트럴 경찰서 등의 볼거리도 있다.

중국은행 / 홍콩 도심을 달리는 2층 트램 / 관광객도 애용하는 힐사이드 에스컬레이터

1min

12:30　　　　　　　　13:00　　　　　　　　13:30

할리우드 로드
Hollywood Road

힐사이드 에스컬레이터부터 썽완의 포제션 로드 Possession Road까지 이어지는 골동품 거리. 100여 년 전 홍콩을 방문한 외국 상인과 선원들이 본국으로 돌아가기에 앞서 각지에서 수집한 골동품을 이 근처에서 처분했던 것을 계기로 지금과 같은 골동품가가 형성됐다. 숍마다 진귀한 물건이 잔뜩 쌓여 있는데, 깜찍한 향수병부터 도자기, 옥 장식품, 동양화, 오래된 불상, 전통가구까지 취급품목도 다양하다. 단, 비싼 값에도 불구하고 여기서 파는 골동품의 상당수가 짝퉁이라고 하니 물건을 보는 안목이 없다면 두 눈을 즐겁게 하는 정도로 만 속하는 게 좋을 듯!

open 10:00~18:00 (숍마다 다름)

만모우 사원
Man Mo Temple

1847년 창건한 홍콩 최고(最古)의 도교 사원. 학문의 신 문창제 文昌帝와 무예·제물의 신 관우 關羽를 모신다. 안으로 들어가면 소용돌이 모양의 커다란 선향(線香)이 천장을 가득 메우고 있다. 매캐한 향 연기로 뒤덮인 사원 제일 안쪽에 4개의 신상을 모셔 놓았는데, 붉은 옷의 신상이 문창제, 초록 옷의 신상이 관우다. 문창제상 앞에는 붓을 든 손 모양의 조각, 관우상 앞에는 커다란 청룡언월도가 놓여 있어 금방 구별된다. 학문 성취는 붓, 사업 성공은 청룡언월도를 쓰다듬으면서 소원을 빌면 반드시 이루어진다고!

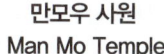
이국적인 스타일의 불상

open 08:00~18:00, 음력 1·15일 07:00~18:00
cost 무료

캣 스트리트
Cat Street

150m쯤 되는 골목길을 따라 불상·옥·보석·다기 등 출처불명의 골동품을 파는 노점이 촘촘히 늘어선 벼룩시장. 온통 녹슬고 때가 탄 물건투성이지만 잡동사니 무더기를 뒤지다 보면 의외로 괜찮은 보물(?)이 눈에 띄기도 한다. 골동품을 보는 안목이 없더라도 값이 싸 바가지 쓸 걱정 없이 이 쇼핑을 즐길 수 있는 게 장점. 물론 흥정만 잘하면 값은 하염없이 내려간다. 캣 스트리트라는 지명은 도둑을 쥐새끼, 장물아비를 고양이라고 부르던 홍콩의 관습에서 유래했는데, 장물아비들이 여기 모여 장사를 하다 보니 자연스레 거리 이름도 캣 스트리트라고 불리게 됐다.

open 10:00~20:00 (숍마다 다름)

할리우드 로드　만모우 사원　캣 스트리트

퍼시픽 플레이스
Pacific Place

쾌적한 시설과 세련된 인테리어가 돋보이는 대형 쇼핑몰. 두 개의 백화점과 극장, 내로라하는 명품 숍이 모두 입점해 있어 홍콩 1·2위를 다투는 쇼핑 명소로 인기가 높다. LG·L1·L2·L3·L4층의 총 5개 층으로 구성돼 있는데, 저층은 젊은층이 선호하는 중저가 브랜드가 많아 자유분방한 분위기인 반면, 고층으로 올라갈수록 명품 숍이 즐비한 고급 쇼핑가로 꾸며진 게 특징이다. LG층의 로비에서는 시즌마다 다양한 전시회도 열린다.

open 10:00~20:00
close 구정연휴

플래그스태프 하우스 다기 박물관
Flagstaff House Museum of Tea Ware

1846년에 지어진 영국군 연대 지휘관의 저택. 홍콩에서 가장 오래된 식민지 양식의 건물이다. 1984년부터 다기 박물관으로 사용 중인데 9개의 갤러리에 전시된 600여 점의 자료가 기원전 11세기부터 현대에 이르기까지 중국 다도의 변천사를 일목요연하게 보여준다.

뮤지엄 숍에서는 찻주전자·찻잔 등의 다구와 30여 종의 중국 차를 판매하며, 1일 다도 체험 프로그램도 운영한다.

open 월·수~일요일 10:00~18:00
close 화요일, 구정연휴 2일
cost 무료

홍콩 공원
Hong Kong Park

도심 한복판에 위치한 대형 공원으로 1991년 개원했다. 8만㎡의 부지에는 연못·폭포·온실·조류관·카페테리아 등 편의시설이 오밀조밀 모여 있어 늘 현지인과 관광객으로 붐빈다. 비록 규모는 작지만 그림처럼 예쁜 휴식처라 기념사진 촬영의 명소로도 인기가 높은데, 홍콩을 대표하는 초고층 빌딩이 주위를 빙 둘러싸며 멋진 배경을 완성시켜준다. 공원 안에는 결혼등기소가 있어 신혼 커플들의 야외 촬영 모습이 심심찮게 눈에 띄며, 울창한 열대우림을 재현한 실내에서 600여 종의 조류를 사육하는 에드워드 유드 조류관도 있다.

open 공원 06:00~23:00, 조류관 09:00~17:00
cost 무료

박물관에 전시된 골동품 다기

퍼시픽 플레이스 | 플래그스태프 하우스 다기 박물관 | 쾌적한 홍콩 공원

> 강추 맛집!
> Bubba Gump 바삭함이 살아 있는 고소한 새우 튀김이 으뜸. 창밖으로 멋진 야경이 펼쳐진다.
> p.41

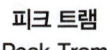

3min —— 17:00 —— 1min —— 17:30 —— 1min —— 18:00

피크 트램
Peak Tram

불과 7분이면 해발 400m의 빅토리아 피크에 도착할 만큼 빠른 속도를 자랑한다. 진행 방향 오른쪽 창가에 앉으면 고도가 높아짐에 따라 점차 모습을 달리하는 센트럴의 전경을 두 눈 가득 담을 수 있으며, 45도 각도로 기울어진 채 언덕을 기어오르기 때문에 마치 롤러코스터를 탄 듯 짜릿한 스릴을 맛볼 수 있다.

피크 트램 역은 티켓을 사려는 사람들로 언제나 인산인해를 이룬다. 특히 주말·공휴일에 붐비는데 표 구입에만 30분~1시간씩 걸리니 주의!

time 07:00~24:00(10~15분 간격)
cost 편도 HK$28, 왕복 HK$40
(옥토퍼스 카드 사용 가능)

피크 타워
The Peak Tower

중국식 프라이팬의 모양을 본떠서 만든 반달형의 건물. 센트럴의 스카이라인과 주변 산세, 그리고 중국 전통 이미지가 동시에 조화를 이루도록 디자인한 영국 건축가 테리 파렐의 작품이다. 가운데 오목한 모양은 쏟아지는 복을 받아 부자가 되라는 뜻도 담고 있다. 옥상의 전망대 스카이 테라스 Sky Terrace 428에서는 홍콩 전역은 물론, 멀리 중국 내륙까지도 보일 만큼 전망이 좋다.

open 07:00~24:00
cost 무료

스카이 테라스 428
open 월~금요일 10:00~23:00,
토·일·공휴일 08:00~23:00
cost HK$45(옥토퍼스 카드 사용 가능)

피크 갤러리아, 저녁 식사
The Peak Galleria

대형 쇼핑몰이자 빅토리아 피크를 대표하는 또 하나의 전망대. L3층에 무료 전망대 그린 테라스 Green Terrace가 있다. 남쪽의 폭푸람 존 Pokfulam Zone 전망대에서는 홍콩 섬 남부의 해안 풍경, 북쪽의 빅토리아 하버 존 Victoria Harbour Zone 전망대에서는 피크 타워와 어우러진 홍콩의 전경이 시원스레 펼쳐진다. 연일 북적이는 피크 타워의 스카이 테라스 428 전망대와 달리 찾는 이가 별로 없어 훨씬 쾌적하게 경치를 즐길 수 있는 게 매력! G/L층~L2층의 쇼핑몰에는 의류·신발·기념품·액세서리를 취급하는 50여 개의 숍과 레스토랑·슈퍼마켓 등이 입점해 있다.

open 08:00~23:00

피크 트램 · 피크 타워 · 피크 타워에서 바라본 홍콩 도심

20min   20min    20min~

20:00   21:30   21:30 ■ Finish

뤼가드 로드 전망대
Lugard Road Lookout

홍콩 제일의 경치를 자랑하는 전망대이자 숨겨진 명소! 사실 온갖 그림엽서와 포스터를 장식한 홍콩의 멋진 풍경은 모두 여기서 촬영된 것이다. 숲속으로 이어진 산길을 걷다보면 탁 트인 공간이 나타나는데, 거기서부터 200여m 구간이 전망 포인트다. 아찔한 낭떠러지 아래로 삐쭉삐쭉 솟은 고층 빌딩과 거칠 것 없이 펼쳐진 광대한 파노라마는 다른 어디서도 경험할 수 없는 '감동의 쓰나미' 그 자체! 단, 은근히 많이 걸어야 하고 밤이면 인적이 드물어지니 주의하자. 중간중간 가로등이 설치돼 있긴 하지만 밤눈이 어두운 사람은 플래시를 준비해 가는 게 안전하다.

빅토리아 피크→란콰이퐁
Victoria Peak→Lan Kwai Fong

빅토리아 피크에서 센트럴의 란콰이퐁까지는 빠르고 저렴한 미니 버스를 이용한다. 피크 갤러리아 지하의 버스 터미널에서 센트럴 Central 中環 행 1번 미니 버스를 타면 된다. 옥토퍼스 카드를 사용할 수 있으며 요금은 탈 때 낸다. 내리는 곳은 센트럴의 페더 스트리트 Pedder Street 정류장(MTR 센트럴 역 근처)인데, 별도의 안내방송이 없으니 운전사나 현지인에게 MTR 센트럴 역 근처에 내려달라고 부탁하는 게 좋다. 페더 스트리트의 버스 정류장에서 란콰이퐁까지는 도보 5분 거리다.

빅토리아 피크→페더 스트리트
1번 미니 버스
time 20분 소요 **cost** HK$9.20

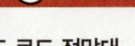

란콰이퐁
Lan Kwai Fong

홍대 앞 분위기를 물씬 풍기는 홍콩 제일의 유흥가. 퍼브 · 클럽 · 레스랑이 가득한 이색지대다. 낮에는 한산한 식당가지만 밤이면 활기찬 모습으로 대변신한다. 본격적으로 물이 오르는 시간은 21:00 이후이며, 금 · 토요일로 이어지는 주말 밤이 하이라이트다.

현지인은 물론 외국인 여행자에게도 인기가 높은 곳은 밴드 연주가 유명한 바 인섬니아 Insomnia, 생생한 라이브 연주를 즐길 수 있는 하드록 카페 Hard Rock Cafe, 란콰이퐁 제일의 클럽으로 명성이 자자한 드래곤아이 Dragon-I, 100여 종의 맥주를 취급하는 홍콩 브루이 하우스 Hong Kong Brew House 등이다.

web www.lankwaifong.com

뤼가드 로드 전망대에서 본 홍콩의 야경   란콰이퐁

Day 3·4

mission

1. 도심 공항터미널 얼리 체크인
2. 홍콩의 갑부촌 리펄스 베이 Repulse Bay 구경
3. 유럽 분위기가 감도는 스탠리 Stanley에서 휴식
4. 쇼핑 타운 코즈웨이 베이 Causeway Bay 산책
5. 홍콩→인천 이동

오늘 코스 지도로 보기

www.clzup.com/qr/a3

Hong kong

얼리 체크인시 탑승수속 소요시간은 10~30분, 이때 탑승권도 발급해주니 잃어버리지 않게 주의하자.

08:00 — 5min — 09:00

Start ▶

얼리 체크 인
Early Check In

아침 일찍 짐을 챙겨들고 숙소를 나와 AEL의 홍콩 Hong Kong 역(MTR 홍콩 역·센트럴 역과 지하로 연결됨)에 있는 도심 공항터미널 In-town Check In로 간다. 그리고 입구에 위치한 개찰구에 옥토퍼스 카드를 찍고 안으로 들어가 캐세이 퍼시픽 카운터에서 여권과 항공권을 제시하고 탑승수속을 한다. 동시에 트렁크 등 큰 짐의 수하물 탁송도 끝낸다. 이렇게 하면 공항으로 바로 짐이 보내지기 때문에 굳이 힘들게 짐을 들고 다닐 필요가 없다. 공항까지의 AEL 요금(HK$100)은 이때 옥토퍼스 카드에서 자동으로 결제된다.

도심 공항터미널
open 05:30~00:30

센트럴 → 리펄스 베이
Central → Repulse Bay

탑승수속을 마친 뒤 바로 옆 건물에 위치한 익스체인지 스퀘어 Exchange Square 버스 터미널로 간다(도보 5분). 여기서 6·6A·6X·260번 버스 가운데 가장 먼저 출발하는 것을 타고 리펄스 베이 비치 Repulse Bay Beach 정류장에서 내리면 되는데, 정류장 안내방송이 없으니 주의하자. 버스에서 내릴 때는 옥토퍼스 카드를 한 번 더 찍으면 구간 요금이 적용돼 요금의 일부가 반환된다(HK$2.60~4).

익스체인지 스퀘어→리펄스 베이 비치
6번 버스
time 30~40분 소요 **cost** HK$7.90
6A·6X번 버스
time 25~30분 소요 **cost** HK$8.40
260번 버스
time 20분 소요 **cost** HK$10.60

AEL 홍콩 역의 도심 공항터미널 | 리펄스 베이 행 2층 버스

 20min~ 09:30　　　3min 10:00　　　1min 10:50

리펄스 베이 맨션
Repulse Bay Mansion

리펄스 베이의 대명사로 통하는 최고급 맨션. 파도를 본뜬 S자형의 외관과 창문처럼 뚫린 8층 높이의 거대한 구멍 때문에 금방 눈에 띈다. 평당 수억원을 호가하는 최고급 맨션에 커다란 구멍을 뚫어놓은 이유는 일종의 액땜을 위해서다. 이 건물이 뒷산과 바다를 오가는 용신(홍콩 풍수에서 말하는 기의 흐름)의 길을 가로막아 화를 초래할지 모른다는 소문이 퍼지자 공사 도중 설계를 변경해 건물 한가운데 '용신 전용통로'를 뚫어 버린 것. 현재 이곳엔 유덕화·곽부성 등 내로라하는 갑부와 유명 스타가 모여 살기 때문에 일반인의 출입이 통제되며, 쇼핑 아케이드를 통해 맨션 입구까지만 들어갈 수 있다.

리펄스 베이 비치
Repulse Bay Beach

홍콩 섬 최고의 인기를 구가하는 해수욕장. 완만한 곡선의 해안선을 따라 폭 80m, 길이 500m 남짓한 백사장이 이어지며 탈의실·샤워실·화장실 등 각종 편의시설이 완벽히 갖춰져 있다. 물론 이용료는 공짜! 거대한 백사장이 해외에서 들여온 모래로 만든 인공해변이란 사실도 놀랍다.

해수욕 시즌은 4월 말~10월이지만 겨울에도 햇살이 내리쬘 때는 섭씨 20도 가까이 기온이 올라 일광욕을 즐기기에 전혀 무리가 없으니 바닷물에 잠시 발을 담그고 여행의 낭만을 즐겨보자. 돗자리·선블록·음료수 등은 리펄스 베이 맨션의 슈퍼마켓 또는 해변 바로 옆의 편의점 세븐일레븐에서 판다.

틴하우 상
Tin Hau Statue

울긋불긋 화려한 원색으로 치장한 전형적인 도교사원. 홍콩의 유력 인사와 단체들이 기증한 크고 작은 불상과 신상이 가득하다. 뱃사람의 수호신 틴하우 天后와 관음보살을 모시기 때문에 사원 앞에는 두 개의 거대한 신상이 놓여 있다. 오른쪽에 황금관을 쓴 게 틴하우, 왼쪽의 흰옷을 두른 게 관음보살이다. 예전에는 어부들이 바다로 나가기에 앞서 여기서 무사안전과 풍어를 기원했다고 한다. 관음보살 앞에는 정재(正財)의 신상이 있는데, 신상 왼쪽에 놓인 구리 그릇의 양 귀퉁이를 세 번 문지른 뒤, 신상의 머리에서 발목까지를 쓰다듬고 바로 자기 주머니에 손을 넣으면 부자가 된다고 한다.

 정재의 신상

리펄스 베이 맨션

리펄스 베이 비치　　　틴하우 상

> 스탠리 빌리지 버스 터미널에서 머리 하우스까지는 도보 10분 정도 걸린다.

 20min   11:30    15min~   12:00    2min   13:00

리펄스 베이 → 스탠리
Repulse Bay → Stanley

틴하우 상을 보고 리펄스 베이 비치 정류장으로 돌아간다(도보 20분). 그리고 6 · 6A · 6X · 260번 버스 가운데 가장 먼저 오는 것을 타고 스탠리로 간다. 내리는 곳은 스탠리 빌리지 버스 터미널 Stanley Village Bus Terminus인데, 역시 정류장 안내방송이 없으니 운전사나 현지인에게 내릴 곳을 알려달라고 부탁하는 게 좋다. 리펄스 베이에 갈 때와 달리 스탠리로 갈 때는 버스에서 내리면서 옥토퍼스 카드를 한 번 더 찍을 필요가 없으니 주의하자.

리펄스 베이 비치→스탠리 빌리지 버스 터미널
6 · 6A · 6X번 버스
time 15~20분 소요 **cost** HK$4.60
260번 버스
time 15~20분 소요 **cost** HK$6.60

머리 하우스, 점심 식사
Murray House

영국 분위기를 한껏 뽐내는 석조 건물. 원래 센트럴 한복판에 있었으나 그 자리에 중국은행이 세워지면서 지금의 위치로 옮겨왔다. 1840년 영국 왕립 공병대에 의해 빅토리아 병영의 일부로 지어졌으며, 1846~1963년에는 군용 식량창고, 제2차 세계대전 때는 일본군 취조실로 이용됐기 때문에 기둥 곳곳에 전쟁 당시의 탄흔이 남아 있다. 수십 개의 돌기둥이 떠받친 우아한 기풍의 건물은 총 40만 개의 벽돌로 이루어져 있다. 이축 당시 하나하나 분해해 이 자리에 재조립했다고 하니 엄청난 노고가 짐작이 가고도 남을 듯! 1 · 2/F층에는 스탠리의 명물로 통하는 4개의 레스토랑이 있다.

open 10:00~24:00 (업소마다 다름)

틴하우 사원
Tin Hau Temple

1767년에 세운 사원이지만 최근 재건돼 예스러운 멋을 찾아보기는 힘들다. 화려한 장군상과 봉황이 새겨진 정문으로 들어가면 중정(中庭)을 지나 제단이 나타난다. 한가운데에 붉은 옷의 황금빛 틴하우 상(像)을 모셔놓았고, 양쪽에는 재물 · 풍어 · 복 · 건강을 관장하는 18개의 신상이 안치돼 있다. 왼쪽 벽에는 1942년 스탠리 경찰서에서 잡힌 호랑이의 가죽이 검게 퇴색한 채 걸려 있다. 호랑이 가죽이 사원에 안치됐을 무렵 두 차례나 일본군의 공습을 받았으나, 사원은 물론 이곳에 피신한 사람은 아무런 피해도 입지 않아 '호랑이의 보호를 받는 사원'으로 알려지기 시작했다.

open 07:00~18:00

> 뱃사람의 수호신 틴하우

머리 하우스 | 머리 하우스에는 맛집이 모여있다 | 틴하우 사원

스탠리 만
Stanley Bay

스탠리에서 가장 서구적인 스타일을 뽐내는 곳. 부채꼴 모양의 해안을 따라 패셔너블한 바와 레스토랑이 모여 있다. 스탠리 만의 진면목을 만끽하려면 주말에 가야 한다. 차량통행이 금지되는 금요일(19:00~23:00)과 토·일·공휴일(11:00~23:00)이면 노천 테이블이 즐비한 모습이 유럽의 어느 거리를 옮겨 놓은 듯 이국적인 풍경으로 다가온다. 한여름에는 노천 테이블에 앉아 시원하게 맥주를 들이키며 활기찬 거리의 모습을 구경하는 것도 재미있다.

스탠리 마켓
Stanley Market

서울의 남대문 시장을 연상시키는 전형적인 재래시장. 일명 '짝퉁 천국'으로 유명해 언제나 호기심 왕성한 관광객들로 북적인다. 하지만 규모는 그리 크지 않아서 200m 남짓 이어지는 폭 2~3m의 골목길(?) 스탠리 메인 스트리트 Stanley Main Street가 시장의 전부라 해도 과언이 아니다.

좁은 골목 양쪽에는 의류·전통의상·신발·가방·패션소품·기념품·장난감·골동품을 파는 상점 160여 개가 줄줄이 들어서 있다. 영어가 비교적 잘 통하고 관광객이 선호하는 디자인의 아이템이 많아 구경하는 즐거움은 있지만, 대부분 중국산 저질 상품이라 쇼핑의 재미를 보기는 힘들다.

open 10:00~20:00(숍마다 다름)

스탠리→코즈웨이 베이
Stanley→Causeway Bay

스탠리 빌리지 버스 터미널 인근에 위치한 미니 버스 정류장에서 40번 미니 버스를 타고 종점인 코즈웨이 베이 Causeway Bay 정류장에서 내린다. 버스 정류장 주변은 길이 은근히 복잡하니 지도를 잘 보고 움직여야 한다. 코즈웨이 베이의 첫 여행지인 눈 데이 건까지는 도보 15분 정도 걸린다.

스탠리→코즈웨이 베이
40번 미니 버스
time 40분 소요 **cost** HK$10

 40min~ 16:00　　 1min　16:10　　 2min　16:20

> 코즈웨이 베이 타이푼 셸터에서 빅토리아 공원으로 갈 때는 두 지역을 연결하는 육교를 이용한다.

눈 데이 건
Noon Day Gun

이름 그대로 매일 정오에 쏘는 대포. 1840년부터 일본 강점기(1941~1947)를 제외한 160여 년 동안 하루도 거르지 않고 대포를 쏴왔다. 현재 눈 데이 건이 놓여 있는 자리는 1844년 마카오에서 이전해온 자딘 매드슨 사의 본사가 있던 곳이다. 처음 사용하던 대포는 일본에 점령당한 1941년 12월에 사라져 버렸으며, 제2차 세계대전이 끝난 뒤 영국 해군에서 양도받은 대포가 그 자리를 대신했다. 매일 12:00 정각에 대포 옆에 놓인 종을 울리고 대포를 쏘는데 의외로 요란한 소리에 깜짝 놀라기 십상이다. 대포를 쏜 직후 포대를 개방하는 동안 안에서 기념사진도 찍을 수 있다.

open 07:00~24:00,
포대 개방 12:00~12:20

코즈웨이 베이 타이푼 셸터
Causeway Bay Typhoon Shelter

태풍에 대비해 만든 홍콩 최초의 선박 피난소. 거대한 방파제가 빅토리아 항을 따라 길게 이어진다. 원래의 타이푼 셸터는 1883년 완공됐는데, 불과 20년 뒤인 1903년 공간부족으로 확장공사의 필요성이 제기됐다. 그러나 예산부족으로 공사를 미루다 1906년 9월에 급습한 초대형 태풍으로 1만 5000명의 목숨과 3653척의 선박을 잃은 뒤 본격적인 확장공사가 진행됐다. 지금의 타이푼 셸터는 1960년대에 조성된 것으로 26만㎡의 공간에 7000여 척의 선박을 수용할 수 있다. 방파제를 기준으로 서쪽에는 호화 요트, 동쪽에는 초라한 수상가옥이 모여 있어 천양지차로 벌어진 홍콩의 빈부격차를 실감하게 한다.

빅토리아 공원
Victoria Park

1957년 개장한 홍콩 최대의 공원. 지금의 이름은 입구에 놓인 빅토리아 여왕의 동상에서 유래했다. 이 동상은 원래 센트럴의 황후상 광장에 있던 것인데, 제2차 세계대전 당시 일본군에 약탈당한 것을 되찾아다가 지금의 자리에 세워놓았다. 흥미로운 점은 지금의 공원 터가 원래는 육지가 아니라 바다였다는 사실이다. 1950년대 대규모 간척사업이 진행되면서 바다를 메워 육지를 만들고 그 자리에 지금의 공원을 조성한 것. 공원에는 누구나 자유로이 이용 가능한 축구장·농구장·테니스장·조깅 코스 등의 다양한 체육시설이 갖춰져 있으며, 이른 아침과 저녁 때는 태극권을 즐기는 현지인들로 북적인다.

눈 데이 건　　빅토리아 공원의 빅토리아 여왕 동상　　코즈웨이 베이 타이푼 셸터의 요트 정박장

> **강추 맛집!**
> Tai Woo Restaurant
> 다양한 해산물 요리를
> 할인적인 가격에 맛볼 수
> 있는 광동 요리 전문점
> p.42

> 트램 페더 스트리트
> Pedder Street 정류장
> 하차, 도보 7분(HK$2.30).

 1min   16:50   🚋 20min~   19:30   5min   22:30

코즈웨이 베이 쇼핑가, 저녁 식사
Causeway Bay

코즈웨이 베이는 센트럴 · 찜사쪼이와 더불어 홍콩의 3대 쇼핑가로 꼽히는 지역이다. 때문에 주말이면 걷기조차 힘들 만큼 엄청난 인파로 북적인다. 여러 쇼핑몰 가운데 특히 주목할만한 곳은 홍콩의 젊은이들이 즐겨찾는 쇼핑몰 타임즈 스퀘어 Times Square, 최근 코즈웨이 베이의 랜드마크로 급부상 중인 대형 복합 쇼핑몰 하이산 플레이스 Hysan Place, 홍콩 스트리트 패션의 메카로 명성이 자자한 패션 워크 Fashion Walk, 인테리어 소품 전문점 이케아 IKEA 등이다. 쇼핑가 곳곳에 유명 맛집이 숨어 있어 식도락을 즐기기에도 좋다.

open 10:00~22:00(숍마다 다름)

IFC
International Finance Centre

원 IFC와 투 IFC, 그리고 쇼핑몰인 IFC 몰로 이루어진 다목적 빌딩. 주목할 것은 2003년 완공된 투 IFC 빌딩이다. 건축가 세자르 펠리가 설계한 것으로 단순하면서도 세련된 디자인과 하늘을 향해 우뚝 솟은 모습이 SF 영화의 한 장면을 연상시킨다.

IFC 몰은 지하 2층, 지상 5층으로 구성된 복합 쇼핑 공간으로 200여 개의 상점 · 레스토랑 · 극장이 들어서 있다. 서울의 코엑스 몰과 같은 곳으로 쇼핑 · 먹거리 · 엔터테인먼트를 원스톱으로 즐길 수 있어 현지인은 물론 관광객도 즐겨 찾는다. 3/F층과 4/F층에는 주변 경관이 한눈에 들어오는 아담한 전망 테라스도 있다.

open 10:30~21:00(숍마다 다름)

AEL 홍콩 역
Hong Kong Station

IFC의 쇼핑가 · 식당가에서 시간을 보내다 지하에 있는 AEL 홍콩 역으로 내려가 공항으로 떠날 채비를 한다. 시간이 많이 남을 때는 근처의 란콰이퐁 Lan Kwai Fong(p.62)에서 잠시 놀다 와도 된다.

AEL 홍콩 역의 개찰구에 옥토퍼스 카드를 찍고 안으로 들어가 열차에 오른다. 이곳이 출발역이라 자리 잡기는 어렵지 않으며, 요금은 오전에 얼리 체크인을 하면서 이미 결제됐기 때문에 추가로 빠져나가지 않는다. 그리고 자리에 앉아 잠시 휴식을 취하다보면 홍콩 국제공항에 도착한다.

홍콩 역→홍콩 국제공항역
AEL
time 24분 소요 **cost** HK$100

하이산 플레이스   투 IFC 빌딩   홍콩 제일의 쇼핑 명소 IFC 몰

| 23:00 | 01:00 | 05:35 Finish |

홍콩 국제공항
Hong Kong Intl. Airport

AEL 열차에서 내려 터미널 1에 있는 AEL 유인 매표소로 간다. 첫날 홍콩에 도착해서 옥토퍼스 카드를 구입한 곳이라 찾기는 어렵지 않을 것이다. 여기서 옥토퍼스 카드를 제시하고 보증금(HK$50)과 카드 잔액 환불을 요청하면 수수료 HK$9를 공제한 나머지 금액을 돌려준다.

탑승수속 및 수하물 탁송은 오전에 얼리 체크인을 하면서 모두 끝냈으니 바로 7/F층에 위치한 출국장으로 가서 여권과 탑승권을 제시하고 출국심사를 받는다. 출국장은 시설이 쾌적하고 면세점 등의 편의시설이 잘 갖춰져 있으니 비행기 출발 시각 전까지 면세점 구경을 하거나 탑승구 근처에서 휴식을 취하며 시간을 보낸다.

캐세이패시픽, 홍콩 출발
Cathay Pacific CX412

비행기 탑승은 출발시각 30분 전부터 시작된다. 공항이 워낙 큰 까닭에 면세점 구경을 하다가 탑승구에 늦게 도착하는 경우가 종종 발생하니 시간 여유를 넉넉히 두고 탑승구로 이동하는 게 좋다.

자리에 앉으면 담요를 확보한 뒤 승무원에게 안대 Eye Patch와 귀마개 Ear Plug를 달라고 부탁한다. 실제 비행시간이 3시간 정도에 불과한 무척 짧은 야간비행이라 최대한 숙면을 취하려면 위의 준비물은 필수다. 기내가 무척 건조해 자는 동안 목과 코에 불편을 느낄 가능성이 높은데, 이때를 대비해 마스크를 가져가면 숙면을 취하는 데 조금이나마 도움이 된다.

인천국제공항 도착
Incheon Intl. Airport

공항 도착 1시간 전쯤 기내식이 제공된다. 하지만 이른 새벽 잠이 덜 깬 상태로 고 칼로리의 느끼한 기내식을 먹는 것도 그리 유쾌한 일은 아니다. 가벼운 식사를 원한다면 미리 항공사에 연락해 과일·샐러드 등의 '특별식'을 주문하는 것도 요령! 기내식 주문은 비행기 출발 시각 기준 24시간 전까지 마쳐야 하며 요금은 무료다. 1분 1초라도 잠이 더 소중한 이는 기내식을 취소시키고 공항 도착 때까지 숙면을 취하면 된다.

단, 잠이 덜 깬 상태로 비행기에서 내리다 소지품을 잃어버리는 사고가 종종 발생하니 도착 시각보다 조금 일찍 일어나 내릴 채비를 하는 센스는 필수!

옥토퍼스 카드

홍콩 국제공항 | 홍콩 국제공항의 출국장 | 한국으로 떠날 채비를 하는 비행기

식도락 · 휴식 · 문화 기행

홍콩
3박 5일

89만 원~

travel note!

홍콩 3박 5일

볼거리 ★★★★★
식도락 ★★★★★
쇼핑 ★★★★★
유흥 ★★★★☆

홍콩 전역을 샅샅이 훑어보려는 욕심쟁이 여행자와 조금은 색다른 여행지를 원하는 가족·커플 여행자에게 적합한 일정. 3일에 걸쳐 주요 명소·맛집·쇼핑 포인트를 두루 섭렵하고, 남은 하루 동안 아시아 최장의 길이를 뽐내는 케이블카와 테마파크의 대명사 홍콩 디즈니랜드를 돌아본다.

day 1

인천→홍콩, 찜사쪼이

숙박 홍콩

- 08:50 캐세이패시픽, 인천 출발
- 11:30 홍콩 국제공항 도착
- 12:30 공항→숙소
- 13:10 숙소 체크인 또는 짐 맡기기
- 13:40 홍콩 역사 박물관
- 15:50 네이던 로드
- 16:00 페닌슐라 호텔
- 16:20 헤리티지 1881
- 17:00 하버 시티, 저녁 식사
- 18:40 캔톤 로드
- 19:00 시계탑
- 19:10 홍콩 문화 센터
- 19:20 해변 산책로
- 19:30 스타의 거리
- 20:00 심포니 오브 라이트
- 20:30 2층 버스
- 21:00 여인가 야시장

day 2

센트럴·빅토리아 피크

숙박 홍콩

- 09:00 황후상 광장·입법부 빌딩
- 09:30 홍콩상하이 은행
- 09:40 청콩 센터
- 09:50 성 요한 성당
- 10:20 중국은행
- 11:05 힐사이드 에스컬레이터, 점심 식사
- 12:30 할리우드 로드
- 13:00 만모우 사원
- 13:30 캣 스트리트
- 14:20 퍼시픽 플레이스
- 15:20 플래그스태프 하우스 다기 박물관
- 16:00 홍콩 공원
- 17:00 피크 트램
- 17:30 피크 타워
- 18:00 피크 갤러리아, 저녁 식사
- 20:00 뤼가드 로드 전망대
- 21:30 란콰이퐁

기본 준비

추천 항공편 캐세이패시픽
인천 08:50→**홍콩** 11:30
홍콩 01:00→**인천** 05:35
숙박 홍콩 3박, 기내 1박
예산 893,000원~
숙박비 HK$1200(한인민박 1인실 3박)
생활비 HK$1400(4일)
입장료 HK$650
교통비 HK$400
항공료 40만 원~

※HK$1=135원 기준

day 3

란타우 섬·홍콩 디즈니랜드

숙박 홍콩

- 08:00 숙소 → MTR 똥총 역
- 09:00 옹핑 케이블카
- 09:30 뽀우린 사원
- 11:00 시티게이트 아웃렛, 점심 식사
- 13:00 홍콩 디즈니랜드

day 4

리펄스 베이·스탠리·코즈웨이 베이

숙박 기내

- 08:00 얼리 체크인
- 09:00 센트럴 → 리펄스 베이
- 09:30 리펄스 베이 맨션
- 10:00 리펄스 베이 비치
- 10:50 틴하우 상
- 11:30 리펄스 베이 → 스탠리
- 12:00 머리 하우스, 점심 식사
- 13:00 틴하우 사원
- 13:30 스탠리 만·스탠리 마켓
- 15:00 스탠리 → 코즈웨이 베이
- 16:00 눈 데이 건
- 16:10 코즈웨이 베이 타이푼 셸터
- 16:20 빅토리아 공원
- 16:50 코즈웨이 베이 쇼핑가, 저녁 식사
- 19:30 IFC
- 22:30 AEL 홍콩 역
- 23:00 홍콩 국제공항 도착

day 5

홍콩 → 인천

- 01:00 캐세이패시픽, 홍콩 출발
- 05:35 인천국제공항 도착

요점 정리!

한국 오전, 홍콩 심야 출발 항공편 이용

짧은 기간 효율적으로 홍콩 여행을 하려면 우리나라에서 아침 일찍, 홍콩에서는 심야에 출발하는 항공편을 이용한다. 이와 같은 스케줄로 운항하는 항공사는 캐세이패시픽·대한항공·아시아나 항공 등이 있으며, 이동하면서 버리는 시간적 손실을 최소화할 수 있어 유리하다.

이스타 항공·진에어·제주항공 등의 저가항공사는 상대적으로 요금이 저렴하지만, 귀국편이 홍콩에서 점심 무렵 출발하기 때문에 여행 마지막날 하루의 시간을 손해보거나 동일한 기간을 여행하기 위해 추가로 1박을 더해야 하는 단점이 있다.

교통이 편리한 한인민박·게스트하우스를 예약

MTR(지하철) 연결이 원활한 찜사쪼이 Tsim Sha Tsui 또는 센트럴 Central·완짜이 Wan Chai·코즈웨이 베이 Causeway Bay 주변의 숙소를 이용하는 게 편리하다. 저렴한 숙소를 원하면 찜사쪼이 일대의 한인민박·게스트하우스를 이용한다. 인터넷에서 '홍콩 민박·Guest House'로 검색하면 쉽게 찾을 수 있으며 숙박비는 1박 HK$350(1인실) 수준이다. 쾌적한 시설을 원하면 1박 HK$1000(2인실 기준) 정도의 호텔을 이용해도 좋다. 호텔은 1인실과 2인실의 요금이 동일하니 둘이 함께 이용하면 숙박비를 절약할 수 있다.

홍콩 3박 5일

Day 1

mission

1. 인천→홍콩 이동

2. 매력 만점 다운타운 찜사쭈이 Tim Sha Tsui 산책

3. 100만 불짜리 야경 & 레이저 쇼 감상

※ 일정은 p.50와 동일

오늘 코스 지도로 보기

www.clzup.com/qr/a4

Hong kong

Day 2

mission

1. 금융·쇼핑의 메카 센트럴 Central 산책

2. 짜릿한 스릴의 피크 트램 타기

3. 빅토리아 피크에서 100만 불짜리 야경 감상

4. 홍콩 제일의 유흥가 란콰이퐁에서 화끈한 밤 보내기

※ 일정은 p.56와 동일

오늘 코스 지도로 보기

www.clzup.com/qr/a5

Hong kong

Day 3

mission

1. 세계에서 가장 긴 옹핑 케이블카 타기

2. 청동대불이 유명한 뽀우린 사원 방문

3. 홍콩 디즈니랜드에서 신나게 놀기

오늘 코스 지도로 보기

www.clzup.com/qr/a6

Hong kong

> 평일에는 옹핑 케이블카가 10:00부터 운행을 개시한다. 이때는 숙소에서 09:00에 출발한다.

> 날씨가 나쁘면 아무것도 안 보인다. 글자그대로 '구름 속의 산책'이 될 뿐이니 알고예보 확인은 필수!

08:00  30min~ 09:00 25min 09:30

 Start

숙소→똥총
Hotel→Tung Chung

옹핑 케이블카를 타려면 홍콩 국제공항이 위치한 란타우 Lantau 섬의 똥총 Tung Chung으로 가야 한다. 센트럴 주변 지역에서는 MTR 홍콩 역에서 출발하는 똥총 선 Tung Chung Line을 타고 종점인 똥총 Tung Chung 역에서 내리면 된다. 찜사쪼이에서는 췬완 선 Tsuen Wan Line의 라이킹 Lai King 역 또는 웨스트 레일 선 West Rail Line의 남청 Nam Cheong 역에서 똥총 선으로 갈아타고 간다.

홍콩 역→똥총 역
MTR
time 30분 소요 **cost** HK$19.80

찜사쪼이 역→똥총 역
MTR
time 38분 소요 **cost** HK$14.90

옹핑 케이블카
Ngong Ping Cable Car

똥총과 뽀우린 사원을 연결하는 길이 5.7km의 케이블카. 가느다란 강철 케이블에 매달린 채 공중을 오가는 광경이 간담을 서늘하게 한다. 발 아래로는 홍콩 국제공항과 주변 산악지대가 시원하게 펼쳐진다. 일반적인 관람차 스타일의 스탠더드 캐빈과 전체를 투명 아크릴로 만든 크리스털 캐빈이 있으니 선택해서 이용하자. 주말·공휴일에는 엄청난 인파가 몰리니 예약하거나 최대한 서둘러가야 한다.

open 10:00~18:00,
토·일·공휴일 09:00~18:30
cost 편도 스탠더드 캐빈 HK$105,
크리스털 캐빈 HK$165,
왕복 스탠더드 캐빈 HK$150,
크리스털 캐빈 HK$235,
스탠더드+크리스털 캐빈 HK$210
web www.np360.com.hk

뽀우린 사원
Po Lin Monastery

란타우 섬의 산악지대에 위치한 사원으로 1924년에 세워졌다. 조그만 광장을 지나 가파른 계단을 오르면 산 정상에 놓인 청동대불까지 갈 수 있다. 이 불상은 10년에 걸친 공사 끝에 1993년에 완성된 세계최대의 청동불상으로 높이 26m, 무게 202톤의 어마어마한 위용을 자랑한다. 청동대불 밑에는 부처님의 진신사리를 모신 조그만 전시관(유료)도 있다. 불상 주변은 전망이 무척 좋아 뽀우린 사원의 전경과 주변 산악지대가 한눈에 들어온다.

open 사원 09:00~18:00,
청동대불 10:00~17:30,
토·일·공휴일 09:30~17:30
cost 무료

옹핑 케이블카의 출발점 똥총 타운 | 옹핑 케이블카 | 뽀우린 사원의 청동대불

시니 베이 Sunny Bay 역에서 MTR을 갈아타고 종점인 디즈랜드 리조트 Disneyland Resort 역 하차(HK$12.80).

 25min   11:00    18min   13:00   Finish

시티 게이트 아웃렛, 점심 식사
Citygate Outlet

홍콩 넘버원으로 꼽히는 대형 아웃렛. 시내의 유명 쇼핑몰과 비교해도 전혀 손색이 없을 만큼 깔끔하고 쾌적한 시설을 자랑하며 지하 1층부터 2/F층까지 4개 층에 걸쳐 80여 개의 숍이 모여 있는데, 주요 취급 품목은 의류·아동복·운동화·인테리어 소품이며 유명 브랜드도 다수 입점해 있다. 명품과 중저가 브랜드가 적절히 섞여 있어 실속 쇼핑을 즐길 수 있는 게 매력이다. 저렴한 패스트푸드점과 푸드코트는 물론 다양한 음식을 맛볼 수 있는 10여 개의 레스토랑도 있으니 적당히 쇼핑을 즐기고 점심까지 해결하자. 다음 목적지인 디즈니랜드는 음식 값이 무척 비싸니까!

open 11:00~22:00

홍콩 디즈니랜드
Hong Kong Disneyland

세계에서 다섯 번째로 오픈한 디즈니랜드. 입구에 해당하는 메인 스트리트 USA를 중심으로 어드벤처랜드, 그리즐리 걸치, 토이 스토리 랜드, 판타지랜드, 투머로랜드, 미스틱 포인트의 6개 테마 랜드가 모여 있으며, 신나는 어트랙션과 흥미진진한 볼거리가 가득하다. 어트랙션의 위치와 퍼레이드 시각이 꼼꼼히 실린 안내 팸플릿을 받아서 돌아보면 편리하다. 안타까운 점은 오리지널 디즈니랜드를 ⅔ 규모로 축소시켜 놓은 까닭에 미국·일본 등의 디즈니랜드를 가본 사람은 조금 실망할 수도 있다는 사실!

open 10:00~21:00(시즌에 따라 다름)
cost 1일 자유이용권 HK$450
web http://park.hongkongdisneyland.com

시티 게이트 아웃렛   홍콩 디즈니랜드

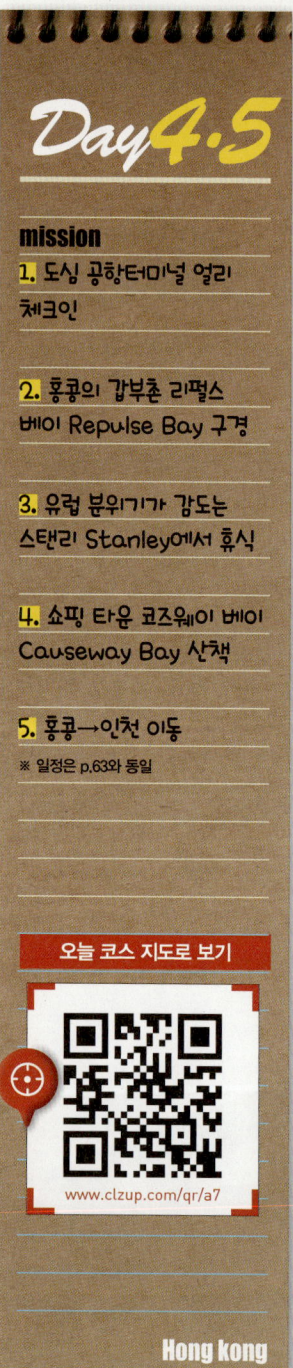

식도락 · 휴식 · 문화 기행

홍콩 3박 4일

63만 원~

저가항공사의 매력은 대형 항공사에 비해 저렴한 요금이다. 단, 앞서 언급한 것처럼 귀국편이 홍콩에서 점심 무렵 출발하기 때문에 여행 마지막날은 공항으로 가는 것 외에 아무것도 할 수 없는 게 단점이다. 하지만, 낮 비행기를 탈 수 있어 야간 비행(p.69)에 따른 피로가 수반되지 않는 게 나름의 장점! 저가항공사의 초저가 티켓은 수량이 적은 것은 물론 빨리 소진되기 때문에 예약을 서둘러야 한다는 사실을 절대 잊지 말자.

요금이 저렴한 이스타 항공

추천 항공편 이스타 항공
인천 08:40→홍콩 11:55
홍콩 13:00→인천 17:40
숙박 홍콩 3박
예산 638,000원~
숙박비 HK$1200
 (한인민박 1인실 3박)
생활비 HK$1050(3일)
입장료 HK$50
교통비 HK$350
항공료 28만 원~
※HK$1=135원 기준

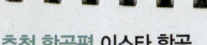
기본 준비

Day 1

인천→홍콩, 찜사쪼이
p.50와 동일

Day 2

센트럴 · 빅토리아 피크
p.56와 동일

Day 3

리펄스베이 · 스탠리 · 코즈웨이 베이

기본적인 일정은 p.63와 동일하다. 단, 홍콩에서 1박을 더하므로 08:00에 얼리 체크인을 할 필요가 없으니 09:00에 센트럴에서 출발하는 버스를 타고 바로 리펄스 베이로 가면 된다. 리펄스 베이 · 스탠리 · 코즈웨이 베이를 모두 돌아본 뒤에는 19:30쯤 센트럴의 IFC로 가서 쇼핑 명소와 주변의 야경을 감상한다. 체력이 허락되면 불타오르는 홍콩의 밤을 만끽할 수 있는 IFC 인근의 란콰이퐁 또는 찜사쪼이의 너츠포드 테라스로 이동해 마지막 밤을 화려하게 불사르는(?) 것도 좋다.

Day 4
홍콩→인천

느긋하게 체크아웃을 하고 10:00쯤 홍콩 국제공항으로 출발한다. 시간 여유가 있으니 요금이 저렴한 공항 버스 또는 MTR을 이용해도 된다. 물론 무조건 빠르고 편하게 가려면 공항철도 AEL(p.68)을 이용하는 게 정답! 공항에 도착하면 AEL 유인 매표소로 가서 옥토퍼스 카드를 반납하고 잔액과 보증금을 환불받는다(p.69).

저가항공은 기내식이 제공되지 않으니 공항에서 미리 점심을 먹고 비행기를 타야 한다. 탑승구 근처에 패스트푸드점을 비롯한 여러 식당이 있으며 가격은 시내보다 1.5배 정도 비싸다.

찜사쪼이→홍콩 국제공항
공항 버스 time 40~60분 소요 **cost** HK$33
MTR time 40분 소요 **cost** HK$14.90(옥토퍼스 카드)
※MTR은 홍콩 국제공항까지 연결되지 않기 때문에 똥총 선의 종점인 똥총 Tung Chung 역에서 내려 S1번 버스로 갈아타고 종점인 홍콩 국제공항으로 가야 한다(10~15분 소요, HK$3.50).

센트럴의 야경

빅토리아 항을 오가는 스타페리

travel note

마카오 2박 4일

볼거리 ★★★★★
식도락 ★★★☆☆
쇼핑 ★★☆☆☆
유흥 ★★☆☆☆

중국 속의 작은 유럽으로 불리는 마카오의 핵심 명소만 콕콕 짚어서 돌아보는 엑기스 코스. 400여 년에 걸친 포르투갈의 식민 역사가 빚어낸 이국적인 풍경과 남유럽 분위기가 물씬 풍기는 유서 깊은 성당이 즐비해 마치 유럽의 소도시를 여행하는 듯한 재미를 느낄 수 있는 게 매력이다.

day 1

인천→마카오, 마카오 반도
숙박 마카오

07:50 에어마카오, 인천 출발
10:40 마카오 국제공항 도착
11:30 공항→호텔
12:00 호텔 체크인 또는 짐 맡기기
12:40 세나도 광장, 점심 식사
14:00 상 도밍고 교회
14:50 상원의원
15:20 산토 아고스티노 광장
15:30 로버트 호퉁 도서관
16:00 산토 아고스티노 광장
16:20 돈 페드로 5세 광장
16:50 상 호세 성당
17:20 상 로렌소 성당
18:00 펠리시다데 거리, 저녁 식사

day 2

마카오 반도
숙박 마카오

09:30 세인트 폴 대성당
10:00 나차 사당
10:15 교회 미술관
10:40 마카오 박물관
12:00 몬테 요새, 점심 식사
13:30 세인토 안토니오 성당
14:00 까몽이스 공원
15:10 성 라자로 언덕
15:40 쑨얏센 기념관
16:10 기아 요새
17:30 카지노, 저녁 식사

기본 준비

추천 항공편 에어마카오
인천 07:50→마카오 10:40
마카오 02:00→인천 06:25
숙박 마카오 2박, 기내 1박
예산 799,000원~
숙박비 24만 원(호텔 더블룸 2박)
생활비 MOP1050(3일)
입장료 MOP620
교통비 MOP250
항공료 30만 원~
※HK$1=135원 기준

day 3
타이파·꼴로안 섬
숙박 기내

- 09:00 호텔 체크아웃
- 09:50 자이언트 판다 파빌리온
- 11:00 꼴로안 빌리지, 점심 식사
- 13:20 관야가·타이파 주택 박물관
- 15:20 베네치안 카지노
- 17:20 시티 오브 드림즈
- 19:30 브이쿠아리움
- 20:00 하우스 오브 댄싱 워터
- 23:00 호텔 → 공항
- 23:30 마카오 국제공항 도착

day 4
마카오 → 인천

- 02:00 에어마카오, 마카오 출발
- 06:25 인천국제공항 도착

I love Macau

Macau

요점 정리!

에어 마카오의 오전 출발, 심야 귀국편 이용
한국~마카오 직항 노선은 에어마카오·진에어(인천)·에어부산(부산)의 3개 항공사뿐이다. 이 가운데 운항 스케줄이 가장 좋은 것은 에어마카오의 오전 출발, 심야 귀국편이다. 진에어·에어부산은 오후 출발(21:00~), 심야 귀국편(01:35~)만 운항해 이용하기가 조금 불편하다.

호텔 예약은 요금이 저렴한 평일로!
마카오는 호텔을 제외한 숙박 시설이 전무하다. 일부 한인민박이 있지만 '100% 불법 영업'이라 위험에 노출될 가능성이 높으니 주의해야 한다. 일반적인 호텔은 1박 10~20만 원(2인실 기준) 수준인데, 1인실과 2인실의 요금이 같으니 둘이 함께 이용하면 숙박비를 절약할 수 있다. 단, 주말·공휴일은 숙박비가 평일보다 1.5~2배 비싸며 자리 구하기도 힘들다는 사실에 주의하자.

무료 셔틀버스로 교통비 절약
호텔·카지노에서는 공항·페리 터미널·명소를 연결하는 무료 셔틀버스를 운행한다. 물론 이 셔틀버스들은 호텔·카지노 이용자만 탈 수 있는 게 원칙이지만 실제로는 특별한 확인 없이 아무나 태워준다. 따라서 목적지 인근의 호텔·카지노로 가는 셔틀버스를 이용하면 교통비를 상당 부분 절약할 수 있다.

마카오 2박 4일

Day 1

mission

1. 인천→마카오 이동
2. 세나도 광장에서 만끽하는 남유럽 분위기
3. 유네스코 세계문화유산 탐방
4. 마카오의 4대 성당 순례

오늘 코스 지도로 보기

https://www.clzup.com/qr/a8

Macau

> 공항 이용객이 많으니 인천 국제공항 도착은 아무리 늦어도 비행기 출발 2시간 전까지 완료!

07:50  3:50min 10:40

Start ▶

에어마카오, 인천 출발
Air Macau NX0825

항공편은 에어마카오의 인천↔마카오 왕복편을 이용한다. 저가항공사에 비해 요금이 조금 비싸지만 우리나라에서 오전 일찍 출발하며, 귀국편은 심야에 운항하기 때문에 3일을 꽉 채워서 여행할 수 있는 게 장점! 인천에서 마카오까지의 소요시간은 3시간 50분이다. 음료와 기내식 등의 서비스를 받으며 잠시 휴식을 취하다 보면 마카오 국제공항에 도착한다. 한국과 마카오의 시차는 -1시간, 비행기에서 내릴 때 시계 바늘을 한 시간 뒤로 돌려놓는 것을 잊지 말자.

마카오 국제공항 도착
Macau Intl. Airport

비행기에서 내려 'Arrivals 入境大堂' 표지판을 따라가면 입국심사장이 나타난다. 입국심사장은 홍콩·마카오 거주자용과 외국인용으로 나뉘어 있으니 표지판을 잘 보고 'Visitors 訪客護照通行證' 쪽에 줄을 선다. 그리고 여권을 제시하면 확인을 거쳐 체류허가증을 여권에 끼워준다. 마카오를 떠날 때 회수하는 것이니 잃어버리지 않게 주의하자. 이제 짐을 찾아 세관 Customs 海關을 통과하면 마카오 도착 완료! 입국심사와 세관검사를 마치고 공항 밖으로 나오기까지 보통 30분쯤 걸린다. 특히 사람이 몰리는 입국심사장 통과에 시간이 오래 걸리니 비행기에서 내리자마자 입국심사장으로 서둘러 가는 게 좋다.

해외여행의 필수품 여권

인천국제공항

마카오 국제공항

> 요금이 저렴한 시내버스(MOP4.20)도 있지만, 운행노선이 제한적이라 이용하기 조금 불편하다.

> **간추 맛집!**
> Wong Chi Kei 마카오를 대표하는 완탕면 전문점. 시원한 국물과 탱글탱글한 새우살이 매력 포인트.
> p.43

11:30 — 10min~ — **12:00** — **12:40**

공항 → 호텔
Airport → Hotel

공항에서 호텔로 갈 때는 호텔의 무료 셔틀버스 또는 택시를 이용하면 편리하다(10~30분 소요). 셔틀버스 정류장은 입국장을 나와 오른쪽으로 가면 공항 건물을 나오자마자 정면에 있다. 셔틀버스 운행 호텔이 한정적이니 호텔 홈페이지나 예약 업체를 통해 이용 가능 여부를 확인해 놓자. 택시 승강장은 입국장을 나와 오른쪽의 '택시 타는 곳 Taxi' 표지판을 따라가면 금방 찾을 수 있다. 요금은 미터제이지만 공항에서 시내로 들어가는 경우에 한해 MOP5가 추가되며, 트렁크에 짐을 실을 경우 짐 1개당 MOP3의 추가요금이 붙는다. 총요금은 MOP50~100을 예상하면 된다.

호텔 체크인 또는 짐 맡기기
Hotel Check-In

호텔에 도착하면 체크인을 한다. 체크인은 보통 14:00 이후에 가능하지만 객실에 여유가 있을 때는 그보다 일찍 해주기도 한다. 체크인이 불가능하더라도 짐은 무료로 맡아주니 편하게 돌아다닐 수 있게 큰 짐은 호텔에 맡겨 놓고 나온다.
이제 오늘 여행의 첫 목적지인 세나도 광장으로 간다. 3번 버스 Almeida Ribeiro 정류장 또는 3A · 10 · 10A번 버스 Centro/Infante D. Henrique 정류장에서 내리면 된다. 호텔 위치가 애매할 때는 세나도 광장까지의 이동 시간을 절약할 수 있도록 택시를 타는 게 나을 수도 있다.

시내버스
cost MOP3.20~

세나도 광장, 점심 식사
Praça do Largo Do Senado

유네스코 세계문화유산 마치 유럽의 한 도시에 와 있는 듯한 착각에 빠지게 하는 곳. 3,630㎡의 조그만 광장에는 파스텔 톤으로 은은히 빛나는 교회와 식당 · 카페 등 남유럽풍 건물이 가득하며, 검정색과 크림색 타일로 물결무늬를 수놓은 광장 바닥이 이국적인 자태를 한껏 뽐낸다. 맑게 갠 날이면 파란 하늘과 색색의 건물로 가득한 광장이 환상의 조화를 이룬다. 마카오 다운타운의 한복판에 해당하는 이곳은 낮에는 수많은 현지인과 관광객들로 북적이며 밤이면 로맨틱한 야경의 명소로 변신한다. 광장 중앙의 분수대에는 옛 식민시대의 유물인 거대한 지구본이 설치돼 있어 눈길을 끈다.

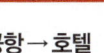
> 마카오의 택시

마카오 시내 | 남유럽 분위기가 감도는 세나도 광장 | 세나도 광장의 야경

상 도밍고 교회
Igreja de S. Domingos

유네스코 세계문화유산 진한 베이지색 외벽과 화려한 코린트 양식 기둥이 멋스러운 교회. 도미니크 수도회에서 1587년부터 짓기 시작해 17세기에 증축한 뒤, 18세기 들어 콜로니얼 바로크 양식으로 보수됐다. 수도원 활동이 금지된 1843년 이후 줄곧 군시설·관공서 등으로 이용되다가 1997년 일반에 공개됐다.

내부에는 상아와 나무로 만든 성상(聖像)이 가득하며 제단 앞의 천장은 포르투갈 왕가의 문장으로 장식돼 있다. 교회 안쪽에는 예수회가 포르투갈 교회와 결별을 선언한 1834년 이후 수집된 300여 점의 성상·성화·사제복이 소장된 상 도밍고 교회 박물관이 있다.

open 10:00~18:00 **cost** 무료

상원의원
Civicos e Municipais

유네스코 세계문화유산 마카오의 행정업무를 총괄하는 관공서. 1583년에 지어진 중국식 건물을 1784년에 전통 포르투갈 양식으로 재건했다. 옛 모습을 유지한 고풍스러운 외관과 인테리어가 멋스럽다. 이 건물의 옛 명칭은 '충성스러운 평의회'란 뜻의 레알 세나도 Leal Senado인데, 포르투갈이 스페인의 지배를 받던 시기(1580~1640)에도 꿋꿋이 포르투갈 국기를 게양한 데서 유래했다. 2/F층으로 이어진 계단은 흰색과 파란색의 포르투갈 전통 타일로 장식돼 있다.

open 09:00~21:00
cost 무료

산토 아고스티노 광장
Largo de S. Agostinho

유네스코 세계문화유산 마카오의 지난 역사를 말해주는 듯한 오래된 성당에 둘러싸인 조그만 광장. 너무 작아 광장이라기보다는 '교차로' 같은 느낌이다. 세나도 광장과 마찬가지로 크림색과 검정색의 포석을 깔아서 꽃무늬와 물결무늬를 수놓은 광장 바닥이 인상적이다. 광장 주위를 둘러싼 밝은 파스텔톤의 콜로니얼 스타일 건물과 예스러운 가로등이 어우러져 마치 호젓한 유럽의 거리를 걷는 듯한 착각에 빠지게 한다.

| 1min 15:30 | 1min 16:00 | 1min 16:20 |

로버트 호통 도서관
Biblioteca Sir Robert Ho Tung

유네스코 세계문화유산 레몬 색의 발랄한 분위기가 인상적인 4층짜리 도서관. 19세기에 지어진 포르투갈 상인의 저택을 홍콩의 대부호 로버트 호통이 별장으로 개조한(1918년) 것이다. 그의 사후 마카오 정부에 기증돼 1958년부터 도서관으로 사용 중인데 고즈넉한 분위기가 일품이다. 3/F층에는 아늑한 풍경을 즐기며 잠시 쉬어갈 수 있는 조그만 휴게실도 있다.

open 11:00~19:00
close 공휴일
cost 무료

산토 아고스티노 성당
Igreja de S. Agostinho

유네스코 세계문화유산 1586년 스페인의 오거스틴 수도회에서 세운 성당. 마카오가 포르투갈 통치하에 놓인 1589년 오거스틴 수도회를 쫓아내고 포르투갈식 성당으로 재건했다. 제단에는 골고다 언덕 아래에서 십자가를 짊어진 예수상이 놓여 있다. 이 예수상을 세나도 광장 옆의 대성당에 옮겨놓자 예수상이 스스로 제자리로 돌아오는 기적이 일어나 이때부터 예수상을 대성당으로 모시고 가는 파소스 행진이 시작됐다. 파소스 행진은 사순절 첫째 일요일(2월 중순~3월 초)에 열리며 수천 명의 시민과 성직자가 예수상을 늘고 행신하나.

open 10:00~18:00, 금요일 10:00~17:30
cost 무료

돈 페드로 5세 극장
Teatro D. Pedro V

유네스코 세계문화유산 1860년 개관한 중국 최초의 오페라 하우스. 아시아 최초의 남성전용 사교 클럽인 '마카오 클럽'이 탄생한 곳이기도 하다. 우아한 외관을 뽐내는 네오클래식 양식의 극장에서는 다양한 콘서트와 오페라가 상연된다. 극장의 명칭은 개관 당시 포르투갈을 통치하던 국왕의 이름에서 따온 것. 특별한 행사가 없을 때는 내부 관람도 가능하다.

open 10:00~18:00
close 화요일
cost 무료

로버트 호통 도서관 / 산토 아고스티노 성당의 내부 / 산토 아고스티노 성당

> **강추 맛집!**
> Restaurant Platau
> 정통 포르투갈 요리와
> 디저트를 맛볼 수 있는 분위기
> 좋은 레스토랑.
> p.43

🚶 6min 　　　　　🚶 2min 　　　　　🚶 10min
　　　　16:50　　　　　　　17:20　　　　　　　18:00 ■ Finish

상 호세 성당
Igreja de S. José

유네스코 세계문화유산 1758년 예수회에서 선교사 양성을 목적으로 세운 수도원 겸 성당. '리틀 세인트 폴 대성당'이라고도 불리는 이곳은 중국 바로크 건축의 대표작으로 꼽힌다. 독특한 돔형 지붕은 마카오의 상징으로 유명한데 음향효과가 뛰어나 콘서트장으로도 이용된다. 제단 오른쪽의 유리 캐비닛에는 예수회 최초의 동방 선교사로 중국에서 생을 마감한 성 프란시스코 자비에르(1506~1552)의 오른팔 뼈가 안치돼 있다.

open 10:00~17:00
cost 무료

상 로렌소 성당
Igreja de S. Lourenço

유네스코 세계문화유산 1569년 예수회 선교사들에 의해 세워진 성당. 비록 쇠락한 모습이지만 마카오에서 가장 아름다운 성당이라 해도 과언이 아니다. 원래 나무로 지어진 것을 1846년에 재건해 지금과 같은 장엄한 성당으로 거듭났다. 전체 규모는 높이 21m, 길이 37m, 폭 29m에 이른다. 당시 유럽에서 유행하던 네오클래식 양식에 바로크 스타일을 가미한 게 특징이며, 높이 솟은 탑은 한때 수도원 감옥으로 이용되기도 했다. 예배당 내부는 터키시 블루로 마감한 세련된 목조 천장과 화려한 샹들리에가 눈길을 사로잡는다.

open 08:30~17:00
cost 무료

펠리시다데 거리, 저녁 식사
Rua da Felicidade

마카오의 옛 풍경이 고스란히 남아있는 거리. 200m 남짓한 거리를 따라 양쪽에 허름한 2층 건물이 나란히 늘어서 있는데, 원래 선원들이 드나들던 유곽(遊廓) 건물이라 창문과 현관을 모두 빨갛게 칠해 놓은 게 특징이다. 현재 대부분의 건물은 내부를 개조해 레스토랑과 숍으로 사용하고 있다. 거리 끝에는 마카오 특산품으로 유명한 육포와 과자를 파는 상점이 모여 있다.

펠리시다데 거리를 느긋하게 구경하고, 저녁을 먹은 다음 다시 세나도 광장으로 돌아가 야경을 감상한다. 시간이 남을 때는 잠시 카지노 구경을 가는 것도 좋다.

상 호세 성당의 내부　　　　상 로렌소 성당　펠리시다데 거리

Day 2

mission
1. 마카오의 상징 세인트 폴 대성당 방문
2. 유네스코 세계문화유산 탐방
3. 카지노에서 짜릿한 밤 즐기기

오늘 코스 지도로 보기

www.clzup.com/qr/a9

Macau

세나도 광장에서 도보 10분. 대중교통 연결이 안 되며 찾아가는 길이 조금 복잡하니 주의.

09:30 1min 10:00

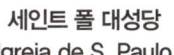

세인트 폴 대성당
Igreja de S. Paulo

유네스코 세계문화유산 건물 정면만 남겨진 채 애처로이 170여 년의 세월을 버텨온 신기한 건물. 기나긴 돌계단 위로 우뚝 솟은 성당의 모습은 마카오의 상징으로도 유명하다. 원래 이 성당은 중국 및 아시아에 파견할 선교사 양성을 위해 예수회에서 1602년에 설립한 극동지역 최초의 서구식 대학이었다. 이후 200여 년에 걸쳐 수많은 선교사를 배출했는데, 이 대학을 거쳐간 인물로는 《천주실의》의 저자인 이탈리아 선교사 마테오 리치가 유명하다. 마카오 내란으로 예수회가 해체된 뒤 군사시설로 이용됐으며, 1835년 의문의 화재가 발생해 지금처럼 건물 정면만 남겨진 채 성당 전체가 소실되고 말았다.

나차 사당
Templo de Na Tcha

유네스코 세계문화유산 어린아이의 모습을 한 신(神) 나차를 모시는 사당. 나차는 무예에 능하고 귀신을 물리치는 능력을 가졌는데, 1888년 마카오에 전염병이 만연하자 역신(疫神) 퇴치를 위해 이 사당을 세웠다고 한다. 전설에 의하면 나차는 태어나기 전 3년 반이나 어머니의 뱃속에 있으면서 도교승에게 특별한 능력을 전수받았다고 한다.

open 24시간, **사당 내부** 일출~일몰
cost 무료

마카오의 명소가 담긴 냉장고 자석

세인트 폴 대성당 | 나차 사당

3min   3min   1min

세인트 폴 대성당 오른쪽의 언덕을 조금 오르면 박물관 입구로 이어지는 에스컬레이터가 있다.

몬테 요새 주변에는 먹거리가 전혀 없다. 점심은 세인트 폴 대성당 또는 세나도 광장 주변의 식당을 이용하자.

10:15   10:40   12:00

교회 미술관
Museu de Arte Sacra

세인트 폴 대성당에 부속된 초미니 미술관. 16~19세기에 제작된 60여 점의 가톨릭 회화·조각이 전시돼 있다. 대표작은 천사의 모습을 중국 스타일의 장수(將帥)처럼 묘사한 17세기의 유화〈천사장 미카엘〉이다. 미술관 입구 맞은편에는 베트남·일본인 순교자의 유골이 안치된 지하 납골당이 있다. 십자가 양옆에 차곡차곡 쌓인 28개의 유리상자에 유골을 안치해 놓았으며, 십자가 주위에는 참배객들이 소원을 빌며 던진 동전이 수북이 쌓여 있다.

open 09:00~18:00
cost 무료

마카오 박물관
Museu de Macau

마카오의 오랜 전통과 역사를 일목요연하게 보여주는 박물관. 층마다 각기 다른 주제로 분류된 수천 점의 자료가 전시돼 있다. 1/F층과 2/F층 사이에 재현해 놓은 19세기 마카오의 가옥은 앙증맞은 크기와 파스텔 톤의 색감 때문에 마치 테마 파크에 놀러온 듯한 기분마저 들게 한다. 특히 눈에 띄는 볼거리는 2/F층의 '마카오의 전통 코너'다. 옛 모습을 그대로 재현한 민가·찻집·약방·경극무대를 통해 과거의 생활상과 전통을 상세히 살펴볼 수 있다.

open 화~일요일 10:00~18:00
close 월요일
cost MOP15, 매월 15일 무료
web www.macaumuseum.gov.mo

몬테 요새, 점심 식사
Forte do Monte

유네스코 세계문화유산 예수회 성당을 개조해 1617~1626년에 구축한 포르투갈 군의 요새. 마카오 총독이 최초로 거주한 지역이기도 하다. 한적한 공원으로 변신한 지금은 마카오의 전경이 한눈에 들어오는 전망대로 인기가 높다. 이 위에서는 아슬아슬하게 서 있는 세인트 폴 대성당의 모습과 새하얀 등대가 세워진 기아 요새, 그리고 중국 영토인 주하이의 모습이 시원스레 내려다보인다. 공원에는 400여 년 전에 만든 대포 22대가 성벽을 따라 놓여 있는데, 실제로 사용된 것은 1662년 네덜란드의 침입 당시 딱 한 번뿐이었다고 한다.

open 07:00~19:00
cost 무료

천사장 미카엘

마카오 박물관 | 마카오 박물관의 전시물 | 몬테 요새

> 길이 운근히 복잡하니 지도를 잘 보고 가야 한다.

12min 13:30   1min 14:00   13min 15:10

세인토 안토니오 성당
Igreja de S. António

유네스코 세계문화유산 포르투갈 군의 수호성인, 성 안토니오를 기리는 성당. 안타깝게도 1638년 세워진 이래 지금까지 수 차례 화재로 소실돼 1940년에 이르러서야 지금의 모습으로 재건됐다. 전형적인 예수회 성당이며 제단에는 십자가에 매달린 예수상 위로 코발트 색의 예수회 로고가 그려져 있다. 제단 오른편의 별실에는 'St. Andrew Kim'이라는 세례명이 붙은 김대건 신부(1822~1846)의 목상이 있다. 그는 1836년 마카오에서 신학을 공부했으며, 1846년 조선으로 돌아가 포교활동을 하던 중 체포돼 반역죄로 사형당했다.

open 07:30~17:30
cost 무료

까몽이스 공원
Jardim Luis de Camões

유네스코 세계문화유산 사시사철 녹음을 잃지 않는 초록빛 공원. 새장이나 장기판을 들고 나와 소일하는 노인들의 모습이 쉽게 눈에 띈다. 1773~1835년에는 영국 동인도 회사 회장의 저택이 있었으나 포르투갈인의 손에 넘겨진 후 고급 피서지로 탈바꿈했다. 현재는 식민지대의 흔적을 모두 지워버리고 시민들의 휴식처로 사랑받고 있다. 공원에는 살인사건에 연루돼 마카오로 추방당한 포르투갈의 국민 시인 루이스 드 까몽이스(1524~1580)의 흉상과 우리나라 최초의 가톨릭 신부인 김대건 신부의 동상이 세워져 있다.

open 06:00~22:00
cost 무료

성 라자로 언덕
Calçada Igreja de S. Lázarao

포르투갈 식민시대의 모습이 그대로 남아 있는 곳. 거리 양쪽으로 가로등과 유러피언 스타일의 건물이 즐비해 이국적인 멋을 한껏 풍긴다. 거리가 끝나는 곳에는 마카오의 3대 성당 가운데 하나로 꼽히는 성 라자로 성당(1568년)이 있다. 성 라자로 언덕과 십자 모양으로 교차하는 에두아르도마르께스 거리 Rua de Eduardo Marques 역시 이국적인 색채를 간직한 명소로 인기가 높은데, 노란색의 남유럽풍 2층 건물이 줄지어 있어 멋진 기념사진을 남기기에 좋다.

성 라자로 언덕

세인토 안토니오 성당 | 김대건 신부 동상 | 에두아르도마르께스 거리

> 기아 요새 앞의 버스 정류장에서 리스보아 Lisboa 호텔 방면의 버스 또는 택시를 이용한다.

> 카지노는 미성년자 (21세 미만) 또는 슬리퍼 차림으로는 입장이 불가능하며 여권 검사를 하는 곳도 있다.

 10min   15:40
 5min   16:10
 15min~   17:30   ■ Finish

쑨얏센 기념관
Memorial Dr. Sun Iat Sen

중국 근대화의 서막을 연 신해혁명(1911년)의 지도자이자 중국의 국부(國父)로 추앙받는 쑨원 孫文(1866~1925)을 추모하는 곳. 이 건물은 그가 의사로 활동하던 1890년부터 3년간 머문 저택이며 북아프리카 스타일의 무어 양식으로 지어졌다. 옛 모습을 고스란히 간직한 내부에는 쑨원의 초상화와 사진, 그가 사용하던 가구 등이 전시돼 있다.

open 10:00~17:00
close 화요일
cost 무료

기아 요새
Fortaleza da Guia

유네스코 세계문화유산 마카오에서 제일 높은 해발 90m의 기아 언덕 정상에 세운 요새. 함선 공격에 대비해 만들었지만 실제 전투에 이용된 일은 없다. 오히려 중국 내륙까지 굽어보는 지리적 이점을 살려 오랫동안 전망대로 활용됐을 뿐! 내부에는 사령관저·막사·군수품 창고 등이 있었으나 지금은 성당과 등대, 그리고 방공호만 남아 있다. 방공호 안에는 기아 요새의 옛 모습을 담은 사진과 군사 시설이 전시돼 있다.

open 공원 06:00~20:30, 요새 09:00~17:30, 케이블카 08:00~18:00
close 월요일
cost 공원 무료, 케이블카 편도 MOP2, 왕복 MOP3

카지노, 저녁 식사
Casino

카지노는 마카오를 대표하는 엔터테인먼트다. 주요 카지노는 리스보아 호텔 주변에 모여 있으며, 주목할만한 대형 카지노로는 황금 연꽃을 연상시키는 외관의 그랜드 리스보아 Grand Lisboa 카지노, 시원한 음악 분수와 행운의 나무 쇼로 유명한 윈 Wynn 카지노, 유럽풍의 아름다운 아트리움이 딸린 MGM 카지노, 마카오에서 두 번째로 큰 규모를 자랑하는 샌즈 Sands 카지노 등이 있다.

대형 카지노에서는 손님을 끌기 위해 셔틀버스·음료·공연 등의 다채로운 서비스를 무료로 제공한다. 또한 양질의 음식과 서비스를 제공하는 레스토랑이 딸린 카지노도 많아 저녁을 해결하기에도 좋다.

쑨원의 동상 | 기아 요새 | 마카오의 카지노

Day 3·4

mission

1. 중국의 마스코트 판다 만나기
2. 이국적인 꼴로안 빌리지 산책
3. 아시아 최대의 베네시안 카지노 구경
4. 환상의 퍼포먼스 하우스 오브 댄싱 워터 관람
5. 마카오→인천 이동

오늘 코스 지도로 보기

www.clzup.com/qr/a10

Macau

티켓 구입을 위해 입장 개시 시각보다 10~20분 쯤 일찍 가는 게 좋다.

09:00 ────20min~──── 09:50
Start ▶ ─────────────── ○

호텔 체크아웃
Check Out

체크아웃을 마친 뒤 호텔에 짐을 맡겨 놓고 나온다. 마카오 시내에는 코인라커가 없기 때문에 짐은 무조건 호텔에 맡기는 게 편하고 안전하다.
오늘의 첫 목적지인 자이언트 판다 파빌리온으로 갈 때는 세나도 광장에서 26A번 버스 또는 리스보아 호텔 앞에서 21A · 25 · 26A · 50번 버스를 타고 Parque de Seac Pai Van 정류장에서 내린다. 이 버스는 갤럭시 · 베네치안 · 시티 오브 드림즈 호텔을 경유하므로 해당 호텔 앞의 정류장에서 타도 된다.

세나도 광장·리스보아 호텔→Parque de Seac Pai Van
버스
time 20분 소요 **cost** MOP6.40

자이언트 판다 파빌리온
Giant Panda Pavilion

오직 두 마리의 판다만을 위해 만든 마카오 유일의 동물원. 원래 서식처와 동일한 환경을 조성해 놓은 넓이 3000㎡의 돔 형 우리 안에서 귀여운 판다들이 먹고, 자고, 노는 모습을 볼 수 있다. 쫑긋한 귀를 가진 게 수컷 카이카이, 뭉툭한 귀를 가진 게 암컷 신신이다. 스트레스에 민감한 판다를 보호하기 위해 입장은 1일 6회(매시 정각)로 제한되며, 총 1시간 동안 관람할 수 있다.
동물원에서 조금 떨어진 곳에는 판다의 생태와 습성을 소개하는 조그만 자료관(화~일요일 10:00~17:00, 무료)도 있다.

open 10:00~13:00, 14:00~17:00
close 월요일
cost MOP10

자이언트 판다 파빌리온 | 점심 식사 중인 카이카이

> **강추 맛집!**
> Lord Stow's Bakery
> 촉촉한 커스터드 크림이 듬뿍 담긴 에그타르트가 맛있다.
> p.43

 4min~   11:00

> 25·26A번 버스 Estrada da Baia de Nossa Senhora da Esperanca/ Galaxy 정류장에서 하차(MOP5), 도보 7분.

 15min~   13:20

5min   14:20

꼴로안 빌리지, 점심 식사
Vila de Coloane

중국과 포르투갈의 거리를 한데 합쳐 놓은 듯한 독특한 풍경의 조그만 어촌. 드라마 〈궁〉과 영화 〈도둑들〉의 무대로 낙점되며 유명세를 타기 시작한 곳이다. 이렇다할 볼거리는 없지만 한적한 거리를 거닐며 이국의 정서에 취해보는 것도 좋다. 최대의 볼거리는 16세기의 동방 선교사 프란시스코 자비에르의 업적을 기리는 성 자비에르 성당이다. 1928년에 지어진 바로크 양식의 소박한 성당으로 남유럽 스타일의 로맨틱한 분위기가 멋스럽다. 성당 내부에는 김대건 신부의 초상화와 1984년 여의도 광장에서 열린 시성식 사진이 걸려 있다. 마을 남쪽 끝에는 어부의 수호신 탐꽁을 모시는 사당도 있다.

관야가
Rua do Cunha

타이파 빌리지 한복판에 위치한 맛집 골목. 폭 2~3m의 좁은 도로를 따라 마카오의 명물 요리를 선보이는 레스토랑과 아몬드 쿠키를 파는 기념품점이 즐비하다. 대표적인 곳은 마카오·포르투갈 요리 전문점 Restaurante Galo, 다양한 아몬드 쿠키와 육포를 파는 Pastelaria Koi Kei, 80년 전통을 자랑하는 광동식 디저트 전문점 Gelatina Mok Yee Kei 등이다.

좁은 골목을 걷다 보면 드문드문 나타나는 고풍스러운 사원과 유적, 포르투갈 양식의 건물이 여행의 재미를 더해주는 것도 매력이다.

타이파 주택 박물관
Casas Museu da Taipa

포르투갈 공직자와 상류층이 거주하던 별장을 박물관으로 개조한 곳. 포석이 깔린 도로를 따라 아름드리 나무들이 긴 가지를 드리우고 있으며, 그 아래로는 아담한 양식 건물 다섯 채가 점점이 놓인 고즈넉한 풍경이 펼쳐진다. 마카오의 주택 Casa Macaense에는 옛 모습이 그대로 보존된 거실·부엌·침실, 마카오 섬의 주택 Casa das Ilhas에는 타이파 빌리지의 1950~1970년대 모습을 담은 흑백사진, 포르투갈의 주택 Casa das Regiões de Portugal에는 포르투갈의 지역별 전통의상을 전시해 놓았다.

open 10:00~18:00
close 월요일
cost MOP5

> 맛난 마카오식 쿠키도 훌륭한 기념품!

꼴로안 빌리지의 성 자비에르 성당 | 활기찬 기운이 넘치는 관야가 | 타이파 주택 박물관

7min   15:20   3min   17:20   3min   19:30

베네시안 카지노
Venetian Macau

미국의 라스베이거스 샌즈 그룹에서 운영하는 세계 최대의 카지노이자 마카오 유일의 종합 리조트 타운. 외관은 이탈리아의 베네치아를 본뜬 테마파크 스타일로 꾸몄으며 3000개의 스위트룸을 갖춘 초대형 호텔, 350여 개의 숍이 입점한 쇼핑몰, 3400대의 슬롯머신과 800개의 게임 테이블이 설치된 매머드급 카지노 등 온갖 위락시설을 갖춰놓았다. 베네치아의 궁전과 운하·곤돌라를 그대로 재현하기 위해 들어간 비용은 무려 2조 4000억 원! 아시아 최대, 세계 3위에 랭크된 건물의 전체 면적은 상암 월드컵 경기장의 5배인 98만㎡에 달한다.

open 카지노 24시간,
쇼핑몰 10:00~23:00,
금·토요일 10:00~24:00

시티 오브 드림즈
City of Dreams

베네시안 카지노와 어깨를 나란히 하는 대형 리조트 단지. 잠실 롯데월드 면적의 두 배에 달하는 20만㎡의 드넓은 부지에는 크라운 타워스·하드록 호텔·그랜드 하이야트 마카오 등의 최고급 호텔과 1300대의 게임기를 갖춘 하드록 카지노, 레스토랑·극장 등 다양한 위락시설을 갖춰 놓았다. 흥미로운 사실은 모든 건물과 시설이 물을 테마로 디자인됐다는 것. 정문과 쇼핑몰은 물결, 크라운 타워스는 빗줄기, 하드록 호텔은 소용돌이, 그랜드 하이야트 마카오는 파도, 극장은 물방울을 형상화한 것인데, 여기에는 풍수적으로 물이 재물운을 불러온다는 강렬한 믿음이 담겨 있다.

브이쿠아리움
Vquarium

길이 40m, 높이 6m의 초대형 스크린 속에서 인어와 물고기들이 자유로이 헤엄치는 버추얼 수족관. 어둠 속에서 빛나는 수족관이 몽환적인 분위기를 연출한다. 스크린 위로는 실제로 물이 흐르는데 재물운을 불러온다는 이 물을 만지고 하드록 카지노에 들어가면 대박의 행운을 잡을 수 있다고! 물론 믿거나 말거나~

open 24시간
cost 무료

 출국장 오른편 끝에 편의점이 있다. 남은 동전이나 지폐는 여기서 처분해도 된다.

 5min   20:00   23:00   🚕 10min~   22:30

하우스 오브 댄싱 워터
The House of Dancing Water

용궁으로 빨려들어간 어부와 한 젊은이의 신기한 모험이 흥미진진하게 펼쳐지는 쇼. 5년간의 기획과 3000억 원이란 천문학적인 제작비가 투입됐으며, 사방에서 쏟아져 나오는 1400만 톤의 물과 새처럼 자유로이 공중을 날아다니는 무용수들의 화려한 연기가 스펙터클한 쇼의 진수를 보여준다. 대사가 없이 진행되는 공연이라 언어적인 문제로 고민할 필요가 없으며 공연시간은 1시간 25분이다. 인기가 상당히 높으니 예약은 필수!

open 목~월요일 17:00, 20:00
close 화·수요일
cost VIP석 MOP1480, A석 MOP980, B석 MOP780, C석 MOP580
web http://thehouseofdancingwater.com

호텔 → 공항
Hotel → Airport

쇼 관람을 마치고 나오면 21:30쯤 된다. 이제 호텔로 돌아가 로비에서 잠시 휴식을 취하다 짐을 찾아 23:00쯤 마카오 국제공항으로 간다.
호텔에서 공항까지 운행하는 무료 셔틀버스는 대부분 21:00를 전후해 운행을 마치기 때문에 택시 또는 시내버스를 이용해야 한다. 시내버스로 갈 때는 호텔의 무료 셔틀버스 또는 시내버스를 타고 마카오 페리터미널로 간 다음, AP1번 버스로 갈아타고 마카오 국제공항에서 내리면 된다.

마카오 시내→마카오 국제공항
택시
time 10~30분 소요 **cost** MOP50~100

마카오 페리터미널→마카오 국제공항
AP1번 버스
time 06:30~00:18 (15분 소요)
cost MOP4,20

마카오 국제공항
Macau Intl. Airport

마카오 국제공항은 규모가 무척 작아 이용에 별 어려움은 없다. 출국장은 1/F층에 있으며 택시를 타고 가면 바로 출국장 앞에 내려준다. AP1번 버스의 경우에는 버스 정류장에서 내려 공항 안으로 들어간 다음 한 층 위로 올라가면 출국장이 있다.
출국장에는 항공편의 출발 시각과 체크인 카운터가 표시된 안내 모니터가 있으니 이것을 보고 에어마카오의 카운터를 찾아가 탑승수속을 밟는다. 그리고 출국심사장으로 들어가 출국심사까지 마치면 마카오를 떠날 채비는 모두 끝난다.

마카오 국제공항
web www.macau-airport.com

하우스 오브 댄싱 워터 | 마카오 국제공항의 출국장

> 기내에 비치된 안대와
> 귀마개가 모자란 경우가 종종
> 있다. 가능하면 개인적으로
> 준비해 가도 좋을 듯.

Day 4

02:00 ✈ 3:25min 06:25

◯ ▫ Finish

에어마카오, 마카오 출발
Air Macau NX0826

비행기 탑승은 출발시각 30분 전부터 시작된다. 면세점 등의 편의시설이 빈약해 탑승 시각 전까지 마땅히 시간을 보낼 곳이 없으니 탑승구 앞의 의자에 앉아 잠시 모자란 잠이나 보충하는 게 좋다.
탑승이 시작되면 재빨리 자리에 앉아 담요를 확보한 뒤 승무원에게 안대 Eye Patch와 귀마개 Ear Plug를 달라고 요청하자. 실제 비행시간이 3시간 정도에 불과한 무척 짧은 야간비행이라 최대한 숙면을 취하려면 위의 준비물은 필수다. 기내가 무척 건조해지는 동안 목과 코에 불편을 느낄 가능성이 높은데, 이때를 대비해 마스크를 가져가면 숙면을 취하는 데 조금이나마 도움이 된다.

인천국제공항 도착
Incheon Intl. Airport

공항 도착 1시간 전쯤 기내식이 제공된다. 하지만 이른 새벽 잠이 덜 깬 상태로 고 칼로리의 느끼한 기내식을 먹는 것도 그리 유쾌한 일은 아니다. 가벼운 식사를 원한다면 미리 항공사에 연락해 채식 등의 '특별식'을 주문하는 것도 요령! 기내식 주문은 비행기 출발 시각 기준 24시간 전까지 마쳐야 하며 요금은 무료다. 1분 1초라도 잠이 더 소중한 이는 기내식을 취소시키고 공항 도착 때까지 숙면을 취하면 된다.
단, 잠이 덜 깬 상태로 비행기에서 내리다 소지품을 잃어버리는 사고가 종종 발생하니 도착 시각보다 조금 일찍 일어나 내릴 채비를 하는 센스는 필수!

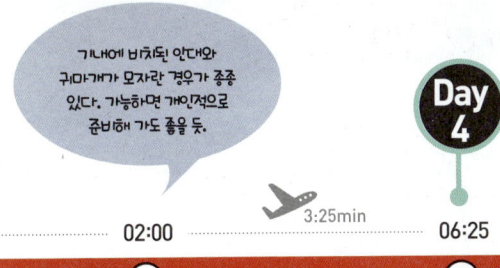

마카오 국제공항의 체크인 카운터 / 인천국제공항

Travel Tip

마카오의 5대 카지노

마카오의 경제를 지탱하는 최고의 관광자원은 도박 산업이다. 이를 증명이라도 하듯 서울의 한 개 구(區) 크기에 불과한 마카오에는 무려 40여 개의 정부 공인 카지노가 있다. 이 가운데 관광객이 몰리는 대형 카지노는 다음의 5곳으로 압축되니 마음에 드는 곳을 골라서 가보자.

Venetian Casino
점보 747 비행기 90대가 동시에 들어갈 수 있는 세계 최대의 카지노. 베네치아의 궁전을 본뜬 화려한 인테리어와 다양한 오락시설이 특징이다.

Sands Casino
4000명을 동시에 수용할 수 있는 대형 카지노. 마카오에서 두 번째로 규모가 크며 스테이지에서 다양한 쇼가 펼쳐진다.

MGM Casino
420개의 게임 테이블과 1100대의 슬롯머신을 갖춘 대형 카지노. 호텔과 연결된 유럽 풍의 아트리움이 아름답기로 명성이 자자하다.

Galaxy Casino
럭셔리한 스타일이 돋보이는 대형 카지노. 카지노 양쪽 입구에 재물운을 불러오는 거대한 물방울 샹들리에와 수정 다리 등의 재미난 볼거리가 있다.

Grand Lisboa Casino
층마다 각기 다른 게임을 즐길 수 있는 대형 카지노. 3/F층에는 218캐럿의 초대형 다이아몬드가 전시돼 있다.

MGM 카지노

역사 · 문화 & 식도락 기행

85만 원~

홍콩 · 마카오 3박 5일

홍콩·마카오 3박 5일
travel note

볼거리 ★★★★★
식도락 ★★★★★
쇼 핑 ★★★★★
유 흥 ★★★★☆

동양의 진주 홍콩과 중국 속의 작은 유럽 마카오를 단번에 둘러보려는 욕심쟁이 여행자에게 강추! 동서양의 문화가 한데 녹아든 이국적인 정취로 가득한 거리, 깜짝 놀랄 만큼 다채로운 음식문화, 두 눈이 휘둥그레지는 휘황찬란한 야경 등 풍부한 볼거리와 즐길거리가 여행자의 호기심을 자극한다.

day 1
인천→홍콩, 찜사쭈이
숙박 홍콩

- 08:50 캐세이패시픽, 인천 출발
- 11:30 홍콩 국제공항 도착
- 12:30 공항→숙소
- 13:10 숙소 체크인 또는 짐 맡기기
- 13:40 홍콩 역사 박물관
- 15:50 네이던 로드
- 16:00 페닌슐라 호텔
- 16:20 헤리티지 1881
- 17:00 하버 시티, 저녁 식사
- 18:40 캔톤 로드
- 19:00 시계탑
- 19:10 홍콩 문화 센터
- 19:20 해변 산책로
- 19:30 스타의 거리
- 20:00 심포니 오브 라이트
- 20:30 2층 버스
- 21:00 여인가 야시장

day 2
센트럴·빅토리아 피크
숙박 홍콩

- 09:00 황후상 광장·입법부 빌딩
- 09:30 홍콩상하이 은행
- 09:40 청콩 센터
- 09:50 성 요한 성당
- 10:20 중국은행
- 11:05 힐사이드 에스컬레이터, 점심 식사
- 12:30 할리우드 로드
- 13:00 만모우 사원
- 13:30 캣 스트리트
- 14:20 퍼시픽 플레이스
- 15:20 플래그스태프 하우스 다기 박물관
- 16:00 홍콩 공원
- 17:00 피크 트램
- 17:30 피크 타워
- 18:00 피크 갤러리아, 저녁 식사
- 20:00 뤼가드 로드 전망대
- 21:30 란콰이퐁

기본 준비
추천 항공편 캐세이패시픽
인천 08:50 → 홍콩 11:30
홍콩 01:00 → 인천 05:35
숙박 홍콩 3박, 기내 1박
예산 856,000원~
숙박비 HK$1200(한인민박 1인실 3박)
생활비 HK$1400(4일)
입장료 HK$50
교통비 HK$730
항공료 40만 원~
※HK$1=135원 기준

day 3

홍콩↔마카오, 마카오

숙박 홍콩

- 06:00 홍콩→마카오
- 08:00 마카오 페리 터미널
- 09:00 상원의원
- 09:30 산토 아고스티노 광장
- 09:40 로버트 호통 도서관
- 10:00 산토 아고스티노 성당
- 10:30 상 호세 성당
- 11:00 상 로렌소 성당
- 11:40 세나도 광장, 점심 식사
- 13:00 상 도밍고 교회
- 14:00 세인트 폴 대성당
- 14:20 교회 미술관
- 14:40 몬테 요새
- 15:30 세나도 광장 → 꼴로안 빌리지
- 16:00 꼴로안 빌리지
- 18:00 베네치안 카지노, 저녁 식사
- 21:00 마카오→홍콩

day 4

리펄스 베이·스탠리·코즈웨이 베이

숙박 기내

- 08:00 얼리 체크인
- 09:00 센트럴→리펄스 베이
- 09:30 리펄스 베이 맨션
- 10:00 리펄스 베이 비치
- 10:50 틴하우 상
- 11:30 리펄스 베이→스탠리
- 12:00 머리 하우스, 점심 식사
- 13:00 틴하우 사원
- 13:30 스탠리 만 · 스탠리 마켓
- 15:00 스탠리→코즈웨이 베이
- 16:00 눈 데이 건
- 16:10 코즈웨이 베이 타이푼 셸터
- 16:20 빅토리아 공원
- 16:50 코즈웨이 베이 쇼핑가, 저녁 식사
- 19:30 IFC
- 22:30 AEL 홍콩 역
- 23:00 홍콩 국제공항 도착

day 5

홍콩→인천

- 01:00 캐세이패시픽, 홍콩 출발
- 05:35 인천국제공항 도착

요점 정리!

한국 오전, 홍콩 심야 출발 항공편 이용
짧은 기간 효율적으로 홍콩과 마카오를 여행하려면 우리나라에서 아침 일찍, 홍콩에서는 심야에 출발하는 항공편을 이용한다. 이와 같은 스케줄로 운항하는 항공사는 캐세이패시픽·대한항공·아시아나항공 등이 있으며, 이동하면서 버리는 시간적 손실을 최소화할 수 있어 유리하다.

한인민박 · 게스트하우스가 가장 저렴
숙소는 찜사쪼이 주변의 한인민박·게스트하우스가 가장 저렴하며 숙박비는 1박 HK$350(1인실) 정도다. 저렴한 민박과 게스트하우스는 인터넷에서 '홍콩 민박' 또는 'Guest House'로 검색하면 쉽게 찾을 수 있다. 쾌적한 시설을 원한다면 1박 HK$1000(2인실 기준) 수준의 호텔을 이용해도 좋다. 호텔은 1인실과 2인실의 요금이 동일하니 둘이 함께 이용하면 숙박비를 절약할 수 있다.

마카오는 홍콩에서 당일치기로 여행
홍콩에서 마카오까지는 고속 페리로 겨우 1시간 거리라 당일치기로 여행하는 게 효율적이다. 숙소를 옮기느라 버리는 시간과 수고를 줄일 수 있으며, 숙박 시설이라고는 비싼 호텔밖에 없는 마카오를 경제적으로 여행할 수 있는 가장 현명한 선택이다.

홍콩·마카오
3박 5일

Day 1

mission

1. 인천→홍콩 이동

2. 매력 만점 다운타운 찜사쭈이 Tim Sha Tsui 산책

3. 100만 불짜리 야경 & 레이저 쇼 감상

※ 일정은 p.50와 동일

오늘 코스 지도로 보기

www.clzup.com/qr/a11

Hong kong

Day 2

mission

1. 금융·쇼핑의 메카 센트럴 Central 산책

2. 짜릿한 스릴의 피크 트램 타기

3. 빅토리아 피크에서 100만 불짜리 야경 감상

4. 홍콩 제일의 유흥가 란콰이퐁에서 화끈한 밤 보내기

※ 일정은 p.56와 동일

오늘 코스 지도로 보기

www.clzup.com/qr/a12

Hong kong

Day 3

mission

1. 홍콩→마카오 이동

2. 유네스코 세계문화유산 탐방

3. 마카오의 상징 세인트 폴 대성당 방문

4. 이국적인 꼴로안 빌리지 산책

5. 아시아 최대의 베네시안 카지노 구경

6. 마카오→홍콩 이동

오늘 코스 지도로 보기

www.clzup.com/qr/a13

Macau

> 단체 관광객이 많은 홍콩 마카오 페리터미널에서는 출국심사에만 30분 이상 걸리는 경우도 있다.

06:00 Start
06:30
07:00

숙소 → 페리터미널
Hotel → Ferry Terminal

마카오로 갈 때는 쾌속 페리를 이용한다. 페리터미널은 두 개가 있는데 홍콩 섬에서는 셩완 Sheung Wan의 홍콩 마카오 페리터미널 HK-Macau Ferry Terminal, 찜사쪼이 반도에서는 찜사쪼이의 차이나 홍콩 시티 페리 터미널 China Hong Kong City Ferry Terminal을 이용하는 게 편리하다.

홍콩 마카오 페리터미널
access MTR 셩완 Sheung Wan 역의 D번 출구를 빠져나와 에스컬레이터를 타고 3/F층으로 올라가면 있다.

차이나 홍콩 시티 페리터미널
access MTR 찜사쪼이 Tsim Sah Tsui 역의 A1번 출구를 나와 오른쪽의 하이퐁 로드 Haiphong Road를 따라 10분쯤 걸어가면 있다.

페리터미널
Ferry Terminal

페리터미널에 도착하면 매표소로 가서 티켓을 구입한다. 보통 티켓 구입과 홍콩 출국수속에 20~30분쯤 걸리기 때문에 페리터미널에는 늦어도 페리 출항 시각 30분 전까지는 도착하는 게 좋다. 참고로 홍콩 마카오 페리터미널의 매표소는 24시간 영업하며, 차이나 홍콩 시티 페리터미널의 매표소는 06:30부터 영업을 시작한다.

홍콩 마카오 페리 터미널 → 마카오
cost 1등석 HK$309, 2등석 HK$159
web www.turbojet.com.hk

차이나 홍콩 시티 페리터미널 → 마카오
cost 1등석 HK$282, 2등석 HK$159
web www.turbojet.com.hk

고속 페리 홍콩 출발
Ferry

티켓을 구입한 뒤 같은 층의 출국장으로 가서 여권을 제시하고 출국심사를 받는다. 출국심사대가 홍콩 거주자용과 외국인용으로 나뉘어 있으니 표지판을 잘 보고 'Visitors 訪港旅客' 쪽에 줄을 서면 된다. 그리고 형식적인 세관을 통과하면 조그만 면세점과 휴게실을 지나 페리 탑승구가 나타난다. 페리를 타면 지정된 좌석에 앉아 곧장 꿈나라로 직행하는 게 좋다. 마카오까지는 60~75분이 걸리는데, 고속선이란 특성상 흔들림이 심해 배 멀미를 하기 십상이다. 배 멀미에는 '꿈나라'만한 특효약이 없다는 사실 절대 잊지 말자!

> 홍콩과 마카오는 별개의 국가이기 때문에 여행시 여권 지참은 필수!

홍콩 마카오 페리터미널 / 차이나 홍콩 시티 페리터미널 / 마카오 행 쾌속 페리

> 버스는 앞문으로 타고 뒷문으로 내리며 요금은 탈 때 낸다. 거스름돈을 주지 않으니 동전은 필수이며 홍콩 달러도 받는다.

 60min~ 08:00   2min 08:30  15min~ 09:00

마카오 페리터미널
Macau Ferry Terminal

배가 속도를 줄이고 마카오 페리 터미널에 도착하면 짐을 챙겨들고 밖으로 나간다. 그리고 'Arrivals 入境大堂' 표지판을 따라가면 입국심사대가 나타난다. 여기서 'Passport 護照/通行證' 표시가 있는 쪽에 줄을 선 다음 여권을 제시하면 간단한 확인을 하고 체류 허가증을 여권에 끼워준다. 마카오 출국시 회수하는 것이니 잃어버리지 않게 주의하자. 그리고 형식적인 세관 검사대를 통과하면 드디어 마카오 도착이다. 입국심사를 받는 데는 10~20분이면 충분하다. 하지만 여행자가 급증하는 주말·공휴일 또는 중국인 단체관광객이 몰리는 때는 입국심사대 통과에만 1시간 가까이 걸리는 황당한 경우도 있다.

페리터미널→시내
Ferry Terminal→Downtown

입국장을 등지고 오른쪽 출구로 나간 다음 계속 직진하면 시내로 들어가는 버스의 정류장이 있다. 여기서 3번 버스를 타고 Alemida Ribeiro 정류장에서 내려 버스 진행 방향 반대편으로 50m쯤 가면 오늘의 첫 여행지인 상원의원이 있다.

또는 3A·10·10A번 버스를 타고 Centro/Infante D. Henrique 정류장에서 내려 버스 진행 방향으로 300m쯤 가면 왼쪽에 상원의원이 있다.

페리터미널→Alemida Reibeiro
3번 버스
time 15분 소요 **cost** MOP3.20

페리터미널→Centro/Infant D. Henrique
3A·10·10A번 버스
time 15분 소요 **cost** MOP3.20

상원의원
Civicos e Municipais

유네스코 세계문화유산 마카오의 행정업무를 총괄하는 관공서. 1583년에 지어진 중국식 건물을 1784년에 전통 포르투갈 양식으로 재건했다. 옛 모습을 유지한 고풍스러운 외관과 인테리어가 멋스럽다. 이 건물의 옛 명칭은 '충성스러운 평의회'란 뜻의 레알 세나도 Leal Senado인데, 포르투갈이 스페인의 지배를 받던 시기(1580~1640)에도 꿋꿋이 포르투갈 국기를 게양한 데서 유래했다. 2/F층으로 이어진 계단은 흰색과 파란색의 포르투갈 전통 타일로 장식돼 있다.

open 09:00~21:00
cost 무료

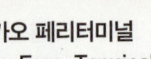 마카오의 시내버스

마카오 페리터미널 | 상원의원 | 상원의원 건물의 내부

3min 09:30   1min 09:40   1min 10:00

산토 아고스티노 광장
Largo de S. Agostinho

유네스코 세계문화유산 마카오의 지난 역사를 말해주는 듯한 오래된 성당에 둘러싸인 조그만 광장. 너무 작아 광장이라기보다는 '교차로' 같은 느낌이다. 세나도 광장과 마찬가지로 크림색과 검정색의 포석을 깔아서 꽃무늬와 물결무늬를 수놓은 광장 바닥이 인상적이다. 광장 주위를 둘러싼 밝은 파스텔톤의 콜로니얼 스타일 건물과 예스러운 가로등이 어우러져 마치 호젓한 유럽의 거리를 걷는 듯한 착각에 빠지게 한다.

로버트 호퉁 도서관
Biblioteca Sir Robert Ho Tung

유네스코 세계문화유산 레몬 색의 발랄한 분위기가 인상적인 4층짜리 도서관. 19세기에 지어진 포르투갈 상인의 저택을 홍콩의 대부호 로버트 호퉁이 별장으로 개조한(1918년) 것이다. 그의 사후 마카오 정부에 기증돼 1958년부터 도서관으로 사용 중인데 고즈넉한 분위기가 일품이다.
3/F층에는 아늑한 풍경을 즐기며 잠시 쉬어갈 수 있는 조그만 휴게실도 있다.

open 11:00~19:00
close 공휴일
cost 무료

산토 아고스티노 성당
Igreja de S. Agostinho

유네스코 세계문화유산 1586년 스페인의 오거스틴 수도회에서 세운 성당. 마카오가 포르투갈 통치하에 놓인 1589년 오거스틴 수도회를 쫓아내고 포르투갈식 성당으로 재건했다. 제단에는 골고다 언덕 아래에서 십자가를 짊어진 예수상이 놓여 있다. 이 예수상을 세나도 광장 옆의 대성당에 옮겨놓자 예수상이 스스로 제자리로 돌아오는 기적이 일어나 이때부터 예수상을 대성당으로 모시고 가는 파소스 행진이 시작됐다. 파소스 행진은 사순절 첫째 일요일(2월 중순~3월 초)에 열리며 수천 명의 시민과 성직자가 예수상을 들고 행진한다.

open 10:00~18:00, 금요일 10:00~17:30
cost 무료

산토 아고스티노 광장 / 로버트 호퉁 도서관 / 산토 아고스티노 성당 / 산토 아고스티노 성당의 내부

> 강추 맛집!
> Wong Chi Kei 마카오를 대표하는 완탕면 전문점. 시원한 국물과 탱글탱글한 새우살이 매력 포인트.
> p.43

🚶 7min   10:30   🚶 2min   11:00   🚶 11min   11:40

상 호세 성당
Igreja de S. José

유네스코 세계문화유산 1758년 예수회에서 선교사 양성을 목적으로 세운 수도원 겸 성당. '리틀 세인트 폴 대성당'이라고도 불리는 이곳은 중국 바로크 건축의 대표작으로 꼽힌다. 독특한 돔형 지붕은 마카오의 상징으로 유명한데 음향효과가 뛰어나 콘서트장으로도 이용된다. 제단 오른쪽의 유리 캐비닛에는 예수회 최초의 동방 선교사로 중국에서 생을 마감한 성 프란시스코 자비에르(1506~1552)의 오른팔 뼈가 안치돼 있다.

open 10:00~17:00
cost 무료

> 예쁜 마그네틱도 멋진 기념품

상 로렌소 성당
Igreja de S. Lourenço

유네스코 세계문화유산 1569년 예수회 선교사들에 의해 세워진 성당. 비록 쇠락한 모습이지만 마카오에서 가장 아름다운 성당이라 해도 과언이 아니다. 원래 나무로 지어진 것을 1846년에 재건해 지금과 같은 장엄한 성당으로 거듭났다. 전체 규모는 높이 21m, 길이 37m, 폭 29m에 이른다. 당시 유럽에서 유행하던 네오클래식 양식에 바로크 스타일을 가미한 게 특징이며, 높이 솟은 탑은 한때 수도원 감옥으로 이용되기도 했다. 예배당 내부는 터키시 블루로 마감한 세련된 목조 천장과 화려한 샹들리에가 눈길을 사로잡는다.

open 08:30~17:00
cost 무료

세나도 광장, 점심 식사
Praça do Largo Do Senado

유네스코 세계문화유산 마치 유럽의 한 도시에 와 있는 듯한 착각에 빠지게 하는 곳. 3630㎡의 조그만 광장에는 파스텔 톤으로 은은히 빛나는 교회와 식당·카페 등 남유럽풍 건물이 가득하며, 검정색과 크림색 타일로 물결무늬를 수놓은 광장 바닥이 이국적인 자태를 한껏 뽐낸다. 맑게 갠 날이면 파란 하늘과 색색의 건물로 가득한 광장이 환상의 조화를 이룬다. 마카오 다운타운의 한복판에 해당하는 이곳은 낮에는 수많은 현지인과 관광객들로 북적이며 밤이면 로맨틱한 야경의 명소로 변신한다. 광장 중앙의 분수대에는 옛 식민시대의 유물인 거대한 지구본이 설치돼 있어 눈길을 끈다.

상 호세 성당 | 상 로렌소 성당 | 세나도 광장

> 세인트 폴 대성당으로 가는 길에 육포와 아몬드 쿠키 전문점이 모인 '육포 골목'을 지나간다. 무료 시식도 가능!

2min 13:00 7min 14:00 1min 14:20

상 도밍고 교회
Igreja de S. Domingos

유네스코 세계문화유산 진한 베이지 색 외벽과 화려한 코린트 양식 기둥이 멋스러운 교회. 도미니크 수도회에서 1587년부터 짓기 시작해 17세기에 증축한 뒤, 18세기 들어 콜로니얼 바로크 양식으로 보수됐다. 수도원 활동이 금지된 1843년 이후 줄곧 군시설·관공서 등으로 이용되다가 1997년 일반에 공개됐다. 내부에는 상아와 나무로 만든 성상(聖像)이 가득하며 제단 앞의 천장은 포르투갈 왕가의 문장으로 장식돼 있다. 교회 안쪽에는 예수회가 포르투갈 교회와 결별을 선언한 1834년 이후 수집된 300여 점의 성상·성화·사제복이 소장된 상 도밍고 교회 박물관이 있다.

open 10:00~18:00 **cost** 무료

세인트 폴 대성당
Igreja de S. Paulo

유네스코 세계문화유산 건물 정면만 남겨진 채 애처로이 170여 년의 세월을 버텨온 신기한 건물. 기나긴 돌계단 위로 우뚝 솟은 성당의 모습은 마카오의 상징으로도 유명하다. 원래 이 성당은 중국 및 아시아에 파견할 선교사 양성을 위해 예수회에서 1602년에 설립한 극동지역 최초의 서구식 대학이었다. 이후 200여 년에 걸쳐 수많은 선교사를 배출했는데, 이 대학을 거쳐간 인물로는 《천주실의》의 저자인 이탈리아 선교사 마테오 리치가 유명하다. 마카오 내란으로 예수회가 해체된 뒤 군사시설로 이용됐으며, 1835년 의문의 화재가 발생해 지금처럼 건물 정면만 남겨진 채 성당 전체가 소실되고 말았다.

교회 미술관
Museu de Arte Sacra

세인트 폴 대성당에 부속된 초미니 미술관. 16~19세기에 제작된 60여 점의 가톨릭 회화·조각이 전시돼 있다. 대표작은 천사의 모습을 중국 스타일의 장수(將帥)처럼 묘사한 17세기의 유화 〈천사장 미카엘〉이다. 미술관 입구 맞은편에는 베트남·일본인 순교자의 유골이 안치된 지하 납골당이 있다. 십자가 양옆에 차곡차곡 쌓인 28개의 유리상자에 유골을 안치해놓았으며, 십자가 주위에는 참배객들이 소원을 빌며 던진 동전이 수북이 쌓여 있다.

open 09:00~18:00
cost 무료

> 천사장 미카엘

상 도밍고 교회 | 천주실의의 저자 마테오 리치 | 세인트 폴 대성당

> 이동시간을 절약하려면 택시를 타도 된다. 15~20분쯤 걸리며 요금은 MOP100 정도다.

> 강추 맛집!
> Lord Stow's Bakery
> 촉촉한 커스터드 크림이 듬뿍 담긴 에그타르트가 맛있다. p.43

 5min   14:40   15min   15:30    25min~   16:00

몬테 요새
Forte do Monte

유네스코 세계문화유산 예수회 성당을 개조해 1617~1626년에 구축한 포르투갈 군의 요새. 마카오 총독이 최초로 거주한 지역이기도 하다. 한적한 공원으로 변신한 지금은 마카오의 전경이 한눈에 들어오는 전망대로 인기가 높다. 이 위에서는 아슬아슬하게 서 있는 세인트 폴 대성당의 모습과 새하얀 등대가 세워진 기아 요새, 그리고 중국 영토인 주하이의 모습이 시원스레 내려다보인다. 공원에는 400여 년 전에 만든 대포 22대가 성벽을 따라 놓여 있는데, 실제로 사용된 것은 1662년 네덜란드의 침입 당시 딱 한 번뿐이었다고 한다.

open 07:00~19:00
cost 무료

세나도 광장 → 꼴로안 빌리지
Senado → Vila de Coloane

꼴로안 빌리지로 갈 때는 시내버스를 이용한다. 세나도 광장에서 상원의원을 바라볼 때 오른쪽으로 150m쯤 가면 Almeida Ribeiro/Rua Mercadores 버스 정류장이 있는데, 여기서 출발하는 26A번 버스를 타고 Vila de Coloane-1 정류장에서 내린다. 안내방송이 광둥어·포르투갈어·북경어·영어로 나오지만, 초행자가 알아듣기는 조금 힘든 게 현실. 운전사나 현지인에게 내릴 곳을 알려달라고 부탁하는 게 좋다. 해당 정류장에서 내려 버스 진행 방향 반대편으로 1분쯤 걸으면 꼴로안 빌리지에 도착한다.

Almeida Ribeiro/Rua Mercadores →Vila de Coloane-1
26A번 버스
time 25~30분 소요 **cost** MOP6.40

꼴로안 빌리지
Vila de Coloane

중국과 포르투갈의 거리를 한데 합쳐 놓은 듯한 독특한 풍경의 조그만 어촌. 드라마 〈궁〉과 영화 〈도둑들〉의 무대로 낙점되며 유명세를 타기 시작한 곳이다. 이렇다할 볼거리는 없지만 한적한 거리를 거닐며 이국의 정서에 취해보는 것도 좋다. 최대의 볼거리는 16세기의 동방 선교사 프란시스코 자비에르의 업적을 기리는 성 자비에르 성당이다. 1928년에 지어진 바로크 양식의 소박한 성당으로 남유럽 스타일의 로맨틱한 분위기가 멋스럽다. 성당 내부에는 김대건 신부의 초상화와 1984년 여의도 광장에서 열린 시성식 사진이 걸려 있다. 마을 남쪽 끝에는 어부의 수호신 탐꽁을 모시는 사당도 있다.

몬테 요새   꼴로안 빌리지   성 자비에르 성당

꼴로안 빌리지에서 21A·25·26A번 버스를 타고 Estrada Do Istmo/Venetian 하차(MOP5), 도보 7분.

홍콩 마카오 페리터미널 행은 24시간 운항하며, 차이나 홍콩 시티 페리터미널 행은 22:30이 마지막 페리다.

15min~   18:00
10min~   21:00   ■ Finish

베네시안 카지노, 저녁 식사
Venetian Macau

미국의 라스베이거스 샌즈 그룹에서 운영하는 세계 최대의 카지노이자 마카오 유일의 종합 리조트 타운. 베네치아의 궁전과 운하를 본뜬 테마 파크 스타일로 꾸몄으며 3000개의 스위트룸을 갖춘 초대형 호텔, 350여 개의 숍이 입점한 쇼핑몰, 3400대의 슬롯머신과 800개의 게임 테이블이 설치된 카지노 등 온갖 위락시설을 갖춰놓았다. 워낙 규모가 방대해 전체를 돌아보는 데 두 시간이 족히 걸린다. 내부에는 다양한 음식을 취급하는 레스토랑과 푸드코트가 있어 저녁을 해결하기에도 좋다.

open 카지노 24시간
쇼핑몰 10:00~23:00
금·토요일 10:00~24:00
레스토랑 11:00~23:00

마카오 → 홍콩
Macau → Hong Kong

베네시안 카지노에서 20:20쯤 출발하는 무료 셔틀버스를 타고 마카오 페리터미널로 간다(10~15분 소요). 그리고 2/F층의 매표소에서 21:00에 출발하는 홍콩 마카오 페리터미널 또는 차이나 홍콩 시티 페리터미널 행 페리의 티켓을 구입한다. 이제 출국심사를 받고 페리에 오르면 22:00~22:30쯤 홍콩에 도착한다. 페리터미널에서는 다시 홍콩 입국심사를 받아야 하므로 미리 홍콩 입국카드를 작성해 놓는 것도 잊지 말자.

마카오→홍콩 마카오 페리 터미널
cost 1등석 HK$339, 2등석 HK$184

마카오→차이나 홍콩 시티 페리터미널
cost 1등석 HK$302, 2등석 HK$184

베네시안 카지노   이국적인 쇼핑 아이템도 있다

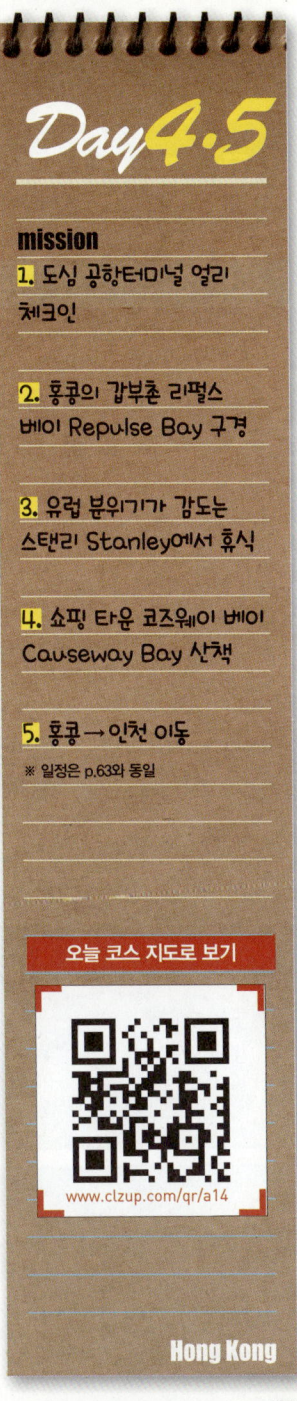

Day 4·5

mission

1. 도심 공항터미널 얼리 체크인
2. 홍콩의 갑부촌 리펄스 베이 Repulse Bay 구경
3. 유럽 분위기가 감도는 스탠리 Stanley에서 휴식
4. 쇼핑 타운 코즈웨이 베이 Causeway Bay 산책
5. 홍콩 → 인천 이동

※ 일정은 p.63와 동일

오늘 코스 지도로 보기

www.clzup.com/qr/a14

Hong Kong

식도락 · 휴식 · 문화 기행

홍콩·마카오 4박 5일

81만 원~

요금이 저렴한 저가항공의 스케줄에 맞춰 홍콩과 마카오 전역을 돌아본다. 비용은 물론 1분 1초의 시간도 허투루 쓰고 싶지 않은 알뜰파 여행자에게 추천한다. 단, 저가항공의 초저가 티켓은 수량이 한정돼 있는 것은 물론 빨리 매진되기 때문에 예약을 서둘러야 함을 잊지 말자!

추천 항공편 | 제주항공
인천 09:55 → 홍콩 12:35
홍콩 13:55 → 인천 18:15
숙박 홍콩 4박
예산 810,000원~
숙박비 HK$1600(한인민박 1인실 4박)
생활비 HK$1400(4일)
입장료 HK$50
교통비 HK$730
항공료 30만 원~
※HK$1=135원 기준

기본 준비

Day 1 — 인천→홍콩, 찜사쪼이
p.50와 동일. 제주항공은 캐세이 퍼시픽에 비해 홍콩 도착 시각이 1시간 가량 늦기 때문에 홍콩 역사박물관 관람 시간을 1시간 정도 줄이거나, 다른 볼거리를 한두 개 정도 일정에서 제외시키는 게 좋다.

Day 2 — 센트럴 · 빅토리아 피크
p.56와 동일

Day 3 — 홍콩↔마카오, 마카오
p.101와 동일

Day 4 — 리펄스베이 · 스탠리 · 코즈웨이 베이
기본적인 일정은 p.63와 동일하다. 단, 홍콩에서 1박을 더하므로 08:00에 얼리 체크인을 할 필요가 없으니 09:00에 센트럴에서 출발하는 버스를 타고 바로 리펄스 베이로 가면 된다. 리펄스베이 · 스탠리 · 코즈웨이 베이를 모두 돌아본 뒤 19:30쯤 센트럴의 IFC로 가서 쇼핑 명소와 주변의 야경을 감상한다.

Day 5 — 완짜이, 홍콩→인천
아침 일찍 체크아웃을 하고 08:00에 AEL 홍콩 역으로 가서 얼리 체크인(p.63)을 한다. 그리고 완짜이 Wan Chai로 이동해 무료 전망대가 있는 센트럴 플라자, 아시아에서 두 번째로 큰 박람회장인 홍콩 컨벤션&엑시비션 센터, 홍콩의 중국 반환을 기념해 조성된 골든 보히니아 광장, 홍콩의 멋진 스카이라인을 감상할 수 있는 엑스포 프로머네이드, 활기 넘치는 타이윤 재래시장, 예스러운 멋이 넘치는 홍씽 사원을 차례로 구경한다. 그리고 조금 이른 점심을 먹은 다음, 12:20쯤 홍콩 역에서 출발하는 AEL을 이용해 홍콩 국제공항으로 가면 된다.

홍콩의 야경

마카오의 베네시안 카지노

◀ 대만

TAIWAN

대만 핵심 여행정보
07 타이베이 2박 3일
08 타이베이 3박 4일
09 타이베이 4박 5일

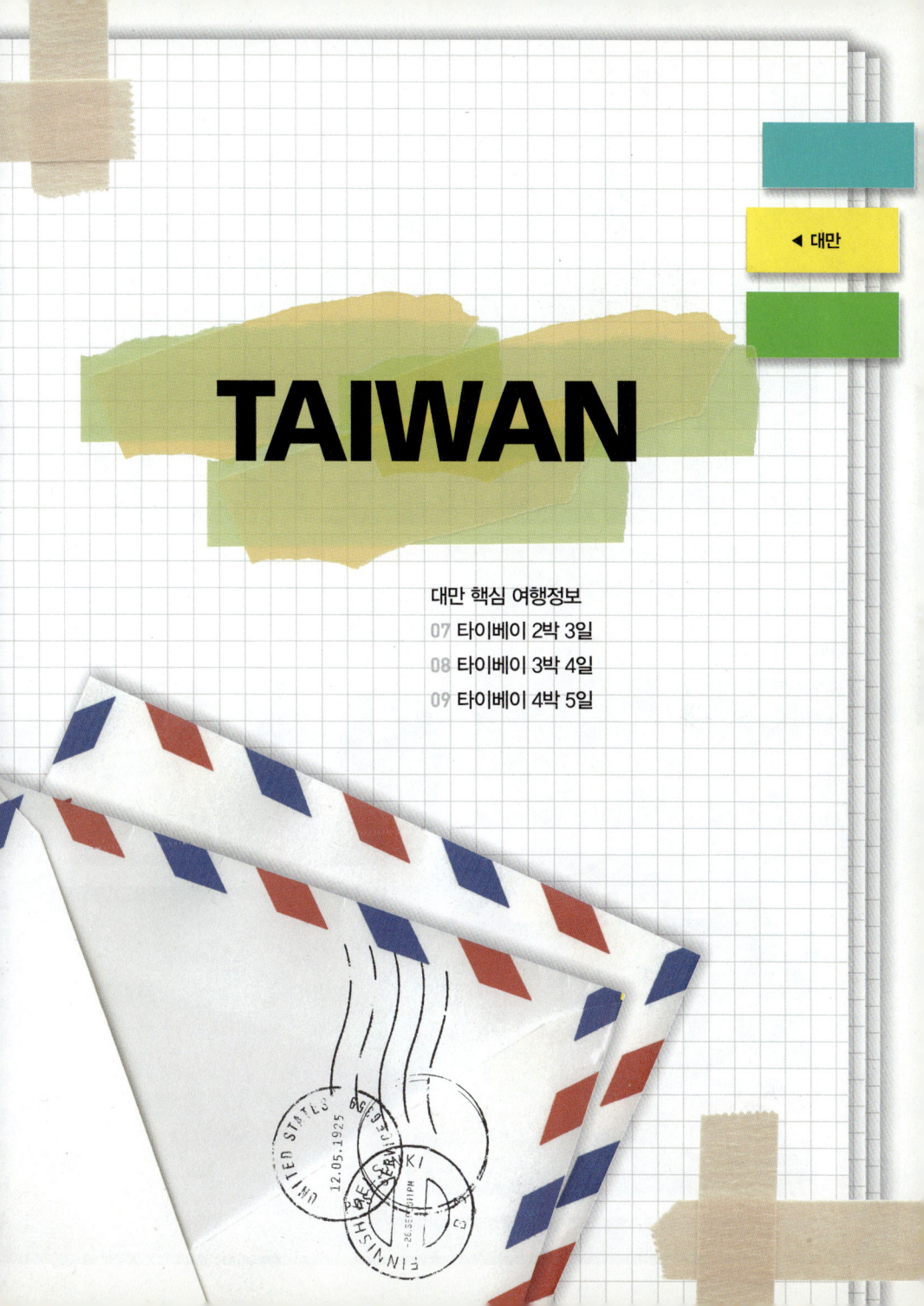

best 12
TAIWAN

#1
280여 년의 역사를 자랑하는 타이베이 최고(最古)의 사찰. 내부를 온통 금으로 장식해 두 눈을 휘둥그레지게 만든다.
→ 롱산스 p.124

#2
대만의 국부 장제스를 추모하는 공원. 절도 넘치는 근위병 교대식은 타이베이의 명물로 손꼽힌다.
→ 중정기념당 p.123

#3
100년 전의 건물을 리모델링해서 만든 세련된 쇼핑 공간. 아기자기한 문구·액세서리 숍이 가득하다.
→ 시먼홍로우 p.125

#4 뜨끈한 온천에 몸을 담그고 여행의 피로를 풀어보자. 호젓한 산책로와 박물관 등의 볼거리는 보너스! → 베이터우 온천 p.129

#5 시끌벅적한 분위기가 매력인 타이베이 최대의 야시장. 다양한 먹거리와 쇼핑의 보고다. → 스린 야시장 p.129

#6 대만 여행의 백미라 해도 과언이 아닌 박물관. 중국 최고의 보물을 65만 점이나 모아 놓았다. → 국립고궁박물관 p.127

#7
1000만 년의 세월이 빚어낸 진기한 풍경. 상상을 초월하는 형태의 기암괴석들이 흥미로운 볼거리를 제공한다.
→ 예리우 지질공원 p.147

#8
유럽풍의 석조 건물이 눈길을 끄는 이국적인 캠퍼스. 영화 〈말할 수 없는 비밀〉의 촬영지로도 유명하다.
→ 쩐리 대학 · 딴장 고등학교 p.140

#9
100년 전의 금광은 어떤 모습이었을까? 100억 원을 호가하는 대형 금괴를 직접 만져보는 즐거움도 놓치지 말자. → 황금 박물관구 p.148

#10
지우펀의 옛 모습이 고스란히 남겨져 있는
가파른 언덕길. 로맨틱한 야경의 명소로도
인기가 높다. → 수치루 p.150

#11
고양이 벽화와 조형물로 마을 전체를 깜찍하게 꾸며 놓은
길고양이의 낙원. → 호우동 p.153

#12
낡은 열차를 타고 떠나는
기차 여행. 하늘 높이
소원을 날려 보내는 천등
체험이 특별한 추억을
만들어준다. → 스펀 p.152

taipei best gourmet

A 뜨거운 육즙이 가득 담긴 만두 **샤오롱 포**. 채 썬 생강을 얹고 간장을 찍어 먹으면 감칠맛이 한층 살아난다.

B 토마토 국물의 **우육면**. 새콤하면서 도 감칠맛 넘치는 국물과 쫄깃한 면 발이 매력 포인트!

C 뼈를 발라낸 닭고기를 얇게 펴서 튀김 옷을 입힌 뒤 노릇노릇 튀긴 **닭 튀김**. 야시장의 군것질거리로 인기 만점.

A 딘타이펑 鼎泰豊
타이베이의 맛집으로 유명한 중식 레 스토랑. 뉴욕 타임즈에서 선정한 10대 레스토랑 가운데 하나로 뽑히며 유명 세를 누리기도 했다. 간판 메뉴는 샤 오롱포이며, 주말에는 하루에 1만 개 이 상 팔릴 만큼 인기가 높다. 점심·저 녁 시간은 무척 붐비니 서둘러 갈 것.
open 10:00~21:00, 토·일·공휴일 09:00~21:00 **access** MRT 똥먼 東門 역 5번 출구에서 도보 1분.

B 라오장뉴로우미앤띠앤 老張牛肉麵店
2006년 타이베이 시의 우육면 牛肉 麵 축제에서 당당히 1등 트로피를 거 머쥔 우육면 전문점. 50여 년에 이르 는 오랜 역사에 걸맞게 단골손님도 많다. 양질의 재료로 우려낸 깔끔한 국물과 푸짐하게 올려주는 소고기 고 명이 입맛을 다시게 한다.
open 11:00~15:00, 17:00~02:00 **close** 화요일 **access** MRT 똥먼 東門 역 5번 출구에서 도보 5분.

C 호따따지파이 豪大大雞排
스린 야시장의 명물인 닭튀김 전문 점. 바삭한 식감과 촉촉한 육질 때문 에 현지인은 물론 우리나라의 치킨 마니아에게도 인기가 높다. 저렴한 가격에 한 번, 그리고 엄청난 크기에 한 번 더 놀라게 되는데, 웬만해서는 혼자 먹기 힘들 만큼 양이 많다.
open 11:00~심야 **close** 부정기적 **access** MRT 지엔탄 劍潭 역 1번 출구 에서 도보 6분.

추천 맛집 지도로 보기

www.clzup.com/qr/a52

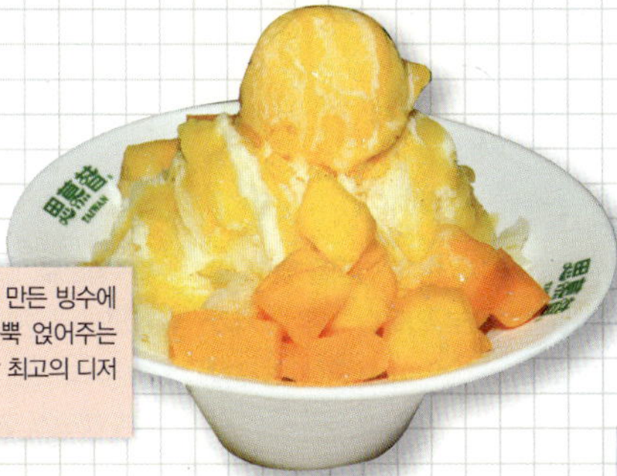

E

잘 익은 망고를 얼려서 만든 빙수에 새콤달콤한 망고를 듬뿍 얹어주는 시원한 **망고 빙수.** 대만 최고의 디저트다.

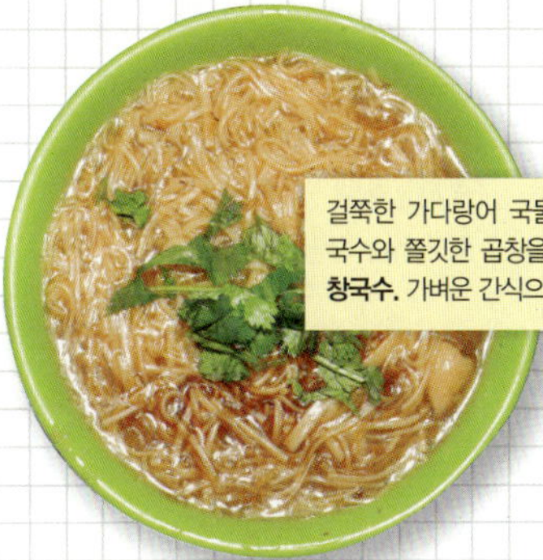

D

걸쭉한 가다랑어 국물에 가느다란 국수와 쫄깃한 곱창을 말아주는 **곱창국수.** 가벼운 간식으로 안성맞춤!

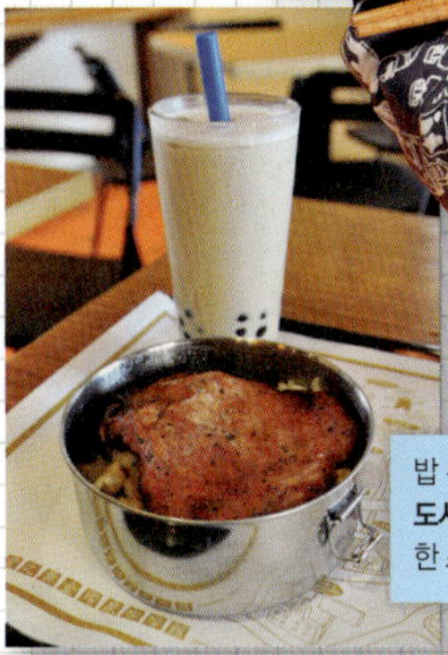

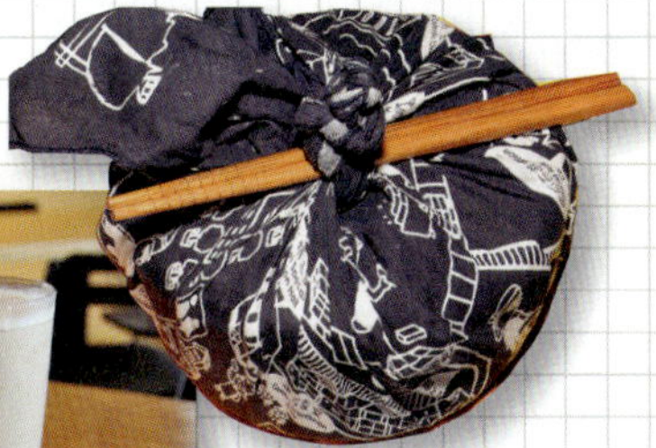

F

밥 위에 돼지고기와 단무지를 얹은 **광부 도시락.** 야들야들한 고기와 달콤 짭조름한 소스가 멋진 조화를 이룬다.

D

아쫑미앤시앤 阿宗麵線

타이베이 제일의 번화가 시먼팅의 명물로 유명한 국수 가게. 메뉴는 오직 하나 곱창국수뿐인데 이 국수 한 그릇을 먹기 위해 하루종일 긴 줄이 늘어설 만큼 엄청난 인기를 누리고 있다. 양이 적으니 식사보다는 가벼운 간식 정도로 생각하는 게 좋다.

open 11:00~22:30, 금 · 토요일 11:00~23:00 **access** MRT 시먼 西門 역 6번 출구에서 도보 3분.

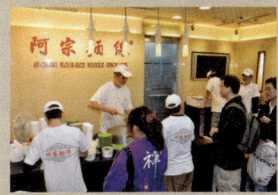

E

스무시 思慕昔

타이베이의 먹자골목으로 유명한 융캉지에의 명물 디저트 숍. 잘 익은 망고만 엄선해서 사용하는 망고 빙수가 간판 메뉴다. 한여름의 무더위를 단번에 잊게 할 만큼 시원하면서도 달콤한 맛이 매력! 다양한 계절 과일을 넣은 빙수와 스무디도 취급한다.

open 10:30~23:00 **close** 부정기적 **access** MRT 똥먼 東門 역 5번 출구에서 도보 4분.

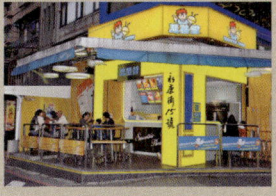

F

쿠앙꽁스탕 鑛工食堂

진과스의 명소인 황금 박물관구에 부속된 카페 겸 식당. 예전에 광부들이 먹던 도시락을 재현한 광부 도시락 鑛工便當이 간판 메뉴다. 달콤한 쩐쭈나이차(밀크티)와 먹으면 더욱 맛있으며 예쁜 보자기에 싼 양철 도시락 통은 기념품으로 가져갈 수 있다.

open 11:00~17:00 **close** 매월 첫째 월요일, 구정연휴 **access** 황금 박물관구 입구에서 도보 10분.

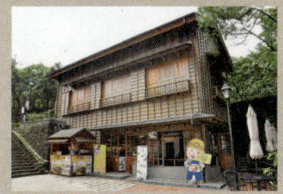

basic info. 대만

비자
우리나라와 비자 면제 협정을 맺고 있어 관광 목적으로 입국할 경우 비자가 필요 없다. 비자 없이 대만에 체류할 수 있는 기간은 90일이다.

여행 시기
대만은 아열대 기후에 속하는 지역이며 최적의 여행 시즌으로 꼽는 때는 선선한 날씨와 맑은 하늘을 볼 수 있는 10~11월과 3~4월이다. 12~2월은 우리나라의 늦가을 정도를 연상시킬 정도로 쌀쌀한 기운이 감돈다. 본격적으로 더위가 맹위를 떨치는 시기는 5~9월이다. 이때와 맞물려 우기도 절정을 이루는데 거의 매일 비가 오고 습도가 80~90%에 달해 여행에 불편을 초래하기도 한다. 특히 8~10월에는 호우·태풍 등 자연재해가 동반되는 경우가 빈번하니 일기예보에 주의를 기울여야 한다.

복장
우리나라의 봄·가을 날씨와 비슷한 11~3월에는 너무 두껍지 않은 긴 옷과 가볍게 걸칠 수 있는 점퍼·카디건이면 충분하다. 그 외의 시즌에는 더운 날이 이어지니 우리나라의 여름 날씨에 준하는 옷을 챙겨 가면 된다. 단, 계절이 바뀌는 4월과 10월 무렵에는 이상기온으로 아침·저녁이 쌀쌀한 경우도 있으니 여벌의 긴팔 옷을 챙겨 가면 유용하다. 일부 고급 레스토랑·클럽은 민소매·반바지·샌들 차림으로 입장이 불가능한 경우도 있으니 주의.

언어
일반적으로 통용되는 언어는 중국 표준어인 북경어 Mandarin 北京語·普通話이다. 단, 거리의 표지판이나 이정표는 중국식 간체자가 아닌 대만식 번체자로 쓰여 있어 한자에 익숙하지 않은 사람은 약간의 불편함을 느낄 수도 있다. 표지판에는 한자와 함께 영어가 병기돼 있으며, 외국인이 많이 찾는 관광지·호텔·쇼핑센터·대형 레스토랑에서는 간단한 영어도 통한다.

통화
뉴 타이완 달러 NT$,
NT$1=35원(2014년 10월)
동전 NT$1·5·10·20·50
지폐 NT$100·200·500·1000·2000

환전
조금 번거롭지만 우리나라에서 미국 달러 US$를 가져가 대만 현지의 공항 또는 시내의 은행에서 뉴 타이완 달러로 환전하는 게 환율상 가장 유리하다. 우리나라에서 바로 뉴 타이완 달러를 환전하려면 대형 은행의 본점을 이용한다. 단, 적용 환율이 나빠 큰 금액을 환전할 경우 약간의 손해를 감수해야 한다. 한국 원화를 대만 현지에서 뉴 타이완 달러로 환전하는 것도 가능하지만, 최악(!)의 환율이 적용돼 적지 않은 환차손을 보게 되니 주의하자.
권종은 보편적으로 통용되는 NT$1000 이하의 지폐로 준비하면 편하게 사용할 수 있다.

신용카드
타이베이 시내에서는 신용카드 사용에 무리가 없다. 단, 교외 지역이나 소규모 숍에서는 신용카드를 받지 않는 경우가 많으니 주의하자.

인터넷
PC방·인터넷 카페 찾기는 하늘의 별 따기 만큼이나 어렵다. 대신 대부분의 숙소에서 유·무선 인터넷을 사용할 수 있다. 한인민박·게스트하우스에서는 인터넷이 무료인 반면, 호텔에서는 인터넷 사용 요금이 별도로 부과되니 예약시 관련 사항을 미리 확인해 둬야 한다. 인터넷 속도는 우리나라에 비해 상당히 느려 사용하기가 조금 불편하다.

이동 중에도 자유로이 스마트폰을 사용하려면 자신이 가입한 이동 통신사의 해외 데이터 로밍 서비스를 이용하거나(1일 9000~1만 2000원), 타이베이에 도착하자마자 공항에서 파는 데이터 요금 유심 카드를 구입하면 된다.

전기
110V·60Hz이며, 콘센트는 우리나라와 다른 2핀 타입의 11자형 플러그가 필요하다. 타이베이의 전자제품 매장에서도 팔지만 은근히 찾기 힘들고 값도 비싸다. 우리나라의 전파사에서 단돈 몇 백 원이면 구입할 수 있다는 사실을 알아둘 것! 한인민박 등의 숙소에서는 변환 플러그를 무료로 빌려주기도 한다.

시차
우리나라와 대만의 시차는 -1시간. 예를 들어 우리나라가 낮 12:00라면 대만은 오전 11:00다.

주의사항
중국과 대치하고 있는 정치적인 상황으로 인해 공항·항만·관공서·군사 시설에서는 사진 촬영이 금지돼 있다. 또한 공항에서 수하물을 부칠 때 배터리·핸드폰 등은 큰짐에 넣어서 보낼 수 없다는 사실에도 주의하자.
식수 사정이 좋지 않아 배탈의 위험이 있다. 수돗물은 음용수로 사용하지 말고 반드시 생수를 사서 마시거나 끓인 물을 먹어야 한다. 사람들로 북적이는 야시장과 지하철에서 소매치기 사건이 종종 발생하니 소지품 보관에 신경 써야 한다.

공휴일
1월 1일 건국 기념일
1월 1일(음력) 구정
2월 28일 평화 기념일
4월 4일 어린이날
4월 5일 청명절
5월 5일(음력) 단오
8월 15일(음력) 중추절
10월 10일 국경절

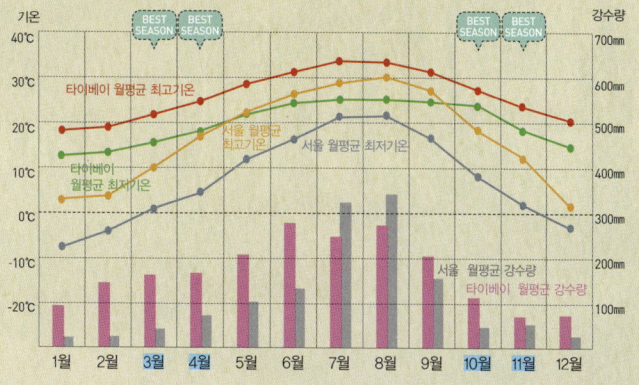

travel note

타이베이 2박 3일

볼거리 ★★★☆☆
식도락 ★★★★☆
쇼 핑 ★★☆☆☆
온 천 ★★★☆☆
유 흥 ★★☆☆☆

부담없이 떠나는 해외여행을 꿈꾸는 이에게 추천하는 일정. 예스러운 멋과 활기찬 도시적 매력이 공존하는 타이베이의 핵심 명소만 콕콕 짚어서 돌아본다. 중화권 여행지답게 풍부한 먹거리와 여유를 만끽하기에 좋은 소박한 온천이 여행의 즐거움을 더한다.

day 1

김포→타이베이, 타이베이 시내

숙박 타이베이

11:00 티웨이항공, 김포 출발
12:50 송산 국제공항 도착
13:30 공항 → 숙소
14:00 숙소 체크인
14:40 중정기념당
15:50 228 평화공원
16:30 총통부
17:00 룽산스
18:10 시먼훙러우
19:00 시먼팅, 저녁 식사

day 2

타이베이 시내, 신베이터우

숙박 타이베이

08:00 따롱통빠오안공
08:30 공자묘
09:10 위앤산 역 → 국립고궁박물관
09:30 국립고궁박물관, 점심 식사
12:30 국립고궁박물관→베이터우 온천
13:00 베이터우 공원
13:30 베이터우 도서관
14:00 베이터우 온천 박물관
14:40 지열곡
15:10 온천 즐기기
17:30 스린 야시장, 저녁 식사
20:00 스린 야시장 → 미라마 쇼핑센터
20:15 미라마 쇼핑센터

기본 준비

추천 항공편 티웨이항공
김포 11:00 → 송산(타이베이) 12:50
송산(타이베이) 13:50 → 김포 17:25
숙박 타이베이 2박
예산 536,000원~
숙박비 10만 원(한인민박 1인실 2박)
생활비 NT$3000(3일)
입장료 NT$650
교통비 NT$250
항공료 30만 원~
※ NT$1=35원 기준

day 3

타이베이 시내, 타이베이→김포

- 08:30 숙소 체크아웃
- 09:00 국부 기념관
- 10:00 타이베이 101
- 11:30 숙소→송산 국제공항
- 12:00 송산 국제공항 도착
- 13:50 티웨이항공, 송산 출발
- 17:25 김포국제공항 도착

Taipei

요점 정리!

편리한 김포~송산 노선 항공편 이용
서울과 마찬가지로 타이베이에도 두 개의 공항이 있다. 김포국제공항에 해당하는 곳이 송산 松山 국제공항. 인천국제공항에 해당하는 곳이 타오위앤 桃園 국제공항이다. 김포·송산 국제공항은 도심에 위치해 인천·타오위앤 국제공항을 이용할 때보다 2~3시간 이상 이동 시간을 절약할 수 있으며, 그만큼 교통비도 적게 든다.

경제적인 한인민박 또는 게스트하우스를 예약
타이베이 시내에 저렴한 한인민박과 게스트하우스가 많다. 숙박비는 도미토리 1박 3만 원, 1인실 5만 원 수준이다. 숙소는 무조건 지하철역과 가까운 곳으로 골라야 한다. 중국어를 모르면 버스 이용이 어려워 지하철역에서 먼 숙소를 고를 경우 찾아가기 힘들 가능성이 높다.

만능 교통카드 이지 카드 구입
이지 카드 Easy Card는 타이베이의 대중교통을 자유로이 이용할 수 있는 교통카드다. 대중교통 이용시 티켓·잔돈을 준비할 필요가 없는 것은 물론, 편의점·슈퍼마켓에서도 현금처럼 사용할 수 있어 편리하다. 구입·환불은 MRT(지하철) 역에서 한다. 자세한 사항은 p.123 참조.

타이베이 2박 3일

mission

1. 김포→타이베이(송산) 이동

2. 중정기념당에서 근위병 교대식 관람

3. 280년 역사의 사찰 룽산스 방문

4. 타이베이 제일의 번화가 시먼팅 구경

오늘 코스 지도로 보기

www.clzup.com/qr/a15

Taiwan

티웨이항공의 김포↔송산 노선은 주4회(월·수·금·일요일)만 운항한다.

11:00   2:50min   12:50

Start ▶ ─────────────── ○

티웨이항공, 김포 출발
T'way Air TW667

비행기는 티웨이항공의 김포↔송산 국제공항 왕복편을 이용한다. 김포에서 타이베이까지의 소요시간은 2시간 50분. 음료와 기내식 등의 간단한 서비스를 받으며 잠시 쉬다보면 송산 국제공항에 도착한다. 기내에서는 대만 입국심사에 필요한 신고서를 미리 작성해두자. 신고서는 공항 도착 전에 승무원들이 나눠준다. 한국과 대만의 시차는 -1시간. 비행기에서 내릴 때 시계 바늘을 한 시간 뒤로 돌려놓는 것도 잊지 말자.

송산 국제공항
松山國際機場

송산 국제공항에 도착하면 '입국 Arrivals 入境' 표지판을 따라 입국심사장으로 이동한다. 입국심사대는 내국인용과 외국인용으로 나뉘어 있으니 외국인을 뜻하는 'Non-Citizen' 쪽에 줄을 서면 된다. 입국심사를 받을 때는 기내에서 작성한 대만 입국 카드와 여권이 필요하다. 직원이 간단한 확인을 하고 얼굴 사진을 찍으면 입국심사는 끝난다. 이제 수하물 수취대로 가서 짐을 찾고, 세관을 통과하면 타이베이 도착 완료! 입국수속에는 보통 20~30분이 걸린다.
입국장 바로 앞에는 환전소가 있으니 여기서 필요한 만큼 여행 경비를 환전(p.117)하고 시내로 들어갈 채비를 한다.

송산 국제공항행 티웨이항공

김포국제공항의 출국장   송산 국제공항의 입국장

> 송산 공항에서 주요 호텔까지 택시 요금은 NT$150~400 정도. 경우에 따라서는 택시가 빠르고 편할 수도 있다.

13:30 — 3min~ — 14:00 — 10min~ — 14:40

공항→숙소
Airport→Hotel

공항 건물을 나오자마자 바로 앞에 MRT(지하철) 송산 공항 松山機場 역이 있다. 에스컬레이터를 타고 지하 2층으로 내려가면 개찰구 옆에 유인 매표소가 있으니 여기서 타이베이의 교통카드인 '이지 카드 Easy Card(NT$50)'를 구입한다. 자판기에서도 팔지만 조작법이 까다로워 유인 매표소를 이용하는 게 훨씬 편리하다. 이지 카드를 구입할 때는 NT$100~200 정도의 금액을 미리 충전해 놓자. 기타 MRT 이용법은 우리나라의 지하철과 동일하다.

송산 공항→타이베이 시내
MRT
time 3~20분 소요 **cost** NT$16~
web http://english.trtc.com.tw

숙소 체크인
Hotel Check-In

숙소에 도착하면 체크인부터 한다. 일반적으로 한인민박은 12:00, 호텔은 14:00 이후부터 체크인이 가능한데, 도착 시각이 일러 체크인이 불가능하다. 짐 보관은 무료로 해주니 가볍게 돌아다닐 수 있도록 숙소에 짐을 맡겨 놓고 나오는 게 좋다.

이제 타이베이의 첫 여행지인 중정기념당으로 이동한다. MRT 딴수이 선 淡水線, 신디앤 선 新店線, 샤오난먼 선 小南門線의 중정기념당 中正紀念堂 역에서 내려 5번 출구로 나가면 쉽게 찾을 수 있다.

> 타이베이의 교통카드 이지 카드

중정기념당
中正紀念堂

대만의 국부(國父)로 추앙받는 장제스 蔣介石(1887~1975)를 추모하는 기념 공원. 드넓은 공원 안에는 콘서트홀·극장·정원 등이 있으며 제일 안쪽에 높이 70m의 거대한 위용을 자랑하는 기념당이 우뚝 서있다. 기념당까지 오르는 89개의 계단은 89세에 서거한 장제스를 기리는 의미다. 내부에는 그의 거대한 청동좌상이 놓여 있으며, 이 앞에서 매시 정각마다 진행되는 절도 넘치는 근위병 교대식(15분)은 타이베이의 명물로 유명하다. 1·3층은 장제스의 일생을 소개하는 자료실로 꾸며 놓았다.

open 09:00~18:00
close 구정연휴
cost 무료

MRT 송산 공항역 | 중정 기념당 | 중정 기념당

9min　15:50　 2min　16:30　 15min~　17:00

> 총통부 주변은 주요 관공서가 모두 모인 대만 정치의 1번지 역할을 하고 있다.

> MRT 시먼 西門 역에서 반난 선 板南線을 타고 롱산스 山寺 역에서 하차(2분, NT$16). 1번 출구에서 도보 1분.

228 평화공원
二二八和平公園

1899년 대만 최초로 조성된 서양식 공원. 1947년 발생한 2·28 사건을 기념하고자 지금의 이름이 붙여졌다. 2·28 사건은 중국 본토 출신이 절대다수를 차지한 국민당 정부로부터 차별대우를 받던 대만 출신 현지인들의 항거로 1947년 2월 28일에 발생했으며, 5월 16일 사태가 종료될 때까지 무려 3만여 명의 대만인이 학살되는 참극이 벌어졌다. 울창한 숲에 둘러싸인 공원 안에는 희생자의 넋을 기리는 기념비와 평화의 종, 사건의 전말이 고스란히 기록된 228 기념관(유료)이 있다. 공원 한켠에는 고즈넉한 중국식 정원을 가꿔놓아 도심 속의 휴식처 역할도 하고 있다.

open 24시간
cost 무료

총통부
總統府

우리나라의 청와대에 해당하는 곳이다. 서구식 붉은 벽돌 건물이 인상적인데 일본 식민시대에 대만 총독부가 자리하던 곳으로 1919년에 완공됐다. 제2차 세계대전 말기에는 연합군의 공습으로 상당부분 파괴됐으나, 일본 패망 직후 정권을 이양 받은 국민당 정부에 의해 복구되면서 지금까지 총통부로 사용되고 있다. 내부에는 대만의 정치·외교 역사를 소개하는 조그만 전시관이 있지만 딱히 큰 볼거리는 없으니 건물 외관만 보는 정도로 충분하다.

전시관
open 09:00~12:00(11:30까지 입장 필수)
close 토·일·공휴일
web www.president.gov.tw
※외부는 24시간 오픈.

롱산스
龍山寺

1738년 창건된 타이베이에서 가장 오래된 사찰. 오렌지빛 지붕과 극채색의 조각으로 요란하게 장식된 불당이 눈길을 끈다. 선인과 성수(聖獸)가 섬세하게 조각된 기둥에 둘러싸인 본당은 내부 역시 금으로 화려하게 치장해 놓아 두 눈을 휘둥그레지게 만든다. 앞뜰에는 연기가 피어오르는 대형 향로가 있는데, 자세히 보면 실크햇을 쓴 네덜란드인이 향로 뚜껑을 떠받친 재미난 모습이다. 본당 뒤에는 학문의 신 문창제, 재물의 신 관우, 바다의 신 틴하우, 출산을 관장하는 신 탄생랑랑 誕生娘娘을 모시는 13개의 도교 사당도 있다.

open 06:00~22:20
cost 무료

228 평화공원　　총통부　　신도들로 북적이는 롱산스

3min　17:30　 +🚇 10min　18:10　 1min　19:00 ■ Finish

> MRT 룽산스 山寺 역에서 반난선 板南線을 타고 시먼 西門 역 하차(2분, NT$16). 1번 출구에서 도보 1분.

> 강추 맛집!
> 아쭝미엔시엔 阿宗麵線 시먼띵의 명물, 쫄깃한 굵창국수가 맛있다.
> p.115

빠오피랴오
剝皮寮

한 세기 전 타이베이의 거리가 거의 완벽한 형태로 보존된 곳. 원래 이곳은 19세기 초부터 일본 식민시대에 이르기까지 석탄 거래를 중심으로 상업이 발달한 지역이었으며, 지금도 당시 사무실·창고·상점으로 사용하던 2층 벽돌 건물이 고스란히 남아 있다. 현재 대부분의 건물은 내부를 개조해 이벤트 갤러리나 전시관으로 사용 중이다. 동쪽 끝에는 다양한 자료와 사진을 통해 이 지역의 역사와 전통을 소개하는 향토교육 센터 鄕土敎育中心(09:00~17:00, 월·공휴일 휴관, 무료)도 있다.

open 09:00~18:00 **close** 월요일
cost 무료

시먼홍로우
西門紅樓

일본 식민시대에 지어진 고풍스러운 벽돌 건물을 개조해서 만든 복합 문화공간. 원래 대만 총독부에서 개설한 공설시장(1908년)이었으며, 건물 입구를 재물운을 불러오는 형상인 팔각형으로 만든 게 특징이다. 내부에는 시먼홍로우의 옛 모습을 보여주는 미니 갤러리와 함께 카페·기념품점이 모여 있다. 안쪽에는 '16공방 工房'이란 상점가도 있는데, 명칭 그대로 16개의 숍이 모인 미니 아케이드이다. 오리지널 디자인의 아기자기한 문구·액세서리·티셔츠 등을 취급해 구경하는 재미가 쏠쏠하다.

open 11:00~21:30,
금·토요일 11:00~22:00
close 월요일
cost 무료

시먼띵, 저녁 식사
西門町

서울의 명동과 비슷한 분위기를 풍기는 타이베이의 다운타운. 원래 일본 식민시대에 유흥가로 조성된 지역이었지만, 지금은 20~30대가 열광하는 패션·액세서리·신발·화장품 숍이 즐비한 대만 제일의 쇼핑가로 변모했다. 골목 안쪽에는 군것질거리를 파는 노점과 캐릭터상품·보세의류 숍이 모여 있어 구경하는 재미가 쏠쏠하다. 주말에는 거리 전체가 차량통행을 제한하는 보행자천국이 되며, 거리 곳곳에서 펼쳐지는 댄스 배틀과 퍼포먼스가 흥미로운 볼거리를 제공한다. 현지인에게 인기가 높은 맛집이 많아 식도락을 즐기기에도 좋다.

open 숍 10:00~21:00(숍마다 다름)
레스토랑 11:00~24:00(숍마다 다름)

빠오피랴오　시먼홍로우　타이베이의 명동으로 불리는 시먼띵

Day 2

mission

1. 대만 여행의 백미 국립고궁박물관 관람

2. 베이터우 온천에서 온천 즐기기

3. 먹부림의 메카 스린 야시장 구경

오늘 코스 지도로 보기

www.clzup.com/qr/a16

Taiwan

MRT 위앤샨 圓山 역 하차, 2번 출구를 나와 정면으로 도보 11분.

08:00   2min   08:30

Start

따롱통빠오안공
大龍峒保安宮

의학의 신 보생대제 保生大帝를 모시는 사원으로 1760년에 세워졌다. 보생대제는 10세기 중국의 복건성 福建省에서 태어난 실존인물로 화타에 버금가는 경이로운 의술을 펼쳐 신으로 추앙받기에 이르렀다. 그의 신상을 모신 본전은 벽과 처마를 장식한 섬세하면서도 화려한 조각이 최대의 볼거리다. 본전을 'ㅁ'자 모양으로 빙 둘러싼 회랑에는 바다의 신, 농사의 신, 재물의 신을 모시는 여러 사당도 있다. 매년 3월 15일에는 보생대제의 탄생을 기리는 축제가 성대하게 열리며, 타이베이의 3대 축제 가운데 하나로 유명하다.

open 06:30~22:00
cost 무료

공자묘
孔子廟

대만에서 유일하게 정부가 직접 관리하는 공자묘. 황제를 상징하는 주황빛 기와지붕과 용·기린 등의 성수(聖獸) 조각으로 화려하게 장식된 처마의 모습이 인상적이다. 공자묘의 한가운데에 위치한 대성전에는 금빛으로 번쩍이는 공자의 신위를 모셔놓았다. 대만의 일반적인 사당과 달리 기둥과 벽 어디에도 글귀가 쓰여있지 않은데, 이는 '공자 앞에서 함부로 학문을 논할 수 없음'을 상징한다. 수험 시즌에는 참배객들로 인산인해를 이루며, 공자 탄신일인 9월 28일에는 장엄한 제례의식이 거행된다.

open 08:30~21:00,
일·공휴일 08:30~17:00
close 월요일
cost 무료

따롱통빠오안공   고즈넉한 분위기가 감도는 공자묘

9min 09:10  15min~ 09:30 12:30

> 카메라·가방외 반입이 철저히 금지돼 있어 모든 짐은 1층 보관실에 맡기고 돌아가야 한다.

위앤샨 역 → 국립고궁박물관
圓山站 → 國立故宮博物院

공자묘를 나와 다시 MRT 위앤샨 圓山 역으로 돌아간다. 그리고 1번 플랫폼에서 출발하는 딴수이 淡水 또는 베이터우 北投 행 열차를 타고 두 정거장 다음의 스린 士林 역에서 내린다. 1번 출구 앞의 버스 정류장에서 紅30번 또는 304번 버스를 타고 종점인 꾸꿍뿌우위유앤 故宮博物院 정류장에서 내리면 바로 앞에 국립고궁박물관으로 이어지는 계단이 있다

<u>유앤샨 역 → 스린 역</u>
MRT
time 4분 소요 **cost** NT$16

<u>스린 역 → 꾸꿍뿌우위유앤</u>
紅30 · 304번 버스
time 10~15분 소요 **cost** NT$15

국립고궁박물관, 점심 식사
國立故宮博物院

세계 4대 박물관 가운데 하나로 꼽히는 대만 제일의 국립박물관. 국민당 정부가 중국 본토에서 퇴각하던 1948년 베이징 자금성의 고궁박물관에서 엄선한 60만 점의 소장품을 가져다 세웠다. 이후 5만 점의 콜렉션을 추가해 현재 소장품은 65만 점에 이른다. 주요 전시품은 3층에 있는데, 돼지고기의 모양을 쏙 빼닮은 돌인 육형석 肉形石과 옥을 배추 모양으로 가공한 취옥백채 翠玉白菜가 특히 유명하다. 주요 전시품 관람에 최소 1시간, 적당히 보려 해도 두세 시간은 족히 걸린다. 원내에는 카페테리아와 맛난 딤섬 레스토랑도 있다.

open 08:30~18:30,
금 · 토요일 08:30~21:00
cost NT$250

국립고궁박물관 → 베이터우 온천
國立故宮博物院 → 北投

박물관 입구에 있는 버스 정류장에서 255 · 304번 시내버스, 또는 1 · 18 · 19번 미니버스를 타고 MRT 스린 士林 역으로 돌아간다. 안내방송이 나오지 않는 버스도 있으니 운전사에게 내릴 곳을 알려달라고 부탁하는 게 좋다. 스린 역 1번 플랫폼에서 딴수이 淡水 또는 베이터우 北投 행 열차를 타고 베이터우 北投 역으로 간다. 그리고 4번 플랫폼에서 신베이터우 新北投 행 열차로 갈아탄 다음 종점인 신베이터우 新北投 역에서 내린다.

<u>꾸꿍뿌우위유앤 → 스린 역</u>
버스
time 10~15분 소요 **cost** NT$15

<u>스린 역 → 신베이터우 역</u>
MRT
time 16분 소요 **cost** NT$20

공자묘 / 국립고궁박물관 / 신베이터우 행 MRT

> MRT 신베이터우 역의 출구를 나와 정면으로 도보 1분.

 26min~   13:00   4min   13:30   2min   14:00

베이터우 공원
北投公園

MRT 신베이터우 역에서 지열곡 地熱谷까지 이어지는 1㎞ 남짓한 길이의 호젓한 공원. 1913년 일본인들이 베이터우 지역을 온천 휴양지로 개발하면서 온천과 함께 이용할 수 있는 휴식공간으로 조성했다. 당시에는 타이베이의 4대 공원 가운데 하나로 꼽힐 만큼 유명세를 누렸다고 한다. 공원 옆으로는 실개천이 흐르는데 주변 온천에서 흘러나오는 뜨거운 온천수가 섞여드는 까닭에 유백색의 독특한 빛깔을 띠며 때에 따라서는 물 위로 하얀 김이 모락모락 피어오르는 재미난 광경을 연출한다. 개천 옆으로는 산뜻하게 정비된 산책로와 함께 오랜 역사를 자랑하는 일본식 온천 호텔들이 나란히 이어진다.

베이터우 도서관
北投圖書館

울창한 숲에 둘러싸인 아늑한 산장을 연상시키는 낭만적인 도서관. 공식 명칭은 타이베이 시립도서관 베이터우 분관이다. 대만 최초의 친환경 도서관으로 태양광 발전시설과 빗물 재활용 시스템을 갖추는 등 에너지 절약에도 심혈을 기울였다. 지하 1층부터 2층까지 총 3개 층으로 이루어져 있으며, 조용히 독서를 즐기거나 야외 테라스에 앉아 휴식을 취하기에 좋다. 마치 카페 같은 아늑한 분위기 때문에 베이터우 온천을 찾는 이라면 누구나 한 번쯤 들르는 명소로도 인기가 높다.

open 08:30~21:00,
일 · 월요일 09:00~17:00
close 매월 첫째 목요일, 공휴일
cost 무료

베이터우 온천 박물관
北投溫泉博物館

옛 온천시설을 개조해서 만든 박물관. 일본의 온천 휴양지로 유명한 이즈 伊豆를 모방해 1913년에 만든 동남아 최대의 온천이었으며, 일본과 서양 건축양식이 혼재된 붉은 벽돌 건물이 인상적이다. 1층에는 로마식 대욕장과 함께 여기서만 채굴되는 베이터우 석 北投石이 전시돼 있다. 이 돌은 방사성 미량원소를 함유해 질병 치료에 효능이 높다고 한다. 2층에는 온천을 마친 뒤 휴식을 즐기던 일본식 연회장이 복원돼 있으며, 당시의 모습을 담은 흑백사진과 자료도 전시해 놓았다.

open 09:00~17:00
close 월요일 · 공휴일
cost 무료

 베이터우 석

베이터우 공원   베이터우 도서관   베이터우 온천 박물관

MRT 지앤탄 新北投 역 하차(NT$20), 도보 6분. 1번 출구 정면의 지하도로 내려가면 스린 야시장 표지판이 있다.

강추 맛집! 호따다지파이 豪大大雞排 하나만 먹어도 배가 부른 초대형 닭고기 튀김. p.114

14:40   15:10   17:30

지열곡
地熱谷

길이 80m 정도의 타원형 연못 위로 하얀 수증기가 모락모락 피어오르는 유황온천. 매일 2000㎘가량 샘솟는 온천수의 온도는 무려 80~100℃! 바닥에는 유백색의 침전물이 가라앉아 있으며, 비취색 물빛 때문에 옥천곡 玉泉谷이라 부르기도 한다. 옛날에는 뜨거운 지열과 짙은 유황냄새로 인해 '무녀의 땅'이라 부르며 일반인의 출입을 금하기도 했다. 지금은 연못 주위로 산책로를 정비해 놓아 자유로이 구경할 수 있다. 날씨에 따라 수증기의 양이 달라지는데 심할 때는 한증막에 들어간 것처럼 후끈하고 축축한 열기가 온몸을 감싼다.

open 09:00~17:00
cost 무료

온천 즐기기
溫泉浴

베이터우 온천에서는 백탕 白湯, 청탕 靑湯, 탄산천의 세 가지 온천수가 나온다. 백탕은 유황천으로 피부보습 효과가 뛰어나며, 청탕은 라듐 성분을 함유해 질병 치료 효과가 있다. 탄산천은 약알칼리성으로 신경통과 고혈압 등에 효험이 있다.

저렴한 온천으로는 청탕이 샘솟는 베이터우 친수공원 노천온천 北投親水公園露天溫泉(05:30~22:00, NT$40, 수영복 착용 필수), 시설은 무척 낡았지만 매끈한 피부를 만들어 주는 백탕이 샘솟는 롱나이탕 瀧乃湯(06:30~21:00, NT$90)이 인기가 높다. 비투숙객에게 온천을 개방하는 고급 온천 호텔도 있으며 요금은 NT$500~1000 수준이다.

스린 야시장, 저녁 식사
士林觀光夜市

타이베이는 물론 대만에서 가장 크고 유명한 야시장. 매일 밤 엄청난 인파로 북적이며 데이트를 목적으로 나온 젊은이들의 발길이 끊이지 않는다. 아케이드 스타일의 1층은 기념품·티셔츠·생활잡화·과일 숍과 함께 게임코너·점집이 모여 있다. 지하에는 다양한 먹거리를 취급하는 먹자골목이 있어 저녁을 해결하기에도 좋다. 아케이드가 끝나는 곳에서 한 블록 윗쪽으로도 야시장이 계속 이어진다. 캐주얼의류·액세서리·신발·캐릭터상품 전문점 등 젊은이들이 열광하는 숍이 많으며, 곳곳에 맛난 먹거리를 파는 노점이 포진해 있어 군것질하는 재미도 쏠쏠하다.

open 17:00~01:00

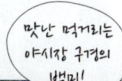
맛난 먹거리는 야시장 구경의 백미!

수증기로 가득한 지열곡   베이터우 친수공원 노천온천   스린 야시장

> 숙소로 돌아갈 때는 미라마 쇼핑센터에서 도보 3분 거리의 MRT 지엔난루 劍南路 역을 이용한다.

20:00   20:15

○   ■ Finish

스린 야시장 → 미라마 쇼핑센터
士林觀光夜市 → 美麗華百樂園

스린 야시장 구경을 마치고 MRT 지앤탄 역으로 돌아간다. 1번 출구 앞에는 여러 버스 정류장이 있는데, 이 가운데 'To Miramar 往美麗華, 美麗華百樂園免費接駁車'라고 표시된 정류장에서 미라마 쇼핑센터 행 무료 셔틀버스를 탄다. 이 버스는 지앤탄 역 ↔ 미라마 쇼핑센터 구간만 왕복 운행하기 때문에 무조건 종점에서 내리면 된다.

지앤탄 역 → 미라마 쇼핑센터
셔틀버스
time 10:50~22:30(15~20분 간격), 15분 소요
cost 무료

미라마 쇼핑센터 행 셔틀버스 정류장

미라마 쇼핑센터
美麗華百樂園

타이베이 북부 최대의 쇼핑센터. 현대적인 시설과 다양한 아이템을 취급하는 수백 개의 숍과 극장·레스토랑이 모여 있어 현지인의 발길이 끊이지 않는다. 바로 맞은편에는 대형 할인매장인 카르푸가 있어 생필품·식료품 쇼핑에도 더할 나위 없이 좋다. 5층에 있는 세계에서 두 번째로 큰 대관람차는 타이베이 전역이 내려다보일 만큼 전망이 좋은 것은 물론 야경의 명소로도 유명하다.

open 11:00~22:00
web www.miramar.com.tw

대관람차
open 11:00~23:00,
금·토요일 및 공휴일 전날 11:00~24:00
cost 평일 NT$150, 일·공휴일 NT$200

색색으로 빛나는 화려한 대관람차   미라마 쇼핑센터

Travel Tip

타이베이의 이색 명소

미라마 쇼핑센터까지 본 뒤에도 시간이 남거나 아예 미라마 쇼핑센터 자체에 흥미가 없을 때는 조금 색다른 명소를 찾아 떠나보자. 오후에 가기 좋은 곳으로는 마사지 숍·다예관·용캉지에를 꼽을 수 있다.

마사지 숍
타이베이 시내에서는 전통 중국식 마사지 숍이 쉽게 눈에 띈다. 특히 호텔 주변에 많은데 자신이 묵는 민박·호텔의 추천을 받아서 이용하는 게 요령이다. 요금은 발 마사지 NT$600~(30분), 전신 마사지 NT$1000~(1시간) 수준이다.

용캉지에 永康街
MRT 똥먼 東門 역 5번 출구 앞에 위치한 먹자골목 겸 카페 거리. 딘타이펑 등 유명 레스토랑과 아기자기한 카페·인테리어·패션 숍이 좁은 도로를 따라 모여 있다. 숍들이 문을 닫는 시간은 21:00~24:00이다. 자세한 내용은 p.130를 참조하자.

다예관 茶藝館
차(茶)에 관심이 있다면 다양한 중국차를 맛볼 수 있는 다예관에 들러보자. 일반적인 카페와는 달리 전통의 멋이 담뿍 녹아든 고즈넉한 분위기가 매력이다. 차와 함께 저녁 식사나 간단한 음식을 내놓기도 한다. 영업시간은 10:00~22:00이며, 차 가격은 NT$150~이다.

중국식 전통 다도를 체험할 수 있는 다예관

Day 3

mission

1. 국부 기념관에서 근위병 교대식 관람
2. 대만 최고의 건물 타이베이 101 구경
3. 타이베이(송산)→김포 이동

오늘 코스 지도로 보기

www.clzup.com/qr/a17

Taiwan

08:30  5min~ 09:00

Start ▶

숙소 체크아웃
Check Out

비행기 출발 시각까지 여유가 많지 않으니 아침 일찍 체크아웃을 마쳐야 한다. 그리고 숙소에 짐을 맡긴 뒤 가벼운 몸으로 오늘의 첫 목적지인 국부 기념관으로 향한다.

국부 기념관은 MRT 반난 선 板南線 의 꿔푸지니앤관 國父紀念館 역 4번 출구에서 도보 2분 거리에 있다. 국부 기념관의 핵심 볼거리인 근위병 교대식이 09:00에 시작되므로 시간에 늦지 않게 주의하자.

시내→꿔푸지니앤관 역
MRT
time 5~20분 소요 **cost** NT$16~

타이베이의 지하철 MRT

국부 기념관
國父紀念館

중국의 국부(國父)로 추앙받는 쑨원 孫文(1866~1925)의 탄생 100주년을 기념해 1972년에 세운 기념관. 안으로 들어가면 두 명의 근위병이 거대한 쑨원의 동상을 지키고 서있는 모습이 눈에 들어온다. 09:00~17:00의 매시 정각에는 절도 넘치는 근위병 교대식(10분)이 펼쳐지는데, 관광객이 워낙 많이 몰리는 까닭에 제대로 자리를 잡고 보려면 교대식 시각보다 10~20분 정도 일찍 가는 게 좋다. 동상 오른쪽에는 쑨원의 일생과 신해혁명의 역사적 의의를 소개하는 조그만 전시관도 있다.

open 09:00~18:00
close 구정연휴
cost 무료

국부기념관 근위병 교대식

타이베이 101에서 MRT 씨쩡푸 市政府 역까지 무료 셔틀버스가 다닌다(11:00~21:00, 15~20분 간격).

원활한 출국 수속을 위해 공항으로는 비행기 출발 시각 2시간 전까지 가는 게 좋다.

 15min 10:00

 15min~ 11:30

 3min~ 12:00

타이베이 101
Taipei 101

타이베이 최고(最高)의 높이(509m)를 자랑하는 101층짜리 빌딩. 전통적인 중국 탑 양식에 대나무의 이미지를 가미한 독특한 외관이 눈길을 끈다. 건물이 8개의 마디로 나뉘어 있는 이유는 '8'이란 숫자가 행운과 재물운을 불러오기 때문이다. 또한 건물을 빙 둘러가며 사면(四面)에 엽전 모양의 오브제를 설치해 놓았는데, 이 역시 재물운을 불러 모으기 위해서라고 한다. 초고속 엘리베이터로 37초 만에 도착하는 89층 전망대에서는 타이베이 전역이 한눈에 내려다보인다.

open 09:00~22:00
cost 전망대 NT$500
web www.taipei-101.com.tw

숙소→송산 국제공항
Hotel→Airport

숙소로 돌아가 짐을 찾은 다음 MRT를 타고 송산 공항 松山機場 역으로 간다. 그리고 첫날 이지 카드 Easy Card를 구입했던 유인 매표소 Informaion 詢問處에서 카드를 반납하고 잔액과 보증금을 환불 받는다. 이제 1번 출구의 '터미널 1·국제선 Terminal 1·國際線' 표지판만 따라가면 공항 건물로 이어진다.

타이베이 시내→송산 공항
MRT
time 4~20분 소요 **cost** NT$16~

송산 국제공항 도착
松山機場

송산 국제공항의 출국장은 1층에 있으며 건물 곳곳에 붙어 있는 '국제선 출국 國際線出境 International Departures' 표지판만 따라가면 쉽게 찾을 수 있다. 그리고 안내 모니터나 전광판에서 티웨이항공의 체크인 카운터를 확인한 다음, 그곳으로 가서 항공권과 여권을 제시하고 탑승수속을 하면 된다. 체크인 카운터가 고작 6개뿐이라 이용에 큰 어려움은 없다.

송산 국제공항
web www.tsa.gov.tw

타이베이 101의 마스코트 댐퍼 베이비

타이베이 101 | 타이베이 101의 쇼핑가 | 송산 국제공항의 출국장 | MRT 송산 공항역

13:50   2:35min   17:25

■ Finish

티웨이항공, 송산 출발
T'way Air TW668

탑승수속을 모두 마치고 2층으로 올라가면 식당·휴게실·출국장이 있다. 비행기 출발 시각까지 아직 여유가 있으니 여기서 간단히 점심 식사를 한다. 기내식이 제공되는 시간이 늦은 것은 물론 양도 적어 속이 허할 가능성이 무척 높다.

점심 식사를 마친 뒤 출국장으로 들어가 출국심사를 받으면 바로 면세구역으로 이어진다. 몇 개의 면세점과 매점만 있을 뿐 특별한 편의시설은 없으니 게이트 앞에 앉아 탑승이 시작되기를 기다리면 된다.

김포국제공항 도착
Kimpo Intl. Airport

김포국제공항은 인천국제공항에 비해 규모가 작아 이용하기 쉽다. 더구나 이용객이 적어 입국심사대와 세관을 통과하는 데 오랜 시간이 걸리지 않는 것도 큰 장점이다.

김포국제공항의 입국장은 1층에 있으며, 표지판을 따라 지하 1층으로 내려가면 지하철 5·9호선 및 공항철도의 김포공항역이 있다. 단, 공항에서 역까지 이어지는 지하통로가 은근히 길어 이용하기가 조금 불편하다는 사실은 알아둘 것!

입국장 바로 앞에 시내 곳곳을 연결하는 다양한 노선의 시내버스·공항버스 정류장도 있으니 편리한 교통편을 골라서 이용한다.

송산 국제공항 / 출발 대기 중인 티웨이 항공의 여객기

Travel Tip

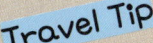

타이베이의 또다른 명소

국부 기념관·타이베이 101 등에 관심이 없다면 아래의 명소를 찾아보는 것도 좋다. 단, 공항으로 돌아갈 시간에 너무 늦지 않도록 주의하자.

충렬사 忠烈祠
우리나라의 현충사에 해당하는 곳이며, 1911년 신해혁명 직후 지금까지 국가를 위해 목숨을 바친 33만 장병의 영령을 모신다. 매시 정각 거행되는 절도 넘치는 근위병 교대식이 볼만하다.
open 09:00~17:00 **cost** 무료
access MRT 딴수이 선의 위앤샨 圓山 역에서 택시로 10분.

스린 관저 士林官邸
대만의 초대 총통을 역임한 장제스가 관저로 사용하던 건물이다. 이국적인 외관이 인상적이며 내부에는 관저로 사용할 당시의 모습을 보여주는 다양한 전시물이 있다. 관저 주변은 잘 다듬어진 고즈넉한 정원에 둘러싸여 있다.
open 08:00~17:00 **close** 월요일
cost 정원 무료, 관저 NT$100
access MRT 딴수이 선의 스린 士林 역에서 도보 10분.

띠화지에 油化街
한약재·건어물·전통과자 등을 파는 재래상가. 화려한 원색의 간판과 드문드문 자리한 붉은 벽돌 건물 등이 한 세기 전의 모습을 고스란히 보여준다.
access MRT 딴수이 선의 슈앙리앤 雙連 역에서 도보 15분.

충렬사의 근위병 교대식

travel note

타이베이 3박 4일

볼거리 ★★★☆☆
식도락 ★★★★☆
쇼 핑 ★★★☆☆
온 천 ★★★☆☆
유 흥 ★★☆☆☆

타이베이를 느긋하게 돌아보려는 이에게 적합한 일정. 이 도시의 명소·맛집·온천을 두루 섭렵한 뒤 반나절의 시간을 할애해 노을의 명소로 유명한 딴수이까지 여행한다. 항구도시 특유의 서정적인 분위기와 유럽풍의 이국적인 건물들이 색다른 볼거리를 제공한다.

day 1

김포→타이베이, 타이베이 시내

숙박 타이베이

- 11:00 티웨이항공, 김포 출발
- 12:50 송산 국제공항 도착
- 13:30 공항 → 숙소
- 14:00 숙소 체크인
- 14:40 중정기념당
- 15:50 228 평화공원
- 16:30 총통부
- 17:00 롱산스
- 18:10 시먼홍로우
- 19:00 시먼팅, 저녁 식사

day 2

타이베이 시내, 신베이터우

숙박 타이베이

- 08:00 따롱통빠오안공
- 08:30 공자묘
- 09:10 위앤산 역 → 국립고궁박물관
- 09:30 국립고궁박물관, 점심 식사
- 12:30 국립고궁박물관 → 베이터우 온천
- 13:00 베이터우 공원
- 13:30 베이터우 도서관
- 14:00 베이터우 온천 박물관
- 14:40 지열곡
- 15:10 온천 즐기기
- 17:30 스린 야시장, 저녁 식사
- 20:00 스린 야시장→미라마 쇼핑센터
- 20:15 미라마 쇼핑센터

기본 준비

추천 항공편 티웨이항공
김포 11:00→송산(타이베이) 12:50
송산(타이베이) 13:50→김포 17:25
숙박 타이베이 3박
예산 627,000원~
숙박비 15만 원(한인민박 1인실 3박)
생활비 NT$4000(4일)
입장료 NT$650
교통비 NT$400
항공료 30만 원~
※NT$1=35원 기준

day 3

타이베이 시내, 딴수이

숙박 타이베이

- 09:00 린번위앤 저택 정원
- 11:30 싱티앤공
- 12:40 라오지에, 점심 식사
- 15:00 맥케이 동상
- 15:20 쩐리 대학
- 16:20 홍마오청
- 17:20 홍마오청→유런마터우
- 17:35 유런마터우

day 4

타이베이 시내, 타이베이→김포

- 08:30 숙소 체크아웃
- 09:00 국부 기념관
- 10:00 타이베이 101
- 11:30 숙소 → 송산 국제공항
- 12:00 송산 국제공항 도착
- 13:50 티웨이항공, 송산 출발
- 17:25 김포국제공항 도착

Taipei

Welcome to Taipei

요점 정리!!

편리한 김포~송산 노선 항공편 이용
서울과 마찬가지로 타이베이에도 두 개의 공항이 있다. 김포국제공항에 해당하는 곳이 송산 松山 국제공항, 인천국제공항에 해당하는 곳이 타오위앤 桃園 국제공항이다. 김포·송산 국제공항은 도심에 위치해 인천·타오위앤 국제공항을 이용할 때보다 2~3시간 이상 이동 시간을 절약할 수 있으며, 그만큼 교통비도 적게 든다.

경제적인 한인민박 또는 게스트하우스를 예약
타이베이 시내에 저렴한 한인민박과 게스트하우스가 많다. 숙박비는 도미토리 1박 3만 원, 1인실 5만 원 수준이다. 숙소는 무조건 지하철역과 가까운 곳으로 골라야 한다. 중국어를 모르면 버스 이용이 어려워 지하철역에서 먼 숙소를 고를 경우 찾아가기 힘들 가능성이 높다.

만능 교통카드 이지 카드 구입
이지 카드 Easy Card는 타이베이의 대중교통을 자유로이 이용할 수 있는 교통카드다. 대중교통 이용시 티켓·잔돈을 준비할 필요가 없는 것은 물론, 편의점·슈퍼마켓에서도 현금처럼 사용할 수 있어 편리하다. 구입·환불은 MRT(지하철) 역에서 한다. 자세한 사항은 p.123 참조.

타이페이 3박 4일

Day 1

mission

1. 김포→타이베이(송산) 이동

2. 중정기념당에서 근위병 교대식 관람

3. 280년 역사의 사찰 롱산스 방문

4. 타이베이 제일의 번화가 시먼팅 구경

※일정은 p.122와 동일

오늘 코스 지도로 보기

www.clzup.com/qr/a18

Taiwan

Day 2

mission

1. 대만 여행의 백미 국립고궁박물관 관람

2. 베이터우 온천에서 온천 즐기기

3. 먹부림의 메카 스린 야시장 구경

※일정은 p.126와 동일

오늘 코스 지도로 보기

www.clzup.com/qr/a19

Taiwan

Day 3

mission

1. 정통 중국식 정원의 린번위앤 저택 관람

2. 유럽풍의 캠퍼스가 매력인 쩐리 대학 구경

3. 노을과 야경의 명소 유런마우터 산책

오늘 코스 지도로 보기

www.clzup.com/qr/a20

Taiwan

MRT 반난 선 板南線의 푸쫑 府中 역 3번 출구를 나와 정면으로 도보 10분. 중간중간 이정표가 있지만 길이 조금 복잡하다.

MRT 루저우 선 洲線의 싱티앤공 行天宮 역 하차(NT$28), 3번 출구를 나와 오른쪽으로 도보 6분.

MRT 딴수이 선 淡水線의 종점인 딴수이 역 하차(NT$40), 1번 출구에서 도보 3분.

09:00 ——24min~—— 11:30 ——37min~—— 12:40

Start

린번위앤 저택 정원
林本源園邸

1778년 중국의 복건성 福建省에서 이주해온 린 林 가문에 의해 조성된 저택과 정원. 쌀과 소금 교역으로 엄청난 부를 이룬 린 가문은 1847년부터 본격적인 공사를 시작해 1893년 지금과 같은 대저택을 완성시켰다. 2만㎡에 달하는 드넓은 부지에는 10여 채의 크고 작은 건물과 정원·연못·회랑이 가득한데 모두 중국에서 초빙해 온 기술자가 만든 것이다. 대만에서도 보기 드문 전형적인 중국식 정원으로 고즈넉한 분위기가 매력이니 느긋하게 살펴보자. 곳곳에 정자와 벤치 등의 휴식처도 마련돼 있다.

open 09:00~17:00
close 월요일, 구정연휴
cost 무료

싱티앤공
行天宮

중국에서 무신(武神)이자 상업의 신으로 추앙받는 관우 關羽를 주신(主神)으로 모시는 도교사원. 1년 내내 소원을 빌러 오는 사람들로 인산인해를 이룬다. 지붕·처마·기둥을 용과 봉황 등의 성수(聖獸)로 화려하게 장식한 모습이 눈길을 끈다. 본당에는 관우를 중심으로 검선(劍仙) 여온주 동빈, 천둥의 신 왕은주선, 남송(南宋)의 명장 악은주비, 조왕신 장은주단 등 5개의 신상을 모셔 놓았다. 경내에서는 하늘색 수행복을 입은 신도들이 기도를 드리는 모습이나 현지인들이 반달 모양의 나무패로 점을 치는 재미난 광경도 볼 수 있다.

open 04:00~22:30
cost 무료

라오지에, 점심 식사
老街

딴수이 역 옆의 꽁밍지에 公明街와 쭝쩡루 中正路를 일컫는 600m 남짓한 거리. 딴수이 최대의 재래상가로 오래 전부터 이 지역의 다운타운 역할을 해왔기에 오래된(老) 거리(街)란 뜻의 '라오지에'란 애칭으로 통한다. 온갖 먹거리를 파는 노점·식당과 생필품·기념품을 취급하는 상점이 모여 있어 거리를 구경하는 재미가 쏠쏠하다. 쭝쩡루와 이어지는 좁은 골목 안쪽에는 관음보살을 모시는 롱산스 龍山寺, 딴수이 최대의 도교사원으로 화려한 조각과 내부장식이 볼만한 칭수이옌칭수이쭈스 清水巖清水祖師, 바다의 신 마조 媽祖를 모시는 푸요우공 福佑宮 등의 볼거리가 있다. 바닷가의 해변 산책로도 놓치지 말자.

린번유앤 저택 정원   소원 비는 사람들로 북적이는 싱티앤공   라오지에

> 쩐리 대학의 예배당 오른쪽에 홍마오청으로 이어지는 지름길이 있다.

🚶 1min　　　　　🚶 15min　　　　　🚶 1min
　　15:00　　　　　　　15:20　　　　　　　16:20

맥케이 동상
馬偕銅像

캐나다인 선교사 조지 레슬리 맥케이(1844~1901)의 동상. 1871년 선교사로 대만에 온 그는 딴수이를 중심으로 적극적인 포교 활동을 벌여 대만 기독교계의 초석을 다지는 역할을 했다. 동시에 선진 의료기술의 보급과 교육에도 심혈을 기울여 지역사회 발전에 지대한 공헌을 했는데, 딴수이의 유명 대학 가운데 하나인 쩐리 대학 眞理大學이 그의 손으로 세워졌으며, 그의 업적을 기리는 맥케이 기념병원 馬偕紀念醫院도 있다.

쩐리 대학
眞理大學

1882년 조지 레슬리 맥케이가 세운 대학. 전신(前身)은 딴수이 옥스퍼드 칼리지 Tamsui Oxford College 牛津學堂이며 1999년 지금의 이름으로 개칭했다. 정문 쪽에는 유럽풍의 아름다운 예배당과 19세기 말에 세운 학교 건물이 고스란히 남아 있다.

조금 떨어진 곳(도보 4분)에는 딴수이 옥스퍼드 칼리지의 부설 여학교에서 유래한 딴장 고등학교 淡江高級中學가 있다. 중국풍을 가미한 유럽식 벽돌 건물과 초록빛 잔디, 싱그러운 야자수가 한데 어우러져 이국적인 분위기를 물씬 풍기는데, 대만 영화 <말할 수 없는 비밀>의 촬영지로 알려지면서 현지인은 물론 한국인 여행자도 즐겨 찾는 명소가 됐다.

홍마오청
紅毛城

1628년 스페인군이 성채를 세운 데서 유래한 요새. 1642년에는 네덜란드군이 스페인인을 몰아내고 요새를 차지했는데, 당시 네덜란드인을 가리켜 '붉은 털을 가진 사람'을 뜻하는 홍마오 紅毛라고 부른 데서 지금의 명칭이 유래했다. 1661년에는 중국이 요새를 탈환하는 데 성공했으나, 아편전쟁(1840~1842)으로 인해 영국의 조차지로 내주면서 오랫동안 영국 영사관으로 사용됐다. 이후 영국과의 국교단절 등을 이유로 폐쇄됐다가 지금은 문화재로 보존되고 있다.

open 09:30~17:00,
토 · 일요일 09:30~18:00
※4~10월은 정원에 한해 22:00까지 개방.
close 매월 첫째 월요일, 구정연휴
cost 무료

맥케이 동상　　쩐리 대학의 예배당　　이국적인 분위기의 딴장 고등학교　　홍마오청

1min　　　　　　　 11min~

17:20　　　　　　　　　　　　　　17:35

　　　　　　　　　　　　　　　　　■ Finish

> 정인교 밑에는 다양한 먹거리를 파는 식당이 모여 있다.

홍마오청 → 유런마터우
紅毛城 → 漁人碼頭

홍마오청의 정문을 나와 정면으로 60m쯤 가면 홍마오청 紅毛城 정류장이 있다. 여기서 출발하는 紅26번 버스를 타고 종점인 유런마터우 漁人碼頭 정류장에서 내리면 된다. 유런마터우는 노을이 지는 풍경과 야경을 보러 가는 것이니 해 지는 시간을 잘 맞춰서 가야 한다는 사실을 잊지 말자!

홍마오청 → 유런마터우
紅26번 버스
time 11~15분 소요 **cost** NT$15

유런마터우
漁人碼頭

고급 리조트 호텔과 요트 정박장이 모여 있는 항구. 해변을 따라 2층 목조 보도가 노을의 명소인 정인교 情人橋까지 이어진다. 주변 풍경을 감상하며 느긋하게 산책을 즐길 수 있으며 해질녘에는 정인교 위로 걸리는 황금빛 태양이 멋진 풍경을 연출한다. 해가 진 뒤에는 다리에 무지개색 조명이 들어와 아름다운 야경을 보여주는 것도 매력! 충분히 구경을 한 뒤에는 딴수이 역에서 MRT를 타고 타이베이로 돌아간다.

유런마터우 → MRT 딴수이 역
紅26번 버스
time 20~30분 소요 **cost** NT$15
※버스는 종점에서 타거나 성인교 情人橋 앞에 있는 관꽝유스 觀光漁市 정류장(패스트푸드점 Subway가 있는 건물 오른쪽)에서 탄다.

> 유런마터우 행 紅26번 버스

유런마터우 / 정인교의 아름다운 야경

Day 4

mission
1. 국부 기념관에서 근위병 교대식 관람
2. 대만 최고의 건물 타이베이 101 구경
3. 타이베이(송산) → 김포 이동
※일정은 p.131와 동일

오늘 코스 지도로 보기

www.clzup.com/qr/a21

Taiwan

travel note

타이베이 4박 5일

볼거리	★★★★☆
식도락	★★★★☆
쇼핑	★★☆☆☆
온천	★★★☆☆
유흥	★★☆☆☆

대만 여행의 정수를 맛보려는 이에게 초강추! 타이베이 시내는 물론 근교 여행의 백미로 꼽는 예란우·지우펀·핑시 선을 모두 돌아본다. 옛 풍경을 고스란히 간직한 시골마을을 찾아 떠나는 낭만적인 열차 여행이 멋진 추억을 만들어준다.

day 1
김포→타이베이, 타이베이 시내
숙박 타이베이

- 11:00 티웨이항공, 김포 출발
- 12:50 송산 국제공항 도착
- 13:30 공항→숙소
- 14:00 숙소 체크인
- 14:40 중정기념당
- 15:50 228 평화공원
- 16:30 총통부
- 17:00 룽산쓰
- 18:10 시먼홍로우
- 19:00 시먼팅, 저녁 식사

day 2
타이베이 시내, 신베이터우
숙박 타이베이

- 08:00 따롱통빠오안공
- 08:30 공자묘
- 09:10 위앤산 역 → 국립고궁박물관
- 09:30 국립고궁박물관, 점심 식사
- 12:30 국립고궁박물관 → 베이터우 온천
- 13:00 베이터우 공원
- 13:30 베이터우 도서관
- 14:00 베이터우 온천 박물관
- 14:40 지열곡
- 15:10 온천 즐기기
- 17:30 스린 야시장, 저녁 식사
- 20:00 스린 야시장→미라마 쇼핑센터
- 20:15 미라마 쇼핑센터

기본 준비

- 추천 항공편 **티웨이항공**
- 김포 11:00 → 송산(타이베이) 12:50
- 송산(타이베이) 13:50 → 김포 17:25
- **숙박** 타이베이 4박
- **예산 729,000원~**
- **숙박비** 20만 원(한인민박 1인실 4박)
- **생활비** NT$5000(5일)
- **입장료** NT$780
- **교통비** NT$750
- **항공료** 30만 원~

※ NT$1=35원 기준

day 3

예리우, 지우펀

숙박 타이베이

- 07:30 타이베이 → 예리우
- 08:30 예리우 지질공원
- 10:10 예리우 → 진과스
- 12:00 황금 박물관구, 점심 식사
- 14:00 진과스 태자빈관
- 15:10 음양해
- 16:00 지산지에
- 17:00 수치루, 저녁 식사
- 20:00 지우펀 → 타이베이

day 4

핑시 선

숙박 타이베이

- 08:25 타이베이 역 → 루이팡 역
- 09:11 루이팡 역
- 09:54 스펀
- 11:00 관폭조교
- 11:20 스펀 폭포
- 12:30 스펀, 점심 식사
- 14:00 징통
- 15:41 호우똥
- 17:56 호우똥 → 타이베이
- 19:10 용캉지에

day 5

타이베이 시내, 타이베이 → 김포

- 08:30 숙소 체크아웃
- 09:00 국부 기념관
- 10:00 타이베이 101
- 11:30 숙소 → 송산 국제공항
- 12:00 송산 국제공항 도착
- 13:50 티웨이항공, 송산 출발
- 17:25 김포국제공항 도착

요점 정리!

편리한 김포~송산 노선 항공편 이용
시내에서 가깝고 교통이 편리한 김포↔송산 국제공항 노선의 항공편을 이용하는 게 시간과 교통비를 절약하는 비결이다. 자세한 내용은 p.121 참조.

근교 여행은 타이베이에서 당일치기로
예리우·지우펀·핑시 선은 모두 타이베이 시내에서 버스·기차로 1~2시간 거리에 있으니 숙소는 타이베이 시내에 잡고 당일치기로 여행하는 게 효율적이다. 숙소 선택 요령은 p.121 참조.

만능 교통카드 이지 카드 구입
타이베이의 대중교통을 편하게 이용할 수 있는 이지 카드 Easy Card는 여행의 필수품! 구입·환불은 MRT(지하철) 역에서 한다. 자세한 사항은 p.121·123 참조.

일기예보에 주의
예리우·지우펀·핑시 선 지역은 모두 해변·산악 지대다. 비가 오면 여행이 무척 불편해지니 일기예보에 귀를 기울이자. 특히 예리우 지질공원은 태풍 또는 바람이 심한 날은 문을 닫기도 한다.

타이페이 4박 5일

Day 1

mission
1. 김포→타이베이(송산) 이동
2. 중정기념당에서 근위병 교대식 관람
3. 280년 역사의 사찰 룽산스 방문
4. 타이베이 제일의 번화가 시먼팅 구경

※ 일정은 p.122와 동일

오늘 코스 지도로 보기

www.clzup.com/qr/a22

Taiwan

Day 2

mission
1. 대만 여행의 백미 국립고궁박물관 관람
2. 베이터우 온천에서 온천 즐기기
3. 먹부림의 메카 스린 야시장 구경

※ 일정은 p.126와 동일

오늘 코스 지도로 보기

www.clzup.com/qr/a23

Taiwan

Day 3

mission
1. 경이로운 풍경의 예리우 지질공원 관람
2. 황금 박물관에서 100억 원짜리 금괴 만져보기
3. 예스러운 멋의 수치루 산책 & 야경 감상

오늘 코스 지도로 보기

www.clzup.com/qr/a24

Taiwan

바람이나 파도가 심한 날은 공원이 폐쇄되기도 하니 알기예보 확인은 필수!

790·788번 버스는 운행 간격이 뜸해 20~30분씩 기다려야 하는 경우도 있다.

 50min~   10min

07:30   08:30   10:10

Start ▶

타이베이 → 예리우
臺北 → 野柳

MRT 반난 선 板南線의 스정푸 市政府 역 2번 출구로 나가면 타이베이 시청 버스 터미널 Taipei City Hall Bus Station이 있다. 이곳의 7번 플랫폼에서 출발하는 1815번 버스를 타고 예리우 野柳 정류장에서 내린다. 버스 진행 방향 반대쪽을 보면 '예리우 풍경구 野柳風景區' 표지판과 함께 파란 페인트를 칠한 도로가 있는데 그 길을 따라 10분쯤 걸어가면 예리우 지질공원 입구가 나온다.

타이베이 시청 → 예리우
1815번 버스
time 50분 소요 **cost** NT$96
※요금은 이지 카드로 내도 된다. 하지만 종종 카드 사용이 불가능한 경우도 있으니 현금도 준비해 놓자

예리우 행 1815번 버스

예리우 지질공원
野柳地質公園

해변을 따라 버섯 모양의 바위 수백 개가 무리지어 있는 기이한 풍경이 펼쳐진다. 1000만 년에 걸친 지각운동과 파도·바람에 의한 침식작용으로 이처럼 진기한 모습을 갖게 됐는데, 이집트 여왕의 두상(頭狀)을 연상시키는 여왕 바위, 그리고 코끼리·양초·새 등 동물과 사물의 모양을 쏙 빼닮은 여러 바위들이 호기심을 자극한다. 공원이 꽤 넓고 곳곳에 볼거리가 산재해 있으니 입구의 인포메이션 센터에서 한국어 안내도를 받아서 돌아보는 게 좋다.

open 5~9월 07:30~18:00, 일·공휴일 07:30~18:30, 10~4월 07:30~17:00
cost NT$80
web www.ylgeopark.org.tw

예리우 → 진과스
野柳 → 金瓜石

예리우로 올 때 이용한 버스 정류장으로 돌아간다. 그리고 맞은편 정류장에서 출발하는 지롱 基隆 행 790번 버스를 타고 종점인 지롱 基隆 정류장에서 내린 다음, 버스 진행 방향 정면에 보이는 육교를 건너면 바로 아래에 버스 정류장이 있다. 여기서 출발하는 진과스 金瓜石 행 788번 버스를 타고 진과스 金瓜石 정류장에서 내리면 바로 앞에 황금 박물관구의 입구가 있다. 버스 요금은 이지 카드로 내도 된다.

예리우 → 지롱
790번 버스
time 40분 소요 **cost** NT$30
지롱 → 진과스
788번 버스
time 40분 소요 **cost** NT$30

예리우 지질공원 / 여왕바위

예리우 지질공원

> 강추 맛집!
> 쿠앙꽁스탕 礦工食堂
> 광부들이 먹던 돼지고기 도시락, 달콤한 밀크티와 먹으면 더욱 맛있다.
> p.115

> 황금관만 본다면 20분 정도로 충분하다. 5번 갱도까지 보려면 추가로 20분 정도의 시간이 더 필요하다.

🚌 1:20min 🚶 1min 🚶 5min
12:00   14:00   14:30

황금 박물관구, 점심 식사
黃金博物園區

1920년대에 일본인이 개발한 금광과 광부들이 거주하던 마을 전체를 하나의 박물관으로 꾸며 놓았다. 초입에는 금광에서 일하던 일본인 직원들이 거주하던 주택 4채를 복원해 놓은 사련동 四連棟이 있으며, 그 위쪽으로는 제련소 건물과 광부들이 거주하던 일본식 주택들이 남아 있어 마치 일본의 조그만 시골마을을 구경하는 듯한 기분마저 든다. 근처의 카페에서는 광부들이 먹던 돼지고기 덮밥 도시락을 파는데 이곳의 명물로 무척 유명하다. 양철 도시락통은 기념품으로 가져가도 된다.

open 09:30~17:00, 토·일요일 09:30~18:00
close 매월 첫째 월요일, 구정연휴
cost 무료

진과스 태자빈관
金瓜石太子賓館

황금 박물관구의 한 부분으로 일본 식민지대이던 1922년 일본 왕세자의 대만 행차를 대비해서 만든 숙박시설이다. 대만에서 보존상태가 가장 완벽한 일본식 목조건물로 일본의 전통적인 서원(書院) 건축양식에 서양식 건축기법을 도입해서 설계한 게 눈에 띄는 특징이다. 아담한 일본식 정원은 물론, 왕세자의 취향에 맞춰 골프 연습장과 궁도장까지 만드는 등 시설 하나하나 세심하게 신경 쓴 흔적이 역력하다.

황금관
黃金館

진과스의 금광 개발사를 소개하는 미니 박물관. 1층에는 금광 발견과 더불어 시작된 진과스의 역사를 소개하는 자료와 금 채굴 당시 사용하던 연장, 2층에는 다양한 금 세공품이 전시돼 있다. 특히 눈길을 끄는 것은 2층 출구 쪽에 있는 220kg짜리 실물 금괴다. 100억 원대의 금덩어리를 직접 만져보는 느낌이 짜릿할 듯! 바로 옆에는 180m 길이의 갱도가 개방된 5번 갱도 本山五坑이 있어 금 채굴 당시의 모습을 직접 살펴볼 수 있다.

황금관 cost 무료
5번 갱도 cost NT$50

황금 박물관구의 명물 광부 도시락

220kg의 실물 금괴

황금 박물관구   진과스 태자빈관   100억 원대의 금괴가 전시돼 있는 황금관

> 황금관에서 음양해까지 이어지는 주황색 벽돌의 도로에는 원래 금광석을 운반하던 철로가 있었다.

 20min   30min    6min

15:10   16:00   16:10

음양해
陰陽海

코발트색 바다에 누런 황토빛 바닷물이 섞여드는 기이한 광경이 펼쳐진다. 폐광에 빗물이 녹아들어 생성된 산화철 성분의 침출수가 바다로 흘러가 황토색 침전물을 만들기 때문인데, 두 가지 색의 바다가 섞인다는 뜻의 음양해라는 이름은 여기서 유래했다. 바닷물의 색과 섞이는 모양은 날씨에 따라 달라진다.
언덕 꼭대기의 전망대에 오르면 음양해와 함께 높은 산에 둘러싸인 진과스 일대가 한눈에 들어온다. 주변에는 짙푸른 녹음에 둘러싸인 자연과 함께 황금광 시대의 건물 폐허와 금광석을 항구로 실어나르기 위해 산비탈을 깎아 만든 철로의 흔적이 고스란히 남아 있어 묘한 대조를 이룬다.

황금 박물관구 → 지우펀
黃金博物館區 → 九份

음양해를 보고 나서 황금 박물관구의 입구로 돌아간다. 그리고 그 앞의 버스 정류장에서 지우펀 九份 방면 버스를 타고 지우펀라오지에 九份老街 정류장에서 내린다. 안내방송이 나오지 않는 경우가 많으니 운전사나 현지인에게 지우펀에서 내려달라고 부탁하는 게 좋다.
버스 정류장에서 버스 진행 방향 정면 왼쪽에 보이는 편의점 세븐일레븐 옆의 골목으로 들어가면 지우펀의 메인 도로인 지산지에 基山街로 이어진다.

진과스 → 지우펀라오지에
버스
time 6분 소요 **cost** NT$15

지산지에
基山街

지우펀의 중심가이자 이 지역의 대표적인 쇼핑 포인트다. 폭 2~3m의 좁은 골목을 따라 수백 개의 기념품점과 식당이 모여 있는데, 줄지어선 가게의 차양 때문에 마치 커다란 아케이드 상점가처럼 보이기도 한다. 개성만점의 액세서리·기념품은 물론 대만의 명물 먹거리인 펑리수 鳳梨酥 (파인애플 빵)를 파는 숍도 많다. 심심한 입을 달랠 군것질거리를 파는 가게 역시 차고 넘치니 주전부리를 하며 느긋하게 구경해도 좋다.

open 10:00~18:00 (숍마다 다름)

두 가지색의 바닷물이 섞이는 음양해 · 지산지에의 상점가 · 다양한 기념품을 판다

> 수치루는 대만 영화 〈비정성시〉와 한국 드라마 〈온에어〉의 배경으로도 등장한다.

 1min   17:00   🚶 10min   20:00

수치루, 저녁 식사
豎崎路

지산지에와 '十'자 모양으로 교차하는 언덕길. 좁은 언덕을 따라 가파른 계단이 이어지며 양쪽으로는 식당과 다관(茶館)이 즐비하다. 야경 포인트로도 유명한데 해가 지면 가게마다 내건 홍등이 비좁은 골목을 붉게 비추는 모습이 몽환적 분위기를 연출한다. 수치루 중간쯤에는 1934년에 개관한 성핑 극장 昇平戲院도 있다. 1986년 폐관 이후 이 지역의 역사를 소개하는 전시관으로 이용 중이며, 빈티지한 영화 포스터와 대본 등이 전시돼 있지만 큰 볼거리는 없다.

성핑 극장
open 09:30~17:00,
토·일요일 09:30~18:00
cose 매월 첫째 월요일, 구정연휴
cost 무료

지우펀 → 타이베이
九份 → 臺北

지우펀라오지에 정류장으로 돌아가 타이베이 臺北 행 1062번 버스를 타고 MRT 쭝샤오푸싱 忠孝復興 역에서 내린다. 오후에는 타이베이 시내로 돌아가는 사람이 많아 빈자리를 찾기 힘든 것은 물론, 정원이 차서 버스를 그냥 보내야 하는 안타까운 상황도 종종 벌어진다. 버스는 15~30분 간격으로 운행하며, 요금은 이지카드로 내도 된다.

지우펀라오지에→쭝샤오푸싱 역
1062번 버스
time 1시간 10분 소요
cost NT$96

Travel Tip

지우펀의 명물 다예관

지우펀 제일의 즐길거리로는 다예관 茶藝館을 빼놓을 수 없다. 다채로운 중국차를 맛볼 수 있는 것은 기본이며, 언덕 꼭대기에 위치한 지리적 특성을 살려 전망 테라스를 갖춘 곳도 있다. 주변 산악지대와 바다를 내려다보는 풍경도 멋스럽지만 차와 함께 즐기는 노을·야경 또한 멋진 추억을 만들어준다. 다예관 중에는 다음의 두 곳이 유명하며, 찻값은 1인당 NT$400~1500 수준이다.

아메이차로우 阿妹茶樓
영화 〈비정성시〉와 애니메이션 〈센과 치히로의 행방불명〉의 무대로도 등장했다. 예스러운 분위기와 멋진 전망의 테라스석이 인기가 높다. 수치루 중간쯤에 있다.
open 08:30~01:00

지우펀차팡 九份茶坊
중국 분위기가 물씬 풍기는 인테리어가 인상적이다. 미로처럼 얽힌 통로를 따라 다실과 도기공방, 차·다구 판매장이 이어진다. 수치루와 지산지에가 만나는 사거리에 있다.
open 09:00~20:30

타이베이 행 버스 정류장
수치루의 명소 아메이차로우   수치루의 야경

중국 전통차를 맛보기에 좋은 다예관
아메이차로우의 전망 테라스

Day 4

mission

1. 낭만 만점 핑시 선 平溪線 기차 여행 즐기기

2. 스펀 十分에서 소원을 가득 담은 천등 날리기

3. 길고양이의 낙원 호우통 侯硐 산책

4. 타이베이의 먹자골목 용캉지에 탐험

오늘 코스 지도로 보기

www.clzup.com/qr/a25

Taiwan

 46min

루이팡 행 보통열차는 연발착을 하는 경우도 있으니 주의!

08:25　　　　　　　　　　09:11・09:19

타이베이 역 → 루이팡 역
台北站 → 瑞芳站

아침 일찍 타이베이 기차역 台北車站으로 간다. 이 역은 MRT 타이베이처짠 台北車站 역(딴수이 선 淡水線・반난 선 板南線)과 바로 연결되기 때문에 찾기는 어렵지 않다.

그리고 타이베이 기차역에서 08:25에 출발하는 쑤아오 蘇澳 행 보통열차를 타고, 09:11에 루이팡 瑞芳 역에서 내린다. 요금은 이지카드로도 낼 수 있지만, 종종 요금 관련 트러블이 발생하곤 하니 유인 매표소에서 티켓을 구입하는 게 좋다.

타이베이 역 → 루이팡 역
보통열차
time 46분 소요　cost NT$49

루이팡 역
瑞芳站

루이팡 역에 도착하면 플랫폼 한 가운데에 위치한 매표소로 가서 핑시 선 열차 1일권 平溪線一日週遊券을 구입한다. 오늘은 하루종일 핑시 선을 이용하므로 1일권을 구입하는 게 경제적이다. 그리고 2번 플랫폼에서 09:19에 출발하는 징통 菁桐 행 열차를 타고 09:54에 스펀 十分 역에서 내린다.

핑시선 열차 1일권
cost NT$52

핑시 선 열차 1일권

핑시 선 열차

루이팡 역행 보통열차

핑시 선 열차 1일권을 파는 매표소

 35min 09:54
 25min 11:00
 6min 11:20

스펀
十分

핑시 선 여행의 하이라이트인 천등 天燈 날리기가 시작된 곳이다. 천등은 원래 도적의 침입을 막기 위한 마을간 의사소통 도구였으나, 지금은 소원이 이루어지기를 빌며 하늘로 날려 보내는 낭만적인 아이템으로 역할이 바뀌었다. 소원에 따라 천등의 색을 골라야 하는데 빨간색은 건강, 노란색은 재물, 파란색은 사업번창, 오렌지색은 연애, 분홍색은 행복을 뜻한다. 마을 한가운데를 가로지르는 철길은 저마다의 소원을 적은 천등을 날리는 이들로 하루 종일 북새통을 이룬다. 음력 1월 15일에는 색색의 천등이 밤하늘을 아름답게 수놓는 낭만 만점의 천등절 행사도 열린다.

천등
cost NT$100~

관폭조교
觀瀑吊橋

도도히 흐르는 강 위에 놓인 길이 80m 정도의 구름다리. 흔들림이 상당히 심해 한 번에 100명까지만 건널 수 있다. 다리 밑으로는 '안경동 眼鏡洞'이란 이름의 둥글게 파인 동굴과 구멍이 숭숭 뚫린 기이한 형태의 바위, 조그만 폭포 등이 보인다. 다리를 건너면 철길과 나란히 이어진 길을 따라 스펀 폭포까지 갈 수 있다. 시간을 잘 맞추면 다리 옆으로 기차가 기적을 울리며 달려가는 낭만적인 모습도 볼 수 있다(평일 11:20, 토·일요일 11:30 무렵).

스펀 폭포
十分大瀑布

흔히 대만의 나이아가라로 통하는 폭포. 폭 40m, 높이 20m에 달하는 웅장한 규모를 자랑하며 수량이 풍부해 박력 넘치는 풍경을 만끽할 수 있다. 폭포 전체가 내려다보이는 상부 전망대와 아래쪽에서 폭포를 올려다보는 하부 전망대가 있어 폭포의 전체 모습을 두루 살펴볼 수 있다. 단, 하부 전망대 쪽은 물보라가 심해 물건이 젖기 십상이니 주의하자.
안쪽에는 염소·닭 등의 동물을 키우는 미니 농장과 18나한상 등의 불상이 놓인 산책로도 있지만 큰 볼거리는 없으니 굳이 찾아갈 필요는 없을 듯하다.

open 08:00~19:00,
겨울철 08:00~18:00
cost NT$80

마을 한가운데로 철길이 지나가는 스펀 / 천등에 소원을 적어 날려보낸다 / 박력 만점의 스펀 폭포

35min   12:30 · 13:43    17min   14:00 · 15:02    39min   15:41

> 징통 역에서 15:02에 출발하는 열차를 타고 15:41 호우똥(侯硐) 역에서 내린다.

스펀, 점심 식사
十分

11:50쯤 스펀 폭포를 출발해 스펀으로 돌아가면 12:30쯤 된다. 천등 날리기를 하는 철길 주변에서 스펀 역까지 이어지는 상가에 식당이 모여 있으니 여기서 점심을 먹는다. 그리고 기차가 출발하기 전까지 스펀 역 주변을 구경하며 시간을 보낸다. 스펀 역 구내에는 이 역의 마스코트인 차장 인형과 다양한 모양의 스탬프가 있으며, 매점에서는 구식 기차표와 천등을 테마로 만든 재미난 기념품도 판다.
이제 13:43에 스펀 역을 출발하는 징통 菁桐 행 열차를 타고 14:00에 종점인 징통 菁桐 역에서 내린다.

징통
菁桐

핑시 선의 종착역인 징통 역을 중심으로 형성된 조그만 마을. 20세기 초에는 광업을 중심으로 호황을 누리기도 했으나, 지금은 관광객만 찾는 소박한 시골마을일 뿐이다. 일본 식민시대에 지어진 징통 역(1929년)은 대만에 남아 있는 4개의 일본식 목조 역사(驛舍) 가운데 하나로 역사적 가치를 인정받아 문화재로 지정돼 있다. 역 주변에는 빈티지한 기념품과 아기자기한 캐릭터 상품을 파는 상점이 모여 있어 구경하는 재미가 쏠쏠하다. 여기서 파는 대나무통에 소원을 적어서 걸어두면 반드시 이루어진다고 해 역 주위에는 다양한 소원이 적힌 대나무통이 수없이 걸려 있다.

호우똥
侯硐

일명 '고양이마을'로 잘 알려진 핑시 선의 명소. 호우똥 역을 중심으로 서쪽에는 고양이마을, 동쪽에는 광산 개발이 한창이던 20세기 초의 모습이 남겨진 조그만 공원이 있다.
언덕배기를 따라 소박한 시골 풍경이 펼쳐지는 고양이마을은 구석구석을 장식한 벽화와 간판이 고양이 그림 일색인 것은 물론, 낯선 사람들과 자연스럽게 어울리는 길고양이들의 모습이 어디서나 눈에 띄어 이곳이 고양이들의 천국임을 실감케 한다. 호우똥 역 동쪽에는 폐허화된 석탄 공장과 1935년에 석탄 채굴 사업관리소로 지어진 일본식 벽돌 건물, 당시 호우똥의 모습을 사진과 모형으로 소개하는 전시관 등의 볼거리가 있다.

예스러운 풍경이 매력인 징통 | 핑시 선의 명물 차장 인형 | 고양이마을로 유명한 호우똥

> **강추 맛집!**
> 딘타이펑 品泰豐 육즙이 가득한
> 소룡포가 간판 메뉴. 타이베이의
> 맛집으로 유명하다.
> p.114

17:56 · 18:12 　　　　　1:10min~
　　　　　　　　　　　　19:10

호우똥 → 타이베이
侯硐 → 台北

호우똥 역에서 17:56에 출발하는 열차를 타고 18:03에 루이팡 역에서 내린다. 그리고 18:12에 출발하는 타이베이 방면 열차로 갈아타면 18:56 타이베이 역에 도착한다. 요금은 이지 카드로 내도 된다.

이제 MRT 타이베이 台北車站 역으로 가서 반난 선 板南線을 타고 쭝샤오신셩 忠孝新生 역으로 간다. 그리고 쭝허신루 선 中和新蘆線으로 갈아타고 똥먼 東門 역으로 가서 5번 출구로 나가면 용캉지에.

루이팡 역 → 타이베이 역
기차
time 44분 소요　**cost** NT$59

타이베이 역 → 똥먼 역
MRT
time 7분 소요　**cost** NT$16

용캉지에
永康街

타이베이의 인기 먹자골목이자 카페의 거리. 좁은 도로를 따라 소룡포·망고 빙수·버블 티를 파는 여러 맛집이 모여 있다. 골목 안쪽에는 트렌디한 패션 아이템과 아기자기한 생활잡화·인테리어 소품을 파는 숍과 차(茶)·다구(茶具)를 취급하는 다관(茶館)도 있다. 곳곳에 독특한 인테리어로 승부하는 분위기 만점의 카페가 있으니 잠시 쉬어가도 좋을 듯.
용캉지에 남쪽의 칭티앤지에 青田街에는 1910~1930년대에 지어진 일본풍 건물이 남아 독특한 분위기를 자아내는데, 내부를 찻집·식당으로 개조해 영업하는 곳도 있다.

open 10:00~22:00
(숍·레스토랑마다 다름)

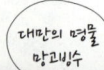

대만의 명물
망고빙수

호우똥　카페의 거리 용캉지에

Day 5

mission

1. 국부 기념관에서 근위병 교대식 관람

2. 대만 최고의 건물 타이베이 101 구경

3. 타이베이(송산) → 김포 이동

※ 일정은 p.131과 동일

오늘 코스 지도로 보기

www.clzup.com/qr/a26

Taiwan

◀ 싱가포르

SINGAPORE

싱가포르 핵심 여행정보
10 싱가포르 2박 4일
11 싱가포르 3박 5일

best6
SINGAPORE

#1
동남아시아 최대 규모를 뽐내는 쇼핑가.
세련된 건물과 전 세계의 명품이 한
자리에 모여 있다. → 오차드 로드 p.174

#2
싱가포르의 상징인
멀라이온 상이 위치한
공원. 야경 감상의
명소로도 인기가 높다.
→ 멀라이온 파크 p.175

#3
야생 동물의 생태를 바로 눈앞에서 생생히
살펴볼 수 있는 야간 동물원. 싱가포르
제일의 관광 명소다. → 나이트 사파리 p.174

#4
싱가포르의 대표적인 맛집 거리이자 클럽 문화의 중심지. 화끈한 주말 밤을 보내려는 이에게 초강추! → 클라크 키 p.169

#5
다채로운 중국요리와 쇼핑의 보고. 중국의 한 거리를 그대로 옮겨다 놓은 듯 시끌벅적한 분위기가 매력이다. → 차이나타운 p.169

#6
웅장한 규모를 자랑하는 초대형 복합 리조트. 매일 밤 벌어지는 화려한 레이저쇼가 최대의 볼거리다. → 마리나 베이 샌즈 p.171

singapore
best gourmet

C 육즙이 스르르 배어나오는 담백한 맛의 **하이난 치킨 라이스**. 서민들의 보양식으로 인기가 높다.

A 싱가포르 음식축제 당시 1등 트로피를 거머쥔 **칠리 크랩**. 매콤한 소스와 부드러운 게살이 환상의 궁합을 이룬다.

B 싱가포르 제일의 맛을 자랑하는 볶음면 **차퀘이테우**. 불맛이 느껴지는 고소함이 매력이다.

B 인도네시아식 꼬치구이 **사테**. 함께 제공되는 달콤한 소스에 찍어 먹으면 더욱 맛있다.

A Jumbo Seafood

싱가포르의 대표 먹거리인 칠리 크랩 전문점. 산지에서 직송해오는 싱싱한 게와 매콤 달콤한 특제 소스로 인기가 높다. 강가에 위치해 전망이 좋으며, 해진 뒤에는 맛난 식사와 더불어 클라크 키의 생동감 넘치는 야경을 덤으로 즐길 수 있다.

open 12:00~15:00, 18:00~24:00
access MRT 클라크 키 Clarke Quay 역에서 도보 5분.

B Makansutra Gluttons Bay

싱가포르의 맛집 정보지 《마칸수트라》에서 만든 호커스 센터. 우리나라의 포장마차촌을 연상시키는 곳으로 다양한 맛집이 모여 있어 선택의 폭이 넓고 가격도 저렴하다. 저녁에는 무척 붐비니 서둘러 가는 게 좋다..

open 17:00~02:00, 금·토요일 17:00~03:00, 일요일 16:00~01:00
access MRT 에스플러네이드 Esplanade 역에서 도보 10분.

C Sin Swee Kee

현지인도 즐겨 찾는 하이난 치킨 라이스 전문점. 우리나라의 분식점을 연상시킬 만큼 허름하지만 담백한 치킨 라이스를 맛보려는 이들로 언제나 인산인해를 이룬다. 말레이시아의 직영 양계장에서 가공된 닭고기를 매일 들여오기 때문에 언제나 신선한 맛을 즐길 수 있다.

open 11:00~21:00 **access** MRT 시티홀 City Hall 역에서 도보 3분.

F
비쳉향 육포는 야들야들한 육질과 독특한 향, 특유의 달콤한 맛이 특징이며 간식이나 맥주 안주로 안성맞춤이다.

D
얇은 만두피 속에 감칠맛 나는 육즙이 가득 담긴 **소롱포**. 생강 간장을 곁들여 먹으면 풍미가 한결 살아난다.

D
돼지·닭뼈로 우려낸 걸쭉한 육수에 수타면을 말아주는 **사천식 탄탄면**. 얼큰한 맛이 입맛을 당긴다.

E
열대과일을 통째로 얼려서 곱게 갈아낸 뒤 달콤한 시럽과 딸기 등의 토핑을 곁들여내는 **아이스까짱**.

D
Crystal Jade La Mian Xiao Long Bao
30여 년의 전통을 자랑하는 중국요리 레스토랑. 특히 광동·사천요리에 일가견이 있다. 부담없는 가격과 빼어난 맛으로 인기가 높은데, 점심·저녁 식사 시간에는 자리 잡기가 무척 힘드니 예약은 필수!
open 11:00~24:00 **access** MRT 홀랜드 빌리지 Holland Village 역에서 도보 5분.

E
Mei Heoung Yuen Dessert
싱가포르 식 빙수 아이스까짱 전문점. 싱싱한 열대과일을 재료로 만들어 시원하면서도 상큼한 맛이 일품인데, 푹푹 찌는 싱가포르의 더위를 잊기에 더할 나위 없이 좋다. 빙수 외에 단팥죽·깨죽 등의 전통 중국식 디저트도 취급한다.
open 10:30~21:30 **close** 부정기적 **access** MRT 차이나타운 Chinatown 역에서 도보 2분.

F
Bee Cheng Hiang
1933년 탄생한 비쳉향 육포의 싱가포르 본점. 한국인에게도 무척 인기가 높다. 십여 종에 이르는 돼지·양·소고기 육포를 취급하며, 원하는 메뉴를 직접 시식해본 뒤 구입할 수 있다. 무게를 달아서 팔기 때문에 필요한 만큼만 구입할 수 있는 것도 장점.
open 11:00~20:00 **close** 부정기적 **access** MRT 차이나타운 Chinatown 역에서 도보 1분.

basic info. 싱가포르

비자
우리나라와 비자 면제 협정을 맺고 있어 관광 목적으로 입국할 경우 비자가 필요 없다. 비자 없이 싱가포르에 체류할 수 있는 기간은 90일이다.

여행 시기
열대 기후에 속해 1년 내내 무더운 날씨가 지속된다. 계절은 3~10월의 건기와 11~2월의 우기로 나뉘며, 여행의 최적기는 비가 적게 내리는 3~10월의 건기다. 단, 건기에도 열대성 폭우인 스콜이 수시로 쏟아진다는 사실은 알아두자. 스콜의 특성상 비가 맹렬히 쏟아지다가도 금방 파란 하늘이 나타나니 가까운 쇼핑센터나 카페에서 잠시 비를 피하면 된다. 강수량이 집중되는 11~12월에는 그에 비례해 습도도 올라가 1년 중 가장 덥게 느껴진다. 9·10월에는 인근의 수마트라 섬에서 발생하는 연무로 인해 마치 도시 전체가 스모그에 뒤덮인 것처럼 뿌연 하늘을 보게 되는 경우도 있다.

복장
1년 내내 여름 날씨가 지속되므로 반팔·반바지 등 통풍이 잘 되는 얇은 옷 위주로 가져간다. 하루 종일 에어컨을 강하게 틀어 놓는 쇼핑센터·호텔·대중교통에서는 외부와의 큰 기온차로 자칫 감기에 걸릴 가능성도 있으니 가볍게 걸칠 긴 소매의 옷을 한두 벌 챙겨 가면 도움이 된다. 일부 고급 레스토랑·클럽·카지노는 민소매·반바지·샌들 차림으로 들어갈 수 없는 경우도 있으니 주의하자.

언어
중국·말레이·인도 등 다양한 인종이 모여 사는 다민족 국가인 까닭에 영어·중국어(북경어)·말레이어·타밀어의 4개 언어가 공용어로 지정돼 있다. 보편적으로 사용하는 언어는 영어이며 어디서나 쉽게 영어가 통한다.

통화
싱가포르 달러 S$. S$1=840원(2014년 10월)
동전 S$1, ¢(센트) 1·5·10·20·50
지폐 S$2·5·10·50·100·500·1000·10,000

환전
우리나라의 은행에서 바로 싱가포르 달러로 환전해 가는 게 편리하고 환율도 좋다. 싱가포르에서 한국 원화를 싱가포르 달러로 환전할 수도 있지만 환율이 무척 나빠 우리나라에서 싱가포르 달러를 구입할 때보다 손해보기 십상이다. 일상생활에서는 S$100 이하의 지폐·동전이 가장 널리 사용된다. S$500·1000짜리 지폐는 중급 이상의 레스토랑·호텔·숍에서 무리 없이 사용할 수 있지만, 소규모 숍·식당·노점에서는 받지 않는 경우도 있으니 주의하자.

신용카드
신용카드 사용이 보편화된 곳이라 소규모 숍·노점이 아니라면 어디서나 신용카드를 사용할 수 있다.

인터넷
PC방·인터넷 카페를 찾기는 힘들다. 한인민박·게스트하우스에서는 인터넷을 무료로 사용할 수 있지만, 호텔에서는 인터넷 사용료가 별도로 부과되니 주의하자. 우리나라에 비해 인터넷 속도가 무척 느려 사용하기가 조금 불편할 것은 예상해야 한다. 자유로이 스마트폰을 사용하려면 자신이 가입한 이동 통신사의 해외 데이터 로밍 서비스를 이용하거나(1일 9000~1만 2000원), 싱가포르 현지에서 판매하는 데이터 요금 유심 카드를 구입하면 된다.

전기
230V·50Hz이며, 콘센트는 우리나라와 다른 영국식의 3핀 타입을 사용한다. 우리나라의 가전제품을 사용하려면 변환 플러그를 우리나라 또는 싱가포르의 전자제품 매장에서 구입해야 한다. 일부 숙소에서는 변환 플러그를 빌려주기도 한다.

소비세 환급
소비세 GST(Goods & Service Tax) 환급이 가능한 숍·쇼핑센터에서 하루에 합계 S$100 이상의 물건을 구입한 경우 7%의 소비세를 출국시 돌려받을 수 있다. 숍에서 소비세 환급 신청서와 영수증을 받아두었다가 출국할 때 공항의 소비세 환급 창구에서 여권·소비세 환급 신청서·영수증·구입 상품을 제시하고 환급 신청을 하면 된다.

시차
우리나라와 싱가포르의 시차는 -1시간. 예를 들어 우리나라가 낮 12:00라면 싱가포르는 오전 11:00다.

주의사항
싱가포르의 별명은 'Fine City', 즉 벌금의 나라. 일상생활에서 지켜야 할 많은 규칙이 있으며, 이를 어기면 내외국인을 막론하고 막대한 벌금(S$1000~2000)을 물린다. 싱가포르로 껌을 반입하거나 씹는 것, 거리에서 침 뱉기, 대중교통 내에서의 음식물 섭취, 공공장소에서의 흡연, 쓰레기 무단 투기, 무단횡단 등의 행위는 모두 금지돼 있으니 주의하자.

공휴일
1월 1일 설날
1월 1~3일(음력) 구정
4월 3일 부활절 직전 금요일
5월 1일 노동절
5월 13일 베삭 데이
7월 28일 하리 라야 푸아사
8월 9일 건국 기념일
10월 5일 하 리 라 야 하지
10월 23일 디파발리
12월 25일 크리스마스
※공휴일이 일요일인 경우 그 다음 날인 월요일도 공휴일이 된다.

싱가포르 베스트 여행 시즌

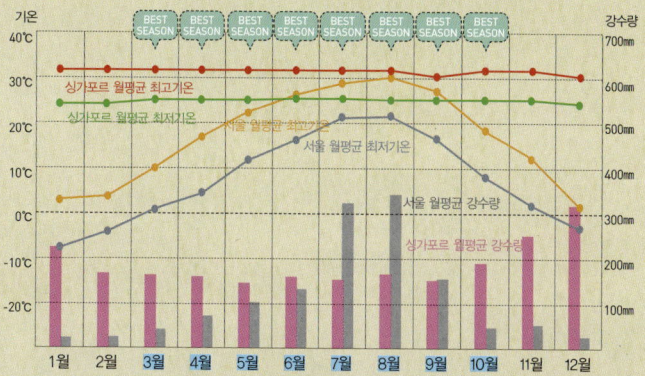

식도락 & 문화 기행

싱가포르
2박 4일

69만 원~

travel note

싱가포르 2박 4일

볼거리 ★★★★☆
식도락 ★★★★★
쇼 핑 ★★★★☆
유 흥 ★★★★☆

쇼핑과 식도락에 목숨 거는 도시파 여행자에게 안성맞춤인 일정! 유럽·중국·말레이시아·인도 등 동서양의 다채로운 문화가 조화롭게 공존하는 이국적인 분위기와 각각의 문화가 만들어낸 풍부한 음식의 향연, 그리고 동남아시아 최대의 쇼핑가가 여행의 즐거움을 한껏 더해준다.

day 1

인천 → 싱가포르

숙박 기내

22:50 스쿠트항공, 인천 출발
00:05 타오위앤 공항 환승

day 2

차이나타운, 마리나 에어리어

숙박 싱가포르

05:35 싱가포르 창이 국제공항 도착
09:00 공항 → 시내
09:30 숙소에 짐 맡기기
10:30 스리 마리암만 사원
11:00 싱가포르 불아사
11:40 탄종 파가 헤리티지
12:30 차이나타운
13:00 클라크 키, 점심 식사
15:00 싱가포르 리버 크루즈
16:00 래플스 호텔
17:30 부(富)의 분수
18:00 가든즈 바이 더 베이
19:00 마리나 베이 샌즈, 저녁 식사
21:30 원더 풀 쇼

기본 준비

추천 항공편 **스쿠트항공**
인천 22:50 → 싱가포르 05:35
싱가포르 12:15 → 인천 21:50
숙박 싱가포르 2박, 기내 1박
예산 **692,000원~**
숙박비 S$80(한인민박 도미토리 2박)
생활비 S$210(3일)
입장료 S$75
교통비 S$30
항공료 36만 원~
※S$1=840원 기준

day 3
아랍 스트리트, 나이트 사파리
숙박 싱가포르

- 08:30 주롱 새 공원
- 12:00 부기스 스트리트, 점심 식사
- 14:00 하지 레인
- 15:00 술탄 모스크
- 15:30 부소라 스트리트
- 16:20 오차드 로드, 저녁 식사
- 19:00 오차드 로드→나이트 사파리
- 20:00 나이트 사파리

day 4
시티 홀, 싱가포르→인천

- 08:00 세인트 앤드류 성당
- 08:40 멀라이온 파크
- 09:10 래플스 상륙지
- 09:20 아시안 문명 박물관
- 09:30 시내 → 공항
- 10:15 싱가포르 창이 국제공항 도착
- 12:15 스쿠트항공, 싱가포르 출발
- 21:50 인천국제공항 도착

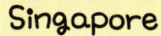

Singapore

I love Singapore

요점 정리!

경제적인 요금의 스쿠트 항공 이용
우리나라와 싱가포르를 연결하는 직항편은 스쿠트항공·싱가포르항공·아시아나항공·대한항공의 4개뿐이며, 요금도 은근히 비싸다. 요금이 가장 저렴한 것은 싱가포르 노선의 유일한 저가항공사인 스쿠트 항공인데, 예약을 서두르면 초저가 티켓을 구입할 수도 있다.

한인민박·게스트하우스가 가장 저렴
싱가포르는 호텔은 물론 게스트하우스도 요금이 비싸다. 가장 저렴한 숙소는 한인민박의 도미토리인데, 한 방을 여럿이 공유해야 하는 약간의 불편함은 있지만 1박 S$40 정도로 이용할 수 있다. 한인민박은 인터넷에서 '싱가포르 민박'으로 검색하면 쉽게 찾을 수 있다.

편리한 교통카드 이지링크는 필수
이지링크 ez·link는 싱가포르 전역을 운행하는 MRT(지하철)와 버스를 자유로이 이용할 수 있는 편리한 교통카드다. 대중교통 이용시 티켓이나 잔돈을 준비할 필요가 없으며, 현금으로 낼 때보다 MRT 요금이 20~30% 할인되는 게 장점! 또한 가맹점으로 등록된 편의점·슈퍼마켓 등에서 현금처럼 사용할 수 있다. 구입 방법은 p.167 참조.

싱가포르 2박 4일

Day 1

mission
1. 인천→싱가포르 이동
2. 야간 이동에 대비해 편의용품 준비는 필수
3. 대만 타오위앤 공항 환승에 주의!

> 스쿠트항공의 인천발 싱가포르 행 항공편은 주 3회(수·금·일요일) 운항한다.

> 대만과 싱가포르는 시차가 없어 대만에서 맞춘 시간을 싱가포르에서도 그대로 사용할 수 있다.

22:50 — 2:15min — 00:05 · 01:05 — 4:30min

Start ▶

스쿠트항공, 인천 출발
Scoot Air TZ205

비행기는 스쿠트항공의 인천↔싱가포르 왕복편을 이용한다. 우리나라에서 자정 무렵 출발, 대만을 경유해 다음 날 아침 일찍 싱가포르에 도착하기 때문에 시간을 효율적으로 활용할 수 있는 게 장점이다.

싱가포르 도착과 동시에 아침부터 여행을 시작하게 되니 기내에서의 숙면은 필수! 단, 저가항공사란 특성상 기내 비품이 모두 유료로 제공되기 때문에 담요·안대·귀마개·마스크의 '숙면 4종 세트'는 개인적으로 준비해 가는 게 좋다. 기내가 건조해 자는 동안 목이 마르기 쉬우니 비행기를 타기 전에 탑승구 근처의 매점에서 생수를 한두 병 사놓자. 기내에서는 물(S$4~)도 사서 마셔야 한다.

타오위앤 공항 환승
Taoyuan Intl. Airport

비행기가 중간 경유지인 대만의 타오위앤 국제공항 Taoyuan International Airport에 00:05에 도착하면 짐을 챙겨들고 비행기에서 내린다. 우리나라와 대만은 −1시간의 시차가 있으니 시계바늘을 1시간 뒤로 돌려놓는 것도 잊지 말자. 환승 대기시간이 고작 1시간에 불과하니 잠시 화장실에 다녀오거나 지정된 탑승구 앞에 앉아 휴식을 취하자.

비행기가 승객을 다시 태우고 싱가포르로 출발하는 시각은 01:05. 자리에 앉아 모자란 잠을 보충하자. 싱가포르에 도착할 즈음이면 승무원들이 싱가포르 입국신고서를 나눠줄 테니 비행기에서 내리기 전에 미리 작성해 놓는다.

오늘 코스 지도로 보기

www.clzup.com/qr/a30

Singapore

스쿠트 항공의 여객기 / 스쿠트 항공의 기내

Day 2

mission

1. 창이 국제공항→시내 이동

2. 힌두교의 성지 스리 마리암만 사원 방문

3. 낭만 만점 싱가포르 리버 크루즈 타기

4. 마리나 베이 샌즈에서 야경 감상

오늘 코스 지도로 보기

www.clzup.com/qr/a31

Singapore

시내로 들어가기 전에 공항 식당가에서 간단히 아침을 먹고 휴식을 취한다.

05:35 .... 09:00
Start

창이 국제공항 도착
Changi Intl. Airport

비행기에서 내려 '도착 Arrival' 표지판을 따라가면 잠시 후 입국심사장이 나타난다. 그리고 입국심사관에게 기내에서 작성한 싱가포르 입국신고서와 여권을 제시하면 간단한 확인을 거쳐 90일간의 입국허가 스탬프를 찍어준다. 이제 짐을 찾아 세관 검사대를 통과하면 드디어 싱가포르 도착 완료!

입국심사와 세관검사를 모두 마치고 공항 밖으로 나오기까지 필요한 시간은 보통 30분 정도. 입국심사에 그리 오랜 시간이 걸리진 않지만, 공항이 워낙 넓어 입국심사대를 찾아가는 데 제법 시간이 걸리니 비행기에서 내리자마자 부지런히 입국심사장으로 발을 옮기는 게 좋다.

공항 → 시내
Airport → Downtown

창이 국제공항에서 싱가포르 시내까지 이동하는 데 가장 저렴하고 편리한 교통편은 MRT(지하철)다. 공항 곳곳에 걸린 'Train to City' 표지판을 따라가면 MRT 창이 에어포트 Changi Airport 역이 나타난다. 우선 유인 매표소로 가서 싱가포르의 교통카드인 이지링크 ez·link(S$12, p.165)를 구입한다. 이지링크에는 S$7의 사용금액이 들어 있지만, 모자랄 가능성이 높으니 S$10 정도를 추가로 충전해 놓는 게 좋다. 그리고 예약해 놓은 숙소가 있는 역으로 이동한다.

창이 공항 → 시내
MRT
time 30∼40분 소요 **cost** S$1.66∼

싱가포르의 교통카드 이지링크

창이 국제공항의 입국심사장   MRT 창이 에어포트 역

30min~ 09:30　　　　　　　　10:30　　3min　11:00

숙소에 짐 맡기기
Hotel

대부분의 숙소는 체크인 시간이 14:00 이후다. 지금처럼 아침 일찍 도착한 경우 체크인은 불가능해도 짐은 무료로 맡아주니 큰 짐은 숙소에 맡겨 놓는다. 싱가포르 시내에는 코인 라커가 없어 숙소를 제외하고는 짐을 보관할 곳이 마땅치 않다는 사실에 유의하자.

숙소에 짐을 맡기고 오늘의 첫 목적지인 스리 마리암만 사원으로 향한다. MRT 차이나타운 Chinatown(NE4) 역에서 내려 4번 출구로 나간 다음, 정면으로 5분쯤 가면 사원 입구가 나타난다.

싱가포르의 MRT

스리 마리암만 사원
Sri Mariamman Temple

1827년에 세운 싱가포르 최고(最古)의 힌두 사원. 말레이시아 출신의 인도 상인이 비의 여신 마리암만을 모시고자 세웠으며 공사에만 16년이 걸렸다. 정문에는 수백 개의 힌두 신과 사람·동물 조각으로 뒤덮인 15m 높이의 화려한 고푸람이 우뚝 서있다. 사원 내부는 극채색의 섬세한 벽화와 세밀하게 조각된 신상으로 가득하며, 제단 가운데에 놓인 마리암만의 신상을 향해 신도와 승려들이 제를 올리는 모습을 볼 수 있다. 10월 말~11월 초의 티미티 축제 때는 신도들이 활활 타오르는 숯불 위를 맨발로 걷는 기이한 고행 의식이 펼쳐진다.

open 06:00~21:30
cost 무료, 카메라 촬영료 S$3, 비디오 촬영료 S$6

싱가포르 불아사
Buddha Tooth Relic Temple

중국풍 건축양식이 눈에 띄는 대형 사찰. 내부로 들어가면 거대한 미륵불을 중심으로 벽 전체가 조그만 불상으로 채워진 불당이 나타난다. 대표적인 볼거리는 불아사 佛牙寺, 즉 '부처의 치아를 모신 사찰'이란 이름의 유래가 된 진신사리! 엘리베이터를 타고 4층까지 올라가면 순금으로 만든 불탑 안에 신성하게 모셔진 부처의 치아 사리를 볼 수 있다.

3층의 용화전람관 Buddhist Cultural Museum에서는 세계각지에서 수집된 다양한 형태의 불상·조각을 통해 부처의 생애와 불교의 종교관 등을 소개한다.

open 07:00~19:00,
불사리탑 견학 09:00~18:00
cost 무료

스리 마리암만 사원을 장식한 여러 신상　스리 마리암만 사원의 고푸람　싱가포르 불아사

차이나타운 역에서 MRT를 타고 클라크 키 Clarke Quay 역(NE5) 하차(S$0.78), C번 출구를 나와 도보 4분.

강추 맛집!
Jumbo Seafood
싱가포르의 대표 먹거리인 매콤한 칠리 크랩 전문점.
p.158

🚶 3min 11:40   🚶 5min 12:30   🚆 1min 13:00

탄종 파가 헤리티지
Tanjong Pagar Heritage

지붕 위에 조그만 돔이 올려진 고풍스러운 붉은 벽돌 건물. 1903년 인력거 정거장으로 세워졌으며, 인력거꾼과 막노동꾼들이 모여 일거리를 구하던 인력시장이었다. 당시 이 주변에는 유곽과 아편굴이 형성돼 슬럼가로 악명을 떨치기도 했다. 옛 모습이 사라진 지금은 고풍스러운 건물만이 남아 지난 과거를 말해줄 뿐이다.

탄종 파가 헤리티지를 따라 이어지는 Tanjong Pagar Road와 Duxton Road, Duxton Hill, Keong Saik Road에는 19세기의 모습을 간직한 파스텔톤의 숍 하우스가 줄지어 늘어선 이국적인 풍경이 펼쳐진다. 거창한 볼거리는 없지만 가볍게 산책을 즐기기에 좋다.

차이나타운
Chinatown

19세기 초반 이 일대가 중국인 거주지로 지정되면서 탄생한 차이나타운. 당시에는 싱가포르 강을 기점으로 북부는 영국인, 남부는 중국인과 말레이인 거주지로 구분됐다고 한다. 이후 오랜 세월에 걸친 중국인들의 노력으로 지금과 같은 활기찬 거리가 만들어졌다. 좁은 도로를 따라 빼곡이 늘어선 잡화 · 기념품 노점과 수많은 중국 음식점이 마치 중국의 한 도시에 와있는 듯한 착각에 빠지게 한다. 거리마다 취급하는 아이템이 다르니 'ㄹ'자 모양으로 구석구석 돌아보자. 저렴한 값에 괜찮은 기념품도 장만할 수 있다.

open
10:00~21:00
(숍마다 다름)

클라크 키, 점심 식사
Clarke Quay

싱가포르에서 가장 핫한 유흥가이자 식당가. 19세기에 콜로니얼 양식으로 지은 야트막한 숍 하우스가 강변을 따라 줄지어 있다. 벽과 창문을 화사한 파스텔톤으로 치장해 마치 동화 속 마을 같은 아기자기한 분위기를 자아낸다. 노천 테이블에 앉아 주변 풍경을 감상하며 느긋하게 식사를 즐길 수 있는데, 전 세계를 망라한 다채로운 요리를 맛볼 수 있는 것도 큰 매력이다. 클라크 키의 진면목을 만끽하려면 해가 진 뒤에 다시 오자. 어둠이 깔리면 귀청을 울리는 요란한 음악과 함께 퍼브 · 바 · 클럽들이 일제히 문을 열고 잠들지 않는 광란의 밤을 연출한다.

open 11:00~심야

탄종 파가 헤리티지 | 차이나타운 | 유람선이 오가는 클라크 키

> 클라크 키 역에서 MRT를 타고 에스플러네이드 Esplanade(CC3) 역 하차(S$0.88), F번 출구를 나와 도보 1분.

1min   15:00   🚌 10min   16:00   10min   17:30

싱가포르 리버 크루즈
Singapore River Cruise

클라크 키에서 마리나 베이 샌즈가 위치한 베이 프런트 Bay Front까지 약 2㎞ 구간을 왕복 운항하는 유람선. 어선을 본떠서 만든 40인승의 조그만 보트가 눈길을 끈다. 유람선을 타고 가다보면 좌우로 보트 키 Boat Quay, 래플스 상륙지, 멀라이온 상 등 싱가포르의 대표적인 관광명소가 차례로 나타나 발품 팔지 않고도 편하게 여행을 즐길 수 있다. 해당 명소에 얽힌 역사적 유래와 재미난 비하인드 스토리를 들려주는 건 보너스(영어)! 15분 간격으로 운항하며 소요시간은 40분 정도다.

open 09:00~23:00
cost S$22
web www.rivercruise.com.sg

래플스 호텔
Raffles Hotel

19세기 영국 식민시대의 모습이 고스란히 남아 있는 호텔. 싱가포르를 대표하는 최고급 호텔로 1887년 문을 열었으며, 황토빛 기와지붕과 하얗게 빛나는 외벽이 로맨틱한 분위기를 자아낸다. 놓치지 말아야 할 곳은 칵테일 '싱가포르 슬링'이 탄생한 70년 역사의 롱 바 Long Bar(2층)와 우아한 기풍을 뽐내는 100년 전통의 레스토랑 티핀 룸 Tiffin Room(1층)이다. 티핀 룸에서는 향긋한 홍차와 함께 머핀·케이크·타르트가 푸짐하게 차려져 나오는 래플스 호텔의 명물 하이 티 High Tea도 맛볼 수 있다.

롱바
open 11:00~00:30

티핀 룸
open 07:00~10:30, 12:00~14:00, 15:30~17:30, 19:00~22:00

부(富)의 분수
Fountain of Wealth

기네스북에 세계 최대의 분수로 등재된 원형 분수. 싱가포르의 대형 쇼핑센터 가운데 하나인 선텍 시티 몰 오픈을 기념해 1995년에 만들었다. 분수 둘레 66m, 높이 13.8m에 이르며, 무려 40억 원의 제작비가 소요됐다. 원형 분수대의 가운데로 엄청난 양의 물이 쏟아지는 모습이 인상적인데, 이는 펑펑 쏟아지는 물처럼 재물이 쌓이기를 기원하는 것이다. 참고로 풍수에서 물은 부와 재물을 상징한다. 분수 가운데에는 물이 솟아나는 원형의 샘이 있는데, 이 물을 오른손으로 만지며 시계방향으로 세 바퀴 돌면 소원이 이루어진다고 한다.

open 09:00~22:00
cost 무료

> Welcome to Raffles Hotel

싱가포르 리버 크루즈 | 래플스 호텔 | 거대한 규모를 자랑하는 부의 분수

프롬나드 Promenade 역에서 MRT를 타고 베이프런트 Bayfront(CE1) 역 하차(S$0.83), B번 출구 방향으로 도보 5분.

쇼가 끝난 뒤에는 클라크 키(p.169)로 돌아가 싱가포르의 불타는 밤을 즐긴다(MRT 20분, S$1.08).

2min　18:00　　5min　19:00　　1min　21:30 Finish

가든즈 바이 더 베이
Gardens by the Bay

101만㎡의 드넓은 부지 위에 조성된 열대 식물원. 산책로를 따라 말레이 가든 · 차이니즈 가든 · 인디언 가든 등 갖가지 테마의 정원들이 이어진다. 식물원 안쪽에는 다양한 열대식물을 재배하는 플라워 돔과 클라우드 포레스트 등 2개의 거대한 돔형 온실이 있으며, 한가운데에는 나무 모양의 조형물로 숲을 형상화한 슈퍼트리 그로브와 높이 25m의 공중보도를 걷는 OCBC 스카이웨이 등의 볼거리가 있다.

open 05:00~02:00
플라워 돔 · 클라우드 포레스트 · OCBC 스카이웨이
open 09:00~21:00
cost 플라워 돔 S$12, 클라우드 포레스트 S$12, 플라워돔+클라우드 포레스트 S$20, OCBC 스카이웨이 S$5

마리나 베이 샌즈, 저녁 식사
Marina Bay Sands

호텔 · 카지노 · 쇼핑센터가 한데 어우러진 초대형 복합 리조트. 우리나라의 쌍용건설에서 공사를 맡았다. 52도 각도로 기울어진 3개의 건물이 배 모양의 건물을 떠받친 특이한 구조 때문에 호텔 건축 역사상 가장 공사 난이도가 높은 건물로 평가받고 있다. 높이 200m의 옥상에는 멋진 전망의 공중정원 Sands Sky Park(09:30~22:00, S$20), 근사한 야경이 매력인 바 Ku De Ta(11:00~심야), 세계에서 가장 높은 곳에 위치한 야외 수영장(투숙객 전용) 등의 볼거리가 있다. 지하에는 500개의 게임 테이블과 1600개의 슬롯머신을 갖춘 매머드급 카지노가 있으며, 300여 개의 숍과 다양한 레스토랑이 모인 쇼핑센터도 볼만하다.

원더 풀 쇼
Wonder Full

마리나 베이 샌즈 앞의 수변무대에서 펼쳐지는 워터 쇼. 3년에 걸쳐 100여 명의 연출가 · 건축가 · 디자이너 · 음악가들이 참여해서 만든 쇼로 13분 동안 진행된다. 루이 암스트롱의 노래 〈What a wonderful world〉가 잔잔히 깔리는 가운데 무대 앞의 워터 스크린에 다채로운 영상이 비춰지며, 색색의 레이저 불빛과 순간순간 뿜어져 나오는 강렬한 불꽃이 화려한 볼거리를 제공한다.

time 20:00 · 21:30, 금 · 토요일 20:00 · 21:30 · 23:00
cost 무료

원더 풀 쇼 / SF 영화의 한 장면을 연상시키는 가든즈 바이 더 베이 / 마리나 베이 샌즈 / 쇼핑센터 내부

Day 3

mission

1. 새들의 낙원 주롱 새 공원 관람
2. 아랍 스트리트의 상징 술탄 모스크 방문
3. 동남아시아 최대의 쇼핑가 오차드 로드에서 윈도우 쇼핑
4. 싱가포르 최대의 볼거리 나이트 사파리 관람

오늘 코스 지도로 보기

www.clzup.com/qr/a32

Singapore

MRT 분 레이 Boon Lay(EW27) 역에서 194·251번 버스를 타고 Jurong Bird Park 정류장 하차(S$0.83~).

분 레이 역에서 MRT를 타고 부기스 Bugis(EW12) 역 하차(S$1.72), C번 출구 바로 앞에 있다.

08:30   +   45min   12:00

Start ▶

주롱 새 공원
Jurong Bird Park

1971년에 조성된 20만㎡ 넓이의 드넓은 조류 공원. 동남아시아를 비롯해 남아메리카·아프리카·유럽 등 전 세계에서 수집한 600여 종, 약 8000마리의 새가 자연 상태에 가깝게 자유로이 방사되어 있다. 새들의 특성별로 20여 개의 관람 코너가 만들어져 있으며, 세계 최대의 새장인 Waterfall Aviary와 특수조명 아래서 야행성 조류인 올빼미·키위·왜가리 등을 사육하는 World of Darkness 등이 볼만하다. 새와 조련사가 한데 어우러져 재미난 공연을 펼치는 이곳의 명물 버드 쇼도 놓치지 말자.

open 08:30~18:00
cost S$25
web www.birdpark.com.sg

부기스 스트리트, 점심 식사
Bugis Street

800여 개의 숍이 모여 있는 싱가포르 최대의 아케이드 상점가. 패션·액세서리·잡화·기념품 등 다양한 아이템을 취급하는 숍이 즐비해 쇼핑을 즐기려는 현지인과 관광객들로 하루 종일 북새통을 이룬다. 1950년대에는 외항선원과 군인을 상대하는 게이·매춘부가 몰려들어 일대 환락가를 형성하기도 했으나 싱가포르 정부의 노력에 힘입어 지금과 같은 활기찬 시장으로 거듭났다.
부기스 스트리트 맞은편에는 깔끔한 스타일이 돋보이는 대형 쇼핑몰인 부기스 정션 Bugis Junction이 있으며, 이 주위로 여러 맛집이 모여 있어 점심을 해결하기에도 좋다.

open 10:00~22:00 (숍마다 다름)

사진제공 싱가포르 관광청(yoursingapore.com)

주롱 새 공원   수많은 사람들로 북적이는 부기스 스트리트

7min   14:00   2min   15:00   1min   15:30

하지 레인
Haji Lane

현지인들이 즐겨 찾는 아랍 스트리트의 패션가. 차 한 대가 겨우 지나갈 만큼 비좁은 도로를 따라 알록달록한 색의 2층 전통가옥이 줄지어 있으며, 내부는 모두 숍으로 개조돼 있다. 패션·잡화·액세서리·인테리어 소품 전문점이 많고, 최근에는 오리지널 디자인의 아이템을 취급하는 패션 부티크도 증가하는 추세다. 기성품과는 다른 유니크한 감각이 돋보여 구경하는 재미가 제법 쏠쏠하다.

open 10:00~20:00(숍마다 다름)
close 구정연휴(숍마다 다름)

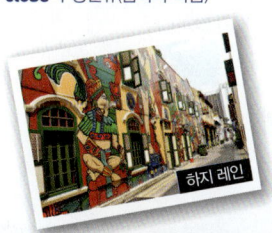
하지 레인

술탄 모스크
Sultan Mosque

40만 명의 신도를 보유한 싱가포르 최대의 모스크. 삐죽삐죽 솟은 높은 첨탑과 금빛으로 번쩍이는 양파 모양의 거대한 돔이 인상적이다. 싱가포르 탄생의 기반을 다진 영국인 래플스 경이 이 지역의 술탄과 동인도회사 건립에 조인한 것을 기념해 1825년에 세웠다. 내부에는 5000명을 동시에 수용할 수 있는 거대한 예배당이 있으며 1층은 남성, 2층은 여성 신도가 이용한다. 반바지나 노출이 심한 복장으로는 입장이 불가능하니 주의! 입구에서 몸을 가릴 수 있는 이슬람 의상인 로브를 무료로 빌려준다.

open 09:00~12:00, 14:00~16:00, 금요일 14:30~16:00 **cost** 무료

부소라 스트리트
Bussorah Street

초록빛 야자수가 줄지어 서 있는 쇼핑가. 길 양쪽으로 아랍풍의 이국적인 아이템을 파는 숍과 노천 테이블이 놓인 근사한 레스토랑이 모여 있다. 이국적인 풍경과 술탄 모스크의 황금빛 돔이 멋진 조화를 이루기 때문에 기념 촬영 포인트로도 인기가 높다. 세련된 아이템은 드물지만 에스닉한 스타일의 양탄자나 아기자기한 바틱·액세서리·잡화를 취급하는 숍이 많아 가볍게 구경하며 시간을 보내기에 좋다.

open 10:00~20:00(숍마다 다름)

기념품으로 좋은 싱가포르 마그네틱

술탄 모스크   하지 레인의 부티크   이국적인 분위기가 감도는 부소라 스트리트

부기스 역에서 MRT를 타고 서머셋 Somerset(NS23) 역 하차(S$0.73), B번 출구로 나간다.

동물원에는 모기가 많다. 모기를 쫓을 수 있는 방충제 등의 준비는 필수!

 10min    60min

16:20   19:00   20:00 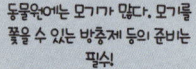 Finish

오차드 로드, 저녁 식사
Orchard Road

동서로 약 3km에 걸쳐 펼쳐진 동남아시아 최대의 쇼핑가. 시원하게 뻗은 대로와 짙푸른 가로수, 그리고 높이 솟은 고층빌딩 등 모던하면서도 세련된 분위기가 흘러넘친다. 곳곳에 세계적인 명성의 고급 호텔과 명품 숍이 가득한 대형 쇼핑센터, 다양한 음식을 선보이는 맛집이 줄지어 있어 1년 내내 관광객의 발길이 끊이지 않는다. 여름과 크리스마스에는 오차드 로드의 숍들이 모두 참여하는 대규모 세일 행사가 열려 쇼퍼 홀릭들의 발길을 재촉한다.

open 11:00~21:00(숍마다 다름)

오차드 로드→나이트 사파리
Orchard Road→Night Safari

오차드 로드에서 저녁 식사를 하고 나이트 사파리로 간다. 가장 편리한 교통편은 오차드 로드의 서쪽 끝에 위치한 오차드 호텔 Orchard Hotel 앞에서 출발하는 셔틀버스 SAEX Bus이며, 나이트 사파리까지 1시간 정도 걸린다. 셔틀버스 이용이 여의치 않을 때는 MRT 앙모키오 Ang Mo Kio(NS16) 역으로 가서 138번 버스로 갈아타고 싱가포르 동물원 Singapore Zoo에서 내린다.

셔틀버스
time 18:00, 19:00, 20:00
cost 편도 S$5
오차드 역→앙모키오 역
MRT time 12분 소요 **cost** S$1.23
앙모키오 역→싱가포르 동물원
138번 버스 time 17분 소요 **cost** S$1.43

나이트 사파리 행 2층 버스

나이트 사파리
Night Safari

야행성 동물의 생태를 바로 코앞에서 관찰할 수 있는 야간 동물원이다. 40만㎡의 광활한 대지 위에 호랑이·표범 등의 맹수류를 포함한 100여 종, 1000여 마리의 동물이 자연 상태 그대로 뛰놀고 있다. 도보로는 고작 절반밖에 볼 수 없으니 먼저 트램을 타고 가이드의 설명을 들으며 동물원을 한 바퀴 돌아본 다음(45분 소요), 직접 산책로를 따라 걸으며 전체를 찬찬히 훑어보는 게 요령이다. 전체 관람에는 3시간 이상 걸리니 시간 여유를 넉넉히 두고 가야 한다는 사실을 절대 잊지 말자!

open 19:30~24:00
cost S$39
web www.nightsafari.com.sg

사진제공 싱가포르 관광청(yoursingapore.com)

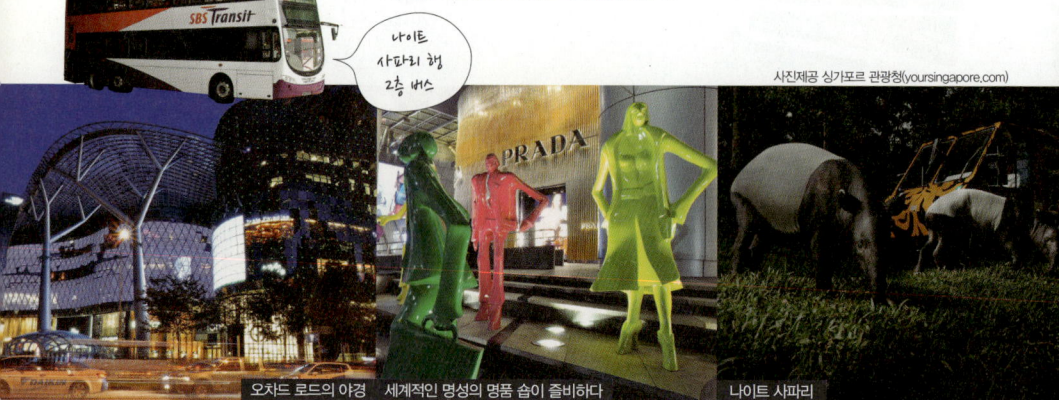

오차드 로드의 야경 | 세계적인 명성의 명품 숍이 즐비하다 | 나이트 사파리

Day 4

mission
1. 이국적인 외관의 세인트 앤드류 성당 방문
2. 싱가포르의 상징 멀라이온 파크 구경
3. 싱가포르→인천 이동

오늘 코스 지도로 보기

www.clzup.com/qr/a33

Singapore

수소 체크아웃을 하고 MRT 시티 홀 City Hall(EW13·NS25) 역으로 간다.

08:00 13min 08:40

Start ▶

세인트 앤드류 성당
St. Andrew's Cathedral

1836년부터 7년 동안 인도인 죄수를 동원해 세운 고딕 양식의 영국 성공회 성당. 싱가포르 개발 초기 래플스 경의 도시계획에 기초해 성당 부지를 선정했으며, 영국 공병대 소속의 로널드 맥퍼슨 대령의 설계로 만들었다. 하지만 낙뢰로 큰 피해를 입어 1852년 지금의 모습으로 재건됐다. 하늘을 찌를 듯 높이 솟은 첨탑과 장식 창문이 아름다운 멋을 뽐내며, 회랑을 따라 길게 늘어선 기둥, 영롱하게 빛나는 스테인드글라스 등이 장엄한 분위기를 더한다. 유독 하얗게 빛나는 성당 외벽은 페인트가 아닌 조갯재·계란흰자·설탕 등을 섞어서 만든 전통 도료를 입힌 것이다.

open 08:00~18:00, 일요일 07:00~18:00

멀라이온 파크
Merlion Park

싱가포르의 상징으로 유명한 멀라이온 Merlion 상이 놓인 조그만 공원. 멀라이온은 1972년 리콴유 수상의 제안으로 만든 싱가포르의 마스코트다. 높이는 8m이며 하반신의 인어 형상은 항구도시, 상반신의 사자는 사자의 도시 싱가포르(싱가는 산스크리트어로 사자란 뜻)를 상징한다.

당시 10만 싱가포르 달러라는 막대한 자금을 들여서 만들었는데, 원래 위치에 고가도로가 생기자 2002년 지금의 자리로 옮겨왔다. 흥미로운 사실은 이전 비용이 원제작비의 19배나 들었다는 것! 이 앞에서는 에스플러네이드·마리나베이 샌즈 등 싱가포르의 주요 명소가 한눈에 들어와 야경과 레이저쇼의 감상 포인트로도 인기가 높다.

세인트 앤드류 성당 멀라이온 파크

🚶 10min　09:10　🚶 2min　09:20　🚶 7min　09:30

래플스 상륙지
Raffles Landing Site

근대 싱가포르 역사의 시발점으로 일컬어지는 곳. 1819년 영국 동인도회사의 벤쿨렌 부지사 토머스 스탬퍼드 래플스(1781~1826)가 처음으로 발을 디딘 장소이다. 그는 싱가포르의 지정학적 중요성을 깨닫고, 당시 이 지역을 지배하던 조호르 왕국의 내분을 이용해 싱가포르를 손에 넣는 데 성공했다. 그리고 싱가포르가 영국 식민지배하의 자유무역항으로 성장하는 기틀을 마련한 뒤 1923년 영국으로 돌아갔다.

래플스 상륙지에는 하얗게 빛나는 그의 입상이 세워져 있으며, 그 너머로는 싱가포르 강과 아기자기한 외관을 뽐내는 보트 키의 식당가, 아시아 금융의 허브 센튼웨이의 고층빌딩가가 보인다.

아시안 문명 박물관
Asian Civilizations Museum

영국 식민시대의 분위기가 고스란히 남아 있는 유서 깊은 건물로 1865년에 지어졌다. 오랜 기간 법원·정부청사 등의 관공서로 활용되다가 내부를 개조해 현재는 박물관으로 이용 중이다. 주요 소장품은 다민족 국가 싱가포르의 역사와 문화적 다양성을 보여주는 유물들이다. 중국·동아시아·서아시아·남아시아 등 4개 지역으로 구성된 전시실에는 코란 원본을 비롯해 인도·태국·중국의 불상 등 풍부한 종교 미술품이 소장돼 있다. 단, 개관 시간이 맞지 않으니 이 일정에서는 고풍스러운 외관만 보는 정도로 만족해야 한다.

open 10:00~19:00, 금요일 10:00~21:00
cost S$8(금요일 18:00 이후 반액 할인)
web www.acm.org.sg

시내 → 공항
Downtown → Airport

박물관 주변까지 본 뒤에는 래플스 플레이스 Raffles Place(EW14·NS26) 역으로 간다. 그리고 MRT를 타고 공항으로 간다. 시내에서 공항까지는 MRT로 30분 정도 걸리니 비행기 출발 시각에 늦지 않게 주의하자. 시간이 빠듯하다면 아시안 문명 박물관은 일정에서 제외시켜도 된다.

MRT 창이 공항 Changi Airport 역에 도착하면 개찰구를 나와 바로 앞에 있는 유인 매표소에서 교통카드인 이지링크를 반납하고 잔액을 환불받는다.

시내 → 창이 공항
MRT
time 30~40분 소요 **cost** S$1.66~

래플스 상륙지　아시안 문명 박물관　박물관에는 다양한 종교 미술품도 전시돼 있다

 30min~  8:35min

10:15　　　　　　　　　　12:15　　　　　　　　　　21:50

■ Finish

창이 국제공항
Changi International Airport

스쿠트항공, 싱가포르 출발
Scoot Air TZ206

인천국제공항 도착
Incheon Intl. Airport

창이 국제공항은 터미널이 3개로 나뉘어 있으며, 스쿠트항공은 제2 터미널에서 출항한다. MRT 역에서 표지판을 따라 '제2 터미널 Terminal 2'을 찾아간 뒤 2층에 위치한 출국장 Departure으로 올라간다. 그리고 안내 모니터에서 스쿠트항공의 체크인 카운터를 확인한 다음 그곳으로 가서 항공권과 여권을 제시하고 탑승수속을 하면 된다.
싱가포르에서 S$300 이상의 쇼핑을 한 경우에는 7%의 세금을 돌려받을 수 있는 '세금환급 GST Refund' 신청을 하는 것도 잊지 말자.

창이 국제공항
web www.changiairport.com

탑승수속을 마친 뒤에는 같은 층의 출국심사장으로 가서 여권과 보딩패스를 제시하고 출국심사를 받는다. 그리고 비행기 출발 시각까지 면세구역에서 시간을 보낸다. 우선 근처의 식당으로 가서 간단히 점심 식사를 하는데 남은 동전이나 지폐는 이때 처분하면 된다.
매점에서 기내에서 마실 생수를 한두 병 사두는 것도 괜찮은 생각이다. 이제 비행기 출발 전까지 면세구역 안의 기념품점과 면세점을 구경하며 시간을 보낸다.
12:15 싱가포르를 출발한 비행기는 17:05 대만에 도착한다. 그리고 18:20에 다시 대만을 출발해 21:50 최종적으로 인천국제공항에 도착한다.

인천국제공항에 도착해 입국심사를 마치고 짐을 찾아 입국장 밖으로 나오기까지 걸리는 시간은 30~40분 정도. 인천국제공항의 입국장은 1층에 있으며, 표지판을 따라 5~10분쯤 걸으면 공항철도역이 나타난다.
공항철도의 서울역행 열차는 23:45, 디지털 미디어 시티역행 열차는 24:00가 막차라는 사실에 주의하자. 도중에 지하철·버스로 갈아타야 할 때는 갈아탈 교통편의 막차 시각도 염두에 두고 이용해야 한다.
입국장 바로 앞에서 출발하는 공항 리무진 버스는 노선별로 막차 시각이 다르니(22:00~23:30) 홈페이지에서 정확한 운행 시각을 확인하고 이용하는 게 좋다.

창이 국제공항의 출국장　　스쿠트항공　　　　　　　　인천국제공항

식도락 · 휴식 · 문화 기행

싱가포르
3박 5일

85만 원~

2박 4일의 짧은 여행이 아쉽다면 기간을 살짝 늘려 3박 5일 일정에 도전해보자. 기본 일정은 2박 4일과 동일하며, 넷째 날 하루를 투자해 싱가포르 남부에 위치한 대형 테마파크, 유니버설 스튜디오 싱가포르를 돌아본다. 할리우드 영화를 테마로 꾸민 어트랙션과 쇼가 풍성한 볼거리를 제공한다.

추천 항공편 스쿠트항공
인천 22:50 → 싱가포르 05:35
싱가포르 12:15 → 인천 21:50
숙박 싱가포르 3박, 기내 1박
예산 856,000원~
숙박비 S$120(한인민박 도미토리 3박)
생활비 S$280(4일)
입장료 S$150
교통비 S$40
항공료 36만 원~
※S$1=840원 기준

싱가포르는 노선의 유일한 저가항공사 스쿠트항공

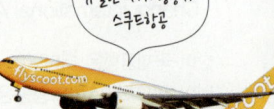

Day 1
인천 → 싱가포르
p.166와 동일

Day 2
차이나타운 · 마리나 에어리어
p.167와 동일

Day 3
아랍 스트리트 · 나이트 사파리
p.172와 동일

Day 4
유니버설 스튜디오 싱가포르 Universal Studios Singapore

하루 종일 유니버설 스튜디오 싱가포르에서 시간을 보낸다. 이곳은 싱가포르의 리조트 단지로 유명한 센토사 섬에 위치한 세계적인 명성의 테마파크로 할리우드 Hollywood · 마다가스카르 Madagascar · 겁나 먼 왕국 Far Far Away · 더 로스트 월드 The Lost World · 고대 이집트 Ancient Egypt · SCI-FI 시티 SCI-FI City의 7개 테마 에어리어로 나뉘어 있다. 제대로 놀고 구경하려면 오픈과 동시에 들어가 폐장 시간까지 있어야 함은 당연지사! 관광객이 몰리는 주말 · 공휴일에는 어트랙션 이용이 어려우니 되도록 평일에 가야 한다는 사실을 절대 잊지 말자.

입구에서 그림지도가 실린 브로슈어를 받아놓으면 요긴한데, 쇼 · 퍼레이드 시각이 꼼꼼히 실려 있어 볼거리를 빠짐없이 챙기는 데 큰 도움을 준다.

유니버설 스튜디오 싱가포르
open 10:00~19:00(주말 · 공휴일 · 성수기에는 오픈 시간이 연장됨)
close 연중무휴 **cost** S$74 **web** www.sentosa.com.sg
access MRT 하버 프런트 Harbour Front 역(NE1 · CC29)에서 출발하는 경전철 센토사 익스프레스 Sentosa Express를 타고 한 정거장 다음의 워터프런트 Waterfront 역 하차, 도보 5분(S$4).

베이 프런트

쇼핑의 메카 오차드 로드

Day 5
시티홀, 싱가포르 → 인천
p.175와 동일

기본 준비

◀ 태국

THAILAND

태국 핵심 여행정보
12 방콕 2박 4일
13 방콕 · 파타야 3박 5일
14 방콕 4박 6일
15 푸켓 3박 5일

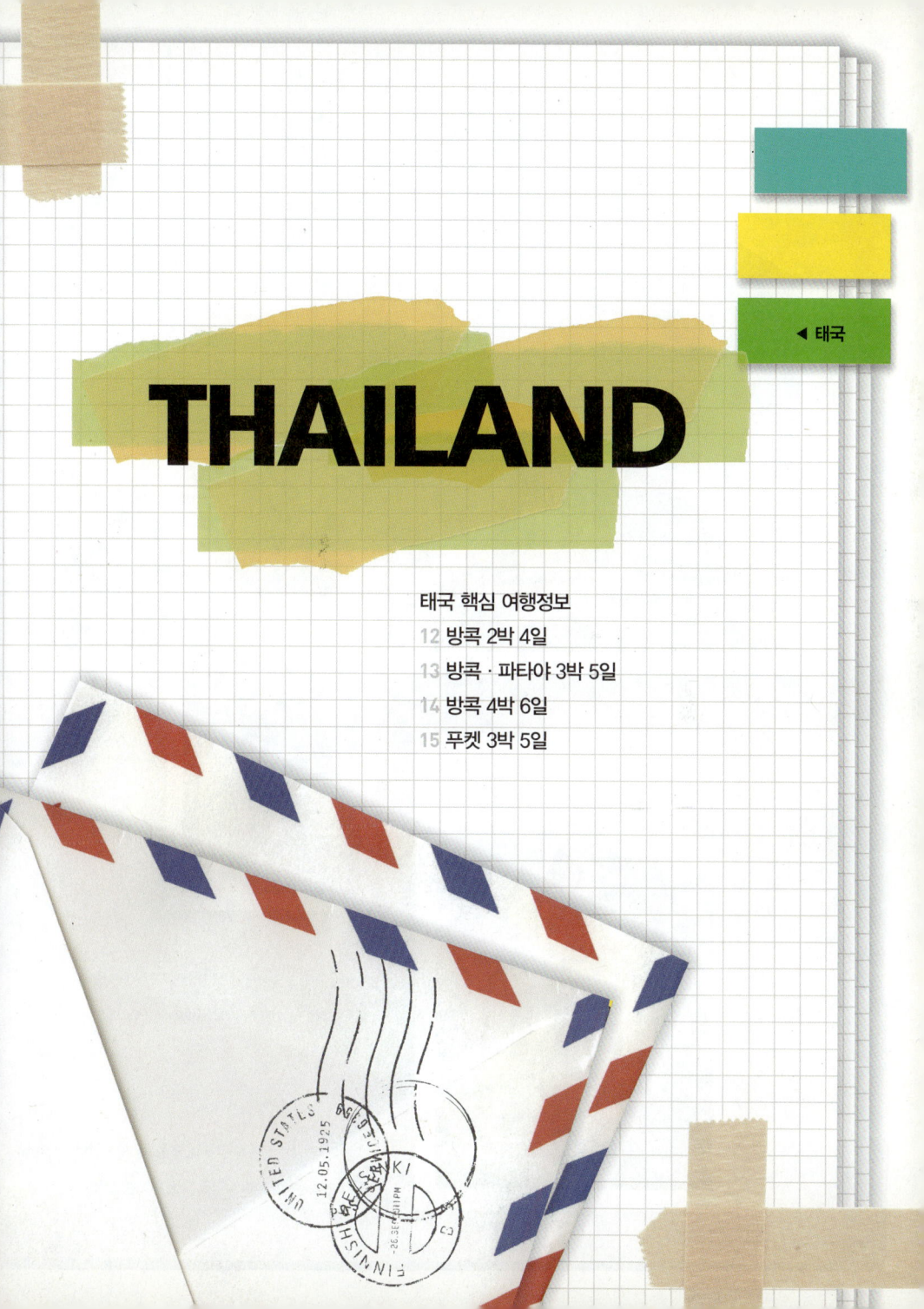

best 12
THAILAND

#1
황금 불탑과 화려한 불전, 에메랄드 불상 등
진귀한 볼거리가 가득한 방콕 여행의 백미.
→ 왓 프라케오 p.192

#2
하늘을 찌를 듯 높이 솟은 탑이 인상적인 사원. 탑은
파괴의 신 시바가 사는 카일라사 산을 의미한다.
→ 왓 아룬 p.193

#3
1882년에 지어진 웅장한 궁전. 영국과 태국의 건축양식이
뒤섞인 이국적 외관이 눈길을 끈다. → 왕궁 p.192

#4
1915년에 지어진 유럽풍의 궁전. 경이로운 조각품과 왕실 의전용품이 한가득 전시돼 있다.
→ 아난타 사마콤 p.194

#5
쪽배 위에서 온갖 물건이 거래되는 재래시장. 태국의 얼마 남지 않은 옛 모습 가운데 하나다.
→ 담넌 사두억 수상시장 p.196

#6
방콕 인근에서 가장 깨끗한 바다와 모래사장을 가진 해변. 해수욕과 물놀이를 즐기기에 좋다.
→ 타웬 비치 p.206

#7
700여 년의 역사를 간직한 고풍스러운 사원.
스리랑카 양식의 불탑과 불상이 이색적이다.
→ 왓 야이 차이몽콘 p.218

#8
역사의 도시 아유타야를
상징하는 사원. 나무뿌리에
휘감긴 불두(佛頭)가 유명하다.
→ 왓 마하탓 p.218

#9
17세기에 조성된 여름 궁전.
태국·유럽·중국 건축양식이 복합된 여러
건물과 너른 정원이 볼만하다.
→ 방파인 여름 별궁 p.220

#10
유리알처럼 맑은 바다와 새하얀 백사장이 인상적인 아담한 비치.
→ 마야 베이(피피 섬) p.233

#11
기암괴석으로 뒤덮인 섬들이 아름다운 볼거리를 제공하는 유람선 투어 코스. → 팡아 만 p.230

#12
푸켓을 대표하는 해변. 다양한 해양 스포츠와 해수욕을 즐길 수 있다.
→ 파통 비치 p.228

basic info. 태국

비자
우리나라와 비자 면제 협정을 맺고 있어 관광 목적으로 입국할 경우 비자가 필요 없다. 비자 없이 태국에 체류할 수 있는 기간은 90일이다.

여행 시기
열대 기후에 속해 1년 내내 무더운 날씨가 지속된다. 계절은 11~2월의 건기와 3~5월의 혹서기(酷暑期), 6~10월의 우기로 나뉘며, 여행의 최적기는 비가 조금 내리고 기후가 안정적인 11~2월의 건기다. 혹서기에는 낮기온이 35~40°C까지 치솟을 만큼 더위가 맹위를 떨치니 햇볕을 피할 수 있는 모자·선글라스·양산 등의 여행용품은 필수다. 우기에는 열대성 폭우인 스콜이 수시로 쏟아지며, 강수량이 집중되는 9·10월에는 외부 활동이 어려울 만큼 폭우가 내리는 경우도 있으니 되도록 우기는 피해서 가는 게 현명하다.

복장
1년 내내 여름 날씨가 지속되므로 반팔·반바지 등 통풍이 잘 되는 얇은 옷 위주로 가져간다. 하루 종일 에어컨을 강하게 틀어 놓는 쇼핑센터·호텔, 대중교통에서는 외부와의 큰 기온차로 자칫 감기에 걸릴 수 있으니 가볍게 걸칠 긴 소매 옷을 한두 벌 챙겨 가면 도움이 된다. 왕궁·사원·고급 레스토랑은 노출이 심한 복장(민소매·반바지 등) 또는 샌들 차림으로 들어갈 수 없는 경우도 있으니 한두 벌 정도의 긴 옷과 적당한 신발을 챙겨간다.

언어
고유의 언어인 태국어를 사용한다. 외국인의 이용 비율이 높은 호텔·레스토랑·숍에서는 간단한 영어가 통하지만, 일상생활에서는 태국어 이외의 언어는 사용하기 힘들다. 이정표·표지판은 대부분 태국어와 영어가 병기돼 있으며, 지하철에서는 영어 안내방송도 나온다.

통화
바트 B(Baht), 1B=35원(2014년 10월)
동전 1·2·5·10B, 25·50 Satang (100 Satang=1B)
지폐 20·50·100·500·1000B

환전
조금 번거롭지만 우리나라에서 미국 달러 US$를 가져가 현지의 사설 환전소에서 바트로 환전하는 게 환율상 가장 유리하다. US$50·100 지폐가 US$20 이하의 지폐보다 높은 환율이 적용되니 고액권 위주로 가져가자. 또한 환전소마다 환율이 다르기 때문에 꼼꼼히 비교하고 이용해야 한다. 특히 공항 환전소와 은행의 환율이 가장 나쁘다는 사실을 잊지 말 것!
우리나라에서 바로 바트를 환전하려면 대형 은행의 본점을 이용한다. 단, 적용 환율이 나빠 큰 금액을 환전할 경우 약간의 손해를 감수해야 한다. 한국 원화를 태국 현지에서 바트로 환전하는 것도 가능하지만, 최악(!)의 환율이 적용돼 적지 않은 환차손을 보게 되니 주의하자. 권종은 보편적으로 통용되는

500B 이하의 지폐로 준비하면 편하게 사용할 수 있다.

신용카드
방콕·푸켓 시내의 대형 쇼핑센터·숍·호텔·레스토랑에서는 신용카드를 어렵지 않게 사용할 수 있다. 하지만 신용카드를 받지 않는 식당이나 숍도 많으니 약간의 비상금은 휴대하는 게 안전하다.

인터넷
방콕의 카오산 로드처럼 외국인 여행자들이 모이는 곳이 아니고서는 인터넷 카페를 찾기가 힘들다. 소규모 호텔과 게스트하우스에서는 인터넷을 무료로 사용할 수 있지만, 중급 이상의 호텔에서는 인터넷 사용료가 별도로 부과되니 주의하자. 인터넷 속도는 우리나라에 비해 무척 느리다.
자유로이 스마트폰을 사용하려면 자신이 가입한 이동 통신사의 해외 데이터 로밍 서비스를 이용하거나(1일 9000~1만 2000원), 태국 현지에서 파는 데이터 요금 유심 카드를 구입하면 된다.

전기
220V · 50Hz. 콘센트는 우리나라와 동일한 2핀 타입의 플러그와 11자형의 플러그가 모두 들어가는 멀티 형이라 우리나라의 가전제품을 바로 사용할 수 있다.

시차
우리나라와 태국의 시차는 -2시간. 예를 들어 우리나라가 낮 12:00라면 태국은 오전 10:00다.

주의사항
독실한 불교 국가라 대중교통에 일반인이 앉을 수 없는 승려 전용석이 있으며, 승려를 촬영하거나 신체적 접촉을 가지는 것은 금기다. 또한 국왕에 대해 함부로 언급하는 것 역시 금기시되니 주의. 유흥업소나 택시·툭툭을 이용할 때 바가지를 쓰는 경우가 종종 발생한다. 테러 방지를 목적으로 지하철역 또는 쇼핑센터 입구에서 짐 검사를 하는 경우가 많다.

공휴일
1월 1일 설날
2월 14일 완마카부차
4월 6·7일 왕조창건일
4월 13~16일 송크란
5월 1일 노동절
5월 5일 국왕 즉위 기념일
5월 13일 석가탄신일
7월 11일 석가 설법 기념일
7월 12일 완카오판싸
8월 12일 왕비 탄신일(어머니날)
10월 19일 완억판싸
10월 23일 출라롱콘 대왕 기념일
12월 5일 국왕 탄신일(아버지날)
12월 10일 헌법 기념일
12월 31일 송년일

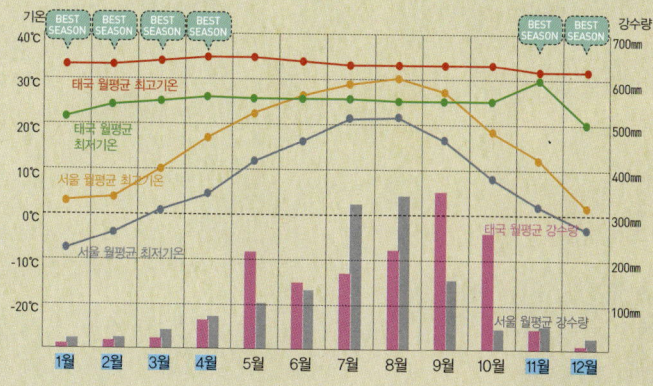

엔터테인먼트 & 문화 기행

65만 원~

방콕
2박 4일

방콕 2박 4일
travel note

볼거리 ★★★★☆
식도락 ★★★☆☆
쇼 핑 ★★★☆☆
유 흥 ★★★★★

배낭족의 천국으로 통하는 도시 방콕을 집중적으로 돌아본다. 독특한 미의식이 눈길을 사로잡는 화려한 불교 사원과 오랜 역사를 자랑하는 왕궁, 활기찬 기운이 넘치는 거리, 매일 밤 뜨겁게 불타오르는 클럽, 에스닉한 아이템이 가득한 숍과 풍부한 먹거리가 여행자의 오감을 만족시켜준다.

day 1
인천 → 방콕
숙박 방콕

- 17:30 이스타항공, 인천 출발
- 21:20 수완나폼 국제공항 도착
- 22:00 환전
- 22:20 공항 → 호텔
- 23:00 호텔 체크인

day 2
왕궁 주변
숙박 방콕

- 08:30 왓 프라케오
- 10:00 왕궁
- 11:00 왓 포, 점심 식사
- 13:00 왓 아룬
- 14:10 위만멕 궁전
- 15:00 아난타 사마콤
- 16:30 차오프라야 익스프레스
- 17:30 아시아티크, 저녁 식사
- 20:00 시로코 야경 감상

기본 준비

추천 항공편 이스타항공
인천 17:30 → 방콕 21:20
방콕 22:20 → 인천 06:00
숙박 방콕 2박, 기내 1박
예산 650,000원~
숙박비 2400B(호텔 더블룸 2박)
생활비 4500B(3일)
입장료 750B
교통비 600B
항공료 36만 원~
※1B=35원 기준

day 3

시암

숙박 기내

- 08:00 호텔 체크아웃, 투어 출발
- 09:00 담넌 사두억 수상시장
- 13:00 카오산 로드 도착, 점심 식사
- 14:30 짐 톰슨의 집
- 16:00 타오 마하 브라흐마
- 16:20 센트럴 월드, 저녁 식사
- 19:20 호텔 → 공항
- 20:20 수완나품 국제공항 도착
- 22:20 이스타항공, 방콕 출발

day 4

방콕 → 인천

- 06:00 인천국제공항 도착

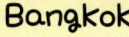
Bangkok

Hello Bangkok

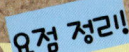
요점 정리!

방콕에 23:00 전에 도착하는 항공편을 이용
우리나라와 방콕을 연결하는 항공편은 무척 많다. 주의할 점은 운항 스케줄인데, 대중교통이 끊기는 23:00 이후 방콕에 도착하는 항공편은 시내로 들어갈 때 어쩔 수 없이 택시를 타야 해 그만큼 교통비 부담(편도 2~3만 원)이 커진다. 더구나 바가지 택시를 만날 위험도 높으니 주의!

중급 이상의 호텔을 이용하는 게 현명
1년 내내 무더위가 지속되므로 에어컨·수영장 등의 편의시설이 갖춰진 중급 이상 호텔(1·2인실 1200B~)을 이용하는 게 현명하다. 돌아다니기 편하도록 BTS(지상철) 역·지하철역과 가까운 호텔을 고르자. 숙박비는 1·2인실의 요금이 동일하니 둘이 함께 이용하면 경비를 절약할 수 있다.

호텔·투어 예약은 현지 한인여행사에서
현지 한인여행사에서 할인 요금으로 호텔 예약이 가능한 것은 물론, 근교 투어도 저렴하게 예약할 수 있다. 쇼·공연·마사지·디너 크루즈 티켓을 할인 판매하기도 한다.
몽키 트래블 www.monkeytravel.com 타이 나라 www.thainara.net
홍익 여행사 http://hongiktravel.com 동대문 http://cafe.naver.com/bkkdongdaemoon

방콕 2박 4일

Day 1

mission

1. 인천→방콕 이동
2. 공항에서 바트화 환전
3. 공항철도를 이용해 호텔로 이동

오늘 코스 지도로 보기

http://www.clzup.com/qr/b1

Thailand

💬 공항 이용객이 많으니 인천 국제공항 도착은 늦어도 비행기 출발 2시간 전까지 완료!

17:30 ✈ 5:50min 21:20

Start ▶ ─────────────○

이스타항공, 인천 출발
Eastar Jet ZE511

비행기는 이스타항공의 인천↔방콕 왕복편을 이용한다. 대중교통이 끊기기 전에 방콕에 도착해 편리하며, 귀국편을 심야에 운항하기 때문에 낮 시간을 최대한 활용할 수 있는 게 장점이다. 인천에서 방콕까지의 소요시간은 5시간 50분. 저가항공사인 까닭에 기내 영화 상영이나 잡지·신문 등의 서비스가 제공되지 않으니 이때를 대비해 읽을거리나 동영상을 준비해 가는 센스는 필수! 기내에서는 태국 입국심사에 필요한 출입국 카드를 미리 작성해두자. 우리나라와 -2시간의 시차가 있으니 비행기에서 내릴 때 시계 바늘을 두 시간 뒤로 돌려놓는 것도 잊지 말자.

수완나품 국제공항 도착
Suvarnabhumi Intl. Airport

비행기에서 내려 입국심사장을 뜻하는 'Immigration · Arrivals' 표지판을 따라간다. 입국심사장에 도착하면 외국 여권 'Foreign Passport'이라고 표시된 쪽에 줄을 서서 여권과 기내에서 작성한 출입국 카드를 제시하고 입국심사를 받는다. 입국심사가 완료되면 출국카드를 여권에 붙여주는데, 방콕을 떠날 때 공항에서 회수하는 것이니 잃어버리지 않게 주의하자. 이제 짐을 찾아 세관검사대를 통과하면 드디어 방콕 도착 완료! 입국심사와 세관검사를 모두 마치고 공항 밖으로 나오기까지는 30분~1시간이 걸린다. 사람이 많이 몰리는 입국심사장 통과에 시간이 오래 걸리니 비행기에서 내리자마자 입국심사장으로 서둘러 가야 한다.

인천국제공항 | 수완나품 국제공항의 입국장

> Phaya Thai 역에서 카오산 로드까지는 택시로 20~30분 걸리며 요금은 80~100B 정도다.

```
       22:00                    22:20          20min~    23:00
─────────○──────────────────────○────────────────────────■ Finish
```

환전
Exchange Money

방콕에서 미국 달러 등의 외화는 일상적으로 통용되지 않기 때문에 시내로 들어가기에 앞서 환전부터 해야 한다. 입국장 주변의 환전소는 환율이 모두 동일하니 어디든 가까운 곳에서 환전을 하면 된다.

환전시 주의할 점은 공항에서 너무 많은 금액을 한꺼번에 바꾸지 말라는 것. 환율은 공항보다 시내의 환전소·은행이 훨씬 좋은데, 예를 들어 US$100을 환전할 경우 공항에서는 고작 2800B 정도를 줄 뿐이지만 시내에서는 2900~3000B 정도를 받을 수 있다. 공항에서의 환전은 시내까지의 교통비, 호텔 디파짓(1000B~), 다음 날 환전하기 전까지 사용할 금액 정도면 충분하다.

공항 → 호텔
Airport → Hotel

가장 저렴하고 편리한 교통편은 공항철도 Airport Rail Link다. 공항에서 'To City' 또는 'Train to City' 표지판을 따라 지하 1층으로 내려가면 공항철도역이 있다. 노선은 특급인 Express와 보통인 City Line이 있으며 정차역과 소요시간이 조금씩 다르다. 수쿰빗 Sukhumvit으로 갈 때는 Express를 타고 Makkasan 역에서 내려 지하철로 갈아타면 편리하며, 시암 Siam 또는 카오산 로드로 갈 때는 City Line을 타고 종점인 Phaya Thai 역에서 내려 BTS(지상철)나 택시를 이용한다.

Express
time 06:00~24:00(15분 간격 운행)
cost 90B

City Line
time 06:00~24:00(15~20분 간격 운행)
cost 15~45B

호텔 체크인
Check-In

호텔에 여장을 푼 뒤에는 장시간 비행에 지친 피로를 풀 수 있도록 일찍 잠자리에 드는 게 상책이다. 지친 몸을 추스르려면 호텔 근처의 마사지 숍에서 전통 타이 마사지를 받는 것도 좋다. 요금은 업소마다 다른데 발마사지 300B~(1시간), 전신 마사지 500B~(2시간) 수준을 예상하면 된다.

여행자의 거리로 유명한 카오산 Khaosan의 호텔을 이용할 때는 잠시 밤마실을 다녀오는 것도 좋다. 밤새도록 북적이는 카오산 로드 Khaosan Road와 람부트리 로드 Rambutri Road의 바·퍼브·레스토랑에서 외국인 여행자들과 어울려 즐거운 시간을 보낼 수도 있다.

> City Line의 티켓

공항철도의 City Line 열차 | 활기가 넘치는 카오산 로드의 식당가 | 여행자의 거리 카오산 로드

Day 2

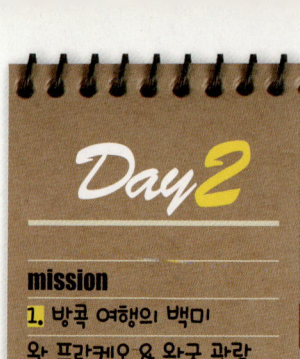

mission

1. 방콕 여행의 백미 왓 프라케오 & 왕궁 관람

2. 타이 마사지의 발상지 왓 포 사원 방문

3. 수상버스를 타고 차오프라야 강 유람

4. 시로코에서 방콕 야경 감상

오늘 코스 지도로 보기

www.clzup.com/qr/b2

Thailand

> 왓 프라케오는 대중교통 연결이 불편하다. 카오산에서는 걸어갈 수 있으며, 그외 지역에서는 택시를 이용하는 게 좋다

08:30 1min 10:00

Start ▶

왓 프라케오
Wat Phra Kaeo

방콕 여행의 하이라이트라 해도 과언이 아닌 불교 사원. 1782년 국왕 라마 1세가 방콕 천도를 단행할 당시 왕실 수호 사원으로 조성했다. 본존인 에메랄드 불상을 모시는 본당과 함께 금빛으로 번쩍이는 높은 불탑, 섬세한 벽화가 가득한 회랑, 금박을 입힌 불상 · 성수(聖獸) 등 화려한 볼거리가 두 눈을 휘둥그레지게 한다. 전체를 돌아보는 데 한두 시간은 기본으로 걸리니 최대한 서둘러 가는 게 좋다. 반바지 · 미니 스커트 · 민소매 차림으로는 입장이 불가능하므로 복장에 주의하자. 입구에서 긴 옷을 무료로 빌려준다.

open 08:30~15:30
cost 500B(왕궁 · 위만멕 궁전 · 아난타 사마콤 공통권)

왕궁
Grand Palace

1782~1946년 국왕 일가가 거주하던 곳. 전체 면적은 21만 8000㎡이며, 주변을 둘러싼 담장의 길이만 1.9km에 이를 정도로 엄청난 위용을 자랑한다. 내부는 여러 건물로 이루어져 있는데 핵심이 되는 곳은 1882년에 지어진 차크리 마하 프라삿 궁전이다. 이탈리아 건축가의 설계로 탄생한 이 궁전은 영국의 빅토리안 양식과 태국의 전통 건축양식을 접목시킨 독특한 외관과 웅장한 규모가 인상적이다. 바로 옆에는 1782년에 지어진 두싯 마하 프라삿 궁전, 순금으로 만든 왕실 선박이 전시된 아마린드라 위닛 차이 궁전도 있다.

open 08:30~15:30
cost 왓 프라케오 입장권 사용 가능

왓 프라케오 | 유럽 건축양식이 복합된 왕궁

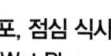

왓포에서 도보 5분 거리의 선착장에서 왓아룬 행 보트 이용(3B). 선착장 주변에 식당이 모여 있다.

요금은 미터 택시로 70~100B 정도. 요금 흥정에 자신이 있다면 오토바이 택시인 툭툭을 이용해도 된다.

12min 11:00 2min 13:00 20min~ 14:10

왓 포, 점심 식사
Wat Pho

18세기 말 라마 1세에 의해 건립된 사원으로 불당을 가득 메운 거대한 와불(臥佛)이 유명하다. 와불은 열반에 이른 부처의 모습을 묘사한 것으로 높이 15m, 길이 46m의 엄청난 크기가 압권이며, 발바닥에 새겨놓은 정교한 만다라가 섬세한 세공기술의 극치를 보여준다. 사원 한가운데에 놓인 4개의 대형 불탑은 라마 1세부터 4세까지의 역대 왕을 상징한다. 안쪽에 위치한 본당에는 태국 북부에서 수집한 394개의 불상을 모셔 놓았으며, 주위를 장식한 중국풍 석탑과 석상 등 이국적인 분위기의 조형물이 눈길을 끈다.

open 08:30~18:30
cost 100B

왓 아룬
Wat Arun

차오프라야 강을 굽어보는 웅장한 대불탑이 인상적인 사원. 탑의 높이는 75m에 달하며 표면은 도기 파편과 색색의 유리로 아름답게 치장해 놓았다. 이는 파괴의 신 시바가 사는 히말라야의 카일라사 산을 묘사한 것이다. 가파른 계단을 오르면 탑 정상부에 위치한 전망대까지 갈 수 있는데, 360도로 펼쳐지는 방콕의 전경이 제법 볼만하다. 대불탑 주위로는 크고 작은 불탑이 놓여 있으며 각각의 탑을 장식한 수많은 불상과 동물 조각도 놓칠 수 없는 볼거리다. 사원 안쪽에는 라마 2세의 유골이 안치된 본당이 있다.

open 08:30~17:00
cost 50B

위만멕 궁전
Vimanmek Mansion Palace

19세기 말 태국 왕실의 분위기가 고스란히 남아 있는 목조 건물. 라마 5세(1853~1910)가 거주하던 곳이며, 티크 목을 사용해서 만든 건물 가운데는 세계에서 가장 큰 규모를 자랑한다. 나무를 정교하게 짜맞추는 방식으로 지어져 단 한 개의 못도 사용하지 않았다는 사실이 흥미롭다. 방과 가구는 유럽풍으로 꾸며 놓았으며, 내부에는 라마 5세와 왕족의 모습을 담은 흑백 사진, 당시 사용하던 가재도구가 전시돼 있다. 왓 프라케오와 마찬가지로 복장제한이 있으며, 입구의 라커룸에 카메라·핸드폰·가방을 모두 맡기고 들어가야 하니 주의!

open 09:30~16:00
cost 왓 프라케오 입장권 사용 가능

왓포의 상징인 와불   왓 아룬   위만멕 궁전

> 왓 프라케오와 마찬가지로 복장제한이 있으며, 매표소의 락커룸에 카메라·핸드폰·가방을 모두 맡기고 들어가야 한다.

 8min 15:00   18min 16:30  55min~ 17:30

아난타 사마콤
Anantha Samakhom Throne Hall

유럽의 궁전을 연상시키는 이국적인 외관의 건물. 1915년 완공된 왕실 의전용 궁전이며, 내외부를 치장한 대리석은 모두 이탈리아의 카라라에서 공수해왔다. 외관 못지않게 웅장한 내부는 역대 국왕의 업적을 찬양하는 아름다운 벽화로 치장돼 있으며, 왕실 의전에 사용하는 황금옥좌·가마·왕실 선박 모형 등이 흥미로운 볼거리를 제공한다. 전시물 가운데는 무려 15년에 걸쳐 수천 개의 조각을 깎아서 완성시킨 대형 목공예품, 140명의 장인이 2년에 걸쳐 제작한 초대형 자수화 등 상상을 초월하는 공예품도 있다.

open 화~일요일 10:00~17:00
close 월요일, 1/1, 송크란 축제일, 12/10
cost 왓 프라케오 입장권 사용 가능

차오프라야 익스프레스
Chao Praya Express

아난타 사마콤에서 아시아티크로 갈 때는 테웻 Thewet 선착장에서 출발하는 수상버스 차오프라야 익스프레스를 이용하자. 사톤 Sathorn 선착장에서 내려 바로 옆에 있는 아시아티크행 무료 셔틀보트로 갈아타면 된다. 차오프라야 익스프레스는 선미에 달린 깃발의 색으로 배의 빠르기를 구분하는데, 빨강(특급)·노랑·초록·주황의 순으로 속도가 빠르며 이에 따라 요금도 다르다. 깃발이 없는 배는 속도가 느린 완행이다.

테웻 → 사톤
차오프라야 익스프레스
time 40~60분 소요 **cost** 15~32B

사톤 → 아시아티크
셔틀보트
time 15분 소요 **cost** 무료

아시아티크, 저녁 식사
Asiatique

차오프라야 강변에 위치한 현대적인 쇼핑몰. 화물 하역장과 창고로 사용하던 건물을 재개발해 분위기 만점의 레스토랑과 숍으로 변신시켰다. 해가 지면 붉은 벽돌 건물에 색색의 조명이 들어와 번쩍번쩍 빛나는 대관람차와 멋진 조화를 이룬다. 활기찬 야시장을 모티브로 꾸민 쇼핑몰에서는 패션·잡화·앤틱 등 다양한 아이템을 취급해 선물이나 기념품을 장만하기에도 안성맞춤이다. 강변에는 차오프라야 강의 야경을 감상하며 식사나 음료를 즐기기에 좋은 레스토랑·퍼브가 있으며, 안쪽에는 저렴한 푸드코트와 패스트푸드점이 있어 주머니 사정에 맞춰 이용 가능하다.

open 17:00~24:00

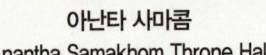

아난타 사마콤

차오프라야 익스프레스

아시아티크

> 시로코로 갈 때는 무료 셔틀보트를 타고 사톤 선착장에서 내려(15분 소요) 12분쯤 걸어간다.

 + 27min

20:00

■ Finish

시로코
Sirocco

르브아 Lebua 호텔 63층에 위치한 전망 레스토랑겸 바. 오픈 테라스 스타일이라 거칠 것 없이 펼쳐진 방콕의 야경을 만끽할 수 있다. 레스토랑보다는 상대적으로 저렴한 바에서 칵테일이나 맥주를 마시며 야경을 즐기는 게 좋을 듯. 비가 많이 오는 우기(5~10월)에는 이용하기 조금 불편하며, 반바지·민소매·슬리퍼 차림으로는 들어갈 수 없다.

open 18:00~01:00
web www.lebua.com/sirocco

버티고 Vertigo
시로코에 자리가 없을 때는 반얀트리 호텔 61층의 전망 레스토랑겸 바, 버티고로 가보자. 시로코 못지 않은 전망과 분위기를 자랑한다. BTS(지상철) 살라 댕 Sala Daeng 역에서 도보 15분.

open 18:30~01:00

아시아티크의 전통 공예품점

Travel Tip
이런 코스도 있어요!

아난타 사마콤 이후의 일정을 변경해 전통 공연 또는 차오프라야 강에서 선상 유람을 즐기는 디너 크루즈에 참여하는 것도 좋다. 코스는 아래의 순서로 변경하면 된다.

Option 1
16:30 아난타 사마콤 → 시암 파라곤
17:00 시암 파라곤, 저녁 식사
19:00 시암 파라곤 → 시암 니라밋
19:40 시암 니라밋

Option 2
16:30 왓 벤차마보핏
17:00 왓 벤차마보핏 → 테웻 선착장
17:20 테웻 선착장 → 시 프라야 선착장
18:00 시 프라야 선착장·리버 시티
19:00 디너 크루즈 승선

아난타 사마콤에서 택시를 타고 시암 파라곤 Siam Paragon으로 간다(20~30분, 100B~). 방콕의 대형 쇼핑센터 가운데 하나라 쇼핑의 재미가 쏠쏠하다. 근처의 레스토랑에서 저녁을 먹고 시암 니라밋으로 이동한다. 시암 파라곤 앞의 시암 Siam 역에서 BTS(지상철)을 타고 아속 Asok 역으로 간 다음(7분, 28B), 나란히 연결된 수쿰빗 Sukhumvit 역에서 지하철로 갈아타 타일랜드 컬추럴 센터 Thailand Cultural Centre 역에서 내린다(6분, 20B). 1번 출구로 나가면 바로 앞에 시암 니라밋 행 무료 셔틀버스가 있다.
시암 니라밋은 폭 35m의 대형 무대에 150명의 배우와 실제 코끼리가 출연하는 장대한 스케일의 공연이다. 태국의 역사·문화·전통을 소개하는 내용이 주를 이루는데, 퍼포먼스 위주의 공연이라 언어적인 문제로 고생할 가능성이 적다. 공연은 20:00부터 1시간 20분 동안 진행된다.

시암 니라밋
cost 1500B(한인 여행사에서 할인가로 구입 가능)
web www.siamniramit.com

시암 니라밋

아난타 사마콤에서 도보 5분 거리의 왓 벤차마보핏 Wat Benchamabophit을 구경한다. 대리석으로 만든 아름다운 사원이며, 태국에서 가장 조형미가 뛰어난 황금불상을 모신다. 왓 벤차마보핏을 나와 20분쯤 걸으면 테웻 Thewet 선착장에 도착한다. 여기서 차오 프라야 익스프레스를 타고 시 프라야 Si Phraya 선착장에서 내린다(30~40분, 15~32B). 그리고 디너 크루즈 선착장이 위치한 리버 시티 쇼핑몰로 가서 남는 시간 동안 쇼핑몰을 구경한다. 디너 크루즈가 출발하면 차오 프라야 강의 야경과 함께 맛진 저녁 식사를 즐긴다.

디너 크루즈
cost 1000B~(예약 필수, 한인 여행사에서 할인가로 구입 가능)

유람선 위에서 방콕의 야경을 감상한다

차오프라야 강의 노을

mission

1. 담넌 사두억 수상시장 구경

2. 배낭족의 거리 카오산 로드 구경

3. 방콕 쇼핑의 메카 센트럴 월드에서 윈도우 쇼핑

4. 방콕→인천 이동

오늘 코스 지도로 보기

Thailand

07:00 1:30min 09:00

Start ▶

호텔 체크아웃, 투어 출발
Check Out

아침 일찍 호텔 체크아웃을 마치고 프런트에 짐을 맡긴다. 성수기에는 투어 업체에서 픽업을 오기 때문에 정해진 시간에 호텔 로비에서 픽업 차량을 기다리면 된다. 하지만 비수기에는 픽업 서비스가 제공되지 않아 카오산 로드 등의 투어 출발 장소까지 개인적으로 이동해야 할 때도 있다. 이 경우 이동시간이 추가로 필요해 체크아웃을 30분~1시간 먼저 해야 할 수도 있으니 주의!

투어 차량은 9~15인승의 승합차 또는 미니버스가 이용된다. 호텔을 돌면서 투어 참가자를 모두 태운 뒤에 출발하기 때문에 실제로 방콕을 떠나는 시간은 07:30~08:00 사이이다.

담넌 사두억 수상시장
Damnoen Saduak Floating Market

수로를 따라 온갖 물건을 파는 쪽배들이 분주히 오가는 수상시장. 태국의 이색 명소 가운데 하나라 여행자도 즐겨 찾는다. 방콕에서 서쪽으로 80㎞ 정도 떨어져 있으며 대중교통이 불편해 투어로 돌아보는 게 좋다.

투어 버스가 시장에 도착하면 긴 꼬리 보트로 옮겨 타고 수상시장과 마을을 한 바퀴 둘러본 뒤(15분 소요) 2시간 정도의 자유시간을 주는데, 그 동안 수로를 오가는 쪽배를 타거나 (유료) 시장 구석구석을 걸어다니며 구경한다. 배 위에서 국수·튀김·과일 등 온갖 먹거리를 파니 출출한 속을 달래며 돌아봐도 좋다.

open 새벽~점심
cost 투어 250B~(한인 여행사에서 할인가로 구입 가능)

긴 꼬리 보트를 타고 수상가옥촌을 구경한다   담넌 사두억 수상시장

 1:30min
 20min~
 3min

카오산 로드에서 짐 톰슨의 집까지 택시 요금은 100B 정도다.

내셔널 스타디움 National Stadium 역에서 BTS(지상철)를 타고 칫롬 Chit Lom 역 하차(22B), 도보 3분.

13:00 — **14:30** — **16:00**

카오산 로드 도착, 점심 식사
Khaosan Road

11:00~11:30에 담넌 사두억 수상시장을 출발한 투어 버스는 13:00쯤 투어의 종착지인 방콕의 카오산 로드에 도착한다. 여행자의 거리로 유명한 카오산 로드에는 다양한 음식을 파는 레스토랑과 노점이 많아 점심을 해결하기에 좋다. 식당이 모여 있는 곳은 카오산 로드 Khaosan Road와 람부트리 로드 Rambutri Road. 이 주변엔 기념품·액세서리를 파는 숍이 많아 거리를 구경하는 재미도 쏠쏠하다.

짐 톰슨의 집
The Jim Thompson House

태국에서 실크 사업으로 부를 이룬 미국인 짐 톰슨(1909~1967)의 집. 제2차 세계대전 말 미국 첩보기관 OSS의 지국장으로 방콕에 머물던 그는 태국 실크의 가치를 알아보고 직접 디자인한 실크 제품을 생산해 막대한 부를 이루었다. 이집은 방콕에서 약 80km 떨어진 아유타야에 있던 6채의 전통 가옥을 옮겨다 1959년에 완성시킨 것으로 1967년 그가 실종되기 전까지 살던 곳이다. 내부에는 그의 취향이 고스란히 드러나는 고풍스러운 가재도구와 골동품이 가득하다. 입구에는 태국의 대표적인 쇼핑 아이템인 최고급 실크 제품만 취급하는 짐 톰슨 매장도 있나.

open 09:00~16:30
cost 100B

타오 마하 브라흐마
Thao Maha Brahma

태국에서 가장 영험하다고 알려져 소원을 비는 사람들로 연일 문전성시를 이루는 조그만 사당. 에라완 호텔 건설 당시 공사가 무사히 끝나기를 기원하며 만든 것이라 '에라완 사당'이라고도 부른다. 금박과 유리조각으로 화려하게 치장된 사당 안에는 금빛으로 번쩍이는 천지창조의 신 브라흐마(힌두교)를 모셔 놓았다. 사당 주위에는 참배객들이 바친 샛노란 꽃이 산더미처럼 쌓여 있으며 매캐한 향 연기가 끊임없이 피어오른다. 안쪽의 홀에서는 태국 전통 복장의 무희들이 브라흐마에게 감사의 춤을 바치는 모습을 볼 수 있다.

open 06:00~23:00
cost 무료

카오산 로드

브라흐마의 신상

짐 톰슨의 집

비단실 잣기 시연

타오 마하 브라흐마

3min   16:20   19:20    60min~   20:20

> 한 숍에서 2000B 이상의 쇼핑을 한 경우 출국장에서 부가세 VAT 환급 신청을 하면 7%의 부가세를 돌려준다.

센트럴 월드, 저녁 식사
Central World

쇼핑의 천국인 시암 스퀘어 Siam Square 한복판에 위치한 쇼핑센터. 500여 개의 숍이 입점한 태국 최대의 쇼핑센터이며, 이세탄 Isetan 백화점과 라이프 스타일 메가 스토어를 표방하는 패션·인테리어 전문 몰 ZEN을 거느리고 있다. 20~30대 취향의 패션·가전·인테리어 아이템이 풍부하며 깔끔한 식당가에는 세계 각국의 음식을 취급하는 레스토랑이 모여 있어 저녁을 해결하기에도 좋다. 맞은편에는 대형 할인매장인 Big-C, 서쪽에는 센트럴 월드에 버금가는 대형 쇼핑센터 Siam Paragon, Siam Discovery Center 등이 모여 있어 쇼핑을 즐기기에 더없이 좋은 환경을 제공한다.

open 10:00~22:00

호텔→공항
Hotel→Airport

쇼핑과 저녁 식사를 마친 뒤에는 호텔로 돌아가 맡겨 놓은 짐을 찾은 다음, 공항철도 Airport Rail Link를 타고 공항으로 돌아간다. 마카산 Makkasan 역에서는 Express, 파야타이 Phaya Thai 역에서는 City Line을 타고 종점인 수완나품 Suvarnabhumi 역에서 내리면 된다.

카오산 로드에서는 매시 정각 출발하는 공항행 미니버스를 이용하면 편리하다(40~60분 소요, 1인당 130B~).

공항철도
Express
time 06:00~24:00(15분 간격)
cost 90B

City Line
time 06:00~24:00(15~20분 간격)
cost 15~45B

수완나폼 국제공항
Suvarnabhumi Airport

수완나폼 국제공항에 도착하면 4층의 출국장을 찾아간다. 택시·미니버스는 4층에 바로 내려주며, 공항철도는 개찰구를 나와 곳곳에 위치한 'Departures' 표지판만 따라가면 쉽게 출국장을 찾을 수 있다. 출국장에는 항공편의 출발 시각과 체크인 카운터를 알려주는 안내 모니터가 있으니 그것을 보고 이스타항공의 체크인 카운터를 찾아가 여권과 항공권을 제시하고 탑승수속을 한다.

탑승수속을 마친 뒤에는 같은 층의 출국심사장으로 가서 여권과 탑승권을 제시하고 출국심사를 받는다. 공항은 면세점 등의 편의시설이 잘 갖춰져 있으니 비행기 출발 전까지 면세점을 구경하며 시간을 보낸다.

센트럴 월드 쇼핑센터   쇼핑센터의 내부   수완나폼 국제공항의 출국장

Day 4

22:20 — 5:40min — 06:00

● ■ Finish

이스타항공, 방콕 출발
Eastar Jet ZE512

비행기 탑승은 출발시각 30분 전부터 시작된다. 공항이 워낙 넓어 면세점 구경을 하다가 탑승구에 늦게 도착하는 사고(?)가 종종 발생하니 시간 여유를 넉넉히 두고 탑승구로 이동하는 게 좋다.

자리에 앉으면 꿈나라로 떠날 채비를 한다. 실제 비행시간이 5시간 정도에 불과한 짧은 야간비행이라 최대한 푹 자려면 담요·안대·귀마개의 '숙면 3종 세트'를 미리 준비해 가는 게 좋다(저가항공사에서는 유료로 제공된다). 또한 기내가 무척 건조해 자는 동안 목과 코에 불편을 느낄 가능성이 높은데, 이때를 대비해 마스크를 가져가면 숙면을 취하는 데 조금이나마 도움이 된다.

인천국제공항 도착
Incheon Intl. Airport

잠이 덜 깬 상태로 비행기에서 내리다 소지품을 잃어버리는 사고가 종종 발생하니 미리 알람을 맞춰 놓고 공항 도착 30~40분 전쯤 일어나 내릴 채비를 한다.

인천국제공항에 도착해 입국심사를 받고 짐을 찾아 나오기까지 걸리는 시간은 30~40분 정도. 입국장을 나와 '공항철도' 표지판을 따라 5~10분만 걸어가면 공항철도 역이 있으며, 입국장 바로 앞에는 서울 시내로 들어가는 다양한 노선의 공항 리무진 버스 정류장도 있다.

바로 출근을 서둘러야 하는 직장인은 공항 지하 1층의 사우나(1만 5000원)에서 간단히 씻고 줄근할 채비를 하는 것도 요령이다.

수완나품 국제공항의 탑승구 | 인천국제공항

Travel Tip

이런 코스도 있어요!

주말을 끼고 여행한다면 수상시장 대신 태국 최대의 주말 시장인 짜뚜짝을 가보는 것도 좋다. 일정은 아래와 같이 바꾸면 된다.

Schedule

- 09:00 짜뚜짝 주말시장
- 12:00 점심 식사
- 13:00 짐 톰슨의 집
- 14:30 에라완 사당
- 14:50 센트럴 월드, 마사지
- 18:00 저녁 식사
- 19:00 호텔 → 공항

아침 일찍 호텔 체크아웃을 하고 주말시장(토·일요일 09:00~18:00) 짜뚜짝 Talat Chatuchak으로 간다. BTS 모칫 Mo Chit 역 1번 출구를 나와 조금만 걸으면 시장 입구가 보인다. 의류·잡화·골동품 등 온갖 물건을 파는 1만 개 이상의 숍이 모여 있어 구경하는 데만 두세 시간은 족히 걸리며, 20만 명 이상의 현지인과 관광객이 몰리는 쇼핑 명소인 만큼 아침 일찍 가야 조금이라도 편히 구경할 수 있다. 세련된 맛은 없지만 태국 냄새가 물씬 풍기는 에스닉한 아이템을 저렴하게 구입할 수 있으니 재미삼아 가봐도 좋을 듯!

에스닉한 전통 인형

짜뚜짝 주말시장

해변 · 엔터테인먼트 & 문화 기행   76만 원~

방콕·파타야
3박 5일

travel note

방콕·파타야 3박 5일

볼거리 ★★★★☆
식도락 ★★★☆☆
쇼 핑 ★★★★☆
해 변 ★★★☆☆
유 흥 ★★★★★

짧은 기간을 최대한 알차게 보내려는 실속파 여행자에게 어울리는 일정. 방콕에 더해 태국의 대표적인 해변 휴양지로 손꼽히는 파타야를 여행한다. 갑갑한 도시를 벗어나 짙푸른 바다와 새하얀 백사장을 바라보며 한가로이 휴식을 취할 수 있는 게 매력이다.

day 1

인천→방콕

숙박 방콕

- 17:30 이스타항공, 인천 출발
- 21:20 수완나폼 국제공항 도착
- 22:00 환전
- 22:20 공항→호텔
- 23:00 호텔 체크인

day 2

왕궁 주변

숙박 방콕

- 08:30 왓 프라케오
- 10:00 왕궁
- 11:00 왓 포, 점심 식사
- 13:00 왓 아룬
- 14:10 위만멕 궁전
- 15:00 아난타 사마콤
- 16:30 차오프라야 익스프레스
- 17:30 아시아티크, 저녁 식사
- 20:00 시로코 야경 감상

기본 준비

추천 항공편 이스타항공
인천 17:30→방콕 21:20
방콕 22:20→인천 06:00
숙박 방콕 3박, 기내 1박
예산 766,000원~
숙박비 3600B(호텔 더블룸 3박)
생활비 6000B(4일)
입장료 750B
교통비 1000B
투어비 250B
항공료 36만 원~
※1B=35원 기준

day 3

파타야, 산호 섬

숙박 방콕

- 06:30 방콕 → 파타야
- 09:00 파타야 버스 터미널 → 발리 하이 선착장
- 10:00 발리 하이 선착장 → 산호 섬
- 11:00 타웬 비치, 점심 식사
- 16:00 타웬 비치 → 파타야
- 17:00 워킹 스트리트, 저녁 식사
- 19:00 파타야 → 방콕

day 4

시암

숙박 기내

- 07:00 호텔 체크아웃, 투어 출발
- 09:00 담넌 사두억 수상시장
- 13:00 카오산 로드 도착, 점심 식사
- 14:30 짐 톰슨의 집
- 16:00 타오 마하 브라흐마
- 16:20 센트럴 월드, 저녁 식사
- 19:20 호텔→공항
- 20:20 수완나폼 국제공항 도착
- 22:20 이스타항공, 방콕 출발

day 5

방콕→인천

- 06:00 인천국제공항 도착

Bang kok

요점 정리!

방콕에 23:00 전에 도착하는 항공편을 이용

우리나라와 방콕을 연결하는 항공편은 무척 많다. 주의할 점은 운항 스케줄인데, 대중교통이 끊기는 23:00 이후 방콕에 도착하는 항공편은 시내로 들어갈 때 어쩔 수 없이 택시를 타야 해 그만큼 교통비 부담(편도 2~3만 원)이 커진다. 더구나 바가지 택시를 만날 위험도 높으니 주의!

중급 이상의 호텔을 이용하는 게 현명

1년 내내 무더위가 지속되므로 에어컨·수영장 등의 편의시설이 갖춰진 중급 이상 호텔(1·2인실 1200B~)을 이용하는 게 현명하다. 돌아다니기 편하도록 BTS(지상철) 역·지하철역과 가까운 호텔을 고르자. 숙박비는 1·2인실의 요금이 동일하니 둘이 함께 이용하면 경비를 절약할 수 있다. 호텔 예약은 p.189의 현지 한인여행사를 이용하는 게 저렴하다.

여행 시기 및 날씨에 주의

6~10월의 우기에는 수시로 비가 내린다. 강수량의 증가로 바닷물이 탁해지는 것은 물론, 심한 비바람 때문에 해수욕이 불가능한 경우도 있으니 파타야로 갈 때는 날씨부터 확인하고 움직여야 한다.

방콕 3박 5일

Day 1

1. 인천→방콕 이동

2. 공항에서 바트화 환전

3. 공항철도를 이용해 호텔로 이동

※ 일정은 p.190와 동일

오늘 코스 지도로 보기

www.clzup.com/qr/b4

Thailand

Day 2

mission

1. 방콕 여행의 백미 왓 프라케오 & 왕궁 관람

2. 타이 마사지의 발상지 왓 포 사원 방문

3. 수상버스를 타고 차오프라야 강 유람

4. 시로코에서 방콕 야경 감상

※ 일정은 p.192와 동일

오늘 코스 지도로 보기

www.clzup.com/qr/b5

Thailand

Day 3

mission

1. 방콕→파타야 이동

2. 타웬 비치의 깨끗한 백사장에서 해수욕 즐기기

3. 파타야 제일의 환락가 워킹 스트리트 구경

4. 파타야 →방콕 이동

오늘 코스 지도로 보기

www.clzup.com/qr/b6

Thailand

| 06:30 | 2:30min~ | 09:00 | 15min~ | 10:00 |

Start ▶

방콕→파타야
Bangkok→Pattaya

방콕에서 산호 섬까지는 4시간 이상 걸리는 제법 먼 거리라 아침 일찍 서둘러 움직여야 한다. 우선 BTS 수쿰빗 선의 에카마이 Ekkamai 역(E7)으로 간다. 2번 출구의 계단을 내려가 오른쪽으로 유턴해 30m쯤 가면 왼쪽에 동부 버스 터미널이 있다. 매표소 가운데 'Pattaya'라고 표시된 곳에서 티켓을 구입한 뒤 지정된 플랫폼에서 버스를 기다리면 된다.

동부 버스 터미널→파타야 버스 터미널
버스
time 04:30~23:00(20~30분 간격), 2시간 30분 소요
cost 124B

파타야 버스 터미널→발리 하이 선착장
Bus Terminal→Bali Hai Pier

산호 섬행 페리가 출발하는 발리 하이 선착장 Bali Hai Pier은 파타야 시내 남쪽에 있다. 편히 가려면 버스 터미널에서 내리자마자 바로 앞에서 대기 중인 썽태우(승합차)를 탄다. 발리 하이 선착장까지 10~15분이면 충분하지만, 정해진 요금이 없어 바가지를 쓰기 십상인 게 단점. 보통 1인당 40~200B를 받는다.

최대한 싸게 가려면 버스 터미널 길 건너편으로 가서 아무 썽태우나 타고 돌고래 동상까지 간 다음(10분, 10B), 그 앞에서 발리 하이 선착장 방면 썽태우로 갈아타면 된다(10분, 10B). 요금을 물어보면 바가지를 씌울 가능성이 높으니 내릴 때 조용히 정해진 요금만 내는 게 요령!

발리 하이 선착장→산호 섬
Bali Hai Pier→Koh Larn

발리 하이 선착장에서 출발하는 나반 선착장 Na Bann Pier 행 페리를 타고 산호 섬으로 간다. 페리가 섬에 도착하면 선착장을 나와 정면에 보이는 도로까지 간 다음 왼쪽으로 60m쯤 가면 하늘색 썽태우가 모인 공터가 있다. 여기서 타웬 비치 Ta Waen Beach 행 썽태우를 탄다.

발리 하이 선착장→나반 선착장
페리
time 07:00, 10:00, 12:00, 14:00, 15:30, 17:00, 18:30 출발, 50분 소요
cost 편도 30B

나반 선착장→타웬 비치
썽태우
time 4분 소요 **cost** 20B

파타야 행 버스

썽태우

방콕의 동부 버스 터미널 | 파타야 버스 터미널 | 산호 섬행 페리

50min 11:00　　　　　　　　16:00　　35min~　17:00

타웬 비치, 점심 식사
Ta Waen Beach

산호 섬에서 가장 규모가 크고 번화한 해변. 모래가 무척 곱고 깨끗하며 물도 맑아 해수욕을 즐기기에 좋다. 400m 남짓한 긴 백사장을 따라 비치 파라솔과 비치 체어가 가득하며 그 뒤로는 기념품점·바·식당이 즐비하다. 해변에서는 모터보트·제트스키·바나나 보트 등의 해양 스포츠를 즐길 수 있다. 샤워·화장실(유료) 등의 편의시설도 있지만 전반적으로 육지에 비해 물가가 비싸다. 최근 중국·러시아 관광객이 급증하면서 전에 비해 무척 시끄럽고 지저분해졌다는 사실은 감안하고 가는 게 좋을 듯! 해변을 바라볼 때 왼쪽으로 가면 선착장을 지나 조그만 해변이 있는데 조용히 쉬기에는 여기가 좋다.

타웬 비치 → 파타야
Ta Waen Beach → Pattaya

타웬 비치에서 파타야로 돌아가는 방법은 두 가지. 첫 번째는 타웬 비치 선착장에서 출발하는 발리 하이 선착장행 페리를 이용하는 것. 단, 스케줄과 요금 변동이 잦으니 주의! 두 번째는 이곳까지 온 방법을 거꾸로 반복하는 것인데, 우선 썽태우를 타고 나반 선착장으로 돌아간 다음, 발리 하이 선착장행 페리로 갈아타면 된다.

타웬 비치 선착장 → 발리 하이 선착장
페리 time 13:00, 14:00, 15:00, 16:00 운항, 35분 소요
cost 편도 30B

타웬 비치 → 나반 선착장
썽태우 time 4분 소요 cost 20B

나반 선착장 → 발리 하이 선착장
페리 time 12:00, 14:00, 15:30, 16:30, 17:00, 18:00 운항, 35분 소요
cost 편도 30B

워킹 스트리트, 저녁 식사
Walking Street

발리 하이 선착장 입구에서 파타야 비치까지 이어지는 500m 남짓한 도로. 파타야 제일의 환락가이자 식당가로 명성이 자자하다. 일방통행 도로를 따라 양쪽에 온갖 언어의 간판을 내건 성인업소·마사지숍·레스토랑·노점이 즐비하다. 피크 타임은 해가 지는 19:00 이후이며 번쩍이는 네온 불빛 아래 잠들지 않는 파타야의 밤을 연출한다. 워킹 스트리트와 나란히 이어진 파타야 비치에는 해변을 따라 브랜드 숍과 호텔·레스토랑·패스트푸드점이 모여 있는 모습이 부산의 해운대를 연상시킨다. 해질녘에는 바닷가에서 붉은 노을을 감상하며 잠시 쉬어가도 좋다.

타웬 비치　타웬 비치 안쪽의 한적한 해변

워킹 스트리트

> 방콕에 도착하는 시간은 21:00~22:00 무렵이다.

19:00

■ Finish

파타야 → 방콕
Pattaya → Bangkok

방콕으로 돌아가는 방법은 두 가지다. 첫 번째는 썽테우를 타고 파타야 버스 터미널로 가서 방콕 동부 버스 터미널행 버스로 갈아타는 것. 두 번째는 '롯뚜'라는 12인승 승합차를 이용하는 것인데, 방콕의 BTS 빅토리 모뉴먼트 Victory Monument(N3) 역이 종점이다. 발리 하이 선착장 앞과 워킹 스트리트 근처의 롯뚜 정류장에서 타면 되지만, 정류장 이름이 태국어로만 쓰여 있어 현지인에게 물어보지 않는 이상 찾기 힘들다.

파타야 버스 터미널 → 동부 버스 터미널
버스 time 04:30~23:00(20~30분 간격), 2시간 30분 소요
cost 124B

파타야 → 빅토리 모뉴먼트
롯뚜 time 06:00~20:00, 약 2시간 소요
cost 100B~

방콕 행 롯뚜

Travel Tip
한적한 싸매 비치

조용한 비치를 원한다면 타웬 비치 남쪽에 위치한 싸매 비치 Samae Beach로 가보자. 일정은 다음과 같이 수정하면 된다.

Schedule
10:00 발리 하이 선착장 → 나반 선착장
10:50 나반 선착장 → 싸매 비치
11:10 싸매 비치, 점심 식사
16:00 싸매비치 → 파타야
17:00 워킹 스트리트

싸매 비치는 타웬 비치에 비해 해변 길이가 절반 정도로 짧고 모래도 거칠지만 개별 여행자가 주로 찾는 곳이라 훨씬 호젓하다. 숫자는 적지만 해변을 따라 식당과 화장실·샤워실 (유료) 등의 편의시설이 모여 있으며, 비치 파라솔과 비치 체어도 이용 가능하다(유료). 해변을 등지고 오른쪽에는 태양광 발전소와 전망대가 있는데, 전망대에 오르면 싸매 비치 전체와 드넓은 바다를 한눈에 내려다볼 수 있다.

싸매 비치로 갈 때도 나반 선착장 인근에서 썽테우를 이용한다. 타웬 비치 행 썽테우 타는 곳에서 싸매 비치 행 썽테우도 출발한다.

나반 선착장 → 싸매 비치
썽테우
time 8분 소요
cost 30B

싸매 비치

Day 4

mission

1. 담넌 사두억 수상시장 구경

2. 배낭족의 거리 카오산 로드 구경

3. 방콕 쇼핑의 메카 센트럴 월드에서 윈도우 쇼핑

4. 방콕 → 인천 이동
※ 일정은 p.196와 동일

오늘 코스 지도로 보기

www.clzup.com/qr/b7

Thailand

엔터테인먼트 & 문화 · 역사 기행

90만 원~

방콕
4박 6일

방콕 4박 6일
travel note

볼거리 ★★★★☆
식도락 ★★★☆☆
쇼 핑 ★★★★☆
해 변 ★★★☆☆
유 흥 ★★★★★

태국의 역사와 문화에 관심이 많은 학구파 여행자에게 추천하는 일정. 태국의 수도 방콕과 더불어 제2차 세계대전의 상흔이 고스란히 남겨진 도시 칸차나부리, 웅장한 불교 유적으로 가득한 역사적 고도(古都) 아유타야, 태국 왕실의 여름 별장 방파인을 차례로 돌아본다.

day 1
인천→방콕
숙박 방콕

17:30 이스타항공, 인천 출발
21:20 수완나폼 국제공항 도착
22:00 환전
22:20 공항 → 호텔
23:00 호텔 체크인

day 2
왕궁 주변
숙박 방콕

08:30 왓 프라케오
10:00 왕궁
11:00 왓 포, 점심 식사
13:00 왓 아룬
14:10 위만멕 궁전
15:00 아난타 사마콤
16:30 차오프라야 익스프레스
17:30 아시아티크, 저녁 식사
20:00 시로코 야경 감상

기본 준비

추천 항공편 이스타항공
인천 17:30→방콕 21:20
방콕 22:20→인천 06:00
숙박 방콕 4박, 기내 1박
예산 904,000원~
숙박비 4800B(호텔 더블룸 4박)
생활비 7500B(5일)
입장료 750B
교통비 1000B
투어비 1500B
항공료 36만 원~
※1B=35원 기준

day 3

칸차나부리
숙박 방콕

- 07:00 투어 픽업
- 09:30 연합군 묘지
- 10:00 전쟁 박물관
- 10:05 콰이 강의 다리
- 12:00 코끼리·뗏목 타기
- 13:00 점심 식사
- 14:00 싸이욕 노이 폭포
- 15:30 탐크라 쌔 역
- 16:00 죽음의 계곡
- 16:30 칸차나부리→방콕
- 19:00 카오산 로드, 저녁 식사
- 20:00 마사지, 휴식

day 4

아유타야
숙박 방콕

- 07:00 투어 픽업
- 09:00 왓 푸 카오텅
- 10:00 왓 로카야수타
- 10:30 왓 야이 차이몽콘
- 11:10 왓 마하탓
- 12:00 점심 식사
- 13:00 왓 프라 시산펫
- 13:40 비한 프라 몽콘 보핏
- 14:30 방파인 여름 별궁
- 16:00 방파인→방콕
- 17:30 카오산 로드 도착

day 5

시암
숙박 기내

- 07:00 호텔 체크아웃, 투어 출발
- 09:00 담넌 사두억 수상시장
- 13:00 카오산 로드 도착, 점심 식사
- 14:30 짐 톰슨의 집
- 16:00 타오 마하 브라흐마
- 16:20 센트럴 월드, 저녁 식사
- 19:20 호텔→공항
- 20:20 수완나폼 국제공항 도착
- 22:20 이스타항공, 방콕 출발

day 6

방콕→인천

- 06:00 인천국제공항 도착

요점 정리!

방콕에 23:00 전에 도착하는 항공편을 이용
우리나라와 방콕을 연결하는 항공편은 무척 많다. 주의할 점은 운항 스케줄인데, 대중교통이 끊기는 23:00 이후 방콕에 도착하는 항공편은 시내로 들어갈 때 어쩔 수 없이 택시를 타야 해 그만큼 교통비 부담(편도 2~3만 원)이 커진다. 더구나 바가지 택시를 만날 위험도 높으니 주의!

중급 이상의 호텔을 이용하는 게 현명
1년 내내 무더위가 지속되므로 에어컨·수영장 등의 편의시설이 갖춰진 중급 이상 호텔(1·2인실 1200B~)을 이용하자. 예약은 p.189의 현지 한인 여행사를 이용하는 게 저렴하다. 방콕 근교의 명소는 모두 차로 1~2시간 거리에 있으므로 호텔은 방콕에 잡고 당일치기로 돌아본다.

방콕 근교 여행은 한인여행사의 투어를 이용
방콕 근교 여행의 백미로 꼽는 칸차나부리·아유타야·방파인은 대중교통이 불편해 개별적으로 여행하기가 무척 힘들다. 왕복 교통편 및 현지 교통편, 그리고 가이드와 점심 식사가 모두 제공되는 한인여행사의 투어를 적극 활용하자. 편리한 것은 물론 경제적이다. 자세한 정보는 p.189의 한인여행사 홈페이지를 참조할 것.

방콕 4박 6일

Day 1

1. 인천→방콕 이동

2. 공항에서 바트화 환전

3. 공항철도를 이용해 호텔로 이동
   ※ 일정은 p.190와 동일

오늘 코스 지도로 보기

www.clzup.com/qr/b8

Thailand

Day 2

mission

1. 방콕 여행의 백미 왓 프라케오 & 왕궁 관람

2. 타이 마사지의 발상지 왓 포 사원 방문

3. 수상버스를 타고 차오프라야 강 유람

4. 시로코에서 방콕 야경 감상
   ※ 일정은 p.192와 동일

오늘 코스 지도로 보기

www.clzup.com/qr/b9

Thailand

Day 3

mission

1. 방콕→칸차나부리 이동

2. 2차 세계대전의 상흔이 가득한 연합군 묘지·콰이 강의 다리 방문

3. 흥미진진 코끼리·뗏목 타기

4. 죽음의 계곡 기차 타기

5. 칸차나부리→방콕 이동

6. 마사지를 받으며 휴식

오늘 코스 지도로 보기

www.clzup.com/qr/b10

Thailand

투어의 내용과 관광지를 돌아보는 순서, 방콕으로 돌아가는 시간 등은 여행사마다 조금씩 다르다.

일부 투어는 여기서 약 3km 떨어진 전혀 다른 전쟁 박물관에 들렀다가 콰이 강의 다리로 가기도 한다.

07:00 — 2hour~ — 09:30 — 5min — 10:00

Start ▶

투어 픽업
Tour Pick up

칸차나부리는 방콕에서 서쪽으로 약 120km 떨어져 있으며 대중교통이 열악해 개별적으로 여행하기는 상당히 불편하다. 짧은 시간 효율적으로 돌아보려면 투어를 이용하자.
투어는 07:00 무렵 호텔 픽업으로 시작된다. 호텔 위치와 시즌(성수기·비수기)에 따라 픽업 서비스 제공 여부가 달라지니 투어를 예약할 때 정확한 내용을 확인해 둬야 한다. 투어 차량은 9~12인승 승합차가 이용되며, 투어 참가자 픽업이 완료되는 07:30 무렵 카오산 로드를 출발해 칸차나부리로 향한다.

칸차나부리 투어
cost 700B(한인 여행사에서 할인가로 구입 가능)

투어 차량

연합군 묘지
Kanchanaburi War Cemetery

초록빛 잔디 위에 수백 개의 묘석이 말없이 놓여 있다. 제2차 세계대전이 한창이던 1942~1943년 미얀마와 태국을 연결하는 철도 공사에 투입됐다가 희생된 연합군 포로들의 유해가 이곳에 잠들어 있다. 당시 일본군에 의해 강제 동원된 연합군 포로의 수는 수만 명을 헤아렸으며, 그 가운데 1만 5000여 명이 더위와 과로·열대 질병으로 목숨을 잃었다.

open 08:00~17:00
cost 무료

연합군 묘지의 입구

전쟁 박물관
JEATH War Museum

제2차 세계대전 당시 칸차나부리의 모습을 보여주는 사설 박물관. 입구에는 일본군이 사용하던 증기기관차가 시뻘겋게 녹이 슨 채 세워져 있다. 전시장에는 총기류와 자동차·오토바이 등 일본군의 군수물자가 소장돼 있으며, 철도 공사에 동원된 연합군 포로의 처참한 일상을 보여주는 마네킹과 포로수용소의 사진 등을 전시해 놓았다. 하지만 소장품이 무척 빈약하고 관리 상태도 열악해 돈 내고 들어갔다가는 본전 생각만 간절해지기 십상! 입구의 증기기관차 앞에서 기념사진이나 한 장 찍고 바로 콰이 강의 다리로 가는 게 좋다.

open 08:30~18:00
cost 40B

연합군 묘지 | 연합군 묘지의 추모비 | 전쟁 박물관

2min 10:05    40min 12:00    5min 13:00

> 입이 짧은 사람은 음식이 입에 안 맞을 것에 대비해 약간의 비상식량을 챙겨 가는 것도 좋다.

콰이 강의 다리
River Kwae Bridge

추억의 명화 〈콰이 강의 다리〉(1957년)로 잘 알려진 곳. 길이 160m 남짓한 짧은 철교이며 제2차 세계대전 당시 폭격으로 파괴된 것을 지금의 모습으로 복원시켰다. 다리 한 가운데에는 단선 철로가 놓여 있는데 이 위로 1일 6회 기차가 오간다. 다리 초입에는 전쟁을 상징하는 2개의 커다란 폭탄 모형이 놓여 있고, 다리 위를 자유로이 걸어다니며 구경할 수 있다. 얼기설기 놓인 침목과 레일 아래로는 도도히 흐르는 강물이 내려다보인다. 다리에서 조금 떨어진 기차역 앞에는 일본군의 증기기관차 3대가 전시돼 있다.

open 24시간
cost 무료

코끼리 · 뗏목 타기
Elephant Riding

코끼리 타기 체험을 한다. 한 마리당 두 명씩 조를 짜서 코끼리를 타고 15분 정도 주변을 돌아보는 나름 신기한 경험을 할 수 있다. 코끼리 타기가 끝나면 잠시 강가로 이동해 대나무 뗏목을 타고 콰이 강에서 20분 정도 짧은 선상(?) 유람을 즐긴다. 허술한 뗏목의 구조상 넘치는 강물에 발이 젖기 십상이니 신발은 벗고 타는 게 좋을 듯! 코끼리 · 뗏목 이용료는 모두 투어 요금에 포함돼 있다.

점심 식사
Lunch

현지 식당으로 이동해 점심 식사를 한다. 음식 값 역시 투어 요금에 포함돼 있다. 일반적으로 태국식 쌀밥에 계란 · 야채볶음 · 닭고기 등 서너 가지 반찬이 딸려 나오며, 후식으로 파인애플 등의 과일이 제공된다. 하지만 메뉴가 무척 부실해 맛나게 먹기는 힘든 게 현실! 잠시 주린 배를 채우는 정도로 만족하는 게 좋다. 이곳 외에 마땅히 식사를 해결할 곳은 없으니…. 또한 음식 값에 음료가 포함돼 있지 않아 따로 사먹어야 한다는 사실도 알아두자.

코끼리 타기 · 뗏목 타기 · 콰이 강의 다리 · 과거에 운행되던 증기기관차 · 콰이 강의 다리

> 일반실에 자리가 없을 때는 추가요금을 내고 특실을 이용해야 하는 경우도 있다.

10min 14:00
20min 15:30
16:00

싸이욕 노이 폭포
Saiyok Noi Waterfall

높이 15m 정도의 암벽을 따라 시원한 물줄기가 쏟아져 내리는 폭포. 오른쪽의 가파른 경사로를 오르면 폭포 바로 밑에서 짜릿한 물맞이를 할 수 있다. 이때를 대비해 수영복과 수건을 가져가는 것도 요령! 단, 화장실·샤워실 등의 편의시설은 전무하니 주의하자.
폭포 입구에는 주전부리를 파는 숍이 모여 있으며, 폭포를 바라볼 때 오른쪽으로 이어지는 길을 따라가면 1946~1976년에 사용하던 증기기관차가 전시돼 있다. 여기엔 원래 미얀마와 태국을 연결하는 철로가 놓여 있었으나 오래 전 폐선된 까닭에 지금은 녹슨 철로와 역의 흔적만 남아 있을 뿐이다.

cost 무료

탐크라 쌔 역
Thamkra Sae Station

과거 태국과 미얀마를 연결하던 철도 노선 상에 위치한 역이다. 이 역을 지나는 철도는 제2차 세계대전 당시 연합군 포로들이 놓은 것으로 공사기간 동안 수많은 사상자가 속출한 난공사 구간으로 악명 높았다. 역에서 100m쯤 떨어진 곳에는 철도를 놓기 위해 바위산을 수직으로 깎아 만든 인공 암벽과 절벽을 따라 나무 기둥을 세워서 만든 아찔한 높이의 고가철로가 이어진다. 기차가 다니지 않는 동안 철로 위를 자유로이 오가며 구경할 수 있다.

죽음의 계곡
Daeth Valley

탐크라 쌔 역에서 기차를 타고 일명 '죽음의 계곡'으로 불리는 300m 구간의 철로를 지나 칸차나부리 방면으로 이동한다. 낡디 낡은 완행열차이며 현지인과 관광객들로 언제나 북새통을 이룬다. 열차 진행방향 오른쪽 창가로 죽음의 계곡과 콰이 강을 볼 수 있으니 최대한 오른쪽 자리를 고수하자! 내리는 역은 상황에 따라 변경되니 가이드의 지시에 따라 움직여야 한다.

cost 편도 100B(투어 요금에 포함)

싸이욕 노이 폭포 죽음의 계곡 죽음의 계곡을 달리는 열차

탐크라 쌔 역

 20min~   2:30min

16:30　　　　　　　　19:00　　　　　　　　20:00 ■ Finish

칸차나부리 → 방콕
Kanchanaburi → Bangkok

기차에서 내리면 잠시 쉬었다가 다시 투어 버스에 올라타고 방콕으로 떠날 채비를 한다. 도중에 한 번쯤 휴게소에 들를 뿐 방콕까지 쉬지 않고 달려가니 화장실은 미리 다녀오는 게 좋다. 이동 중에 목이 마를 것에 대비해 마실 것을 미리 챙겨두는 센스도 잊어서는 안 될 듯!

카오산 로드, 저녁 식사
Khaosan Road

투어 버스가 종착지인 카오산 로드에 도착하면 다양한 레스토랑이 모여 있는 카오산 로드 Khaosan Road 또는 람부트리 로드 Rambutri Road로 가서 저녁 식사를 한다. 전 세계의 배낭족이 모이는 거리답게 해질녘부터 활기찬 분위기가 흘러넘친다. 식사를 마친 뒤에는 근처에서 가볍게 맥주를 마시거나 기념품·잡화를 파는 숍을 구경하는 것도 재미있다.

마사지, 휴식
Massage or Rest

내일도 아침 일찍 투어로 하루를 시작하게 되니 호텔로 돌아가 휴식을 취하는 게 바람직하다. 약간의 호사(?)를 누리려면 호텔 근처나 카오산 로드의 마사지 숍에 들러 마사지를 받으며 피로를 푸는 것도 좋다. 체력이 된다면 근사한 야경을 즐길 수 있는 바 (p.195) 또는 방콕의 핫한 클럽을 찾아가 화끈한 밤을 보내는 것도 강추!
방콕 시내를 좀더 살펴보려면 BTS 살라 댕 Sala Daeng 역(S2)에 위치한 팟퐁 Phatphong의 야시장 구경을 가도 재미있다. 좁은 골목을 따라 야릇한 분위기의 성인업소가 모여 있으며, 티셔츠·기념품·시계·가방 등 온갖 짝퉁 상품을 파는 노점이 즐비하다.

방콕 행 열차　　카오산 로드의 기념품

죽음의 계곡을 지나 종착지로 향하는 열차　　밤 늦게까지 활기가 넘치는 카오산 로드　　방콕의 야시장으로 유명한 팟퐁

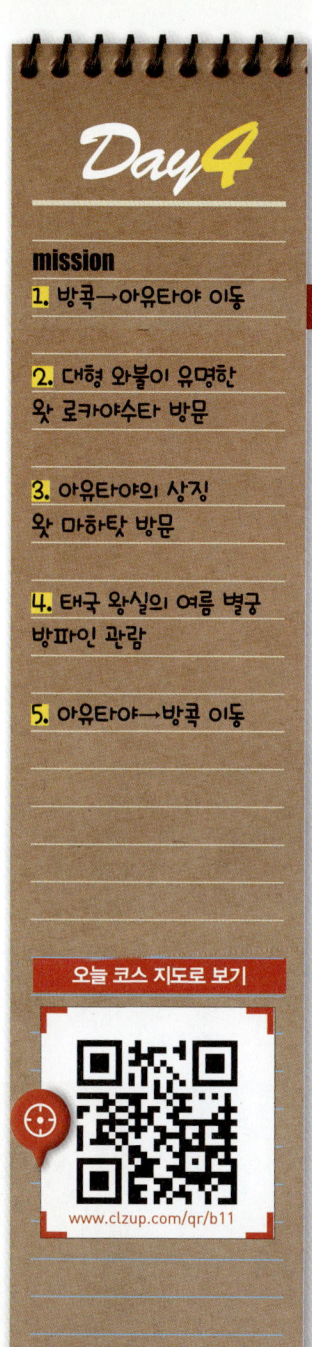

Day 4

mission
1. 방콕→아유타야 이동
2. 대형 와불이 유명한 왓 로카야수타 방문
3. 아유타야의 상징 왓 마하탓 방문
4. 태국 왕실의 여름 별궁 방파인 관람
5. 아유타야→방콕 이동

오늘 코스 지도로 보기

www.clzup.com/qr/b11

Thailand

투어의 내용과 유적지를 둘러보는 순서, 방콕으로 돌아가는 시간 등은 여행사마다 조금씩 다르다.

07:00 ········ 1:30min~ ········ 09:00

Start ▶

투어 픽업
Tour Pick up

아유타야는 방콕에서 북서쪽으로 약 80㎞, 방파인은 60㎞ 정도 떨어져 있다. 대중교통이 열악해 이동이 불편한 것은 물론, 개별적으로 두 지역을 동시에 여행하는 것은 불가능해 1일 투어로 돌아보는 게 현명하다.
투어는 07:00 무렵 호텔 픽업으로 시작된다. 호텔 위치와 시즌(성수기·비수기)에 따라 픽업 서비스 제공 여부가 달라지니 투어를 예약할 때 정확한 내용을 확인해 둬야 한다. 투어 차량은 9~12인승 승합차가 이용되며, 투어 참가자 픽업이 완료되는 07:30 무렵 카오산 로드를 출발해 아유타야로 향한다.

아유타야·방파인 1일 투어
cost 550B~(한인 여행사에서 할인가로 구입 가능)

왓 푸 카오텅
Wat Phu Khao Thong

하늘을 찌를 듯 높이 솟은 불탑이 인상적인 사원. 1387년에 건립됐으며 미얀마의 침략으로 파괴된 것을 지금의 모습으로 복원시켰다. 군데군데 칠이 벗겨진 흰색의 사원 꼭대기에는 금박을 입힌 불탑이 있는데, 원래 불탑 전체에 번쩍이는 금을 입혀 '황금의 산'을 뜻하는 왓 푸 카오텅이란 이름이 붙었다고 한다. 가파른 계단을 오르면 불탑 중간까지 올라갈 수 있으며 이 위에서는 언덕 하나 없이 광활하게 펼쳐진 아유타야 평야의 모습이 한눈에 들어온다. 바로 옆에는 흉물스럽게 무너진 불탑과 사원 터만 덩그러니 남겨진 유적이 있어 세월의 무상함을 느끼게 한다.

cost 무료

투어 차량 / 왓 푸 카오텅

10:00   10:30   11:10

왓 로카야수타
Wat Lokayasutha

노천에 모셔 놓은 길이 29m의 대형 와불(臥佛)로 유명한 사원. 14세기 말 캄보디아 양식으로 지어진 대형 사원이지만, 역사적 기록이 거의 남아 있지 않아 사원의 원래 규모와 성격 등에 대해서는 정확히 알려진 바가 없다. 고귀함을 상징하는 주황빛 가사를 걸친 와불은 1956년 태국 정부에 의해 복원됐으며, 와불 뒤로는 반파된 불탑과 기단, 건물 초석 등이 남겨진 사원 유적이 펼쳐져 있다.

cost 무료

왓 야이 차이몽콘
Wat Yai Chaimongkhon

14세기 중반에 건립된 스리랑카 양식의 불교 사원. 스리랑카에서 불교 유학을 마치고 돌아온 승려들을 위해 건립됐다. 사원 한복판에는 높이 72m의 거대한 불탑이 우뚝 솟아 있는데, 1592년 미얀마와의 전쟁에서 승리한 것을 기념해 세운 것이다. 탑신에는 8개의 불상을 모셔 놓았으며, 계단을 통해 불탑 중간 부분까지 올라갈 수 있다.

정문 왼쪽에는 발바닥에 수많은 동전이 붙은 와불이 있다. 불심이 강한 사람은 맨손으로 이 와불의 발바닥에 동전을 붙일 수 있다는 믿거나 말거나 같은 얘기가 전해오니 한번쯤 도전해 봐도 재미있을 듯!

open 08:00~17:00
cost 20B(투어 요금에 포함)

왓 마하탓
Wat Maha That

14세기 말에 세워진 대규모 사원. 아직까지 정확한 건립시기와 건립자는 밝혀진 바가 없다. 원래는 불탑 꼭대기가 모두 황금으로 덮여 있었다고 하나 17세기 미얀마군의 침략으로 사원 전체가 파괴됐으며, 수많은 불상 역시 모두 목이 잘리는 수모를 겪어야 했다. 지금은 폐허화된 사원터만 남아 과거의 영화를 말해줄 뿐이다. 사원 안쪽에 있는 나무뿌리에 휘감긴 불상의 머리는 아유타야의 상징으로 유명한데, 이 역시 미얀마군의 침략 당시 파괴된 불상의 일부다. 현지인들이 무척 신성시 여기는 것이라 사진을 찍을 때도 주의해야 한다.

open 08:00~17:00
cost 50B(투어 요금에 포함)

길이 29m의 대형 와불

왓 로카야수타   왓 야이 차이몽콘   왓 마하탓

> 입이 짧은 사람은 음식이 입에 안 맞을 것에 대비해 약간의 비상식량을 챙겨 간다.

 10min    10min   2min

12:00   13:00   13:40

점심 식사
Lunch

가이드가 데려가는 식당으로 이동해 점심을 먹는다. 투어 요금에는 음료를 제외한 음식 값이 모두 포함돼 있다. 음식은 태국식 쌀밥에 야채볶음과 약간의 고기·계란 프라이 등이 제공되며, 후식으로 열대과일이 나오는 경우도 있다. 흠이라면 음식 맛이 크게 기대할 만한 수준이 아니라는 것. 투어 도중에 들르는 식당 외에는 딱히 점심 식사를 해결할 만한 곳이 없으니 주린 배를 적당히 채우는 정도로 만족하는 게 좋을 듯.

왓 프라 시산펫
Wat Phra Si Sanphet

14세기 중반 아유타야 왕국의 건국과 더불어 세워진 왕실 사원. 이후 역대 왕들의 노력으로 여러 궁전이 증축되고, 높이 16m, 171kg의 순금을 입힌 대형 불상이 만들어지는 등 왕국의 권위를 상징하는 사원으로 확장을 거듭했다. 하지만 1767년 미얀마의 침략으로 완전히 파괴된 까닭에 지금은 폐허화된 사원과 궁전터만 남아 있을 뿐이다.

사원 중심부에는 15세기에 건립된 3개의 스리랑카 양식의 불탑이 세워져 있는데, 여기에는 아유타야 왕국의 번영을 이끈 왕들의 유골이 안치돼 있다.

open 08:00~16:30
cost 50B(투어 요금에 포함)

비한 프라 몽콘 보핏
Viharn Phra Mongkhon Bophit

태국 최대의 청동불상(높이 17m)을 모시는 불당으로 1603년 건립됐다. 불상은 1448~1602년에 만들어진 것으로 추정되며 원래 왓 프라 시산펫에 있던 것을 이 자리로 옮겨왔다. 1951년에 진행된 불당과 불상 복원공사 때는 불상 내부에서 수백 개의 조그만 불상이 발견돼 화제를 모으기도 했다. 지금도 불상의 영험함을 믿는 신자들의 발길이 끊이지 않는다. 불당 주변에는 기념품점과 코끼리 타는 곳 등의 볼거리도 있다.

open 08:00~18:00
cost 무료

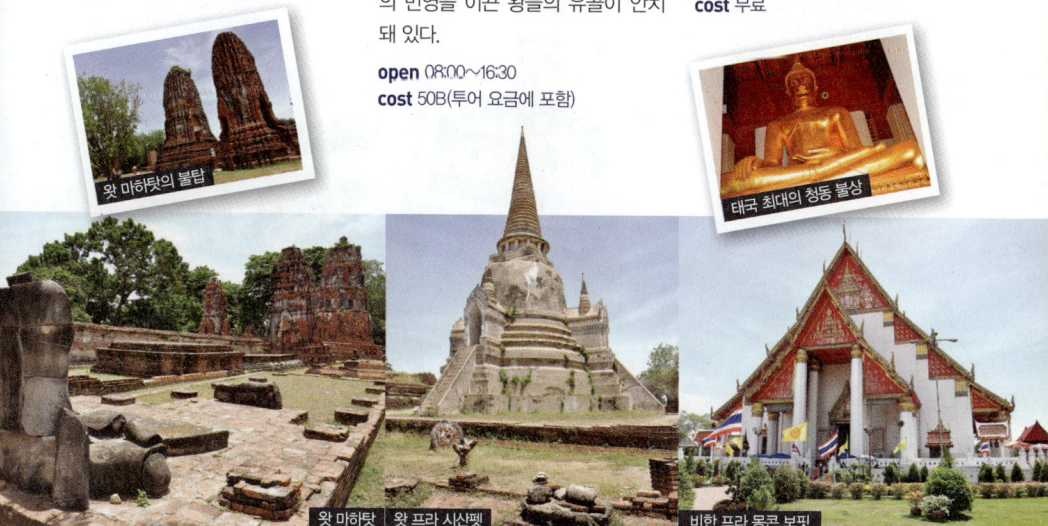

왓 마하탓 | 왓 프라 시산펫 | 비한 프라 몽콘 보핏

> 입구에서 방파인 여름 별궁의 지도를 나눠준다. 건물과 정원의 위치가 자세히 표시돼 있어 큰 도움이 된다.

 30min~
14:30 ———————— 16:00 ————————  1:30min 17:30 ■ Finish

방파인 여름 별궁
Bang Pa In Palace

아유타야에서 남쪽으로 20km 정도 떨어진 곳에 위치한 방파인은 17세기 중반에 조성된 궁전이다. 이후 유럽 문화와 건축에 조예가 깊은 라마 5세(1853~1910)가 즉위하면서 대대적인 리노베이션 공사를 시작해 태국·유럽·중국의 건축양식이 절묘하게 조화를 이룬 이국적인 분위기의 궁전과 정원이 만들어졌다. 규모가 상당히 넓어 한 바퀴 도는 데 한두 시간은 족히 걸리며 볼거리도 풍부하다. 편하게 보려면 입구에서 골프카트(1시간 400B)를 빌리는 것도 요령! 민소매·반바지·슬리퍼 차림으로는 들어갈 수 없으니 주의하자.

open 08:30~16:30
cost 100B(투어 요금에 포함)

방파인 → 방콕
Bang Pa In Palace → Bangkok

방파인 여름 별궁을 본 다음 투어 버스를 타고 방콕으로 돌아간다. 도중에 잠시 휴게소에 들를 뿐 방콕까지 쉬지 않고 달려가니 화장실은 미리 다녀오는 게 좋다. 이동 중에 목이 마를 것에 대비해 마실 것을 미리 챙겨두는 센스도 잊어서는 안 될 듯!

카오산 로드 도착
Khaosan Road

투어 버스가 종착지인 카오산 로드에 도착하면 근처의 식당이나 카페에서 저녁을 먹으며 휴식을 취한다. 그리고 택시를 타고 방콕 시내로 들어가 다양한 엔터테인먼트를 즐긴다. 방콕의 명물(?)로 유명한 게이 쇼, 손에 땀을 쥐게 하는 격투기 무에타이, 태국 전통 공연 등 풍부한 즐길거리가 있다(오른쪽 페이지 참조). 엔터테인먼트에 흥미가 없다면 방콕 최대의 번화가 시암 스퀘어 Siam Square로 가서 쇼핑과 식도락을 즐기거나 마사지 숍에서 투어에 지친 몸을 추스르는 것도 좋다.

이국적인 분위기의 방파인 방파인 여름 별궁의 정원 방콕 최대의 번화가 시암 스퀘어

Day 5

mission

1. 담넌 사두억 수상시장 구경

2. 방콕 쇼핑의 메카 센트럴 월드에서 윈도우 쇼핑

3. 방콕→인천 이동

※ 일정은 p.196와 동일

오늘 코스 지도로 보기

http://www.clzup.com/qr/b12

Thailand

Travel Tip
여행의 즐거움을 더해주는 다양한 엔터테인먼트

전통무용

게이쇼로 유명한 칼립소 방콕

게이쇼 Gay Show
웬만한 여성을 능가하는 미모의 게이들이 펼치는 화려한 쇼. 약 1시간에 걸쳐 경쾌한 음악·노래와 함께 진행되는 뮤지컬·콩트·무용·전통공연 등의 다채로운 레퍼토리가 두 눈을 즐겁게 한다. 대부분 립싱크로 진행되기 때문에 음악성을 논할 수준은 아니지만 재미삼아 즐기기에는 부족함이 없다.

칼립소 방콕 Calypso Bangkok
아시아티크 Asiatique(p.194)에 위치한 게이쇼 전용극장. 입장료에는 음료(청량음료 또는 맥주 한 잔) 이용권이 포함돼 있다. 공연이 끝난 뒤에는 출연진과 기념사진도 찍을 수 있다.
time 20:15, 09:45
cost 1200B~(한인 여행사에서 할인가로 구입 가능)
web www.calypsocabaret.com

전통무용 Traditional Dancing
태국의 궁중무용을 중심으로 다양한 전통공연을 볼 수 있다. 대부분 디너쇼로 진행돼 식사를 겸하기에도 좋다.

루앙텝 Ruen Thep
BTS 수라삭 Surasak 역(S5)에서 도보 10분 거리에 있다.
time 19:00~21:30
close 600B~(식사 포함)

살라 림 남 Sala Rim Naam
BTS 사판탁신 Saphan Taksin 역(S6)에서 도보 20분.
time 19:00~23:00
close 2700B~(식사 포함)

무에타이 Muaythai
태국의 전통 무예이자 격투기의 한 종목으로 유명하다. 무에타이는 민간에 계승돼온 무술이 16세기 태국 왕실에 의해 집대성되면서 국기(國技)로 자리 잡았고, 최근에는 인기 스포츠로 수많은 팬을 거느리고 있다.

랏차담논 스타디움
Ratchadamnoen Stadium
태국에서 가장 오랜 역사를 가진 경기장으로 목요일에 큰 경기가 열린다. 왕궁·카오산 로드에서 택시로 5분.
time 일·월·수·목요일 18:30~22:30
close 화·금·토요일 **cost** 1000B~

룸피니 스타디움
Lumphini Stadium
규모가 작고 시설이 열악하지만 링을 바로 코앞에서 볼 수 있는 게 매력. 주로 금요일에 큰 경기가 열린다. 지하철 룸피니 Lumphini 역에서 도보 5분.
time 화·금요일 18:30~23:00
토요일 15:30~19:30, 20:00~24:00
close 일·월·수·목요일
cost 1000B~

travel note

푸켓 3박 5일

- 볼거리 ★★☆☆☆
- 식도락 ★★☆☆☆
- 쇼 핑 ★★★☆☆
- 해 변 ★★★★☆
- 유 흥 ★★★★☆

남국의 태양과 해변을 꿈꾸는 이라면 한 번쯤 가볼만하다. 태국의 해변 휴양지 가운데 개발이 가장 많이 이루어진 곳이라 편의시설이 충실하다. 경이로운 자연경관을 뽐내는 팡아 만, 수정처럼 맑은 바다를 자랑하는 피피 섬 등의 명소도 함께 돌아볼 수 있다.

day 1

인천 → 푸켓

숙박 푸켓

- 08:15 타이항공, 인천 출발
- 12:35 푸켓 국제공항 도착
- 13:20 환전
- 13:40 공항 → 파통 비치
- 15:00 호텔 체크인
- 15:30 파통 비치
- 18:00 정실론, 저녁 식사
- 20:00 방라 로드

day 2

팡아 만

숙박 푸켓

- 08:30 호텔 픽업
- 10:00 아오 포 센터
- 11:30 파낙 섬
- 12:30 홍 섬
- 13:20 점심 식사
- 14:30 제임스 본드 섬
- 15:30 제임스 본드 섬 → 파통 비치
- 18:00 파통 비치, 휴식

기본 준비

- **추천 항공편** 타이항공
- 인천 08:15 → 푸켓 12:35
- 푸켓 22:30 → 인천 06:50
- **숙박** 푸켓 3박, 기내 1박
- **예산** 948,000원~
- **숙박비** 3600B(호텔 더블룸 3박)
- **생활비** 6000B(4일)
- **교통비** 800B
- **투어비** 2400B
- **항공료** 50만 원~

※ 1B=35원 기준

day 3

피피 섬
숙박 푸켓

- 07:30 호텔 픽업
- 09:00 선착장
- 10:30 마야 베이
- 11:30 몽키 베이
- 12:00 스노클링
- 12:30 점심 식사
- 14:30 카이 섬
- 16:00 카이 섬→파통 비치

day 4

푸켓 일주
숙박 기내

- 10:00 호텔 체크아웃
- 11:00 푸켓 올드 타운, 점심 식사
- 13:00 푸켓 섬 일주
- 18:00 짐 찾기, 호텔→공항
- 19:00 푸켓 국제공항 도착
- 22:30 타이항공, 푸켓 출발

day 5

푸켓→인천

- 06:50 인천국제공항 도착

Phuket

요점 정리!!

항공편과 호텔은 성수기를 피해서 이용
푸켓의 여행 성수기는 건기인 12~2월이다. 이때는 항공 요금은 물론 호텔비도 천정부지로 오르는데 숙박비가 비수기의 2~3배에 달한다. 항공편과 호텔을 저렴하게 이용하려면 비수기이면서도 건기에 준하는 날씨를 보이는 3·4월과 11월을 노리는 게 현명하다.

여행 시기에 주의
푸켓의 우기는 5~10월이다. 비가 많이 오는 것은 물론 강한 바람으로 바다도 무척 거칠어진다. 바닷물도 탁해 해수욕의 재미가 떨어지니 이때는 피해서 가는 게 좋다.

현지 여행사의 투어를 적극 활용
푸켓의 명소인 팡아 만과 피피 섬은 대중교통 연결이 불편해 개별적으로 여행하기가 불가능에 가깝다. 이때는 현지 여행사의 투어를 이용하자. 왕복 교통편과 가이드·점심 식사·스노클링 등의 액티비티가 모두 포함돼 있어 편리하며 요금도 경제적이다.

몽키 트래블 www.monkeytravel.com **클린 푸켓** www.cleanphuket.com
푸켓 썬라이즈 www.joyphuket.com

푸켓 3박 5일

Day 1

mission
1. 인천→푸켓 이동
2. 푸켓 제일의 해변 파통 비치에서 놀기
3. 파통 비치의 쇼핑 타운 정실론 산책
4. 푸켓 제일의 유흥가 방라 로드에서 신나게 놀기

오늘 코스 지도로 보기

www.clzup.com/qr/b13

Thailand

공항 이용객이 많으니 인천 국제공항 도착은 비행기 출발 2시간 전까지 완료!

수하물 찾는 곳과 입국장 곳곳에 푸켓 시내 지도와 관광지솝 등의 할인 쿠폰이 비치돼 있다.

08:15  6:20min 12:35

Start

타이항공, 인천 출발
Thai Airways TG655

비행기는 타이항공의 인천↔푸켓 왕복편을 이용한다. 한국에서 오전, 푸켓에서 심야에 출발하기 때문에 4일을 꽉 채워서 여행할 수 있는 게 최대의 장점이다.

인천에서 푸켓까지의 소요시간은 6시간 50분. 음료와 기내식 등의 서비스를 받으며 휴식을 취하다보면 푸켓 국제공항에 도착한다. 기내에서는 태국 입국심사에 필요한 출입국 카드를 미리 작성해두자. 출입국카드는 공항 도착 전에 승무원들이 나눠준다.

한국과 태국의 시차는 -2시간. 비행기에서 내릴 때 시계 바늘을 두 시간 뒤로 돌려놓는 것도 잊지 말자.

푸켓 국제공항
Phuket Intl. Airport

푸켓 국제공항은 규모가 무척 작아 이용에 별 어려움은 없다. 우선 비행기에서 내려 입국심사장을 뜻하는 'Passport Control' 또는 'Immigration · Arrivals' 표지판을 따라간다. 입국심사장에 도착하면 외국 여권 'Foreign Passport'이라고 표시된 쪽에 줄을 서서 여권과 기내에서 작성한 출입국 카드를 제시하고 입국 심사를 받는다. 입국심사가 완료되면 출국카드를 여권에 붙여주는데, 푸켓을 떠날 때 공항에서 회수하는 것이니 잃어버리지 않게 주의하자. 이제 짐을 찾아 세관검사대를 통과하면 드디어 푸켓 도착 완료! 입국심사와 세관검사를 모두 마치고 공항 밖으로 나오기까지는 20~30분 정도 걸린다.

푸켓으로 고고! 푸켓 국제공항

> 미니버스는 출발 시간이 정해져 있지 않으며 정원(12~15명)이 차면 출발한다.

1hour~

13:20   13:40   15:00

환전
Exchange Money

푸켓에서 미국 달러 등의 외화는 일상적으로 통용되지 않기 때문에 시내로 들어가기에 앞서 환전부터 해야 한다. 입국장 주변의 환전소는 환율이 모두 동일하니 어디든 가까운 곳에서 환전을 하면 된다.

환전시 주의할 점은 공항에서 너무 많은 금액을 한꺼번에 바꾸지 말라는 것. 환율은 공항보다 시내의 환전소·은행이 훨씬 좋은데, 예를 들어 US$100을 환전할 경우 공항에서는 고작 2800B 정도를 줄 뿐이지만 시내에서는 2900B 정도를 받을 수 있다. 공항에서의 환전은 시내까지의 교통비와 약간의 비상금 정도면 충분하다.

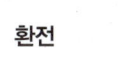

공항→파통 비치
Airport→Patong Beach

공항에서 호텔이 위치한 파통 비치까지의 거리는 약 40km. 이용 가능한 교통편은 미니버스와 택시뿐이다. 공항 밖으로 나오면 바로 앞에 'Taxi & Minibus'라고 써붙인 조그만 부스들이 있는데, 여기서 목적지를 말하고 미니버스 티켓을 사거나 택시를 잡으면 된다. 인원이 적을 때는 저렴한 미니버스, 4명 정도일 때는 편리한 택시를 이용하는 게 좋다.

공항→파통 비치
미니버스
time 1시간~1시간 30분 소요
cost 1인 180B

택시
time 40~50분 소요 **cost** 800B~

호텔 체크인
Hotel Check In

택시는 호텔까지 바로 가지만, 미니버스는 이동 도중 운전사와 연계된 여행사에 들러 투어 상품 구입을 권유하기도 한다. 바가지를 쓸 가능성이 높으니 어떤 감언이설에도 넘어가지 않게 주의하자.

예약한 호텔에 도착하면 바로 체크인을 한다. 이때 디파짓(미니바 및 객실 비품 보증금)으로 1000B 이상의 금액을 요구하는데, 현찰보다는 신용카드를 이용하는 게 편리하다. 현찰로 디파짓을 할 경우 체크아웃 때 동일한 금액을 돌려받게 되는데, 마지막날은 돈 쓸 곳이 거의 없어 자칫하면 큰돈을 남겨오게 될 수도 있다. 체크인을 마친 뒤에는 옷을 갈아입고 파통 비치로 나간다.

푸켓 국제공항   미니버스 티켓 부스   쾌적한 시설의 호텔

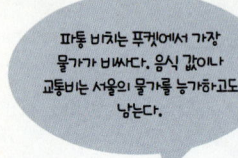

파통 비치는 푸켓에서 가장 물가가 비싸다. 음식 값이나 교통비는 서울의 물가를 능가하고도 남는다.

정실론은 에어컨이 빵빵해 더위에 지쳤을 때 잠시 들러 휴식과 쇼핑을 즐기기에 좋다.

 7min

 1min

15:30　　　　　　　　18:00　　　　　　　　20:00 ■ Finish

파통 비치
Paton Beach

푸켓하면 파통이란 이름이 바로 튀어나올 만큼 인기가 높은 해변이다. 모래는 푸켓의 여타 해변보다 곱고, 3km 가까이 기나긴 백사장과 잔잔한 파도, 고른 수심 등 해수욕을 즐기기에 천혜의 조건을 갖췄다. 패러세일링·제트스키·수상스키 등 각종 해양 스포츠를 즐길 수 있음은 물론이다. 백사장을 따라서는 비치 파라솔이 줄지어 있으며, 해안과 나란히 이어진 도로에는 호텔·레스토랑·상점·마사지 숍 등 온갖 편의시설이 모여 있다. 그덕에 관광객이 많이 몰리다보니 물가가 비싸고 시끄러운 게 단점이다. 최근 중국과 러시아 단체 관광객이 급증하고 있다는 사실에도 유의하는 게 좋을 듯!

정실론, 저녁 식사
Jung Ceylon

백화점·레스토랑·극장 등 300여 개의 숍이 모인 푸켓 최대의 복합 쇼핑몰. 조그만 광장을 중심으로 두 개의 대형 건물이 나란히 이어져 있다. 정문에 해당하는 Jung Ceylon에는 스포츠·아웃도어 상품 전문점과 패션매장·레스토랑, 지하의 That's Siam에는 전통공예품 및 앤티크 등의 기념품숍과 마사지숍이 모여 있다. 안쪽에는 태국·말레이시아 음식을 비교적 저렴하게 맛볼 수 있는 푸드코트도 있다. 바로 옆에 위치한 대형 백화점 Robinson과 할인매장 Big C도 놓치지 말자. Bic C에서는 생활잡화와 식료품을 저렴하게 판다.

open 11:00~22:00(11~4월 11:00~23:00), Big C 10:00~22:00

방라 로드
Bang La Road

푸켓의 밤을 책임지는(?) 유흥가이자 환락가. 파통 비치에서 정실론까지 이어지는 300m 남짓한 거리를 따라 100여 개의 퍼브·바·레스토랑이 모여 있다. 이 거리가 진면목을 발휘하기 시작하는 시간은 해가 지는 19:00 이후. 차량 통행이 제한된 도로를 따라 사람들이 자유로이 활보하며, 업소들은 쩌렁쩌렁 울리는 요란한 음악과 함께 호객 행위를 한다. 대부분 오픈 바 형태로 영업하니 일단 분위기를 살펴보고 맘에 드는 곳을 골라 이용하자. 가볍게 술 한잔 할 경우 1인당 200~500B를 예상하면 되며, 입구에 할인 가격이 적힌 간판을 내건 업소들도 쉽게 눈에 띈다.

태국 대표 맥주 싱하

오전의 한적한 파통 비치　　스릴 만점 패러세일링

푸켓 최대의 쇼핑몰 정실론

Day 2

mission
1. 파통 비치→팡아 만 이동
2. 팡아 만 유람선 투어
3. 기암괴석으로 가득한 파낙 섬·홍 섬 방문
4. 영화 007의 무대가 된 제임스 본드 섬 방문
5. 팡아 만→파통 비치 이동

오늘 코스 지도로 보기

www.clzup.com/qr/b14

Thailand

> 투어 내용과 섬을 돌아보는 순서, 파통 비치로 돌아가는 시간 등은 날씨 및 현지 상황에 따라 달라진다.

08:30 — 1hour — 10:00
Start ▶

호텔 픽업
Hotel Pickup

팡아 만은 파통 비치에서 서쪽으로 40km 정도 떨어져 있으며 대중교통 연결이 전무해 투어로만 돌아볼 수 있다. 투어는 08:30 무렵 호텔 픽업으로 시작된다. 호텔 위치와 시즌(성수기·비수기)에 따라 픽업 서비스 제공 여부가 달라지니 투어를 예약할 때 정확한 내용을 확인해 둬야 한다. 픽업 차량은 9~12인승 승합차가 이용되며, 투어 참가자 픽업이 완료되는 09:00 무렵 파통 비치를 출발해 팡아 만 시 카누 투어의 출발점인 아오 포 센터 Ao Por Center로 향한다.

팡아 만 시 카누 투어
cost 1200B(한인 여행사에서 할인가로 구입 가능)

아오 포 센터
Ao Por Center

아오 포 센터에 도착하면 가이드가 옷이나 가방에 번호가 적힌 스티커를 붙여준다. 팀을 구분하기 위한 것인데 보통 40~50명이 한 배를 타고 투어를 하게 되니 스티커를 잃어버리지 않게 주의하자. 자칫하면 배를 못 탈 수도 있다!

인원 점검이 마무리되면 아오 포 센터에서 300m쯤 떨어진 선착장으로 이동해 배에 오른다. 출항과 동시에 가이드가 오늘의 일정과 들르게 되는 명소 등에 대해 간략한 설명을 해준다. 이후 에메랄드 빛 바다 위에 섬이 점점이 떠 있는 팡아 만의 풍경을 감상하며 1시간 정도 선상 유람을 즐긴다. 주류를 제외한 물과 음료는 무제한 무료로 제공된다.

호텔 픽업시 이용되는 투어 차량 | 출항을 기다리는 유람선

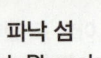

1hour 11:30　　15min 12:30　　　　　　13:20

파낙 섬
Koh Phanak

석회암으로 이루어진 조그만 섬이다. 가파른 절벽 위로 수풀이 우거져 있으며, 바다와 만나는 지점에 작은 동굴이 있다. 카누로 갈아타고 15분 정도 동굴 구경을 하는데, 스티커의 번호 순서대로 카누를 태워주니 자기 번호를 미리 확인해두자.
동굴 내부는 칠흑 같은 어둠 속을 헤드랜턴의 희미한 불빛에 의지한 채 구경한다. 천장에는 박쥐가 매달려 있으며 곳곳에 종유석과 석순이 자라고 있다. 가이드가 헤드랜턴으로 볼거리를 일일이 비춰줄 테니 주의 깊게 살펴보자.

홍 섬
Koh Hong

여러 개의 섬에 둘러싸인 잔잔한 바다가 펼쳐진다. 역시 카누로 갈아타고 15분 정도 섬 유람을 즐기는데, 동물의 모습을 닮은 각양각색의 종유석과 기암괴석이 곳곳에서 나타나 흥미로운 볼거리를 제공한다. 석회 동굴과 물빛이 아름다운 해저동굴 등의 신기한 볼거리도 눈길을 끈다. 배 위에서 점심 식사가 준비되는 동안 주변에서 물놀이도 즐길 수 있다.

점심 식사
Lunch

홍 섬 출발과 동시에 선상에서의 점심 식사가 시작된다. 닭고기·감자 등의 튀김과 샐러드·파스타·밥·과일 등의 음식이 뷔페로 제공되며 맛은 전반적으로 무난한 수준이다. 물·주스 등의 음료는 무료로 제공되지만, 탄산음료와 맥주 등의 주류는 유료라는 사실에 주의할 것! 식사가 끝날 무렵 가까운 섬으로 이동해 물놀이를 즐길 수 있는 시간도 준다. 바닷물이 그리 맑지는 않지만 가볍게 기분을 내기에는 적당하다.

홍 섬 시카누 투어

점심 식사

파낙 섬으로 향하는 유람선　　파낙 섬　기암괴석이 가득한 홍 섬

> 제임스 본드 섬으로 들어갈 때는 조그만 보트로 갈아타고 간다.

 20min~  2:30min

14:30 — 15:30 — 18:00 ■ Finish

제임스 본드 섬
James Bond Island

영화 〈007 황금 총을 가진 사나이〉(1974년)의 무대로 등장하면서 일약 스타덤에 오른 섬이다. 항상 수많은 관광객들로 북적이는 섬 안에는 조그만 해변과 주변 경관을 둘러볼 수 있는 산책로 · 전망대 등이 조성돼 있다. 최대의 볼거리는 바다 위에 커다란 말뚝을 박아놓은 것처럼 우뚝 솟은 못 섬 Koh Tapu이다. 고기잡이를 나간 어부가 그물에 고작 못 하나만 걸려 올라오자 화풀이로 그 못을 잘라서 던진 게 지금의 섬이 됐다는 재미난 전설이 얽혀 있다. 실제로는 수백만 년 전에 형성된 석회암지대가 융기와 침식을 반복하며 지금과 같은 기이한 모습을 갖춘 것이라고 한다.

제임스 본드 섬→파통 비치
James Bond Island→Patong

제임스 본드 섬을 출발한 배는 약 1시간 30분 뒤 출발점인 아오 포로 돌아간다. 배를 타고 가는 동안 바다 위에 크고 작은 섬들이 점점이 떠있는 그림같은 풍경이 펼쳐지니 느긋하게 선상 유람을 즐기자. 선착장에 도착하면 배에서 내려 아오 포 센터로 돌아간다. 그리고 가이드나 직원의 안내에 따라 아침에 타고 왔던 픽업 차량을 타고 파통 비치로 향한다. 아오 포 센터에서 파통 비치까지는 1시간쯤 걸리며, 운전사에게 부탁하면 원하는 호텔이나 장소에 내려준다.

파통 비치, 휴식
Patong Beach

파통 비치에서 저녁 노을을 감상하며 휴식을 취하거나 호텔 수영장에서 낮 동안 더워진 몸을 식힌다. 저녁 식사는 정실론 근처에서 해결하는 게 편하다. 깔끔한 레스토랑을 찾는다면 정실론의 식당가를 추천한다. 현지 분위기를 느끼고 싶다면 정실론 앞의 큰길을 따라 모여 있는 식당을 이용해도 좋다. 간단한 볶음밥에서 푸짐한 해산물까지 온갖 음식을 선보인다. 파통 비치를 따라 형성된 야시장에서도 다양한 현지 음식과 군것질거리를 맛볼 수 있다. 식사를 마친 뒤에는 근처의 마사지 숍이나 퍼브에 들러 하루의 피로를 푸는 것도 좋다.

제임스 본드 섬 / 제임스 본드 섬의 명소 못 섬 / 파통 비치의 노을

Day 3

mission

1. 파통 비치→피피 섬 이동

2. 수정처럼 맑은 바다의 마야 베이 방문

3. 산호초가 가득한 바다에서 스노클링

4. 조그만 무인도 카이 섬에서 물놀이하기

5. 카이 섬→파통 비치 이동

오늘 코스 지도로 보기

www.clzup.com/qr/b15

Thailand

투어 내용과 섬을 돌아보는 순서, 파통 비치로 돌아가는 시간 등은 날씨 및 현지 상황에 따라 달라진다.

07:30　　1hour　　09:00
Start

호텔 픽업
Hotel Pickup

피피 섬은 파통 비치에서 서쪽으로 60km 정도 떨어진 외딴 섬이라 교통편 이용에 제약이 크다. 짧은 시간 효율적으로 여행하려면 피피 섬 1일 투어를 선택하는 게 현명하다. 투어는 07:30 무렵 호텔 픽업으로 시작된다. 호텔 위치와 시즌(성수기·비수기)에 따라 픽업 서비스 제공 여부가 달라지니 투어를 예약할 때 정확한 내용을 확인해 두자. 픽업 차량은 9~12인승 승합차가 이용되며, 투어 참가자 픽업이 완료되는 08:00 무렵 파통 비치를 출발해 투어가 시작되는 선착장으로 향한다.

피피·카이 섬 스노클링 투어
cost 1200B(한인 여행사에서 할인가로 구입 가능)

선착장
Pier

선착장에 도착하면 가이드가 옷이나 가방에 번호가 적힌 스티커를 붙여준다. 팀을 구분하기 위한 것인데 보통 20~30명이 한배를 타고 투어를 하게 되니 스티커를 잃어버리지 않게 주의하자. 자칫하면 배를 못 탈 수도 있다! 인원 점검이 마무리되면 오늘의 일정에 대해 간략한 설명을 해준다. 그리고 필요한 사람에게 멀미약을 나눠주고(무료), 스노클링 때 사용할 오리발도 빌려준다(유료). 스피드 보트는 흔들림이 은근히 심하다. 특히 파도가 거친 우기에는 그 정도가 더욱 심하니 멀미약은 무조건 받아두는 게 안전하다. 배 안에는 화장실이 없으니 배를 타기 전에 미리 화장실을 다녀오는 것도 잊지 말자.

피피 섬행 스피드 보트　마야 베이

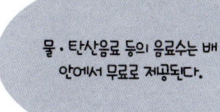

물·탄산음료 등의 음료수는 배 안에서 무료로 제공된다.

 1hour　　　 10min　　　 5min

10:30　　　　　　　11:30　　　　　　　12:00

마야 베이
Maya Bay

수정처럼 맑은 바다와 밀가루처럼 고운 백사장이 펼쳐진다. 레오나르도 디카프리오 주연의 영화 〈비치 The Beach〉(2000년)의 무대로 알려지며 관광객이 급증해 지금은 예전과 같은 한적함이나 깨끗함을 기대하기는 어렵다. 더구나 고작 40~50분 섬에 머물 뿐이라 해수욕을 즐기기는 불가능하니 잠시 해변 구경을 하는 정도로 만족하는 게 좋다. 섬 안쪽에 화장실 등의 편의시설이 있다.

몽키 베이
Monkey Bay

마야 베이를 출발해 피피 레 Phi Phi Le 섬을 20~30분간 일주하며 구석구석을 구경한다. 섬에 둘러싸여 호수처럼 잔잔한 바다는 마치 수정처럼 속이 훤히 들여다보이며, 고급 식재료로 인기가 높은 바다제비 집을 채취하던 동굴의 흔적이 아직도 남아 있다. 몽키 베이 Monkey Bay에서는 이 섬에만 서식하는 희귀 원숭이를 볼 수 있는데, 가이드들이 내주는 바나나나 빵을 넙죽넙죽 받아먹는 모습이 귀엽다.

스노클링
Snorkeling

피피 섬은 피피 레와 피피 돈, 두 개의 섬으로 이루어져 있다. 스노클링은 보통 두 섬 사이에 위치한 바다에서 한다. 20~30분 정도 헤엄을 치며 각양각색의 산호와 열대어를 볼 수 있는데, 이 일대는 투명도가 높은 바다와 풍부한 열대어종 때문에 스노클링 포인트로 무척 인기가 높다. 바다 수영에 익숙하지 않을 때는 구명조끼 등의 안전장비를 착용하고 들어가는 게 좋다. 구명조끼는 배 안에서 무료로 빌려준다.

마야 베이 　　　몽키 베이 　스노클링

마야 베이 　스노클링 　　　몽키 베이

5min 12:30 50min 14:30 16:00 Finish

점심 식사
Lunch

점심 식사는 피피 돈 섬의 식당에서 하며, 식비는 모두 투어 요금에 포함돼 있다. 음식은 밥·튀김·파스타·과일 등이 뷔페식으로 제공되는데 딱히 훌륭하다고 할 만한 수준은 아니니 적당히 배를 채우는 정도로 만족하는 게 좋다. 음식이 입에 맞지 않을 때는 개인적으로 비용을 지불하고 근처의 카페나 식당을 이용해도 된다. 식사를 마친 뒤에는 주변의 해변을 구경하며 배가 출발할 때까지 시간을 보낸다.

카이 섬
Koh Khai

손바닥만한 크기의 무인도인 카이 섬은 푸켓으로 돌아가기 전에 잠시 들르는 해수욕과 스노클링 포인트다. 맑은 바다와 깨끗한 모래사장이 펼쳐져 물놀이를 즐기기에 적합하다. 섬 안에 간단한 먹거리를 파는 식당과 바·화장실 등의 편의시설이 있으며 해변에서 비치 체어를 빌려 일광욕도 즐길 수 있다. 섬이 워낙 작아 걸어서 5분 정도면 전체를 돌아볼 수 있으니 한 바퀴 둘러본 뒤 마음에 드는 곳에 자리를 잡고 쉬면 된다.

카이 섬 → 파통 비치
Koh Khai → Patong Beach

16:00 무렵 카이 섬을 떠나 투어의 출발점인 푸켓 섬의 선착장으로 돌아간다(20분 소요). 선착장에 도착하면 아침에 타고 온 픽업 차량으로 갈아타고 파통 비치로 향한다. 파통 비치에 도착하는 시각은 17:30 무렵. 일단 호텔에 들러 바닷물에 젖은 몸을 씻고 밖으로 나가 저녁 식사나 여흥을 즐기면 된다.

 피피 섬    카이 섬    카이 섬

피피 섬

파통 비치의 쇼핑 명소 정실론

Day 4

mission
1. 호텔 체크아웃
2. 예스러운 푸켓 올드 타운 구경
3. 스쿠터로 푸켓 섬 일주
4. 푸켓→인천 이동

오늘 코스 지도로 보기

www.clzup.com/qr/b16

Thailand

> 스쿠터 이용시 헬멧 착용은 필수! 단속이 상당히 심하다는 사실에 유의하자.

10:00 — 30min~ — 11:00

Start ▶

호텔 체크아웃
Hotel Check Out

호텔 체크아웃을 하고 큰 짐은 프런트에 잠시 맡긴다. 그리고 가까운 여행사로 가서 오후에 공항으로 갈 때 이용할 미니버스의 티켓을 구입한다. 성수기에는 미니버스 예약이 힘들 수 있으니 1~2일 전에 미리 티켓을 구입해 놓는 것도 좋은 방법이다.
이제 오늘 타고 다닐 스쿠터를 빌릴 차례. 호텔이나 파통 비치 주변에 스쿠터 대여점이 많으니 마음에 드는 곳을 골라서 이용한다(1일 300B~). 반납시 문제가 되지 않도록 차체에 흠집이 있을 때는 꼼꼼히 사진을 찍어 증거를 확보해 놓는 게 안전하다.

푸켓 공항행 미니버스
time 07:00~18:00, 1시간 소요
cost 170B~

푸켓 올드 타운, 점심 식사
Phuket Old Town

푸켓의 옛 모습이 고스란히 남아 있는 거리. 푸켓은 1518년 이곳을 방문한 포르투갈인에 의해 외부 세계에 알려졌으며, 1800년대의 주석 광산 개발붐과 맞물려 중국인 노동자들이 대거 유입되면서 본격적인 개발이 시작됐다. 푸켓 올드 타운에는 이런 역사적 사실을 반증하듯 포르투갈과 중국 건축양식이 뒤섞인 이국적인 외관의 건물이 즐비하다. 대부분의 건물은 지금도 레스토랑·숍·전시관으로 이용 중이라 자유로이 구경할 수 있다. 식당도 많으니 여기서 점심을 해결하고 움직인다.

푸켓 올드 타운

푸켓 올드 타운의 상점가

이국적인 풍경의 푸켓 올드 타운

> 푸켓 공항에는 식당이 별로 없다. 파통 비치로 조금 일찍 돌아가 이른 저녁을 먹고 공항으로 가도 좋다.

13:00 · · · · · · · · · · 18:00 · · 1hour · · 19:00

푸켓 섬 일주
Phuket Round Trip

푸켓 올드 타운을 출발해 본격적인 푸켓 섬 일주에 나선다. 일단 푸켓 타운을 벗어나면 차량 통행이 적고 도로도 단순해 스쿠터를 몰기는 수월하다. 단, 도로 표지판이 부실해 길을 잃을 위험이 있으니 푸켓 전도 또는 스마트폰의 지도·내비게이션 기능을 최대한 활용하는 게 안전하다.
코스는 푸켓 올드 타운→빅 부다→프롬텝 곶→카론 뷰 포인트→카타 비치→카론 비치→파통 비치 순의 시계방향으로 도는 게 보편적이다. 빅 부다 Big Budda는 산꼭대기에 놓인 거대한 불상이며, 프롬텝 곶과 카론 뷰 포인트의 전망대에서는 아름다운 해안풍경, 카타·카론 비치에서는 한적한 해변을 감상할 수 있다.

짐 찾기, 호텔→공항
Hotel→Airport

푸켓 섬 일주를 마친 뒤에는 스쿠터를 반납하고 호텔로 돌아가 맡긴 짐을 찾는다. 그리고 호텔 로비에서 예약한 미니버스가 오기를 기다리면 된다. 파통 비치에서 공항까지는 1시간 정도 걸린다. 자칫 미니버스를 놓치면 공항까지 택시를 타고 가는 수밖에 없는데, 편도 1000B 이상의 적잖은 비용을 지불해야 하니 정신 바짝 차리자.

푸켓 국제공항
Phuket Intl. Airport

미니버스·택시를 타고 오면 공항 2층의 출국장 앞에 내려준다. 입구에서 간단히 짐 검사를 받고 안으로 들어가면 정면으로 항공사의 체크인 카운터가 보인다. 여기서 타이항공의 체크인 카운터를 찾아가 여권과 항공권을 제시하고 탑승수속을 한다. 그리고 같은 층의 패스트푸드점·식당에서 저녁 식사를 한다. 남은 태국 돈은 이때 사용하면 된다. 탑승 시각이 가까워오면 체크인 카운터를 바라볼 때 오른쪽에 'International Departures' 표지판이 붙은 출국심사장으로 가서 여권과 탑승권을 제시하고 출국심사를 받는다. 푸켓 공항은 기념품점 몇 개가 전부일 만큼 편의시설이 부실하니 쇼핑에 대한 미련은 버리는 게 좋을 듯!

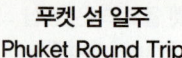
공항행 미니버스

카론 비치 　 카타 비치

푸켓 국제공항의 출국장

Day 5

22:30 ✈ 6:20min 06:50

● ■ Finish

타이항공, 푸켓 출발
Thai Airways TG654

비행기 탑승은 출발시각 30분 전부터 시작된다. 자리에 앉으면 담요를 확보한 뒤 승무원에게 안대 Eye Patch 와 귀마개 Ear Plug를 달라고 부탁한다. 실제 비행시간이 6시간 정도에 불과한 그리 길지 않은 야간비행이라 최대한 숙면을 취하려면 위의 준비물은 필수다. 기내가 무척 건조해 자는 동안 목과 코에 불편을 느낄 가능성이 높은데, 이때를 대비해 마스크를 가져가면 숙면을 취하는 데 조금이나마 도움이 된다.

인천국제공항 도착
Incheon Intl. Airport

공항 도착 1시간 전쯤 기내식이 제공된다. 하지만 이른 새벽 잠이 덜 깬 상태로 고 칼로리의 느끼한 기내식을 먹는 것도 그리 유쾌한 일은 아니다. 가벼운 식사를 원한다면 미리 항공사에 연락해 과일·샐러드 등의 '특별식'을 주문하는 것도 요령! 기내식 주문은 비행기 출발 시각 기준 48시간 전까지 마쳐야 하며 요금은 무료다. 1분 1초라도 잠이 더 소중한 이는 기내식을 취소시키고 공항 도착 때까지 숙면을 취하면 된다.
단, 잠이 덜 깬 상태로 비행기에서 내리다 소지품을 잃어버리는 사고가 종종 발생하니 도착 시각보다 조금 일찍 일어나 내릴 채비를 하는 센스는 필수!

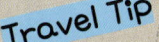

Travel Tip

시티 투어 City Tour

편하게 푸켓 섬을 일주하려면 시티 투어를 이용하는 것도 좋은 방법이다. 기사가 딸린 렌터카라고 보면 되며 자신이 원하는 코스대로 이동할 수 있는 것은 물론, 약간의 추가요금을 더하면 공항까지 바로 갈 수 있어 시간을 효율적으로 활용할 수 있다. 시티 투어는 한인 여행사 또는 푸켓 현지 여행사를 통해 예약한다.
cost 8시간 1900B~(1~3인), 2200B~(4인 이상)

푸켓 타운 돌아보기

푸켓 섬 일주에 관심이 없다면 푸켓 올드 타운과 주변 쇼핑센터를 돌아보며 시간을 보내도 좋다. 일정은 아래와 같이 움직이면 되며 교통수단은 일종의 버스인 썽태우를 이용한다. 파통 비치에서 푸켓 타운까지는 썽태우로 40분 정도 걸리며 요금은 30B다. 푸켓 타운에서 고급 실크 제품 매장인 짐 톰슨 아웃렛 또는 대형 쇼핑몰인 센트럴 페스티벌 Central Festival까지도 썽태우가 운행된다.

Schedule

10:00 체크아웃, 짐 맡기기
10:30 파통 비치 → 푸켓 타운
11:10 푸켓 올드 타운, 점심 식사
13:00 짐 톰슨 아웃렛
14:00 센트럴 페스티벌
16:30 센트럴 페스티벌 → 파통 비치
17:10 파통 비치, 저녁 식사
18:00 짐 찾기, 호텔 → 공항

출발 대기 중인 타이 항공의 비행기

푸켓 올드 타운

탑승 게이트 앞의 휴게실 / 인천국제공항

식도락 · 휴식 · 문화 기행

푸켓 3박 5일

 94만 원~

온갖 편의시설이 모여 있는 파통 비치만큼 여행의 편의성 측면에서 유리한 곳도 없다. 하지만 유흥시설이 밀집돼 있다 보니 쾌적함이 떨어지는 것도 사실! 이때는 한적한 카론 비치를 중심으로 푸켓 여행을 계획해 보자. 교통이 조금 불편한 단점은 있지만 온전한 휴식을 즐기기에는 더할 나위 없이 좋다. 특히 호젓한 시간을 원하는 커플·가족 여행자에게 강추!

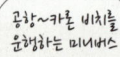 공항~카론 비치를 운행하는 미니버스

추천 항공편 타이항공
인천 08:15 → 푸켓 12:35
푸켓 22:30 → 인천 06:50
숙박 푸켓 3박, 기내 1박
예산 948,000원~
숙박비 3600B(호텔 더블룸 3박)
생활비 6000B(4일)
입장료 800B
교통비 2400B
투어비 250B
항공료 50만 원~
※1B=35원 기준

 기본 준비

Day 1 · 인천→푸켓, 카론 비치 Karon Beach

12:35 푸켓 국제공항에 도착하면 환전을 마치고 미니버스 또는 택시를 이용해 카론 비치로 향한다. 파통 비치보다 남쪽으로 8km 정도 더 내려가야 해 이동시간이 5~10분 정도 더 걸리며, 미니버스·택시 요금도 파통 비치보다 10~20% 비싸다.

호텔 체크인을 마친 뒤에는 바로 앞의 카론 비치로 나가 산책이나 해수욕을 즐긴다. 해변에 비치 파라솔·비치 체어(유료)와 음료수를 파는 가게들이 모여 있으며 약간의 해양 스포츠 시설도 있다. 해질녘에는 카론 비치 초입의 상점가에서 저녁 식사를 즐긴다. 레스토랑·바·슈퍼마켓·편의점·여행사 등의 편의시설이 모여 있는데, 파통 비치에 비해 한적하고 가격도 저렴하다.

Day 2 · 팡아 만

p.229와 동일. 시기 또는 업체에 따라 호텔 픽업 요금이 추가되기도 한다. 자세한 사항은 투어 예약시 여행사에 문의한다.

Day 3 · 피피 섬

p.232와 동일. 팡아 만 투어와 마찬가지로 호텔 픽업 요금이 추가되기도 한다. 자세한 사항은 투어 예약시 여행사에 문의한다.

Day 4 · 푸켓 일주

아침 일찍 호텔 체크아웃을 마치고 프런트에 짐을 맡긴다. 그리고 카론 비치 초입의 상점가에 있는 여행사에서 공항행 미니버스 티켓을 구입한다. 성수기에는 미니버스 예약이 힘들 수 있으니 도착 첫날 미리 티켓을 구입해 놓아도 좋다. 그리고 주변의 스쿠터 대여점에서 스쿠터를 빌려 카타 비치→카론 뷰 포인트→프롬텝 곶→빅 부다→푸켓 올드 타운→파통 비치의 순으로 푸켓 일주를 한다. 그리고 파통 비치에서 간단히 저녁을 먹고 카론 비치로 돌아가 스쿠터를 반납한 뒤 짐을 찾아서 공항으로 향하면 된다. 스쿠터 운전에 자신이 없다면 p.237의 시티 투어를 이용하거나, 카론 비치에서 출발하는 썽태우를 타고 푸켓 타운으로 가서 푸켓 올드 타운을 구경해도 된다(p.237 참조).

평화로운 카론 비치

팡아 만 투어

◀ 필리핀

PHILIPPINES

필리핀 핵심 여행정보
17 세부 · 스쿠버다이빙 4박 5일
18 세부 · 스쿠버다이빙 4박 6일
19 보라카이 2박 4일

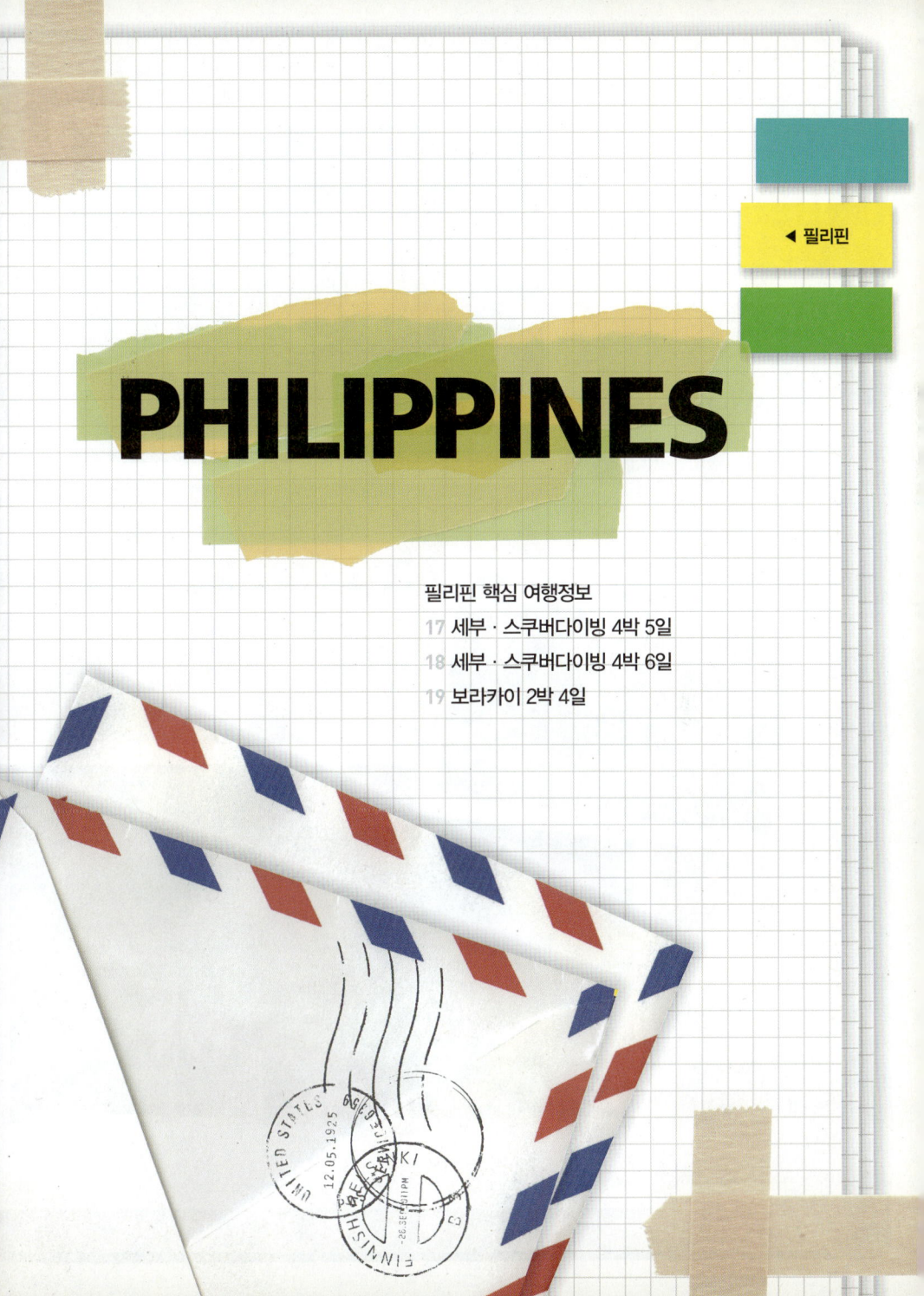

best6
PHILIPPINES

#1
열대의 바다 속을 자유로이 헤엄치는 즐거움을 만끽하자. → 스쿠버다이빙 p.251

#2
전망대에서 바라본 보홀 섬의 내륙. 초록빛 언덕이 울룩불룩 솟아오른 경이로운 풍경이 펼쳐진다. → 초콜릿 힐 p.255

#3
유리알처럼 맑은 바다와 새하얀 모래사장은 세부 여행이 선사하는 최고의 선물. → 보홀 섬 비치 p.250

#4
세상을 온통 붉게 물들이는 일몰. 보라카이에서 경험할 수 있는 장관 가운데 하나다. → 화이트 비치 p.261

#6
남국 분위기가 물씬 풍기는 화려한 아이템은
기념품이나 선물로 안성맞춤! → 디 몰 p.262

#5
따사로운 햇살과 맑은 바다가 어우러진
해변에서 호젓하게 휴식을 즐기자.
→ 푸카 셸 비치 p.264

basic info. 필리핀

비자
우리나라와 비자 면제 협정을 맺고 있어 관광 목적으로 입국할 경우 비자가 필요 없다. 비자 없이 필리핀에 체류할 수 있는 기간은 30일이다.

여행 시기
필리핀은 열대 기후에 속하는 지역이며 1년 내내 더운 날이 지속된다. 계절은 11~5월의 건기와 6~10월의 우기로 나뉘며 최적의 여행 시즌은 비가 적고 맑은 하늘을 볼 수 있는 건기다. 특히 1년 중 기온이 가장 낮은(평균 25℃) 12~1월에는 다른 시기에 비해 쾌적하게 여행을 즐길 수 있다. 6~10월의 우기에는 비가 많이 내리는데 특히 7~9월에 강수량이 집중되며, 8~10월에는 크고 작은 태풍이 필리핀을 통과하므로 일기예보에 귀를 기울여야 한다.

복장
1년 내내 푹푹 찌는 날씨가 이어지므로 반팔·반바지 등 통풍이 잘 되는 얇은 옷 위주로 가져간다. 고급 레스토랑·클럽·카지노에서는 민소매·반바지·샌들 차림의 입장을 제한하기도 하지만, 일반적으로 복장 때문에 문제가 되는 경우는 거의 없다.
해변에서 많은 시간을 보내게 되니 수영복과 선글라스, 자외선 차단제는 필수다. 그늘을 피할 곳이 별로 없어 열사병·화상의 위험이 높다는 사실에도 주의하자. 거리에서는 햇볕을 피할 수 있는 모자나 양산을 사용하는 게 좋다.

언어
일상생활에서는 고유의 언어인 타갈로그어가 사용되며, 공용어로 지정된 까닭에 영어도 쉽게 통한다. 표지판·안내판도 타갈로그어와 영어가 병기된 경우가 많아 여행에 큰 어려움은 없다.

통화
페소 P, P1=27원(2014년 10월)
동전 P1·5·10,
¢(센타포) 1·5·10·25·50
지폐 5·10·20·50·100·200·500·1000

환전
조금 번거롭지만 우리나라에서 미국 달러 US$를 가져가 필리핀 현지의 공항 또는 시내의 은행, 사설 환전소에서 페소로 환전하는 게 환율상 가장 유리하다. US$50·100 지폐가 US$20 이하의 지폐보다 높은 환율이 적용되니 고액권 위주로 가져가자. 또한 환전소마다 환율이 다르기 때문에 꼼꼼히 비교하고 이용해야 한다. 특히 공항 환전소와 은행의 환율이 가장 나쁘다는 사실을 잊지 말 것! 권종은 일상적으로 통용되는 P500 이하의 지폐로 준비하면

편하게 사용할 수 있다.

신용카드
대형 호텔·쇼핑몰·레스토랑이 아니고서는 신용카드 사용이 어려우니 현금을 넉넉히 준비하는 게 좋다.

인터넷
PC방·인터넷 카페 찾기는 하늘의 별 따기 만큼이나 어렵다. 대신 대부분의 숙소에서 유·무선 인터넷을 자유로이 사용할 수 있다. 단, 중급 이상의 호텔에서는 인터넷 사용료가 별도로 부과되니 예약시 관련 사항을 미리 확인해 둬야 한다. 인터넷 속도는 우리나라에 비해 상당히 느려 사용하기가 조금 불편하다. 이동 중에도 자유로이 스마트폰을 사용하려면 자신이 가입한 이동통신사의 해외 데이터 로밍 서비스를 이용하거나(1일 9000~1만 2000원), 필리핀 현지의 핸드폰 대리점·이동통신사에서 파는 데이터 요금 유심 카드를 구입한다.

전기
필리핀은 지역에 따라 전압과 콘센트의 모양이 다르다. 세부·보라카이 지역은 220V·60Hz이며, 콘센트는 우리나라와 다른 2핀 타입의 11자형 플러그가 일반적으로 사용된다. 현지에서 변환 플러그 구하기가 힘들 수 있으니 우리나라에서 미리 구입해 가자. 일부 호텔에서는 변환 플러그를 빌려주기도 하며, 드물지만 우리나라의 가전제품을 바로 사용할 수 있는 콘센트가 설치된 호텔도 있다.

시차
우리나라와 필리핀의 시차는 -1시간. 예를 들어 우리나라가 낮 12:00라면 필리핀은 오전 11:00다.

주의사항
도심지에서도 납치 및 불법총기 사고가 빈번히 발생하는 만큼 인적이 드문 거리나 밤거리를 배회하는 일은 되도록 삼가는 게 좋다. 소매치기·강도 등의 사고도 심심찮게 발생하니 다량의 현금·귀중품은 호텔의 안전금고 또는 별도의 장소에 보관하는 게 안전하다. 식수 사정이 나빠 배탈의 위험이 있으니 수돗물은 음용수로 사용하지 말고 반드시 생수를 사서 마시거나 끓여 먹어야 한다.
위생 상태가 열악한 노점이나 노천 식당 등에서 파는 음식은 식중독의 위험이 있으니 최대한 멀리하는 게 좋다. 날이 덥기 때문에 부패하기 쉬운 생선·굴·새우·게 등의 어패류는 반드시 신선도를 확인하고 먹거나 완전히 익혀 먹는 게 안전하다.

공휴일
1월 1일 설날
2월 25일 국민의 날
4월 5일 부활절
4월 9일 훈공의 날
5월 1일 노동절
6월 12일 독립기념일
8월 25일 국가유공자의 날
11월 30일 보니파치오 탄생 기념일
12월 25일 크리스마스
12월 30일 리잘 데이

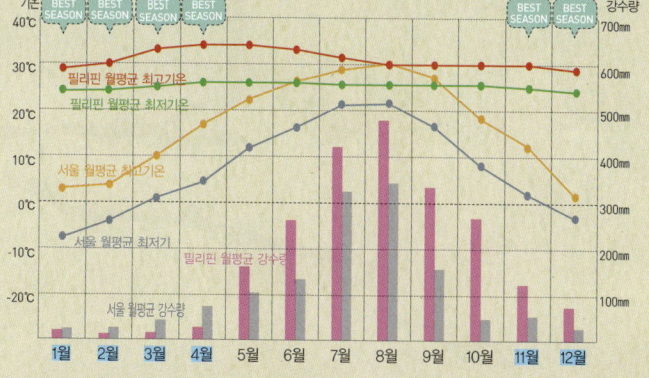

필리핀 베스트 여행 시즌

travel note

세부·스쿠버다이빙 3박 5일

볼거리 ★★☆☆☆
식도락 ★★☆☆☆
쇼 핑 ★☆☆☆☆
레포츠 ★★★★★
해 변 ★★★★☆
유 흥 ★★☆☆☆

색다른 모험을 추구하는 여행자에게 강추! 목표는 스쿠버다이빙 입문에 해당하는 오픈 워터 자격증 따기다. 새로운 레포츠에 도전하는 즐거움과 함께 신비로운 필리핀의 바다 속을 구경하는 재미가 여행의 즐거움을 더한다.

day 1

인천 → 세부
숙박 기내

22:15 세부퍼시픽항공, 인천 출발

day 2

보홀 섬, 다이빙
숙박 보홀 섬

01:50 세부 막탄 국제공항 도착
02:30 공항 → 시내
05:00 시내 → 보홀 섬
08:00 다이빙 업체 픽업
10:00 이론 교육, 수영장 실습
17:00 저녁 식사, 이론 교육 복습

기본 준비

추천 항공편 세부퍼시픽항공
인천 22:15 → 세부 01:50
세부 15:55 → 인천 21:15
숙박 보홀 섬 3박
예산 936,000원~
다이빙 교육비 US$400
(오픈 워터 코스, 숙박비 포함)
생활비 P6000(4일)
교통비 P2000
항공료 30만 원~
※ US$1=1050원, P1=27원 기준

day 3

보홀 섬, 다이빙
숙박 보홀 섬

- 09:00 해양 실습
- 17:00 이론 시험, 저녁 식사

day 4

보홀 섬, 다이빙
숙박 보홀 섬

- 09:00 해양 실습
- 17:00 저녁 식사

day 5

보홀 섬 → 세부 → 인천

- 08:00 보홀 섬 → 세부
- 11:50 SM 시티, 점심 식사
- 13:50 세부 막탄 국제공항 도착
- 15:55 세부퍼시픽항공, 세부 출발
- 21:15 인천국제공항 도착

Cebu

요점 정리!

요금이 저렴한 저가항공사를 이용
우리나라와 세부를 연결하는 노선은 여러 항공사에서 취항하고 있다. 항공편의 운항 스케줄은 엇비슷하니 최대한 요금이 저렴한 항공편을 선택하자. 저가항공사인 세부퍼시픽항공의 경우 시즌별로 6~12개월 전 구매 조건의 파격적인 프로모션 티켓을 내놓기도 한다.

숙박이 포함된 오픈 워터 코스 패키지 프로그램을 선택
따로 숙소를 구하기보다 다이빙 업체에서 운영하는 오픈 워터 교육 패키지를 이용하는 게 편리하다. 오픈 워터 코스 교육비에 숙박·식사가 포함돼 있으며, 시설은 무난한 수준이다. 단, 2인 1실 기준이라 혼자서 이용할 경우 1박당 US$15~30의 추가 요금이 발생할 수 있다.

보홀 섬의 한인 다이빙 업체를 이용하는 게 편리
세부의 막탄 섬 주변보다는 수중 환경이 잘 보존된 보홀 섬의 다이빙 업체를 이용하는 게 좋다. 오픈 워터 교육을 받는 동안은 생소한 용어와 씨름하게 되므로 언어적인 문제가 발생할 가능성이 적은 한인 다이빙 업체를 이용하는 게 유리하다. 한인 다이빙 업체는 인터넷에서 '세부 다이빙' 또는 '보홀 다이빙'으로 검색하면 쉽게 찾을 수 있다.

세부·스쿠버다이빙
3박 5일

Day 1

mission
1. 인천→세부 이동
2. 야간 이동에 대비한 편의용품 챙기기

오늘 코스 지도로 보기

www.clzup.com/qr/b17

Philippines

공항 이용객이 많으니 인천 국제공항 도착은 늦어도 비행기 출발 2시간 전까지 완료!

22:15 4:35min

Start ▶

세부퍼시픽항공, 인천 출발
Cebu Pacific Air 5J129

비행기는 세부 퍼시픽 항공의 인천↔세부 왕복편을 이용한다. 출국편은 심야 비행이지만, 귀국편은 오후에 세부를 출발 저녁 때 인천에 도착하는 스케줄이라 편리하다. 세부까지의 소요시간은 4시간 35분. 저가항공사인 까닭에 기내 영화 상영이나 잡지·신문 등의 서비스가 제공되지 않으니 이때를 대비해 읽을거리나 동영상을 준비해 가는 센스는 필수다! 기내에서는 필리핀 입국에 필요한 입국 신고서를 작성해두자. 입국 신고서는 공항 도착 전에 승무원들이 나눠준다. 기내가 건조해 목이 마르기 쉬우니 비행기를 타기 전에 탑승구 근처의 매점에서 생수를 한두 병 사두자. 기내에서는 물도 사 마셔야 한다.

세부퍼시픽항공

Day 2

mission
1. 공항→세부 시내 이동
2. 세부→보홀 섬 이동
3. 스쿠버다이빙 이론 교육
4. 오픈 워터 수영장 실습
5. 알로나 비치에서 달콤한 휴식

오늘 코스 지도로 보기

www.clzup.com/qr/b18

Philippines

> 한국과 필리핀의 시차는 -1시간. 비행기에서 내릴 때 시계 바늘을 한 시간 뒤로 돌려놓는다.

> 배 멀미가 우려될 때는 멀미약을 먹거나 페리를 타자마자 꿈나라로 떠나는 게 상책!

01:50   **02:30**   **05:00**

Start

세부 막탄 국제공항 도착
Mactan Intl. Airport

비행기에서 내려 입국심사장을 뜻하는 'Immigration' 표지판을 따라간다. 입국심사장에 도착하면 외국 여권 'Foreign Passport'이라고 표시된 쪽에 줄을 서서 여권과 기내에서 작성한 입국 신고서를 제시하고 입국심사를 받는다. 이제 짐을 찾아 세관검사대를 통과하면 드디어 세부 도착 완료! 입국장을 나오면 근처의 환전소에서 여행 경비를 환전하고 시내로 들어갈 채비를 한다.

주의하세요
세관검사대에서 필리핀 직원들이 '관세' 명목으로 돈을 갈취하는 일이 잦다. 한국에서 구입한 면세품이 주 타깃이니 면세품은 눈에 잘 띄지 않도록 가방 깊숙이 넣어두자.

공항→시내
Airport→Downtown

시내로 들어갈 때는 택시를 이용한다. 단, 입국장 바로 앞에서 출발하는 노란색 택시는 요금이 비싸니 주의하자. 저렴한 택시를 이용하려면 입국장을 나와 정면의 횡단보도를 건넌 다음 오른쪽의 경사로를 올라간다. 그리고 건물 밖으로 나가자마자 보이는 택시 승강장에서 흰색 택시를 잡으면 된다(30분 소요, P250~).
심야에 공항에 도착하는데다가 새벽에 보홀 섬으로 들어가는 페리를 타야 해 수면을 취할 시간이 별로 없다. 굳이 호텔을 잡기보다는 시내의 마사지 숍에서 두어 시간 마사지를 받으며 잠시 눈을 붙였다가 페리터미널로 이동하는 게 경제적이다. 마사지 숍은 다이빙 숍을 통해 소개받거나 예약하면 된다.

시내→보홀 섬
Cebu→Bohol Island

세부 시내에서 택시를 타고 세부 페리터미널로 간다(10~20분 소요, P100~300). 탑승수속에 약간의 시간이 걸리니 페리 출발 시각보다 조금 여유 있게 가야 한다. 보홀 섬의 탁빌라란 Tagbilaran 항구까지는 오션 젯 Ocean Jet 페리를 이용하는데, 당일 표를 구하기 어려울 수 있으니 예매를 서두르는 게 안전하다. 역시 다이빙 숍을 통해 예약표를 구할 수 있다. 페리는 흔들림이 심하니 배 멀미에 주의하자.

세부 페리터미널→탁빌라란 항구
오션 젯
time 06:00, 08:00, 09:20, 11:40, 14:00, 16:20, 18:35 (운항 시각은 시즌에 따라 다름), 2시간 소요
cost P820 (왕복)

세부 막탄 국제공항   세부 페리터미널

2hour~   08:00   10:00   17:00 ■ Finish

다이빙 업체 픽업
Pick Up

탁빌라란 항구에 도착해 짐을 찾고 밖으로 나오면 다이빙 숍의 픽업 차량이 대기하고 있을 테니 이것을 타고 다이빙 숍으로 간다(30~50분 소요). 도중에 이 섬에서 가장 번화한(?) 탁빌라란 시내를 경유하므로 잠시 내려 환전을 하거나 숙소에서 먹을 간식·과일을 준비하는 것도 요령이다. 다이빙 숍에 도착하면 여장을 풀고 숍에서 제공하는 아침 식사를 한 뒤 본격적인 다이빙 교육에 들어간다.

이론 교육, 수영장 실습
Open Water Course

스쿠버다이빙 입문자를 위한 오픈 워터 코스 Open Water Course의 첫 단계는 이론 교육이다. 장비의 명칭 및 구조, 잠수 환경과 주의사항 등을 중심으로 두세 시간에 걸쳐 수업을 하며, 수업 내용과 제공되는 오픈 워터 교재를 바탕으로 나중에 쪽지 시험을 본다. 오픈 워터 자격증 발급 여부는 시험 통과에 달려 있다는 사실을 잊지 말자! 이론 교육이 끝나면 점심을 먹고 수영장으로 가서 본격적인 실습에 나선다. 장비 체결 및 착용법, 수중에서의 장비 사용법, 호흡 및 위급상황 대처법 등을 배우는데 힘은 들어도 그리 복잡한 과정은 아니니 강사의 지시만 잘 따르면 어렵지 않게 배울 수 있다(2~3시간 소요).

저녁 식사, 이론 교육 복습
Dinner

이론 교육과 수영장 실습을 마치고 나면 16:00쯤이 된다. 숙소로 돌아가 샤워를 하고 잠시 휴식을 취하다 보홀 섬에서 가장 아름다운 해변인 알로나 비치 Alona Beach로 가서 저녁 식사를 즐긴다. 해변을 따라 레스토랑과 퍼브가 즐비해 선택의 폭이 넓으며, 노천 테이블에 앉아 노을 지는 풍경과 함께 식사를 즐기기에도 안성맞춤이다. 숙소로 돌아가기 전에 마사지 숍에 들러 지친 몸을 추스르는 것도 좋다. 잠들기 전 쪽지 시험에 대비해 이론 교육 복습과 교재의 연습 문제 풀이도 잊지 말 것!

다이빙 업체 픽업 차량

오픈 워터 이론 교재

오픈 워터 수영장 실습  | 강사의 지시에 따라 장비 사용법을 익힌다  | 한적한 오후의 알로나 비치

Day 3

mission
1. 오픈 워터 해양 실습
2. 스쿠버다이빙 이론 시험
3. 알로나 비치에서 달콤한 휴식

오늘 코스 지도로 보기

Philippines

교재의 내용만 충분히 이해하면 쪽지 시험은 어렵지 않게 통과할 수 있다.

09:00 — Start ▶ — 17:00 ■ Finish

해양 실습
Open Water Course

아침 식사를 마치고 해양 실습을 나간다. 첫 다이빙 때는 다이빙 숍 인근 해역으로 보트를 타고 나가 5~10m 깊이의 얕은 바다에서 전날 배운 내용을 복습한다. 수영장 실습과 다른 점은 바다 밑으로 내려감에 따라 증가하는 수압을 실제로 느끼게 된다는 것. 특히 고막에 가해지는 수압 때문에 귀가 아파오는데 침을 삼키거나 턱을 살짝살짝 좌우로 움직이며 천천히 하강하면 자연스럽게 압력평형이 이뤄져 고통이 사라진다. 이후 강사의 지시에 따라 수중에서의 장비 사용 및 응급상황 대처법을 연습하고 부력 조절 방법과 유영을 익힌다. 바다를 옮겨가며 총 3회 다이빙을 하며 점심 식사는 배 위에서 제공된다.

이론 시험, 저녁 식사
Dinner

해양 실습을 마치고 숙소로 돌아오면 17:00쯤이 된다. 샤워를 하고 잠시 휴식을 취하면서 이론 시험 공부를 하자. 저녁 때 쪽지 시험을 보고나서 다시 알로나 비치로 이동해 저녁을 먹으며 하루를 마감한다.

다이빙 숍에 따라서는 쪽지 시험을 넷째 날 오전이나 오후에 보기도 하는데, 어떤 경우건 합격점에 미달할 때는 재시험을 봐야 한다는 사실과 시험에서 떨어지면 자격증 발급이 안 된다는 점을 절대 잊지 말자!

오픈 워터 해양 실습 | 마치 우주를 유영하는 듯한 기분을 만끽할 수 있다

Day 4

mission
1. 오픈 워터 해양 실습
2. 알로나 비치에서 달콤한 휴식

오늘 코스 지도로 보기

www.clzup.com/qr/b20

Philippines

점심 식사는 배 위에서 제공된다.

09:00 Start ▶ — 17:00 ■ Finish

해양 실습
Open Water Course

오늘도 총 3회 해양 실습을 한다. 강사의 재량에 따라 전날보다 좀더 깊은 바다나 조류가 있는 곳으로 이동해 변화무쌍한 필리핀의 수중세계를 체험한다. 다이빙 횟수가 늘어감에 따라 장비 사용과 몸놀림도 점차 자연스러워진다. 특히 신경 써야 할 부분은 일정한 수심을 유지하며 유영하는 기술인 중성부력 맞추기다. 처음에는 조금 어렵지만 강사의 지시에 따라 BCD(부력조절장치)에 공기를 넣거나 빼면서 호흡을 조절하면 금세 몸에 익힐 수 있다. 운이 좋으면 해양 실습을 하는 동안 바다거북이나 가오리 등 희귀 어종과 마주치는 행운도 잡을 수 있다.

이론 시험, 저녁 식사
Dinner

전날과 마찬가지로 해양 실습을 마치고 숙소로 돌아오면 17:00쯤이 된다. 샤워를 하고 잠시 휴식을 취하다 알로나 비치 또는 탁빌라란 시내로 나가 저녁을 먹는다. 식사를 마친 뒤에는 술 한잔 기울이며 시간을 보내거나, 마사지 숍에서 느긋하게 몸을 풀면서 여행의 마지막 밤을 보내도 좋다. 안타깝게 재시험에 걸린 이라면 느긋함보다는 시험 통과에 대한 압박이 클 수밖에 없겠지만….

알로나 비치

아름다운 수중세계

열대어와 함께 기념사진을!

Day 5

mission

1. 보홀 섬→세부 이동

2. 세부 최대의 쇼핑몰 SM 시티에서 쇼핑

3. 세부→인천 이동

오늘 코스 지도로 보기

www.clzup.com/qr/b21

Philippines

> 잠수병 예방을 위해 마지막 잠수를 마치고 18시간이 경과한 뒤에 비행기를 타야 한다.

08:00  2hour 11:50

Start ▶

보홀 섬→세부
Bohol Island→Cebu

08:00쯤 체크아웃을 하고 다이빙 숍의 차량을 이용해 탁빌라란 항구로 간다. 세부로 돌아갈 때도 오션 젯 Ocean Jet의 페리를 이용한다. 왕복권을 구입했다면 매표소로 가서 티켓 교환권을 제시하고 탑승권을 받은 다음, 휴대품 검사를 받고 배에 오르면 된다. 세부 페리터미널까지는 2시간 정도 걸리는데, 멀미의 위험이 있으니 배에 오르자마자 꿈나라로 직행하는 게 상책이다. 세부에 도착하면 택시를 타고 SM 시티로 간다(20~30분, P100~200).

탁빌라란 항구→세부 페리터미널
오션 젯
time 07:05, 09:20, 11:40, 14:00, 16:20, 18:00, 18:35(운항 시각은 시즌에 따라 다름), 2시간 소요
cost P820(왕복)

SM 시티, 점심 식사
SM City

세부 최대 규모를 자랑하는 복합 쇼핑몰. 500여 개의 숍과 레스토랑·극장·슈퍼마켓이 모여 있어 하루 종일 현지인과 관광객들로 북적인다. 패스트푸드에서 근사한 현지 음식까지 다채로운 요리를 선보이는 레스토랑이 많아 공항으로 가기 전에 식사를 해결하기에 좋으며, 1층의 슈퍼마켓에서는 필리핀의 쇼핑 아이템 1순위로 꼽히는 말린 망고를 비롯해 다양한 식료품과 생활잡화를 저렴하게 구입할 수 있다.

open 10:00~21:00
web www.smsupermalls.com

탁빌라란 항구 | 세부 최대의 쇼핑몰 SM 시티

 공항 이용료를 별도로 지불해야 하니 돈이 모자라지 않게 미리 챙겨두자.

 20min~   13:50   15:55    4:20min   21:15 ■ Finish

세부 막탄 국제공항
Mactan Intl. Airport

막탄 국제공항은 규모가 작아 이용에 큰 어려움은 없지만, 편의시설이 부족한 게 최대의 단점이다. 출국장은 2층에 있으며 입구에서 간단히 짐 검사를 받고 안으로 들어가면 항공사의 체크인 카운터가 보인다. 여기서 세부퍼시픽항공의 체크인 카운터를 찾아가 여권과 항공권을 제시하고 탑승수속을 한다. 그리고 공항 이용료를 지불한 뒤 안쪽의 출국심사장으로 가서 여권과 탑승권을 제시하고 출국심사를 받는다. 이제 기내 수하물 검사를 받으면 탑승구가 위치한 휴게실로 이어진다. 휴게실에는 몇 개의 기념품점과 스낵바만 있을 뿐 이렇다 할 편의시설은 없으니 큰 기대는 금물!

공항 이용료
cost P550

세부퍼시픽항공, 세부 출발
Cebu Pacific Air 5J128

비행기 탑승은 출발 시각 30분 전부터 시작된다. 공항 시설이 미비해 비행기를 탈 때는 활주로까지 버스로 이동한 다음 직접 계단을 걸어 올라가야 한다. 세부에서 인천까지의 소요시간은 4시간 20분 정도. 저가항공사인 까닭에 기내에서 즐길 만한 오락거리가 전혀 없으니 책이나 동영상을 개인적으로 준비해 가는 게 좋다. 기내식은 물론 음료 역시 모두 유료로 제공된다는 사실에도 주의하자. 비행기가 21:00 이후에 도착하기 때문에 기내에서 허기를 느낄 가능성이 높으니 SM 시티의 슈퍼마켓에서 간식을 미리 챙겨두거나, 기내에서 컵라면·기내식(US$5~10) 먹을 돈을 마련해 놓는 게 좋다.

인천국제공항 도착
Incheon Intl. Airport

인천국제공항에 도착해 입국심사를 마치고 짐을 찾아 입국장 밖으로 나오기까지 걸리는 시간은 30~40분 정도. 입국장은 공항 1층에 있으며, 표지판을 따라 5~10분쯤 걸으면 공항철도역이 나타난다. 입국장 바로 앞에는 서울 시내를 연결하는 여러 노선의 공항 리무진 버스 정류장도 있는데, 노선별로 막차 시각이 다르니 (22:00~23:30) 홈페이지에서 정확한 운행 시각을 확인하고 이용하자.

공항철도
cost 3950원(서울역)

공항 리무진 버스
cost 5000~1만 5000원
web www.airportlimousine.co.kr

세부 막탄 국제공항   세부퍼시픽항공   인천국제공항

스쿠버다이빙 & 휴식 여행

세부·스쿠버다이빙 4박 6일

110만 원~

세부퍼시픽항공의 항공권 구입이 여의치 않을 때는 진에어 등 비슷한 요금대의 저가항공사를 이용하는 것도 요령이다. 다만 귀국 항공편이 세부에서 심야에 출발하기 때문에 부득이하게 하루의 시간을 보홀 섬에서 보내야 하며, 기내에서 1박을 하게 된다는 차이가 있다.

요금이 저렴한 진에어

추천 항공편 세부퍼시픽항공
- 인천 20:50→세부 00:20
- 세부 01:20→인천 06:50
- **숙박** 보홀 섬 3박, 기내 1박
- **예산** 1,108,000원~
- **다이빙 교육비** US$400 (오픈 워터 코스, 숙박비 포함)
- **생활비** P7500(5일)
- **교통비** P2000
- **투어비** US$30
- **항공료** 40만 원~
- ※US$1=1050원, P1=27원 기준

기본 준비

Day 1 · 인천→세부

인천국제공항을 20:50에 출발해 세부 막탄 국제공항에 00:20에 도착한다. 다음 날 06:00에 보홀 섬으로 들어가는 페리를 타야 하므로 굳이 호텔을 이용하기보다는 잠깐 눈을 붙일 수 있는 마사지 숍에서 쉬어 가는 게 적당하다. 자세한 내용은 p.249를 참조하자.

Day 2·3·4 · 보홀 섬·다이빙

p.249~252와 동일

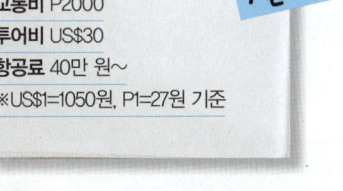

Day 5 · 보홀 섬 투어, 보홀 섬→세부

다이빙 교육을 마치자마자 귀국하면 좋겠지만, '잠수병 예방을 위해 마지막 다이빙을 마치고 18시간이 경과한 뒤에 비행기를 타야' 하는 안전 원칙상 어쩔 수 없이 보홀 섬에서 하루를 보내야 한다.

하루를 알차게 보내는 방법은 보홀 섬 1일 투어를 하는 것. 인원이 적을수록 비용이 비싸지니 적어도 3명 이상의 그룹으로 이용하는 게 좋으며 비용은 점심 식사와 입장료를 포함해 1인당 US$25~30 정도다. 투어 예약은 다이빙 숍을 통해서 하면 된다. 10:00쯤 다이빙 숍 체크아웃을 하고 원추형 언덕이 올록볼록 솟아오른 독특한 풍경의 초콜릿 힐 Chocolate Hills, 몸길이 10~12㎝에 불과한 세계에서 가장 작은 안경 원숭이 서식지를 본 다음, 로복 강 Lobok River 유람선(점심 식사 포함, 1시간 소요)을 탄다. 그리고 1595년에 건립된 고풍스러운 바클라욘 교회 Baclayon Church, 1565년 필리핀과 스페인의 우호조약 체결을 기념하는 혈맹 기념비 Blood Compact Marker까지 보면 15:30쯤이 된다.

이제 16:20에 출발하는 페리를 타고(2시간 소요) 세부로 돌아가 SM 시티 쇼핑몰에서 저녁 식사와 쇼핑을 즐긴 뒤 23:00쯤 세부 막탄 국제공항으로 향한다.

세부의 바다 속을 여행한다

Day 6 · 세부→인천

세부 막탄 국제공항에서 01:20에 출발하는 비행기를 타면 다음 날 새벽 06:50 인천국제공항에 도착한다.

travel note

보라카이 2박 4일

볼거리 ★★☆☆☆
식도락 ★★☆☆☆
쇼 핑 ★☆☆☆☆
레포츠 ★★★★★
해 변 ★★★★★
유 흥 ★★★☆☆

아름다운 열대의 낙원에서 보내는 로맨틱한 휴가를 꿈꾸는 이를 위한 초단기 일정. 고운 밀가루를 뿌뿌려 놓은 듯 새하얀 백사장과 수정처럼 맑은 바다, 밤하늘을 수놓는 총총한 별들이 잊지 못할 멋진 추억을 선사한다.

day 1

인천 → 보라카이

[숙박] 보라카이

10:35 필리핀항공, 인천 출발
13:45 칼리보 국제공항 도착
14:30 공항 → 보라카이
16:30 호텔 체크인
17:00 화이트 비치
18:00 블라복 비치
19:00 디몰, 저녁 식사

day 2

보라카이

[숙박] 보라카이

10:00 화이트 비치
18:00 저녁 식사

기본 준비

추천 항공편 필리핀항공
인천 10:35 → 칼리보 13:45
칼리보 00:15 → 인천 06:30
숙박 보라카이 2박, 기내 1박
예산 942,000원~
숙박비 US$240(호텔 더블룸 2박)
생활비 P4500(3일)
교통비 P700
항공료 55만 원~
※US$1=1050원, P1=27원 기준

day 3

보라카이

숙박 기내

- 11:00 호텔 체크아웃
- 12:00 보라카이 섬 일주
- 16:00 화이트 비치
- 18:00 보라카이→칼리보 공항
- 20:00 칼리보 국제공항 도착
- 00:15 필리핀항공, 칼리보 출발

day 4

보라카이 → 인천

- 06:30 인천국제공항 도착

Boracay

요점 정리!

보라카이에는 공항이 없다
보라카이는 워낙 조그만 섬이라 공항이 없기 때문에 인근의 칼리보 국제공항 또는 카티클란 공항을 이용해야 한다. 현재 우리나라와 칼리보 국제공항을 연결하는 항공편은 필리핀항공·세부퍼시픽항공·에어아시아제스트 등에서 운항하는데, 스케줄이 엇비슷하니 무조건 저렴한 쪽을 선택하는 게 경비를 절약하는 지름길이다.

교통이 편리한 보트 스테이션 1~3 주변의 호텔을 예약
보라카이는 필리핀에서도 고급 휴양지로 꼽히는 곳이라 숙소가 비싼 호텔밖에 없다. 호텔은 교통이 편리하고 편의시설이 집중된 섬 서쪽의 보트 스테이션 Boat Station 1·2·3에 위치한 곳을 고르는 게 좋은데, 중급 이상의 호텔은 1박 US$120 이상을 예상해야 한다.

3~5월이 여행의 최적기
여행의 적기는 11~5월의 건기, 그중에서도 비수기인 3~5월이다. 다만 최근 기상이변으로 인해 3~5월에도 비가 내리는 날이 점차 늘어나고 있다. 강수량이 집중되는 6~10월의 우기에는 해수욕을 즐기기 힘들며, 8~10월에는 태풍이 수시로 발생하니 일기예보에 귀를 기울여야 한다.

보라카이 2박 4일

Day 1

mission

1. 인천→보라카이 이동

2. 아름다운 화이트 비치에서 휴식

3. 보라카이의 쇼핑 중심지 디 몰에서 저녁 식사 & 쇼핑

오늘 코스 지도로 보기

www.clzup.com/qr/b22

Philippines

공항 이용객이 많으니 인천국제공항 도착은 비행기 출발 2시간 전까지 완료!

10:35   4:10min   13:45

Start ▶

필리핀항공, 인천 출발
Philippine Airlines PR487

비행기는 필리핀항공의 인천↔칼리보 왕복편을 이용한다. 인천에서 오전, 칼리보에서 심야에 출발하기 때문에 3일을 꽉 채워서 여행할 수 있는 게 장점이다. 인천에서 필리핀까지의 소요시간은 4시간. 음료와 기내식 등의 서비스를 받으며 영화 한 편 감상하다보면 어느덧 칼리보 국제공항에 도착한다. 기내에서는 필리핀 입국에 필요한 신고서를 미리 작성해두자. 신고서는 공항 도착 전에 승무원들이 나눠준다. 한국과 필리핀의 시차는 -1시간. 비행기에서 내릴 때 시계 바늘을 한 시간 뒤로 돌려놓는 것도 잊지 말자.

칼리보 국제공항
Kalibo Intl. Airport

비행기에서 내려 입국심사장을 뜻하는 'Immigration' 표지판을 따라간다. 입국심사장에 도착하면 외국 여권 'Foreign Passport'이라고 표시된 쪽에 줄을 서서 여권과 기내에서 작성한 입국 신고서를 제시하고 입국심사를 받는다. 이제 짐을 찾아 세관검사대를 통과하면 드디어 칼리보 도착 완료! 입국장을 나오면 근처의 환전소에서 여행 경비를 환전하고 보라카이로 갈 채비를 한다.

주의하세요
세관검사대에서 필리핀 직원들이 '관세' 명목으로 돈을 갈취하는 일이 잦다. 한국에서 구입한 면세품이 주 타깃이니 면세품은 눈에 잘 띄지 않도록 가방 깊숙이 넣어두자.

필리핀항공   칼리보 국제공항

14:30 — 2hour~ — 16:30 — 17:00

공항→보라카이
Airport→Boracay

칼리보 공항에서 보라카이까지의 거리는 약 80km. 도로 사정이 열악하고 중간에 배로 갈아타고 가야 해 이동에만 2시간 정도 걸린다. 우선 칼리보 공항 앞에서 카티클란 선착장행 승합차를 탄다. 출발 시각은 정해져 있지 않으며 정원이 차면 출발한다.
카티클란 선착장에 도착하면 차에서 내려 선착장으로 들어간다. 그리고 환경세(P75)와 선착장 이용료(P100)를 내고 보라카이 섬의 칵반 Cagban 선착장행 방카를 탄다.

칼리보 공항→카티클란 선착장
승합차
time 1시간 30분 소요
cost P250~(방카 요금 포함)
카티클란 선착장→칵반 선착장
방카 time 15분 소요

호텔 체크인
Hotel Check In

칵반 선착장에 도착한 다음 예약한 호텔로 이동한다. 보라카이 섬 안에는 택시가 없으며, 트라이시클이라고 부르는 오토바이 택시가 그 역할을 대신한다. 선착장 앞의 정류장에서 대기 중인 트라이시클을 타면 되는데, 혼자서 택시처럼 이용할 때는 편도 P100 정도, 현지인들과 함께 버스처럼 이용한다면 1인당 P20를 받는다. 선착장에서 주요 호텔까지는 트라이시클로 15~20분 정도 걸린다. 호텔 체크인을 마친 뒤에는 수영복으로 갈아입고 화이트 비치로 나가 남국의 태양과 바다를 만끽한다.

화이트 비치
White Beach

글자그대로 새하얀 해변이 길게 펼쳐져 있다. 잘게 부서진 산호와 조개껍질로 이루어진 해변이라 일반적인 모래사장과 달리 유독 하얗게 빛난다. 짙푸른 바다와 해변 너머로 시원한 그늘을 늘어뜨린 야자수의 모습이 한 폭의 그림 같은 풍경을 연출한다. 3km에 이르는 긴 해변을 따라 비치 파라솔의 행렬이 이어지며, 수많은 레스토랑과 호텔·기념품점이 늘어서 있어 해수욕·일광욕과 함께 거리 구경에 나서는 재미도 쏠쏠하다.

카티클란 선착장행 승합차 · 화이트 비치 · 트라이시클 · 화이트 비치

10min    10min

18:00   19:00   ■ Finish

블라복 비치
Bulabog Beach

보라카이 섬 동쪽에 있는 길이 2㎞ 남짓한 해변이다. 화이트 비치보다 모래사장이 거칠고 바닷물도 탁해 여행자의 발길이 상대적으로 뜸하다. 하지만 계절풍이 부는 11~5월에는 카이트 보딩과 윈드 서핑을 즐기는 여행자들로 인산인해를 이룬다. 더구나 수심이 일정하기 때문에 초심자들이 서핑을 즐기기에도 부담이 없으니 기회가 되면 카이트 보딩이나 윈드 서핑에 도전해 보는 것도 좋다.
또한 6~10월의 우기에는 파도가 거친 화이트 비치보다 상대적으로 바다가 잔잔한 블라복 비치가 여행지로 인기가 높다는 사실도 알아두면 좋을 듯!

디 몰, 저녁 식사
D Mall

명실상부한 보라카이의 중심지. 기념품점·잡화점·레스토랑·슈퍼마켓·환전소 등 모든 편의시설이 집중돼 있어 보라카이를 찾는 여행자라면 누구나 한 번쯤 들르게 된다. 특히 보라카이에서 내로라하는 맛집은 물론, 세계 각국의 요리를 취급하는 다양한 레스토랑이 모여 있어 저녁 식사를 해결하기에도 좋다. 식후에는 디 몰을 구경하거나 화이트 비치로 나가 노을 지는 풍경을 감상하며 느긋하게 시간을 보낸다.

Travel Tip
해양 스포츠 즐기기

화이트 비치에서는 다양한 해양 레포츠를 즐길 수 있다. 제트스키·패러세일링처럼 아무 때나 즐길 수 있는 레포츠가 있는가 하면 호핑 투어처럼 예약이 필요한 것도 있으니 화이트 비치를 구경하는 동안 원하는 레포츠를 점찍어 두자. 내용·가격 등은 화이트 비치 곳곳에 위치한 여행사나 호객꾼에게서 확인하면 된다. 딱히 정해진 요금은 없으니 흥정으로 가격을 깎는 건 기본!

호핑 투어는 보라카이 섬의 주요 포인트를 배로 돌아보며 중간중간 스노클링을 하거나 해변에서 바비큐를 해먹으며 놀 수 있는 게 매력이다. 보통 반나절 정도 걸리며 원하는 음식을 말하면 준비해 주기도 한다. 호핑 투어 호객꾼 가운데는 요금 전액을 선불로 요구하는 경우도 있는데, 사기를 당할 우려가 있으니 예약금 형식으로 총 금액의 20~30%만 주고 실제 호핑 투어 때 잔액을 주는 게 안전하다.

패러세일링 15분, US$45~
바나나 보트 15분, US$8~
제트 스키 15분, US$50~
플라이 피시 15분, US$20~
체험 다이빙 2시간, US$60~
호핑 투어 5시간, US$60~
※위의 요금은 시즌 및 여행사에 따라 다르니 참고용으로만 알아두자.

염색한 모래로 만든 기념품
블라복 비치   보라카이 최대의 쇼핑가 디 몰

스쿠버다이빙
인기 레포츠인 바나나 보트

Day 2

mission

1. 화이트 비치에서 해수욕 & 휴식

2. 해양 스포츠 즐기기

3. 노천 레스토랑에서 싱싱한 해산물 맛보기

오늘 코스 지도로 보기

www.clzup.com/qr/b23

Philippines

> 돈·여권 등의 귀중품은 분실의 우려가 있으니 객실의 안전금고에 넣어 놓고 나간다.

10:00 ················· 18:00
Start ▶   ■ **Finish**

화이트 비치
White Beach

호텔에서 느긋하게 아침 식사를 마치고 화이트 비치로 자리를 옮겨 휴식을 취한다. 작렬하는 남국의 태양 아래서 일광욕을 하거나 비치 파라솔을 빌려 망중한을 즐겨도 좋다. 마냥 누워 있기가 지루할 때는 바닷물에 잠시 몸을 담그거나 호핑 투어·바나나 보트·제트스키 등 다양한 해양 스포츠를 즐기며 놀아도 된다. 점심 식사는 화이트 비치를 따라 늘어선 식당 또는 디 몰의 식당가에서 해결한다.

저녁 식사
Dinner

해질녘이면 화이트 비치의 식당가에도 활기가 돌기 시작한다. 바닷가를 따라 늘어선 노천 레스토랑에서는 먹음직한 해산물을 산더미처럼 쌓아놓고 파는데 싱싱한 새우·게·랍스터 등이 군침 돌게 만든다. 마음에 드는 곳을 골라 선선한 바닷바람을 맞으며 근사하게 저녁을 즐겨보자. 단, 보라카이 물가가 서울 뺨치게 비싸다는 사실은 알아두는 게 좋을 듯! 가격이 부담스러울 때는 디 몰의 식당가나 저렴한 현지인 레스토랑을 이용하자.

화이트 비치의 노을

화이트 비치

다양한 음식을 맛볼 수 있다

263

Day 3

mission
1. 보라카이 섬 일주
2. 화이트 비치에서 휴식
3. 보라카이 → 인천 이동

오늘 코스 지도로 보기

www.clzup.com/qr/b24

Philippines

돌아다니기 귀찮을 때는 화이트 비치를 산책하거나 비치 파라솔을 빌려 느긋하게 쉬는 것도 좋다.

11:00 Start ▶ **12:00**

호텔 체크아웃
Check Out

아침 식사를 마치고 여유 있게 체크아웃을 한다. 오후 늦게 칼리보 공항으로 돌아가 귀국 항공편을 타게 되니 큰 짐은 호텔에 잠시 맡겨 놓고 나간다. 이제 화이트 비치로 가서 잠시 산책을 즐기다 점심 식사를 하고 본격적인 섬 일주에 나선다.
일단 호텔 체크아웃하고 나면 씻을 곳이 마땅치 않으니 물놀이는 되도록 자제하는 게 좋다.

보라카이 섬 일주
Boracay

보라카이 섬은 길이가 7km에 불과한 아주 조그만 섬이며, 여행자의 흥미를 끌 만한 볼거리가 많지 않아 돌아보는 데 오랜 시간이 걸리지는 않는다. 우선 화이트 비치에서 1.5km쯤 떨어진 루호 산 전망대 Mt. Luho View Park로 간다(도보 30분). 보라카이 섬에서 가장 높은 전망대라 섬 전체가 한눈에 들어온다(유료). 다시 화이트 비치로 돌아가 트라이시클을 타고 푸카 셸 비치 Puka Shell Beach로 향한다(20분). 맑은 바다와 긴 백사장이 펼쳐져 있는데 관광객이 드물어 화이트 비치에 비해 훨씬 한적한 게 매력이다. 적당히 구경한 뒤에는 다시 화이트 비치로 돌아간다.

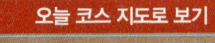

섬 일주에 유용한 버기카

루호 산 전망대에서 바라본 보라카이 섬   화이트 비치

> 공항 이용료를 별도로 지불해야 하니 돈이 모자라지 않게 미리 챙겨두자.

16:00 —— **18:00**  2hour~ **20:00**

화이트 비치
White Beach

공항으로 돌아갈 배가 출발하기 전까지 화이트 비치에서 쉬면서 시간을 보낸다. 해변을 산책하거나 기념품점을 구경하는 것도 재미있다. 공항 근처에는 허름한 식당 몇 개가 고작일 뿐 식사를 해결할 곳이 마땅치 않으니 배를 타러 가기 전에 조금 이른 저녁을 먹어두는 것도 좋다.

보라카이 → 칼리보 공항
Boracay → Kalibo Airport

호텔에서 짐을 찾아 트라이시클을 타고 칵반 선착장으로 간다(15~20분, P20~). 매표소에서 공항행 교통편(방카·승합차)이 모두 포함된 티켓을 구입하고 방카에 오른다. 카티클란 선착장에 도착하면 짐을 찾은 다음 직원들에게 티켓을 보여주고 칼리보 공항행 승합차를 타면 된다.
방카 운항 시각은 시즌마다 다른데, 오후 늦게 출발하는 방카가 있을 때는 천천히 공항으로 돌아가도 된다.

칵반 선착장 → 카티클란 선착장
방카
time 15분 소요
cost P250~(공항행 승합차 요금 포함), 선착장 이용료 P100

카티클란 선착장 → 칼리보 공항
승합차
time 1시간 30분 소요

칼리보 국제공항
Kalibo Intl. Airport

칼리보 국제공항은 규모가 작아 이용에 어려움은 없지만 편의시설이 무척 빈약하다. 더구나 출입국 관리 사무소 직원들이 나오는 22:00 이후에 체크인 카운터를 오픈하기 때문에 공항에 일찍 도착해도 마땅히 할 일이 없는 게 문제!
출국장은 1층이며 짐 검사를 받고 안으로 들어가면 정면에 체크인 카운터가 있다. 여기서 필리핀항공의 체크인 카운터를 찾아가 여권과 항공권을 제시하고 탑승수속을 한다. 그리고 공항 이용료를 지불한 뒤 출국심사장으로 가서 기내 수하물 검사와 출국심사를 받으면 탑승구가 위치한 휴게실로 이어진다.

공항 이용료
cost P500

화이트 비치 | 카티클란 선착장행 방카 | 칼리보 국제공항

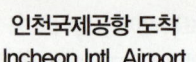

Travel Tip

저가항공 이용하기

우리나라에서 보라카이 직항편(칼리보 국제공항행)을 운항하는 저가항공사는 세부 퍼시픽 항공과 에어 아시아 제스트뿐이다. 두 항공사 모두 비정기 전세편이라 시즌별로 운항 스케줄에 변동이 심하다는 사실에 주의하자.

세부 퍼시픽 항공

세부 퍼시픽의 인천 07:55→칼리보 11:05, 칼리보 02:00→인천 07:10 항공편을 이용하면 앞서 소개한 보라카이 2박 4일 일정(p.256)을 무난히 소화할 수 있다. 요금은 최저가 기준 왕복 30만 원 수준이다.
web www.cebupacificair.com

에어 아시아 제스트

인천 16:15→칼리보 20:10, 칼리보 10:40→인천 15:55의 스케줄로 운항하기 때문에 야간 비행의 불편함이 없다. 하지만 보라카이에 한밤중에 도착하고, 귀국편을 아침에 타야 해 현지 체류 시간이 무척 짧아지는 결정적 단점이 있다.
web www.airasia.com

필리핀 현지 항공사 국내선

저렴한 보라카이 직항편 티켓을 구하기 힘들 때는 저가항공을 이용해 일단 마닐라·세부까지 간 다음, 팔 익스프레스 Pal Express·세부퍼시픽 등의 필리핀 국내선 저가항공편을 이용해도 된다. 상대적으로 자리를 구하기 쉬우며, 3개월 이상의 시간을 두고 예약할 경우 마닐라(또는 세부)↔칼리보를 10~15만 원에 왕복하는 것도 가능하다.

팔 익스프레스
web www.flypalexpress.com
세부퍼시픽
web www.cebupacificair.com

Day 4

00:15 — 4:15min — 06:30 Finish

필리핀항공, 칼리보 출발
Philippine Airlines PR486

비행기 탑승은 출발 시각 30분 전부터 시작된다. 공항 시설이 미비해 비행기를 탈 때는 활주로까지 버스로 이동한 다음 직접 계단을 걸어 올라가야 한다. 자리에 앉으면 담요를 확보한 뒤 승무원에게 안대 Eye Patch와 귀마개 Ear Plug를 달라고 부탁하자. 실제 비행시간이 4시간 정도에 불과한 무척 짧은 야간비행이라 최대한 숙면을 취하려면 위의 준비물은 필수다. 기내가 무척 건조해 자는 동안 목과 코에 불편을 느낄 가능성이 높은데, 이때를 대비해 마스크를 가져가면 숙면을 취하는 데 조금이나마 도움이 된다.

인천국제공항 도착
Incheon Intl. Airport

공항 도착 1시간 전쯤 기내식이 제공된다. 하지만 이른 새벽 잠이 덜 깬 상태로 고 칼로리의 느끼한 기내식을 먹는 것도 그리 유쾌한 일은 아니다. 가벼운 식사를 원한다면 미리 항공사에 연락해 과일·샐러드 등의 '특별식'을 주문하는 것도 요령! 기내식 주문은 비행기 출발 시각 기준 48시간 전까지 마쳐야 하며 요금은 무료다.
1분 1초라도 잠이 더 소중한 이는 기내식을 취소시키고 공항 도착 때까지 숙면을 취한다.
단, 잠이 덜 깬 상태로 비행기에서 내리다 소지품을 잃어버리는 사고가 종종 발생하니 도착 시각보다 조금 일찍 일어나 내릴 채비를 하는 센스는 필수!

필리핀 항공 · 인천국제공항

◀ 베트남

VIETNAM

베트남 핵심 여행정보
20 호치민 2박 4일
21 호치민 3박 5일
22 호치민·무이네 5박 7일

best 6
VIETNAM

#1
프랑스 식민시대의 아픔이 서려 있는 이국적인 건물. 유럽의 궁전을 연상시키는 외관이 인상적이다. → 호치민 인민 위원회 p.278

#2
130여 년의 역사를 자랑하는 교회. 프랑스에서 공수해온 건축자재로 만들어졌다. → 사이공 대교회 p.278

#3
광활한 베트남의 자연과 현지인의 소박한 삶을 자연스럽게 체험할 수 있다.
→ 메콩 델타 투어 p.280

#4
졸졸 흐르는 시냇물을 따라
걸으며 경이로운 풍경의
계곡 탐험을 즐겨보자.
→ 요정의 샘 p.294

#5
카이트 보딩 등 짜릿한 해양
액티비티를 저렴하게 즐길 수
있는 것도 베트남 여행의 매력!
→ 무이네 해변 p.293

#6
끝없이 펼쳐진 모래 벌판이 마치 사막 한복판에 와있는 듯한
착각을 불러일으킨다. → 사구 p.294

basic info. 베트남

비자
우리나라와 비자 면제 협정을 맺고 있어 관광 목적으로 입국할 경우 비자가 필요 없다. 비자 없이 베트남에 체류할 수 있는 기간은 15일이다.

여행 시기
베트남은 국토가 남북으로 길게 뻗은 (총길이 1650km) 지리적 특성상 남부와 북부의 기후가 판이하게 다르다. 호치민·무이네가 속한 남부 지역은 열대 기후에 속하며, 계절은 11~4월의 건기와 5~10월의 우기로 나뉜다. 여행의 최적기는 비가 조금 내리고 기온도 상대적으로 낮아지는 12~3월이다. 강수량이 집중되는 5~10월에는 여행에 불편을 초래할 만큼 많은 비가 내리는데, 배수시설이 열악한 호치민에서는 도로에 물이 넘쳐 통행이 불가능한 상황도 종종 연출된다. 9~10월에는 집중호우와 태풍 등 자연재해가 동반되는 경우도 있으니 주의하자.

복장
호치민·무이네 지역은 1년 내내 무더운 날씨가 지속되기 때문에 반팔·반바지 등 통풍이 잘 되는 얇은 옷 위주로 가져가야 한다. 단, 민소매·반바지·샌들 차림으로 들어갈 수 없는 고급 레스토랑·바·클럽도 있으니 한두 벌의 긴 옷을 가져가는 것도 잊어서는 안 된다. 거리나 해변에는 햇볕을 피할 곳이 마땅치 않아 열사병·화상의 위험이 높다. 강한 햇살을 가릴 모자·양산·선글라스를 준비하자.

언어
공용어는 베트남어이며, 외국인의 이용 비율이 높은 호텔·고급 상점·레스토랑이 아니고서는 영어가 잘 통하지 않는다. 거리 표지판이나 간판 역시 베트남어 위주로 쓰여 있어 언어적인 문제로 고생할 가능성이 높다.

통화
베트남동 VND,
VND10,000=500원(2014년 10월)
동전 VND200·500·1000·2000·5000
지폐 VND1000·2000·5000·10,000·20,000·50,000·100,000·200,000·500,000

환전
미국 달러 US$를 가져가 베트남 현지의 공항·은행·사설 환전소에서 베트남동으로 환전한다. US$50·100 지폐가 US$20 이하의 지폐보다 높은 환율이 적용되니 고액권 위주로 가져가는 게 유리하다. 환전소마다 환율이 다르니 꼼꼼히 비교하고 이용해야 하는데, 공항 환전소와 은행의 환율이 가장 나쁘다. 현지의 일부 환전소에서는 한국 원화를 베트남동으로 환전할 수 있다. 하지만 환율이 무척 나빠 손해보기 십상이니 이용하지 않는 게 좋다.
화폐 단위가 높은 점을 악용한 환전 사기가 심심찮게 발생하니 환전시 정확한 액수를 받았나 그 자리에서 꼼꼼히 확인하는 것도 잊어서는 안 된다.

신용카드

아직 신용카드 사용이 보편화된 지역이 아니라 대형 호텔·쇼핑몰·레스토랑이 아니고서는 신용카드 사용이 어렵다. 현금을 넉넉히 준비해 가자.

인터넷

외국인 여행자가 즐겨 찾는 미니 호텔이나 레스토랑에서는 무선 인터넷을 무료로 개방하는 곳이 많다. 하지만 중급 이상의 호텔에서는 인터넷 사용료가 별도로 부과되니 체크인할 때 구체적인 요금과 사용 가능 시간을 확인하고 이용하는 게 좋다. 인터넷 속도는 우리나라에 비해 무척 느려 상당한 인내심이 요구된다.

자유로이 스마트폰을 사용하려면 자신이 가입한 이동 통신사의 해외 데이터 로밍 서비스를 이용하는 게 현명하다 (1일 9000~1만 2000원).

전기

220V · 50Hz. 콘센트는 우리나라와 동일한 2핀 타입의 플러그와 11자형의 플러그가 모두 들어가는 멀티 형이라 우리나라의 가전제품을 바로 사용할 수 있다.

시차

우리나라와 베트남의 시차는 -2시간. 예를 들어 우리나라가 낮 12:00라면 베트남은 오전 10:00다.

주의사항

수많은 오토바이와 자동차가 한데 뒤엉켜 달리는데다가 차도를 건널 때 무단횡단이 일상화된 까닭에 교통사고의 위험이 무척 높다. 심지어 횡단보도에서도 보행자가 지나가기를 기다려주지 않으니 눈치껏 길을 건너야 한다. 현지인이 길을 건널 때 뒤따라가는 게 가장 안전한 방법이다.

호치민 시내에서는 택시 요금과 관련된 시비가 끊이지 않는다. 외국인에게는 무조건 바가지를 씌우려는 경향이 있으니 비교적 양심적으로 운행하는 비나선 Vinasun 또는 마일린 Mai Linh 택시를 이용하는 게 좋다.

상수도 시설이 열악하니 수돗물은 음용수로 사용하지 말고 반드시 생수를 사서 마시거나 끓인 물을 먹어야 한다. 오토바이 날치기·소매치기·강도 사건이 심심찮게 발생한다. 길에서는 최대한 차도에서 멀찍이 떨어져 걷고, 인적이 드문 길이나 밤거리는 최대한 피해야 한다. 현금·귀중품 보관에도 각별히 유의하자.

공휴일

1월 1일 설날
1월 1~3일(음력) 구정
3월 10일(음력) 흥왕 기념일
4월 30일 사이공 해방 기념일
5월 1일 노동절
9월 2일 독립 기념일

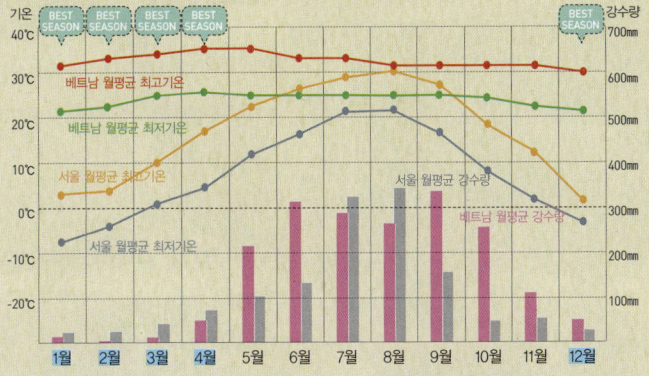

베트남 베스트 여행 시즌

travel note

호치민 2박 4일

볼거리 ★★★☆☆
식도락 ★★★☆☆
쇼 핑 ★☆☆☆☆
유 흥 ★★★☆☆

베트남 남부 최대의 도시이자 경제의 중심지 호치민을 여행한다. 어수선한 분위기 때문에 여행지로서의 쾌적함은 떨어지지만, 경제 개방 이후 활기차게 변모하고 있는 모습에서 이 도시의 잠재력을 느낄 수 있다. 곳곳에 남겨진 프랑스 식민시대의 건물들이 이국적인 분위기를 더하는 것도 이채롭다.

day 1

인천 → 호치민, 호치민 시내
숙박 호치민

10:15 베트남항공, 인천 출발
13:30 떤선녓 국제공항 도착
14:20 공항 → 시내
15:00 호텔 체크인, 투어 예약
16:00 벤탄 시장
16:50 사이공 대교회
17:10 중앙 우체국
17:50 호치민 인민 위원회
18:10 레러이·동커이 거리
19:30 디너 크루즈

day 2

메콩 델타
숙박 호치민

08:30 투어 픽업
10:30 미토 선착장, 벌꿀 농장
11:30 코코넛 사탕 공장
12:10 점심 식사
14:00 미니 보트 투어
15:00 미토 → 호치민
17:00 사이공 스카이데크
19:00 저녁 식사

기본 준비

추천 항공편 베트남항공
인천 10:15→호치민 13:30
호치민 23:45→인천 06:50
숙박 호치민 2박, 기내 1박
예산 717,000원~
숙박비 US$80(미니 호텔 싱글룸 2박)
생활비 VND1,800,000(4일)
입장료 VND285,000
교통비 VND300,000
투어비 VND280,000
항공료 50만 원~
※US$1=1050원,
VND10,000=500원 기준

day 3

구찌 터널 · 호치민 시내

숙박 | 기내

- 08:00 투어 픽업
- 09:30 구찌 터널
- 14:30 데탐 거리, 점심 식사
- 15:10 통일궁
- 16:15 전쟁 박물관
- 17:00 수상 인형극
- 18:00 저녁 식사
- 21:00 시내 → 공항
- 21:30 떤선녓 국제공항 도착
- 23:45 베트남항공, 호치민 출발

day 4

호치민 → 인천

- 06:50 인천국제공항 도착

Hochimin

Hello Vietnam

요점 정리!

운항 스케줄이 좋은 베트남 항공을 이용
한국~호치민 노선은 베트남 항공 · 아시아나항공 · 대한항공에서 운항한다. 요금은 베트남항공이 저렴하지만 성수기에는 모든 항공사의 요금이 엇비슷해진다. 항공편 선택시 유의할 점은 운항 스케줄이다. 현지에 22:00 이후에 도착하는 항공편의 경우, 버스가 모두 끊긴 시간이라 시내로 들어갈 때 어쩔 수 없이 택시를 타야 한다. 교통비 부담이 커지는 것은 물론 바가지 택시를 만날 가능성도 높으니 되도록 15:00 전에 도착하는 항공편을 이용하는 게 좋다.

데탐 거리의 미니 호텔이 저렴하고 편리
가장 저렴한 숙소는 여행자의 거리 데탐에 모여 있는 미니 호텔 Mini Hotel이다. 우리나라의 모텔에 해당하는 곳이며 요금은 싱글룸 1박 US$15~20 수준이다. 창문이 없는 객실도 있으니 꼼꼼한 확인은 필수이며 더운 날씨에 대비해 반드시 에어컨이 딸린 방을 선택해야 한다.

현지 투어 이용은 필수
베트남은 대중교통이 미비해 근교 여행시 투어 버스 이용이 필수다. 호치민의 여행자 거리 데탐에 저렴한 여행사가 모여 있으니 투어의 내용과 가격을 비교해 보고 이용하자. 영어가 잘 통해 이용시 불편함은 없다.

호치민 2박 4일

Day 1

mission
1. 인천 → 호치민 이동
2. 메콩 델타·꾸찌 터널 투어 예약하기
3. 사이공 대교회·호치민 인민 위원회 등 프랑스 식민시대의 건물 탐방
4. 시원한 강바람을 맞으며 디너 크루즈 즐기기

오늘 코스 지도로 보기

www.clzup.com/qr/c1

Vietnam

> 공항 이용객이 많으니 인천국제공항 도착은 늦어도 비행기 출발 2시간 전까지 완료!

10:15 ── 5:20min ──→ 13:30

Start ▶

베트남항공, 인천 출발
Vietnam Air VN409

비행기는 베트남항공의 인천↔호치민 왕복편을 이용한다. 우리나라에서 오전에 출발하며, 귀국편은 심야에 운항하기 때문에 3일을 꽉 채워서 여행할 수 있는 게 장점이다. 인천에서 호치민까지의 소요시간은 5시간 20분. 음료와 기내식 등의 서비스를 받으며 영화 한두 편을 감상하다보면 어느새 호치민에 도착한다.

우리나라와 베트남의 시차는 −2시간이므로 비행기에서 내릴 때 시계 바늘을 두 시간 뒤로 돌려놓는 것도 잊지 말자.

떤선녓 국제공항 도착
Tan Son Nhat Intl. Airport

비행기에서 내려 'Arrival' 표지판을 따라가면 입국심사장이 나타난다. 입국심사를 받을 때는 내외국인 겸용을 뜻하는 'All Passports' 쪽에 줄을 서서 기다린다. 다른 나라와 달리 베트남은 입국 신고서를 작성할 필요가 없으며, 여권과 항공권만 제시하면 간단한 확인을 거쳐 입국 스탬프를 찍어준다. 입국심사장을 나와 한 층 아래로 내려가 짐을 찾은 다음 세관검사대를 통과하면 드디어 호치민 도착 완료!

입국장 앞에는 몇 개의 환전소가 있으니 시내로 들어가는 데 필요한 교통비와 비상금을 겸해 US$5~20 정도만 환전해두자. 나머지 경비는 환율이 좋은 시내의 환전소에서 바꾸는 게 유리하다.

인천국제공항

베트남 항공의 여객기

떤선녓 국제공항의 입국장

> 공항의 바가지 택시에 주의! Vinasun 또는 Mai Linh이 가장 믿을 만한 택시 회사다.

> 벤탄 시장 뒤쪽의 금은방 꼴목에서는 환전도 가능한데 호치민에서 환율이 가장 좋다.

 30min~   13min

14:20 — 15:00 — 16:00

공항→시내
Airport→Downtown

떤선녓 국제공항에서 호치민 시내까지의 거리는 약 8km. 교통편은 버스와 택시를 이용할 수 있다. 편하게 가려면 입국장 앞에서 미터 택시, 최대한 경제적으로 이동하려면 입국장을 나와 오른쪽에 있는 버스 정류장(15번 기둥 앞)에서 152번 버스를 이용한다. 버스는 안내방송이 전혀 없으니 운전사에게 내릴 곳을 알려달라고 부탁하자. 저렴한 호텔이 모인 배낭족의 거리 데탐 Dê Thám까지는 버스로 30~50분 걸린다.

공항→시내
버스
time 06:00~18:00(15~30분 간격)
cost VND5000, 짐 1개당 VND5000
택시
time 20~30분 소요
cost VND210,000~

호텔 체크인, 투어 예약
Hotel Check In

호텔에 도착하면 체크인을 마치고 가벼운 차림으로 나온다. 가장 먼저 할 일은 여행 둘째날의 메콩 델타 투어와 셋째날의 구찌 터널 투어 예약이다. 데탐 Dê Thám 거리에 투어 예약을 대행하는 저렴한 여행사들이 모여 있으니 이곳을 이용하면 된다. 어느 여행사건 투어 내용과 일정은 대동소이하지만, 요금이 조금씩 다르므로 최대한 저렴하게 예약하려면 두세 개 여행사에서 견적을 받아보는 게 좋다. 이때 투어 출발 장소 및 시각을 꼼꼼히 확인하는 것도 잊어서는 안 된다.

메콩 델타 투어
cost VND170,000~

구찌 터널 투어
cost VND110,000~

벤탄 시장
Chợ Bến Thành

서울의 남대문 시장을 연상시키는 호치민 최대의 재래시장. 식료품에서 의류·잡화에 이르기까지 온갖 물건을 취급하며, 쇼핑을 나온 현지인과 관광객들로 하루 종일 북새통을 이룬다. 구역별로 취급하는 물건이 다른데, 정문 주변(남쪽)에는 전통의상·캐주얼 의류·티셔츠 상점, 가운데 쪽에는 기념품·잡화·커피·과일 상점과 식당가, 북쪽에는 어패류 상점이 모여 있다. 좁은 통로를 따라 상점이 다닥다닥 붙어 있어 걷기가 무척 힘들며 종종 소매치기 사고가 발생하니 주의하자. 또한 냉방시설이 전혀 없어 무척 후덥지근하다는 사실도 알아두는 게 좋을 듯!

open 07:00~19:00
(상점마다 다름)

> 코믹한 디자인의 티셔츠

시내행 152번 버스

배낭족 거리로 유명한 데탐

활기찬 기운이 넘치는 벤탄 시장

🚶 15min　　　　　　　🚶 2min　　　　　　　🚶 10min
　　　　16:50　　　　　　　　17:10　　　　　　　　17:50

사이공 대교회
Nhà Thờ Đức Bà

프랑스 식민시대인 1880년에 완공된 장엄한 외관의 교회. 고딕 양식의 붉은 벽돌 건물과 거대한 첨탑이 인상적인데, 모두 프랑스에서 가져온 건축자재로 만들어졌다. 제단에 놓인 십자가에 매달린 예수상과 자애로운 표정의 성모 마리아상, 그리고 예배당을 아름답게 장식한 색색의 스테인드글라스가 볼만하다.

open 08:00~11:00, 15:00~17:00,
토·일요일 08:00~11:00, 15:00~16:00
(시기에 따라 다름)
cost 무료

중앙 우체국
Bưu Điện Thành Phố

식민시대의 흔적이 고스란히 남아 있는 건물. 1891년 식민 본국인 프랑스와의 연락을 목적으로 지어졌다. 안으로 들어가면 홀 중앙에 자랑스럽게 걸린 호치민의 대형 초상화가 눈길을 끈다. 입구 양쪽에는 1892년 베트남·캄보디아의 전신망을 묘사한 지도와 1936년 베트남 남부의 모습을 담은 대형 지도가 걸려 있으며, 그 아래에는 나무로 만든 오래된 전화 부스가 남아 있어 예스러운 분위기가 물씬 풍긴다. 안쪽으로는 한 세기가 넘도록 꾸준히 업무를 유지해온 우체국 시설도 있다. 기념품점에서는 호치민의 옛 모습을 담은 그림엽서와 기념우표도 판다.

open 07:30~19:00,
토·일요일 07:30~18:00

호치민 인민 위원회
U.B.N.D.T.P

프랑스 궁전을 연상시키는 화려한 외관의 건물. 건물 꼭대기에서 나부끼는 붉은색의 베트남 국기와 그리스·로마의 신을 묘사한 조각들이 묘한 대조를 이룬다. 20세기 초에 사이공 시청으로 지어졌으며, 지금은 호치민 인민 위원회 청사로 사용 중이다.
이 앞의 광장에는 인자한 표정으로 소녀의 머리를 쓰다듬는 모습의 호치민 동상이 있는데, 해가 지면 조명이 들어와 호치민 인민 위원회 건물과 함께 아름다운 야경을 뽐낸다.

사이공 대교회　　중앙 우체국　　호치민 동상과 호치민 인민 위원회

디너 크루즈는 21:00~ 21:30에 처음 출발한 선착장으로 돌아오면서 끝난다.

18:10　　 3min　　19:30

○　　　　　　　　　　■ Finish

레러이 · 동커이 거리
Lê Lói · Dồng Khởi

레러이 거리와 동커이 거리는 호치민 제일의 번화가다. 오랜 역사와 전통을 자랑하는 렉스 Rex 호텔을 비롯해 콘티넨탈 · 셰라톤 호텔 등 고급 호텔이 모두 이곳에 모여 있으며, 그 주변으로 세계적인 명성의 명품 숍과 고급 부티크 · 잡화점이 점점이 위치해 쇼핑가로도 인기가 높다. 동커이 거리 초입에는 프랑스 식민지시대에 지어진 바로크 양식의 시민극장이 우뚝 서있어 눈길을 끈다. 거리 구경에 지쳤을 때는 시원한 카페 · 디저트 숍에 들러 베트남의 명물인 커피나 아이스크림을 맛보며 잠시 쉬어가자. 디너 크루즈 출발 시각이 조금 늦기 때문에 살짝 허기를 달래는 게 좋다.

open 10:00~20:00 (숍마다 다름)

디너 크루즈
Dinner Cruise

호치민의 젖줄인 사이공 강을 운항하는 유람선을 타고 시원한 강바람을 맞으며 저녁 식사와 공연을 즐긴다(1시간 소요). 유람선 선착장은 동커이 거리 서쪽 끝에 있으며, 벵에 Bến Nghé, 엘리사 Elisa, 라 펠르 드 로리앙 La Perle de L'Orient, 타우 사이공 Tàu Sài Gòn, 타우 168 Tàu 168, 미컨 Mỹ Cảnh 등 여섯 척의 유람선이 운항된다. 각각의 배마다 분위기가 다르니 직접 보고 마음에 드는 배를 골라 타면 된다. 출항은 20:00~20:30이며 승선은 출항 시각 1시간 전부터 가능하다. 예산은 승선료(VND30,000~60,000) 포함 1인당 VND400,000~600,000 정도면 적당하다.

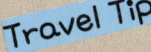

Travel Tip

전망 레스토랑 & 바

디너 크루즈에 흥미가 없다면 호치민 시내가 훤히 내려다보이는 근사한 전망 레스토랑이나 바에서 저녁 식사 또는 맥주를 즐기며 시간을 보내도 좋다.

Chill
호치민에서 가장 핫한 전망 레스토랑 겸 바. 27층 건물 꼭대기에 있어 전망이 좋으며 오픈 테라스 방식이라 개방감이 뛰어난 게 매력이다. 데탐 거리 인근의 AB Tower 26 · 27층에 있다.
open 17:30~01:30

Level 23 Wine Bar-Nightspot
셰라톤 호텔 23층에 위치한 전망 레스토랑 겸 바. 오픈 테라스 구조라 개방감이 뛰어나다. 조용히 식사를 즐기거나 휴식을 취하기 좋다. 동커이 거리에 있다.
open 16:00~24:00

Rooftop Garden Bar & Restaurant
렉스 Rex 호텔 5층 옥상의 노천 레스토랑. 전망이 뛰어나지는 않지만 호치민 인민 위원회와 주변 거리의 풍경이 볼만하다. 저녁이면 라이브 연주가 흥을 돋운다. 레러이 거리에 있다.
open 06:00~01:00

렉스 호텔의 루프탑 가든

동커이 거리의 쇼핑가　물고기 모양의 선체가 인상적인 벵에

Day 2

mission

1. 호치민→메콩 델타 이동
2. 메콩 델타를 유람하며 현지인의 삶 체험하기
3. 메콩 델타→호치민 이동
4. 호치민 최고의 건물 사이공 스카이데크에서 야경 감상

오늘 코스 지도로 보기

www.clzup.com/qr/c2

Vietnam

투어의 내용과 관광지를 돌아보는 순서, 호치민으로 돌아가는 시간은 여행사마다 조금씩 다르다.

 2hour

08:30 — 10:30
Start ▶ ○

투어 픽업
Tour Pick Up

메콩 델타 투어의 출발점인 미토 My Tho는 호치민에서 남쪽으로 80㎞ 정도 떨어져 있다. 대중교통 이용이 불편한 것은 물론, 메콩 강을 돌아보는 데 필요한 보트를 개인적으로 빌릴 수 없기 때문에 투어 이용은 필수다. 투어는 08:30 무렵 투어 참가자 픽업으로 시작된다. 일반적으로 투어를 예약한 여행사 앞에서 모였다가 가이드 또는 직원의 인솔에 따라 투어 버스 타는 곳으로 이동한다. 투어 버스는 20~40인승 에어컨 버스가 이용되는데, 시설이나 안락함은 복불복! 미토까지는 1시간 30분~2시간 정도 걸리며 도중에 휴게소에 들러 10~15분 정도 휴식을 가진다.

info 메콩 델타 투어 예약 p.277 참조

미토 선착장, 벌꿀 농장
My Tho

투어 버스가 미토 선착장에 도착하면 본격적인 메콩 델타 투어가 시작된다. 선착장으로 가서 대형 보트로 갈아타고 벌꿀 농장까지 10분 정도 이동하는 동안 황토빛 강물이 넘실대는 거대한 메콩 강을 마주하게 된다. 메콩 강은 티베트에서 발원해 라오스·캄보디아·베트남의 3개국을 거쳐 남중국해까지 장장 4020㎞에 걸쳐 흐르며, 동남아시아의 강 중에서 가장 길이가 길다.

벌꿀 농장에서는 꿀 채취 과정을 소개하며 직접 생산한 꿀도 판다. 하지만 품질이 무척 떨어지니 구경만 하는 정도로 충분! 일부 농장에서는 비단 구렁이와 함께 사진 찍기 등 특별 이벤트를 선보이기도 한다.

메콩 델타 투어 버스 | 메콩 강 유람선

> 입이 짧은 사람은 음식이 입에 안 맞을 것에 대비해 약간의 비상식량을 챙겨 가는 게 좋다.

 15min    10min    10min

11:30   12:10   14:00

코코넛 사탕 공장
Coconut Candy Factory

메콩 델타의 특산품 가운데 하나인 코코넛 사탕을 만드는 공장을 돌아본다. 공장에서는 코코넛 과육을 갈아 분말로 만들고 당분과 섞은 다음 뭉근한 불에 졸여 사탕을 만드는 전 과정을 가이드의 설명을 들으며 살펴볼 수 있다. 바로 옆에는 사탕 시식 및 판매 코너도 있다. 단, 맛이나 품질이 그리 훌륭한 편은 아니니 역시 재미 삼아 구경하는 정도로 충분하다. 공장 한켠에는 전통 공예품을 파는 기념품 코너도 있다.

전통 공예품도 판매한다

점심 식사
Lunch

점심은 메콩 강 한가운데에 위치한 풍 Phung 섬에서 먹는다. 음식 값은 투어 요금에 포함돼 있으며 밥과 채소 · 고기볶음, 그리고 약간의 국물이 제공된다. 하지만 메뉴가 워낙 부실해 맛나게 먹기는 힘든 게 현실이니 잠시 주린 배를 채우는 정도로 만족하는 게 좋다.

식사를 마친 뒤 주어지는 1시간 정도의 자유시간에는 풍 섬을 구경한다. 자전거를 빌려 섬 일주를 하거나, 선착장 앞에 있는 야자교(敎)의 사원을 둘러보면 된다. 야자교는 20세기 중반 동양의 여러 종교를 뒤섞어 만든 사이비 종교로 신도들은 이 섬에서 오직 야자얼매만 먹으며 단체생활을 했다고 한다.

미니 보트 투어
Mini Boat Tour

메콩 델타 투어의 하이라이트라 해도 과언이 아니다. 뱃사공이 직접 노를 젓는 조그만 나무 보트를 타고 메콩 강의 지류를 따라 15분 정도 뱃놀이를 즐긴다. 금방이라도 가라앉을 듯 뒤뚱뒤뚱 물살을 가르며 지나가는 보트의 모습이 무척 위태로워 보이지만, 열대수목이 무성한 수로를 따라 강물을 거슬러 올라가는 재미가 은근히 쏠쏠하다. 보트가 마을에 도착하면 열대과일을 먹으며 소박한 전통공연을 보는 것으로 투어가 마무리된다.

미니 보트 투어

코코넛 사탕 공장   미니 보트 투어   사공이 노를 젓는 작은 보트가 수로를 빠져나간다

> 데탐 거리에서 도보 25분. 건물의 독특한 외관 때문에 찾기는 어렵지 않다.

 10min    1:30min

15:00 ─────── 17:00 ─────── 19:00 ■ Finish

미토→호치민
My Tho→Hochimin

다시 대형 보트를 타고 투어의 출발점인 미토 선착장으로 돌아간다. 그리고 투어 버스로 갈아타고 호치민으로 향한다. 투어 버스의 종점은 여행자의 거리인 데탐이다. 도중에 호치민 시내의 대형 호텔이나 벤탄 시장 등에 내려주기도 하니 내리고 싶은 곳이 있다면 가이드에게 미리 말해 놓아도 된다.

사이공 스카이데크
Saigon Skydeck

호치민 시내가 한눈에 내려다보이는 최고의 전망 포인트. 사이공 스카이데크는 높이 262m를 자랑하는 호치민 제일의 마천루인 비텍스코 파이낸셜 타워 Bitexco Financail Tower 49층에 있으며, 360도로 펼쳐지는 탁트인 전망이 매력이다. 광활한 평지 위에 펼쳐진 호치민 시가지와 그 위를 굽이굽이 굽이쳐 흐르는 사이공강이 색다른 볼거리를 제공한다. 해지기 1시간 전쯤 올라가 주변을 찬찬히 구경한 뒤 붉게 물드는 저녁노을과 반짝이는 야경까지 감상하고 내려오는 게 포인트! 내부에는 음료 · 주류를 취급하는 바와 식사를 즐기기에 좋은 전망 레스토랑도 있다.

open 09:30~21:30
cost VND200,000

저녁 식사
Dinner

호치민 시내의 맛집을 찾아가 식도락을 즐긴다. 푸짐한 베트남 음식을 저렴하게 맛보려면 벤탄 시장 옆의 야시장 식당가(19:30~심야)를 이용하는 것도 방법이다. 식사를 마친 뒤에는 p.279에 소개된 전망 좋은 바를 찾아가 밤 시간을 보내거나 데탐 거리의 마사지 숍에서 피로를 풀며 휴식을 취해도 좋다.

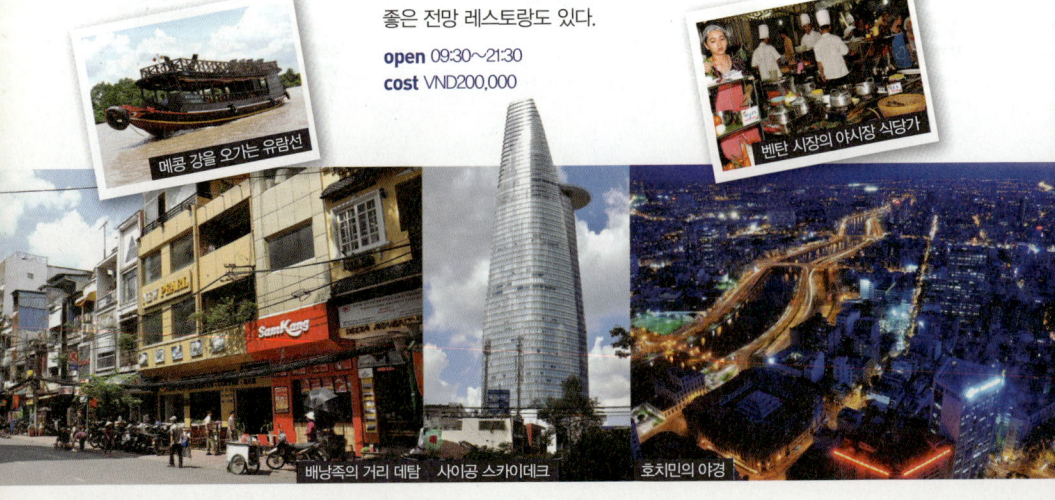

메콩 강을 오가는 유람선 · 벤탄 시장의 야시장 식당가 · 배낭족의 거리 데탐 · 사이공 스카이데크 · 호치민의 야경

Day 3

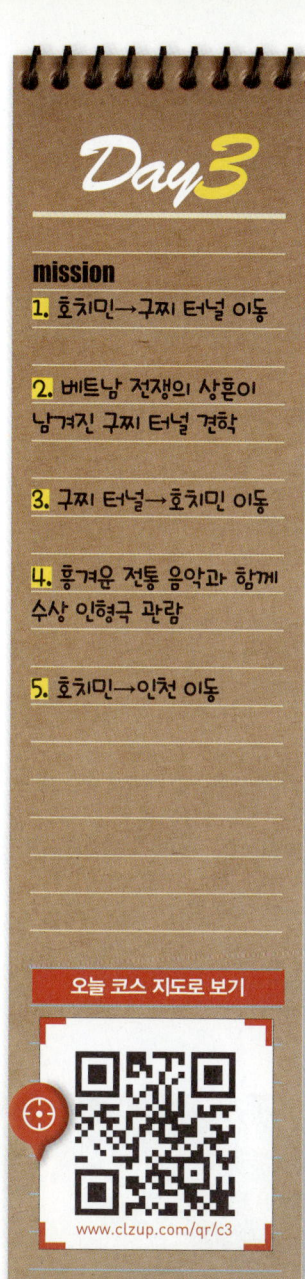

mission
1. 호치민→구찌 터널 이동
2. 베트남 전쟁의 상흔이 남겨진 구찌 터널 견학
3. 구찌 터널→호치민 이동
4. 흥겨운 전통 음악과 함께 수상 인형극 관람
5. 호치민→인천 이동

오늘 코스 지도로 보기

www.clzup.com/qr/c3

Vietnam

투어의 출발 및 도착 시각은 여행사마다 조금씩 다르다.

08:00 — 1:30min — 09:30

Start ▶

투어 픽업
Tour Pick Up

구찌 터널은 호치민에서 서쪽으로 약 70km 떨어져 있는데, 대중교통 연결이 무척 불편해 투어로 돌아보는 게 현명하다.

오후에는 비행기를 타러 가야 하니 아침 일찍 체크아웃을 마치고 큰 짐은 호텔에 맡긴다. 그리고 투어 출발 시각에 맞춰 예약한 여행사 또는 지정된 투어 픽업 장소로 간다. 투어 버스는 20~40인승 에어컨 버스가 이용되는데, 메콩 델타 투어와 마찬가지로 시설이나 안락함은 복불복이다. 구찌 터널까지는 1시간 30분 정도 걸린다. 날이 무척 덥고 매점 이용이 불편하니 충분한 양의 음료수를 준비해 가자.

info 구찌 터널 투어 예약 p.277참조

구찌 터널
Cu Chi Tunnel

오랜 식민시대와 베트남 전쟁이 빚어낸 쓰라린 역사의 흔적이다. 원래 프랑스 식민정부에 대항한 게릴라전을 목적으로 만들어졌으며 베트남 전쟁이 발발한 후에는 베트콩의 활동 거점으로 이용됐다. 체구가 작은 베트남 사람만 겨우 지나다닐 수 있는 비좁은 터널이 무려 250km나 이어지며, 내부에는 거주지·창고·참모실 등 전쟁에 필요한 거의 모든 시설이 갖춰져 있었다. 견고함은 물론 완벽한 위장과 적의 침입을 막는 기발한 함정 덕분에 전쟁이 끝날 때까지 터널은 거의 피해를 입지 않았다고 한다. 가이드의 안내에 따라 터널 내부와 함정, 베트콩 거주지, 파괴된 미군 탱크 등을 볼 수 있다.

cost VND90,000(투어 요금 불포함)

구찌 터널의 실제 입구

파괴된 미군 탱크가 전시돼 있다

> 전쟁 박물관에 흥미가 없다면 곧장 수상 인형극 극장으로 가도 된다.

 1:30min  5min   15min

14:30   15:1   16:15

데탐 거리, 점심 식사
Dê Thám

두세 시간 정도 구찌 터널을 구경한 뒤 30분~1시간 가량의 자유시간이 주어진다. 그동안 매점에서 쉬거나 실탄사격 등의 오락시설을 이용할 수 있다. 아쉬운 점은 투어에 점심 식사가 포함돼 있지 않아 한동안 허기 진 시간을 보내야 한다는 것! 이때를 대비해 미리 간식을 준비해 가면 제법 도움이 된다. 그리고 13:00 무렵 투어가 끝나면 버스를 타고 호치민 시내로 돌아간다.

투어 버스가 종점인 데탐 거리에 도착하면 근처에서 늦은 점심을 먹는다. 여행자의 거리답게 다양한 식당이 모여 있어 식사를 해결하는 데 어려움은 없다. 점심을 먹은 뒤에는 택시를 타고 다음 목적지인 통일궁으로 향한다.

통일궁
Dinh Thống Nhất

원래 프랑스의 인도차이나 반도 총독부가 있던 곳이다. 식민시대가 끝나고 제네바 협정으로 베트남의 남북분단이 결정된 1954년에는 남 베트남의 대통령 관저가 들어섰다. 이후 프랑스로부터의 독립을 기념하는 뜻으로 독립궁이란 이름으로 불리며 개축을 거듭해 1966년 지금의 모습을 갖췄다. 북 베트남에 의해 통일이 이루어진 1975년에는 남 베트남의 대통령을 축출하고 명칭도 통일궁으로 바꿔 지금에 이르고 있다. 내부에는 대통령 관저로 이용될 당시 만든 집무실·회의실·응접실·연회실 등 100여 개의 방이 있으며, 지하에는 전쟁 당시 사용하던 벙커가 남아 있다.

open 07:30~11:00, 13:00~16:00
cost VND30,000

전쟁 박물관
Bảo Tàng Chứng Tích Chiến Tranh

베트남 전쟁(1960~1975)의 처참한 역사가 기록된 박물관. 입구에는 전쟁 당시 노획된 미군의 헬기·전투기·탱크가 전시돼 있다. 총 3개 층으로 이루어져 있으며 주요 전시물은 1·2/F층에 있다. 1/F층에서는 미군의 공격으로 폐허가 된 시가지와 처참하게 훼손된 사체의 모습을 담은 사진, 그리고 미군이 사용하던 포탄·소총 등의 무기류를 전시한다. 고엽제 코너에서는 베트남의 고엽제 살포 지역에서 태어난 기형아의 사진과 포르말린에 담긴 채 전시된 기형아의 사체를 볼 수 있다. 2/F층에는 전쟁의 전 과정을 묵묵히 렌즈에 담아낸 종군기자들의 사진이 전시돼 있다.

open 07:30~12:00, 13:30~17:00
cost VND15,000

역사적으로 의미가 깊은 통일궁 | 통일궁의 회의실 | 전쟁 박물관의 야외 전시장

🚶8min　　　17:00　　　　　　　　18:00　　　　　　　　21:00

수상 인형극
Múa Rối Nược

오랜 전통을 자랑하는 호치민의 대표적인 공연 가운데 하나로 왕조 문화가 융성한 11세기부터 시작됐다. 해학적인 내용과 인형의 코믹한 몸놀림, 소박한 전통음악, 장면 장면을 소개하는 변사의 구성진 해설이 한데 어우러져 50분 동안 흥겨운 인형극을 이어간다. 베트남의 풍습·전설·전통을 소개하는 17개의 짤막짤막한 코너로 이루어져 있으며, 해설은 베트남어뿐이지만 코믹한 내용을 담은 퍼포먼스 위주의 인형극이라 누구나 부담없이 감상할 수 있다. 주말에는 관객이 몰리니 티켓을 예매해 놓는 게 좋다.

open 1일 3회 공연 17:00, 18:30, 19:45
cost VND150,000

저녁 식사
Dinner

인형극 관람을 마친 뒤 호치민 시내의 맛집을 찾아가 저녁 식사를 즐긴다. 여행의 마지막 날이니 분위기 좋은 고급 레스토랑에서 약간의 호사를 부려도 좋을 듯! 식사를 마친 뒤에는 벤탄 시장 옆의 야시장을 구경하거나 카페·디저트 숍에서 느긋하게 휴식을 취하며 공항으로 가기 전까지 시간을 보낸다.

시내→공항
Downtown→Airport

호텔로 돌아가 맡긴 짐을 찾은 다음 공항으로 출발한다. 공항을 오가는 버스는 18:00에 끊기기 때문에 이용 가능한 교통편은 택시뿐이다. 호치민은 바가지 택시로 워낙 악명이 높으니 비교적 안전한 비나선 Vinasun 또는 마일린 Mai Linh 택시를 이용하는 게 좋다. 차 문과 택시등에 로고가 붙어 있어 일반 택시와 쉽게 구별된다. 일부 호텔에서는 공항행 콜택시도 이용할 수 있으니 체크아웃 때 확인해 보자. 요금은 일반 택시와 비슷하거나 조금 비싼 수준이다.

시내→공항
택시
time 20~30분 소요
cost VND210,000~

인형극의 선녀 인형

수상 인형극

수상 인형극　　인형의 절묘한 움직임이 인상적이다　　안심하고 탈 수 있는 비나선 택시

| 21:30 | 23:45 | 5:05min 06:50 Finish |

떤선녓 국제공항
Tan Son Nhat Intl. Airport

택시는 공항 2/F층의 출국장 바로 앞에 내려준다. 건물 한가운데에 출발 항공편의 체크인 카운터 번호가 표시된 전광판이 있으니 여기서 베트남항공의 체크인 카운터 번호를 확인하고 안으로 들어간다. 그리고 해당 카운터로 가서 여권과 항공권을 제시하고 탑승수속을 한다. 그리고 같은 층에 위치한 출국심사장으로 들어가서 출국 수속을 밟으면 된다. 공항이 무척 작아 이용에 큰 어려움은 없다.

베트남항공, 호치민 출발
Vietnam Air VN408

면세구역에는 20개 남짓한 기념품점과 면세점이 있지만 상품이 무척 빈약해 쇼핑의 재미를 보기는 힘들다. 그냥 탑승구 앞에 앉아서 편하게 휴식을 취하는 게 좋을 듯!

비행기 탑승은 출발 시각 30분 전부터 시작된다. 자리에 앉으면 담요를 확보한 뒤 승무원에게 안대 Eye Patch와 귀마개 Ear Plug를 달라고 부탁하자. 실제 비행시간이 5시간 정도에 불과한 무척 짧은 야간비행이라 최대한 숙면을 취하려면 위의 준비물은 필수다. 기내가 무척 건조해 자는 동안 목과 코에 불편을 느낄 가능성이 높은데, 이때를 대비해 마스크를 가져가면 숙면을 취하는 데 조금이나마 도움이 된다.

인천국제공항 도착
Incheon Intl. Airport

공항 도착 2시간 전쯤 기내식이 제공된다. 하지만 이른 새벽 잠이 덜 깬 상태로 고 칼로리의 느끼한 기내식을 먹는 것도 그리 유쾌한 일은 아니다. 가벼운 식사를 원한다면 미리 항공사에 연락해 과일·샐러드 등의 '특별식'을 주문하는 것도 요령! 기내식 주문은 비행기 출발 시각 기준 48시간 전까지 마쳐야 하며 요금은 무료다. 1분 1초라도 잠이 더 소중한 이는 기내식을 취소시키고 공항 도착 때까지 숙면을 취한다.

단, 잠이 덜 깬 상태로 비행기에서 내리다 소지품을 잃어버리는 사고가 종종 발생하니 도착 시각보다 조금 일찍 일어나 내릴 채비를 하는 센스는 필수!

공항의 체크인 카운터 / 떤선녓 국제공항의 탑승 게이트 / 베트남항공 / 인천국제공항

휴식 & 문화 기행

호치민
3박 5일

79만 원~

하루의 시간을 더해 느긋하게 호치민을 여행하려는 이에게 적합한 일정이다. 항공편은 앞서 소개한 2박 4일 일정과 동일하게 베트남항공을 이용한다. 호치민 중심가는 물론 서민적인 분위기가 짙게 감도는 쵸론 Cho Lon 지역까지 살펴볼 수 있는 게 매력이다.

추천 항공편 베트남항공
인천 10:15→호치민 13:30
호치민 23:45→인천 06:50
숙박 호치민 3박, 기내 1박
예산 790,000원~
숙박비 US$120(미니 호텔 싱글룸 3박)
생활비 VND2,250,000(5일)
입장료 VND350,000
교통비 VND400,000
투어비 VND280,000
항공료 50만 원~
※US$1=1050원, VND10,000 = 500원 기준

기본 준비

Day 1 인천→호치민, 호치민 시내
일정은 p.276와 동일.

Day 2 메콩 델타
일정은 p.280와 동일.

Day 3 구찌 터널 · 호치민 시내
일정은 p.283와 동일. 단, 2박 4일 일정과 달리 호치민에서 하루를 더 묵기 때문에 공항으로 가는 일정은 제외시킨다.

Day 4·5 쵸론 · 호치민 시내, 호치민→인천

여유 있게 호텔 체크아웃을 하고 프런트에 짐을 맡긴다. 10:00 쯤 쵸론 지역의 대표적 명소인 빈 터이 시장 Cho Bình Tây를 찾아간다. 데탐 거리 근처에서 출발하는 1번 시내버스를 타고 종점에서 내려(30~40분 소요, VND5000) 5분쯤 걷는다. 1930년에 문을 연 빈 터이 시장은 생필품 · 잡화 · 의류 · 먹거리를 취급하는 2000여 개의 점포가 모인 대형 시장으로 우리나라의 1960~1970년대를 연상시키는 모습이 정겹게 다가온다.
빈 터이 시장에서 동쪽으로 도보 10분쯤 가면 차탐 교회 Nhà Thờ Cha Tam이 있다. 프랑스 식민시대인 1900년에 건립된 교회로 유럽풍의 이국적인 외관이 인상적이다.
다시 동쪽으로 15분쯤 걸어가면 거대한 선향이 천장을 가득 메운 중국풍의 틴하우 Thien Hau 사원이 나타난다. 1760년에 세워진 베트남에서 가장 오래된 중국식 사원으로 중국 남부 복건성 福建省 출신의 화교들이 만든 것이다. 사원 가장 깊숙한 곳에는 뱃사람의 안전을 지켜주는 바다의 여신 틴하우가 모셔져 있다.
빈 터이 시장으로 갈 때 이용한 1번 버스를 타고 다시 호치민 시내로 돌아간다. 그리고 점심을 먹고 버스 터미널 근처에 위치한 미술 박물관과 호치민 시 박물관을 관람한다. 박물관이 문을 닫는 17:00 이후에는 느긋하게 저녁 식사를 하며 시간을 보내다가 호텔에서 짐을 찾아 21:00에 공항으로 출발한다(p.285 참조).

차탐 교회

휴식·해양 스포츠 & 문화 기행

102만 원~

호치민·무이네
5박 7일

호치민·무이네 5박 7일
travel note

볼거리	★★★☆☆
식도락	★★★☆☆
쇼 핑	★☆☆☆☆
레포츠	★★★☆☆
해 변	★★☆☆☆
유 흥	★★★☆☆

제법 긴 여행을 꿈꾸는 이에게 추천하는 일정. 호치민에서는 배낭여행의 낭만, 휴양지인 무이네에서는 온전한 휴식의 시간을 즐길 수 있다. 무이네의 독특한 자연경관과 호젓한 해변, 짜릿한 해양 스포츠가 여행의 즐거움을 더한다.

day 1
인천 → 호치민, 호치민 시내
숙박 호치민

- 10:15 베트남항공, 인천 출발
- 13:30 떤선녓 국제공항 도착
- 14:20 공항 → 시내
- 15:00 호텔 체크인, 투어 예약
- 16:00 벤탄 시장
- 16:50 사이공 대교회
- 17:10 중앙 우체국
- 17:50 호치민 인민 위원회
- 18:10 레러이 · 동커이 거리
- 19:30 디너 크루즈

day 2
메콩 델타
숙박 호치민

- 08:30 투어 픽업
- 10:30 미토 선착장, 벌꿀 농장
- 11:30 코코넛 사탕 공장
- 12:10 점심 식사
- 14:00 미니 보트 투어
- 15:00 미토 → 호치민
- 17:00 사이공 스카이데크
- 19:00 저녁 식사

기본 준비

추천 항공편 베트남항공
인천 10:15 → 호치민 13:30
호치민 23:45 → 인천 06:50
숙박 호치민 3박, 무이네 2박, 기내 1박
예산 1,023,000원~
숙박비 US$260(호치민 미니 호텔 싱글룸 3박, 무이네 호텔 더블룸 2박)
생활비 VND3,600,000(6일)
입장료 VND285,000
교통비 VND700,000
투어비 VND430,000
항공료 50만 원~
※ US$1=1050원, VND10,000= 500원 기준

day 3

호치민→무이네, 무이네
숙박 무이네

- 08:00 호치민→무이네
- 13:00 무이네 도착, 호텔 체크인
- 15:00 휴식, 해양 스포츠

day 4

호치민→인천
숙박 무이네

- 08:00 요정의 샘
- 10:00 사구 투어

day 5

무이네→호치민
숙박 호치민

- 11:00 호텔 체크아웃, 점심 식사
- 13:00 무이네→호치민
- 18:00 호치민 도착, 호텔 체크인

day 6

구찌 터널·호치민 시내
숙박 기내

- 08:00 투어 픽업
- 09:30 구찌 터널
- 14:30 데탐 거리, 점심 식사
- 15:10 통일궁
- 16:15 전쟁 박물관
- 17:00 수상 인형극
- 18:00 저녁 식사
- 21:00 시내→공항
- 21:30 떤선녓 국제공항 도착
- 23:45 베트남항공, 호치민 출발

day 7

호치민→인천

- 06:50 인천국제공항 도착

요점 정리!

운항 스케줄이 좋은 항공편 선택
공항에서 시내로 들어갈 때 버스를 이용할 수 있도록 호치민에 15:00 전에 도착하는 항공편을 이용하는 게 좋다. 자세한 내용은 p.275를 참조하자.

호치민에서는 미니 호텔, 무이네에서는 리조트 호텔을 이용
호치민에서는 데탐 거리의 저렴한 미니 호텔(p.275)을 이용한다. 무이네는 휴양을 목적으로 가는 것이니 중급 이상의 호텔을 이용하는 게 현명하다. 저렴한 게스트하우스도 있지만 시설과 서비스가 열악해 여행의 즐거움을 반감시킬 우려가 높다. 호텔은 해변과 가깝고 수영장이 딸린 곳을 고르는 게 요령! 인터넷 호텔 예약 업체를 통해 예약할 수 있으며 요금은 1박 US$70 정도다.

여행시 주의사항
무이네의 바다를 제대로 즐기려면 건기인 11~4월에 가야 한다. 5~10월의 우기에는 비가 많이 내린다. 무이네까지는 대중교통편이 없어 오픈 투어 버스 이용이 필수다. 호치민의 데탐 거리에서 티켓을 판매하며, 시설과 서비스가 좋은 풍짱 버스 Phung Trang, 신 카페 The Sinh Cafe, 킴 카페 Kim Cafe의 오픈 투어 버스 선호도가 높다.

호치민 · 무이네
5박 7일

Day 1

mission
1. 인천→호치민 이동

2. 무이네 행 오픈 투어 버스, 메콩 델타· 구찌 터널 투어 예약

3. 사이공 대교회· 호치민 인민 위원회 등 프랑스 식민시대의 건물 탐방

4. 시원한 강바람을 맞으며 디너 크루즈 즐기기

※ 일정은 p.276와 동일

오늘 코스 지도로 보기

www.clzup.com/qr/c4

Vietnam

Day 2

mission
1. 호치민→메콩 델타 이동

2. 메콩 델타를 유람하며 현지인의 삶 체험하기

3. 메콩 델타→호치민 이동

4. 호치민 최고의 건물 사이공 스카이데크에서 야경 감상

※ 일정은 p.280와 동일

오늘 코스 지도로 보기

www.clzup.com/qr/c5

Vietnam

Day 3

mission
1. 호치민→무이네 이동

2. 무이네 해변에서 휴식 & 레포츠 즐기기

오늘 코스 지도로 보기

www.clzup.com/qr/c6

Vietnam

> 장거리 여정에 대비해 음료수와 간식을 준비하는 센스는 기본!

> 지프 투어 예약이 가능한 호텔도 있다. 여행사 가격과 비교해 보고 저렴한 쪽을 선택하자.

08:00   5hour   13:00   15:00

 Start   Finish

호치민 → 무이네
Hochimin → Mũi Né

호치민에서 무이네까지의 거리는 약 250km. 하지만 도로 사정이 열악해 버스로 꼬박 5시간이 걸린다. 일반 버스는 직행편이 없으니 데탐 거리에서 출발하는 무이네 행 오픈 투어 버스를 이용해야 한다.
여행 첫날 메콩 델타와 구찌 터널 투어 예약을 하면서 버스 티켓도 함께 예매해 두는 게 요령! 버스 운영사가 무척 다양한데 여행자에게 인기가 높은 투어 버스는 신 카페 The Sinh Cafe, 킴 카페 Kim Cafe, 풍짱 Phuong Trang 버스 등이다.

호치민→무이네
투어 버스
time 5시간 소요
cost VND190,000~

무이네 도착, 호텔 체크인
Hotel Check In

버스가 무이네에 도착할 즈음이면 슬슬 내릴 채비를 한다. 기사나 차장에게 예약한 호텔을 말하면 그 근처에 내려주기도 하니 미리 얘기해두자. 호텔에 도착하면 체크인을 마치고 점심 식사를 한다. 호텔 레스토랑 또는 해변을 따라 점점이 위치한 식당을 이용하는데, 관광지인 까닭에 가격이 그리 착하지는 않다. 식사를 마친 뒤에는 가까운 여행사에 들러 다음날 할 무이네 지프 투어와 호치민으로 돌아가는 버스를 예약한다. 무이네는 대중교통이 열악해 요정의 샘과 사구(砂丘) 등의 명소를 돌아보려면 지프 투어를 이용하는 게 편리하다.

지프 투어
cost 1인 VND150,000~

휴식, 레포츠
Leports

이제 바닷가로 나가 따사로운 햇살이 내리쬐는 무이네의 해변을 활보한다. 선텐·해수욕을 즐기거나 길게 뻗은 백사장을 거닐며 한가로이 시간을 보내도 좋다. 해변 북쪽에는 작은 어촌이 있는데, 대나무를 엮어서 만든 바구니 모양의 배를 타고 고기잡이를 하는 어부들의 모습이 흥미롭다. 다이나믹한 레포츠를 원한다면 무이네의 명물인 카이트 보딩 Kite Boarding에 도전해 보자. 해변을 따라 전문 숍이 즐비하며 초보자 강습이 가능한 곳도 있다.

카이트 보딩

여행자들의 발이 돼주는 오픈 투어 버스 | 수영장이 딸린 쾌적한 호텔 | 한적한 무이네의 해변

Day 4

mission

1. 경이로운 풍경을 자랑하는 요정의 샘 트레킹
2. 거대한 사막을 연상시키는 모래 언덕 돌아보기

오늘 코스 지도로 보기

http://www.clzup.com/qr/c7

Vietnam

전날 예약해 놓은 지프 투어를 이용한다. 출발하는 호텔 위치에 따라 10~30분 정도 걸린다.

지프 투어에는 4~5시간이 걸린다. 투어를 마친 뒤 호텔로 돌아가 점심을 먹고 해변에서 물놀이를 즐긴다.

08:00 🚗 30min~ 10:00

▶ Start   ■ Finish

요정의 샘
Fairy Spring

요정의 샘이란 이름처럼 신비로운 광경이 펼쳐지는 계곡. 파란 하늘을 배경으로 붉은 모래 산과 기이한 형태의 석회암 절벽이 이어진다. 계곡 가운데로 모래가 섞인 황토빛 개울이 흐르는데, 이 계곡을 따라 왕복 40분~1시간 정도의 트레킹을 즐길 수 있다. 물이 탁해 개울 바닥이 보이진 않지만 깊이는 발목 정도에 불과하다. 발을 다칠 위험이 있으니 젖어도 상관없는 샌들을 가져가는 게 좋다.

사구(砂丘)
Yellow & White Sand Dune

거대한 사막을 연상케 하는 광활한 모래언덕이 펼쳐진다. 요정의 샘에서 4km 정도 떨어진 곳에 노란 모래의 사구, 여기서 25km 정도 떨어진 곳에 흰색 모래의 사구가 있으며, 동틀 녘에는 아름다운 일출도 볼 수 있다. 사구에서는 플라스틱 널빤지를 타고 신나는 썰매타기에 도전해 보자 (VND20,000~). 지프를 타고 두 개의 사구를 오가는 동안 무이네의 조그만 어촌에 들러 현지인의 삶을 들여다보는 재미도 쏠쏠하다.

요정의 샘

바람이 만들어낸 풍문

경이로운 광경이 펼쳐지는 요정의 샘

사막을 연상시키는 사구

Day 5

mission
1. 무이네→호치민 이동
2. 벤탄 시장 야시장 구경 & 저녁 식사

11:00 Start ▶

호텔 체크아웃, 점심 식사
Hotel Check Out

아침 일찍 일어나 무이네 해변의 일출을 감상한다. 그리고 느긋하게 호텔 체크아웃을 마친 뒤 프런트에 짐을 맡겨 놓고 잠시 밖으로 나가 점심 식사를 한다. 버스가 출발할 때까지 시간이 많이 남는다면 해변을 거닐며 시간을 보내도 좋다. 파란 하늘을 색색으로 수놓는 카이트 보딩의 연들과 푸른 바다를 거침없이 질주하는 서퍼들의 경쾌한 몸놀림이 흥미로운 볼거리를 제공한다.

13:00

무이네→호치민
Mũi Né→Hochimin

버스 출발 시각이 가까워 오면 맡겨 놓은 짐을 찾은 뒤 버스를 타러 간다. 호치민에서 올 때와 마찬가지로 장장 5시간에 걸친 긴 여정을 보내야 하니 버스 안에서 마실 물과 간식을 챙겨 두는 게 좋다.

무이네→호치민
투어 버스
time 5시간 소요
cost VND190,000~

(호치민 행 오픈 투어 버스)

오늘 코스 지도로 보기

www.clzup.com/qr/c8

무이네 해변의 일출

산책을 즐기기에 좋은 무이네 해변 | 무이네는 카이트 보딩의 명소로 유명하다

Vietnam

 5 hour　　　　　　　　18:00

■ Finish

호치민 도착, 호텔 체크인
Hotel Check In

버스가 종점인 데탐 거리에 도착하면 예약한 호텔로 가서 체크인을 한다. 그리고 잠시 쉬다가 시내로 나가 저녁 식사를 한다. 데탐 거리의 저렴한 식당을 이용하거나 호치민 시내의 유명 맛집을 찾아가는 것도 좋다. 아니면 벤탄 시장의 야시장으로 가서 쇼핑과 저녁 식사를 즐기는 것도 방법! 남는 시간은 p.279에 소개된 전망 바에서 호치민의 야경을 감상하며 시원한 맥주나 칵테일을 즐기는 것도 운치 있다.

활기찬 데탐 거리

다양한 먹거리를 파는 야시장

Day 6,7

mission
1. 호치민→구찌 터널 이동
2. 베트남 전쟁의 상흔이 남겨진 구찌 터널 견학
3. 구찌 터널→호치민 이동
4. 흥겨운 전통 음악과 함께 수상 인형극 관람
5. 호치민→인천 이동

※일정은 p.283와 동일

오늘 코스 지도로 보기

www.clzup.com/qr/c9

Vietnam

야간 코스도 있어요!

무이네보다 좀더 쾌적한 해변을 찾는다면 베트남 최고의 해변 휴양지 나짱 Nha Trang으로 가보자. 호치민에서 북동쪽으로 400km 정도 떨어져 있으며, 야간 버스가 운행돼 숙박비와 이동시간을 절약할 수 있다. 숙소 역시 무이네에 비해 선택의 폭이 넓어 주머니가 가벼운 여행자라도 부담이 없다. 단, 호치민과 정반대로 9~12월이 우기(雨期)란 사실에 주의할 것! 일정은 다음과 같이 조정한다.

Day 1 인천→호치민, p.276와 동일
Day 2 메콩 델타, p.280와 동일. 20:00에 출발하는 나짱 행 야간 버스(편도 VND250,000~)를 탄다. 이 구간은 여행자들에게 인기가 높기 때문에 예약을 서둘러야 한다. 첫날 호치민에 도착하자마자 호치민↔나짱 왕복 티켓을 구입해 놓자.
Day 3·4 야간 버스는 06:00쯤 나짱에 도착한다. 숙소를 찾아가 여장을 풀고 해변에서 느긋하게 휴식을 취하거나 주변의 명소를 구경한다.
Day 5 나짱 시내에서 시간을 보내다 20:00쯤 출발하는 야간 버스를 타고 호치민으로 돌아간다.
Day 6 야간 버스는 06:00쯤 호치민에 도착한다. 오늘 밤 귀국 비행기를 타야 하지만, 호치민에는 코인라커 등 짐을 보관할 곳이 없으니 데탐 거리의 저렴한 숙소를 이용해 야간 이동에 지친 몸을 추스르고 짐도 맡기는 게 현명하다(1박 US$10~20). 숙소에서 잠시 눈을 붙였다가 점심 무렵 나와서 식사를 하고 통일궁·전쟁 박물관·수상 인형극(p.284) 등의 명소를 돌아본다. 그리고 숙소로 돌아가 짐을 찾은 뒤 21:00쯤 택시를 타고 공항으로 간다. 이제 23:45에 출발하는 비행기를 타면 다음날 06:50 인천국제공항에 도착한다.

◀ 캄보디아

CAMBODIA

캄보디아 핵심 여행정보
23 앙코르와트 2박 4일
24 앙코르와트 3박 5일
25 방콕 · 앙코르와트 5박 7일
26 호치민 · 앙코르와트 5박 7일

best6
CAMBODIA

#1
캄보디아를 대표하는 사원 유적. 불교와 힌두교 사원 양식이 복합된 이색적인 분위기가 감돈다. → 바이욘 p.308

#2
수많은 불상과 조각이 테라스 벽을 아름답게 치장하고 있어 풍부한 볼거리를 제공한다. → 코끼리 테라스 p.309

#3
거대한 나무뿌리가 사원 전체를 휘감고 있는 경이로운 광경이 펼쳐진다.
→ 타프롬 p.310

#4
우유의 바다에서 천지만물이 탄생했다는
힌두교 창조신화를 묘사한 아름다운 부조.
→ 앙코르와트 p.312

#5
경이로운 예술적 감각이 돋보이는 불상과 조각이 사원
전체를 치장하고 있다. → 프레아칸 p.313

#6
아름다운 조각과 건물로 가득한 사원. 워낙 규모가 방대해 하루 종일 보더라도 부족함이 없다. → 앙코르와트 p.312

basic info. 캄보디아

비자
여행 목적에 적합한 비자를 받아야 한다. 비자는 서울의 캄보디아 대사관 또는 캄보디아 입국시 공항·국경에서 받을 수 있다. 일반적으로 공항·국경에서 관광 비자를 받는 게 편리하며 필요한 것은 사진과 수수료(US$20)뿐이다. 발급에는 20~30분 걸리며, 관광 비자로 체류할 수 있는 기간은 30일이다.

여행 시기
열대 기후에 속해 1년 내내 무더운 날씨가 지속되며, 계절은 11~4월의 건기와 5~10월의 우기로 나뉜다. 여행의 최적기는 비가 적게 오고 청명한 날씨가 이어지는 11~4월, 그중에서도 비수기 요금이 적용되는 3~4월이다. 5~10월의 우기에는 비가 많이 내려 습도와 체감온도가 동반상승한다. 더구나 열악한 배수시설로 인해 도로가 물에 잠기기 일쑤이며 심한 경우 앙코르와트 유적의 일부가 침수돼 관람이 불가능한 경우도 발생하니 되도록 우기는 피해서 가는 게 바람직하다.

복장
더운 날씨에 대비해 반팔·반바지 등 통풍이 잘 되는 얇은 옷 위주로 가져간다. 여행이라는 특성상 야외에서의 활동이 많으니 뙤약볕을 피할 수 있는 모자·양산·선글라스는 반드시 가져가야 한다. 자칫 화상을 입을 수 있으니 자외선 차단제를 챙기는 것도 잊지 말자.

언어
공용어는 크메르어다. 일반적으로 영어가 잘 통하지는 않지만, 외국인이 즐겨 찾는 앙코르와트 주변의 호텔·레스토랑에서는 간단한 영어가 통하니 크게 걱정할 필요는 없다.

통화
리엘 R(Riel), 100R=23원(2014년 10월)
지폐 50·100·200·500·1000·2000·5000·10,000·50,000·100,000R
※캄보디아 화폐에는 동전이 없다.

환전
앙코르와트에서는 미국 달러 US$가 일상적으로 통용되기 때문에 리엘로 환전해서 사용할 필요는 없다. 리엘은 US$1 이하의 거스름돈을 주고받을 때 또는 노점이나 조그만 현지인 상점을 이용할 때 정도만 통용된다.
굳이 리엘이 필요하다면 현지의 사설 환전소에서 미국 달러를 리엘로 환전해서 사용한다. US$50·100 지폐가

US$20 이하의 지폐보다 높은 환율이 적용되며, 환전소마다 환율이 달라 꼼꼼히 비교하고 환전하는 게 좋다.

신용카드
신용카드 사용이 보편화된 지역이 아니라 웬만큼 큰 호텔·레스토랑이 아니고서는 신용카드를 사용할 수 없다. 필요한 금액만큼의 현금(US$)을 준비해 가자.

인터넷
외국인 여행자들이 모이는 지역에는 인터넷 카페가 있지만 점차 사라져 가는 추세다. 게스트하우스와 소규모 호텔·레스토랑 등에서는 무선 인터넷을 무료로 개방하고 있어 인터넷 사용에 큰 어려움은 없다. 단, 중급 이상의 호텔에서는 인터넷 사용료가 별도로 부과되니 체크인시 요금 등을 확인하고 이용하는 게 좋다. 인터넷 속도는 우리나라에 비해 무척 느리다. 자유로이 스마트폰을 사용하려면 자신이 가입한 이동 통신사의 해외 데이터 로밍 서비스를 이용하는 게 좋다(1일 9000~1만 2000원).

전기
220V · 50Hz. 콘센트는 우리나라와 동일한 2핀 타입의 플러그와 11자 형의 플러그가 모두 들어가는 멀티 형이라 우리나라의 가전제품을 바로 사용할 수 있다.

시차
우리나라와 캄보디아의 시차는 -2시간. 예를 들어 우리나라가 낮 12:00라면 캄보디아는 오전 10:00다.

주의사항
상수도 시설이 열악해 수돗물을 음용수로 사용하는 것은 무리다. 더구나 우기에는 수인성 전염병의 위험이 높아지니 반드시 생수를 사서 마시거나 물을 끓여서 먹어야 한다. 냉장시설이 미비하므로 노점에서 파는 음식 또는 생선 등은 완전히 익혀서 먹는 게 안전하다. 외국인에게 바가지를 씌우려는 경향이 강하니 택시·툭툭을 탈 때는 정확한 요금을 흥정하고 이용하는 게 좋다. 치안상의 문제가 있으므로 인적이 드문 거리나 밤거리를 배회하는 일은 삼가야 한다.

공휴일
- 1월 1일 설날
- 1월 7일 승리 기념일
- 2월 25일 석가 설법일
- 3월 8일 국제 여성의 날
- 4월 14~17일 캄보디아 신년
- 5월 1일 노동절
- 5월 13~15일 국왕 탄신일
- 5월 24일 석가 열반일
- 5월 28일 어경절
- 6월 1일 어린이날
- 6월 18일 왕비 탄신일
- 9월 24일 제헌절
- 10월 3~5일 춤벤
- 10월 29일 왕실 기념일
- 10월 31일 전 국왕 탄신일
- 11월 9일 독립 기념일
- 11월 16~19일 물 축제
- 12월 10일 국제 인권 기념일

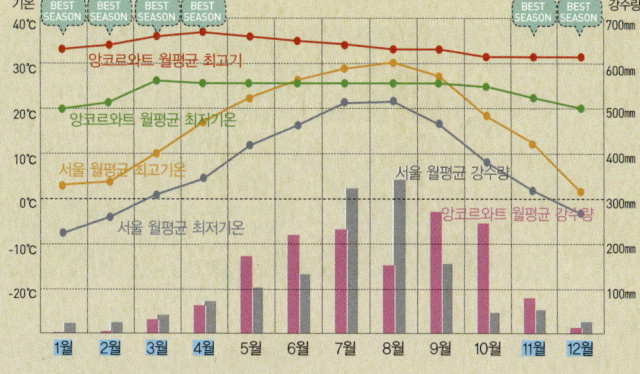

앙코르와트 베스트 여행 시즌

travel note

앙코르와트 2박 4일

볼거리 ★★★★★
식도락 ★☆☆☆☆
쇼 핑 ★★☆☆☆
유 흥 ★☆☆☆☆

신들의 도시 앙코르와트의 핵심 명소만 쏙쏙 끌라낸 엑기스 코스. 수백 년간 정글 속에 잠들어 있던 미스터리한 유적이 호기심을 자극한다. 인간의 솜씨라고는 믿기지 않을 만큼 섬세한 조각과 웅장한 건물들이 풍부한 볼거리를 제공하는데, 특히 미술·역사에 관심 많은 이에게 강추한다.

day 1
인천→시엠립, 시엠립
`숙박` 시엠립

- 19:15 아시아나항공, 인천 출발
- 22:40 시엠립 국제공항 도착

day 2
앙코르와트
`숙박` 시엠립

- 07:00 시내 → 앙코르와트
- 08:00 앙코르톰 남문
- 08:30 바이욘
- 10:30 바푸온
- 11:00 왕궁
- 11:15 피미아나카스
- 11:30 코끼리 테라스
- 12:00 문둥이 왕의 테라스
- 13:00 점심 식사 & 휴식
- 14:30 타케오
- 15:00 타프롬
- 16:00 반티아이 크데이
- 17:20 프놈바켕
- 19:00 저녁 식사

기본 준비

추천 항공편 아시아나항공
인천 19:15→시엠립 22:40
시엠립 23:40→인천 07:00
숙박 시엠립 2박, 기내 1박
예산 739,000원~
숙박비 US$30 (게스트하우스 에어컨룸 2박)
생활비 US$60(3일)
입장료 US$40
교통비 US$50
항공료 55만 원~
※US$1=1050원

day 3

앙코르와트
숙박 기내

- 05:00 앙코르와트 일출
- 07:00 아침 식사 & 체크아웃
- 09:30 앙코르와트
- 12:00 점심 식사 & 휴식
- 14:00 프레아칸
- 15:30 니악포안
- 16:30 타솜
- 17:10 프레룹
- 18:10 저녁 식사, 시내→공항
- 23:40 아시아나항공, 시엠립 출발

day 4

시엠립→인천

- 07:00 인천국제공항 도착

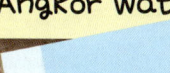

Welcome to Angkor Wat

요점 정리!

항공편은 시엠립 행 국적기 이용
앙코르와트는 캄보디아 서부의 시엠립 Siem Reap에 있다. 한국~시엠립을 연결하는 항공편은 아시아나항공 · 대한항공과 저가항공사인 스카이윙스 아시아 Skywings Asia에서 운항한다. 요금은 스카이윙스 아시아가 저렴하지만 항공권을 4박 6일 패턴(인천발)으로만 판매해 일정 짜기가 애매하다. 2~3박의 단기 일정을 계획할 때는 아시아나항공 · 대한항공을 선택하는 게 좋다.

에어컨이 딸린 저렴한 게스트하우스가 최고
저렴한 게스트하우스가 많다. 객실은 선풍기 · 에어컨룸이 있는데 1년 내내 무더운 날이 이어지니 에어컨룸을 선택하는 게 현명하다. 싱글룸 1박 US$15~20 수준이며, 인터넷에서 'Siem Reap Guesthouse' 또는 'Angkor Wat Guesthouse'로 검색하면 쉽게 찾을 수 있다.

툭툭 · 렌터카 예약은 필수
앙코르와트는 규모가 방대해 도보로 돌아보는 것은 불가능하며 오토바이 택시인 툭툭 또는 기사가 딸린 렌터카 이용이 필수다. 게스트하우스를 통해 예약 가능한데 1~2명이라면 툭툭, 3~4명이라면 렌터카를 이용하는 게 편하다. 요금은 1일 기준 툭툭 US$15, 렌터카 US$30 수준이다.

앙코르와트 2박 4일

Day 1

mission
1. 인천→시엠립 이동
2. 공항에서 관광 비자 받기
3. 공항→시엠립 시내 이동

> 비자 신청서에 붙일 사진은 필수! 사진이 없으면 US$1~5의 수수료를 요구하기도 한다.

19:15　5:25min　22:40
Start ▶　　　**Finish** ■

아시아나항공, 인천 출발
Asiana Airlines OZ737

비행기는 아시아나항공의 인천↔시엠립 왕복편을 이용한다. 요금이 조금 비싸지만 우리나라에서 오후에 출발하며, 귀국편은 심야에 운항하기 때문에 시간을 효율적으로 활용할 수 있는 게 장점이다.

인천에서 시엠립까지의 소요시간은 5시간 25분. 기내식 등의 서비스를 받으며 영화 한두 편 감상하다보면 시엠립 국제공항에 도착한다. 기내에서는 캄보디아 입국에 필요한 비자 신청서와 입국신고서·세관신고서를 미리 작성해두자. 신고서는 공항 도착 전에 승무원들이 나눠준다. 한국과 캄보디아의 시차는 -2시간. 비행기에서 내릴 때 시계 바늘을 두 시간 뒤로 돌려놓는 것도 잊지 말자.

시엠립 국제공항 도착
Siem Reap Intl. Airport

비행기에서 내리자마자 비자 신청 창구로 가서 비자 신청서와 수수료 US$20을 내고 관광 비자를 신청한다. 비자 발급에는 20~30분 정도 걸리는데, 사람이 많을 때는 급행료로 US$5 정도를 추가하면 좀더 빨리 발급되기도 한다. 비자가 발급되면 입국심사장 Immigration으로 가서 기내에서 작성한 입국신고서와 여권을 제시하고 입국심사를 받는다. 그리고 짐을 찾아 세관 Customs을 통과하면 드디어 시엠립 도착 완료!

공항에서 시내로 들어가는 교통편은 택시와 오토바이 택시인 툭툭뿐이다. 딱히 정해진 요금은 없으니 운전수와 흥정을 해서 예약한 숙소로 이동한다. (20~30분, US$5~10).

오늘 코스 지도로 보기

www.clzup.com/qr/c10

Cambodia

인천국제공항　　인천국제공항 출국장

Day 2

mission

1. 앙코르와트 3일 입장권 구입
2. 바이욘·바푸온 등 핵심 유적 관람
3. 프놈바켕에서 일몰 감상
4. 시엠립 제일의 유흥가 펍 스트리트에서 신나게 놀기

오늘 코스 지도로 보기

www.clzup.com/qr/c11

Cambodia

> 성수기에는 입장권 구입에만 1시간씩 걸리는 경우도 있으니 서둘러 가는 게 좋다.

> 무척 덥고 음료수를 구할 곳이 마땅치 않으니 마실 물을 넉넉히 준비해야 한다.

07:00 — 30min~ — **08:00**

Start ▶ ○

시내 → 앙코르와트
Angkor Wat

아침 일찍 일어나 식사를 마친 뒤 예약해 놓은 툭툭을 타고 앙코르와트로 향한다. 시내에서 앙코르와트까지는 20~30분 정도 걸리며, 입구에 도착하면 매표소로 가서 앙코르와트 입장권부터 구입해야 한다. 유적 전체를 돌아볼 수 있는 프리패스인데, 2일권은 없으니 3일권을 구입하자. 3일권에는 자기 사진이 들어가 나름 멋진 기념품이 되기도 한다. 유적을 돌아보는 동안 경비원들이 수시로 티켓 검사를 하니 잃어버리지 않게 주의해야 한다.

앙코르와트 입장권
cost 1일권 US$20, 3일권 US$40, 7일권 US$60

앙코르톰 남문
Angkor Thom South Gate

'거대한 도성(都城)'을 뜻하는 앙코르톰은 12세기 말~13세기 초에 걸쳐 조성된 대규모 종교도시다. 주위를 둘러싼 성곽의 길이는 12km, 총면적이 900ha에 달하며 내부에는 크고 작은 사원과 여러 유적이 모여 있다. 앙코르톰에는 동서남북 네 곳에 총 4개의 문이 있는데, 가장 규모가 큰 남문(南門)은 23m 높이의 웅장한 위용이 보는 이를 압도한다. 사면(四面)에 관세음보살의 얼굴을 조각해 놓았으며, 남문까지 이어지는 다리 난간에는 뱀 신 나가를 끌어안고 우유의 바다를 휘젓는 54개의 아수라상과 신상을 새겨 놓았다. 이는 우유의 바다에서 천지만물이 탄생했다는 힌두교의 창조신화를 묘사한 것이다.

앙코르와트의 경제적인 교통편 툭툭

앙코르톰 남문

> 회랑에는 라마 왕자의 무용담을 그린 고대 인도의 서사시 라마야나의 부조가 있다.

 5min~ 08:30   6min 10:30    3min 11:00

바이욘
Bayon

앙코르와트와 더불어 캄보디아를 대표하는 사원 유적. 12세기 말~13세기 초에 걸쳐 자야바르만 7세와 8세 등 총 3명의 국왕이 혼신의 노력을 기울여 조성한 것으로 초기에는 불교사원으로 지어졌지만 자야바르만 8세가 즉위할 당시에는 힌두교 사원으로 개조됐다. 바깥쪽에 동서 160m, 남북 140m의 제1회랑, 안쪽에 동서 80m, 남북 70m의 제2회랑, 그리고 중심부에 높이 43m의 웅장한 사당(祠堂)이 있다. 최대의 볼거리는 참파와 크메르의 전투(12세기)를 묘사한 제1회랑의 부조와 힌두교의 신화·전설을 묘사한 제2회랑의 부조. 유적의 규모가 워낙 방대해 전체를 돌아보는 데 1~2시간은 족히 걸린다.

바푸온
Baphuon

피난처를 뜻하는 바푸온이란 이름처럼 전쟁 중에는 왕가의 자제들이 몸을 숨기던 곳이다. 11세기 중반 우다야디티야바르만 2세가 국가의 중심사원으로 건립한 힌두교 사원이며, 피라미드 형의 독특한 건축양식이 인상적이다. 원래 높이는 50m로 바이욘보다 훨씬 거대한 규모를 자랑했다고 한다. 사원 입구까지 200m 남짓한 길이의 돌다리가 이어지는데, 이는 지상과 천상을 잇는 무지개 다리를 상징한다. 다리를 건너 사원 내부로 들어가면 두 개의 회랑에 둘러싸인 사당이 보인다. 이 사당은 힌두교에서 세상의 중심에 있다고 믿는 신들의 거처 메루 산(山)을 묘사한 것이다.

왕궁
Royal Palace

앙코르 왕조의 유적으로 알려져 있지만 정확한 건축연대와 건설자 등은 여전히 밝혀지지 않았다. 동서 600m, 남북 250m의 드넓은 부지가 높이 5m의 성벽에 둘러싸여 있는데, 기단을 제외한 건물 전체가 나무로 만들어졌던 까닭에 지금은 당시 사용된 것으로 추정되는 지붕과 도기 파편을 제외하고는 아무런 흔적도 남아 있지 않다. 동쪽으로는 왕실 사원인 피미아나카스가 이어지며 그 앞에는 왕궁에 거주하는 이들이 사용했다는 목욕탕인 두 개의 연못이 있다. 큰 것이 여성용, 작은 것이 남성용이며 연못을 둘러싼 기단의 상단부에는 신과 천녀, 하단부에는 악어와 물고기의 모습이 새겨져 있다.

다양한 볼거리로 가득한 바이욘 | 바푸온으로 이어지는 다리 | 폐허화된 바푸온

3min   3min   2min

11:15   11:30   12:00

> 테라스의 중앙부는 왕이 개선장군을 맞이하던 곳이라 '왕의 테라스'라고도 부른다.

피미아나카스
Phimeanakas

'천상의 궁전'이란 뜻을 가진 왕실 사원으로 힌두교의 신들을 모시던 곳이다. 10세기 말 자야바르만 5세가 건립에 착수해 11세기 초에 지금의 모습을 갖췄다. 중앙부에는 피라미드 모양의 3층 사당이 있는데, 이는 힌두교에서 신들의 거처로 여기는 메루 산(山)의 모습을 형상화한 것이다.

탑에는 9개의 머리를 가진 뱀의 정령(精靈) 나기가 모셔져 있다. 전설에 의하면 나기는 매일 밤 아름다운 여인으로 변신해 왕의 침소에 들었다는데, 심지어 왕이 왕비와 잠자리를 가질 때도 먼저 나기와 교접해야 했고, 만약 이를 어기면 죽음을 면할 수 없었다고 한다.

코끼리 테라스
Elephant Terrace

국왕 알현과 열병식, 왕실의식 등에 이용되던 곳이다. 높이 4m 가량의 테라스 형 석조 구조물이 350m 정도 이어지며, 입구에 코끼리 모양의 조각이 세워져 있어 지금의 이름이 붙었다. 12세기 말 자야바르만 7세에 의해 만들어졌는데, 불교의 종교관을 상징하는 수많은 조각이 테라스 벽을 아름답게 치장하고 있어 풍부한 볼거리를 제공한다.

중앙부에는 뱀 신 나가와 싱하의 조각이 있으며, 북쪽 끝에는 3개의 머리를 가진 코끼리 모양 기둥과 함께 안쪽으로 이어진 조그만 회랑이 있다. 내부에는 5개의 머리를 가진 말과 코끼리를 만지며 노는 아이 등 섬세한 조각과 부조가 가득하다.

문둥이 왕의 테라스
Leper King Terrace

12세기 말 자야바르만 7세에 의해 재건된 석조 건축물이다. 지금의 명칭은 이 위에 문둥이 왕의 좌상이 놓여 있어 붙여진 것인데, 전설에 의하면 괴물 뱀과 싸우던 왕이 뱀의 피를 뒤집어써서 문둥병을 앓게 됐다고 한다. 하지만 최근의 연구에 의하면 염라대왕의 모습을 묘사한 것이라는 설이 유력하다. 높이 6m, 길이 25m의 거대한 테라스는 천녀와 아수라·나가 등 다양한 신상과 조각으로 장식돼 있다. 미로처럼 이어지는 내벽에도 수많은 조각과 부조가 있는데 20세기 초까지 토사에 묻혀 있던 까닭에 보존 상태가 무척 양호하다.

> 문둥이 왕의 좌상

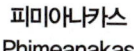

피미아나카스   코끼리 테라스   문둥이 왕의 테라스

💬 유적으로 향하기 전에 마실 물을 충분히 챙겨두는 것도 잊지 말자.

 30min~    30min~   3min

13:00　　　　　14:30　　　　　15:00

점심 식사 & 휴식
Lunch

문둥이 왕의 테라스까지 보면 12:30분쯤이 된다. 이 주변에 몇 개의 식당이 있지만 가격이 비싸고 맛도 없으니 예약해 놓은 툭툭을 타고 시엠립 시내로 돌아가 점심을 먹는 게 좋다. 더구나 정오를 전후해 햇빛이 강해지기 때문에 열사병 예방을 위해서라도 시원한 곳에서 잠시 휴식을 취하다 오는 게 좋다.

점심을 먹으러 시내에 다녀오는 것에 대해서는 툭툭을 예약할 때 운전기사에게 미리 얘기해 놓아야 한다. 자칫하면 추가요금 문제로 서로 얼굴을 붉히게 되니 주의!

식사와 휴식을 마치고 14:00쯤 시엠립 시내를 출발해 다음 목적지인 타케오로 향한다.

타케오
Ta Keo

앙코르와트 건립의 기술적 토대가 마련된 사원으로 건축학적 가치가 높다. 975년 자야바르만 5세에 의해 공사가 시작됐으나 그의 급작스러운 죽음으로 석재만 쌓아올린 채 공사가 중지되고 말았다. 때문에 여타 사원들과 달리 벽에는 아무런 조각이나 장식이 없으며, 동서 122m, 남북 106m의 거대한 사원 윤곽만 살펴볼 수 있을 뿐이다.

피라미드 형의 건물은 4개의 탑이 중앙부의 사당을 원형으로 둘러싼 형태를 취하고 있으며, 사원 주위에 회랑을 쌓아올리는 새로운 건축양식을 도입한 게 눈에 띄는 특징이다. 가파른 계단을 오르면 정상부의 신전까지 올라갈 수 있다.

타프롬
Ta Prohm

사원 전체를 집어삼킬 듯 건물 위로 무성하게 자란 나무뿌리들이 신비한 분위기를 자아낸다. 자야바르만 7세가 어머니를 위해 만든 불교 사원으로 완공 당시에는 동서 1㎞, 남북 600m의 광대한 규모를 자랑했으며, 1만여 명의 승려와 무희들이 거주했다. 하지만 그의 사후 힌두교 사원으로 개조되면서 불상과 조각들이 파괴되는 아픔을 겪기도 했다. 사원 내부는 삼중의 회랑과 출입구·탑·사당을 연결하는 크고 작은 회랑이 미로처럼 복잡하게 얽혀 있다. 수백 년에 걸쳐 정글에 방치된 까닭에 나무뿌리를 제거하면 오히려 붕괴될 우려가 높아 발견 당시의 모습을 그대로 유지하고 있다는 사실도 흥미롭다.

미완의 사원 타케오　　타프롬의 섬세한 부조　　거대한 나무 뿌리가 건물을 뒤덮은 타프롬

> 프놈바켕은 17:30 이후로 입장이 통제되는 경우도 있으니 서둘러 가는 게 좋다.

 3min   16:00    20min~   17:20    30min~   19:00

                 ■ Finish

반티아이 크데이
Banteay Kdei

승려들의 거주를 목적으로 조성된 사원. 원래 10세기 말에 만든 힌두교 사원을 자야바르만 7세가 지금과 같은 형태의 불교 사원으로 개축했다. 동서 700m, 남북 500m의 외벽에 둘러싸여 있으며, 내부는 '田' 모양의 회랑이 미로처럼 얽혀 있다. 안으로 들어가면 관세음보살의 얼굴이 돋을새김된 사면불탑과 9개의 불탑, 그리고 섬세한 부조로 치장된 테라스가 눈에 들어온다. 한가운데에는 중앙사당이 위치하며 벽은 춤추는 천녀의 부조로 치장돼 있다. 사원 맞은편에 위치한 가로 700m, 세로 350m의 거대한 저수지 스라 스랑 Srah Srang은 이곳에 거주하는 승려들에게 생활용수를 공급하던 곳이다.

프놈 바켕
Phnom Bakheng

해발 60m의 야산 위에 조성된 사원. 9세기 말 이 지역에서 최초로 지어진 힌두교 사원이다. 사원이 위치한 프놈바켕 산은 프놈크롬·프놈보크와 더불어 앙코르와트의 3대 성지로 추앙받던 곳이라 이곳에 도읍을 정한 야쇼바르만 1세가 사원을 짓기로 결정했다고 한다.
가파른 언덕을 올라 정상에 다다르면 석재를 다듬어서 만든 넓은 테라스와 함께 크고 작은 사당이 곳곳에 산재한 사원의 유적이 펼쳐진다. 주변에 높은 건물이나 산이 하나도 없어 전망이 무척 좋은데, 정글에 뒤덮인 앙코르와트의 유적은 물론 멀리 시엠립 시가지와 공항까지 한눈에 들어올 만큼 발군의 경치를 자랑한다. 특히 해질녘에 노을을 감상하기에 좋다.

저녁 식사
Dinner

프놈바켕에서 저녁 노을을 보고 나면 18:30쯤이 된다. 사원에서 내려갈 때는 불빛 하나 없는 가파른 언덕을 내려가야 하니 미리 플래시를 준비하거나 너무 어두워지기 전에 조금 서둘러 내려가는 게 좋다. 더구나 주차장에서는 수많은 관광객이 뒤엉켜 자신이 타야 할 툭툭을 찾기 힘든 경우도 있으니 주의하자.
시내에 도착하면 시엠립에서 가장 번화한(?) 지역인 퍼브 스트리트 Pub Street에서 저녁을 먹는다. 현지 음식은 물론 한식·양식 등 다양한 레스토랑이 모여 있어 식사를 해결하기에 좋다. 그리고 근처의 야시장을 구경하거나 분위기 좋은 퍼브에 들러 시간을 보내면 된다.

반티아이 크데이

프놈바켕의 일몰   프놈바켕

Day 3

mission

1. 앙코르와트에서 일출 감상
2. 앙코르와트·프레아칸 등 핵심 유적 관람
3. 퍼브 스트리트에서 저녁 먹기
4. 시엠립→인천 이동

오늘 코스 지도로 보기

www.clzup.com/qr/c12

Cambodia

일출 시각은 시기에 따라 다른데 04:30~05:00쯤 앙코르와트로 가야 볼 수 있다.

호텔로 돌아오는 시간은 일출 시각에 맞춰서 여유 있게 조절한다.

05:00 — 30min~ — 07:00

Start ▶ ○

앙코르와트 일출
Angkor Wat Sunrise

앙코르와트 여행의 백미로 꼽는 일출을 보러 간다. 일출을 본 뒤 숙소로 돌아가 체크아웃을 해야 하니 전날 밤 미리 짐을 챙겨 놓는 게 좋다.
앙코르와트는 05:00를 전후해 오픈하며 일출을 보기 좋은 장소는 앙코르와트 정문 앞에 있는 연못 주변이다. 새벽에 앙코르와트를 찾는 관광객은 십중팔구 그곳으로 가니 사람들이 많이 움직이는 방향으로 따라가면 된다. 해는 앙코르와트의 탑을 배경으로 솟아오르며 연못 전체를 황금빛으로 물들이는 광경이 신비로운 분위기를 자아낸다. 단, 우기에는 구름에 가려 일출을 보기 힘든 경우가 많다는 사실에 주의하자.

아침 식사 & 체크아웃
Check Out

일출을 본 뒤 숙소로 돌아가 잠시 휴식을 취한다. 그리고 아침을 먹고 여유 있게 체크아웃을 한다. 오후 늦게 한국으로 돌아가는 비행기를 타야 하므로 짐은 숙소에 맡겨 놓는 게 좋다. 다시 앙코르와트로 향하는 시각은 09:00쯤. 더운 날씨에 대비해 마실 물을 충분히 가져가는 것도 잊지 말자.

탑 위로 해가 솟아오른다

앙코르와트의 일출 앙코르와트

> 동문 근처의 회랑에는 프레아칸의 상징인 압살라 춤을 추는 무희의 부조가 있다.

 30min~ 09:30

 30min~ 12:00

 30min~ 14:00

앙코르와트
Angkor Wat

캄보디아를 상징하는 대표적인 사원 유적이다. 수리야바르만 2세가 그의 사후 힌두교의 신(神) 비슈누와 합일을 이루고자 12세기 초에 건립했다. 동서 1.5㎞, 남북 1.3㎞의 광대한 부지 위에 사원을 둘러싼 너비 190m의 해자(垓字)가 있으며, 그 중심부에 삼중의 회랑과 중앙사당이 위치한다. 회랑의 벽은 우유의 바다에서 천지만물이 탄생했다는 힌두교의 창조신화, 고대 인도의 서사시 라마야나, 천국과 지옥의 모습, 위대한 왕 수리야바르만 2세의 행군 등 다양한 주제로 만든 수천 개의 부조로 가득하다. 워낙 규모가 방대해 부조와 사원 내부를 구경하는 데만 꼬박 2시간은 걸린다.

점심 식사 & 휴식
Lunch

앙코르와트를 모두 돌아보면 11:30쯤 된다. 이 주변은 식사를 해결할 곳이 마땅치 않으니 전날과 마찬가지로 툭툭을 타고 시엠립 시내로 돌아가 점심을 먹는다.

그리고 더위에 지치지 않도록 시원한 곳에서 잠시 휴식을 취하다 13:30쯤 시엠립 시내를 출발해 다음 목적지인 프레아칸으로 향한다.

프레아칸
Preah Khan

12세기 말 자야바르만 7세에 의해 건립된 사원. '성스러운 검(劍)'을 뜻하는 사원의 이름처럼 1180년 침략자인 참파족을 물리친 것을 기념하고 부왕(父王)을 공양할 목적으로 세워졌다. 서울 월드컵 경기장 면적의 60배에 달하는 56만㎡의 광활한 부지를 차지하고 있으며, 승려를 양성하는 학교로도 이용됐기 때문에 과거에는 승려와 노예·무희 등 10만여 명에 달하는 인원이 거주했다고 한다. 회랑이 '田' 모양으로 교차하는 독특한 구조를 이루고 있으며 회랑 곳곳에 위치한 사당에 282개의 불상, 그리고 중앙사당에 부왕의 모습을 본뜬 보살상을 안치해 놓았다. 규모가 제법 커 구경하는 데 1시간은 족히 걸린다.

앙코르와트의 부조 회랑

앙코르와트의 정문 　앙코르와트의 부조 　프레아칸

 5min 15:30　　 5min 16:30　　 10min 17:10

니악포안
Neak Pean

12세기 말 자야바르만 7세가 히말라야의 성지를 모방해서 만든 불교 사원. 인공 연못 한가운데에 원추형의 사당이 있으며 그 주위에 4개의 조그만 연못을 배치했다. 이는 히말라야에 있는 전설의 호수 아나바타푸타를 상징하는 것으로 이 물을 마시면 만병이 낫는다고 한다. 연못에 물을 공급하는 수로에는 사람·코끼리·말·사자의 두상(頭像)이 있는데, 이는 인도의 4대강을 상징한다.

니악포안 맞은편(도보 5분)에 위치한 불교 사원 크롤코 Krol Ko도 놓치지 말자. 이 사원 역시 12세기 말에 자야바르만 7세가 조성한 사원으로 규모는 작지만 인도 신화를 모티브로 만든 조각과 부조가 아름답다.

타솜
Ta Som

12세기 말 승려들의 거주지로 조성된 사원이다. 건설 당시 석재 조달에 어려움을 겪은 까닭에 곳곳에 저질 석재가 사용돼 여타 사원에 비해 균열과 붕괴의 정도가 심하다. 더구나 오랜 기간 밀림에 방치된 탓에 나무뿌리에 의한 파괴와 침식도 상당히 진행된 상태다. 사원의 동쪽과 서쪽에 각각 하나씩 관세음보살의 얼굴을 새긴 사면불탑의 탑문(塔門)이 있으며, 가운데에는 회랑에 둘러싸인 중앙사당이 위치한다. 서문(西門) 쪽의 벽에는 그윽한 미소를 머금은 수많은 여신상이 새겨져 있는데, 유려한 곡선과 역동적인 장면 묘사가 풍부한 볼거리를 제공한다.

프레룹
Pre Rup

961년 라젠드라바르만 2세에 의해 건립된 힌두교 사원이다. 화장장으로 이용되던 곳인 까닭에 중앙사당 바로 앞에는 사자(死者)의 다비식이 거행되던 돌로 만든 제단 모양의 화장터 흔적이 남아 있다. 계단을 오르면 회랑에 둘러싸인 중앙사당과 함께 그 주위를 둘러싼 4개의 소사당(小祠堂)이 보인다. 사면에 문(門) 모양이 새겨져 있지만 실제 사당 안으로 들어갈 수 있는 문은 동쪽을 향해 뚫린 문 하나뿐인데, 이는 태양 숭배를 의미한다고 한다. 중앙사당을 볼 때 왼쪽의 소사당에는 다양한 모습을 한 여신상이 새겨져 있으니 이것도 놓치지 말고 찾아보자.

 니악포안의 두상

니악포안　　타솜의 사면불탑　　타솜의 회랑을 장식한 아름다운 부조

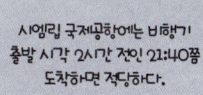
시엠립 국제공항에는 비행기 출발 시각 2시간 전인 21:40쯤 도착하면 적당하다.

 30min~    20min~   ✈ 5:20min

18:10   23:40   07:00

         Finish

저녁 식사, 시내→공항
Dinner

프레룹까지 보고 나면 17:40쯤 된다. 이제 툭툭을 타고 시내로 돌아가 저녁을 먹으며 휴식을 취한다. 그리고 21:00쯤 숙소에서 짐을 찾아 툭툭을 타고 시엠립 국제공항으로 향한다. 앙코르와트 투어를 할 때 이용한 툭툭 기사에게 미리 얘기해 놓으면 약간의 추가요금만으로 공항까지 갈 수 있다는 사실도 알아두자.

시엠립 국제공항은 규모가 무척 작아 이용에 큰 어려움은 없다. 출국장에서 아시아나 카운터를 찾아가 탑승 수속을 한 뒤, 출국심사대를 통과하면 조그만 면세점과 휴게실이 나타난다. 면세점은 가격이 비싼 것은 물론 상품도 무척 빈약하니 쇼핑은 무조건 시내에서 끝내고 오는 게 좋다.

아시아나항공, 시엠립 출발
Asiana Airlines OZ738

비행기 탑승은 출발시각 30분 전부터 시작된다. 공항 편의시설이 무척 빈약해 딱히 시간을 보낼 곳이 없으니 휴게실에 앉아서 휴식을 취하다 탑승이 개시되면 탑승구로 이동하자.

기내로 들어가 자리에 앉으면 담요를 확보한 뒤 승무원에게 안대와 귀마개를 달라고 부탁한다. 실제 비행시간이 5시간 정도에 불과한 짧은 야간비행이라 최대한 숙면을 취하려면 위의 준비물은 필수다. 기내가 무척 건조해 자는 동안 목과 코에 불편을 느낄 가능성이 높은데, 이때를 대비해 마스크를 가져가면 숙면을 취하는 데 조금이나마 도움이 된다.

인천국제공항 도착
Incheon Intl. Airport

공항 도착 2시간 전쯤 기내식이 제공된다. 하지만 이른 새벽 잠이 덜 깬 상태로 고 칼로리의 느끼한 기내식을 먹는 것도 그리 유쾌한 일은 아니다. 가벼운 식사를 원한다면 미리 항공사에 연락해 과일・샐러드 등의 '특별식'을 주문하는 것도 요령! 기내식 주문은 비행기 출발 시각 기준 24시간 전까지 마쳐야 하며 요금은 무료다. 1분 1초라도 잠이 더 소중한 이는 기내식을 취소시키고 공항 도착 때까지 숙면을 취하면 된다.

단, 잠이 덜 깬 상태로 비행기에서 내리다 소지품을 잃어버리는 사고가 종종 발생하니 도착 시각보다 조금 일찍 일어나 내릴 채비를 하는 센스는 필수!

공항으로 갈 때도 툭툭을 이용한다

화장장으로 사용되던 프레룹

인천국제공항

유적 & 문화 기행

79만 원~

앙코르와트 3박 5일

하루의 시간을 더해 앙코르와트를 좀더 자세히 돌아보려는 이에게 적합한 일정. 9세기 무렵 조성된 롤루오스 유적 등 초기 앙코르 왕조의 발자취를 살펴볼 수 있는 게 매력이다. 항공편은 앞서 소개한 2박 4일 일정과 동일하게 아시아나 항공을 이용한다.

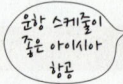
운항 스케줄이 좋은 아시아나 항공

Day 1
인천→시엠립, 시엠립
일정은 p.306와 동일

Day 2
앙코르와트
일정은 p.307와 동일

Day 3
앙코르와트
기본 일정은 p.312와 동일하다. 단, 2박 4일 일정과 달리 시엠립에서 하루를 더 묵기 때문에 호텔 체크아웃 및 공항으로 가는 일정은 제외시킨다.

Day 4
앙코르와트, 시엠립→인천
09:00쯤 호텔 체크아웃을 하고 프런트에 짐을 맡긴 뒤, 앙코르와트 북부에 위치한 반티아이 스레이 Banteay Srei로 향한다(툭툭 1시간 소요). 이 유적은 10세기 후반에 조성된 힌두교 사원으로 벽면을 가득 메운 섬세한 부조가 유명하다. 역동적으로 묘사된 힌두교의 신과 신화를 모티브로 만든 각양각색의 조각들이 풍부한 볼거리를 제공한다. 전체를 돌아보는 데는 1~2시간 정도 걸린다.

12:00쯤 시엠립 시내로 돌아가 점심 식사를 하고, 14:00쯤 앙코르와트 동부에 위치한 롤루오스 Roluos 유적으로 이동한다(툭툭 30분 소요). 이곳은 초기 앙코르 왕조의 수도가 있던 곳으로 8세기 후반 자야바르만 2세에 의해 조성됐다. 신들의 거처인 메루산을 상징하는 바콩 Bakong 사원을 중심으로 자야바르만 2세의 공양을 위해 만든 프레아 코 Preah Ko와 인드라바르만 1세(자야바르만 2세의 아버지)를 모시는 롤레이 Lolei 등의 힌두 사원이 모여 있으며, 사원 전체를 돌아보는 데는 2~3시간쯤 걸린다.

유적 관람을 마친 뒤 17:00 무렵 시엠립 시내로 돌아가 저녁을 먹으며 휴식을 취한다. 그리고 21:00쯤 숙소에서 짐을 찾아 공항으로 향한다(공항 이용법은 p.315 참조).

추천 항공편 아시아나항공
인천 19:15→시엠립 22:40
시엠립 23:40→인천 07:00
숙박 시엠립 3박, 기내 1박
예산 791,000원~
숙박비 US$45(게스트하우스 에어컨룸 3박)
생활비 US$80(4일)
입장료 US$40
교통비 US$65
항공료 55만 원~
※US$1=1050원

기본 준비

미스터리한 분위기의 사원

유적 & 문화 기행

 **96만 원~**

동남아의 여러 도시를 단번에 돌아보고 싶은 이에게 추천하는 일정. 배낭족의 천국으로 통하는 방콕과 더불어 신들의 도시 앙코르와트를 여행한다. 육로로 국경을 넘는 색다른 경험을 할 수 있는 것도 흥미롭다. 항공편은 요금이 저렴한 이스타항공을 이용한다.

방콕
앙코르와트
6박 8일

요금이 저렴한 이스타 항공

추천 항공편 이스타항공
인천 17:30→방콕 21:20
방콕 22:20→인천 06:00
숙박 방콕 3박, 시엠립 3박, 기내 1박
예산 969,000원~
숙박비 3600B+US$45
(방콕 호텔 3박, 시엠립 게스트하우스 에어컨룸 2박)
생활비 6000B+US$80
입장료 750B+US$40
교통비 600B+US$50
항공료 36만 원~
※1B=35원, US$1=1050원

 기본 준비

Day 1 인천→방콕
일정은 p.190와 동일

Day 2 왕궁 주변, 두싯 지구
일정은 p.192와 동일

Day 3 방콕→시엠립
호텔 체크아웃 후 포이펫(캄보디아 국경) 행 버스를 타러 간다. 시엠립까지는 국경 통과 시간을 포함 8시간가량 걸린다. MRT 실롬 Si Lom 역 1번 출구 또는 BTS 살라 댕 Sala Daeng 역 4번 출구를 나와 룸피니 공원으로 가면 HSBC 은행 맞은편에 포이펫 행 카지노 버스(05:00~08:00, 4시간 소요, 200~300B)가 있다. 이 버스를 타고 포이펫으로 가서 국경을 통과한다. 캄보디아 비자는 국경에서 받으면 되며(US$20), 국경에서 시엠립까지는 사설 택시(1인당 US$15~30, 약 3시간 소요)를 이용한다.

Day 4 앙코르와트
일정은 p.307와 동일

Day 5 앙코르와트
일정은 p.312와 동일. 단, 시엠립에서 하루를 더 묵기 때문에 호텔 체크아웃 및 공항으로 가는 일정은 제외시킨다.

Day 6 시엠립→방콕
시엠립에서 방콕으로 갈 때는 직행 버스를 이용하는 게 편리. 07:00~08:00에 출발, 8시간가량 걸리며 요금은 US$15~30.

Day 7 시암, 방콕→인천
일정은 p.196와 동일

앙코르와트

유적 & 문화 기행

101만 원~

호치민 앙코르와트 6박 8일

베트남과 캄보디아를 동시에 여행하려는 이에게 적합한 일정이다. 장장 12시간이 넘는 육로 이동을 해야 하는 게 부담스럽지만, 국가와 도시를 이동하면서 생생한 동남아의 모습을 살펴볼 수 있다. 항공편은 호치민까지의 요금이 가장 저렴한 베트남항공을 이용한다.

경제적인 요금이 매력인 베트남 항공

추천 항공편 베트남항공
인천 10:15→호치민 13:30
호치민 23:45→인천 06:50
숙박 호치민 3박, 시엠립 3박, 기내 1박
예산 1,016,000원~
숙박비 US$165(호치민 미니 호텔 3박, 시엠립 게스트하우스 에어컨룸 2박)
생활비 VND1,800,000+US$60
입장료 VND285,000+US$40
교통비 VND300,000+US$100
투어비 VND280,000
항공료 50만 원~
※VND10,000=500원, US$1=1050원

기본 준비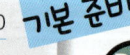

Day 1 — 인천→호치민, 호치민 시내
일정은 p.276와 동일

Day 2 — 메콩 델타
일정은 p.280와 동일

Day 3 — 호치민→시엠립
호텔 체크아웃을 마치고 시엠립으로 간다. 시엠립 행 버스 티켓은 데탐 거리의 여행사에서 판매하며, 요금은 편도 US$20~30. 티켓을 구하기 힘들 수 있으니 호치민에 도착하자마자 서둘러 예매해 놓는 게 안전하다. 버스는 06:00~08:00에 출발하며, 12~15시간이나 걸리니 최대한 좌석이 안락한 버스를 골라야 한다. 호치민을 출발한 버스는 2~3시간 뒤 캄보디아 국경에 도착한다. 비자를 받고(US$20~) 프놈펜을 거쳐 시엠립에 도착하는 시각은 19:00~22:00. 숙소까지는 버스 터미널에서 툭툭을 이용한다.

Day 4 — 앙코르와트
일정은 p.307와 동일

Day 5 — 앙코르와트
일정은 p.312와 동일. 단, 시엠립에서 하루를 더 묵기 때문에 호텔 체크아웃 및 공항으로 가는 일정은 제외시킨다.

Day 6 — 시엠립→호치민
호치민으로 돌아갈 때도 버스를 이용한다. 시엠립 시내의 여행사에서 티켓을 판매하며 소요시간 및 요금은 호치민→시엠립 구간과 대동소이하다.

Day 7 — 구찌 터널, 호치민→인천
일정은 p.283와 동일

앙코르와트

◀ 일본

JAPAN

일본 핵심 여행정보
27 오사카·교토 2박 3일 28 오사카·고베 2박 3일
29 교토 2박 3일 30 교토 3박 4일
31 오카야마·시라하마 3박 4일 32 오카야마·키노사키온센 3박 4일
33 칸사이 4박 5일 34 칸사이 5박 6일
35 도쿄 2박 3일 36 도쿄 3박 4일 37 도쿄 쇼핑 3박 4일 38 도쿄 4박 5일
39 도쿄 5박 6일 40 후쿠오카·유후인 2박 3일
41 후쿠오카·쿠로카와온센 2박 3일 42 후쿠오카·유후인·벳푸 3박 4일
43 북큐슈 일주 4박 5일 44 큐슈 일주 4박 5일
45 삿포로 2박 3일 46 홋카이도 중부 3박 4일
47 홋카이도 일주 4박 5일 48 나고야·게로온센 2박 3일
49 나고야·게로온센 3박 4일 50 오키나와 3박 4일

best 12
JAPAN

#1
어둠 속에서 보석처럼 빛나는 화려한 야경은 칸사이 여행이 선사하는 또 하나의 즐거움이다. → 고베 야경 p.367

#2
1200여 년의 역사를 자랑하는 고찰(古刹). 벚꽃과 단풍의 명소로도 유명하다.
→ 키요미즈데라 p.346

#3
미식 도시 오사카를 대표하는 먹자타운이자 유흥가. 맛난 먹거리와 풍부한 볼거리로 가득하다. → 도톤보리 p.343

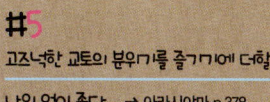

#5
고즈넉한 교토의 분위기를 즐기기에 더할 나위 없이 좋다. → 아라시야마 p.378

#4
400년 전의 웅장함을 그대로 유지하고 있는 성. 유네스코 세계문화유산으로 지정돼 있다. → 히메지 성 p.407

#6
일본의 옛 모습이 고스란히 보존된 지역. 운하를 오가는 쪽배와 옛 건물들이 아름다운 풍경을 연출한다.
→ 쿠라시키 운하 p.398

#7
우리에게도 친숙한 토토로 인형이 손님을 맞는 미술관. 지브리 애니메이션 팬의 성지로 유명하다.
→ 지브리 미술관 p.447

#8
도쿄의 옛 모습이 고스란히 보존된 지역. 전통 공예품 숍들이 상가를 이루고 있다. → 아사쿠사 p.443

#9
세계적인 명성의 명품 숍과 패션 브랜드가 밀집해 있는 일본 패션 문화의 중심지. → 오모테산도 p.437

#10
운하를 따라 한 세기 전의 이국적인 건물들이 늘어서 있다.
야경의 명소로도 인기가 높다. → 오타루 운하 p.553

#11
큐슈 제일의 온천 휴양지로 꼽히는 마을. 푸근한 자연 속에서 느긋하게 휴식을 취할 수 있다. → 유후인 p.492

#12
광활하게 펼쳐진 초록빛 대지 위에서 홋카이도의 청정자연을 만끽하자.
→ 후라노 p.563

Osaka best gourmet

B
파와 마요네즈를 수북이 얹어주는 **네기마요**. 아삭아삭 씹히는 파가 청량감을 더한다.

A
돼지고기 등심과 패주를 푸짐하게 넣은 **스페셜 믹스 오코노미야키**. 맥주와 먹으면 더욱 맛있다.

C
꼬치 튀김은 이 가게만의 비법으로 만든 특제 소스에 찍어 먹으면 더욱 맛있다.

C
소 힘줄을 일본 된장과 미림으로 조린 **도테야키**. 달콤하면서도 담백한 맛이 인상적이다.

A
오코노미야키 미즈노 お好み焼美津の
오사카 제일의 맛으로 명성이 자자한 오코노미야키 전문점. 반죽에 참마를 섞어 깊은 맛과 보들보들한 식감을 살린 게 특징. 바로 앞에서 오코노미야키를 구워주는데 직원의 노련한 손놀림과 함께 지글지글 소리를 내며 익어가는 모습이 먹는 즐거움 못지않은 재미난 볼거리를 제공한다.
open 11:00~22:00 **access** 지하철 난바 なんば 역 14번 출구에서 도보 6분.

B
하나다코 はなだこ
회로 먹어도 될 만큼 신선한 문어를 사용하는 타코야키 전문점. 입천장을 홀랑 델만큼 뜨거운 타코야키 안에 쫄깃한 문어 살이 듬뿍 들어 있다. 직원의 바쁜 손놀림 속에서 동글동글한 타코야키가 만들어지는 과정을 지켜보는 것도 재미있다.
open 10:00~23:15 **close** 부정기적
access 지하철 우메다 梅田 역 2번 출구에서 도보 2분.

C
원조 쿠시카츠 다루마 元祖串かつだるま
오사카 명물로 유명한 쿠시카츠(꼬치튀김)의 원조집. 새우·연근·소시지 등 온갖 재료를 꼬치에 끼워 즉석에서 튀겨주며, 신선한 재료와 고소한 맛, 바삭한 식감이 훌륭한 조화를 이룬다. 점심·저녁과 주말에는 엄청나게 붐비니 서둘러 가는 게 좋다.
open 11:30~22:30 **close** 연중무휴
access 지하철 난바 なんば 역 14번 출구에서 도보 6분.

D 면 위에 잘게 썬 쪽파와 매콤한 생강, 튀김 어묵, 반숙 계란 튀김을 얹어주는 **치쿠다마텐붓카케 우동**.

E 커다란 유부 튀김 두 장을 얹어주는 **키츠네우동**. 그윽한 깊이가 느껴지는 국물이 식욕을 자극한다.

F 면과 국물이 따로 나오는 **카마아게 우동**. 쫄깃쫄깃 씹히는 기분 좋은 식감을 즐기기에 좋다.

D

카마타케 우동 釜たけうどん

직접 뽑는 수타면으로 인기가 높은 사누키 우동 전문점. 여행자는 물론 현지인도 즐겨 찾는 맛집이다. 벽에는 이곳을 방문한 유명인의 사인이 빼곡이 걸려 있다. 쫄깃한 우동 면발과 짭조름한 국물이 절묘한 조화를 이루는 냉우동이 간판 메뉴다.

open 11:00~16:00 **close** 월요일 **access** 지하철 닛폰바시 日本橋 역 5번 출구에서 도보 9분.

E

도톤보리 이마이 道頓堀今井

담백한 국물의 우동으로 유명하다. 1946년 창업 이래 한결같은 맛을 유지하고 있으며, 국물 재료로는 최상품의 다시마와 눈퉁멸·카츠오부시만 사용한다. 전통 오사카 스타일의 유부 우동이 간판 메뉴인데, 그윽한 풍미의 국물이 식욕을 자극한다.

open 11:00~22:00 **close** 수요일 **access** 지하철 난바 なんば 역 14번 출구에서 도보 5분.

F

시게노이 重乃井

40년 전통의 수타 우동 전문점. 국물은 천연 재료로만 우려내며 화학조미료는 사용하지 않는다. 면과 국물이 따로 나오는데 처음에는 우동을 국물에 찍어 먹으며 면의 쫄깃함을 즐기고, 면을 다 먹은 뒤 면수에 국물을 풀어 감칠맛 나는 국물 맛을 즐긴다.

open 11:00~22:00 **close** 수요일, 매월 셋째 화요일 **access** JR 나라 奈良 역 동쪽 출구에서 도보 10분.

Osaka best gourmet

B 진한 국물이 입맛을 당기는 **일본식 라면**. 매콤한 김치와도 궁합이 잘 맞는다.

A 촉촉한 빵과 적당한 단맛, 그리고 고소한 생크림이 절묘한 조화를 이루는 **롤 케이크**.

C 달콤한 소스가 고기의 풍미를 한층 살려주는 **장어 초밥**.

C 푸짐한 양이 매력인 **모둠 초밥**. 원하는 메뉴를 맘대로 골라서 주문할 수 있다.

A 오사카 도지마 몬 셰르 Osaka Dojima Mon Cher

오사카에서 가장 맛있는 롤 케이크를 파는 베이커리. 고소한 우유 향이 인상적인 롤 케이크는 홋카이도 산 생크림 등 최상품 재료만 엄선해서 사용하는 것으로 유명하다.
open 09:00~21:00, 토·일·공휴일 09:00~20:00 **close** 부정기적 **access** 지하철 니시우메다 西梅田 역 9번 출구에서 도보 8분.

B 킨류라멘 金龍ラーメン

거대한 용 모양의 간판이 눈길을 사로잡는 라면집. 돼지·닭 뼈를 푹 삶아서 우려낸 국물은 진하면서도 담백해 우리 입에도 잘 맞는데 마늘을 넣어 먹으면 더욱 맛있다. 일본의 여타 라면집과 달리 매콤한 김치와 부추·마늘이 무료로 제공된다.
open 24시간 **close** 연중무휴 **access** 지하철 난바 なんば 역 14번 출구에서 도보 6분.

C 하루코마 春駒

신선한 재료와 합리적인 가격으로 인기가 높은 초밥집. 80여 종의 다양한 초밥을 맛볼 수 있다. 가격은 회전 초밥집과 비슷하지만 맛은 고급 초밥 전문점에 필적할 만큼 뛰어나다. 항상 손님이 많으니 서둘러 가야 한다.
open 11:00~21:30 **close** 화요일(화요일이 공휴일일 때는 그 다음날) **access** 지하철 텐진바시스지로쿠초메 天神橋筋六丁目 역 8번 출구에서 도보 7분.

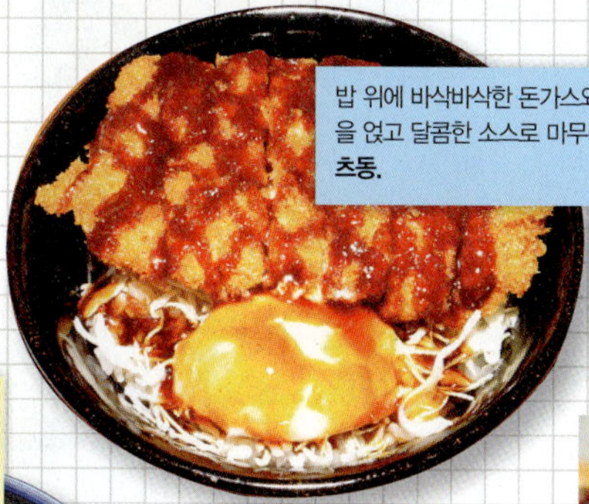

F

밥 위에 바삭바삭한 돈가스와 반숙 계란을 얹고 달콤한 소스로 마무리한 **소스카츠동.**

추천 맛집 지도로 보기

www.clzup.com/qr/f21

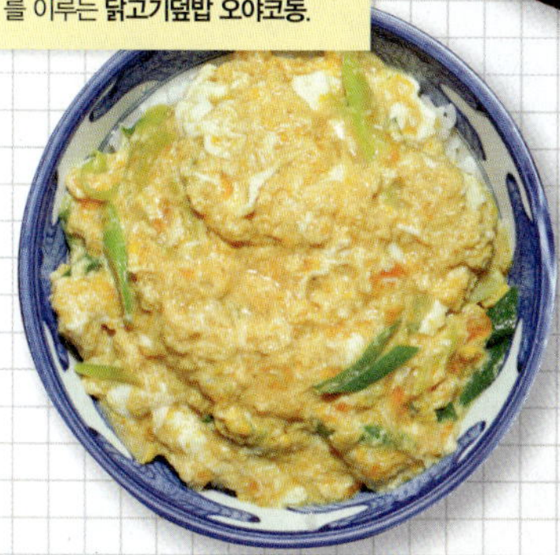

D

보들보들하게 익힌 반숙 스타일의 계란과 닭고기 · 생파가 절묘한 조화를 이루는 **닭고기덮밥 오야코동.**

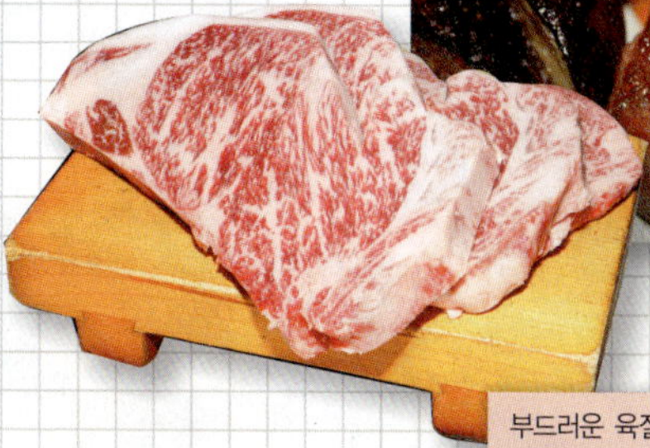

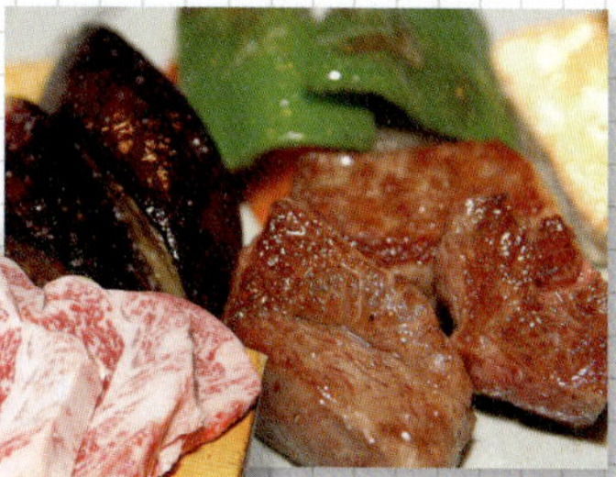

E

부드러운 육질과 입안 가득 퍼지는 육즙이 입맛을 돋우는 최고급 **와규 스테이크.**

D

히사고 ひさご

교토 제일의 닭고기덮밥을 맛볼 수 있는 식당. 닭고기와 계란 비린내가 나지 않게 하는 특별한 양념 비법이 이곳의 인기 비결이다. 언제나 긴 줄이 늘어서는데 점심 · 저녁 때 30분 정도 기다리는 건 예삿일이다.

open 11:30~19:30 **close** 월요일(월요일이 공휴일일 때는 그 다음날) **access** 100 · 202번 시 버스 히가시야마야스이 東山安井 하차, 도보 3분.

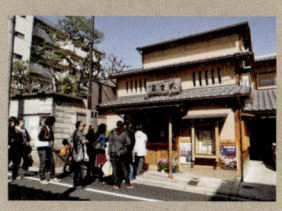

E

아부리니쿠코보와코쿠 あぶり肉工房和黒

최고급 와규 스테이크를 합리적인 가격에 맛볼 수 있다. 입에서 살살 녹는 부드러운 소고기와 즉석에서 구워주는 채소 · 마늘 · 두부 맛이 정말 끝내준다. 경제적인 런치 메뉴(12:00~15:00)를 이용하는 게 좋다.

open 12:00~22:30 **close** 부정기적 **access** 한큐 산노미야 三宮 역 키타노자카 출구에서 도보 10분.

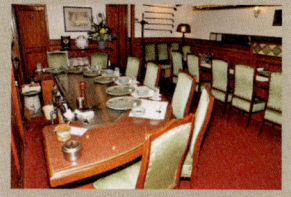

F

카츠동요시베 かつ丼吉兵衛

현지인에게도 인기가 높은 돈가스 덮밥 전문점. 재료로는 최상품 일본산 돼지고기만 사용한다. 돈가스는 야들야들한 돼지고기와 바삭한 튀김옷이 멋진 조화를 이루며, 밥이 안 보일 만큼 양배추와 돈가스를 듬뿍 얹어주는 등 양도 푸짐하다.

open 10:30~19:00 **close** 부정기적 **access** 한큐 산노미야 三宮 역 서쪽 출구에서 도보 3분.

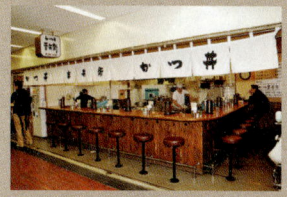

Tokyo best gourmet

B 바삭바삭한 튀김옷과 젓가락으로도 잘릴 만큼 야들야들한 돼지고기가 환상의 조화를 이루는 **안심 돈가스**.

A 다양한 맛을 즐기기에 좋은 **이타상오 마카세니기리**. 참치·새우·성게알 등 14점의 초밥이 모둠으로 나온다.

C 포도·복숭아·바나나 등 다양한 재료를 토핑한 **계절 과일 타르트**. 철마다 토핑 재료가 바뀐다.

C 봄 내음이 가득한 **딸기 타르트**. 새콤달콤한 맛이 매력인 봄철 인기 아이템이다.

A 우메가오카스시 미도리
梅ヶ丘寿司美登利

'신선한 제철 생선을 합리적인 가격에 제공한다'는 모토 아래 최상의 초밥만 내놓는 초밥 전문점. 오픈 전부터 긴 줄이 늘어서는데 30분~1시간 기다리는 건 예삿일이다. 인원수에 맞춰 자리가 배정되며 예약은 받지 않는다.

open 11:00~22:00 **close** 1/1 **access** JR 시부야 渋谷 역 하치코 개찰구에서 도보 6분.

B 마이센 まい泉

하라쥬쿠 최고의 맛집이라 해도 과언이 아닌 곳. 카고시마에서 직송해온 흑(黑) 돼지고기에 직접 만든 빵가루를 입혀 노릇노릇 튀겨내는 돈가스가 간판 메뉴다. 튀김 기름도 4종류의 기름을 배합해서 만든 마이센 특제 식용유만 사용한다.

open 11:00~22:45 **access** 지하철 오모테산도 表参道 역 A2번 출구에서 도보 6분.

C 킬 훼봉 아오야마 キルフェボン青山

도쿄에서도 손꼽히는 타르트 맛집. 계절 과일의 맛을 십분 즐길 수 있도록 25종류 이상의 과일 타르트가 항상 준비돼 있다. 과일 본연의 맛을 한껏 살려주는 촉촉한 파이 반죽이 인기의 비결! 프로방스 스타일로 꾸민 로맨틱한 인테리어도 인상적이다.

open 11:00~20:00 **access** 지하철 오모테산도 表参道 역 A4번 출구에서 도보 3분.

E 고춧가루와 마늘을 듬뿍 넣은 얼큰한 국물이 매력인 **일본식 라면**. 우리 입에도 익숙한 맛이라 거부감이 없다.

D 켜켜이 쌓인 고기 사이로 배어나는 감칠맛 나는 육즙과 바삭한 튀김옷이 환상의 조화를 이루는 **돈가스**.

F 촉촉하게 구운 **와플**에 크림 치즈·과일·아이스크림·바나나 등 다양한 재료를 토핑해준다.

D 키무카츠 キムカツ

얇게 뜬 돼지고기 등심을 25겹으로 겹쳐 만든 특제 돈가스를 내놓는다. 고기는 혀 끝에서 녹는다는 표현이 꼭 들어맞을 만큼 부드럽다. 7가지 메뉴의 돈가스가 있으며, 여러 메뉴를 맛볼 수 있는 모둠 세트도 취급한다.
open 월~목·일요일 11:00~23:00, 금·토요일 및 공휴일 전날 11:00~23:30 **access** JR 에비스 恵比寿 역 동쪽 출구에서 도보 4분.

E 이치란라멘 一蘭ラーメン

진한 돼지뼈 사골 국물이 인상적인 라면집. 국물 맛과 매운 정도를 자신이 원하는 대로 선택할 수 있는 게 매력이다. 오로지 라면을 먹는 데 집중할 수 있도록 자리를 독서실 스타일의 1인석으로만 만들어 놓은 것도 재미있다. 한국어 메뉴가 있어 주문하기도 편리하다.
open 24시간 **access** JR 시부야 渋谷 역 하치코 개찰구에서 도보 3분

F 와플즈 Waffle's

가수 유희열이 즐겨 찾던 곳이라 팬 사이에서는 일명 '유희열 와플'로 통한다. 크림 치즈·과일·아이스크림·바나나 등 다양한 토핑 재료를 선택할 수 있으며, 촉촉하게 구운 와플의 부드러운 감촉이 정말 예술이다.
open 월~금요일 11:30~18:30, 토·일·공휴일 11:30~19:00 **access** 사철 토큐토요코 선의 다이칸야마 代官山 역 북쪽 출구에서 도보 6분.

Tokyo
best gourmet

B 계란·차슈·마늘 등 온갖 고명을 푸짐하게 올린 **큐슈쟝가라젠부이리**. 맛과 양 모두 만족스럽다.

A 주문과 동시에 튀김옷을 입혀 바삭하게 튀겨내는 **안심 돈가스**. 입에서 살살 녹는 야들야들한 육질이 자랑.

A 미니 돈가스·새우 튀김·새우 크로켓·가리비 튀김이 세트로 나오는 **모둠 정식**. 다양한 맛을 즐기기에 좋다.

C 고소한 생크림과 포근한 케이크 빵, 신선한 계절 과일이 환상의 조화를 이루는 **프레시 후르츠 케이크**.

A
이센 본점 #泉本店
90년 역사를 자랑하는 돈가스 전문점. 가정집을 개조한 허름한 식당이지만 맛은 상상 초월. 돼지고기는 정성껏 손질한 최상품만 사용하며, 곁들여 나오는 양배추도 잡내를 없애기 위해 하루 숙성시킨 것만 사용한다.
open 11:30~20:50,
일·공휴일 11:30~20:30 **close** 수요일
access JR 우에노 上野 역의 히로코지 출구에서 도보 12분.

B
큐슈쟝가라라멘
九州じゃんがらラーメン
도쿄 한복판에서 큐슈 라면의 진수를 맛볼 수 있다. 돼지뼈를 푹 고아서 만든 진한 국물이 입맛을 돋운다. 각기 다른 국물 맛의 다섯 가지 라면을 취급하며 고명은 맘대로 고를 수 있다.
open 11:00~15:00·17:00~23:30,
토·일·공휴일 11:00~23:30
access JR 하라쥬쿠 原宿 역의 오모테산도 출구에서 도보 2분.

C
하브스 Harbs
재료의 풍미가 촉촉이 살아 숨쉬는 진짜 케이크를 맛볼 수 있다. 한 입 떼어먹는 순간 혀 위에서 사르르 녹는 달콤한 크림이 온몸에 상큼한 기운을 전해준다. 홈메이드 스타일로 정성껏 구운 케이크만 내놓는 게 맛과 인기의 비결이라고!
open 11:00~22:00 **close** 부정기적
access 지하철 롯폰기 六本木 역 3번 출구에서 도보 5분.

E 양질의 고기를 사용해서 만든 그 윽한 풍미의 **하야시라이스**. 하루에 50~70그릇만 한정 판매한다.

F 가을에만 맛볼 수 있는 계절 상품인 **밤빵**. 설탕에 절인 큼직한 밤이 빵 가운데 콕 박혀 있다.

D 짭조름한 소스가 배어든 튀김이 입맛을 돋우는 **텐동**. 도쿄 사람들에게 100년 넘게 사랑받아온 메뉴다.

F 150년의 전통을 자랑하는 키무라야소혼텐의 간판 상품 **츠부안빵**. 달콤한 팥소가 듬뿍 들어 있다.

D 긴자텐구니혼텐 銀座天国本店
도쿄 스타일의 고소한 튀김을 맛볼 수 있는 식당. 1885년 조그만 포장마차에서 시작해 지금의 대형 레스토랑으로 성장한 긴자의 터줏대감이다. 층마다 취급하는 메뉴가 다른데 지하와 2·3층은 튀김, 1층은 튀김 덮밥인 텐동 天丼 전문 플로어다.
open 11:30~22:00
access JR 신바시 新橋 역의 긴자 출구 銀座口에서 도보 6분.

E 요시카미 ヨシカミ
'너무 맛있어서 죄송합니다'란 자신감 만점의 홍보 문구가 호기심을 자극하는 경양식집. 아사쿠사 제일의 맛집으로 유명해 오픈 전부터 긴 줄이 늘어선다. 하야시라이스·오므라이스 등의 소박한 서민 음식은 물론 스테이크와 스튜도 맛볼 수 있다.
open 11:45~22:30 **close** 목요일
access 지하철 아사쿠사 浅草 역 1·3번 출구에서 도보 9분.

F 키무라야소혼텐 木村屋総本店
쌀과 누룩으로 반죽한 빵에 달콤한 팥소를 넣은 단팥빵을 일본 최초(1869년)로 선보인 빵집. 지금은 단팥빵을 개량한 11종류의 메뉴와 다양한 빵을 내놓고 있다. 전통의 맛이 고스란히 보존된 츠부안빵과 팥소 대신 치즈 크림을 넣은 치즈 크림빵이 간판 상품이다.
open 10:00~21:00 **access** 지하철 긴자 銀座 역 A9번 출구 바로 옆.

basic info. 일본

비자
우리나라와 비자 면제 협정을 맺고 있어 관광 목적으로 입국할 경우 비자가 필요 없다. 비자 없이 일본에 체류할 수 있는 기간은 90일이다.

여행 시기
일본은 우리나라와 비슷한 기후대에 속한다. 그만큼 사계절의 변화도 비슷해 여행에 있어 계절적 요인에 따른 제약은 크지 않다. 단, 지리적으로 일본 열도가 북에서 남으로 길게 놓인 까닭에 지역별로 조금씩 기후가 다르다는 사실에는 유의해야 한다. 활동하기 좋은 계절은 우리나라와 비슷한 날씨를 보이는 봄·가을이다. 여름은 해가 길어 여행에 유리하지만 덥고 습도가 높으며, 겨울철 기후는 지역별로 편차가 심하다.

홋카이도 최북단에 위치한 홋카이도는 여름이 짧고 겨울이 무척 긴데, 8월 중순이 넘어가면 슬슬 가을 바람이 분다. 겨울은 매서운 강풍과 함께 많은 눈이 내리며 이때는 운행을 중단하는 교통수단과 숙박시설도 많다.

혼슈 다양한 기후대를 보인다. 대체로 북부는 홋카이도와 비슷하게 짧은 여름과 긴 겨울을 가진다. 오사카·도쿄가 위치한 중부는 부산과 비슷한 기후를 보이며, 무덥고 습한 여름과 눈보다 비가 많은 겨울이 특징이다. 바다를 옆에 끼고 있어 한겨울에도 좀처럼 수은주가 영하로 내려가진 않는다.

큐슈 남쪽에 위치한 큐슈는 무덥고 습한 여름과 온화한 겨울이 특징이다. 큰 추위는 없으며 큐슈 남부에서는 한겨울에도 잎이 무성한 나무를 볼 수 있을 정도다.

오키나와 일본 본토에서 남쪽으로 600km이상 떨어진 오키나와는 사시사철 더운 날씨가 이어진다. 1월 최저기온은 16℃이며, 여름철 기온은 우리나라와 비슷하지만 습도가 높아 더욱 무덥게 느껴진다.

복장
봄~가을에는 우리나라의 날씨를 기준으로 옷을 챙기면 된다. 겨울은 우리나라보다 따뜻하니 너무 두껍지 않은 겨울옷을 챙겨 간다.

단, 홋카이도는 여름이라도 아침·저녁으로 선선하며, 겨울에는 우리나라보다 훨씬 춥고 눈이 많이 내린다는 점을 감안해 긴소매 옷이나 충분한 방한장구를 준비하는 게 좋다. 오키나와의 경우 3~10월은 우리나라의 여름, 11~2월은 가을 날씨와 비슷하므로 여름·가을 복장을 챙겨 가면 적당하다.

언어
공용어는 일본어이며, 거리나 일반 상점에서 일본어 이외의 외국어는 잘 통하지 않는다. 다행히 대부분의 역과 공공시설의 표지판·이정표에 일본어·영어가 병기돼 있으며, 한글이 표기된 표지판·안내판도 점차 늘어나고 있다.

통화
엔 ¥, 100엔=970원(2014년 10월)
동전 1·5·10·50·100·500엔

지폐 1000 · 2000 · 5000 · 1만 엔

환전
우리나라의 은행에서 필요한 만큼의 엔화를 미리 환전해 가는 게 최선의 방법이다. 일본 현지의 공항 또는 일부 은행에서 원화를 엔화로 환전해주기도 하지만 환율이 나빠 우리나라에서 엔화를 구입할 때보다 손해보기 십상이다. 일상생활에서 5000엔 · 1만 엔권 지폐가 빈번히 사용되므로 고액권 위주로 환전해 가는 게 편리하다.

신용카드
신용카드 사용이 보편화된 곳이라 소규모 숍 · 노점이 아니라면 어디서나 신용카드를 사용할 수 있다. 단, 일부 상점에서는 우리나라에서 발행된 신용카드를 받지 않는 경우도 있으니 확인하고 이용하는 게 좋다.

인터넷
대부분의 호텔 · 한인민박 · 게스트하우스에 유무선 인터넷 설비가 갖춰져 있어 스마트폰 · 노트북 컴퓨터를 가져가면 무료로 인터넷을 사용할 수 있다. 단, 고급 호텔이나 일부 게스트하우스에서는 인터넷 사용료를 받기도 하니 숙소 예약 시 확인하고 이용하는 게 좋다. 이동 중에도 자유로이 스마트폰을 사용하려면 자신이 가입한 이동 통신사의 해외 데이터 로밍 서비스를 이용한다(1일 9000~1만 2000원).

전기
100V, 60Hz(도쿄를 비롯한 동부는 50 Hz)이며, 콘센트는 우리나라와 다른 2핀 타입의 11자형을 사용한다. 일본의 전자제품 매장에서도 변환 플러그를 팔지만 은근히 찾기 힘들고 값도 비싸다. 우리나라의 전파사에서 단돈 몇 백 원이면 구입할 수 있다는 사실을 기억할 것!

시차
우리나라와 일본은 동일한 시간대를 사용하기 때문에 시차가 없다. 단, 우리나라보다 동쪽에 위치한 까닭에 큐슈 · 오키나와 이외의 지역은 해가 우리나라보다 20~30분 일찍 뜬다.

공휴일
국경일이 일요일과 겹칠 때는 다음 월요일도 공휴일이 되며, 공휴일 사이에 낀 평일 역시 공휴일이 된다.

공휴일
1월 1일 설날
1월 둘째 월요일 성인의 날
2월 11일 건국기념일
3월 20일(또는 21일) 춘분절
4월 29일 녹색의 날
5월 5일 어린이날
7월 20일 바다의 날
9월 셋째 월요일 경로의 날
9월 23일(또는 24일) 추분절
10월 둘째 월요일 체육의 날
11월 3일 문화의 날
11월 23일 근로 감사의 날
12월 23일 일왕 생일

오사카 베스트 여행 시즌

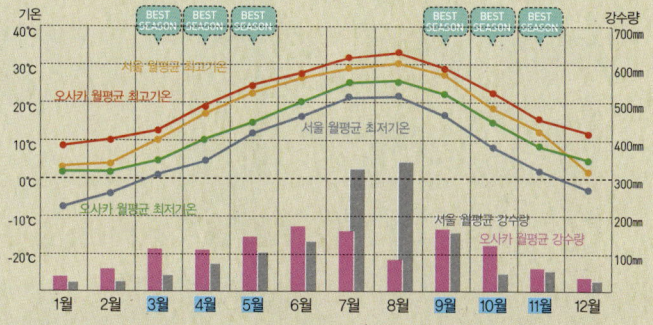

도쿄 베스트 여행 시즌

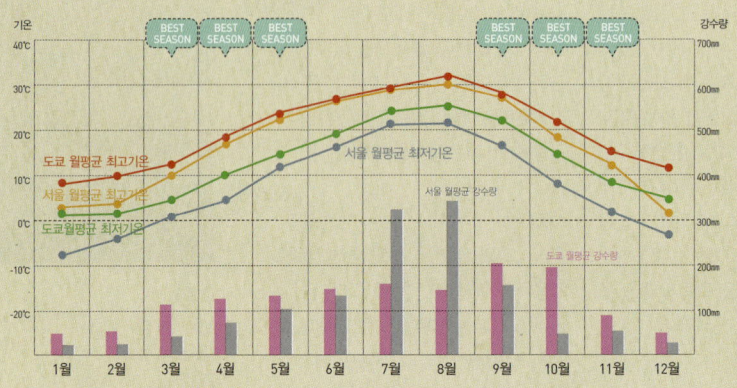

후쿠오카(큐슈) 베스트 여행 시즌

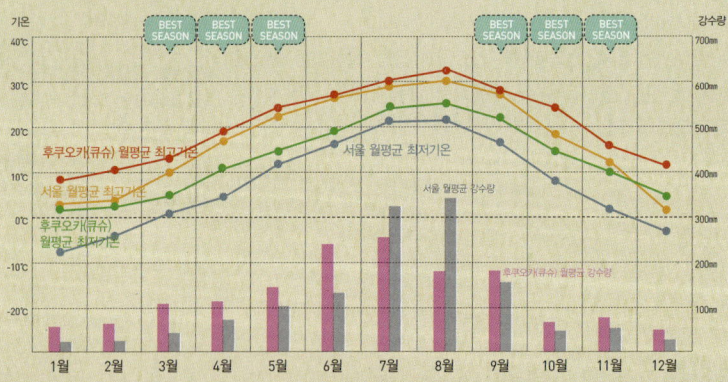

삿포로(홋카이도) 베스트 여행 시즌

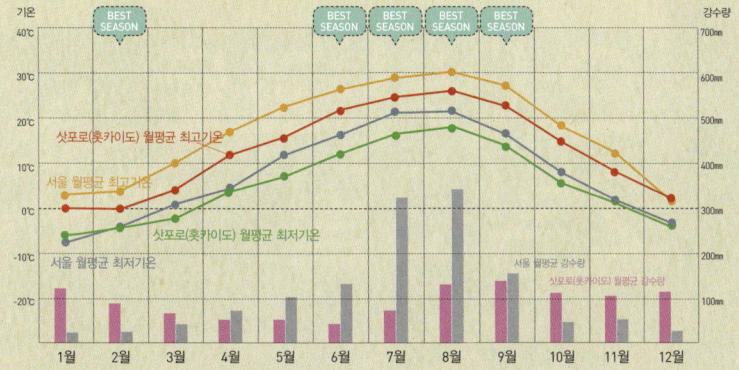

나하(오키나와) 베스트 여행 시즌

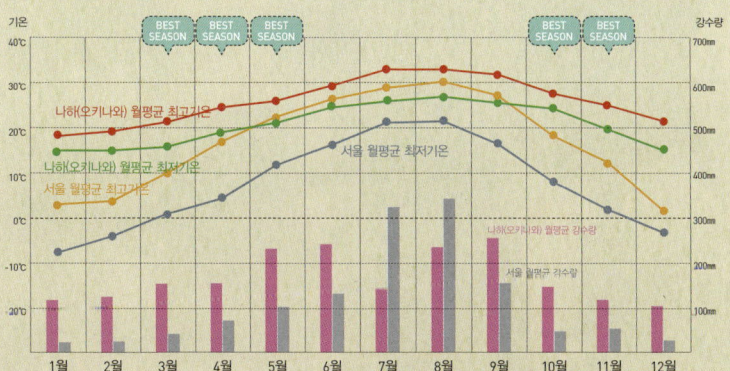

travel note

오사카·교토 2박 3일

볼거리 ★★★★★
식도락 ★★★★★
쇼 핑 ★★★★★
유 흥 ★★★★☆

최저예산·최대만족의 알찬 여행을 꿈꾸는 이에게 강추! 현대적인 볼거리와 쇼핑가·맛집이 가득한 오사카, 천년고도의 향추가 물씬 풍기는 역사의 도시 교토의 핵심 명소만 콕콕 집어서 돌아보기 때문에 일본 여행의 하이라이트 코스라 해도 과언이 아니다.

day 1

인천→오사카, 오사카 미나미

숙박 오사카

- 09:10 제주항공, 인천 출발
- 11:00 칸사이 국제공항 도착
- 12:14 공항→시내
- 13:02 숙소 체크인 또는 짐 맡기기
- 14:00 난바 파크, 점심 식사
- 16:00 도톤보리
- 16:40 에비스바시
- 17:00 신사이바시스지
- 18:00 미도스지
- 18:20 아메리카무라
- 19:30 도톤보리, 저녁 식사

day 2

교토 동부, 오사카 키타

숙박 오사카

- 09:00 오사카→교토
- 09:48 시치죠 역
- 10:00 산쥬산겐도
- 11:00 산쥬산겐도→고조자카
- 11:05 고조자카
- 11:30 키요미즈데라
- 12:00 지슈 신사
- 12:30 키요미즈자카
- 12:50 산넨자카, 점심 식사
- 14:20 야사카 신사
- 14:50 기온
- 15:30 기온신바시
- 16:20 니시키 시장
- 17:00 교토→오사카
- 18:05 우메다 스카이 빌딩, 저녁 식사
- 20:00 오사카 스테이션 시티

기본 준비

추천 항공편 제주항공
인천 09:10 → 오사카 11:00
오사카 16:30 → 김포 18:25

숙박 오사카 2박

예산 465,000원~

숙박비 7000엔(한인민박 다인실 2박)

생활비 12,000엔(3일)

입장료 3000엔

교통비 5000엔

항공료 19만 원~~

※100엔=970원 기준

day 3

오사카 성, 오사카 → 김포

- 08:30 숙소 체크아웃
- 08:30 나니와 궁 사적 공원
- 08:50 오사카 성 공원
- 09:30 오사카 성
- 10:30 오사카 역사 박물관
- 12:30 짐 찾기 · 점심 식사
- 13:40 난카이 난바 역 → 칸사이 국제공항
- 14:27 칸사이 국제공항 도착
- 16:30 제주항공, 오사카 출발
- 18:25 김포국제공항 도착

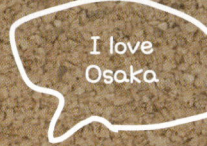

I love Osaka

Osaka

Kyoto

요점 정리!

제주항공의 인천→오사카→김포 다구간 여정 티켓 구입
이 일정에는 우리나라에서 아침 일찍, 오사카에서 오후 늦게 출발하는 항공편 이용이 필수다. 이와 같은 스케줄로 운항하는 항공편은 아시아나항공 · 대한항공의 인천↔오사카, 김포↔오사카, 제주항공의 인천→오사카→김포 노선이 있으며, 요금은 저가항공사인 제주항공이 저렴하다.

한인민박의 다인실이 가장 저렴
오사카 시내에 저렴한 한인민박(1박 3500엔~)이 많으며, 인터넷에서 '오사카 민박'으로 검색하면 쉽게 찾을 수 있다. 쾌적한 시설을 원하면 경제적인 비즈니스 호텔을 이용한다. 호텔을 직접 예약하는 것보다 인터넷의 호텔 예약 업체를 통하는 게 좀더 저렴하다는 사실도 알아두자.

경제적인 1일권 엔조이 에코 카드
오사카의 버스 · 지하철 요금은 무척 비싸다. 교통비를 절약하려면 대중교통 1일권인 엔조이 에코 카드 エンジョイエコカード를 구입하자. 하루 종일 맘대로 버스 · 지하철을 이용할 수 있으며, 3~5회만 사용하면 본전이 빠진다. 구입은 지하철역에서 하며 이용법은 일반 티켓과 동일하다.
가격 평일 800엔, 토 · 일 · 공휴일 600엔

오사카·교토 2박 3일

Day 1

mission

1. 인천→오사카 이동

2. 오사카 최대의 맛집 거리이자 유흥가 도톤보리 탐험

3. 미나미의 쇼핑 중심지 신사이바시·미도스지 산책

오늘 코스 지도로 보기

www.clzup.com/qr/d1

Japan

> 공항 이용객이 많으니 인천 국제공항 도착은 늦어도 비행기 출발 2시간 전까지 완료!

09:10 1:50min 11:00

Start

제주항공, 인천 출발
Jeju Air 7C1302

항공편은 제주항공의 인천→오사카, 오사카→김포 노선을 이용한다. 같은 항공사의 인천↔오사카 왕복편과 달리 귀국편이 오사카에서 오후에 출발하기 때문에 시간을 좀더 효율적으로 활용할 수 있는 게 장점이다. 단, 기내식은 제공되지 않으니 아침 식사는 공항 식당가에서 미리 해결하는 게 좋다.

인천에서 오사카까지의 소요시간은 1시간 50분. 자리에 앉아 잠시 휴식을 취하다 보면 눈 깜짝할 사이에 오사카의 칸사이 국제공항에 도착한다. 그동안 일본 입국심사 및 세관검사에 필요한 신고서를 미리 작성해 두는 것을 잊지 말자. 신고서는 공항 도착 전에 승무원들이 나눠준다.

칸사이 국제공항 도착
関西国際空港

비행기에서 내려 '도착 到着 Arrivals' 표지판을 따라가면 잠시 후 입국심사장이 나타난다. 그리고 입국심사관에게 기내에서 작성한 일본 입국신고서와 여권을 제시하면 간단한 확인 절차를 거쳐 90일간의 입국허가 스티커를 붙여준다. 이제 짐을 찾아 세관검사대를 통과하면(세관 신고서는 이때 제출) 드디어 오사카 도착이다.

입국심사와 세관검사를 모두 마치고 공항 밖으로 나오기까지는 30분~1시간이 걸린다. 특히 여행 성수기에는 사람이 많이 몰리는 입국심사장을 통과하는 데 시간이 오래 걸리기 때문에 비행기에서 내리자마자 입국심사장으로 서둘러 가는 게 좋다.

인천국제공항 | 칸사이 국제공항 입국장

> **강추 맛집!**
> 카마타케 우동 釜たけうどん
> 쫄깃한 면발의 수타 우동이 간판 메뉴.
> p.325

12:14 — 48min — **13:02** — **14:00**

공항→오사카 시내
空港→大阪市内

칸사이 국제공항에서 오사카 시내까지 가장 저렴하고 편리한 교통편은 난카이 전철 南海電鉄의 공항급행 急行 열차다. 역은 공항 2층의 육교와 연결된 건물에 있으며 공항 곳곳에 놓인 '철도 鉄道 Railways' 표지판만 따라가면 쉽게 찾을 수 있다.

이 역은 동일한 플랫폼에서 행선지가 다른 열차와 요금이 비싼 특급열차도 출발하니 반드시 '난카이난바' 역까지 가는 '급행열차'인지 확인하고 타야 한다. 이제 12:14에 출발하는 급행열차를 타면 13:02 난카이난바 南海なんば 역에 도착한다.

칸사이 국제공항 → 난카이난바 역
공항급행열차
time 48분 소요 **cost** 920엔

숙소 체크인 또는 짐 맡기기
Hotel Check-In

열차가 종점인 난카이난바 역에 도착하면 예약해 놓은 숙소로 가서 체크인을 한다. 일반적으로 한인민박은 12:00 이후, 비즈니스 호텔은 14:00~16:00 무렵부터 체크인을 할 수 있다. 도착 시각이 너무 일러 체크인이 불가능해도 짐 보관은 무료로 해주니 가볍게 돌아다닐 수 있도록 숙소에 짐을 맡겨 놓고 나오는 게 요령!

난카이난바 역 주변에는 한인민박과 비즈니스 호텔이 모여 있어 웬만한 숙소는 걸어서 갈 수 있다. 난카이난바 역에서 거리가 먼 숙소라도 난카이난바 역과 연결된 지하철 난바 なんば 역에서 지하철을 타면 10~30분 안에 숙소까지 갈 수 있다.

난바 파크, 점심 식사
なんばパークス

오랜 역사 속에서 탄생한 미래 도시 오사카를 콘셉트로 디자인한 대형 복합 쇼핑몰. 거대한 협곡을 본뜬 웅장한 외관이 인상적인데, 건물 사이를 S자 형으로 가로지르는 통로는 협곡, 색색의 줄무늬가 들어간 외벽은 지구의 오랜 역사가 녹아든 지층을 의미한다. 1~5층은 수백 개의 숍이 모인 쇼핑가, 6~8층은 레스토랑, 8~9층은 공중정원으로 꾸며 놓았다. 절대 놓쳐선 안 될 볼거리는 공중정원인 파크 가든 Parks Garden인데, 총 면적 1만 5000㎡에 달하는 이곳엔 7만여 그루의 나무가 심어져 있어 사시사철 초록빛 자연을 만끽할 수 있다.

open 숍 11:00~21:00,
레스토랑 11:00~23:00
close 연중무휴

난카이 전철역 개찰구 | 공항 급행열차 | 난바 파크

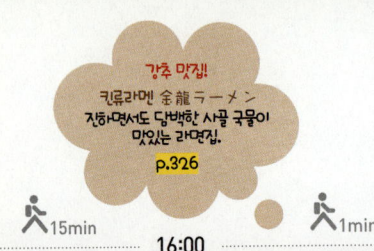

강추 맛집!
킨류라멘 金龍ラーメン
짱짱면에도 담백한 시골 국물이 맛있는 라면집.
p.326

15min　16:00　　1min　16:40　　1min　17:00

도톤보리
道頓堀

미나미 제일의 맛집 거리이자 오사카 최대의 유흥가다. 미나미를 동서로 가로지르는 하천인 도톤보리가와 道頓堀川를 중심으로 17세기부터 술집과 가부키 극장이 들어서며 유흥가로 조성되기 시작해 지금은 '먹고 마시는 거리' 하면 바로 도톤보리로 통할 지경에 이르렀다.

특히 도톤보리가와 남쪽은 온갖 음식점과 주점이 모인 서민의 거리라 하루 종일 엄청난 인파로 북적인다. 화려한 간판의 물결도 놓칠 수 없는 볼거리인데, 온갖 모양을 본뜬 기발한 간판들이 눈길을 사로잡는다. 이 거리의 명물 군것질거리 '타코야키 たこやき'를 맛보며 느긋하게 구경하자.

open 10:30〜심야
(숍·식당마다 다름)

귀여운 타코야키 인형

에비스바시
戎橋

매일 20〜30만 명이 오가는 도톤보리의 상징과도 같은 다리. 이 위에서 바라보는 쿠리코 런너와 도톤보리가와의 모습이 워낙 유명해 언제나 관광객의 발길이 끊이지 않는다.

오사카의 상징처럼 여겨지는 쿠리코 런너 クリコランナー는 제과업체 쿠리코 소유의 광고판으로 1935년부터 이 자리를 지켜온 도톤보리의 터줏대감이다. 두 팔을 활짝 벌리고 골인하는 모습의 마라톤 주자가 그려져 있는데, 어둠이 깔리기 시작하면 10.85m×20m의 대형 간판을 수놓은 4460개의 네온등이 무지개 색으로 빛나며 화려한 애니메이션 효과를 보여준다.

신사이바시스지
心斎橋筋

도톤보리에서 에비스바시를 건너자마자 보이는 대형 쇼핑 아케이드다. 미나미의 상징과도 같은 존재인데 18세기 후반부터 상점가로 명성을 날리고 있다. 지금은 지붕이 덮인 모던한 아케이드로 탈바꿈했지만 예전에는 재래식 상점이 줄지어 있었다.

현재는 유행의 첨단을 걷는 아이템으로 충만한 백화점과 인기 패션 브랜드, 기능성 화장품·미용용품을 취급하는 드러그 스토어가 모여 있어 쇼핑객의 발길이 끊이지 않는다. 특히 평일 오후와 주말이면 숍을 순례하는 인파로 600m 남짓한 길이의 아케이드가 꽉 차는 진풍경을 연출한다.

open 10:30〜21:00 (숍마다 다름)
close 연말연시

도톤보리　　에비스바시　신사이바시스지

1min 1min 13min

18:00　　　　　　　18:20　　　　　　　19:30

　　　　　　　　　　　　　　　　　　　■ Finish

> 강추 맛집!
> 오코노미야키 미즈노 お好み焼 美津の 오사카 제일의 맛을 뽐내는 오코노미야키 집.
> p.324

미도스지
御堂筋

미나미에서 북쪽의 JR 오사카 大阪 역까지 남북으로 곧게 뻗은 길이 4㎞의 대로. 도로 양옆에는 은행나무 887그루가 줄지어 있으며 곳곳에 유명 조각가의 작품이 야외 전시돼 있다. 계절이 바뀌는 11월 무렵에는 도로 전체를 샛노랗게 물들이는 은행나무가 로맨틱한 풍경을 연출한다. 지하철 신사이바시 心斎橋 역 주변에는 대형 백화점과 샤넬·루이뷔통 등 세계적 명성의 명품 숍이 줄지어 있어 쇼핑의 명소로도 인기가 높다.

open 11:00～20:00 (숍마다 다름)
close 연말연시

아메리카무라
アメリカ村

오사카의 10～20대들이 즐겨 찾는 개성 만점의 패션 거리. 과거에는 보세창고가 늘어선 살풍경한 장소였으나 1970년대 말부터 미국에서 수입한 구제의류를 파는 숍들이 하나 둘 들어서며 지금과 같은 활기찬 거리로 탈바꿈했다. 미국을 뜻하는 '아메리카'란 이름도 그때 붙여진 것.
중앙에 위치한 삼각공원 三角公園에서는 주말마다 다채로운 공연이 펼쳐지며 이 공원을 중심으로 2500여 개에 이르는 개성 만점의 의류·액세서리·스포츠 용품점·음반 매장이 즐비해 윈도우 쇼핑의 즐거움을 한층 더해준다.

open 11:00～22:00 (숍마다 다름)
close 연말연시

도톤보리·저녁 식사
道頓堀

세상의 모든 유흥가가 그렇듯 도톤보리의 거리도 낮과 밤이 현격한 수준 차이를 보인다. 어둠이 깔리면 거리 전체가 울긋불긋한 네온 불빛에 뒤덮인 채 밤 문화의 메카로 변신해 진가를 발휘하는 것!
특히 이 주변은 오사카의 명물로 유명한 오코노미야키를 비롯해 다양한 맛집이 모여 있어 저녁 식사를 겸한 식도락을 즐기기에도 좋다. 일본식 선술집인 이자카야에서 가볍게 맥주 한잔을 기울이며 이국의 밤을 즐기거나 노점에서 파는 타코야키를 안주 삼아 캔 맥주를 홀짝이며 흥청거리는 도톤보리의 분위기에 취해 보는 것도 재미있다.

open 10:30～심야 (숍·식당마다 다름)

> 최신 유행 아이템이 가득

미도스지　도톤보리　아메리카무라

Day 2

mission

1. 오사카→교토 이동

2. 유네스코 세계문화유산으로 지정된 절 키요미즈데라 방문

3. 교토의 옛 모습이 고스란히 보존된 산넨자카·기온 산책

4. 교토→오사카 이동

5. 오사카 북부의 다운타운 키타 구경

오늘 코스 지도로 보기

www.clzup.com/qr/d2

Japan

09:00 — 48min — 09:48

Start ▶ ●

오사카 → 교토
大阪→京都

오사카에서 교토 동부로 갈 때는 편리하고 저렴한 케이한 전철 京阪電鉄의 특급 特急 열차를 이용한다.
열차가 출발하는 곳은 지하철 미도스지 선의 요도야바시 淀屋橋 역(M17)과 연결된 케이한 전철의 요도야바시 淀屋橋 역이며, 4번 플랫폼에서 09:00에 출발하는 데마치야나기 出町柳 행 특급열차를 타면 된다. 단, 동일한 플랫폼에서 행선지가 다른 열차 또는 속도가 느린 보통열차도 출발하니 행선지와 열차의 종류를 꼼꼼히 확인하고 타야 한다.

요도야바시 역→시치죠 역
특급열차
time 48분 소요 **cost** 410엔
보통열차
time 87분 소요 **cost** 410엔

시치죠 역
七条駅

내리는 곳은 교토 동부에 위치한 시치죠 七条 역이다. 도착할 시간이 가까워 오면 안내방송에 귀 기울이고 있다가 시치죠 역에서 내리면 된다 (09:48). 역은 규모가 작고 안내 표지판이 잘 돼 있어 이용에 큰 어려움이 없다. 밖으로 나갈 때는 1번 출구를 이용한다.
1번 출구를 나오면 정면에 사거리와 함께 오른쪽으로 횡단보도가 보인다. 그 횡단보도를 건너 맥도날드가 있는 방향으로 직진하면 오늘의 첫 여행지인 산쥬산겐도가 나타난다.

시치죠 역

케이한 전철의 특급열차 　산쥬산겐도

> 정류장 안내 방송은 일본어·영어로 나오며, 운전석 왼쪽의 모니터로도 표시됩니다.

 7min 10:00    1min 11:00   🚌 5min 11:05

산쥬산겐도
三十三間堂

길이 118m의 본당을 옆에서 보면 총 33개의 칸으로 나뉘어 있어 산쥬산겐도란 별칭이 붙은 절이다.
1164년에 창건됐으며 본당 내부에는 가운데의 천수관음좌상을 중심으로 양쪽에 1000개의 천수관음상이 빼곡이 세워져 있다. 모두 금박을 입힌 목상이며 팔이 40개씩 달려 있는데, 각각의 팔이 25개의 세상을 구제한다고 해서 천수관음(40×25=1000)이라 불린다. 건물 끝에서 보면 나란히 줄을 맞춰 세워 놓은 불상의 모습이 무척 경이롭게 느껴진다.

open 4/1~11/15 08:00~17:00, 11/16~3/31 09:00~16:00
cost 600엔
web http://sanjusangendo.jp

산쥬산겐도 → 고죠자카
三十三間堂 → 五条坂

산쥬산겐도에서 고죠자카로 갈 때는 버스를 이용한다. 타는 곳은 산쥬산겐도 맞은편에 위치한 하쿠부츠칸산쥬산겐도마에 博物館三十三間堂前 정류장이며, 100·206번 버스를 타고 고죠자카 五条坂 정류장에서 내린다. 단, 이 구간은 주말·성수기에는 상습 정체구간이라 경우에 따라서는 걷는 게 더 빠를 수도 있다. 걸어갈 때는 산쥬산겐도 인근의 히가시오지도리 東大路通를 따라가면 되며 고죠자카까지 15분쯤 걸린다. 곧게 뻗은 도로만 따라가면 되니 길 잃을 염려는 없다.

하쿠부츠칸산쥬산겐도마에 → 고죠자카 버스
time 5분 소요 **cost** 230엔

고죠자카
五条坂

케이한 전철의 키요미즈고죠 清水五条 역에서 키요미즈데라 清水寺까지 이어지는 길이 1.5km의 도로. 이 가운데 하이라이트는 고죠자카 정류장에서 키요미즈데라까지 이어지는 800m 정도의 가파른 언덕길이다. 도중에 길이 두 갈래로 나뉘는데 왼쪽으로 가면 키요미즈자카 清水坂와 연결되며, 오른쪽으로 가면 챠왕자카 茶わん坂라는 애칭이 붙은 키요미즈 신미치 清水新道로 이어진다. 키요미즈자카는 키요미즈데라를 보고 내려갈 때 잠시 들르게 되므로 우선 챠왕자카 쪽으로 간다. 챠왕자카에는 도자기와 생활다기, 깜찍한 기념품을 파는 숍이 많아 구경하는 재미가 쏠쏠하다.

Welcome to KYOTO!

산쥬산겐도의 천수관음상   쿄토의 시내버스   고죠자카

> 키요미즈데라 입장권은 일단 구입하면 하루 종일 몇 번이고 맘대로 사용할 수 있다.

 1min   11:30   1min   12:00   5min   12:30

키요미즈데라
清水寺

유네스코 세계문화유산 778년에 창건된 교토를 대표하는 고찰(古刹). 연간 참배객 수가 300만 명을 넘는 유명한 절이다. 본당 앞에는 절벽 위에 아슬아슬하게 세워진 난간이 있으며, 이 위에서 바라보는 교토의 경치가 아름답기로 명성이 자자하다.
본당 아래쪽에는 오토와노타키 音羽의 滝라는 샘이 있는데, 워낙 물이 맑아 '키요미즈 清水(맑은 물)'라는 절의 명칭을 유래시키기도 했다. 세 갈래로 흐르는 물줄기는 각각 건강·학업·연애의 성공을 보장하는 성수(聖水)이기도 해 이 물을 받아 마시려는 사람들로 언제나 인산인해를 이룬다.

open 06:00~18:00(시즌에 따라 다름)
cost 300엔

지슈 신사
地主神社

키요미즈데라 경내에 있는 신사로 교토를 찾는 청춘남녀와 수학여행단의 필수 견학(?) 코스로 인기가 높다. 이유는 이곳이 연애와 결혼 성취의 전당이기 때문!
신사 앞에는 코이우라나이노이시 恋占いの石라는 돌덩어리 두 개가 박혀 있다. 둘 사이의 거리는 20m 정도 되는데, 눈을 감고 맞은편의 돌까지 똑바로 걸어갈 수 있으면 원하는 사람과 반드시 맺어진다고. 매월 첫째 일요일에는 연인들의 사랑이 이루어지고 행운이 깃들기를 염원하는 기원제도 열린다.

open 09:00~17:00
cost 키요미즈데라 입장권 사용 가능
web www.jishujinja.or.jp

키요미즈자카
清水坂

키요미즈데라까지 이어지는 길이 700m의 가파른 언덕길. 원래 키요미즈데라에 불공을 드리러 갈 때 이용하던 참배로의 일부였다. 지금은 길 양옆으로 기념품점이 즐비한데 특히 떡·과자·쿄츠케모노 京漬物(교토식 채소 절임)를 파는 상점이 많다. 시식이 가능한 가게들이 있어 입이 심심하지 않은 것도 나름의 매력이다.
그리 넓지 않은 도로는 항상 수많은 관광객으로 북적이는데, 여행 성수기와 신년 불공을 드리는 1월 1일에는 상상을 초월하는 인파가 몰려들어 걷기조차 힘들 정도다.

> 기념품으로 인기 높은 생과자, 야츠하시

키요미즈데라의 본당   지슈 신사   키요미즈자카

> **강추 맛집!**
> ひさご 히사고 교토 제일의
> 닭고기덮밥 오야코동을 맛볼 수
> 있는 식당.
> p.327

🚶 1min　　　　🚶 12min　　　　🚶 1min
　　12:50　　　　　　14:20　　　　　　14:50

산넨자카, 점심 식사
産寧坂

공예품점·기념품점·찻집 등이 모인 전통 상점가. 바닥에 포석이 깔린 좁은 길을 따라 오래된 목조 건물이 늘어선 모습이 인상적이다.

순산을 기원하며 키요미즈데라까지 걷는 참배로의 일부였기에 '산모(産)의 안녕(寧)을 비는 언덕(坂)'이란 뜻의 산넨자카라는 이름이 붙었다. 산모가 조심해서 걸으라는 뜻으로 여기서 구르면 3년 안에 죽는다는 전설이 만들어져 산넨자카 三年坂라고 부르기도 한다.

open 10:00~19:00(숍마다 다름)

야사카 신사
八坂神社

일본 전국에 있는 8만여 기온 신사의 총본산이며, 일본의 3대 축제 가운데 하나인 기온 마츠리 祇園際(7월)가 열리는 곳이다. 1300여 년의 역사를 자랑하는 곳답게 경내에는 중요문화재로 지정된 사쿠라몬 桜門(1497년), 본전 本殿(1654년) 등 유서 깊은 건물이 가득해 교토의 오랜 역사를 담뿍 맛볼 수 있다.

현지인들이 진지한 표정으로 신에게 소원을 비는 모습이나 길흉화복을 점치는 종이인 오미쿠지 おみくじ를 보고 나뭇가지에 매어놓은 풍경 등 이국적인 모습도 흥미로운 볼거리로 다가온다. 신사 안쪽에는 고즈넉한 분위기의 넓은 공원도 있다.

open 일출~일몰

기온
祇園

야사카 신사에서 서쪽으로 곧게 뻗은 400m 남짓한 거리. 과거에는 식당·찻집·여관 등이 모인 교토 제일의 번화가를 이루었으나 1467~1477년에 이 일대를 쑥대밭으로 만든 오닌의 난 応仁の亂을 겪으며 초토화되고 말았다. 다시금 활기를 찾기 시작한 것은 1800년대에 들어서이며, 1870년대 이후로는 교토의 대표적인 유흥가로 명성을 떨치며 지금의 모습으로 화려하게 부활했다.

거리 곳곳엔 옛 모습을 간직한 기념품점·골동품점·음식점이 즐비해 교토의 예스러운 분위기를 즐기기에 더할 나위 없이 좋다.

open 11:00~20:00(숍마다 다름)
close 연말연시

산넨자카　　　야사카 신사　　　　　　　　　기온의 상점가

4min	16min	6min
15:30	16:20	17:00

기온신바시
祇園新橋

옛 정취를 담뿍 만끽할 수 있는 전통 건축물 보존지구. 실개천을 따라 격자무늬 창을 가진 고풍스러운 2층 목조 건물이 늘어서 있다. 원래 치온인 知恩院이라는 절의 산문까지 이어지던 도로의 일부였으며 300여 년 전부터 교토를 대표하는 고급 유흥가로 인기를 누려왔다. 현재 대부분의 건물은 요정·고급 레스토랑·다실로 이용 중이다.

물가에는 수십 그루의 벚나무가 심어져 있어 꽃 피는 3~4월에는 벚꽃놀이의 명소로도 인기가 높다. 아련한 조명과 함께 분위기를 더하는 밤 풍경도 낮의 모습 못지않게 멋스럽다는 사실도 알아두면 좋을 듯!

니시키 시장
錦市場

400년 전통을 자랑하는 대형 재래시장. 140여 개의 가게가 너비 3m 남짓한 좁은 골목을 따라 나란히 늘어선 모습이 인상적이다. 분위기만으로 보면 깔끔한 스타일의 남대문 시장이라고 해도 좋을 듯. '교토의 부엌'이라고 부를 만큼 다양한 식료품을 취급하는 것으로 유명한데, 특히 중심이 되는 것은 어패류와 장류다. 시식이 가능한 가게도 있으며 곳곳에 이름난 맛집이 자리해 시장 구경을 하며 허기진 속을 달래기에도 좋다.

open 10:00~20:00 (숍마다 다름)
close 연말연시

다양한 기념품도 판다

교토→오사카
京都→大阪

오사카로 돌아갈 때는 니시키 시장과 가까운 한큐 전철의 카와라마치 阪急河原町 역을 이용한다. 오사카 북부의 다운타운인 키타 キタ(우메다)로 바로 가기 때문에 편리하며 출발역이라 앉아서 갈 수 있는 확률도 높다.

역은 지하에 있으며 17:00에 출발하는 특급 特急 열차를 타면 우메다 梅田 역에 17:44에 도착한다. 동일한 플랫폼에서 행선지가 다른 열차와 속도가 느린 보통열차도 출발하니 반드시 행선지가 '우메다 梅田'가 맞는지, 그리고 속도가 빠른 특급열차인지 확인하고 타야 한다.

카와라마치 역→우메다 역
특급열차
time 44분 소요 **cost** 400엔
보통열차
time 60분 소요 **cost** 400엔

기온신바시   니시키 시장   한큐 전철의 특급열차

강추 맛집!
하나다코 はなだこ 쫄깃한 문어 살이 듬뿍 들어 있는 타코야키 전문점.
p.324

 44min   20min   15min

17:44　　　　　　18:05　　　　　　20:00

■ Finish

한큐우메다 역
阪急梅田駅

열차가 도착하는 곳은 오사카 북부 키타 キタ의 한복판에 위치한 한큐 전철의 종점, 우메다 梅田 역이다. 이 역은 규모가 상당히 큰 것은 물론 구조가 워낙 복잡해 길을 잃기 십상이니 주의하자.
한큐우메다 역에서 우메다 스카이 빌딩으로 갈 때는 '미도스지 선 御堂筋線' 표지판을 따라 지하철 미도스지 선의 우메다 梅田 역까지 간 뒤 2번 또는 5번 출구로 나가면 된다. 해당 출구에서 우메다 스카이 빌딩까지는 도보 12분쯤 걸린다.

우메다 스카이 빌딩ㆍ저녁 식사
梅田スカイビル

건물 가운데가 뻥 뚫린 독특한 생김새와 파랗게 빛나는 외관이 인상적인 고층 빌딩(173m). 옥상에는 오사카 일대가 한눈에 내려다보이는 공중정원 전망대가 있다.
지하에는 1920년대의 오사카를 테마로 꾸민 타키미코지 滝見小路 식당가가 있는데, 이발소ㆍ주점 등의 옛 건물은 물론 우체통ㆍ자동차 등의 소품까지 당시의 모습을 그대로 재현해 놓아 마치 과거로 되돌아간 듯한 기분을 들게 한다.

공중정원 전망대
open 10:00~22:30(계절에 따라 다름)
cost 700엔

타키미코지 식당가
open 11:00~22:00(식당마다 다름)

오사카 스테이션 시티
大阪ステーションシティ

7년여에 걸친 도심 재개발사업 끝에 탄생한 교통ㆍ쇼핑 복합 단지다. JR 오사카 역을 중심으로 사우스 게이트 빌딩과 노스 게이트 빌딩의 3개 건물이 나란히 이어져 있으며, 각각의 건물에는 세련된 스타일의 대형 백화점이 입점하고 있다. 건물 곳곳엔 물ㆍ자연ㆍ시간ㆍ환경ㆍ정보를 테마로 만든 8개의 크고 작은 광장이 있어 쾌적한 휴식처를 제공한다. 특히 눈길을 끄는 곳은 탁 트인 전망을 자랑하는 천공의 농원 天空の農園(14층)과 바람의 광장 風の広場(11층)이며, 밤 늦게까지 개방해(07:00~21:00) 야경 감상 포인트로도 인기가 높다.

open 숍 10:00~21:00,
식당가 11:00~23:00

한큐우메다 역

우메다 스카이 빌딩　　타키미코지 식당가　　오사카 스테이션 시티

mission

1. 거대한 규모를 자랑하는 오사카 성 구경

2. 오사카의 역사가 한눈에 들어오는 오사카 역사 박물관 관람

3. 오사카→김포 이동

오늘 코스 지도로 보기

www.clzup.com/qr/d3

Japan

지하철을 3회 이상 이용할 경우 1일권을 구입하는 게 경제적이다. p.339 참조.

08:00   5min~   08:30

Start ▶

숙소 체크아웃
Check-Out

아침 일찍 체크아웃을 하고 편하게 돌아다닐 수 있도록 짐은 숙소에 맡겨 놓는다. 짐 맡기기가 여의치 않을 때는 공항으로 갈 때 이용할 난카이 난바 역의 코인라커에 짐을 잠시 보관해 놓는 것도 방법이다.
오늘의 첫 목적지인 나니와 궁 사적 공원으로 갈 때는 지하철을 이용한다. 지하철 타니마치 선·츄오 선의 타니마치욘쵸메 谷町四丁目 역 (T23·C18)에서 내려, 10번 출구로 나간 다음 정면으로 50m쯤 가면 된다.

지하철
cost 180~370엔

나니와 궁 사적 공원
難波宮跡公園

7~8세기에 세워진 나니와 궁전 難波宮의 유적을 복원시킨 공원. 나니와 궁전은 타이카 개신 大化改新(645년)을 계기로 실권을 잡은 코토쿠 孝德 일왕이 나니와(지금의 오사카)로 천도를 단행한 직후 공사를 시작해 652년에 완공됐으나, 686년의 화재와 784년의 나가오카쿄 長岡京(교토 인근 지역) 천도로 인해 완전히 버려진 존재가 됐다.
역사 속으로 사라진 궁전 터는 1953년 기적적으로 발굴됐으며 지금은 궁전 터의 일부를 복원해 공원으로 조성해 놓았다. 기단만 남은 궁전 터 너머로는 웅장한 오사카 성이 올려다보여 묘한 대조를 이룬다.

open 24시간

오사카의 지하철   나니와 궁 사적 공원

> 텐슈카쿠의 매표소에서 엔조이 에코 카드를 제시하면 입장료를 할인해 준다.

5min 08:50   1min 09:30   20min 10:30

오사카 성 공원
大阪城公園

오사카 성을 둥글게 감싸 안은 초록빛의 드넓은 공원. 면적은 200만㎡에 달하며 공원 안에는 산책로·음악당·분수대·야구장·호수 등 다양한 편의시설을 갖춰 놓았다. 물이 가득 고인 호수는 원래 오사카 성의 방어용 해자(垓字)였는데, 성이 세워질 당시 소토보리 外堀와 우치보리 內堀 두 개의 해자를 만들어 이중으로 적의 침입을 막았다고 한다.

공원을 한 바퀴 도는 데만 한두 시간은 족히 걸리기 때문에 전체를 돌아보는 것은 무리! 가볍게 오사카 성의 정문인 오테몬 大手門 주변만 구경하고 오사카 성으로 들어간다.

open 24시간
cost 무료

오사카 성
大阪城

임진왜란을 일으킨 토요토미 히데요시 豊臣秀吉가 15년에 걸쳐 세운 거대한 성이다. 전쟁으로 인해 파괴된 성채는 1948년 이후 지금의 모습으로 재건됐다. 내부에는 성벽을 만드는 데 사용한 무게 108톤의 거석, 적의 침입을 막던 높은 망루 등 다양한 볼거리가 있으며, 한가운데에는 이 성의 상징인 텐슈카쿠 天守閣가 우뚝 서 있다. 텐슈카쿠 내부에는 오사카 성의 역사를 소개하는 전시물이 가득하며, 꼭대기에는 이 주변이 훤히 내려다보이는 전망대가 있다.

오사카 성
open 24시간 **cost** 무료

텐슈카쿠
open 09:00~17:00
close 12/28~1/1 **cost** 600엔

오사카 역사 박물관
大阪歷史博物館

오사카의 태동에서 현재에 이르기까지 이 도시의 변천사를 소개하는 박물관. 엘리베이터를 타고 10층까지 올라간 다음 한 층씩 내려가며 관람하면 시간 흐름에 따른 오사카의 역사가 머릿속에 일목요연하게 그려진다. 눈길을 끄는 것은 실물 크기로 복원된 옛 건물과 과거의 모습을 재현한 마네킹·모형이다. 전시물마다 자세한 한국어 안내문도 붙어 있다.
각 층으로 내려가는 에스컬레이터 앞에는 통유리로 만든 전망대가 있는데 창 너머로 오사카 성과 주변 풍경이 한눈에 들어온다.

open 09:30~17:00,
금요일 09:30~20:00
close 화요일, 12/28~1/4
cost 600엔

오사카 성 공원에서 본 해자   오사카 성   오사카 역사 박물관

> 칸사이 국제공항행 급행열차는 약 30분 간격으로 운행한다.

> 원활한 출국 수속을 위해 공항으로는 비행기 출발 시각 2시간 전까지 가는 게 좋다.

5min~   12:30   13:40   47min   14:27

짐 찾기 · 점심 식사
Lunch

박물관 관람을 마친 뒤 짐을 찾으러 숙소로 돌아갈 때도 지하철을 이용한다. 오사카 역사 박물관에서 가까운 지하철역은 앞서 이용한 타니마치 선 · 츄오 선의 타니마치욘쵸메 谷町四丁目 역(T23 · C18)이다. 숙소 위치에 따라서는 지하철을 갈아타야 하는 경우도 있으니 시간 여유를 넉넉히 두고 움직이는 게 좋다.

짐을 찾은 뒤에는 난카이난바 역으로 간다. 역 주변에는 여러 맛집이 모여 있으니 느긋하게 식사를 즐기고 공항행 열차를 타러 간다.

지하철
cost 180~370엔

난카이난바 역 → 칸사이 국제공항
南海なんば駅 → 関西国際空港

칸사이 국제공항으로 갈 때는 저렴한 난카이 전철을 이용한다. 매표소와 플랫폼은 난카이난바 南海なんば 역 3층에 있으며 13:40에 출발하는 공항 급행열차를 타면 14:27 칸사이 국제공항 역에 도착한다.

공항 급행열차는 주로 5 · 6번 플랫폼에서 출발하지만, 종종 플랫폼이 변경되기도 하니 전광판에서 정확한 플랫폼 번호를 확인하고 열차에 오르는 게 좋다. 승객이 몰리는 시간대에는 앉아서 가기 힘든 경우도 있으니 열차 출발 시각보다 조금 일찍 가는 게 좋다는 사실도 알아두자.

난카이난바 역 → 칸사이 국제공항
공항 급행열차
time 47분 소요 **cost** 920엔

칸사이 국제공항
関西国際空港

열차가 종점인 칸사이 국제공항 関西国際空港 역에 도착하면 역 밖으로 나온다. 그리고 오사카에 도착했을 때와 마찬가지로 육교를 건너 공항 건물로 가면 된다.

칸사이 국제공항의 출국장은 4층에 있으며 건물 곳곳에 붙어 있는 '출발 出発口 Departures' 표지판만 따라가면 쉽게 찾을 수 있다. 그리고 안내 모니터에서 제주항공의 체크인 카운터를 확인한 뒤 그곳으로 가서 항공권과 여권을 제시하고 탑승수속을 하면 된다.

난카이난바 역   공항급행 열차   칸사이 국제공항 역   칸사이 국제공항의 출국장

16:30　　1:55min　　18:25

　　　　　　　　　　　　　　Finish

제주항공, 오사카 출발
Jeju Air 7C1383

탑승수속을 마친 뒤에는 4층의 출국심사장으로 가서 여권과 보딩패스를 제시하고 출국 심사를 받은 다음 비행기 출발 시각까지 면세구역에서 기다리면 된다. 그리 큰 규모는 아니지만 면세구역 안에 기념품점과 면세점이 있으니 여기서 기념품이나 선물을 마련하는 것도 좋다. 5%의 소비세가 면제되기 때문에 책이나 과자 등 정가가 매겨진 공산품은 시내의 숍보다 조금 저렴하다. 한 가지 안타까운 점이라면 상품 종류가 무척 한정적이라는 것!

김포국제공항 도착
Kimpo Intl. Airport

김포국제공항은 인천국제공항에 비해 규모가 작아 이용하기 쉽다. 더구나 이용객이 적어 입국심사대와 세관을 통과하는 데 오랜 시간이 걸리지 않는 것도 큰 장점이다.

김포국제공항의 입국장은 1층에 있으며, 표지판을 따라 지하 1층으로 내려가면 지하철 5·9호선 및 공항철도의 김포공항역이 있다. 단, 공항에서 역까지 이어지는 지하통로가 은근히 길어 이용하기가 조금 불편하다는 사실은 알아둘 것!

입국장 바로 앞에 시내 곳곳을 연결하는 다양한 노선의 시내버스·공항버스 정류장도 있으니 편리한 교통편을 골라서 이용한다.

칸사이 국제공항의 면세점　　인천국제공항

Travel Tip

이런 코스도 있어요!

오사카 성에 관심이 없다면 이 도시의 옛 모습이 고스란히 남아 있는 서민적인 거리 텐노지 天王寺를 돌아보는 것도 좋다. 일정은 다음과 같이 바꾸면 된다.

Schedule
- 08:00 숙소 체크아웃
- 08:30 시텐노지
- 09:30 잇신지
- 10:20 츠텐카쿠
- 10:50 신세카이
- 11:30 잔잔요코쵸·점심 식사
- 13:00 짐 찾기
- 13:40 시내 → 공항

숙소에 짐을 맡긴 뒤 지하철 시텐노지마에유히가오카 四天王寺前夕陽ヶ丘 역(T26) 근처에 위치한 시텐노지 四天王寺로 간다. 1400년의 역사를 자랑하는 사찰을 구경하고, 도보 10분 거리에 있는 잇신지 一心寺로 발을 옮겨 신자들의 유골을 수습해서 만든 엽기적인(?) 불상과 현대적으로 재해석된 독특한 외관의 산문 山門을 살펴본다.

여기서 15분쯤 걸으면 1912년에 건립된 텐노지 최고(最高)의 전망대인 츠텐카쿠 通天閣, 서민적인 분위기가 물씬 풍기는 상점가 신세카이 新世界, 저렴한 식당이 모인 잔잔요코쵸 ジャンジャン橫丁 등의 볼거리가 차례로 나타난다. 상점가를 구경하며 간단히 점심을 먹고, 숙소로 돌아가 짐을 찾은 뒤 공항으로 향한다.

서민의 거리 신세카이

오사카·고베 2박 3일

travel note

볼거리 ★★★★★
식도락 ★★★★★
쇼핑 ★★★★☆
유흥 ★★★★☆

색다른 일본 여행을 원하는 이에게 어울리는 일정. 오사카와 더불어 동서양의 문화가 혼재하는 항구도시 고베를 여행한다. 세련된 쇼핑가와 화려한 야경, 그리고 한 세기 전 서양인들에 의해 조성된 이국적인 풍광의 거리가 다채로운 볼거리를 제공한다.

day 1

인천 → 오사카, 오사카 시내

숙박 오사카

- 09:10 제주항공, 인천 출발
- 11:00 칸사이 국제공항 도착
- 12:05 공항 → 시내
- 12:42 숙소 체크인 또는 짐 맡기기
- 14:00 카이유칸
- 16:00 나니와쿠이신보요코초
- 17:00 오사카 스테이션 시티
- 18:20 우메다 스카이 빌딩, 저녁 식사
- 20:00 신사이바시스지
- 20:40 도톤보리

day 2

고베

숙박 오사카

- 09:15 오사카 → 고베
- 09:58 한신 산노미야 역
- 10:10 키타노
- 10:30 키타노마치 광장
- 10:40 연두색 집
- 11:20 풍향계의 집
- 12:00 키타노텐만 신사
- 12:30 비늘의 집
- 13:10 점심 식사
- 15:40 모토마치 상점가
- 16:10 난킨마치·피시 댄스
- 17:00 고베 항 지진 메모리얼 파크
- 17:20 메리켄 파크
- 17:50 고베 포트 타워
- 18:20 모자이크, 저녁 식사
- 19:40 하버 워크, 야경 감상

기본 준비

추천 항공편 제주항공
인천 09:10 → 오사카 11:00
오사카 16:30 → 김포 18:25
숙박 오사카 2박
예산 490,000원~
숙박비 7000엔(한인민박 다인실 2박)
생활비 12,000엔(3일)
패스 15,000엔(요코소 오사카 킷푸)
입장료 6000엔
교통비 3000엔
항공료 19만 원~~
※100엔=970원 기준

day 3

오사카 성·텐노지, 오사카→김포

- 08:00 숙소 체크아웃
- 08:30 오사카 성 공원
- 09:00 오사카 성
- 11:00 츠텐카쿠
- 11:30 신세카이, 점심 식사
- 12:30 쟌쟌요코쵸
- 13:00 난바 파크
- 13:40 난카이난바 역 → 칸사이 국제공항
- 14:27 칸사이 국제공항 도착
- 16:30 제주항공, 오사카 출발
- 18:25 김포국제공항 도착

Osaka

Kobe

요점 정리!!

제주항공의 인천→오사카→김포 다구간 여정 티켓 구입
이 일정에는 우리나라에서 아침 일찍, 오사카에서 오후 늦게 출발하는 항공편 이용이 필수다. 이와 같은 스케줄로 운항하는 항공편은 아시아나항공·대한항공의 인천↔오사카, 김포↔오사카, 제주항공의 인천→오사카→김포 노선이 있으며, 요금은 저가항공사인 제주항공이 저렴하다.

오사카의 한인민박이 가장 저렴
숙소는 교통이 편리한 오사카 시내에 잡는다. 오사카~고베는 전철로 40~50분 거리라 오사카에 묵으며 당일치기로 여행해도 된다. 저렴한 한인민박(1박 3500엔~)은 오사카의 다운타운인 미나미에 많으며, 인터넷에서 '오사카 민박'으로 검색하면 쉽게 찾을 수 있다.

경제적인 요코소 오사카 킷푸 활용
요코소 오사카 킷푸 ようこそ大阪きっぷ Yokoso Osaka Ticket(1500엔)는 공항~시내를 연결하는 난카이 전철의 특급열차 라피토의 편도 티켓과 오사카 지하철 1일권이 묶인 할인 티켓이며 각각의 티켓을 따로 구입할 때보다 가격이 싸다. 우리나라의 여행사 또는 공항에 위치한 난카이 전철 매표소(현지에서는 오사카슛쵸킷푸 大阪出張きっぷ라는 이름으로 판매)에서 구입할 수 있다.

오사카·고베 2박 3일

Day 1

mission

1. 인천→오사카 이동

2. 매머드급 수족관 카이유칸에서 고래상어 만나기

3. 오사카 북부의 다운타운 키타 산책

4. 오사카 남부의 다운타운 신사이바시스지·도톤보리 산책

오늘 코스 지도로 보기

www.clzup.com/qr/d4

Japan

> 공항 이용객이 많으니 인천 국제공항 도착은 늦어도 비행기 출발 2시간 전까지 완료!

09:10 — 1:50min — 11:00

Start ▶

제주항공, 인천 출발
Jeju Air 7C1302

항공편은 제주항공의 인천→오사카, 오사카→김포 노선을 이용한다. 같은 항공사의 인천↔오사카 왕복편과 달리 귀국편이 오사카에서 오후에 출발하기 때문에 시간을 좀더 효율적으로 활용할 수 있는 게 매력이다. 단, 기내식은 제공되지 않으니 아침 식사는 공항 식당가에서 미리 해결하는 게 좋다.

인천에서 오사카까지 소요시간은 1시간 50분 정도. 자리에 앉아 잠시 휴식을 취하다 보면 오사카의 칸사이 국제공항에 도착한다. 기내에서는 승무원들이 일본 입국심사 및 세관검사에 필요한 신고서를 나눠줄 테니 공항에 도착하기 전에 미리 작성해 놓자.

칸사이 국제공항
関西国際空港

비행기에서 내려 '도착 到着 Arrivals' 표지판을 따라가면 잠시 후 입국심사장이 나타난다. 그리고 입국심사관에게 기내에서 작성한 일본 입국신고서와 여권을 제시하면 간단한 확인 절차를 거쳐 90일간의 입국허가 스티커를 붙여준다. 이제 짐을 찾아 세관검사대를 통과하면(세관 신고서는 이때 제출) 드디어 오사카 도착이다.

입국심사와 세관검사를 모두 마치고 공항 밖으로 나오기까지는 30분~1시간이 걸린다. 특히 여행 성수기에는 사람이 많이 몰리는 입국심사장을 통과하는 데 시간이 오래 걸리기 때문에 비행기에서 내리자마자 입국심사장으로 서둘러 가는 게 좋다.

오사카에 도착한 제주항공의 여객기

칸사이 국제공항의 입국장

> 지하철을 갈아탈 때는 '환승 のりかえ' 그리고 '츄오 선 中央線' 표지판만 잘 따라가면 된다.

 37min

12:05 ─────── **12:42** ─────── **13:30**

공항→시내
空港→大阪市内

시내로 갈 때는 난카이 전철 南海電鉄의 특급열차 라피토 ラピート를 이용한다. 역은 공항 2층의 육교와 연결된 건물에 있으며 공항 곳곳에 놓인 '철도 鉄道 Railways 표지판'만 따라가면 쉽게 찾을 수 있다. 칸사이 국제공항역 매표소에서 '요코소 오사카 티켓'의 교환권을 제시하고 실제 승차권으로 바꾼다. 한국에서 티켓을 구입하지 않았을 때는 매표소에서 '오사카슛쵸킷푸(p.357)'를 사면 된다. 그리고 12:05에 출발하는 라피토를 타고 12:42 종점인 난카이난바 南海なんば 역에서 내린다.

칸사이 국제공항→난카이난바 역
라피토
time 37분 소요
cost 1430엔(요코소 오사카 티켓 이용 가능)

숙소 체크인 또는 짐 맡기기
Hotel Check-In

난카이난바 역에 도착하면 우선 숙소로 가서 체크인을 한다. 일반적으로 한인민박은 12:00 이후, 비즈니스 호텔은 14:00~16:00 무렵부터 체크인이 된다. 도착 시각이 너무 일러 체크인이 불가능해도 짐 보관은 무료로 해주니 가볍게 돌아다닐 수 있도록 큰 짐은 숙소에 맡겨 놓고 나오는 게 요령!

난카이난바 역 주변에는 한인민박과 비즈니스 호텔이 모여 있어 웬만한 숙소는 걸어서 갈 수 있다. 난카이난바 역에서 거리가 먼 숙소라도 난카이난바 역과 연결된 지하철 난바 なんば 역에서 지하철을 타면 10~30분 안에 숙소까지 갈 수 있다.

숙소→베이 에어리어
Hotel→ベイエリア

베이 에어리어로 갈 때는 지하철을 이용한다. 이제부터는 요코소 오사카 티켓에 포함된 지하철 1일권을 사용하므로 따로 지하철표를 살 필요는 없다. 이용 노선은 출발역에 따라 다른데, 난카이난바 역 부근에서 출발한다면 지하철 난바 なんば 역(M20)에서 미도스지 선을 타고 혼마치 本町 역(C16·M18)으로 간 다음 츄오 선으로 갈아타고 오사카코 大阪港 역(C11)에서 내린다. 오사카코 역 주변이 베이 에어리어이며, 1번 출구를 나와 정면으로 9분쯤 걸으면 카이유칸이다.

난바 역→오사카코 역
지하철
time 20분 소요
cost 280엔(요코소 오사카 티켓 이용 가능)

칸사이 국제공항 역 ・ 특급열차 라피토 ・ 베이 에어리어

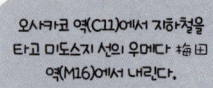

 20min   1min  23min

14:00　　　　　　　　16:00　　　　　　　　17:00

카이유칸
海遊館

일본 제일의 규모를 자랑하는 대형 수족관. 에스컬레이터를 타고 꼭대기까지 올라간 다음 나선형의 통로를 따라 빙글빙글 돌아 내려가며 관람하게 만든 독특한 구조가 특징이다. 태평양을 형상화한 깊이 9m, 폭 34m의 대형 수조를 13개의 작은 수족관이 원통 모양으로 감싸고 있으며 그 사이로 나선형 통로가 이어진다. 여기서 사육하는 해양생물의 수는 580종, 3만 9000여 마리에 이르며, 최고의 인기를 누리는 동물은 거대한 몸집을 가진 고래상어다.

open 10:00~22:00
close 부정기적
cost 2300엔(요코소 오사카 티켓으로 입장료 할인 가능)

나니와쿠이신보요코쵸
なにわ食いしんぼ横丁

1960년대 오사카의 모습을 실감나게 재현한 푸드 테마 파크. 입구에는 앙증맞은 노란색 삼륜차가 세워져 있으며 옛 건물이 즐비한 골목은 새빨간 초롱과 빈티지한 포스터로 꾸며놓아 마치 시대극 영화의 세트 속으로 뛰어든 듯한 착각에 빠지게 한다. 이곳의 마스코트인 고양이 동상·고양이 신사 등 기발한 볼거리가 곳곳에 숨겨져 있어 보물찾기하는 기분으로 돌아보면 더욱 재미있다. 오코노미야키·타코야키 등 오사카의 명물 먹거리를 파는 식당도 많아 가볍게 군것질을 즐기며 돌아보기에도 좋다.

open 11:00~20:00
close 부정기적
cost 무료

오사카 스테이션 시티
大阪ステーションシティ

오사카 북부의 다운타운인 키타 キタ의 한복판에 위치한 교통·쇼핑 복합단지. JR 오사카 역을 중심으로 사우스 게이트 빌딩과 노스 게이트 빌딩의 3개 건물이 나란히 이어져 있으며, 각각의 건물에는 세련된 스타일의 대형 백화점이 입점해 있다. 건물 곳곳엔 물·자연·시간·환경을 테마로 만든 8개의 크고 작은 광장이 있어 쾌적한 휴식 공간을 제공한다. 특히 눈길을 끄는 곳은 탁 트인 전망을 자랑하는 천공의 농원 天空の農園(14층)과 바람의 광장 風の広場(11층)이며, 밤늦게까지 개방해(07:00~21:00) 야경 감상 포인트로도 인기가 높다.

open 숍 10:00~21:00,
식당가 11:00~23:00

카이유칸　나니와쿠이신보요코쵸　오사카 스테이션 시티

15min

18:20

💬 미도스지 선의 우메다 梅田 역(M16)에서 지하철을 타고 신사이바시 心斎橋 역(M19) 하차.

🚇 6min

20:00

👟 1min

💭 강추 맛집!
원조 쿠시카츠 다루마 元祖串カツ だるま 오사카 명물 쿠시카츠(꼬치 튀김)의 원조집.
p.324

20:40

● ● ■ Finish

우메다 스카이 빌딩, 저녁 식사
梅田スカイビル

건물 가운데가 뻥 뚫린 독특한 생김새가 인상적인 고층 빌딩(173m). 옥상에는 오사카 일대가 한눈에 내려다보이는 공중정원 전망대, 지하에는 1920년대 분위기를 살린 타키미코지 滝見小路 식당가가 있다. 식당가에는 가게의 모습은 물론 크고 작은 소품까지 모두 1920년대의 풍경을 그대로 재현해 놓아 마치 과거로의 시간여행을 떠난 듯한 착각에 빠지게 한다.

공중정원 전망대
open 10:00~22:30(계절에 따라 다름)
cost 700엔(요코소 오사카 티켓으로 입장료 할인 가능)

타키미코지 식당가
open 11:00~22:00(식당마다 다름)

신사이바시스지
心斎橋筋

오사카 남부의 다운타운인 미나미 ミナミ를 대표하는 쇼핑 아케이드. 지하철 신사이바시 역에서 유흥가로 명성이 자자한 도톤보리까지 곧게 뻗은 약 600m의 아케이드는 모두 지붕이 덮여 있어 사시사철 날씨에 상관없이 편하게 쇼핑을 즐길 수 있다. 유행의 첨단을 걷는 아이템으로 충만한 백화점과 인기 패션 브랜드 숍이 많아 젊은이들의 발길이 끊이지 않는데, 평일 오후와 주말이면 숍을 순례하는 인파로 아케이드 내부가 꽉 차는 진풍경을 연출한다. 화장품과 미용용품을 저렴하게 파는 드러그 스토어가 많아 여성들에게도 인기가 높다.

open 10:30~21:00(숍마다 다름)
close 연말연시

도톤보리
道頓堀

오사카 제일의 맛집 거리이자 최대의 유흥가다. 온갖 음식점과 주점이 모인 서민의 거리라 항상 엄청난 인파로 북적인다.
화려한 간판이 대표적인 볼거리인데, 게·용·너구리 등 갖가지 모양을 본뜬 간판들이 호기심 어린 여행자의 눈길을 사로잡는다. 도톤보리 초입의 에비스바시 戎橋에서는 오사카의 상징처럼 여겨지는 쿠리코 런너 クリコランナー 간판을 비롯해 이 도시의 밤을 화려하게 물들이는 다양한 네온간판도 볼 수 있다. 적당히 야경을 감상한 뒤에는 선술집에 들러 가볍게 술잔을 기울이며 이국의 밤을 즐겨도 좋다.

open 10:30~심야(숍·식당마다 다름)

우메다 스카이 빌딩 신사이바시스지 도톤보리의 야경

Day 2

mission

1. 오사카→고베 이동

2. 유럽풍 건물로 가득한 키타노 산책

3. 고베의 명물 와규 스테이크 맛보기

4. 아름다운 고베 야경 감상

5. 고베→오사카 이동

오늘 코스 지도로 보기

www.clzup.com/qr/d5

Japan

 43min

09:15 ────────────── 09:58

Start ▶

오사카→고베
大阪→神戸

고베로 갈 때는 한신 전철 阪神電鉄 (킨테츠 전철 近鉄電鉄 공동운행)을 이용한다. 미나미의 오사카난바 大阪難波 역 3번 플랫폼에서 09:15에 출발하는 산노미야 三宮 행 쾌속급행 快速急行을 타고 종점인 한신 산노미야 三宮 역에서 내리면 된다(09:58 도착).

주의할 점은 도중의 아마가사키 尼ヶ崎 역에서 열차가 두 개로 분리돼 앞쪽의 6개 차량만 산노미야 역까지 간다는 것이다. 열차를 탈 때는 반드시 앞쪽 차량을 이용하자.

오사카난바 역→산노미야 역
쾌속급행
time 43분 소요 **cost** 410엔

보통
time 60분 소요 **cost** 410엔

한신 산노미야 역
阪神三宮駅

한신 전철의 산노미야 三宮 역은 지하에 있으며, 첫 목적지인 키타노 北野와 가장 가까운 출구는 A11번이다. 하지만 지하를 통해 지하철 산노미야 역·JR 산노미야 역·한큐 전철의 산노미야 역은 물론, 지하상가까지 복잡하게 얽혀 있어 초행자가 원활하게 길을 찾기는 조금 어려운 것도 사실! 출구를 찾기 힘들거나 길을 헤매고 있다는 느낌이 들 때는 일단 지상으로 올라가 눈에 가장 잘 띄는 건물인 JR 산노미야 三宮 역을 찾은 다음 키타노 쪽으로 방향을 잡으면 된다. 참고로 JR 산노미야 역을 기준으로 할 때 언덕 위쪽으로 보이는 지역이 키타노다.

Welcome to KOBE!

산노미야 행 쾌속급행 열차

한신 산노미야 역

10min 10:10

 10min 10:30

 1min 10:40

> 인포메이션 센터에서 키타노의 명소가 자세히 표시된 그림 지도를 무료로 나눠준다.

키타노
北野

가파른 언덕을 따라 아기자기한 유럽풍 건물이 모여 있는 곳. 1867년 개항과 더불어 외국인 거주지가 조성되자 다양한 형태의 서양식 건물 200여 채가 들어서 이국적 분위기를 주도하는 명소로 성장했다. 양식 건물 사이사이로 신사 神社는 물론 힌두 사원과 교회까지 자리해 19세기 말 일본 최대의 인종시장이었을 고베의 과거를 어렵잖게 회상시켜준다. 골목골목 이국적인 스타일이 돋보이는 기념품점과 고베의 명물로 유명한 푸딩·쿠키·케이크 숍이 위치해 군것질을 하면서 구경하는 재미가 쏠쏠하며, 커피 향이 솔솔 새어나오는 근사한 카페도 심심찮게 눈에 띈다.

open 09:00~19:00

키타노마치 광장
北の町広場

키타노의 한복판에 위치한 원형극장 형태의 아담한 공원. 분수대·화단과 함께 트럼펫을 부는 남자, 색소폰을 들고 있는 남자, 플루트를 부는 아이 등의 근사한 동상으로 꾸며 놓아 키타노의 기념사진 촬영 포인트로 인기가 높다.

특히 색색의 꽃이 공원을 화사하게 장식하는 봄~가을의 풍경이 아름답다. 점심 무렵부터는 관광객으로 북적이니 느긋하게 사진을 찍으려면 아침 일찍 가는 게 좋다.

연두색 집
萌黄の館

은은한 연두색 외벽 때문에 지금의 이름으로 불리고 있다. 미국 총영사 헌터 샤프 Hunter Sharp가 살던 바로크 양식의 목조 2층 주택이며 1903년에 지어졌다. 내부에는 응접실·서재·침실 등이 완벽하게 복원돼 있으며 중후한 벽난로와 고풍스러운 문양의 벽지, 아라베스크풍으로 장식한 계단, 기하학적 형태로 가공된 베란다 창문 등이 이곳에 거주하던 이들의 호사스러운 생활상을 잘 보여준다. 풍향계의 집과 함께 봐야 하므로 입장권은 할인 혜택이 있는 풍향계의 집 공통권으로 구입하는 게 좋다.

open 4~11월 9:00~18:00, 12~3월 09:30~17:00
cost 300엔, 풍향계의 집 공통권 600엔

> 키타노마치 광장의 기념사진 촬영 포인트 트럼펫을 부는 남자

이국적 분위기의 키타노

연두색 집

> 비늘의 집 주변으로 여러 채의 서양식 건물이 있으니 산책하는 기분으로 돌아보자.

 1min 11:20   1min 12:00   🚶 8min 12:30

풍향계의 집
風見鶏の館

1909년에 지어진 독일인 무역상 고트프리트 토머스의 집. 뾰족한 삼각 지붕의 꼭대기에 수탉 모양의 풍향계가 달려 있어 지금의 이름이 붙었다. 이 지역의 이진칸 가운데 유일한 벽돌 건물이며 붉은색 외관은 키타노의 상징으로 유명하다. 안으로 들어가면 유럽의 성을 모방해서 만든 우아한 분위기의 식당, 중국풍 가구가 놓인 서재, 천장이 높은 어린이 방 등 다채로운 면모를 살펴볼 수 있다. 인기가 많은 이진칸이라 여행 성수기와 주말에는 관광객으로 붐빈다는 사실도 알아두면 좋을 듯!

open 09:00~18:00
close 2·6월의 첫째 화요일
cost 500엔, 연두색 집 공통권 600엔

키타노텐만 신사
北野天満神社

교토의 키타노텐만구 北野天満宮를 모방해서 만든 조그만 신사. 키타노라는 지명의 유래가 된 곳이며 학문의 신 스가와라 미치자네 菅原道真를 모신다.
전망이 무척 좋은데 가파른 계단을 올라 신사 앞에 다다르면 발 아래로 풍향계의 집과 고베 시가지가 훤히 내려다보인다. 입구 쪽에는 길흉화복을 점치는 종이인 오미쿠지 おみくじ가 있는데 신기하게도 종이를 물에 담가야 점괘가 보인다. 오미쿠지 바로 옆에는 물을 뿌리며 소원을 비는 잉어 동상과 사랑이 이루어지기를 기원하는 하트 모양의 나무판인 에마 絵馬 등 이색적인 볼거리도 있다.

open 일출~일몰

비늘의 집
うろこの家

동화 속에서 툭 튀어나온 듯한 모습의 이국적인 건물. 2개의 둥근 탑이 솟아 있는 독특한 외관이 눈길을 끈다. 1905년 외국인 임대주택으로 지어졌으며 고베의 이진칸 가운데 보존 상태가 가장 훌륭하다. 외벽을 천연석으로 마감했는데 그 모습이 마치 물고기 비늘(우로코 うろこ)을 입혀 놓은 듯하다고 해서 지금의 이름이 붙었다. 초록빛 정원과 고풍스러운 건물이 아름답게 조화를 이룬 모습 때문에 고베를 소개하는 사진에도 자주 등장하며, 내부의 미술관에서는 1800~1900년대의 도자기 컬렉션과 유럽 근현대 작가의 회화 작품을 전시한다.

open 09:00~18:00, 겨울 09:00~17:00
cost 1000엔

풍향계의 집   키타노텐만 신사   비늘의 집

> 강추 맛집!
> 아부리니쿠코보와쿠쿠
> あぶり肉工房和黒 고급 와규를
> 합리적인 가격에 맛볼 수 있다.
> p.327

13:10 — 🚶30min — 15:40 — 🚶1min — 16:10

점심 식사
Lunch

점심 메뉴로는 고베를 대표하는 먹거리로 유명한 스테이크를 추천한다. 마블링이 훌륭한 최상품 소고기를 먹기 좋게 구워주는데 부드러운 식감과 특유의 풍미가 일품이다. 레스토랑마다 조금씩 다르지만 코스로 내오기 때문에 식사를 마치려면 1시간은 족히 걸린다. 가격은 1인당 2000~8000엔 수준이며 인기 레스토랑의 경우 예약하고 가는 게 좋다. 특히 주말은 자리잡기가 힘드니 주의!

식사를 마친 뒤에는 키타노의 분위기 좋은 카페에서 향긋한 커피를 맛보며 잠시 쉬어가는 것도 잊지 말자. 고베는 일본에서도 손꼽히는 커피와 케이크의 도시다.

모토마치 상점가
元町商店街

길이 1.2km에 달하는 고베 최대의 상점가. 넓은 통로와 높은 지붕의 아케이드가 개방적인 느낌을 주며 항상 엄청난 수의 쇼핑객으로 북적인다. 항구와 가까운 지리적 이점을 살려에도 시대부터 상업지구가 형성됐으며, 1920년대에는 모던보이와 모던걸이 활보하는 유행의 중심지로 급부상해 도쿄의 긴자, 오사카의 신사이바시와 더불어 일본 3대 쇼핑가의 하나로 통하기도 했다.

동서로 길게 뻗은 상점가는 1쵸메 丁目(번지)에서 6쵸메까지 구역이 나뉘는데 1~3쵸메에는 모던한 스타일의 상점, 4~6쵸메에는 고서·골동품을 취급하는 상점이 모여 있다.

open 10:00~22:00 (숍마다 다름)

난킨마치
南京町

활기 넘치는 분위기와 풍부한 먹거리로 가득한 칸사이 최대의 차이나타운. 1868년 고베 개항과 더불어 탄생했으며 현재 동서 160m, 남북 100m의 공간을 차지하고 있다. 정문에 해당하는 장안문 長安門을 넘어서는 순간 여기가 일본인가 중국인가 헷갈리기 시작한다. 이유는 시골벅적한 분위기와 곳곳에 늘어선 중국식 상점, 그리고 진하게 풍겨오는 향신료 냄새 등이 100% 중국의 거리를 재현하고 있기 때문! 골목 곳곳에 만두·국수·튀김 등의 먹거리를 파는 음식점이 즐비해 군것질의 파라다이스로도 유명하다.

open 10:00~20:00 (숍마다 다름)

고베의 명물 스테이크 · 모토마치 상점가 · 난킨마치

> 낙카마치에서 피시 댄스로 가다 보면 아기자기한 패션·잡화점이 모인 오츠나카도리 그 나카미를 지나게 된다.

> 일요일에는 메리켄 파크의 광장에서 벼룩시장·공연 등의 이벤트가 열리기도 한다.

🚶 8min 16:50   🚶 3min 17:00   🚶 1min 17:20

피시 댄스
フィッシュ・ダンス

고베 개항 120주년을 기념하는 물고기 모양의 대형 오브제(1987년). 이름 그대로 힘차게 용틀임하는 잉어의 모습을 형상화했다. 빌바오 구겐하임 미술관을 설계한 세계적인 건축가 프랭크 오웬 게리 Frank Owen Gehry와 일본의 유명 건축가 안도 타다오 安藤忠雄의 협업으로 탄생했으며 높이는 22m다.

작품에 생긴 녹을 감추려고 고베 시에서 핑크색 페인트를 덧입히는 사건이 발생하자 프랭크 오웬 게리가 '작품에 대한 모독'이라고 강력히 항의해 다시금 지금의 모습으로 복원됐다는 재미난 에피소드도 전해온다. 바로 옆의 건물은 똬리를 튼 뱀의 모습을 형상화한 것이다.

고베 항 지진 메모리얼 파크
神戸港震災メモリアルパーク

1995년 1월 17일 발생한 한신 대지진의 가공할 위력을 고스란히 보여주는 곳. 진도 7.3의 강진으로 메리켄 파크의 40% 정도가 가라앉고 바로 옆의 고가도로가 완전히 무너져 내렸다. 지진 발생 직후의 광경 그대로 기우뚱하게 기운 3개의 가로등과 처참히 파괴된 부둣가의 모습에서 옛 참상을 돌이켜볼 수 있을 듯.

당시의 피해상황을 보여주는 자료·사진·비디오도 전시하는데, 가옥 파괴 50만 채, 사망자 6433명, 부상자 4만 4000명이라는 끔찍한 기록이 몸서리를 치게 만든다. 지진 피해액은 무려 10조 엔을 헤아렸으며 예전의 모습으로 복구하는 데만 2년 이상의 시간이 걸렸다.

메리켄 파크
メリケンパーク

고베 시의 21세기 도시 계획인 '포트 르네상스 프로젝트'로 조성된 해안 매립지. 오픈 당시인 1987년에는 허허벌판에 불과했으나 지금은 산뜻한 공원으로 탈바꿈했다. 공원은 한가로이 휴식을 즐기는 시민과 잔디밭에 누워 시간을 보내는 연인들로 가득하다. 잔디밭 곳곳에는 항구 도시 고베를 상징하는 조형물과 콜럼버스가 아메리카 대륙을 발견할 때 타고 간 범선 산타마리아 호를 실물 크기로 복원한 모형 선박, 19세기 말부터 시작된 일본의 남미 이민사를 기념하는 동상, 해양 박물관 등의 볼거리가 있다. 유람선·여객선이 드나드는 바닷가 쪽으로는 1981년에 만든 인공 섬 포트 아일랜드 Port Island도 보인다.

피시댄스 / 고베 항 지진 메모리얼 파크 / 메리켄 파크

> 해지는 시각은 여름 19:00 무렵, 겨울 17:00 무렵이다. 겨울에는 바닷바람이 세니 주의하자.

> 오사카로 돌아갈 때는 코소쿠고베 高速神 역(하버 워크에서 도보 17분)에서 출발하는 한신 전철을 이용한다(50분, 540엔).

 4min   17:50   8min   18:20   4min   19:40 ■ Finish

고베 포트 타워
神戸ポートタワー

타오르는 듯한 새빨간 파이프로 둘러싸인 거대한 횃불 모양의 탑. 고베의 상징으로도 유명하다. 높이는 108m이며 주위에 이보다 높은 건물이 하나도 없어 360도의 탁 트인 전망을 자랑한다. 전망대에서는 항구는 물론 포트 아일랜드·오사카·칸사이 국제공항 등 주변 명소와 도시가 한눈에 들어오며 야경을 즐기기에도 안성맞춤이다. 타워 상층부에는 20분마다 한 바퀴씩 도는 회전식 카페와 기념품점도 있다. 천장에 별 모양으로 반짝이는 광섬유가 설치된 최상층 전망대에서는 계절마다 변화하는 밤하늘의 별자리를 보여준다.

open 3~11월 09:00~21:00, 12~2월 09:00~19:00
cost 700엔

모자이크, 저녁 식사
MOSAIC

유원지처럼 활기찬 분위기가 넘치는 대형 쇼핑센터. 의류·잡화는 물론 깜찍한 캐릭터 상품 숍과 다양한 요리를 선보이는 식당 90여 개가 1~3층을 가득 메우고 있다. 놓치지 말아야 할 곳은 2·3층의 야외 테라스인데, 지대가 높아 고베 항의 풍경을 맘껏 감상할 수 있다.

해가 진 뒤에는 은은한 조명에 물든 낭만적인 분위기를 연출하며, 빨갛게 빛나는 고베 포트 타워와 색색의 조명에 물든 주변 건물들이 근사한 야경을 선보인다. 2·3층 야외 테라스 쪽의 식당에서는 고베 항의 야경을 감상하며 저녁 식사를 즐길 수 있다.

open 숍 11:00~20:00, 레스토랑 11:00~22:00

하버 워크, 야경 감상
ハーバーウォーク

모자이크에서 조금 떨어진 곳에 위치한 길이 300m의 해변 산책로. 붉은 벽돌로 지은 3동의 창고 건물과 도개교(跳開橋)가 개항 무렵 고베 항의 모습을 보여준다. 옛 창고 건물은 현재 레스토랑과 비어 홀로 이용 중이며 밤이면 조명을 받아 제법 낭만적인 분위기를 연출한다. 1700개의 전구로 장식된 도개교 역시 낮보다 밤의 모습이 훨씬 아름답다.

하버 워크의 동쪽 끝(모자이크 옆)에는 고베에 현존하는 가장 오래된 등대인 고베 항 구 신호소 神戸港旧信号所(1921년), 북쪽에는 도로 양쪽을 80여 그루의 가로수와 가스등이 장식하고 있는 고베 가스등 거리 神戸ガス燈通り 등의 볼거리가 있다.

고베 포트 타워 | 모자이크 | 하버 워크의 야경

Day 3

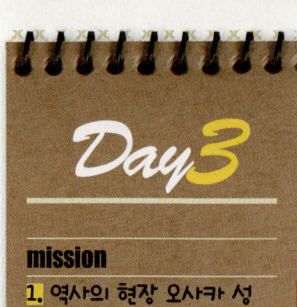

mission

1. 역사의 현장 오사카 성 관람

2. 오사카의 서민가 신세카이 · 쟌쟌요코쵸 구경

3. 미나미를 대표하는 복합 쇼핑몰 난바 파크 구경

4. 오사카→김포 이동

오늘 코스 지도로 보기

www.clzup.com/qr/d6

Japan

엔조이 에코 카드를 제시하면 주요 관광명소에서 입장료 할인 혜택을 받을 수 있다.

 15min~

08:00 **Start ▶** 08:30

숙소 체크아웃
Check-Out

아침 일찍 체크아웃을 하고 편하게 돌아다닐 수 있도록 짐은 숙소에 맡겨 놓는다. 짐 맡기기가 여의치 않을 때는 공항으로 갈 때 이용할 난카이 난바 역의 코인라커에 짐을 잠시 보관해 놓자(300~800엔).
오늘은 지하철을 3회 이상 타므로 지하철 1일권인 엔조이 에코 카드 エンジョイエコカード(p.339)를 구입하는 게 경제적이다. 첫 목적지인 오사카 성 공원으로 갈 때는 지하철 타니마치 선 · 츄오 선의 타니마치온쵸메 谷町四丁目 역(T23 · C18)에서 내려 9번 출구로 나간 다음 왼쪽으로 300m쯤 간다.

엔조이 에코 카드
cost 평일 800엔,
토 · 일 · 공휴일 600엔

오사카 성 공원
大阪城公園

오사카 성을 둥글게 감싸 안은 초록빛의 드넓은 공원. 면적은 200만㎡에 달하며 공원 안에는 산책로 · 음악당 · 분수대 · 야구장 · 호수 등 다양한 편의시설을 갖춰 놓았다. 물이 가득 고인 호수는 원래 오사카 성의 방어용 해자(垓字)였는데, 성이 세워질 당시 소토보리 外堀와 우치보리 内堀 두 개의 해자를 만들어 이중으로 적의 침입을 막았다고 한다.
공원을 한 바퀴 도는 데만 한두 시간은 족히 걸리기 때문에 전체를 돌아보는 것은 무리! 가볍게 오사카 성의 정문인 오테몬 大手門 주변만 구경하고 오사카 성으로 들어간다.

open 24시간
cost 무료

오사카의 지하철 · 오사카 성 공원

> 지하철 사카이스지 선의 에비스초
> 恵美須町 역(K18)에서 내려
> 3번 출구로 나간다.

 1min   09:00    15min   11:00   1min   11:30

오사카 성
大阪城

임진왜란을 일으킨 토요토미 히데요시 豊臣秀吉가 15년에 걸쳐 세운 거대한 성이다. 전쟁으로 인해 파괴된 성채는 1948년 이후 지금의 모습으로 재건됐다. 내부에는 성벽을 만드는 데 사용한 무게 108톤의 거석, 적의 침입을 막던 높은 망루 등 다양한 볼거리가 있으며, 한가운데에는 이 성의 상징인 텐슈카쿠 天守閣가 우뚝 서 있다. 텐슈카쿠 내부에는 오사카 성의 역사를 소개하는 전시물이 가득하며, 꼭대기에는 이 주변이 훤히 내려다보이는 전망대가 있다.

오사카 성
open 24시간 **cost** 무료
텐슈카쿠
open 09:00~17:00
close 12/28~1/1
cost 600엔(엔조이 에코 카드로 입장료 할인 가능)

츠텐카쿠
通天閣

1912년에 세워진 높이 103m의 전망대로 이 일대에서 가장 높은 건물이다. 흥미로운 사실은 이 탑이 파리의 에펠 탑을 모방해서 만들었다는 것! 4·5층의 전망대에서는 텐노지 일대는 물론 미나미와 오사카 만이 한눈에 들어온다. 5층에는 발바닥을 문지르면 행운이 깃든다는 빌리켄 ビリケン 신상도 있다. 전망대 꼭대기에는 날씨를 알려주는 네온이 설치돼 있는데 흰색은 맑음, 오렌지색은 흐림, 파란색은 비, 핑크색은 눈을 뜻한다.

open 09:00~21:00
cost 700엔(엔조이 에코 카드로 입장료 할인 가능)

> 빌리켄 신상

신세카이, 점심 식사
新世界

저렴한 식당과 상점·주점이 모인 서민적인 유흥가. 1903년 오사카 박람회장을 만들기 위해 새로 조성된 지역이라 '신세계'를 뜻하는 신세카이란 이름이 붙었다. 1911년에는 미국의 코니 아일랜드를 흉내낸 유원지인 루나 파크와 츠텐카쿠가 세워지며 오사카 최대의 유흥가로 명성을 날리기도 했다.
거리는 오사카 특유의 활기찬 분위기로 가득하며 골목 안쪽에는 1970~1980년대의 분위기를 고스란히 간직한 구닥다리 영화관·상점·오락실·파칭코가 모여 있다. 쿠시카츠·타코야키·오코노미야키 등 명물 먹거리를 파는 식당도 많다.

open 10:00~21:00(업소마다 다름)

오사카 성   츠텐카쿠   신세카이

> 쟌쟌요코쵸까지 본 뒤 숙소로 돌아가 짐을 찾은 다음 난바 파크로 간다.

> 칸사이 국제공항행 급행열차는 약 30분 간격으로 운행한다.

 1min   12:30    10min~   13:00   10min   13:40

쟌쟌요코쵸
ジャンジャン横丁

좁은 골목을 따라 작은 가게들이 다닥다닥 모여 있는 상점가이자 서민적인 냄새가 물씬 풍기는 먹자골목이다. 수십 년의 역사를 가진 저렴한 식당과 기원(碁院)이 많아 동네 할아버지들의 사랑방 역할을 한다. 이 길을 따라 유곽을 찾아가는 취객을 불러모으고자 전통악기인 샤미센 三味線을 사용한 데서 지명이 유래했다는 사실도 재미있다. 이름을 풀어 보면 샤미센을 '쟌쟌' 울리며 손님을 부르는 '골목(요코쵸)'이란 뜻이다.

open 10:00~20:00(업소마다 다름)

난바 파크
なんばパークス

오랜 역사 속에서 탄생한 미래 도시 오사카를 콘셉트로 디자인한 대형 복합 쇼핑몰. 거대한 협곡을 본뜬 웅장한 외관이 인상적인데, 건물 사이를 S자 형으로 가로지르는 통로는 협곡, 색색의 줄무늬가 들어간 외벽은 지구의 오랜 역사가 녹아든 지층을 의미한다. 1~5층은 수백 개의 숍이 모인 쇼핑가, 6~8층은 레스토랑, 8~9층은 공중정원으로 꾸며놓았다. 절대 놓쳐선 안 될 볼거리는 공중정원인 파크 가든 Parks Garden인데, 총 면적 1만 5000㎡에 달하는 이곳엔 7만여 그루의 나무가 심어져 있어 사시사철 초록빛 자연을 만끽할 수 있다.

open 숍 11:00~21:00, 레스토랑 11:00~23:00
close 연중무휴

난카이난바 역 → 칸사이 국제공항
南海なんば駅 → 関西国際空港

칸사이 국제공항으로 갈 때는 저렴한 난카이 전철을 이용한다. 매표소와 플랫폼은 난카이난바 南海なんば 역 3층에 있으며 13:40에 출발하는 공항급행열차를 타면 14:27 칸사이 국제공항 역에 도착한다.

공항급행 열차는 주로 5·6번 플랫폼에서 출발하지만, 종종 플랫폼이 변경되기도 하니 전광판에서 정확한 플랫폼 번호를 확인하고 열차에 오르는 게 좋다. 승객이 몰리는 시간대에는 앉아서 가기 힘든 경우도 있으니 열차 출발 시각보다 조금 일찍 가는 게 좋다는 사실도 알아두자.

난카이난바 역 → 칸사이 국제공항 역
공항급행
time 47분 소요 **cost** 920엔

다양한 식당이 모인 쟌쟌요코쵸   난바 파크   미나미의 쇼핑 명소 난바 파크

 47min
 5min
 1:55min

14:27　　　　　　　　16:30　　　　　　　　18:25

　　　　　　　　　　　　　　　■ Finish

칸사이 국제공항 도착
関西国際空港

열차가 종점인 칸사이 국제공항 역에 도착하면 역 밖으로 나온다. 그리고 오사카에 도착했을 때와 마찬가지로 육교를 건너 공항 건물로 가면 된다. 칸사이 국제공항의 출국장은 4층에 있으며 '출발 出発口 Departures' 표지판을 따라가면 쉽게 찾을 수 있다. 그리고 안내 모니터에서 제주항공의 체크인 카운터를 확인한 뒤 그곳으로 가서 항공권·여권을 제시하고 탑승 수속을 한다. 원활한 출국수속을 위해 칸사이 국제공항으로는 비행기 출발 시각 2시간 전까지 가는 게 좋다는 사실을 절대 잊지 말자!

제주항공, 오사카 출발
Jeju Air 7C1383

탑승수속을 마친 뒤에는 같은 층에 있는 출국심사장으로 가서 여권과 보딩패스를 제시하고 출국심사를 받은 뒤 비행기 출발 시각까지 면세구역에서 기다리면 된다. 그리 큰 규모는 아니지만 면세구역 안에 기념품점과 면세점이 있으니 여기서 기념품이나 선물을 마련하는 것도 좋다. 5%의 소비세가 면제되기 때문에 책이나 과자 등 정가가 매겨진 공산품은 시내보다 조금 저렴하다. 흠이라면 상품 종류가 무척 한정적이라는 것!

김포국제공항 도착
Kimpo Intl. Airport

김포국제공항은 인천국제공항에 비해 규모가 작아 이용하기 쉽다. 더구나 이용객이 적어 입국심사대와 세관을 통과하는 데 오랜 시간이 걸리지 않는 것도 큰 장점이다.
김포국제공항의 입국장은 1층에 있으며, 표지판을 따라 지하 1층으로 내려가면 지하철 5·9호선 및 공항철도의 김포공항역이 있다. 단, 공항에서 역까지 이어지는 지하통로가 은근히 길어 이용하기가 조금 불편하다는 사실은 알아둘 것!
입국장 바로 앞에 시내 곳곳을 연결하는 다양한 노선의 시내버스·공항버스 정류장도 있으니 편리한 교통편을 골라서 이용한다.

 Bye Bye Osaka~

칸사이 국제공항 역　　칸사이 국제공항의 출국장　　칸사이 국제공항의 면세점　　김포국제공항

교토 2박 3일

travel note

볼거리 ★★★★★
식도락 ★★★☆☆
쇼핑 ★★★★☆
유흥 ★★☆☆☆

일본색 짙은 여행지를 원하는 이에게 강추! 지난 1000년에 걸쳐 일본의 정치·문화·경제 중심지 역할을 해온 교토를 구석구석 돌아본다. 고색창연한 사찰과 유적을 통해 오랜 역사와 전통을 체험할 수 있으며, 호젓한 산책로를 거닐며 치유와 사색의 시간을 가지는 특별한 경험도 가능하다.

day 1
김포→오사카, 교토 아라시야마
숙박 교토

- 08:30 아시아나항공, 김포 출발
- 10:10 칸사이 국제공항 도착
- 11:16 공항→교토 시내
- 12:31 JR 교토 역, 짐 보관
- 13:53 사가아라시야마 역, 사가노토롯코 역
- 14:20 노노미야 신사
- 14:45 대숲
- 15:20 카메야마 공원
- 16:00 기오지
- 17:00 토게츠교
- 18:29 JR 교토 역, 저녁 식사
- 20:00 JR 교토 역→숙소

day 2
긴카쿠지 주변·교토 동부
숙박 교토

- 09:00 긴카쿠지
- 10:10 철학의 길
- 11:10 난젠지
- 12:10 헤이안 신궁, 점심 식사
- 13:40 오카자키 공원
- 14:10 야사카 신사
- 14:50 이시베코지
- 15:20 산넨자카, 니넨자카
- 15:50 키요미즈자카
- 16:20 키요미즈데라
- 16:50 지슈 신사
- 17:40 기온
- 18:10 하나미코지도리
- 18:40 기온신바시
- 19:30 테라마치도리, 저녁 식사

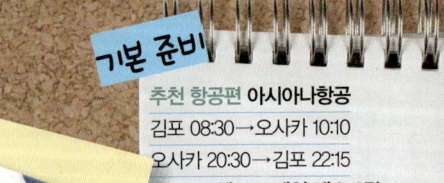

기본 준비
- **추천 항공편** 아시아나항공
- 김포 08:30→오사카 10:10
- 오사카 20:30→김포 22:15
- **패스** JR 웨스트 레일 패스 2장
- **숙박** 교토 2박
- **예산** 638,000원~
- **숙박비** 7000엔 (게스트하우스 도미토리 2박)
- **생활비** 12,000엔(3일)
- **패스** 4120엔(JR 웨스트 레일 패스 2장)
- **교통비** 1300엔
- **입장료** 3000엔
- **항공료** 36만 원~~
- ※100엔=970원 기준

day 3

교토 역·교토 서부, 오사카 → 김포

- 08:00 숙소 체크아웃, JR 교토 역
- 08:30 니시혼간지
- 09:30 니죠죠
- 11:30 도시샤 대학, 점심 식사
- 12:30 교토교엔
- 13:30 킨카쿠지
- 14:40 료안지
- 16:45 JR 교토 역→칸사이 국제공항
- 18:07 칸사이 국제공항 도착
- 20:30 아시아나항공, 오사카 출발
- 22:15 김포국제공항 도착

I love Kyoto

Kyoto

요점 정리!

한국에서 오전, 오사카에서 밤늦게 출발하는 항공편 이용

교토에는 공항이 없기 때문에 오사카의 칸사이 국제공항을 이용한다. 또한 공항에서 교토 시내까지의 거리가 멀어 우리나라에서 아침 일찍, 오사카에서 밤늦게 출발하는 항공편 이용은 필수다. 이에 적합한 항공편은 김포~오사카 노선을 운항하는 아시아나항공과 대한항공이다.

게스트하우스의 도미토리가 가장 저렴

교토는 유명 관광지라 숙박비가 비싼 것은 물론 숙소 구하기도 힘들다. 숙박비를 절약하려면 게스트하우스(도미토리 2500엔~)를 이용하자. 대부분의 게스트하우스는 교통이 편리한 JR 교토 역 주변에 모여 있으며, 구글·야후에서 'Kyoto Guesthouse'로 검색하면 쉽게 찾을 수 있다.

JR 웨스트 레일 패스와 시 버스 전용 1일 승차권은 필수

우리나라의 여행사에서 JR 웨스트 레일 패스(1일권 2060엔)를 구입하면 칸사이 국제공항과 교토를 연결하는 특급열차 하루카(편도 2850엔)와 교토 지역의 JR 열차를 맘대로 이용할 수 있다.
교토에서는 버스의 이용 비율이 높으니 시 버스 전용 1일 승차권(1장 500엔)을 구입하는 게 경제적이다. 버스에서 내릴 때 운전사에게 구입하면 된다.

교토 2박 3일

Day 1

mission

1. 김포→오사카 이동

2. 칸사이 국제공항에서 JR 웨스트 레일 패스 교환

3. 공항→교토 이동

3. 교토의 호젓한 휴식처 아라시야마 산책

오늘 코스 지도로 보기

www.clzup.com/qr/d7

Japan

08:30　　　1:40min　　　10:10

Start ▶

아시아나항공, 김포 출발
Asiana Airlines OZ1125

비행기는 아시아나항공의 김포↔오사카 왕복편을 이용한다. 저가항공사에 비해 항공 요금이 조금 비싸지만, 오전에 일찍 출발하는 것은 물론 귀국편도 오사카에서 오후 늦게 출발하기 때문에 3일을 꽉 채워서 여행할 수 있는 게 장점이다.
김포에서 오사카까지의 소요시간은 1시간 40분. 음료와 샌드위치 등이 제공되는 간단한 기내식 서비스를 받고 잠시 휴식을 취하다 보면 눈 깜짝할 사이에 오사카의 칸사이 국제공항에 도착한다. 기내에서 일본 입국심사 및 세관검사에 필요한 신고서를 미리 작성해 놓는 것을 잊지 말자. 신고서는 공항 도착 전에 승무원들이 나눠준다.

칸사이 국제공항
関西国際空港

비행기에서 내려 '도착 到着 Arrivals' 표지판을 따라가면 잠시 후 입국심사장이 나타난다. 그리고 입국심사관에게 기내에서 작성한 일본 입국 신고서와 여권을 제시하면 간단한 확인 절차를 거쳐 90일간의 입국허가 스티커를 붙여준다. 이제 짐을 찾아 세관 검사대를 통과하면(세관 신고서는 이때 제출) 드디어 오사카 도착이다.
입국심사와 세관검사를 모두 마치고 공항 밖으로 나오기까지는 보통 30분~1시간이 걸린다. 여행 성수기에는 사람이 많이 몰리는 입국심사장을 통과하는 데 시간이 오래 걸리기 때문에 비행기에서 내리자마자 입국심사장으로 서둘러 가는 게 좋다.

출발 대기 중인 아시아나항공 여객기　　　칸사이 국제공항의 입국장

> JR 웨스트 레일 패스 소지자는 하루카의 자유석 自由席을 무료로 이용할 수 있다.

1:15min

11:16　　　　　　　　　　12:31　　　　　　　　　　13:37

공항→시내
空港→京都市内

교토로 갈 때는 JR의 특급열차 하루카 はるか를 이용한다. JR 칸사이 국제공항 関西国際空港 역은 공항 2층의 육교와 연결된 건물에 있으며 '철도 鉄道 Railways' 표지판만 따라가면 쉽게 찾을 수 있다. 우선 매표소로 가서 교환권을 제시하고 JR 웨스트 레일 패스(p.375)를 받는다. 패스에는 사용자명과 사용일자가 적혀 있는데 역무원에게 그것을 보여주고 개찰구를 통과하면 된다. 이제 11:16에 출발하는 하루카를 타면 12:31 교토 京都 역에 도착한다.

칸사이 국제공항→교토 역
하루카
time 1시간 15분 소요　**cost** 2850엔(JR 웨스트 레일 패스 이용 가능)

JR 교토 역, 짐 보관
JR 京都駅

하루카의 종점인 JR 교토 역에 도착하면 '중앙출구 中央口' 표지판을 따라 밖으로 나간다. 개찰구 근처에 코인라커(400~800엔)가 있으니 큰 짐은 잠시 여기에 보관해 놓고 움직인다. 사실 숙소에 짐을 맡겨 놓는 게 최선의 방법이지만, JR 교토 역에서 시내의 주요 숙소까지는 버스로 왕복 1시간 정도가 걸리기 때문에 오히려 길에서 시간만 버리기 십상이다.
점심 식사는 메뉴 선택의 폭이 넓고 가격도 적당한 JR 교토 역 10~11층의 식당가에서 해결한다. 잠시 후에 가게 될 아라시야마에는 식당이 별로 없고 가격도 은근히 비싸다는 사실에 주의하자.

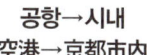
JR 웨스트 레일 패스 교환권

JR 교토 역→JR 사가아라시야마 역
京都駅→嵯峨嵐山駅

개찰구에서 JR 웨스트 레일 패스를 제시하고 교토 역 구내로 들어가 32·33번 플랫폼을 찾아간다. 그리고 여기서 13:37에 출발하는 소노베 園部 행 열차를 타고 13:53 사가아라시야마 嵯峨嵐山 역에서 내린다.
열차의 구조와 이용법은 우리나라와 비슷해 이용에 어려움은 없다. 단, 이 열차는 관광객들이 애용하는 노선이라 여행 성수기와 주말에는 상당히 붐비기 때문에 앉아서 가려면 출발 시각보다 조금 서둘러 열차를 타는 게 좋다.

교토 역→사가아라시야마 역
보통열차
time 16분 소요　**cost** 240엔(JR 웨스트 레일 패스 이용 가능)

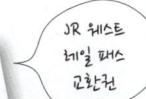

특급열차 하루카　　거대한 위용을 뽐내는 JR 교토 역　　사가아라시야마 행 보통열차

 16min   10min   4min
13:53 — 14:20 — 14:45

사가아라시야마 역·사가노토롯코 역
嵯峨嵐山·嵯峨野トロッコ駅

JR 사가아라시야마 역의 남쪽 출구 南口로 나가면 아라시야마의 주요 명소로 손쉽게 이동할 수 있다.

남쪽 출구 바로 오른편에 있는 사가노토롯코 嵯峨野トロッコ 역은 아라시야마의 명소로도 유명한 호즈 강 保津川의 강변을 따라 달리는 관광열차인 사가노 토롯코 열차의 출발역이다. 역 안쪽의 19세기 홀 19世紀ホール SL에는 20세기 중반까지 실제로 운행하던 C56·D51·C58 등 4대의 골동품 증기기관차가 전시돼 있으니 잠시 들러보자. 조용한 카페가 있어 한가로이 쉬어가기에 좋으며 야외 전시실에는 실물 D51 증기기관차도 전시돼 있다.

노노미야 신사
野宮神社

일본 신화의 태양신 아마테라스 오미카미 天照大神를 모시는 신사. 입구에는 검정색의 토리이 鳥居가 세워져 있다. 껍질도 벗기지 않은 나무를 원형 그대로 사용해서 만든 것이라 무척 투박한 모습인데 일본에서 가장 원시적인 형태의 토리이로 유명하다. 신사 안쪽에는 바위를 문지르면서 소원을 빌면 1년 안에 소원이 이루어진다는 거북 바위 お亀石, 소원을 적은 종이를 물에 띄운 뒤 글자가 모두 녹아서 사라지면 소원이 성취된다는 샘물, 임산부들이 순산을 기원하는 사당, 재물운을 기원하는 사당인 벤자이텐 弁財天 등의 볼거리가 있다.

open 일출~일몰
cost 무료

대숲
竹林

20~30m 높이의 대나무 수천 그루가 자라고 있는 울창한 대숲. 숲 속으로 200m 정도의 산책로가 이어지는데 대나무와 댓잎이 하늘을 완전히 가리고 있어 밝은 대낮에도 어두운 터널을 지나는 기분마저 든다. 바람이 불면 댓잎이 서로 부딪히며 만들어내는 맑은 소리가 상쾌한 기운을 돋우는 것도 매력이다. 단, 초여름부터 가을까지는 모기가 무척 많으니 방충제 등의 대비책을 마련해 가는 게 좋을 듯!

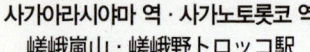
울창한 대숲

사가노토롯코 역의 19세기 홀   노노미야 신사   고즈넉한 분위기의 대숲

> 대숲과 카메야마 공원에는 음료수를 구할 곳이 없다. 땀이 많이 나는 여름에는 음료수를 준비해 가는 센스가 필수!

> 토게츠교 주변의 산책로와 공원에서는 한가로이 산책을 즐길 수 있다.

🚶10min 15:20   🚶20min   16:00   🚶30min   17:00

카메야마 공원
亀山公園

이곳에 있는 카메야마 亀山 일왕 (1249~1305)의 무덤에서 명칭이 유래한 공원이다. 야트막한 산 전체가 공원으로 조성돼 있으며 정상의 전망대에서는 호즈 강 保津川의 도도한 물줄기와 관광객을 가득 태운 유람선, 강변을 따라 달리는 사가노 롯코 嵯峨野トロッコ 열차의 모습이 한눈에 들어온다.

봄·가을에는 이 일대를 화사한 색으로 물들이는 벚꽃과 단풍의 물결을 볼 수 있는 것도 매력이다. 전망대까지는 약간의 오르막길이 이어지며, 공원 곳곳에 지친 다리를 쉬어갈 수 있는 벤치와 화장실 등의 편의시설이 갖춰져 있다.

기오지
祇王寺

조용히 명상을 즐기기에 좋은 아담한 절. 8세기 무렵 창건된 진언종의 사찰이며 원래 비구니 절로 사용됐다.
19세기 말에 잠시 폐쇄되기도 했으나 1905년 교토의 유명 문인(文人) 토미오카 텟사이 富岡鉄斎에 의해 지금과 같은 모습으로 복원됐다. 이끼 정원이 아름답기로 명성이 자자하며 인적이 드문 오전, 또는 노을이 지는 오후에 가면 더욱 멋진 모습을 감상할 수 있다.
격자무늬의 둥근 창을 가진 소박한 불당과 고즈넉한 분위기가 일품인 대숲도 눈길을 끈다.

open 09:00~17:00
cost 300엔
web www.giouji.or.jp

토게츠교
渡月橋

호즈 강 保津川에 걸린 왕복 2차선, 길이 150m의 다리. 9세기 무렵 교토에서 수행하던 도쇼 道昌라는 승려에 의해 처음 놓였으며 1934년 지금의 모습으로 재건됐다. 한밤중에 이곳을 지나던 가메야마 亀山 일왕 (1249~1305)이 다리 위에 달이 뜬 모습을 보고 '달(月)이 다리를 건너는(渡) 것 같다'고 한 데서 지금의 이름이 유래했다.
다리 위에서는 조용히 흐르는 호즈 강의 물줄기와 완만한 경사를 이룬 주변 산세를 감상할 수 있는데, 이른 아침에 물안개가 피어오를 때의 경치가 특히 멋스럽다. 강변에는 산책로가 정비돼 있으며 벚꽃과 단풍의 명소로도 유명하다.

카메야마 공원 기오지 토게츠교

20min  16min

18:13　　　　　　　　　　　18:29　　　　　　　　　　20:00

 Finish

JR 사가아라시야마 역→교토 역
嵯峨嵐山駅→京都駅

토게츠교에서 JR 사가아라시야마 역으로 돌아갈 때는 다리 앞으로 곧게 뻗은 길을 따라가면 된다. 이 길이 아라시야마의 메인 도로이기 때문에 기념품점 등의 눈요깃거리도 풍부하다.
JR 사가아라시야마 역에 도착하면 이곳으로 올 때와 마찬가지로 개찰구에서 JR 웨스트 레일 패스를 제시하고 역 안으로 들어간다. 그리고 1·2번 플랫폼에서 18:13에 출발하는 교토 京都 행 열차를 타고 18:29 종점인 JR 교토 역에서 내린다. 교토 역에 도착한 뒤에는 '중앙출구 中央口' 쪽으로 나가면 된다.

JR 교토 역, 저녁식사
京都駅

교토 천도 1200주년을 기념해 1997년에 오픈한 지상 16층, 지하 3층, 길이 470m의 매머드급 건물. 4000장의 유리로 뒤덮인 외벽과 16층에서 1층까지 뻥 뚫린 개방적 공간이 '역사의 문 교토'라는 콘셉트를 훌륭하게 형상화하고 있다.
에스컬레이터를 타고 건물 최상층으로 올라가면 교토에서 두 번째로 높은 전망대인 스카이 가든 Sky Garden이 나타난다. 이 위에서는 교토 시가지가 한눈에 들어오며, 10층에 위치한 구름다리 스카이웨이 Skyway에서는 교토 역 내부와 이 주변이 훤히 내려다보인다.

스카이웨이
open 10:00〜22:00

JR 교토 역→숙소
Hotel Check In

이제 짐을 찾아 숙소로 이동한다. 시내로 들어갈 때는 JR 교토 역 중앙출구 앞에 있는 버스 터미널에서 시 버스 市バス(시내버스)를 타거나 JR 교토 역 지하에서 지하철을 이용한다.
시 버스는 노선별로 정류장의 위치가 다르니 버스 터미널 앞에 있는 안내도를 꼼꼼히 확인하고 타자.
일반적으로 교토 역에서 시내로 들어가는 데는 20〜30분 정도가 걸린다. 주말과 여행 성수기에는 20:00 무렵까지 교통정체가 이어지기도 하니 경우에 따라서는 지하철을 이용하는 게 훨씬 편리할 수도 있다.

시 버스 cost 1회 230엔
지하철 cost 1회 210〜350엔

Day 2

mission

1. 교토 여행의 필수품 시 버스 전용 1일 승차권 구입

2. 힐링의 시간을 즐기는 철학의 길 산책

3. 1200년의 역사를 간직한 고찰 키요미즈데라 방문

4. 교토의 옛 모습이 고스란히 보존된 기온 산책

오늘 코스 지도로 보기

www.clzup.com/qr/d8

Japan

08:30   20min~   09:00

Start ▶

긴카쿠지에서 철학의 길로 가는 길 양쪽은 기념품점이 모인 조그만 상점가를 이루고 있다.

숙소 → 긴카쿠지
ホテル → 銀閣寺

교토의 주요 명소, 특히 사찰은 폐관 시각이 이르다. 봄~가을 17:00, 겨울 16:00면 가차 없이 문을 닫으니 아침부터 부지런히 움직이는 게 좋다.

긴카쿠지로 갈 때는 시 버스를 이용한다. 5 · 17 · 32 · 100 · 102 · 203 · 204번 시 버스 긴카쿠지미치 銀閣寺道 또는 32 · 100번 시 버스 긴카쿠지마에 銀閣寺前 정류장에서 내리면 된다. 오늘은 하루 종일 시 버스를 타고 다니므로 시 버스 전용 1일 승차권 バス専用一日乗車券(p.375)을 구입하는 게 경제적인데, 버스에서 내릴 때 운전사에게서 구입하면 된다.

시 버스 전용 1일 승차권
cost 500엔

긴카쿠지
銀閣寺

유네스코 세계문화유산 1482년 아시카가 요시마사 足利義政가 자신의 별장으로 지은 건물이다. 그의 할아버지 아시카가 요시미츠가 만든 킨카쿠지 金閣寺(p.389)를 의식해 2층 누각에 은을 입히려 했으나 건물이 완성되기도 전에 사망함에 따라 실행에 옮기지는 못했다. 이후 선종 사찰로 바뀌었으며 명칭도 요시마사의 법명을 따 지쇼지 慈照寺라 불리게 됐다. 경내에는 고즈넉한 정취가 물씬 풍기는 연못과 이끼 정원, 그리고 이 일대가 시원스레 내려다보이는 전망대 등의 볼거리가 있다.

open 3~11월 08:30~17:00, 12~2월 09:00~16:30
cost 500엔

시 버스 전용 1일 승차권

긴카쿠지 행 100번 시 버스   긴카쿠지

> 난젠지·에이칸도마치 南禅寺·永観堂道 정류장에서 5번 시 버스를 타고 京都会館美術館前 하차.

5min 10:10
45min 11:10
8min 12:10

철학의 길
哲学の道

긴카쿠지에서 에이칸도 永観堂까지 수로 따라 이어지는 길이 1.8km의 산책로. 일본의 철학자 니시다 기타로 西田幾多郎가 즐겨 산책하던 길이라 지금의 이름이 붙었다. 봄에 벚꽃 필 때가 가장 아름답지만 평소에도 나뭇가지 사이로 노을이 비칠 즈음이면 그때 못지 않은 멋과 낭만을 즐길 수 있다.

산책로 곳곳에 예쁜 카페와 액세서리·기념품점이 있어 산책의 묘미를 더해준다. 참고로 산책로 끝에서 끝까지 걷는 데는 40~50분 걸린다. 여름에는 모기가 많으니 방충제를 준비해 가는 게 좋다.

난젠지
南禅寺

1291년 카메야마 일왕의 별궁을 기증받아 창건한 절. 14세기에는 교토 오산(五山)의 하나로 꼽힐 만큼 규모가 컸다. 대표적인 볼거리는 절의 정문인 산몬 三門이다. 1628년 재건된 이 문의 높이는 22m, 2층 난간에서는 난젠지 경내가 시원스레 내려다보인다. 경내에는 다도의 명인 코보리 엔슈가 만든 방장 정원, 로마의 수도교를 본뜬 이국적인 외관의 고가식 수로 소스이바시 疏水橋 등의 볼거리가 있다.

open 일출~일몰
cost 경내 무료

산몬·방장 정원
open 3~11월 08:40~17:00,
12~2월 08:40~16:30
close 12/28~12/31
cost 산몬 500엔, 방장 정원 500엔

헤이안 신궁, 점심 식사
平安神宮

1895년 헤이안(교토) 천도 1100주년을 기념해서 세운 신사. 헤이안 천도를 단행한 간무 桓武 일왕(737~806)을 신으로 모시며, 바닥의 흰 모래와 선명한 주홍빛 건물이 강렬한 대비를 이룬다. 전반적인 구조는 헤이안 천도 당시의 정청(政庁)인 초도인 朝堂院의 형태를 따르고 있으며 규모만 60% 정도로 축소시켰다. 가운데의 넓은 공터는 문무대신이 집무를 보던 12개의 건물 터를 재현한 것이다. 제일 안쪽에는 일왕이 정무(政務)를 보거나 공식행사를 치르던 건물인 다이고쿠덴 大極殿을 복원해 놓았다.

open 3/15~9/30 06:00~18:00,
2/15~3/14·10월 06:00~17:30,
11~2/14 06:00~17:00
cost 무료

아기자기한 숍도 있다

철학의 길 난젠지의 고가식 수로 소스이바시 헤이안 신궁

1min   10min   6min
13:40   14:10   14:50

> 교토카이칸비쥬츠칸마에 京
> 都会館美術館前 정류장에서
> 46・100번 시 버스를 타고 기온
> 祇園 하차.

> 이시베코지는 좁은 골목에 작은
> 표지판만 붙어 있을 뿐이라 모르고
> 지나치기 쉬우니 주의!

오카자키 공원
岡崎公園

헤이안 시대(794~1192)에 귀족의 저택과 일왕가의 사찰이 있던 곳이다. 1467년 발생한 오닌의 난 応仁の乱으로 완전히 쑥대밭이 됐으나 1895년 대규모 박람회가 열린 것을 계기로 정비사업이 진행돼 지금의 모습으로 다시 태어났다.

주위에는 동물원・교토 시립 도서관・근대 미술관・교토 시 미술관 등의 문화시설이 있다. 하지만 여행자의 관심을 끌 만한 볼거리는 별로 없으니 지나가는 길에 거대한 크기를 자랑하는 붉은색의 토리이 鳥居를 보는 정도로 만족하면 된다. 이 토리이는 일본에서 가장 규모가 큰 토리이로도 유명하다.

야사카 신사
八坂神社

일본 전국에 있는 8만여 기온 신사의 총본산이며, 일본의 3대 축제 가운데 하나인 기온 마츠리 祇園祭(7월)가 열리는 곳이다. 1300여 년의 역사를 자랑하는 곳답게 경내에는 중요문화재로 지정된 사쿠라몬 桜門(1497년), 본전 本殿(1654년) 등 유서 깊은 건물이 가득해 교토의 오랜 역사를 담뿍 맛볼 수 있다. 현지인들이 진지한 표정으로 신에게 소원을 비는 모습이나 길흉화복을 점치는 종이인 오미쿠지 おみくじ를 보고 나뭇가지에 매어놓은 풍경도 흥미로운 볼거리로 다가온다. 축제 때는 기모노 차림으로 돌아다니는 현지인들의 모습이 이국적인 분위기를 더한다.

open 일출~일몰

이시베코지
石塀小路

20세기 초 교토의 풍경이 고스란히 남아 있어 일본 영화・드라마의 무대로 자주 등장하는 곳이다. 너비 3m 정도의 좁고 구불구불한 골목이 200m가량 이어지며 바닥에는 납작한 돌이 촘촘히 깔려 있다. 안쪽으로 깊숙이 들어가면 길 양쪽으로 낮은 돌담이 보이는데, '돌담(石塀)'이 쌓인 골목(小路)'이란 뜻의 지명은 여기서 유래했다. 바닥과 담을 쌓는 데 사용된 돌은 1970년대에 폐선된 교토 시내의 전차 선로에서 가져온 것이다. 고즈넉한 골목길을 걷노라면 아기자기한 일본식 정원이 딸린 찻집・요정・여관 등이 보여 전통의 도시 교토에 와있음을 실감케 한다.

오카자키 공원의 상징인 대형 토리이   수많은 참배객으로 붐비는 야사카 신사   이시베코지

> 키요미즈데라 입장권은 하루 종일 몇 번이고 재사용할 수 있다.

 3min   15:20   1min   15:50   1min   16:20

산넨자카 · 니넨자카
産寧坂 · 二年坂

공예품점 · 기념품점 · 찻집 등이 모인 전통 상점가. 바닥에 포석이 깔린 좁은 길을 따라 오래된 목조 건물이 늘어선 모습이 인상적이다.

순산을 기원하며 키요미즈데라까지 걷는 참배로의 일부였기에 '산모(産)의 안녕(寧)을 비는 언덕(坂)'이란 뜻의 산넨자카라는 이름이 붙었다. 산모가 조심해서 걸으라는 뜻으로 여기서 구르면 3년 안에 죽는다는 전설이 만들어져 산넨자카 三年坂라고 부르기도 한다.

니넨자카 역시 산넨자카와 비슷한 분위기를 풍기는 거리로 다양한 아이템을 취급하는 전통 기념품점이 모여있어 구경하는 재미가 쏠쏠하다.

open 10:00~19:00 (숍마다 다름)

키요미즈자카
清水坂

키요미즈데라까지 이어지는 길이 700m의 가파른 언덕길. 원래 키요미즈데라에 불공을 드리러 갈 때 이용하던 참배로의 일부였다. 지금은 길 양옆으로 기념품점이 즐비한데 특히 떡 · 과자 · 쿄츠케모노 京漬物(교토식 채소 절임)를 파는 상점이 많다. 간간이 시식도 가능해 입이 심심하지 않은 것도 나름의 매력이다. 그리 넓지 않은 도로는 항상 수많은 관광객으로 북적이는데, 여행 성수기와 신년 불공을 드리는 1월 1일에는 상상을 초월하는 인파가 몰려들어 걷기조차 힘들 정도도!

키요미즈데라
清水寺

유네스코 세계문화유산 778년 창건된 교토를 대표하는 고찰(古刹). 연간 참배객 수가 300만 명을 넘는 유명한 절이다. 본당 앞에는 절벽 위에 아슬아슬하게 세운 난간이 있으며, 이 위에서 바라보는 교토의 경치가 아름답기로 명성이 자자하다. 본당 아래쪽에는 오토와노타키 音羽の滝라는 샘이 있는데, 워낙 물이 맑아 '키요미즈 清水(맑은 물)'란 절의 명칭을 유래시키기도 했다. 세 갈래로 흐르는 물줄기는 각각 건강 · 학업 · 연애의 성공을 보장하는 성수(聖水)이기도 해 이 물을 받아 마시려는 사람들로 언제나 인산인해를 이룬다.

open 06:00~18:00 (시즌에 따라 다름)
cost 300엔

1min   15min    5min

16:50 — 17:30 — 17:40

지슈 신사
地主神社

키요미즈데라의 경내에 있는 신사로 교토를 찾는 청춘남녀와 수학여행단의 필수 견학(?) 코스로 인기가 높다. 이유는 이곳이 연애와 결혼 성취의 전당이기 때문이!

신사 앞에는 코이우라나이노이시 恋占い의石라는 돌덩어리 두 개가 박혀 있다. 둘 사이의 거리는 20m 정도 되는데, 눈을 감고 맞은편의 돌까지 똑바로 걸어갈 수 있으면 원하는 사람과 반드시 맺어진다고! 매월 첫째 일요일에는 연인들의 사랑이 이루어지고 행운이 깃들기를 염원하는 기원제도 열린다.

open 09:00~17:00
cost 키요미즈데라 입장권 사용 가능
web www.jishujinja.or.jp

키요미즈자카→기온
清水坂→祇園

키요미즈자카의 언덕길을 따라 똑바로 내려가면 버스가 다니는 큰길과 만나게 된다. 길을 건너 오른쪽으로 50m쯤 가면 키요미즈미치 清水道 정류장이 있는데, 여기서 기온 방면으로 가는 아무 버스나 타고 기온 祇園 정류장에서 내리면 된다.

단, 이 지역은 상습 정체 구간이라 퇴근 시간·주말·여행 성수기에는 버스가 옴짝달싹 못하는 경우도 있다. 이때는 느긋하게 걸어가는 게 나을 수도 있다. 큰길만 따라가면 되기 때문에 길 잃을 염려는 없으며 기온까지 걸어서 15분 정도면 충분하다.

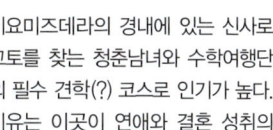

기온
祇園

야사카 신사에서 서쪽으로 곧게 뻗은 400m 남짓한 거리. 과거에는 식당·찻집·여관 등이 모인 일대 번화가를 이루었으나 1467~1477년에 교토를 쑥대밭으로 만든 오닌의 난 応仁の亂을 겪으며 초토화되고 말았다. 다시금 활기를 찾기 시작한 것은 1800년대에 들어서이다. 1870년대 이후로는 교토의 대표적인 유흥가로 명성을 떨치며 지금의 모습으로 화려하게 부활했다. 거리 곳곳엔 옛 모습을 간직한 숍과 음식점이 즐비해 교토의 예스러운 분위기를 즐기기에 더할 나위 없이 좋다. 일본색 짙은 전통 공예품을 취급하는 숍이 많아 기념품이나 선물을 장만하기에도 안성맞춤이다.

open 11:00~20:00(숍마다 다름)

지슈 신사 | 사랑이 이루어지기를 기원하는 참배객들 | 예스러운 기온의 상점가

> 하나미코지도리의 가늘은 길쭉한 생김새 때문에 '장어의 침대'란 애칭으로 불리기도 한다.

> 숙소로 돌아갈 때는 테라마치도리 앞의 버스 정류장을 이용한다. 교토 시내를 운행하는 버스 대부분이 이곳을 경유한다.

 1min   18:10   5min   18:40   14min   19:30 ■ Finish

하나미코지도리
花見小路通

18~19세기 교토의 옛 모습을 고스란히 간직한 거리. 1km 남짓한 도로를 따라 2~3층 높이의 전통 목조 가옥이 줄지어 있으며, 관광객들로 북적이는 기온과 달리 비교적 차분한 가운데 교토의 예스러운 풍경을 감상할 수 있다.

이 일대는 전통 가옥 보존지구로 지정돼 있어 전선·전신주 등의 현대적인 요소는 모두 지하로 매설했다. 옛 건물은 현재 요정·찻집·고급 레스토랑으로 사용하고 있다. 건물 폭이 무척 좁고 길이가 길쭉한 독특한 구조를 가졌는데, 예전에는 건물의 폭을 기준으로 세금을 매겼기 때문에 최대한 폭을 좁게 만드는 게 관례였다고 한다.

open 10:00~19:00 (숍마다 다름)

기온신바시
祇園新橋

옛 정취를 듬뿍 만끽할 수 있는 전통 건축물 보존지구. 실개천을 따라 격자무늬 창을 가진 고풍스러운 2층 목조 건물이 늘어서 있다. 원래 치온인 知恩院이란 절의 산문까지 이어지던 도로의 일부였으며, 300여 년 전부터 고급 유흥가로 인기를 누려왔다. 현재 대부분의 건물은 요정·고급 레스토랑·다실로 이용 중이다. 물가에는 수십 그루의 벚나무가 심어져 있어 꽃이 피는 3~4월에는 벚꽃놀이의 명소로도 인기가 높다. 아련한 조명과 함께 분위기를 더하는 밤 풍경이 낮의 모습 못지않게 멋스럽다는 사실도 알아두면 좋을 듯!

기온신바시의 야경

테라마치도리, 저녁 식사
寺町通

토요토미 히데요시가 효율적인 세금 징수를 위해 교토의 절을 한데 모아 놓은 곳이다. 그래서 이름도 '사찰(寺)의 거리(町通)'를 뜻하는 테라마치도리라 붙여진 것. 지금도 숍 사이사이에는 고색창연한 절이 자리해 색다른 볼거리를 제공한다.

바로 옆 블록인 신쿄고쿠도리 新京極通는 번잡한 테라마치도리를 정비할 목적으로 1872년에 조성한 상점가다. 지금은 젊은층에게 어필하는 패션 매장·레스토랑·영화관이 모인 대형 상점가로 발전했으며, 550m 길이의 상점가 전체에 지붕이 덮여 있어 날씨에 상관없이 편하게 쇼핑을 즐길 수 있다.

open 10:00~20:00 (숍마다 다름)
cost 연말연시

하나미코지도리   기온신바시

테라마치도리

Day 3

mission

1. 킨카쿠지 · 료안지 등 유네스코 세계문화유산 관람

2. 일왕의 거처로 사용하던 교토교엔 구경

3. JR 웨스트 레일 패스 교환

4. 교토 → 김포 이동

오늘 코스 지도로 보기

Japan

JR 교토 역 앞의 버스 터미널에서 9 · 28번 버스를 타고 니시혼간지마에 西本願寺前 하차.

 5min

08:00 ·· 08:30

Start ▶ ●

숙소 체크아웃, JR 교토 역
Check-Out, JR 京都駅

아침 일찍 체크아웃을 하고 JR 교토 역으로 간다. 오늘도 시 버스를 자주 이용하게 되니 시 버스 전용 1일 승차권 市バス専用一日乗車券을 구입하는 게 경제적이다. 전날과 마찬가지로 버스에서 내릴 때 운전사에게 구입하면 된다.
JR 교토 역에 도착하면 코인라커에 짐을 잠시 넣어 놓자(400~800엔). 비행기 출발 시각에 맞춰 특급열차인 하루카를 타고 공항으로 가야 하니 숙소에 짐을 맡기기보다 이곳의 코인라커를 사용하는 게 비용이 조금 들더라도 효율적이다.

시 버스 전용 1일 승차권
cost 500엔

니시혼간지
西本願寺

유네스코 세계문화유산 일본 불교의 한 종파인 정토진종의 총본산이다. 1591년 토요토미 히데요시가 정치적 목적으로 고승 신란 親鸞의 사당을 옮겨와 절을 세우면서 지금과 같은 규모로 급성장했다. 입구를 등지고 왼쪽 깊숙이 들어가면 화려한 카라몬 唐門이 보인다. 토요토미 히데요시가 지은 후시미 성 伏見城(1574~1600)에서 가져온 것인데 극채색을 입힌 조각들로 섬세하게 치장해 놓았다. 문을 장식한 아름다운 조각을 보고 있노라면 해가 지는 줄도 모른다고 해 '해가 지는 문'이란 별명이 붙어 있다.

open 3~10월 05:30~17:30, 11~2월 05:30~17:00
cost 무료

JR 교토 역 | 니시혼간지의 본당

니시혼간지마에 西本願寺 前 정류장에서 9번 버스를 타고 니죠죠마에 二条城前 하차.

9·12·101번 버스를 타고 호리카와이마데가와 堀川今出川 정류장에서 내려 59·102·201·203번 버스로 갈아타고 카라스마이마데가와 烏丸今出川 하차.

10min 09:30   15min 11:30   1min 12:30

니죠죠
二条城

유네스코 세계문화유산 1603년 토쿠가와 이에야스가 쿄토고쇼 京都御所의 수호 본부이자 임시 숙소로 만든 성이다. 당시에는 니죠신고쇼 二条新御所라는 명칭의 작은 건물에 불과했으나, 그의 손자가 확장을 거듭해 바쿠후의 권력을 상징하는 성으로 거듭났다. 내부에는 쇼군이 집무를 보던 니노마루고텐 二の丸御殿, 아름다운 일본식 정원 니노마루테이엔 二の丸庭園·세이류엔 清流園, 혼마루 本丸 성터 등의 볼거리가 있다. 은근히 규모가 커 전체를 돌아보는 데 1시간 30분 정도가 걸린다.

open 08:45~17:00
close 1·7·8·12월의 화요일, 12/26~1/4
cost 600엔

도시샤 대학, 점심 식사
同志社大学

도시샤 대학은 시인 윤동주가 일본 유학시절을 보낸 곳이다. 지금 그의 묘는 만주 북간도에 있으며 지난 1994년 동문과 시인들이 도시샤 대학 교정에 그의 넋을 기리는 시비를 세웠다. 시비에는 그의 유작인 〈하늘과 바람과 별과 시〉가 새겨져 있다. 바로 옆에는 대학 동문인 시인 정지용의 시비도 있다.

19세기 후반 조성된 도시샤 대학의 캠퍼스는 붉은 벽돌로 만든 아메리칸 고딕 양식의 건물로도 유명하다. 서문 西門에서 정문 正門까지 눈에 띄는 건물 다섯 채가 나란히 늘어서 있으니 이것도 잊지 말고 찾아보자. 윤동주 시비에서 조금 떨어진 메이토쿠칸 明徳館 지하에는 저렴한 학생식당도 있다.

쿄토교엔
京都御苑

동서 700m, 남북 1.3km의 광활한 면적을 차지한 왕실 정원. 옛 궁전인 쿄토고쇼 京都御所를 중심으로 조성된 정원에는 아름드리 나무가 가득하다. 원래 이 일대에는 200여 채의 공가 (公家)가 있었으나 도쿄 천도가 단행된 1869년 직후 급속히 황폐화해 10년 뒤에는 일왕의 명으로 공원화 작업이 시작됐다.

이후 출입제한 구역인 쿄토고쇼와 센토고쇼 仙洞御所를 제외한 나머지 지역에 산책로와 녹지가 정비돼 지금은 시민들의 안락한 휴식처로 사랑받고 있다. 길에는 발이 푹푹 빠지는 자갈이 깔려 있는데, 땡볕이 내리쬐는 한여름만 아니라면 버석거리는 소리를 들으며 걷는 재미가 의외로 쏠쏠하다.

니죠죠의 니노마루고텐   도시샤 대학   쿄토교엔

 30min　 7min

> 카라스마이마데가와 烏丸今出川 정류장에서 59번 버스를 타고 킨카쿠지미치 金閣寺前 하차.

> 킨카쿠지미치에 金閣寺前 정류장에서 59번 버스를 타고 료안지마에 龍安寺前 하차.

13:30　　　　　14:40　　　　　15:30

킨카쿠지
金閣寺

유네스코 세계문화유산 1397년에 건립한 선종 사찰로 정식 명칭은 로쿠온지 鹿苑寺다. 로쿠온지를 대신해 이 절의 이름으로 굳어진 킨카쿠지라는 명칭은 연못 위에 세운 3층짜리 누각(킨카쿠 金閣)의 2·3층에 금박을 입힌 데서 유래했다. 킨카쿠는 부처의 사리를 모시는 사리전으로 귀족풍의 정전 正殿과 중국의 선종 사원 양식을 도입한 건축법이 무로마치 시대(1336~1573)의 건축미를 잘 보여준다. 킨카쿠를 중심으로 조성된 고즈넉한 정원은 극락정토의 세계를 표현한 것이며, 바로 옆에는 600년의 수령을 자랑하는 배 모양의 소나무인 리쿠슈노마츠 陸舟の松가 있다.

open 09:00~17:00
cost 400엔

료안지
竜安寺

유네스코 세계문화유산 귀족의 별장을 개조해서 1450년에 만든 선종 사찰. 선(禪)의 경지를 표현한 카레산스이 枯山水 정원으로 유명하다. 정원에는 15개의 돌이 5개, 2개, 3개, 2개, 3개씩 무리지어 놓여 있으며 돌 둘레는 모두 흰 모래로 채워진 채 얕게 팬 이랑이 에워싸고 있다. 이랑은 물결치는 바다, 드문드문 놓인 돌은 바다 위의 섬을 뜻한다. 어디서 보건 절대로 15개의 돌이 한꺼번에 보이지 않는데, 이는 인간이 완벽한 존재가 아니며 한번에 모든 것을 손에 넣으려고 욕심을 부려서는 안 된다는 교훈을 은유적으로 보여준다.

open 3~11월 08:00~17:00, 12~2월 08:30~16:30
cost 500엔

료안지→JR 교토 역
竜安寺→京都駅

료안지마에 竜安寺前 정류장에서 59번 버스를 타고 킨카쿠지미치 金閣寺道 정류장으로 가서 급행 노선인 101번 버스로 갈아타고 종점인 JR 교토 역에서 내린다. 이동 거리가 제법 길고 도심구간을 통과하기 때문에 시간이 오래 걸린다는 사실에 주의하자.

공항행 열차 시각에 맞추기 힘들 것 같을 때는 료안지마에 정류장에서 59번 버스를 타고 카라스마이마데가와 烏丸今出川 정류장으로 간 다음(30분), 바로 옆의 이마데가와 今出川 역에서 지하철로 갈아타고 교토 역으로 가도 된다(7분). 단, 시 버스 선봉 1일 승차권으로는 지하철을 탈 수 없기 때문에 지하철 요금 260엔이 추가로 필요하다.

금빛으로 번쩍이는 킨카쿠지　｜　료안지의 카레산스이 정원　｜　명상을 즐기는 관광객

> 원활한 출국수속을 위해 칸사이 국제공항으로는 비행기 출발 시각 2시간 전까지 가는 게 좋다.

 60min 16:45　　 1:22min 18:07　　 20:30 · 22:15 ■ Finish

JR 교토 역→칸사이 국제공항
JR 京都駅→関西国際空港

JR 교토 역에 도착하면 우선 짐을 찾고, 매표소로 가서 나머지 한 장의 JR 웨스트 레일 패스를 교환한다. 그리고 30번 플랫폼에서 16:45에 출발하는 칸사이 국제공항행 특급열차 하루카 はるか를 타면 18:07 종점인 칸사이 국제공항 関西国際空港 역에 도착한다.

단, JR 웨스트 레일 패스로는 하루카의 자유석 自由席만 탈 수 있다는 사실을 잊지 말 것!

교토 역→칸사이 국제공항 역
하루카
time 1시간 22분 소요
cost 2850엔(JR 웨스트 레일 패스 이용 가능)

칸사이 국제공항
関西国際空港

열차가 종점인 칸사이 국제공항 역에 도착하면 역 밖으로 나온다. 그리고 첫날 이곳에 도착했을 때와 마찬가지로 육교를 건너 공항 건물로 가면 된다. 칸사이 국제공항의 출국장은 4층에 있으며 공항 곳곳에 붙어 있는 '출발 出発口 Departures' 표지판만 따라가면 쉽게 찾을 수 있다. 그리고 안내 모니터에서 아시아나 항공의 체크인 카운터를 확인한 뒤 그곳으로 가서 항공권·여권을 제시하고 탑승수속을 하면 된다.

탑승수속 후 남는 시간 동안 공항 3층의 식당가로 가서 미리 저녁 식사를 한다. 비행기 출발 시각이 조금 늦을뿐더러 기내식이 무척 단출해 허기를 느낄 가능성이 높다.

아시아나항공, 오사카 출발
Asiana Airlines OZ1135

저녁 식사를 마친 뒤 4층에 있는 출국심사장으로 가서 여권과 보딩패스를 제시하고 출국심사를 받은 다음, 20:30에 출발하는 비행기를 탄다. 김포국제공항까지의 소요 시간은 1시간 40분이며, 22:15에 도착한다.

김포국제공항은 인천국제공항에 비해 규모가 작아 이용하기가 쉽다. 입국장은 1층이며, 표지판을 따라 지하 1층으로 내려가면 지하철 5·9호선 및 공항철도의 김포공항역이 있다. 단, 공항에서 역까지 이어지는 지하 통로가 은근히 길어 이용하기가 조금 불편하다는 사실은 알아둘 것!

입국장 바로 앞에 시내 곳곳을 연결하는 다양한 노선의 시내버스·공항버스 정류장도 있으니 편리한 교통편을 골라서 이용하면 된다.

특급열차 하루카　　칸사이 국제공항의 출국장　　출발 대기 중인 아시아나항공 여객기

힐링 & 역사·문화 기행

교토 3박 4일

71만 원~

항공 스케줄이 좋은 아시아나항공

추천 항공편 아시아나항공
김포 08:30 → 오사카 10:10
오사카 20:30 → 김포 22:15
숙박 교토 3박
패스 JR 웨스트 레일 패스 2장
예산 715,000원~

숙박비 10,500엔
(게스트하우스 도미토리 3박)
생활비 16000엔(4일)
패스 4000엔(JR 웨스트 레일 패스 2장)
입장료 4000엔
교통비 1300엔
항공료 36만 원~
※100엔=970원 기준

기본 준비

교토를 좀더 구석구석 여행하고 싶다면 날짜를 조금 늘려 3박 4일 여정을 계획해 보는 것도 좋다. 교토 서부에 위치한 왕궁과 남부에 위치한 유명 사찰·신사 등을 추가로 볼 수 있으며 늘어난 시간만큼 여행도 한결 여유로워진다.

Day 1
김포→오사카, 교토 아라시야마
p.376와 동일

Day 2
긴카쿠지 주변·교토 동부
p.381와 동일

Day 3
교토 서부

교토 서부의 주요 명소를 니죠죠→교토교엔→교토고쇼→도시샤 대학·윤동주 시비→킨카쿠지→료안지→닌나지→묘신지의 순으로 돌아본다. 이동 거리가 긴 만큼 아침 일찍 서둘러 움직이는 게 좋으며, 시 버스를 주로 이용하므로 시 버스 전용 1일 승차권 구입은 필수다.

출발은 09:00쯤 한다. 우선 토쿠가와 바쿠후의 권력을 상징하는 니죠죠를 보고, 10:30 교토교엔으로 이동한다. 11:00부터 왕궁인 교토고쇼의 무료 가이드 투어를 한다(1시간 소요, 예약 필수, http://sankan.kunaicho.go.jp). 그리고 도시샤 대학에 들러 캠퍼스를 구경하고 점심 식사를 마친 뒤, 킨카쿠지·료안지·닌나지·묘신지를 차례로 구경하면 17:00~18:00쯤 된다.

Day 4
교토 역 주변, 오사카→김포

숙소 체크아웃을 하고 09:00쯤 JR 교토 역으로 가서 JR 웨스트 레일 패스를 사용 개시한다. 그리고 교토 역에서 출발하는 나라 奈良 행 열차를 타고 두 정거장 다음의 JR 이나리 稲荷 역에서 내려 후시미이나리 신사 伏見稲荷大社를 구경한다. 이곳은 15세기에 세워진 신사로 주홍빛의 토리이 수천 개가 기나긴 터널을 이룬 장관이 펼쳐진다. 인근의 토후쿠지 東福寺와 센뉴지 泉涌寺 등의 사찰도 구경하고 교토 역으로 돌아가 점심을 먹는다. 그리고 교토 최고의 높이를 자랑하는 건물인 교토 타워, 거대한 규모를 자랑하는 사찰인 히가시혼간지 東本願寺와 니시혼간지 西本願寺, 일본에서 가장 높은 57m의 오층탑으로 유명한 토지 東寺 등을 구경한 다음, 16:45에 교토 역에서 출발하는 특급열차 하루카를 타고 칸사이 국제공항으로 향한다.

일본 최고의 오층탑이 있는 토지

힐링 & 휴식・온천 여행

오카야마·시라하마
3박 4일

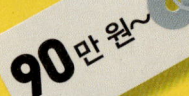
90만 원~

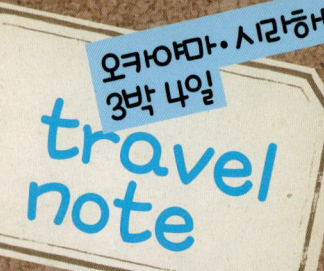

오카야마·시라하마 3박 4일
travel note

볼거리 ★★★★★
식도락 ★★☆☆☆
쇼핑 ★★★★☆
유흥 ★☆☆☆☆
온천 ★★★★☆

진정한 휴식을 원하는 이에게 강추! 일본의 옛 정서를 담뿍 머금은 쿠라시키, 섬 전체가 미술관으로 조성된 나오시마, 아름다운 해변과 온천의 고장 시라하마를 느린 걸음으로 걸으며 온전한 자기만의 시간을 가질 수 있다.

day 1

김포 → 오사카, 쿠라시키
숙박 오카야마
패스 JR 칸사이 와이드 에어리어 패스

08:30 아시아나항공, 김포 출발
10:10 칸사이 국제공항 도착
11:16 칸사이 국제공항→JR 쿠라시키 역
13:55 JR 쿠라시키 역 도착
14:10 오하라 미술관
15:40 쿠라시키 운하
15:50 나카바시
16:10 쿠라시키 민예관
17:00 쿠라시키 아이비 스퀘어
17:30 혼마치·히가시마치
18:34 JR 쿠라시키 역→JR 오카야마 역
18:51 JR 오카야마 역 도착

day 2

나오시마
숙박 오카야마
패스 JR 칸사이 와이드 에어리어 패스

08:24 JR 오카야마 역→JR 우노 역
09:22 페리터미널→나오시마
09:42 나오시마
10:12 지중 미술관
13:00 이우환 미술관
13:40 베넷세 하우스 뮤지엄
14:30 노란 호박
15:16 츠츠지소→혼무라
15:22 혼무라
17:16 미야노우라 항, 저녁 식사
19:02 미야노우라 항→JR 오카야마 역
21:24 JR 오카야마 역 도착

기본 준비

추천 항공편 아시아나항공
김포 08:30 → 오사카 10:10
오사카 20:30 → 김포 22:15
패스 JR 칸사이 와이드 에어리어 패스
숙박 오카야마 2박, 시라하마 1박
예산 906,000원~
숙박비 20,000엔
(비즈니스 호텔 2박, 온천 호텔 1박)
생활비 16,000엔(4일)
패스 7200엔(JR 칸사이 에어리어 패스)
입장료 8000엔
교통비 2500엔
항공료 36만 원~~
※100엔=970원 기준

day 3

히메지, 시라하마

- **숙박** 시라하마
- **패스** JR 칸사이 와이드 에어리어 패스

- 08:25 JR 오카야마 역→JR 히메지 역
- 08:45 JR 히메지 역
- 09:20 히메지 성
- 11:30 히메지 시립 미술관
- 13:00 히메지 문학관
- 14:15 JR 히메지 역→JR 시라하마 역
- 17:17 시라하마, 호텔 체크인

day 4

시라하마, 오사카→김포

- **패스** JR 칸사이 와이드 에어리어 패스

- 09:30 호텔 체크아웃
- 10:00 산단베키
- 11:00 센죠지키
- 12:00 사키노유
- 13:20 시라라하마 해변
- 14:10 엔게츠도
- 15:24 JR 시라하마 역→칸사이 국제공항
- 18:01 칸사이 국제공항 도착
- 20:30 아시아나항공, 오사카 출발
- 22:15 김포국제공항 도착

Okayama

Shirahama

요점 정리!

운항 스케줄이 좋은 아시아나항공 · 대한항공 이용
이 일정을 제대로 소화하려면 우리나라에서 08:00~10:00, 오사카에서는 18:00 이후에 출발하는 항공편을 이용해야 한다. 요금은 저가항공사가 조금 저렴하지만, 운항 스케줄은 아시아나항공과 대한항공 등의 대형 항공사가 훨씬 유리하다.

호텔 · 료칸을 이용하는 게 편리
숙소는 교통 거점인 오카야마 岡山에서 2박, 온천 휴양지인 시라하마 白浜에서 1박을 한다. 오카야마에서는 JR 오카야마 역 근처의 비즈니스 호텔(1박 5000엔~), 시라하마에서는 온천이 딸린 호텔 또는 료칸(일본식 여관)을 이용한다. 시라하마에서는 휴양지 분위기를 만끽할 수 있도록 숙박에 아침 · 저녁 식사를 포함시키는 게 좋다(식사 포함 1박 1만 엔~).

JR 칸사이 와이드 에어리어 패스 구입은 필수
JR 칸사이 와이드 에어리어 패스는 오카야마 · 칸사이 · 와카야마를 운행하는 JR 열차를 자유로이 이용할 수 있는 철도 패스다(4일권 7200엔). 이 일정의 경우 4일권을 구입하면 패스 가격의 4배 이상을 사용할 수 있어 경제적으로 큰 도움이 된다. 패스는 우리나라의 여행사에서 판매한다.

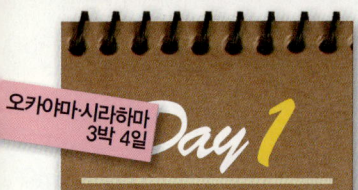

오카야마·시라하마
3박 4일

Day 1

mission

1. 김포→오사카 이동

2. JR 칸사이 와이드 에어리어 패스 교환

3. 칸사이 국제공항→ 쿠라시키 이동

4. 일본의 옛 정취를 담뿍 맛볼 수 있는 쿠라시키 시내 산책

오늘 코스 지도로 보기

www.clzup.com/qr/d10

Japan

> 김포국제공항은 인천 국제공항보다 규모가 작아 면세점 등의 편의시설이 빈약하다.

08:30 — 1:40min  — 10:10

Start ▶

아시아나항공, 김포 출발
Asiana OZ1125

비행기는 아시아나항공의 김포↔오사카 왕복편을 이용한다. 저가항공사에 비해 요금이 조금 비싸지만 오전에 일찍 출발하는 것은 물론 귀국편도 오사카에서 오후 늦게 출발하기 때문에 4일을 꽉 채워서 여행할 수 있는 게 장점이다.

김포에서 오사카까지의 소요시간은 1시간 40분 정도. 음료와 기내식 등의 간단한 기내 서비스를 받고 휴식을 취하다 보면 눈 깜짝할 사이에 오사카의 칸사이 국제공항에 도착한다. 기내에서 일본 입국심사 및 세관검사에 필요한 신고서를 미리 작성해 놓는 것을 잊지 말자. 신고서는 공항 도착 전에 승무원들이 나눠준다.

칸사이 국제공항
関西国際空港

비행기에서 내려 '도착 到着 Arrivals' 표지판을 따라가면 잠시 후 입국심사장이 나타난다. 그리고 입국심사관에게 기내에서 작성한 일본 입국신고서와 여권을 제시하면 간단한 확인 절차를 거쳐 90일간의 입국허가 스티커를 붙여준다. 이제 짐을 찾아 세관검사대를 통과하면(세관 신고서는 이때 제출) 드디어 오사카 도착이다.

입국심사와 세관검사를 모두 마치고 공항 밖으로 나오기까지는 보통 30분~1시간이 걸린다. 특히 여행 성수기에는 사람이 많이 몰리는 입국심사장을 통과하는 데 시간이 오래 걸리기 때문에 비행기에서 내리자마자 입국심사장으로 서둘러 가야 한다.

김포국제공항 | 칸사이 국제공항

JR 역은 공항 2층과 육교로 연결된 건물에 있으며 '철도 Railway 鉄道' 표지판만 따라가면 쉽게 찾을 수 있다.

칸사이 와이드 에어리어 패스로는 신칸센의 자유석 自由席(1~3호 차량)을 무료로 이용할 수 있다.

 49min

 52min

11:16   12:05 · 12:29   13:18 · 13:38

공항→JR 신오사카 역
空港→JR 新大阪駅

칸사이 국제공항에서 쿠라시키까지는 직행열차가 없기 때문에 JR 신오사카 新大阪 역과 JR 오카야마 岡山 역에서 열차를 갈아타야 한다. 우선 JR 칸사이쿠코 関西空港 역의 매표소에서 JR 칸사이 와이드 에어리어 패스(p.395) 교환권을 실제 사용 가능한 패스로 교환한다.
그리고 11:16에 출발하는 특급열차 하루카 はるか를 타고 12:05 JR 신오사카 新大阪 역에서 내린다.

JR 칸사이쿠코 역→JR 신오사카 역
하루카
time 49분 소요
cost 2850엔(자유석 自由席에 한해 JR 칸사이 와이드 에어리어 패스 이용 가능)

JR 신오사카 역→JR 오카야마 역
新大阪駅→岡山駅

하루카가 JR 신오사카 역에 도착하면 열차에서 내려 한 층 위로 올라간다. 그리고 천장에 붙은 '신칸센 新幹線 Shinkansen' 표지판을 따라가자. 잠시 후 '신칸센 갈아타는 곳 新幹線 のりば Shinkansen Tracks'이라고 표시된 개찰구가 나타나면 여기서 다시 JR 칸사이 와이드 에어리어 패스를 제시하고 안으로 들어간다. 그리고 구내의 매점에서 점심 도시락과 음료수 등을 구입하고 12:29에 출발하는 오카야마 岡山 행 신칸센을 타면 된다.

JR 신오사카 역→JR 오카야마 역
신칸센
time 52분 소요
cost 6220엔(JR 칸사이 와이드 에어리어 패스 이용 가능)

JR 오카야마 역→JR 쿠라시키 역
岡山駅→倉敷駅

13:18 신칸센이 오카야마 역에 도착하면 일단 역 구내의 코인라커(400~800엔)에 짐을 넣어 놓고 쿠라시키 행 보통열차로 갈아탄다. 오카야마에서 쿠라시키까지 가는 열차는 10~20분 간격으로 운행되니 역 근처의 호텔을 예약한 경우에는 호텔에 짐을 맡겨놓고 와도 된다.
JR 오카야마 역 1번 플랫폼에서 13:38에 출발하는 열차를 타면 13:55 JR 쿠라시키 倉敷 역에 도착한다. 열차의 구조와 이용법은 우리나라의 지하철이나 완행열차와 비슷하다.

JR 오카야마 역→JR 쿠라시키 역
보통열차
time 17분 소요
cost 320엔(JR 칸사이 와이드 에어리어 패스 이용 가능)

JR 칸사이 국제공항 역   오카야마 행 신칸센   JR 오카야마 역

 17min 13:55　　 13min 14:10　　 1min 15:40

JR 쿠라시키 역
倉敷駅

JR 쿠라시키 역은 규모가 작아 이용에 어려움은 없다. 출구는 북쪽 北口과 남쪽 南口 두 개가 있으며, 개찰구를 나오자마자 왼쪽으로 이어지는 남쪽 출구 南口로 가면 쿠라시키의 다운타운(?)이자 주요 명소가 모인 미관지구 美観地区로 연결된다.

남쪽 출구 근처에는 여행 정보와 쿠라시키의 자세한 지도 등을 무료로 제공하는 인포메이션 센터가 있으니 본격적인 여행을 시작하기에 앞서 필요한 자료를 챙겨가는 것도 도움이 된다.

오하라 미술관
大原美術館

갑부 오하라 마고사부로 大原孫三郎가 쿠라시키를 '동양의 예루살렘'으로 만든다는 목표 아래 1930년에 세운 미술관. 엘 그레코·피카소·고갱·르누아르 등 내로라하는 유명 화가의 작품 125점을 전시하고 있다. 미술관은 본관·공예 동양관·분관으로 나뉘어 있는데, 본관에는 로댕의 조각 〈칼레의 시민〉과 〈성 요한상(像)〉, 엘 그레코의 〈수태고지〉, 모네의 〈수련〉, 피카소의 〈가난한 식탁〉·〈새장〉, 그리고 분관에는 현대 일본 서양화가들의 작품과 칸딘스키·키리코·폴록의 회화·조각이 전시돼 있다.

open 09:00~17:00
close 월요일, 12/26~12/31
cost 1300엔

쿠라시키 운하
倉敷川

오하라 미술관 앞을 흐르는 개천. 흔히 '운하'라고 부르는데 350m 남짓한 길이의 수로를 따라 유리알처럼 맑은 물이 흐른다. 운하 주위에서는 버들가지가 바람에 하늘거리고, 물 밑으로 팔뚝만한 잉어들이 헤엄치며, 그 위로 백조가 유유히 떠다니는 아름다운 풍경을 볼 수 있다. 길가에는 아기자기한 기념품을 파는 노점상이 모여 산책의 재미를 더해준다.

운하를 따라 걷다 보면 물가로 이어진 계단이 자주 눈에 띈다. 이것은 조수간만의 차이로 수면의 높이가 달라지는 것에 대비해 만든 쌀 하역 작업용 계단인데, 원래 이 운하는 쌀 수송용 인공수로였기 때문에 예전에는 바다와 바로 연결돼 있었다고 한다.

JR 쿠라시키 역 　 오하라 미술관 　 로댕의 〈칼레의 시민〉 　 고즈넉한 쿠라시키 운하

쿠라시키칸은 한겨울에 추위를 피하거나, 한여름에 빵빵한 에어컨 바람을 쐬며 잠시 쉬어가기에 좋다.

 폐관 시각이 이른 겨울에는 쿠라시키 민예관은 빼고 돌아본다. 예상 소요 시간은 40분 정도 줄어든다.

1min 15:50   1min 16:10   3min 17:00

나카바시
中橋

운하 중간에 걸린 조그만 돌다리. 다리 건너편으로 보이는 흰색의 쿠라시키 고고관을 배경으로 나카바시가 들어간 사진은 쿠라시키에 왔다는 일종의 '증명사진'이라 이곳을 찾는 이라면 누구나 빠지지 않고 한 장씩 사진을 남기고 간다.

나카바시 앞에는 쿠라시키칸 倉敷館이라는 고풍스러운 목조 건물이 있다. 1917년에 쿠라시키 읍사무소로 지어진 2층 건물이며, 1910년대에 유행한 일본풍 양식 건물의 전형으로 꼽힌다. 읍사무소가 이전된 1970년대 이후 빈 건물로 방치되다가 지금은 내부를 개조해 인포메이션 센터와 무료 휴게소로 이용 중이다.

쿠라시키 민예관
倉敷民芸館

흰 벽과 검은 기와의 강렬한 흑백 대비가 아름다운 건물. 쿠라시키에서도 가장 쿠라시키다운 건물이라는 평을 듣고 있다. 쿠라시키는 에도 시대에 쌀 산지로 큰 명성을 떨쳤으며 이 건물은 그 당시에 만든 대형 쌀 창고 가운데 하나다. 지금은 내부를 개조해 일본을 비롯한 전 세계에서 수집한 유리·목공예품·죽세공품·도자기·염직물 등 1만 5000여 점의 민예품을 소장한 전시관으로 이용되고 있다. 소장품 가운데 800여 점이 전시되며 전시품은 1년에 3번 교체된다.

open 3~11월 09:00~17:00, 12~2월 09:00~16:15
close 월요일, 12/29~1/1
cost 700엔

쿠라시키 아이비 스퀘어
倉敷アイビースクエア

1889년에 세운 쿠라시키 방적 공장을 개조해서 만든 복합 건물군. 내부는 박물관·기념품점·호텔·레스토랑으로 꾸며 놓았는데 붉은 벽돌 건물과 벽 전체를 감싸 안은 녹색의 담쟁이덩굴이 낭만적이면서도 이국적인 분위기를 자아낸다. 누구나 자유로이 드나들 수 있어 쿠라시키 제일의 데이트 코스로도 인기가 높다. 이 안에는 코지마 토라지로 기념관·쿠라보 기념관·아이비각관 등 3개의 미술관이 있지만 딱히 눈에 띄는 작품은 없으니 클래식한 스타일의 건물을 배경으로 사진이나 찍으며 느긋하게 외관을 구경하는 정도로 충분하다.

open 09:00~18:00
cost 무료, 전시관 500엔~

쿠라시키의 기념사진 포인트 나카바시 | 쿠라시키 민예관 | 쿠라시키 아이비 스퀘어

혼마치 · 히가시마치
本町 · 東町

20세기 초의 풍경을 그대로 간직한 예스러운 거리가 펼쳐지는 주택가. 관광객의 발길이 뜸한 곳이라 느긋하게 쿠라시키의 옛 모습을 살펴볼 수 있다. 혼마치 한복판을 가로지르는 혼마치도리 本町通り에는 낡은 건물이 늘어선 좁은 도로를 따라 오래된 상점이 점점이 위치한다. 세련된 맛은 없지만 소박한 거리 분위기가 나름 흥미롭다. 히가시마치 東町 안쪽에는 구식 목조 건물도 남아 있다. 혼마치를 포근하게 감싸 안은 야트막한 산 중턱에는 아치 신사 阿智神社가 있다. 신사 자체로는 큰 볼거리가 없지만 5월과 10월의 셋째 토 · 일요일에는 축제가 열려 이색적인 볼거리를 제공한다.

JR 쿠라시키 역→JR 오카야마 역
倉敷駅 → 岡山駅

쿠라시키로 올 때와 마찬가지로 개찰구에서 JR 칸사이 와이드 에어리어 패스를 제시하고 역으로 들어가면 된다. 개찰구 앞에 열차의 행선지 · 출발 시각 · 플랫폼 번호 등이 표시된 전광판이 있으니 그것을 보고 18:34에 떠나는 오카야마 岡山 행 열차를 타면 된다. 일반적으로 오카야마 행 열차는 3 · 5번 플랫폼에서 출발한다.

JR 쿠라시키 역→JR 오카야마 역
보통열차
time 17분 소요
cost 320엔(JR 칸사이 와이드 에어리어 패스 이용 가능)

JR 오카야마 역
岡山駅

열차가 JR 오카야마 역에 도착하면 코인라커에 넣어 놓은 짐부터 찾는다. 그리고 숙소로 들어가기 전에 역 구내의 식당이나 역 앞의 상점가에서 저녁 식사를 한다. 제법 번듯한 규모를 갖춘 오카야마 역 내부에는 대형 백화점과 식당가가 있으며, 오카야마 역 동쪽 출구 東口 쪽으로도 백화점 · 상점가 · 식당 등이 모여 있어 가볍게 한 끼를 해결하기에 좋다. 숙소까지의 거리가 멀 때는 JR 오카야마 역 동쪽 출구 앞에서 출발하는 전차 또는 택시를 이용해도 된다.

오카야마 행 보통열차

JR 오카야마 역

예스러운 혼마치의 거리

쿠라시키 시내를 일주하는 인력거

아치 신사

#

mission
1. 오카야마 →나오시마 이동
2. 미술관의 섬 나오시마 산책
3. 섬 곳곳을 장식한 설치 미술 작품 감상
4. 나오시마 →오카야마 이동

오늘 코스 지도로 보기

Japan

> 오카야마 역에서 점심 도시락을 준비해 가자. 나오시마에는 식당이 별로 없고 가격도 무척 비싸다.

 14min

08:24 ─────────────── 08:38 · 08:40

Start ▶

JR 오카야마 역→JR 차야마치 역
JR 岡山→JR 茶屋町

오카야마에서 나오시마로 가려면 도중에 기차와 페리를 갈아타야 하는 것은 물론, 이동시간도 제법 걸린다. 더구나 운행 간격도 뜸해 자칫 기차나 페리를 놓치면 일정에 큰 차질이 빚어지니 최대한 아침 일찍 서둘러 움직여야 한다.

우선 JR 오카야마 역의 8번 플랫폼으로 가서 08:24에 출발하는 타카마츠 高松 행 쾌속열차 마린 라이너 マリンライナー를 타고 08:38 JR 차야마치 茶屋町 역에서 내린다.

JR 오카야마 역→JR 차야마치 역
쾌속열차 time 14분 소요
cost 240엔(JR 칸사이 와이드 에어리어 패스 이용 가능)

JR 차야마치 역→JR 우노 역
JR 茶屋町→JR 宇野

JR 차야마치 역에서 내리자마자 바로 맞은편의 플랫폼을 보면 JR 우노 宇野 행 보통열차가 대기하고 있을 테니 그 열차로 갈아탄다. 갈아타는 시간이 2분 정도로 그리 넉넉하지 않으니 역에서 머뭇거리다 열차를 놓치지 않게 주의하자.

이 열차는 08:40에 출발하며 JR 우노 역이 종점이라 편하게 자리에 앉아 창밖으로 스쳐지나가는 풍경을 감상하면서 시간을 보내다 보면 09:10 JR 우노 역에 도착한다.

JR 차야마치 역→JR 우노 역
보통열차
time 30분 소요
cost 320엔(JR 칸사이 와이드 에어리어 패스 이용 가능)

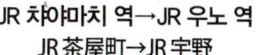

Go! Go! Naoshima

전광판을 보고 열차의 출발 플랫폼을 확인한다 | 우노 행 보통열차

 30min 09:10   6min 09:22    20min 09:42 · 09:46

> 버스 출입구는 앞쪽에 하나만 있으며 요금은 내릴 때 현금으로 낸다.

JR 우노 역
宇野駅

JR 우노 역은 출구가 하나밖에 없는 아주 조그만 역이다. 개찰구를 나와 출구 방향을 보면 오른쪽에 조그만 인포메이션 센터가 있는데, 여기서 나오시마의 상세한 지도와 섬 안에서 운행하는 버스의 시각표 등을 무료로 나눠준다. 페리를 타고 섬으로 들어가는 동안 미리 여행 정보를 체크할 수 있도록 자료를 챙겨두자.

역을 나와 오른쪽 대각선 방향을 보면 300m 정도 떨어진 곳에 위치한 페리터미널이 보인다. 그쪽을 향해 부지런히 걸어가자. 페리 티켓 구입에도 은근히 시간이 걸리기 때문에 페리 출발 시각보다 조금 여유 있게 도착하는 게 좋다.

페리터미널
フェリーターミナル

페리터미널은 두 개가 있는데 간판에 '나오시마 행 直島行き For Naoshima'이라고 적힌 곳으로 가면 된다. 티켓은 나오시마 直島까지 끊으면 되며, 왕복으로 구입하는 게 경제적이다. 09:22 페리가 출항하면 좌석이 있는 2층 창가 자리 또는 옥상 갑판에 올라가 고즈넉한 해안 풍경을 감상하며 목적지인 미야노우라 항 宮ノ浦港에 도착하기를 기다린다. 항구에 다다를 즈음이면 페리 진행 방향 오른쪽으로 나오시마의 상징으로 잘 알려진 쿠사마 야요이 草間彌生의 조각 '빨간 호박 赤かぼちゃ'이 보인다.

우노→나오시마
페리
time 20분 소요
cost 편도 290엔, 왕복 560엔

미야노우라 항→츠츠지소
宮ノ浦港→つつじ荘

페리에서 내리자마자(09:42) 정면에 보이는 여객 터미널 쪽으로 간다. 여객 터미널 오른쪽에 있는 2번 정류장에서 츠츠지소 행 버스가 09:46에 출발하는데 오늘의 첫 목적지인 지중 미술관으로 가려면 이 버스를 타야 한다. 갈아타는 시간이 무척 빠듯하며 조그만 버스라 자리가 금방 동나니 서둘러서 움직여야 하는데, 관광객이 몰리는 주말과 여행 성수기에는 자리 잡기가 더욱 힘들다. 버스를 놓치면 다음 버스가 올 때까지 20여 분을 기다리거나 지중 미술관까지 40분 정도를 걸어야 한다는 사실에 주의하자.

미야노우라 항→츠츠지소
버스
time 12분 소요
cost 100엔

JR 우노 역   나오시마 행 페리   깜찍한 외관의 버스

> 미술관 내부에는 멋진 경치를 뽐내는 카페가 있다. 준비한 도시락은 야외 테이블에서 먹으면 된다.

 12min 09:58 · 10:05    7min 10:12   10min 13:00

츠츠지소 → 지중 미술관
つつじ荘 → 地中美術館

버스가 종점인 츠츠지소에 도착하면 (09:58) 바로 앞에서 대기 중인 지중 미술관행 무료 셔틀버스로 갈아탄다 (10:05). 역시 조그만 미니 버스라 서두르지 않으면 자리를 잡기가 힘들다. 더구나 입석은 원칙적으로 불가능해 이 버스를 놓치면 다음 버스가 올 때까지 25분을 기다리거나 미술관까지 30분쯤 걸어가야 한다.

셔틀버스는 지중 미술관이 종점이며 미술관 매표소 바로 앞에 내려준다(10:12 도착). 미술관까지 가는 동안 왼쪽으로 한적한 해변 풍경이 펼쳐지니 되도록 왼쪽에 자리를 잡는 센스는 필수!

지중 미술관
地中美術館

세계적인 건축가 안도 타다오의 설계로 탄생한 미술관. 기하학적인 구조로 이어지는 복도와 공간 분할, 자연광을 활용한 은은하면서도 변화무쌍한 조명 때문에 건축물 자체가 하나의 아름다운 미술품이라 해도 과언이 아니다. 더욱 놀라운 사실은 클로드 모네·월터 드 마리아·제임스 터렐 등 오직 세 작가의 작품만을 전시할 목적으로 미술관이 지어졌다는 것. 작품 속에 직접 뛰어든 기분으로 각각의 미술품을 감상할 수 있게 꾸민 기발한 공간 연출도 돋보인다. 미술관 전체를 보는 데 2시간은 족히 걸린다.

open 3~9월 10:00~18:00, 10~2월 10:00~17:00
close 월요일, 12/30~1/2
cost 2060엔

이우환 미술관
李禹煥美術館

유럽과 일본에서 활동하는 한국인 예술가 이우환의 회화·조각 작품 10여 점을 전시하는 미술관. 바다를 포근하게 감싸 안은 주변 경관을 살리고자 반지하구조로 만든 외관이 독특하다. 안도 타다오와 이우환의 협업으로 만든 건물은 입구를 가로막은 높이 6m, 길이 50m의 거대한 콘크리트 벽을 굽이굽이 돌아가야 내부로 이어진다. 이는 생명의 근원인 태내로의 귀환 또는 삶의 종착점인 무덤으로 들어가는 행위를 뜻하는 것으로 삶의 원점에서 자신의 내면을 돌아보라는 성찰의 의미를 품고 있다.

open 3~9월 10:00~18:00, 10~2월 10:00~17:00
close 월요일
cost 1030엔

미술관행 셔틀버스 | 지중 미술관 카페테리아 | 지중 미술관의 입구 | 이우환 미술관

> 베넷세 하우스 뮤지엄에는 이 일대에서 유일한 레스토랑이 있다. 단, 가격이 비싸고 맛이 별로인 게 흠!

 10min   10min   10min

13:40   14:30   15:16

베넷세 하우스 뮤지엄
ベネッセハウスミュージアム

자연·건축·예술의 공생을 콘셉트로 만든 미술관. 역시 안도 타다오의 건축 작품이며 언덕 위에 위치해 이 일대가 훤히 내려다보일 만큼 전망이 좋다. 외부를 향해 탁 트인 개방된 구조가 특징인데, 이는 주변 환경을 건물 내부로 끌어들이고자 한 것이다. 작품은 현대미술이 주를 이루며, 아티스트들이 미술관에서 원하는 공간을 자유로이 선택해 작품을 제작하고 전시할 수 있도록 한 자유분방한 스타일이 독특한 느낌으로 다가온다. 관객이 오브제 위에 드러누워 하늘을 바라보며 명상의 시간을 갖는 재미난 작품도 눈길을 끈다.

open 08:00~21:00
close 연중무휴
cost 1030엔

노란 호박
南瓜

조각가 겸 설치미술가인 쿠사마 야요이 草間彌生(1929년~)의 작품이다. 부둣가에 우뚝 솟은 높이 2m의 샛노란 호박은 미야노우라 항에 있는 빨간 호박과 더불어 나오시마의 상징으로 유명하다. 눈에 띄는 땡땡이 무늬는 어려서부터 정신질환을 앓고 있는 쿠사마 야요이가 유난히 집착하는 스타일이다.
베넷세 하우스 뮤지엄에서 노란 호박이 위치한 곳까지 이어지는 해변 산책로 주변에는 다양한 설치미술 작품이 야외 전시돼 있으니 산책하는 기분으로 느긋하게 둘러보자.

츠츠지소→혼무라
つつじ荘→本村

노란 호박까지 본 뒤에는 나오시마의 옛 모습이 고스란히 남아 있는 마을인 혼무라 本村로 이동한다. 도보로 30분 이상 걸리는 짧지 않은 거리이니 오전에 이용한 츠츠지소의 버스 정류장으로 돌아가 버스를 타고 가는 게 현명하다.
노란 호박에서 츠츠지소 버스 정류장까지는 도보 3분 거리이며 이곳이 종점이라 앉아서 갈 수 있는 가능성도 높다. 단, 버스 운행 간격이 뜸하니 (25~40분) 주의하자. 내리는 곳은 혼무라의 한복판에 위치한 노코마에 農協前 정류장이다.

츠츠지소→혼무라
버스
time 6분 소요
cost 100엔

> 노란 호박

베넷세 하우스 뮤지엄   카렐 아펠 〈고양이와 개구리〉   니키 드 생 팔 〈고양이〉   조지 리키 〈세 장의 정방형〉

> 노쿄마에 農協前 정류장에서 17:10에 출발하는 미야노우라 宮ノ浦 행 버스를 타고 간다.

15:22	17:16	19:02 · 20:27
○	○	■ Finish

혼무라
本村

예스러운 분위기를 즐길 수 있는 한적한 어촌이다. 구불구불 이어진 좁은 골목을 걷다 보면 소박한 카페나 아기자기한 숍들이 간간이 눈에 띄어 도보 여행의 재미를 더해준다.
혼무라의 명소는 마을 곳곳에 위치한 아트 스페이스, '이에 프로젝트 家プロジェクト'다. 오래된 민가와 신사를 리모델링해 이색적인 공간으로 변화시킨 설치미술 작품이며, 하이샤 はいしゃ・이시바시 石橋・코카이쇼 碁会所・카도야 角屋・고오 신사 護王神社・미나미데라 南寺 등 6채가 있다.

이에 프로젝트
open 10:00~16:30
cost 6관 공통권 1030엔

미야노우라 항, 저녁 식사
宮ノ浦港

미야노우라 항에 도착하면 항구 앞의 녹지에 설치된 빨간 호박 등의 설치미술 작품을 감상한다. 그리고 마을 안쪽으로 조금 들어가면 기묘한 외관이 눈길을 끄는 대중목욕탕 '아이 러브 유 I♥湯'가 나타난다. 아티스트 오타케 신로 大竹伸朗의 작품인 이 목욕탕은 섬 주민과 외지인의 자연스러운 교류를 목적으로 만든 것. 실제 대중목욕탕으로 이용 중이며 벽을 장식한 일본풍의 타일 벽화와 욕조 바닥에 그려진 에도 시대의 춘화 등이 유머러스한 분위기를 연출한다.

아이러브유
open 평일 14:00~21:00,
토・일・공휴일 10:00~21:00
close 월요일
cost 510엔

미야노우라 항→JR 오카야마 역
宮ノ浦港→岡山

19:02 미야노우라 항을 출발한 페리가 우노 페리터미널에 도착하는 시각은 19:22. 이제 JR 우노 역에서 오카야마 행 열차를 타면 되는데, 안타깝게도 열차 출발까지 1시간을 기다려야 한다(우노 역 20:27→오카야마 역 21:24).
시간이 아까울 때는 미야노우라 항의 아이 러브 유를 포기하고 17:40에 출발하는 페리를 탄 다음(18:00 도착), 우노 역 18:05 → 오카야마 역 19:00의 직행열차를 이용해도 된다. 단, 이 경우 갈아타는 시간이 빠듯해 열차를 놓칠 가능성이 높으니 주의!

JR 우노 역→JR 오카야마 역
보통열차
time 53분 소요
cost 580엔(JR 칸사이 와이드 에어리어 패스 이용 가능)

혼무라의 예스러운 커피 숍   한적한 어촌인 혼무라   에로틱한 간판의 아이 러브 유

Day 3

mission

1. 오카야마 → 히메지 이동

2. 일본에서 가장 아름다운 히메지 성 관람

3. 한적한 히메지 시내에서 자전거 타기

4. 히메지 → 시라하마 이동

5. 온천 즐기기

오늘 코스 지도로 보기

www.clzup.com/qr/d12

Japan

히메지 역에서 히메지 성까지의 거리는 약 1.5km. 성 인근의 명소를 돌아볼 때도 자전거가 있으면 편리하다.

08:25 ———— 20min ———— 08:45

Start ▶

JR 오카야마 역 → JR 히메지 역
JR 岡山 → JR 姫路

이동 거리가 상당히 길고 도중에 히메지에 들러야 하니 최대한 아침 일찍 서둘러 움직이자.

히메지로 갈 때는 JR 오카야마 역에서 출발하는 신오사카 新大阪 방면 신칸센 新幹線을 이용한다. 여행 첫날 오카야마로 올 때와 마찬가지로 신칸센 개찰구를 찾아가 JR 칸사이 와이드 에어리어 패스를 제시하고 08:25에 출발하는 열차를 타면 된다. 이 패스로는 신칸센의 자유석 自由席만 탈 수 있으니 자리를 잡을 때는 자유석의 위치부터 확인하자.

JR 오카야마 → JR 히메지
신칸센
time 20분 소요
cost 3220엔(JR 칸사이 와이드 에어리어 패스 이용 가능)

JR 히메지 역
姫路駅

08:45 JR 히메지 역에 도착하면 역 구내의 코인라커에 짐을 잠시 넣어놓자(400~800엔). 그리고 중앙 출구 中央出口 쪽의 개찰구로 나가 정면 오른쪽을 보면 인포메이션 센터 姫路市観光案内所가 있다. 여기서 히메지의 자세한 지도를 받고 자전거 대여 신청도 한다. 자전거 대여는 무료이며 필요한 것은 여권뿐이다. 신청서에 간단한 인적사항을 기입하면 자전거 교환증 또는 열쇠를 내주는데, 이것을 가지고 지정된 자전거 대여소로 가서 자전거를 빌리면 된다. 자전거 대여소는 인포메이션 센터에서 도보 5~10분 거리에 있다.

자전거 대여
open 09:00~16:00
cost 무료

히메지 행 신칸센 | 웅장한 히메지 성의 정문

 8min 09:20  5min 11:30   5min 13:00

히메지 성
姫路城

유네스코 세계문화유산 400여 년 전의 원형이 고스란히 보존된 일본에서 가장 아름다운 성(城)이다. 1580년 토요토미 히데요시가 칸사이 서부 정벌을 위한 근거지로 삼아 본격적인 축성 공사가 시작됐고, 정권이 교체된 1601년에는 토쿠가와 이에야스의 사위로 엄청난 권력을 누리던 이케다 테루마사 池田輝政가 히메지 성의 성주로 군림하며 8년이라는 시간과 막대한 인력을 동원해 웅장한 성을 완성했다. 내부에는 성루 27개, 성문 21개, 1km 남짓한 길이의 성벽이 남아 있는데, 이것들을 모두 보는 데 2시간은 족히 걸린다.

open 3~8월 09:00~17:00, 9~4월 09:00~16:00
close 12/29~30 **cost** 400엔

히메지 시립 미술관
姫路市立美術館

일본 육군의 병기고로 사용하던 (1905~1913) 건물을 리모델링해서 만든 미술관. 히메지 성의 텐슈카쿠와 나란히 서 있는 붉은 벽돌 건물이 제법 멋스럽다. 효고 출신 화가들의 일본화 작품과 클로드 모네·카미유·피사로·폴 델보 등 유럽 화가의 유화·동판화·조각 작품을 소장·전시한다. 상설전 외에 다채로운 기획전도 열리며 무료로 개방된 박물관 앞의 정원에는 다수의 조각이 전시돼 있다.

open 10:00~17:00
close 월요일, 공휴일 다음 날, 12/25~1/5
cost 200엔

히메지 문학관
姫路文学館

효고 현 출신 작가의 문학 작품과 자료를 소장·전시한다. 전시물보다는 안도 타다오가 설계한 건물로 더욱 유명한데, 개방성을 강조한 기하학적 형태가 특징이다. 숲으로 이어지는 통로와 숲의 일부를 정원처럼 보이게 꾸민 테라스, 히메지 일대가 한눈에 내려다보이는 공중 테라스, 고즈넉한 연못 등으로 구성돼 있으며, 문학관 옆에는 1900년대 초의 일본 전통가옥과 정원이 보존된 보케이테이 望景亭가 있다. 전시실을 제외한 모든 공간을 무료로 개방하며 찾는 이가 드물어 조용히 쉬어가기에도 좋다.

open 10:00~17:00
close 월요일, 공휴일 다음 날, 12/25~1/5
cost 300엔

히메지 성의 텐슈카쿠   히메지 시립 미술관   히메지 문학관

> JR 칸사이 와이드 에어리어 패스로는 쿠로시오 호의 자유석 自由席을 이용할 수 있다.

> 호텔 체크인과 저녁 식사를 마친 뒤에는 호텔에 딸린 온천에서 피로를 풀며 느긋하게 휴식을 취한다.

 15min    29min    2:17min

14:15 · 14:44 · 15:00 · 17:17 Finish

JR 히메지 역→JR 신오사카 역
JR 姫路→JR 新大阪

히메지 문학관까지 본 뒤 열차 출발 시각에 늦지 않도록 JR 히메지 역으로 돌아간다. 히메지에서 시라하마로 갈 때는 우선 JR 신오사카 역까지 신칸센을 타고 간 다음, 시라하마 白浜행 특급열차로 갈아타야 한다.
JR 히메지 역의 신칸센 개찰구를 찾아가 JR 칸사이 와이드 에어리어 패스를 제시하고 역 구내에 들어간 다음, 14:15에 출발하는 신오사카 방면 신칸센을 타고 14:44 JR 신오사카 新大阪 역에서 내린다.

JR 히메지→JR 신오사카
신칸센
time 29분 소요
cost 3220엔(JR 칸사이 와이드 에어리어 패스 이용 가능)

JR 신오사카 역
JR 新大阪駅

열차가 JR 신오사카 역에 도착하면 신칸센 플랫폼을 빠져나와 '재래선 갈아타는 곳 在来線のりかえ' 또는 11번 플랫폼 표지판을 따라간다. 그리고 11번 플랫폼에서 15:00에 출발하는 특급열차 쿠로시오 호 くろしお号를 타면 된다.
쿠로시오 호는 해안선을 따라 달리는 노선이라 시라하마에 가까워질 즈음에는 창밖으로 제법 멋진 경치가 펼쳐진다. 자리를 잡을 때는 되도록 전망이 좋은 오른쪽에 앉자.

JR 신오사카→JR 시라하마
특급열차
time 2시간 17분 소요
cost 5080엔(JR 칸사이 와이드 에어리어 패스 이용 가능)

시라하마·호텔 체크인
白浜

17:17 JR 시라하마 白浜 역에 도착하면 곧장 예약한 호텔을 찾아간다. 저녁 식사가 포함된 호텔은 대부분 18:00 정도까지는 체크인을 해야 식사 시간을 맞추는 데 무리가 없다.
JR 시라하마 역은 호텔과 주요 명소가 위치한 시라하마 시내에서 5km 정도 떨어져 있어 호텔까지 가려면 버스 또는 택시 이용이 필수다. 역 바로 앞에 버스·택시 정류장이 있으니 행선지를 확인하고 이용하면 된다.

JR 시라하마 역→시라하마 시내
버스
time 10~15분 소요
cost 330엔~

먹음직한 저녁 식사 · JR 히메지 역 · 시라하마 행 특급열차 · 여행의 피로를 풀어주는 온천

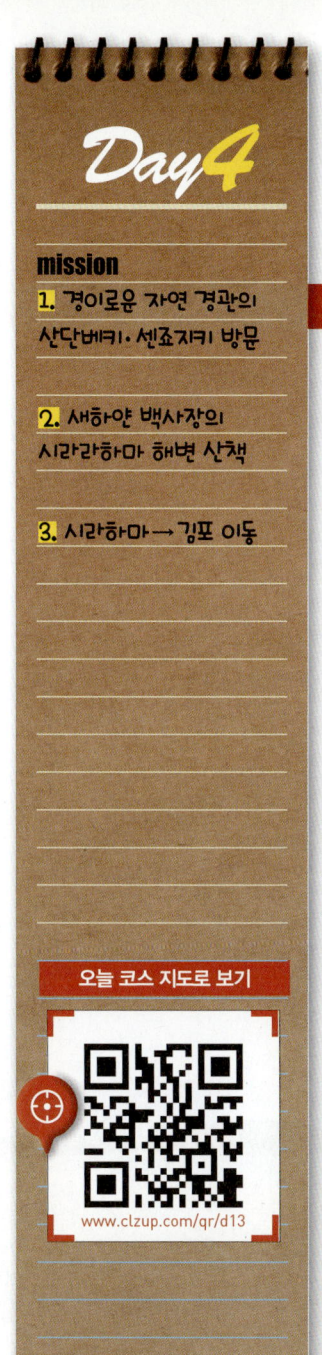

Day 4

mission
1. 경이로운 자연 경관의 산단베키·센죠지키 방문
2. 새하얀 백사장의 시라라하마 해변 산책
3. 시라하마 → 김포 이동

오늘 코스 지도로 보기

www.clzup.com/qr/d13

Japan

산단베키 행 버스의 종점인 산단베키 三段壁 정류장 하차, 도보 3분.

09:30 — 5~10min — 10:00

Start

호텔 체크아웃
Check out

체크아웃을 하고 가볍게 돌아다닐 수 있도록 호텔에 짐을 맡겨 놓고 나온다. 오늘의 여행은 시내에서 가장 멀리 떨어진 산단베키 三段壁에서 시작하는데, 웬만한 곳은 모두 걸어 다닐 수 있어 버스는 두세 번 정도만 타면 충분하다.
걷기에 부담이 느껴진다면 시라하마 시내의 시라하마 버스 센터 白浜バスセンター에서 버스 1일권 1日フリー券을 구입하자. 버스를 4회 이상 타면 본전이 빠진다.

시라하마 버스 센터
open 08:30~17:00
close 화요일

버스 1일권
cost 1000엔

산단베키
三段壁

시라하마의 해안선을 따라 높이 50~60m의 바위 절벽이 2km가량 이어지는 암벽지대. 쉴 새 없이 밀려드는 거대한 파도가 암벽에 부딪히며 새하얀 물보라를 일으키다 사라지는 장엄한 광경이 펼쳐진다.
암벽지대 위에는 이 일대가 한눈에 내려다보이는 전망대가 있으며, 엘리베이터를 타고 36m 아래의 지하로 내려가면 요란한 굉음과 함께 해식동(海蝕洞) 안으로 밀려드는 장대한 스케일의 파도를 감상할 수 있는 산단베키 동굴 三段壁洞窟이 있다.

open 24시간
cost 무료

산단베키 동굴
open 08:00~16:50
cost 1300엔

산단베키 아찔한 높이의 절벽 아래에 동굴이 있다

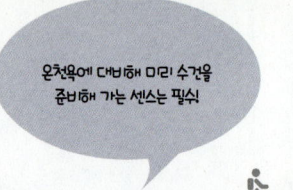

> 온천욕에 대비해 머리 수건을 준비해 가는 센스는 필수!

15min	15min	15min
11:00	12:00	13:20

센조지키
千畳敷

켜켜이 쌓인 널찍한 바위가 마치 1000장(千)의 다다미(畳)를 겹쳐서 쌓아놓은 것처럼 보인다고 해서 지금의 이름이 붙은 해안이다. 약 2000만 년 전에 형성된 사암지대가 오랜 풍화작용에 의해 지금의 모습으로 깎여 나가면서 만들어졌다.

날씨가 좋을 때는 자유로이 바위 위를 거닐며 주변 풍경을 감상할 수 있는데, 기묘한 형태의 바위와 끝없이 펼쳐진 수평선, 태평양의 짙푸른 바다가 한데 어우러져 아름다운 경관을 연출한다. 노을 질 무렵에는 이 일대가 온통 새빨갛게 물들며 낮과는 또 다른 멋진 경치를 보여준다.

open 24시간
cost 무료

사키노유
崎の湯

바다와 나란히 이어진 노천온천. 약 1000년 전부터 치료 목적으로 이용됐으며 시라하마의 명물로 유명하다. 불과 10m도 떨어지지 않은 곳에 바다가 있어 바람이 심할 때는 새하얀 파도가 온천 안으로 밀려들기도 한다. 최소한의 가림막을 제외하고는 사방이 뻥 뚫려 있어 웬만한 강심장(?)이 아니고서는 이용이 꺼려질 듯! 하지만 철썩철썩 바위를 때리는 파도 소리와 함께 탁 트인 공간에서 즐기는 노천온천의 묘미는 오직 여기서만 맛볼 수 있는 진귀한 경험이다.

open 10~4월 08:00~16:30,
5·6·9월 08:00~17:30,
7·8월 07:00~18:30
close 수요일, 태풍 등 기상 악화시
cost 300엔

시라라하마 해변
白良浜

일본의 100대 해변 가운데 하나로 꼽힐 만큼 아름다운 백사장을 뽐내는 곳. 코발트 빛 바다와 눈이 부시도록 새하얀 모래사장의 풍경은 마치 남태평양의 어느 해변을 그대로 옮겨놓은 듯하다. 매년 7월 21일~8월 28일과 12월 31일에는 칠흑처럼 검은 밤하늘을 색색으로 물들이는 화려한 불꽃놀이 대회가 열려 색다른 볼거리도 제공한다. 해변 옆에는 수영복을 입고 들어가는 남녀혼욕 스타일의 온천인 시라스나 しらすな도 있다.

시라스나
open 10~6월 10:00~15:00,
7~9월 10:00~19:00
close 월요일
cost 100엔,
단, 10~4월에는 온천이 폐쇄되며 족탕만 무료로 이용할 수 있다.

센조지키 · 사키노유 · 시라라하마 해변

짐을 찾아 JR 시라하마 역으로 간다. 시라하마 시내→JR 시라하마 역(버스 330엔).

원활한 출국수속을 위해 칸사이 국제공항으로는 비행기 출발 시각 2시간 전까지 가는 게 좋다.

 9min
14:10

 15min
15:24

 2:37min
18:01

엔게츠도
円月島

세토 만 瀬戸湾의 한가운데에 볼록 솟아오른 조그만 섬. 원래의 이름은 타카시마 高嶋인데 섬 한가운데에 뻥 뚫린 동굴 때문에 엔게츠도, 즉 '보름달 모양의 구멍(円月)'이 뚫린 섬(島)'이란 애칭으로 통한다. 해질녘에는 섬 주변을 황금빛으로 물들이는 노을이 제법 아름답다.

엔게츠도를 가장 가까이에서 보려면 해안선을 따라 북쪽으로 1.3km 정도를 올라가야 한다. 하지만 이쪽으로는 버스 운행이 뜸해 걸어가는 수밖에 없는데, 어디서 보나 풍경은 비슷하니 시라하마 시내에서 200m 정도 떨어진 바닷가에서 섬을 바라보는 것으로도 충분할 듯!

JR 시라하마 역→칸사이 국제공항
JR 白浜→JR 関西国際空港

JR 시라하마 역에서 칸사이 국제공항으로 갈 때는 열차를 두 번 갈아타야 한다. 우선 JR 시라하마 역에서 15:24에 출발하는 교토 京都 행 특급열차 쿠로시오 くろしお를 타면 16:45 JR 와카야마 和歌山 역에 도착한다. 여기서 17:04에 출발하는 텐노지 天王寺 행 쾌속열차로 갈아타고 17:40 히네노 日根野 역에서 내린다. 그리고 17:51에 출발하는 칸사이쿠코 関西空港 행 열차로 갈아타고 종점까지 가면 칸사이 국제공항이다.

JR 시라하마 역→칸사이 국제공항
특급열차+쾌속열차
time 2시간 17분 소요
cost 4930엔(JR 칸사이 와이드 에어리어 패스 이용 가능)

칸사이 국제공항
関西国際空港

18:01 열차가 칸사이 국제공항에 도착하면 역 밖으로 나온다. 그리고 첫날 이곳에 도착했을 때와 마찬가지로 육교를 건너 공항 건물로 이동한다. 칸사이 국제공항의 출국장은 4층에 있으며 '출발 出発口 Departures' 표지판을 따라가면 쉽게 찾을 수 있다. 그리고 안내 모니터에서 아시아나 항공의 체크인 카운터를 확인한 뒤 그곳으로 가서 항공권과 여권을 제시하고 탑승수속을 하면 된다.

탑승수속 후 남는 시간 동안 공항 3층의 식당가로 가서 미리 저녁 식사를 한다. 비행기 출발 시각이 조금 늦을뿐더러 기내식이 무척 단출해 허기를 느낄 가능성이 높다.

엔게츠도 특급열차 쿠로시오 칸사이 국제공항의 출국장

5min 20:30 1:50min 22:15

◯ ◼ Finish

아시아나항공, 오사카 출발
Asiana Airlines OZ1135

저녁 식사를 마친 뒤에는 4층에 있는 출국심사장으로 가서 여권과 보딩패스를 제시하고 출국심사를 받은 다음 비행기 출발 시각까지 면세구역에서 기다리면 된다. 그리 큰 규모는 아니지만 면세구역 안에 기념품점과 면세점이 있으니 여기서 기념품이나 선물을 마련하는 것도 좋다. 5%의 소비세가 면제돼 책이나 과자 등 정가가 매겨진 공산품은 시내보다 조금 저렴하다. 하나 흠이라면 상품 종류가 무척 한정적이라는 것!

김포국제공항 도착
Kimpo Intl. Airport

김포국제공항은 인천국제공항에 비해 규모가 작아 이용하기 쉽다. 더구나 이용객이 적어 입국심사대와 세관을 통과하는 데 오랜 시간이 걸리지 않는 것도 큰 장점이다.
김포국제공항의 입국장은 1층에 있으며, 표지판을 따라 지하 1층으로 내려가면 지하철 5·9호선 및 공항철도의 김포공항역이 있다. 단, 공항에서 역까지 이어지는 지하통로가 은근히 길어 이용하기가 조금 불편하다는 사실은 알아둘 것! 입국장 바로 앞에 시내 곳곳을 연결하는 다양한 노선의 시내버스·공항버스 정류장도 있으니 편리한 교통편을 골라서 이용한다.

Travel Tip

이런 코스도 있어요!

쇼핑에 관심이 많다면 일정을 변경해 칸사이 국제공항 근처 린쿠 프리미엄 아웃렛에 들러보는 것도 좋다.

Schedule
09:00 산단베키·센죠지키
11:00 시라라하마 해변
12:30 JR 시라하마 역→
　　　린쿠 타운 역
14:39 린쿠 타운 역 도착
14:50 린쿠 프리미엄 아웃렛
18:10 JR 린쿠 타운 역→
　　　칸사이 국제공항 역
18:16 칸사이 국제공항 도착
20:30 아시아나항공, 오사카 출발
22:15 김포국제공항 도착

시라하마의 명소를 돌아본 뒤, 12:30에 출발하는 신오사카 행 특급열차를 타고 13:48 와카야마 和歌山 역에서 내린다. 여기서 13:59에 출발하는 히네노 日根野 쾌속열차로 갈아타고 히네노까지 간 다음, 14:34에 출발하는 칸사이 국제공항행 열차로 갈아타면 14:39 린쿠 타운 역에 도착한다. 린쿠 타운 역에서 도보 6분 거리에 위치한 린쿠 프리미엄 아웃렛은 190여 개의 브랜드가 입점한 오사카 최대의 아웃렛이다. 고가의 명품 브랜드보다 중가(重價) 브랜드가 풍부해 실속 만점 쇼핑을 즐길 수 있으며 가격도 정가의 30~70%수준이다.

open 10:00~20:00
close 2월의 셋째 목요일
web www.premiumoutlets.co.jp/rinku

칸사이 국제공항　김포국제공항

린쿠 프리미엄 아웃렛

힐링 & 휴식 · 온천 여행

오카야마 키노사키 온천 3박 4일

95만 원~

오사카 인근의 호젓한 온천을 찾는다면 1400여 년의 역사를 가진 키노사키 온천 城崎温泉으로 가보자. 오랜 전통을 자랑하는 예스러운 온천들이 여행의 재미를 더하며, 일본 굴지의 게 산지로 유명해 미식 여행을 즐기기에도 좋다. 교통편은 JR 열차를 주로 이용하므로 JR 칸사이 와이드 에어리어 패스(p.395) 구입이 필수! 숙박은 오카야마에서 비즈니스 호텔(1박 5000엔~), 키노사키에서는 아침·저녁 식사가 포함된 온천료칸(1박 1만 5000엔~)을 이용한다.

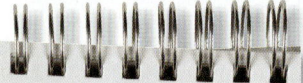

추천 항공편 아시아나항공
김포 08:30→오사카 10:10
오사카 20:30→김포 22:15
숙박 오카야마 2박, 키노사키 온천 1박
패스 JR 칸사이 와이드 에어리어 패스
예산 952,000원~
숙박비 25,000엔(비즈니스 호텔 2박, 온천료칸 1박)
생활비 16,000엔(4일)
패스 7000엔(JR 칸사이 와이드 에어리어 패스)
입장료 8000엔
교통비 2000엔
항공료 36만 원~
※100엔=970원 기준

기본 준비

Day 1
김포→오사카, 쿠라시키
p.396와 동일

Day 2
나오시마
p.401와 동일

Day 3
히메지, 키노사키 온천
p.406와 마찬가지로 오전에는 히메지를 여행한다. 그리고 12:30쯤 JR 히메지 역으로 돌아가 점심을 먹고, 13:25에 출발하는 JR 특급열차 하마카제 はまかぜ를 타면 15:08 JR 키노사키온센 城崎温泉 역에 도착한다.
숙소에 여장을 푼 뒤 목욕도구를 챙겨들고 키노사키 온천의 명물인 소토유메구리 外湯めぐり, 즉 온천 순례에 나선다. 소토유메구리는 이곳의 유명 온천 7곳을 모두 이용하는 것인데, 온천마다 각기 다른 스타일과 분위기가 매력이다. 마을도 손바닥만하다는 표현이 꼭 들어맞을 만큼 작아 온천을 즐기며 쉬엄쉬엄 산책을 즐기기에도 좋다. 봄~가을에는 수로를 따라 가지런히 놓인 버드나무 가로수가 물가에 가지를 드리운 모습이 온천 마을의 정취를 한층 더해준다.
소토유메구리 1일권 cost 1200엔

온천과 게의 고장 키노사키

Day 4
키노사키 온천, 오사카→김포
오전에는 마을을 산책하거나 온천을 이용하며 시간을 보낸다. 그리고 키노사키 온천의 또 다른 명물인 게 요리로 맛난 점심을 즐긴 뒤, 14:13에 출발하는 JR 특급열차 하마카제 はまかぜ를 타면 17:05 JR 오사카 역에 도착한다. 여기서 17:11에 출발하는 텐노지 행 열차로 갈아타고 JR 텐노지 역으로 간 다음, 17:32에 출발하는 특급열차 하루카 はるか로 갈아타면 18:07 칸사이 국제공항에 도착한다.

키노사키 온천

식도락 & 문화·역사 기행
68만 원~

칸사이
4박 5일

travel note

칸사이 4박 5일

볼거리 ★★★★★
식도락 ★★★★★
쇼 핑 ★★★★☆
유 흥 ★★★★☆
온 천 ★★★☆☆

칸사이 구석구석을 빠짐없이 돌아보려는 욕심쟁이 여행자에게 안성맞춤! 식도락의 메카 오사카, 천년고도 교토, 자연과의 조화가 아름다운 역사의 도시 나라, 이국적인 면모가 인상적인 고베, 온천 휴양지 아리마온센 등 여러 명소를 두루 섭렵할 수 있다.

day 1
인천→오사카, 오사카 미나미

숙박 오사카

09:10 제주항공, 인천 출발
11:00 칸사이 국제공항 도착
12:14 공항 → 시내
13:02 숙소 체크인 또는 짐 맡기기
14:00 난바 파크, 점심 식사
16:00 도톤보리
16:40 에비스바시
17:00 신사이바시스지
18:00 미도스지
18:20 아메리카무라
19:30 도톤보리, 저녁 식사

day 2
교토 동부, 오사카 키타

숙박 오사카
패스 칸사이 스루 패스 1일차

09:00 오사카→교토
09:48 시치죠 역
10:00 산쥬산겐도
11:00 산쥬산겐도→고조자카
11:05 고조자카
11:30 키요미즈데라
12:00 지슈 신사
12:30 키요미즈자카
12:50 산넨자카, 점심 식사
14:20 야사카 신사
14:50 기온
15:30 기온신바시
16:20 니시키 시장
17:00 교토→오사카
18:05 우메다 스카이 빌딩, 저녁 식사
20:00 오사카 스테이션 시티

기본 준비

추천 항공편 **제주항공**
인천 09:10→오사카 11:00
오사카 16:30→김포 18:25
패스 **칸사이 스루 패스**
숙박 **오사카 4박**
예산 **682,000원~**
숙박비 14,000엔(한인민박 다인실 4박)
생활비 20,000엔(5일)
패스 5200엔(칸사이 스루 패스)
입장료 6500엔
교통비 2500엔
항공료 19만 원~
※100엔=970원 기준

day 3

나라

숙박 오사카

- 09:01 오사카→나라
- 09:50 산조도리 상점가
- 10:20 사루사와 연못
- 10:50 코후쿠지
- 11:30 나라 공원
- 12:30 요시키엔
- 13:20 점심 식사, 난타이몬
- 14:00 토다이지
- 15:00 니가츠도
- 15:40 와카쿠사 산
- 16:40 카스가타이샤

day 4

고베·아리마온센

숙박 오사카
패스 칸사이 스루 패스 2일차

- 09:15 오사카→고베
- 09:58 한신 산노미야 역
- 10:10 토어 로드
- 10:40 키타노 마이스터 가든
- 11:20 풍향계의 집
- 12:10 비늘의 집
- 13:00 점심 식사
- 14:53 고베→아리마온센
- 15:30 유모토자카
- 15:50 텐진 원천
- 16:10 탄산 원천
- 16:30 온센지
- 16:50 온천 즐기기
- 18:23 아리마온센→고베
- 19:15 모자이크, 저녁 식사

day 5

오사카 성, 오사카→김포

패스 칸사이 스루 패스 3일차

- 08:00 숙소 체크아웃
- 08:30 나니와 궁 사적 공원
- 08:50 오사카 성 공원
- 09:30 오사카 성
- 10:30 오사카 역사 박물관
- 12:30 짐 찾기·점심 식사
- 13:40 난카이 난바 역→칸사이 국제공항
- 14:27 칸사이 국제공항 도착
- 16:30 제주항공, 오사카 출발
- 18:25 김포국제공항 도착

요점 정리!

제주항공의 인천→오사카→김포 다구간 여정 티켓 구입
이 일정에는 우리나라에서 아침 일찍, 오시키에서 오후 늦게 출발하는 항공편 이용이 필수다. 이와 같은 스케줄로 운항하는 항공편은 아시아나항공·대한항공의 인천↔오사카, 김포↔오사카, 제주항공의 인천→오사카→김포 노선이 있으며, 요금은 저가항공사인 제주항공이 저렴하다.

교통이 편리한 오사카의 한인민박 이용
오사카에서 교토·나라·고베까지는 전철로 40~50분밖에 안 걸려 오사카에 묵으며 당일치기로 여행하는 게 효율적이다. 오사카 시내에 저렴한 한인민박(1박 3500엔~)이 많으며, '오사카 민박'으로 검색하면 쉽게 찾을 수 있다. 쾌적한 시설을 원하면 경제적인 비즈니스 호텔을 이용한다. 직접 예약하는 것보다 인터넷의 호텔 예약 업체를 통하는 게 좀더 저렴하다는 사실도 알아두자.

경제적인 칸사이 스루 패스 Kansai Thru Pass 구입은 필수
오사카·교토·나라·고베를 연결하는 여러 노선의 전철(JR 제외)과 지하철·버스를 자유로이 이용할 수 있는 만능 패스다. 이 일정에서는 3일권이 필요하며, 우리나라의 여행사 또는 칸사이 국제공항 1층의 Travel Desk에서 구입한다(2일권 4000엔, 3일권 5200엔).

칸사이 4박 5일

Day 1

mission
1. 인천→오사카 이동

2. 오사카 최대의 맛집 거리이자 유흥가 도톤보리 탐험

3. 미나미의 쇼핑 중심지 신사이바시스지·미도스지 산책

※ 일정은 p.340와 동일

오늘 코스 지도로 보기

www.clzup.com/qr/d14

Japan

Day 2

mission
1. 오사카→교토 이동

2. 유네스코 세계문화유산으로 지정된 절 키요미즈데라 방문

3. 교토의 옛 모습이 고스란히 보존된 산넨자카·기온 산책

4. 교토→오사카 이동

5. 오사카 북부의 다운타운 키타 구경

오늘 코스 지도로 보기

www.clzup.com/qr/d15

Japan

Day 3

mission
1. 오사카→나라 이동

2. 사슴들이 자유로이 뛰어노는 나라 공원 산책

3. 유네스코 세계문화유산으로 지정된 유명 사찰 방문

4. 나라→오사카 이동

오늘 코스 지도로 보기

www.clzup.com/qr/d16

Japan

> 나라 행 특급열차는 칸사이 스루 패스 소지자라도 500엔의 추가요금을 내야 탈 수 있다.

 38min   1min

09:01　　　　　　　　　　09:39　　　　　　　　　09:50

Start ▶

오사카난바 역 → 킨테츠나라 역
大阪難波 → 近鉄奈良

나라로 갈 때는 미나미의 오사카난바 大阪難波 역에서 출발하는 킨테츠 전철近鉄電鉄을 이용한다. 오사카난바 역은 지하철 미도스지·센니치마에·요츠바시 선의 난바 なんば 역(Y15·S16·M20)과 바로 연결되며, 지하도 곳곳에 붙은 '킨테츠 선 近鉄線' 표지판만 따라가면 쉽게 찾을 수 있다. 열차는 1·2번 플랫폼에서 출발하는 쾌속급행 또는 급행열차를 탄다. 동일한 플랫폼에서 속도가 느린 보통열차와 요금이 비싼 특급열차도 출발하니 주의하자.

오사카난바 → 킨테츠나라
쾌속급행
time 38분 소요
cost 560엔(칸사이 스루 패스 이용 가능)

킨테츠나라 역
近鉄奈良駅

킨테츠나라 역은 주요 명소와 가까운 나라 시내 한복판에 있다. 역은 지하에 있으며 2·3번 출구를 나와 정면 오른쪽으로 가면 오늘의 첫 목적지인 산죠도리 상점가가 나타난다.
역 1층에는 이 지역의 자세한 지도와 여행 정보를 무료로 제공하는 인포메이션 센터가 있으니 잠시 들러보는 것도 좋다. 축제 기간에는 축제가 열리는 장소와 시간 등을 미리 체크해 놓으면 여러모로 도움이 된다.

킨테츠나라 역

산죠도리 상점가
三条通り

나라 최대의 번화가로 여기에 도읍이 정해진 8세기 무렵에는 산죠오지 三條大路라 명명된 중심 도로였다. 하지만 지금은 기념품점과 잡화점이 늘어선 쇼핑가로 탈바꿈한 지 오래! 인근의 코니시도리 小西通り에는 생활잡화와 의류를 취급하는 숍이 줄지어 있으며, 상가 전체에 지붕이 덮인 아케이드 스타일의 히가시무키도리 東向通り에는 음식점·기념품점이 모여 있다.
예전에는 이곳에 집을 지을 때 동쪽(東)을 바라보도록(向) 만드는 게 불문율이었기에 지금과 같은 이름이 붙었으며 나라에서 가장 활기찬 상점가로 유명하다.

open 숍 11:00~20:00(숍마다 다름)
close 연말연시(숍마다 다름)

킨테츠 전철의 쾌속급행 열차　산죠도리 상점가　　　　　나라의 상징인 사슴 모양 기념품

> 사슴 먹이를 줄 때는 뿔이나 머리에 받히지 않도록 주의할 것!

 1min 10:20
 1min 10:50
 1min 11:30

사루사와 연못
猿沢池

일본 고대사를 노래한 시가집《만요슈 万葉集》에도 등장할 만큼 유서 깊은 연못이다. 이 연못이 유명한 이유는 단 하나. 바람 한 점 없이 조용한 날, 코후쿠지 興福寺의 오층탑 五重塔이 수면 위에 그림자를 드리운 모습이 '나라 8경 奈良八景'의 하나로 꼽히기 때문이다. 나라 8경이란 토다이지의 범종, 사루사와 연못과 오층탑, 코후쿠지의 등나무, 나라 공원의 사슴, 미카사야마에 쌓인 눈(雪), 쿠모이자카에 내리는 비, 고바시의 행인(行人), 사호 강의 반딧불이 등 여덟 가지 경치를 말한다. 산책로가 조성된 연못가에서는 전통의상을 입은 인력거꾼이 호객 행위를 하며 인력거를 몰고 다니는 모습도 볼 수 있다.

코후쿠지
興福寺

<u>유네스코 세계문화유산</u> 669년 카가미노 오키미 鏡大王가 남편인 후지와라노 카마타리 藤原鎌足의 쾌차를 기원하고자 세운 절이다. 8세기 무렵에는 칸사이의 7대 사찰 가운데 하나로 꼽힐 만큼 급성장해 50㎢에 달하는 드넓은 경내에 175채의 건물이 들어섰지만, 13차례에 걸친 화재로 소실과 재건이 반복돼 현재 남은 건물은 고작 12채에 불과하다. 절 동쪽에는 오층탑 五重塔·토콘도 東金堂·코쿠호칸 国宝館 등의 볼거리가 있다. 코쿠호칸에는 아수라상 등 국보급 보물과 각종 불상 등의 중요문화재가 전시돼 있다.

open 09:00~17:00
cost 경내 무료,
토콘도 300엔, 코쿠호칸 600엔

나라 공원
奈良公園

아무런 울타리도 없이 드넓은 잔디밭에 사슴을 방목하는 자연공원. 나라를 둘러싼 와카쿠사 산 若草山과 카스가 산 春日山을 포함하는 동서 4㎞, 남북 2㎞에 이르는 광활한 면적을 자랑한다. 원래 여기에는 헤이죠쿄 平城京의 외궁이 있었는데, 1880년 이 일대를 정비하면서 공원화했다. 공원 곳곳에는 옛 모습을 고스란히 간직한 코후쿠지·토다이지·카스가타이샤 春日大社 등 유명 사찰과 신사가 있다.

공원 곳곳의 노점에서 시카센베 鹿せんべ(150엔~)라는 사슴 먹이를 파는데 이것을 사서 방목하는 사슴에게 먹이로 주며 재미난 기념사진을 찍을 수도 있다.

사루사와 연못 | 코후쿠지 | 사슴이 뛰어노는 나라 공원

> 요시키엔에서 난타이몬으로 가는 길에 식당들이 있으니 가볍게 요기를 하고 가자.

 6min   12:30   15min   13:20   5min   14:00

요시키엔 吉城園

18세기 말에 조성된 일본식 정원이다. 내부는 3개의 조그만 정원으로 나뉘어 있으며 초록빛 이끼와 싱그러운 초목이 수려한 경관을 연출한다. 좁은 산책로를 따라 거닐며 정원 감상을 할 수 있는 게 매력인데, 파릇파릇하게 나뭇잎이 돋아나는 초봄과 낙엽이 지기 시작하는 11월 무렵의 풍경이 가장 멋스럽다. 운이 좋으면 정원 가운데의 다실에서 전통 다도회가 열리는 모습도 볼 수 있다.

open 09:00~17:00
close 12/28~2월 말
cost 외국인 무료

점심 식사, 난타이몬 南大門

토다이지 東大寺의 정문에 해당하는 난타이몬은 1180년의 전란으로 소실된 것을 13세기 초에 복구시킨 것이다. 중국 송나라의 천축 天竺 양식을 도입해 재건했으며 사악한 기운이 경내로 침입하지 못하게 막는 2개의 목조 금강역사상(인왕상)이 문 안쪽에 세워져 있다. 섬세한 근육 표현과 험상궂은 표정이 인상적인 이 작품은 1203년, 20명의 불사(仏師)가 꼬박 69일이나 걸려서 만든 역작으로 크기가 8m를 넘는다.

난타이몬 옆에는 토다이지의 보물급 불상이 소장된 토다이지 박물관 東大寺ミュージアム(유료)도 있다.

open 일출~일몰
cost 무료

토다이지 東大寺

유네스코 세계문화유산 세계 최대의 청동불상인 다이부츠 大仏로 유명한 절. 728년 쇼무 일왕이 일찍 숨을 거둔 왕자를 공양하기 위해 세운 콘슈지 金鐘寺가 시초이며, 745년 국가의 안녕을 기원하는 의미로 절의 이름을 토다이지로 바꾸고 확장공사를 시작해 지금과 같은 위용을 갖췄다.

세계에서 가장 큰 목조 건물인 다이부츠덴 大仏殿에는 쇼무 일왕이 26년에 걸쳐 만든 높이 15m, 무게 380톤의 거대한 청동불상(다이부츠)이 있는데 손바닥에만 성인 16명이 올라갈 수 있을 정도다.

open 3월 08:00~17:00,
4~9월 07:30~17:30, 10월 07:30~17:00,
11~2월 08:00~16:30
cost 500엔

요시키엔   웅장한 규모를 뽐내는 난타이몬   토다이지

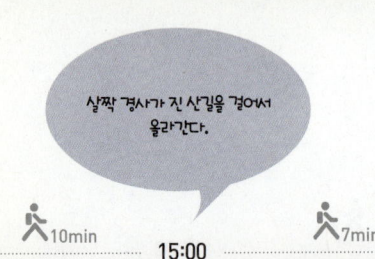

 10min 15:00

 7min 15:40

 13min 16:40 ■ Finish

니가츠도
二月堂

다이부츠덴과 마찬가지로 752년에 세워진 불당. 본존으로 십일면관음을 모시고 있으나 비불(秘仏)로 지정된 까닭에 일반 공개는 하지 않는다. 여기서는 오미즈토리 お水取り라는 법회가 열리는데, 예전에는 음력 2월에 열렸기 때문에 니가츠도 二月堂란 이름이 붙었다.

니가츠도의 본당으로 이어진 가파른 계단을 오르면 시야가 탁 트인 널찍한 난간이 나타난다. 이 위에서는 다이부츠덴의 웅장한 위용은 물론 낮게 깔린 나라 시내의 전경을 감상할 수 있어 반드시 들러야 할 명소로 꼽힌다.

open 3월 08:00~17:00, 4~9월 07:30~17:30, 10월 07:30~17:00, 11~2월 08:00~16:30
cost 무료

와카쿠사 산
若草山

일명 '나라의 병풍'이라고 불리는 산. 잡목 하나 없이 푸른 잔디로만 덮여 있어 산이라기보다는 거대한 언덕처럼 보인다. 경사가 30도에 가까운 가파른 언덕을 10~15분쯤 오르면 나라 시내가 한눈에 들어오는 정상에 도달하는데, 초원처럼 펼쳐진 정상에서 내려다보는 나라 일대의 모습이 장관이다. 잔디밭에 드러누워 잠시 휴식을 취하기에도 좋다. 산기슭을 따라 자유로이 뛰어다니며 풀을 뜯는 사슴들의 모습이 목가적인 분위기를 연출한다.

open 09:00~17:00
close 12/17~3/15
cost 150엔

카스가타이샤
春日大社

유네스코 세계문화유산 710년 후지와라 가문이 자기들의 씨신(氏神)을 모시기 위해 세운 신사. 신이 흰 사슴을 타고 내려왔다고 해서 사슴을 신성시 여기는 풍습이 시작된 곳이기도 하다. 나중에는 후지와라 가문과 연계된 왕실 전용 신사로 성장했고 중세에는 코후쿠지와 더불어 하늘 높은 줄 모르는 세력을 과시하기도 했다. 타케미카츠치노 미코토・후츠누시 미코토・아메노코야네 미코토・히메 가미 등 사신(四神)을 모시는 본전은 대표적인 신사 건축 양식의 하나로 꼽으며 1300년 가까운 역사 속에서도 고고한 왕실 분위기를 유지하고 있다.

open 일출~일몰

니가츠도 와카쿠사 산 카스가타이샤

Day 4

mission

1. 오사카→고베 이동
2. 유럽풍 건물이 모여 있는 키타노 산책
3. 최고급 와규 스테이크 먹기
4. 고베→아리마온센 이동
5. 온천 즐기기
6. 아리마온센→고베 이동
7. 아름다운 고베 야경 감상
8. 고베→오사카 이동

오늘 코스 지도로 보기

www.clzup.com/qr/d17

Japan

 43min

09:15 .... 09:58

Start ▶

오사카→고베
大阪→神戸

고베로 갈 때는 미나미의 오사카난바 大阪難波 역에서 출발하는 한신 전철 阪神電鉄(킨테츠 전철 近鉄電鉄 공동운행)의 쾌속급행 快速急行 열차를 이용한다. 열차는 3번 플랫폼에서 출발하는 산노미야 三宮 행을 타고 종점까지 가면 된다.

주의할 점은 도중의 아마가사키 尼ヶ崎 역에서 열차가 두 개로 분리돼 앞쪽의 6개 차량만 산노미야 역까지 간다는 것이다. 열차를 탈 때는 반드시 앞쪽 차량을 이용하자.

오카사난바 역→산노미야 역
쾌속급행
time 43분 소요
cost 410엔(칸사이 스루 패스 이용 가능)

한신 산노미야 역
阪神三宮駅

한신 전철의 산노미야 三宮 역은 지하에 있으며, 첫 목적지인 토어 로드와 제일 가까운 출구는 A11번이다. 하지만 지하도를 통해 지하철 산노미야 역・JR 산노미야 역・한큐 전철의 산노미야 역은 물론, 지하상가까지 미로처럼 복잡하게 얽혀 있어 초행자가 단번에 길을 찾기란 사실상 불가능에 가깝다.

출구를 찾기 힘들거나 길을 헤매고 있다는 느낌이 들 때는 일단 지상으로 올라가 눈에 가장 잘 띄는 건물인 JR 산노미야 三宮 역을 찾은 다음, 역을 정면으로 마주보고 왼쪽으로 가면 토어 로드가 나온다.

산노미야 행 쾌속급행 열차 | 한신 산노미야 역

🚶 10min   🚶 1min   18min

10:10   10:40   11:20

토어 로드
トアロード

한큐 산노미야 역 인근에서 이진칸 異人館(외국인이 살던 서양식 건물)이 모인 키타노 北野 지역까지 이어지는 800m 남짓한 길이의 언덕길. 19세기 말부터 다양한 해외 문화와 문물이 이곳을 통해 유입됐기 때문에 예전에는 이국적 향취로 가득한 거리로 유명세를 떨쳤다. 현재는 전과 같은 모습을 찾아보기 힘들지만 키타노 방향으로 조금 올라간 곳에는 이슬람 사원인 모스크와 이진칸이 드문드문 나타나 과거의 고베가 얼마나 인적·문화적 교류가 활발한 항구였나 짐작케 해준다. 토어 로드에는 맛난 베이커리와 커피 숍도 여럿 있으니 지나는 길에 잠시 들러봐도 좋을 듯!

키타노 마이스터 가든
北野工房のまち

폐교한 키타노 초등학교 北野小学校의 옛 교사(校舍)를 리모델링해서 만든 조그만 쇼핑센터. 건물의 역사성을 살리고자 교실·복도·난간 등을 온전히 복원시키고 그 안에 고베의 명물로 유명한 베이커리·수공예품 전문점 등 20여 개의 숍을 모아 놓았다. 굳이 쇼핑 목적이 아니어도 건물을 구경하는 재미가 쏠쏠하니 가볍게 둘러보자.
1층에는 초콜릿·케이크·화과자 등 달콤한 디저트를 선보이는 11개의 스위트 숍과 커피숍·와인숍, 2층에는 깜찍한 액세서리와 생활잡화를 취급하는 수공예품 전문점이 있어 기념품을 구입하기에도 좋다.

open 10:00~18:00
close 셋째 화요일, 12/29~1/3

풍향계의 집
風見鶏の館

1909년에 지어진 독일인 무역상 고트프리트 토머스의 집. 뾰족한 삼각지붕의 꼭대기에 수탉 모양의 풍향계가 달려 있어 지금의 이름이 붙었다. 이 지역의 이진칸 가운데 유일한 벽돌 건물이며 붉은색 외관은 키타노의 상징으로 유명하다.
안으로 들어가면 유럽의 성을 모방해서 만든 우아한 분위기의 식당, 중국풍 가구가 놓인 서재 등 다채로운 면모를 살펴볼 수 있다. 바로 앞에는 분수대와 화단·동상 등으로 아기자기하게 꾸민 키타노마치 광장 北の町広場이 있어 멋진 기념사진을 남기기에도 좋다.

open 09:00~18:00
close 2·6월의 첫째 화요일
cost 500엔

토어 로드   키타노 마이스터 가든   풍향계의 집

> 강추 맛집!
> 야부라니쿠코보와코쿠 あぶり肉
> 工房和黒 고급 와규를 합리적인
> 가격에 맛볼 수 있다.
> p.327

> 갈아타는 시간이 은근히
> 빠듯하니 열차를 놓치지 않게
> 주의하자.

1min

12:10   13:00   14:53

비늘의 집
うろこの家

동화 속에서 톡 튀어나온 듯한 모습의 이국적인 건물. 2개의 둥근 탑이 솟아 있는 독특한 외관이 눈길을 끈다. 1905년 외국인 임대주택으로 지어졌으며 고베의 이진칸 가운데 보존 상태가 가장 훌륭하다. 외벽을 천연석으로 마감했는데 그 모습이 마치 물고기 비늘(우로코 うろこ)을 입혀 놓은 듯하다고 해서 지금의 이름이 붙었다. 초록빛 정원과 고풍스러운 건물이 아름답게 조화를 이룬 모습 때문에 고베를 소개하는 사진에도 자주 등장하며, 내부의 미술관에서는 1800~1900년대의 도자기 컬렉션과 유럽 근현대 작가의 회화 작품을 전시한다.

open 09:00~18:00, 겨울 09:00~17:00
cost 1000엔

점심 식사
Lunch

점심 메뉴로는 고베를 대표하는 먹거리로 유명한 스테이크를 추천한다. 마블링이 훌륭한 최상품 소고기를 먹기 좋게 구워주는데 부드러운 식감과 특유의 풍미가 일품이다. 레스토랑마다 조금씩 다르지만 코스로 내오기 때문에 식사를 마치려면 1시간은 족히 걸린다. 가격은 1인당 2000~8000엔 수준이며 인기 레스토랑의 경우 예약하고 가는 게 좋다. 특히 주말은 자리잡기가 힘드니 주의!

식사를 마친 뒤에는 키타노의 분위기 좋은 카페에서 향긋한 커피를 맛보며 잠시 쉬어가는 것도 잊지 말자. 고베는 일본에서도 손꼽히는 커피와 케이크의 도시다.

> 맛난 생과일
> 타르트

산노미야 역 → 아리마온센 역
三宮 → 有馬温泉

아리마온센으로 갈 때는 열차를 두 번 갈아타야 한다. 우선 지하철 산노미야 三宮 역에서 14:53에 출발하는 타니가미 谷上행 직행열차를 타고 종점인 타니가미 谷上 역에서 내린다(15:04). 그리고 여기서 15:06에 출발하는 산다 三田 행 고베전철로 갈아타고 아리마구치 有馬口 역에서 내린 다음(15:17), 15:19에 출발하는 아리마온센 행 열차로 갈아타고 종점인 아리마온센 有馬温泉 역에서 내리면 된다.

산노미야 → 아리마온센
지하철+사철
time 30분 소요
cost 930엔(칸사이 스루 패스 이용 가능)

비늘의 집   고베의 명물 스테이크   타니가미 행 직행열차

 30min　15:23　 6min　15:30　 1min　15:50

아리마온센 역, 아리마 강
有馬温泉駅・有馬川

아리마온센 역은 조그만 시골역이다. 하나뿐인 출구를 나와 오른쪽으로 이어지는 언덕을 오르면 아리마온센의 중심부로 이어진다. 언덕길을 따라 걷다 보면 왼편으로 흐르는 가느다란 강이 보이는데, 강물과 함께 온천수가 흘러 날이 쌀쌀할 때는 김이 모락모락 피어오르는 신기한 광경을 연출한다.

강가를 따라 조성된 산책로에는 표주박 모양의 연못과 강물 위로 이어진 다리가 놓여 있어 산책의 재미를 더해준다. 특히 해질녘에 주변 호텔과 여관에 불이 들어오기 시작하면 독특한 온천 마을의 정취가 담뿍 느껴진다. 강가에는 벚나무가 심어져 있어 벚꽃이 피는 3~4월이면 한층 아름다운 풍경이 펼쳐진다.

유모토자카
湯本坂

숍·식당·편의시설이 밀집한 아리마온센의 다운타운(?). 구불구불한 오르막길이 600m가량 이어지는데 언덕 초입부터 200여m 구간이 하이라이트다. 차 한 대가 겨우 지나갈 수 있을 만큼 좁은 골목에는 20세기 초의 모습을 고스란히 간직한 2층 목조 건물이 즐비하다. 현재 이 건물들은 내부를 개조해 상점·레스토랑으로 이용하고 있다. 거리에 어둠이 내리기 시작하면 어스름한 가로등 불빛과 함께 제법 멋스러운 분위기를 자아낸다는 사실도 알아두면 좋을 듯!

open 10:00~19:00 (숍마다 다름)

텐진 원천
天神泉源

이 지역의 온천에 공급되는 원천수가 샘솟는 곳. 요란한 소리와 함께 뿜어져 나오는 뜨거운 증기가 신기한 볼거리를 제공한다. 원천수는 지하 206m에서 뿜어져 나오며 물의 온도는 98℃나 된다. 안쪽에는 텐진 원천이라는 이름의 유래가 된 텐진 신사 天神神社가 있다. 텐진 신사에서는 학문의 신을 모시며 바로 옆에는 머리를 쓰다듬으면 합격이나 학업 성취의 소원을 들어준다는 소의 석상이 있다.

open 일출~일몰

소원을 들어주는 소의 석상

아리마 강　예스러운 유모토자카　텐진 원천

💬 저렴한 온천에서는 수건이 제공되지 않는다. 수건 값으로 200~500엔을 받으니 미리 수건을 챙겨 가는 게 좋다.

 16:10   16:30   16:50

탄산 원천
炭酸泉源

지하 13m에서 탄산가스를 함유한 18.6℃의 미지근한 온천수가 샘솟는다. 처음 발견된 1874년 당시에는 독이 든 물이라고 해서 마시는 것은 물론 근처에 접근하는 것조차 꺼렸다고 한다. 그러나 단순한 탄산천이란 사실이 밝혀진 뒤에는 이 물에 설탕을 타서 사이다처럼 마시기도 했다.

누각 옆의 음수대에서는 여기서 샘솟는 탄산수를 직접 맛볼 수 있는데, 미량의 철분이 함유된 물이라 톡 쏘는 느낌과 함께 흐릿한 쇠 비린내가 난다. 이곳의 탄산수는 아리마온센의 명물 과자인 탄산센베 炭酸煎餅와 달콤한 아리마 사이다를 만드는 재료로도 사용된다.

온센지
温泉寺

아리마온센에서 가장 유서가 깊은 절로 724년에 창건됐다. 교키쇼닌 行基上人이 온천에서 사람들의 병을 치료해주던 중에 세운 절이라 본존으로 중생의 병을 고쳐주는 부처인 약사여래를 모신다.

본당에는 교키쇼닌의 목상과 함께 아리마온센의 중흥에 지대한 공을 세운 닌사이쇼닌 仁西上人의 목상도 있는데, 1월 2일의 뉴쇼시키 入初式 때는 온천에서 갓 길어온 물로 두 스님의 목상을 목욕시키며 아리마온센의 안녕을 기원하는 풍습이 있다. 본당에는 중요문화재로 지정된 하이라 대장상 波夷羅大將像도 있다.

open 일출~일몰

온천 즐기기
温泉浴

아리마온센에서는 킨센 金泉과 긴센 銀泉, 두 종류의 온천수가 샘솟는다. 적갈색의 킨센은 철분·염분을 함유해 수족냉증·부인병·피부 미용, 무색투명한 긴센은 탄산을 함유해 류머티스·신경통·피부병·근육통·피로회복에 효험이 있다. 고급스러운 분위기를 원한다면 호텔·료칸의 온천을 이용하자. 요금은 1000~2400엔 수준이다. 저렴하게 온천을 즐기려면 대중탕 스타일의 킨노유 金の湯 온천이나 긴노유 銀の湯 온천을 이용하면 된다.

킨노유 온천
open 08:00~22:00 **cost** 650엔
close 둘째·넷째 화요일 및 1/1

긴노유 온천
open 09:00~21:00 **cost** 550엔
close 첫째·셋째 화요일 및 1/1

탄산 원천 | 1300년의 역사를 가진 온센지 | 무료 족탕도 있다

하바란도 역에서 지하도를 따라
8분쯤 걸어가면 모자이크가
나온다.

 44min

18:23　　　　　　　　　　　　　19:15
○────────────────────────■ Finish

아리마온센 역→고베
有馬温泉駅→神戸

아리마온센에서 고베의 모자이크까지 가려면, 18:23 아리마온센 역→18:27 아리마구치 有馬口 역, 18:28 아리마구치 역→18:39 타니가미 谷上 역, 18:40 타니가미 역→18:50 지하철 산노미야 三宮 역, 19:00 지하철 산노미야・하나토케이마에 三宮・花時計前 역→19:04 하바란도 ハーバーランド 역의 순으로 총 세 번 열차를 갈아타야 한다. 지하철 산노미야 역과 산노미야・하나토케이마에 역은 서로 연결이 되지 않기 때문에 개찰구를 나와 8분 정도 걸어가야 갈아탈 수 있다.

아리마온센 역→하바란도 역
사철+지하철
time 44분 소요
cost 950엔(칸사이 스루 패스 이용 가능)

모자이크, 저녁 식사
MOSAIC

유원지처럼 활기찬 분위기가 넘치는 대형 쇼핑센터. 의류・잡화는 물론 깜찍한 캐릭터 상품 숍과 다양한 요리를 선보이는 식당 90여 개가 1~3층을 가득 메우고 있다. 놓치지 말아야 할 볼거리는 2・3층의 야외 테라스다. 지대가 높아 고베 항의 풍경을 맘껏 감상할 수 있으며 해가 진 뒤에는 은은한 조명에 물든 낭만적인 분위기를 연출한다. 그 즈음이면 야경을 즐기기에도 더할 나위 없이 좋은데, 맞은편의 고베 포트 타워는 빨간색, 고베 해양 박물관은 흰색으로 환하게 빛을 발하기 시작한다. 2・3층 야외 테라스 쪽의 식당에서는 야경을 감상하며 저녁 식사를 즐길 수 있다.

open 숍 11:00~20:00,
레스토랑 11:00~22:00

고베 시내로 가는 전철　　고베 항의 야경

Japan

힐링 & 역사·문화 기행

칸사이 5박 6일

78만 원~

느긋하게 칸사이 전역을 돌아보는 일정. 늘어난 시간만큼 교토와 오사카의 명소를 좀더 자세히 볼 수 있다. 항공편은 제주항공의 인천→오사카, 오사카→김포 다구간 여정을 이용한다 (p.339). 해당 항공편의 티켓을 구하기 힘들 때는 조금 비싸더라도 대한항공·아시아나항공의 인천↔오사카, 김포↔오사카 노선을 이용해도 된다. 패스는 활용도가 높은 칸사이 스루 패스 3일권을 이용하며, 숙소는 교통이 편리한 오사카에서 묵으며 교토·나라·고베를 당일치기로 여행한다.

추천 항공편 제주항공
- 인천 09:10 → 오사카 11:00
- 오사카 16:30 → 김포 18:25

숙박 오사카 5박
패스 칸사이 스루 패스
예산 789,000원~
- 숙박비 17,500엔(한인민박 다인실 5박)
- 생활비 24,000엔(6일)
- 패스 5200엔(칸사이 스루 패스)
- 입장료 8000엔
- 교통비 4000엔
- 항공료 19만 원~
- ※100엔=970원 기준

기본 준비

교토의 아라시야마

오사카의 우메다 스카이 빌딩

Day 1 인천→오사카, 오사카 미나미
p.340와 동일

Day 2 교토 동부, 오사카 키타
p.344와 동일, 칸사이 스루 패스 1일차

Day 3 교토 아라시야마, 교토 서부

칸사이 스루 패스 2일차. 08:00쯤 한큐 전철을 타고 교토의 아라시야마로 간다. 열차의 종점인 한큐아라시야마 阪急嵐山 역에서 내려 정면으로 5분쯤 걸어가면 오늘의 첫 목적지인 아라시야마 공원 嵐山公園이 나타난다. 강변을 따라 벤치와 녹지가 조성돼 있어 한가로이 산책을 즐기거나 휴식을 취하기에 좋으며, 4월 무렵에는 벚꽃이 만발해 꽃놀이의 명소로도 인기가 높다.
주변에 위치한 토게츠교·텐류지·대숲·카메야마 공원 등의 명소를 차례로 둘러보고 점심 식사를 한 뒤, 13:30쯤 아라시야마 嵐山 역에서 출발하는 케이후쿠 전철 京福電鐵을 타고 닌나지 仁和寺로 향한다. 유네스코 세계문화유산으로 지정된 닌나지는 1000년 역사를 자랑하는 가람과 전통 일본식 정원이 아름답다. 이후 인근에 위치한 료안지·킨카쿠지 등의 유명 사찰까지 모두 돌아보면 17:00쯤 된다.
버스를 타고 교토의 다운타운인 기온으로 가서 주변을 구경하고 저녁 식사를 한 뒤 오사카로 돌아간다.

Day 4 나라
p.419와 동일

Day 5 고베·아리마온센
p.423와 동일, 칸사이 스루 패스 3일차

Day 5 오사카 성·텐노지, 오사카→김포
p.368와 동일

travel note

도쿄 2박 3일

볼거리 ★★★★★
식도락 ★★★★★
쇼핑 ★★★★★
유흥 ★★★★☆

짧은 기간 알찬 여행을 꿈꾸는 이에게 적합한 일정. 일본 유행의 일번지로 통하는 하라쥬쿠, 최고의 초밥을 맛볼 수 있는 츠키지, 세련된 스타일의 쇼핑몰이 밀집한 오다이바, 유흥의 메카 신쥬쿠, 전통과 역사의 거리 아사쿠사·우에노 등 도쿄의 핵심 명소만 콕콕 집어서 돌아본다.

day 1
인천→도쿄, 하라쥬쿠
숙박 도쿄

- 07:50 일본항공, 인천 출발
- 10:10 나리타 국제공항 도착
- 11:07 나리타 국제공항→도쿄 시내
- 12:27 숙소 체크인 또는 짐 맡기기
- 14:00 하라쥬쿠 역
- 14:10 메이지 신궁
- 15:30 타케시타도리
- 16:10 디자인 페스타 갤러리
- 17:00 우라하라쥬쿠
- 18:00 오모테산도
- 18:30 오모테산도 힐즈

day 2
츠키지·오다이바
숙박 도쿄

- 08:30 츠키지
- 11:00 오다이바 해변 공원
- 11:30 다이바잇쵸메 상점가
- 12:10 아쿠아시티 오다이바, 점심 식사
- 13:30 자유의 여신상
- 13:50 후지 TV
- 14:50 메가 웹
- 15:30 히스토리 개리지
- 16:00 비너스 포트
- 17:26 오다이바→신쥬쿠
- 18:00 도쿄 도청
- 18:50 오모이데요코쵸, 저녁 식사
- 19:40 카부키쵸

기본 준비

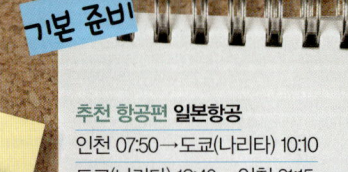

추천 항공편 **일본항공**
인천 07:50→도쿄(나리타) 10:10
도쿄(나리타) 18:40→인천 21:15
숙박 도쿄 2박
예산 535,000원~
숙박비 7000엔(한인민박 다인실 2박)
생활비 12,000엔(3일)
입장료 1000엔
교통비 4000엔
항공료 29만 원~~
※100엔=970원 기준

day 3
아사쿠사·우에노, 도쿄 → 인천

- 08:40 코인라커에 짐 보관하기
- 09:00 카미나리몬
- 09:10 나카미세도리
- 10:00 센소지
- 11:00 캇파바시도리
- 12:30 아메요코 시장, 점심 식사
- 14:00 우에노 공원
- 14:30 우에노토쇼구
- 15:14 케이세이우에노 역 → 나리타 국제공항
- 16:32 나리타 국제공항 도착
- 18:40 일본항공, 나리타 공항 출발
- 21:15 인천국제공항 도착

Welcome to Tokyo

Tokyo

요점 정리!!

한국에서 아침 일찍, 도쿄에서 밤 늦게 출발하는 항공편 이용
짧은 기간 도쿄를 효율적으로 여행하려면 우리나라에서 아침 일찍, 도쿄에서는 밤 늦게 출발하는 항공편을 선택하는 게 유리하다. 한국에서 도쿄 시내까지 이동하는 데 비행시간을 포함 4~5시간이 걸리며, 돌아오는 날은 비행기 출발 시각 2시간 전까지 공항으로 가야 하기 때문에 자칫 우리나라에서 오후 출발, 도쿄에서 오전 출발하는 항공편을 이용하면 실제로 여행 가능한 시간은 대폭 줄어든다.

한인민박의 다인실이 가장 저렴
가장 저렴한 숙소는 한인민박(1박 3500엔~)이다. 도쿄 한복판에 위치한 신쥬쿠 新宿에서 전철로 불과 한 정거장 거리에 있는 코리아타운 신오쿠보 新大久保에 한인민박이 모여 있다. 편리한 교통과 쾌적한 시설을 원하면 전철·지하철역과 가까운 비즈니스 호텔(1박 5000엔~)을 이용하는 것도 좋다. 예약은 인터넷을 활용한다. 한인민박은 '도쿄 민박'으로 검색하면 쉽게 찾을 수 있다. 비즈니스 호텔은 '일본 호텔' 또는 '일본 호텔 예약'으로 검색하면 다양한 호텔 예약업체가 찾아지는데, 동일한 호텔이라도 예약업체마다 요금이 조금씩 다르니 여러 예약업체를 꼼꼼히 비교해 보고 이용하는 게 좋다.

도쿄 2박 3일

Day 1

mission
1. 인천→도쿄(나리타) 이동
2. 젊음과 패션의 거리 하라쥬쿠 산책
3. 고급 쇼핑가 오모테산도에서 윈도우 쇼핑

오늘 코스 지도로 보기

www.clzup.com/qr/d19

Japan

공항 이용객이 많으니 인천 국제공항 도착은 늦어도 비행기 출발 2시간 전까지 완료!

07:50 ---- 2:20min ---- 10:10

Start ▶ ○

일본항공, 인천 출발
Japan Airline JL950

비행기는 일본항공의 인천↔나리타 왕복편을 이용한다. 우리나라에서 오전 일찍, 도쿄에서 오후 늦게 출발하기 때문에 3일을 꽉 채워서 여행할 수 있는 게 장점이다. 또한 예약을 서두르면 저가항공사 못지 않게 저렴한 요금으로 이용할 수 있는 것도 매력이다.

인천에서 도쿄까지의 소요시간은 2시간 20분. 간단한 음료와 기내식 서비스를 받고 잠시 휴식을 취하다 보면 눈 깜짝할 사이에 나리타 국제공항에 도착한다. 기내에서 일본 입국심사 및 세관검사에 필요한 신고서를 미리 작성해 놓는 것을 잊지 말자. 신고서는 공항 도착 전에 승무원들이 나눠준다.

나리타 국제공항
成田国際空港

비행기에서 내려 '도착 到着 Arrivals' 표지판을 따라가면 잠시 후 입국심사장이 나타난다. 그리고 입국심사관에게 기내에서 작성한 일본 입국신고서와 여권을 제시하면 간단한 확인 절차를 거쳐 90일간의 입국허가 스티커를 붙여준다. 이제 짐을 찾아 세관검사대를 통과하면(세관 신고서는 이때 제출) 드디어 도쿄 도착이다.

입국심사와 세관검사를 모두 마치고 공항 밖으로 나오기까지는 보통 30분~1시간이 걸린다. 특히 여행 성수기에는 사람이 많이 몰리는 입국심사장을 통과하는 데 시간이 오래 걸리니 비행기에서 내리자마자 입국심사장으로 서둘러 가는 게 좋다.

도쿄로 향하는 일본항공 여객기 | 나리타 국제공항의 입국장

> JR 야마노테 선으로 갈아타려면 케이세이우에노 역 바로 전 정거장인 닛포리 日暮里 역에서 내려도 된다.

> JR 야마노테 선 하라쥬쿠 原宿 역 또는 지하철 치요다 선·후쿠토신 선의 메이지진구마에 明治神宮前 역 하차.

11:07 — 1:20min — 12:27 — 30min — 14:00

나리타 국제공항 → 도쿄 시내
空港 → 東京市内

나리타 국제공항은 도쿄 시내에서 65km나 떨어져 있다. 거리가 먼 만큼 이동시간이 오래 걸리고 교통비도 만치 않은데, 가장 저렴하면서도 편리한 교통편은 사철인 케이세이 전철 京成電鐵의 특급 特急 열차다. 케이세이 전철의 역은 '나리타 국제공항 지하에 있으며, '케이세이 선·JR 선 승차장 京成線·JR線のりば' 표지판만 따라가면 쉽게 매표소와 개찰구를 찾을 수 있다. 그리고 11:07에 출발하는 특급열차를 타고 12:27 종점인 케이세이우에노 京成上野 역에서 내리면 된다.

나리타 국제공항 → 케이세이우에노 역
특급열차
time 1시간 20분 소요
cost 1240엔

숙소 체크인 또는 짐 맡기기
Check-In

케이세이우에노 역에 도착하면 JR 또는 지하철로 갈아타고 숙소로 가서 체크인을 한다. 마지막 날 귀국할 때 우에노 역의 코인라커에 짐을 잠시 보관해 놓고 주변을 돌아볼 예정이니, 열차를 갈아타러 갈 때 짐이 들어갈 만한 사이즈의 코인라커 위치와 요금 등을 미리 확인해 놓으면 좋다. 일반적으로 한인민박은 12:00 이후, 비즈니스 호텔은 14:00~16:00 무렵부터 체크인이 된다. 도착 시각이 너무 일러 체크인이 불가능해도 짐 보관은 무료로 해주니 가볍게 돌아다닐 수 있도록 숙소에 짐을 맡겨 놓고 나오자. 그리고 첫 목적지인 하라쥬쿠로 가기 전에 점심 식사를 한다.

하라쥬쿠 역
原宿駅

일본 트렌드의 중심지 하라쥬쿠의 관문답게 언제나 수많은 인파로 북적인다. 목가적인 분위기의 영국풍 건물은 1926년 '일왕 전용 열차'의 발착역으로 세워진 것이라 1952년까지는 아무나 이용할 수 없었다고. 지금까지 옛 흔적이 남아 있는 것도 흥미로운데, 현재 사용되는 1·2번 플랫폼 건너편의 텅 빈 플랫폼이 바로 그것이다. 흔히 '궁정(宮廷) 플랫폼'이라고 부르는 이곳은 1월 1일 메이지 신궁 참배 때만 깜짝 개방한다. 주말·공휴일에는 바로 옆의 진구바시 神宮橋에서 기상천외한 차림으로 삼삼오오 모여 앉아 서로의 패션 감각을 뽐내는 따끈따끈한 청춘들과 만날 수 있는 것도 흥미롭다.

케이세이 전철의 특급열차 · JR 하라쥬쿠 역 · 젊음의 거리 하라쥬쿠

2min 14:10   6min 15:30   5min 16:10

메이지 신궁
明治神宮

일본 근대화에 지대한 공을 세운 메이지 일왕(1867~1912)을 신으로 모시는 신사. 서울의 롯데월드 6개가 쏙 들어가고도 남을 만큼 광활한 녹지가 펼쳐진 도쿄의 허파와도 같은 존재다. 신사의 정문에 해당하는 '天' 모양의 나무 기둥인 토리이 鳥居를 통과하면 울창한 숲속으로 참배로가 길게 이어진다. 15분쯤 걸으면 신사의 본전이 나타나는데, 주말·공휴일에는 전통혼례가 열려 색다른 볼거리를 제공한다.

본전 왼쪽에는 '부부목 夫婦木'이라고 부르는 신목(神木)도 있다. 두 그루의 나무가 서로 맞붙은 채 한 그루로 자라는 모습처럼 부부가 백년해로하라는 깊은 뜻이 담겨 있다.

open 일출~일몰

타케시타도리
竹下通り

1980년대부터 아이돌 사진 전문점으로 인기를 끌어온 하라쥬쿠의 대표 상점가. 지금은 10대들이 열광하는 의류·소품·팬시 숍이 그 인기를 이어가고 있다. 일본 중고생 수학여행단의 필수(?) 여행 코스로도 인기가 높아 좁은 도로는 언제나 사람의 물결로 넘실넘실. 특히 주말이면 세계 전역에서 몰려든 관광객들로 북새통을 이룬다. 정말이지 한 걸음 내딛기도 힘들 만큼!

타케시타도리의 쇼핑 포인트는 중고생 눈높이에 맞춘 펑키한 스타일의 패션 소품이다. 타케시타도리의 명물 크레이프를 맛보며 숍을 구경하면 윈도우 쇼핑의 재미도 쑥쑥 커질 듯~.

open 11:00~20:00 (숍마다 다름)

디자인 페스타 갤러리
Design Festa Gallery

건물 앞을 어지러이 장식한 파이프 오브제와 강렬한 원색의 벽화가 단번에 눈길을 잡아끄는 하라쥬쿠의 숨은 명소. 햇병아리 아티스트의 등용문으로 유명한 미니 아트 갤러리다. 갤러리의 기본 콘셉트는 '누구나 자유로이 자신의 작품을 전시하는 것'. 그래서 국적과 전공을 불문하고 도쿄에서 활약하는 전 세계의 신예 아티스트들이 이곳으로 속속 모여들고 있다. 12개의 전시실에서는 매주 새로운 작품을 선보이기 때문에 언제나 신선한 예술적 감성에 흠뻑 취해볼 수 있다.

open 11:00~20:00
close 봄·겨울의 디자인 페스타 개최일
cost 무료
web www.designfestagallery.com

메이지 신궁   타케시타도리   디자인 페스타 갤러리

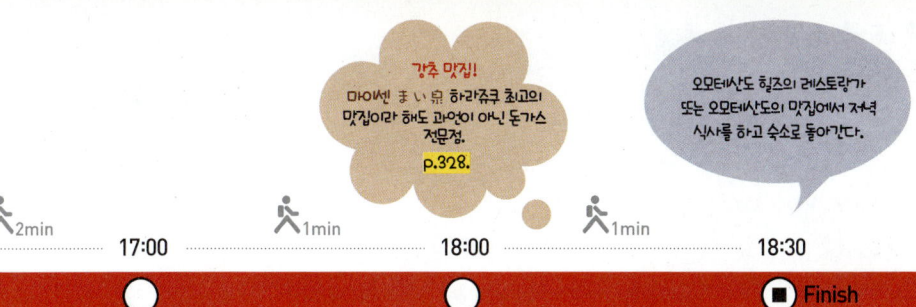

2min	1min	1min
17:00	18:00	18:30 Finish

우라하라쥬쿠
裏原宿

타케시타도리의 어수선함과는 사뭇 대조적인 분위기의 거리. 골목 구석구석 마이너 브랜드의 부티크와 미용실이 빼곡이 들어서 있다. 이 동네의 패션과 헤어 스타일을 즐기는 남자를 가리켜 흔히 우라하라쥬쿠 계(系), 줄여서 우라하라 계라고 부르는데, 이에 부응해 남성용 숍이 많은 게 눈에 띄는 특징이다. 이로 인해 다른 어떤 곳보다 두 눈을 즐겁게 해주는 '훈남·간지남'이 많은 것도 우라하라쥬쿠의 놓치기 힘든 매력이다.

거리 끝은 이곳과 함께 하라쥬쿠 패션계의 양대 산맥을 이루는 캣 스트리트 キャットストリート와 이어진다.

open 11:00~20:00 (숍마다 다름)

오모테산도
表参道

도로를 향해 무성한 가지를 늘어뜨린 느티나무 가로수와 유럽풍 노천 카페, 그리고 줄줄이 늘어선 세계적 명성의 럭셔리 명품 숍 때문에 흔히 '도쿄의 샹젤리제'라고 불리는 곳이다. 특히 신록에 물드는 봄과 낙엽 지는 가을이면 로맨틱한 멋이 한층 더해진다.

오모테산도의 메인 볼거리는 명품 숍과 현대 건축의 교과서로 통하는 세련된 건물이다. 특히 밤이면 은은한 조명에 물든 건물들이 스타일리시한 도시적인 야경을 보여준다. 주말과 공휴일에는 수많은 사람이 한데 뒤엉켜 혼잡의 극치를 이루니 느긋하게 돌아보려면 평일에 가는 게 좋을 듯.

open 10:00~21:00 (숍마다 다름)

오모테산도 힐즈
表参道ヒールズ

내로라하는 럭셔리 브랜드가 총망라된 초호화 쇼핑몰. 일본 최고의 현대 건축가 안도 타다오 安藤忠雄가 설계한 건물로 더욱 유명하다. 원래 이곳에 있던 일본 최초의 공동주택 도쥰카이 아오야마 아파트(1927년)의 역사성을 보존하면서도 현대적인 오모테산도의 모습을 연출하고자 한 게 기본 콘셉트다. 홀을 중심으로 나선형의 슬로프식 통로가 건물 전체를 연결하는데, 오모테산도의 언덕과 비슷한 경사를 이룬 슬로프는 외부 환경을 실내로 끌어들이려 한 작가의 의도다.

open 월~토요일 11:00~21:00, 일요일 11:00~20:00
close 부정기적

우라하라쥬쿠 　오모테산도 　오모테산도 힐즈

Day 2

mission

1. 일본 최대의 수산시장 츠키지 구경

2. 오다이바의 상징 자유의 여신상 앞에서 사진 찍기

3. 유럽의 거리를 그대로 재현한 쇼핑몰 비너스 포트 구경

4. 도쿄를 대표하는 유흥가 카부키쵸에서 놀기

오늘 코스 지도로 보기

www.clzup.com/qr/d20

Japan

아침 일찍 가야 활기찬 시장 분위기를 즐길 수 있다. 지하철 히비야 선의 츠키지 築地 역에서 도보 1분.

유리카모메는 운전석이 없는 무인열차라 열차 맨 앞에 앉으면 롤러코스터를 탄 기분으로 오다이바까지 갈 수 있다.

08:30   10:20

Start ▶

츠키지
築地

일본 최대의 수산시장. 서울 상암 월드컵 경기장 크기와 맞먹는 23만㎡의 시장에서는 도쿄 시민의 식탁에 오를 4000여 톤, 30억 엔 어치의 수산물이 매일 거래된다. 일본의 남쪽 끝 오키나와에서 북쪽 끝 홋카이도에 이르기까지, 일본 전역에서 공수된 진귀한 수산물과 생동감 넘치는 시장의 활력은 다른 어디서도 경험하기 힘든 츠키지만의 매력이다.

오랜 전통과 맛으로 승부하는 식당도 여럿 있는데, 저렴한 가격에 신선한 초밥을 맛볼 수 있는 초밥집이 많아 관광객의 발길이 끊이지 않는다.

open 05:00~15:00
close 일·공휴일(상점·식당마다 다름)

츠키지→오다이바
築地→お台場

츠키지에서 오다이바로 갈 때는 지하철과 사철을 두 번 갈아타야 한다. 우선 츠키지 역에서 긴자 銀座 역으로 가서 지하철을 갈아타고 신바시 新橋 역까지 간다. 그리고 지상으로 올라가 조금 걸어가면 오다이바 행 사철인 유리카모메 ゆりかもめ의 신바시 新橋 역이 있다. 여기서 유리카모메를 타고 오다이바카이힌코엔 お台場海浜公園 역에서 내린다.

츠키지→신바시 역
지하철
time 10분 소요 **cost** 170엔

신바시 역→오다이바카이힌코엔 역
유리카모메
time 13분 소요 **cost** 320엔

츠키지 생선시장 | 오다이바를 오가는 무인열차 유리카모메

> 다이바잇쵸메 상점가는 덱스 도쿄 비치 쇼핑몰의 4층에 있다.

 31min 11:00   6min 11:30   5min 12:10

오다이바 해변 공원
お台場海浜公園

오다이바카이힌코엔 역에서 5분쯤 걸으면 도쿄 만의 푸른 물결이 넘실대는 인공해변인 오다이바 해변 공원이 나타난다. 해안선을 따라 길게 이어진 백사장과 산책로에서는 노을에 붉게 물든 레인보우 브리지 레인보우 브리지와 도쿄 타워의 모습, 그리고 도쿄 만을 울긋불긋 화려하게 수놓은 야경을 두 눈 가득 담을 수 있어 데이트 코스로도 인기가 높다.

도쿄 시내와 오다이바를 연결하는 레인보우 브리지는 오다이바의 심볼로도 유명한 현수교인데, 총길이 800m, 주탑(主塔) 높이가 120m에 달하는 대형 건축물이지만, 초속 67m의 강풍과 진도 8의 강진에도 끄떡없는 견고함을 자랑한다.

다이바잇쵸메 상점가
台場一丁目商店街

1950~1960년대 도쿄의 모습을 재현한 테마 상점가. 좌판이 깔린 재래식 상점과 낡은 판자집, 증기기관차의 검은 그을음이 가득한 기차역 등 옛 풍경이 펼쳐지며 우리나라의 1970년대를 쏙 빼닮은 모습이 마냥 신기하기만 하다. 상점마다 그득그득 쌓인 빈티지 소품·복고풍 의상·골동품 장난감도 재미난 볼거리다. 도쿄 시내 어디서도 보기 힘든 재미난 기념품이 많으니 두 눈 크게 뜨고 구경하자. 물론 옛날 소품을 배경으로 색다른 기념사진을 찍는 재미도 놓칠 수 없는 매력! 출출할 때는 만두·라면을 파는 식당가에서 도쿄의 옛 맛을 경험해 보는 것도 좋다.

open 11:00~21:00

아쿠아시티 오다이바, 점심 식사
アクアシティお台場

활기찬 분위기가 감도는 대형 쇼핑몰. 150여 개의 인기 숍이 모여 있으며 누가 입어도 무난한 스타일의 중저가 의류 브랜드와 인테리어 소품·장난감·캐릭터 상품 매장이 많아 가족 단위 쇼핑객이 즐겨 찾는다. 매장은 1층 장난감·잡화, 3층 캐주얼 의류, 4층 액세서리 코너로 구성돼 있다. 기념품이나 선물을 장만하기에 좋으니 느긋하게 돌아봐도 좋을 듯. 적당한 가격대의 식당도 모여 있어 가볍게 점심을 해결하기에도 좋다.

open 11:00~21:00

오다이바 해변 공원   다이바잇쵸메 상점가   아쿠아시티 오다이바

> 후지 TV 앞의 다이바 台場 역에서 유리카모메를 타고 아오미 青海 역 하차(250엔).

 1min 13:30   🚶 5min 13:50   🚆 15min 14:50

자유의 여신상
自由の女神像

전 세계에 딱 3개뿐인 자유의 여신상 가운데 하나다. 원본은 미국 독립 100주년을 기념해 프랑스에서 뉴욕에 기증한 높이 48m의 대형 동상(1886년)인데, 이후 미국이 프랑스에 선물한 높이 11.5m의 축소판이 파리의 센 강에 세워졌고(1889년), 일본에서 그 축소판을 잠시 임대 전시한(1998년) 것을 계기로 복제판이 제작돼 여기에 놓였다.

이 앞의 원형 테라스는 오다이바에서 레인보우 브리지와 도쿄 만의 풍경이 제일 잘 보이는 곳이라 기념사진 촬영과 야경 감상 포인트로도 인기가 높다.

후지 TV
フジテレビ本社ビル

일본 현대 건축의 거장 단게 겐조 丹下健三가 설계한(1996년) 후지 TV의 본사 건물. 간판 볼거리는 스튜디오 견학 코스인 킷카케 스트리트 きっかけストリート다. 후지 TV 최고의 인기 프로그램인 비스트로 스맙 Bistro SMAP 코너에서는 촬영장의 일부를 축소해 놓은 세트를 배경으로 기념사진을 찍을 수 있어 언제나 긴 줄이 늘어서 있다. 도쿄 시내의 전경이 270도로 펼쳐지는 높이 100m의 구체 전망대에서는 후지 산도 보인다.

스튜디오 견학 코스
open 10:00~18:00 **close** 월요일 **cost** 무료
구체 전망대
open 10:00~18:00 **close** 월요일 **cost** 500엔

메가 웹
メガウェブ

일본 1위, 세계 3위의 자동차 메이커 도요타의 쇼룸. 명성에 걸맞게 일본 최대 규모를 자랑한다. 1·2층에는 도요타의 신모델을 가장 먼저 선보이는 전시장 도요타 시티 쇼 케이스 Toyota City Show Case가 있다. 물론 시승도 자유! 150여 대에 이르는 최신 차종을 맘껏 가지고 놀아보자.

최신형 자동차를 타고 2.8㎞의 코스를 직접 달려 보는 드라이빙 코스, 라이드 원 Ride One도 무척 인기가 높다(국제운전면허증 및 홈페이지 예약 필수).

open 11:00~21:00 **cost** 무료
라이드 원
open 11:00~20:00 **cost** 300엔
web www.megaweb.gr.jp

자유의 여신상 | 오다이바의 야경 | 후지 TV 본사 건물과 구체 전망대 | 메가 웹

5min 15:30   1min 16:00   5min 17:20

히스토리 개리지
ヒストリギャラジ

클래식카 마니아에게 강추하는 명소. 미국·유럽·일본의 자동차 역사를 총망라한 미니 박물관이다. 1층에는 F1, 르망 Le Mans 레이스 등의 유명 대회를 휩쓴 명차 340대의 미니어처가 진열돼 있다. 진짜 볼거리는 1950~1970년대를 풍미한 각국의 명차가 전시된 2층이다. 미국과 이탈리아의 옛 거리를 재현한 로맨틱한 공간에 캐딜락·로터스·재규어·일본산 베스트셀러 차종이 나란히 전시돼 있다. 물론 너나할 것 없이 상상을 초월하는 고가의 골동품들! 공짜로 이런 전시물을 볼 수 있다는 사실이 반갑기 그지없다.

open 11:00~21:00
cost 무료

비너스 포트
ヴィナス・フォート

로맨틱한 분위기를 선호하는 여행자에게 강추하는 오다이바 제일의 쇼핑몰. 17~18세기 유럽의 도시를 본뜬 거리에 대리석 분수대와 조각, 장엄한 성당 등을 배치해 이국적인 분위기가 물씬 풍긴다. 메인 매장인 2층은 높은 천장을 가진 개방적인 분위기가 특징. 좁은 통로가 이어지는 3층에서는 유럽의 골목길을 탐험하는 듯한 재미가 느껴진다. 3층은 오다이바의 쇼핑몰 가운데 패션 브랜드가 가장 풍부한 곳으로 20~30대 여성을 위한 고급 의류·보석·액세서리 매장이 집중돼 있다. 쇼핑몰 곳곳에 진실의 입 복제품 등 다양한 눈요깃거리가 숨겨져 있으니 찬찬히 돌아보자.

open 11:00~21:00

오다이바→신쥬쿠
お台場→新宿

오다이바에서 신쥬쿠로 갈 때는 비너스 포트에서 도보 5분 거리에 위치한 도쿄테레포토 東京テレポート 역을 이용한다. 이 역에서 출발하는 린카이 선 りんかい線의 직통열차를 타고 JR 신쥬쿠 新宿 역에서 내리면 된다.

직통열차가 없을 때는 린카이 선을 타고 오사키 大崎 역으로 간 다음 JR 야마노테 선 山手線으로 갈아타고 JR 신쥬쿠 역으로 간다. 요금은 직통열차와 동일하지만 시간은 10분 정도 더 걸린다.

도쿄테레포토 역→JR 신쥬쿠 역
직통열차
time 25분 소요
cost 500엔

신쥬쿠 행 린카이 선 / 히스토리 개리지 / 비너스 포트 / 비너스 포트의 상점가

 JR 신쥬쿠 역 서쪽 출구 西 口의 개찰구를 나와 정면의 지하도를 따라가면 도쿄 도청이 나온다(도보 10분).

25min   18:00   20min   18:50   5min   19:40   ■ Finish

도쿄 도청
東京都庁

도쿄의 행정을 총괄하는 심장부이자 연간 107만 명의 관광객이 방문하는 명소. 1991년 완공 때까지 무려 1570억 엔의 공사비가 소요돼 택스 타워 Tax Tower, 즉 세금 잡아먹는 빌딩이란 별명이 붙었다. 45층(202m)에 도쿄 시내가 훤히 내려다보이는 전망대가 있으며 날씨가 좋으면 후지 산까지도 보인다. 1층 입구에서 전망대행 초고속 엘리베이터를 타면 55초 만에 전망대에 도착하는데 올라가는 동안 급속한 기압차로 귀가 멍해질 정도다. 여기서는 보석처럼 반짝이는 신쥬쿠의 야경도 감상할 수 있다.

open 09:30~23:00
close 12/29~1/3(단, 1/1은 개관)
cost 무료

오모이데요코쵸, 저녁식사
思い出横丁

신쥬쿠의 번화함과는 사뭇 다른 서민적인 분위기의 식당가. 제2차 세계대전 직후 암시장이 서던 곳으로 전성기에는 300여 개의 상점이 난립했다. 그러나 1963년의 무허가 업소 단속으로 숫자가 급감해 지금은 80여 개의 식당만 남아 있을 뿐이다. 남대문의 먹자골목처럼 좁은 골목을 따라 다닥다닥 붙은 서너 평 남짓한 식당에서는 사람들이 어깨를 맞붙이고 앉아 밥을 먹는 지극히 일본적인 풍경이 펼쳐진다. 퇴근 시간 무렵이면 꼬치 굽는 냄새가 솔솔 풍기는데, 1인당 1500~2000엔이면 가볍게 기분을 낼 수 있으니 꼬치구이에 맥주 한잔 기울이며 도쿄의 밤을 즐겨보자.

open 08:00~24:00(식당마다 다름)

카부키쵸
歌舞伎町

성인업소와 러브호텔이 24시간 불을 밝히는 '잠들지 않는 거리'. 흔히 일본 최대의 환락가로 통한다. 원래 이곳은 도쿄 대공습으로 폐허가 된 유곽을 재개발해 문화 중심지로 조성할 예정이었다고 한다. 그 때문에 이름도 일본 전통예술의 하나인 카부키를 따다 붙인 것. 하지만 불행히도 자금 부족으로 계획이 전면 취소, 결국 옛 모습에 버금가는 퇴폐적인 환락가로 거듭나고 말았다. '환락가'라는 이미지 때문에 살짝 꺼려질 수도 있지만, 이 지역은 극장과 주점·레스토랑이 모인 유흥의 중심지이기도 하다. 현지인도 즐겨 찾는 곳이니 재미 삼아 구경하다가 가볍게 술 한잔 걸치며 하루를 마감해도 좋을 듯!

도쿄 도청   오모이데요코쵸   카부키쵸

Day 3

mission

1. 예스러움 분위기로 가득한 아사쿠사 산책

2. 활기 넘치는 우에노 재래시장 구경

3. 도쿄(나리타)→인천 이동

오늘 코스 지도로 보기

www.clzup.com/qr/d21

Japan

 5min

08:40 ─────────────── 09:00

Start ▶

숙소 → 아사쿠사
ホテル → 浅草

아침 일찍 체크아웃을 하고 우에노 上野 역으로 간다. 그리고 첫날 확인 해둔 코인라커를 찾아가 큰 짐을 넣어놓고 가벼운 차림으로 움직인다. 짐이 커서 코인라커에 보관하기 힘들다면 체크아웃 때 숙소에 맡겨놓자. 이 경우 공항으로 돌아가기 전에 짐을 찾으러 숙소에 들러야 해 그만큼 이동시간이 늘어나니 주의하자.
이제 우에노 역에서 지하철 긴자 선 銀座線을 타고 종점인 아사쿠사 浅草 역으로 간다. 그리고 1번 출구를 나와 정면으로 조금만 가면 카미나리몬이 보인다.

우에노 역 → 아사쿠사 역
지하철
time 5분 소요
cost 170엔

카미나리몬
雷門

1000년 넘게 아사쿠사의 역사를 지켜봐 온 '아사쿠사의 상징'. 높이 4m, 무게 670kg의 초대형 제등이 걸린 이 문은 천하태평과 풍년, 그리고 센소지 浅草寺의 번영을 기원하고자 942년에 처음 세워졌다. 하지만 잦은 화재로 인해 소실과 재건이 반복됐으며 지금의 건물은 1960년에 만들어졌다. 카미나리몬(천둥 문)이란 이름은 문 안에 안치된 신상 때문에 붙여진 것으로 제등 왼쪽에 놓인 게 이름의 유래가 된 천둥의 신 雷神이다. 오른쪽에는 보자기를 목도리처럼 두른 바람의 신 風神의 신상이 있다. 제등 밑에는 비를 부르는 신통력으로 카미나리몬을 화재로부터 보호해 달라는 뜻으로 한 마리의 용을 조각해 놓았다.

아사쿠사의 상징 카미나리몬

바람의 신

1min	1min	18min
09:10	10:00	11:00

나카미세도리
仲見世通り

카미나리몬에서 센소지까지 이어지는 300m의 도로. 절의 정문으로 이어지는 길이며 원래 불공을 드리러 오는 이들을 상대로 장사하던 곳이다. 지금도 전통 공예품·기념품·먹거리를 파는 200여 개의 상점이 줄지어 있어 이국적인 정취가 담뿍 느껴진다.

나카미세도리 중간쯤에는 에도 시대 거리의 모습을 재현한 상점가인 덴보인도리 伝法院通리도 있다. 상품의 모양을 본떠서 만든 재미난 간판과 거리 곳곳에 그려진 옛 상인들의 모습이 제법 흥미롭다. 취급하는 상품은 염직물·빗·비녀 등의 전통 공예품이다. 구경하는 재미가 은근히 쏠쏠하니 잠시 들러봐도 좋을 듯.

open 09:00~19:00 (상점마다 다름)

센소지
浅草寺

아사쿠사 옆의 스미다 강 隅田川에서 고기를 잡던 어부가 관음상을 건져 올린 것을 계기로 창건된 절. 지난 1400년간 서민 신앙의 중심이 되어온 곳답게 지금도 불공 행렬이 끊이지 않는다. 거대한 규모를 자랑하는 본당은 1945년 공습으로 불타버린 것을 7년의 공사 끝에 복원시킨 것(1958년)인데 공사비만 3억 1300만 엔이 들었다고 한다. 센소지의 가장 이색적인 볼거리는 본당 정면에 놓인 대형 화로다. 여기서 나오는 연기를 쐬면 몸에 좋다고 해 이 앞을 지나는 사람은 누구나 몸 구석구석 연기를 쐬는 일종의 의식을 치른다.

open 4~9월 06:00~17:00, 10~3월 06:30~17:00
cost 무료

캇파바시도리
かっぱ橋通り

한마디로 주방용품 마니아의 천국이다. 주방에서 필요한 모든 요리기구가 한자리에 모여 있는데, 전문가도 탐낼 만큼 '훌륭한 품질, 저렴한 가격, 다양한 상품'의 3박자를 고루 갖췄다. 동대문시장처럼 어수선하지만 세련된 디자인의 상품을 곳곳에서 발견할 수 있는 것도 큰 매력이다. 심플하지만 멋스러운 간판과 노렌 のれん(상점 이름이 적힌 포렴), 실물을 쏙 빼닮은 음식 모형 등은 누가 봐도 탐나는 인기 절정의 아이템이다. 점포 수가 170여 개에 이르니 구경할 시간을 넉넉히 잡고 가자.

open 10:00~17:30
cost 일요일, 연말연시(숍마다 다름)

나카미세도리 · 불공 행렬이 끊이지 않는 센소지 · 캇파바시도리

> 캇파바시도리 앞의 타와라마치 田原町 역에서 지하철을 타고 한 정거장 다음의 우에노 上野 역 하차(170엔).

3min   2min   1min

12:30   14:00   14:30

아메요코 시장, 점심 식사
アメ横

서울에 남대문이 있다면 도쿄에는 아메요코가 있다고 할 만큼 유명한 재래시장. 낡은 고가철로 밑에 수십 개의 상점이 늘어선 서민적인 분위기와 목청 높여 호객하는 상인들의 모습이 우리나라의 재래시장과 흡사해 묘한 친근감마저 느껴진다. 제2차 세계대전 직후 생겨난 암시장이 발전해 지금의 모습을 이룬 것으로 '아메요코'란 이름은 미제(아메리카 アメリカ) 상품을 취급하는 상점이 많아서 붙여졌다고 한다.
시장 곳곳에 저렴한 식당은 물론 과일 등의 군것질거리를 파는 노점이 가득해 출출한 위장을 달래기에도 좋다.

open 11:00~20:00(상점마다 다름)

우에노 공원
上野公園

울창한 숲과 초록빛 잔디에 둘러싸인 한적한 공원. 홈리스의 본거지(?)이기도 해 쾌적한 맛은 조금 떨어지지만 한가로이 산책을 즐길 수 있는 명소라 1년 내내 사람들의 발길이 끊이지 않는다. 주말·공휴일이면 곳곳에서 펼쳐지는 거리 공연을 감상하며 즐거운 한때를 보낼 수 있다.
공원 안쪽에는 1631년 창건된 사찰인 키요미즈 관음당 清水観音堂, 1600년 전 일본에 한자를 전파한 백제인 왕인 박사의 업적을 기리는 왕인 박사 비 博士王仁碑, 일본 속의 작은 유럽이라고 불릴 만큼 서양 미술품이 풍부한 국립 서양미술관 国立西洋美術館 등의 명소가 있다.

우에노토쇼구
上野東照宮

토쿠가와 이에야스를 신으로 모시는 신사. 이에야스에게 충성을 맹세한 도도 타카도라 藤堂高虎가 닛코의 토쇼구를 모방해서 지은 게 시초다. 지금의 건물은 1651년 이에야스의 손자인 이에미츠가 재건한 것으로 에도 시대 초기의 건축양식을 잘 보여준다. 안쪽에는 번쩍이는 금박을 입힌 금색전 金色殿이란 사당이 있는데, 우에노에서 가장 화려한 건물로 유명하다. 이 앞으로 이어진 길 양쪽에는 수많은 석등과 50여 개의 청동 등롱이 세워진 가운데 정원수가 무성한 가지를 드리우고 있어 과거 우에노 공원의 모습을 짐작케 해준다.

open 09:00~16:30
cost 경내 무료, 금색전 200엔

아메요코 시장   우에노 공원   우에노토쇼구의 금색전

> 시간이 남을 때는 제2터미널 4층의 전망대로 올라가 항공기 이착륙 광경을 보며 시간을 보내도 된다.

 6min　 1:18min　 5min

15:14　　　　　　　16:32　　　　　　　18:40 · 21:15

　 Finish

케이세이우에노 역→나리타 국제공항
京成上野→成田国際空港

짐을 찾고 케이세이우에노 京成上野 역으로 가서 공항으로 떠날 채비를 한다. 케이세이 전철은 이곳이 발착역이라 플랫폼이 여러 개로 나뉘어 있으니 전광판에 표시된 열차의 출발 시각 및 행선지를 꼼꼼히 확인하고 15:14에 출발하는 나리타 공항 成田空港 행 특급열차를 타면 된다.

열차는 '도쿄 시내→나리타 공항 제2터미널 成田空港第2ターミナル→나리타 공항 제1터미널 成田空港第1ターミナル(종점)'의 순으로 정차하니 내리는 역을 헷갈리지 않게 주의하자. 일본항공은 나리타 공항 제2터미널에서 출항한다.

케이세이우에노 역→나리타 공항 제2터미널 역
특급열차
time 1시간 18분 소요　cost 1240엔

나리타 국제공항 도착
成田空港

나리타 공항 제2터미널 역에서 내려 개찰구 쪽으로 가면 짐을 실을 수 있는 카트가 놓여 있다. 무거운 짐은 여기 싣고 공항으로 들어가는 게 편하다. 개찰구를 통과하자마자 여권 검사를 할 테니 여권을 미리 꺼내 놓자. 제2터미널의 출국장은 3층에 있다. '출발 로비 出発ロビー' 표지판만 따라가면 출국장으로 이어지게 돼 있어 찾는 데 별 어려움은 없다.

출국장의 전광판에서 일본항공의 체크인 카운터를 확인하고 그곳으로 가 탑승수속을 하면 된다. 나리타 공항의 출국장은 늘 엄청난 인파로 붐비는데, 이용자가 몰리는 성수기에는 출국수속에 상당한 시간이 걸리니 최대한 서둘러 가는 게 좋다.

일본항공, 나리타 출발
Japan Airlines JL959

탑승수속을 마친 뒤에는 같은 층의 출국심사장으로 가서 여권과 보딩패스를 제시하고 출국심사를 받은 다음 비행기를 탄다. 한국까지의 소요시간은 2시간 35분이며, 인천국제공항에는 21:15에 도착한다.

인천국제공항의 입국장은 1층에 있으며, 표지판을 따라 5~10분쯤 걸으면 공항철도역이 나타난다. 입국장 바로 앞에는 서울 시내 및 수도권을 연결하는 여러 노선의 공항 리무진 버스 정류장도 있는데, 노선별로 정류장 위치가 다르니 인포메이션 센터나 안내 표지판 등을 통해 정확한 정류장 위치를 확인하고 이용한다.

케이세이 전철의 특급열차　　나리타 국제공항의 출국장　　나리타 국제공항

식도락 · 도시 기행

도쿄 3박 4일

63만 원~

도쿄의 인기 명소만 골라서 여행하는 일정. 앞서 소개한 2박 3일 일정에 미야자키 하야오가 직접 디자인한 지브리 미술관, 그리고 일본 정치와 경제의 중심지 마루노우치 · 긴자를 추가로 돌아본다. 항공편은 일본항공의 인천↔나리타 왕복편, 숙소는 저렴한 한인민박을 이용한다.

추천 항공편 일본항공
인천 07:50→나리타 10:10
나리타 18:40→인천 21:15
숙박 도쿄 3박
예산 632,000원~
숙박비 10,500엔
(한인민박 다인실 3박)
생활비 16,000엔(4일)
입장료 2000엔
교통비 5000엔
항공료 29만 원~
※100엔=970원 기준

기본 준비

Day 1   인천→도쿄, 하라쥬쿠
p.434와 동일

Day 2   츠키지 · 오다이바
p.438와 동일

Day 3   지브리 미술관, 마루노우치 · 긴자
09:00쯤 JR 츄오 선을 타고 미타카 三鷹 역으로 간다(도쿄 시내에서 20~40분 소요, 210엔~). 역에서 지브리 미술관까지는 도보 20분 또는 셔틀버스로 5분 정도 걸린다. 지브리 미술관은 완전 예약제로 운영되기 때문에 우리나라에서 미리 티켓을 구입해 가야 하며 입장 시각은 10:00로 예약하면 된다(**open** 10:00~18:00 **close** 화요일, 12/27~1/2, 전시물 교체기간 **cost** 1000엔 **web** www.ghibli-museum.jp).

미술관 관람에는 1시간 반 정도 걸린다. 관람을 마친 뒤에는 산책을 즐기기에 좋은 이노카시라 공원에 잠시 들렀다가 기치조지 상점가로 가서 점심 식사를 하고, 13:00쯤 마루노우치의 히가시교엔으로 향한다(JR 츄오 선 32분 소요, 390엔). 히가시교엔은 400여 년간 일본의 실질적인 지배자였던 토쿠가와 바쿠후가 세운 에도 성의 일부인데, 지금도 당시의 권력을 상징하듯 광활한 녹지를 차지하고 있으며 곳곳에 성벽과 성터 등의 유적이 남아 있다(**open** 09:00~17:00, 3/1~4/14 · 9~10월 09:00~16:30, 11~2월 09:00~16:00 **close** 월 · 금요일, 궁내 행사일, 12/28~1/3 **cost** 무료). 이제 일왕의 실제 거처인 고쿄와 예스러운 멋을 뽐내는 메가네바시를 구경하고, 일본 제일의 번화가로 명성이 자자한 긴자의 츄오도리까지 살펴보면 17:00~18:00쯤이 된다. 근처에서 저녁을 먹으며 해가 지기를 기다렸다가 화려한 긴자의 야경을 구경하고 숙소로 돌아간다.

Day 4   아사쿠사 · 우에노, 도쿄→인천
p.443와 동일

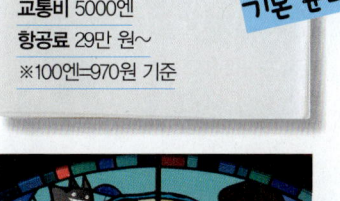
지브리 미술관

일왕의 거처인 고쿄

travel note

도쿄 쇼핑 3박 4일

볼거리	★★★☆☆
식도락	★★★☆☆
쇼핑	★★★★★
유흥	★★☆☆☆

트렌드세터를 위한 스페셜 일정. 도쿄의 최신 유행 흐름이 한눈에 들어오는 쇼핑 명소만 콕콕 집어 돌아본다. 일본 유행의 일번지로 통하는 시부야·하라주쿠와 더불어 최신 유행의 명품 숍이 즐비한 아오야마·롯폰기, 젊은 감각이 반짝이는 다이칸야마·시모키타자와의 숍들이 두 눈을 즐겁게 한다.

day 1
김포→도쿄, 지유가오카·시부야

숙박 도쿄

08:00 일본항공, 김포 출발
10:10 하네다 국제공항 도착
10:59 하네다 국제공항→도쿄 시내
11:13 숙소 체크인 또는 짐 맡기기, 점심 식사
12:30 숙소→지유가오카
13:00 카틀레야 쇼핑가
15:00 라 비타
15:30 거베라 쇼핑가
17:00 시부야 109
18:00 센터가이, 스페인자카
19:30 코엔도리

day 2
하라주쿠·아오야마

숙박 도쿄

09:30 하라주쿠 역
09:40 메이지 신궁
11:00 타케시타도리
12:00 라포레 하라주쿠, 점심 식사
13:30 우라하라주쿠
14:30 디자인 페스타 갤러리
15:00 캣 스트리트
16:00 오모테산도
16:30 크레용 하우스
17:30 아오야마
18:30 오모테산도 힐즈

기본 준비

추천 항공편 일본항공
인천 08:00→도쿄(하네다) 10:10
도쿄(하네다) 19:45→인천 22:05
숙박 도쿄 3박
예산 666,000원~
숙박비 10,500(한인민박 다인실 3박)
생활비 16,000엔(4일)
입장료 1500엔
교통비 3000엔
항공료 35만 원~
※100엔=970원 기준

day 3

다이칸야마·롯폰기

숙박 도쿄

- 11:00 에비스 맥주 기념관
- 12:00 에비스 가든 플레이스, 점심 식사
- 13:30 큐야마테도리
- 15:00 다이칸야마 어드레스
- 16:00 캐슬 스트리트
- 17:30 도쿄 미드 타운
- 19:00 롯폰기 힐즈 모리 타워, 저녁 식사
- 21:00 모리 미술관

day 4

시모키타자와·신쥬쿠, 도쿄→김포

- 10:30 숙소→시모키타자와
- 11:00 시모키타자와 북쪽 쇼핑가, 점심 식사
- 13:30 시모키타자와 남쪽 쇼핑가
- 15:00 신쥬쿠도리 쇼핑가
- 17:28 하마마츠쵸 역→하네다 국제공항
- 17:43 하네다 국제공항 도착
- 19:45 일본항공, 하네다 출발
- 22:05 김포국제공항 도착

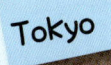

Tokyo

요점 정리!

편리한 김포~하네다 노선 항공편 이용
서울과 마찬가지로 도쿄에도 두 개의 공항이 있다. 김포국제공항에 해당하는 곳이 하네다 국제공항, 인천국제공항에 해당하는 곳이 나리타 국제공항이다. 김포·하네다 국제공항은 도심에 위치해 인천·나리타 국제공항을 이용할 때보다 2~3시간 이상 이동 시간을 절약할 수 있으며, 그만큼 교통비도 적게 든다.

한인민박의 다인실이 가장 저렴
가장 저렴한 숙소는 한인민박(1박 3500엔~)이다. 도쿄 한복판에 위치한 신쥬쿠에서 전철로 불과 한 정거장 거리에 있는 코리아타운 신오쿠보에 한인민박이 모여 있다. 편리한 교통과 쾌적한 시설을 원하면 전철·지하철역에서 가까운 비즈니스 호텔(1박 5000엔~)을 이용하는 것도 좋다.

편리한 교통카드 모노레일 Suica 구입
모노레일 Suica는 도쿄 시내에서 사용 가능한 교통카드다. 교통편을 이용할 때마다 일일이 티켓을 사지 않아도 돼 편리하며, 전철·지하철 이용시 약간의 요금 할인 혜택도 있다. 구입은 하네다 국제공항의 모노레일 역에서 한다. 자세한 방법은 p.453 참조.

도쿄 쇼핑 3박 4일

Day 1

mission

1. 김포→도쿄(하네다) 이동
2. 교통 카드 모노레일 Suica 구입
3. 아기자기한 숍이 모인 지유가오카 산책
4. 일본 패션의 중심지 시부야 돌아보기

오늘 코스 지도로 보기

https://www.clzup.com/qr/d22

Japan

> 김포국제공항은 규모가 작고 이용객도 적어 인천국제공항보다 이용하기가 한결 수월하다.

08:00 — 2:10min — **10:10**
Start ▶

일본항공, 김포 출발
Japan Airline JL090

비행기는 일본항공의 김포↔하네다 왕복편을 이용한다. 하네다 노선을 운항하는 항공사 가운데 오전에 가장 일찍 출발하며, 귀국편도 도쿄에서 오후 늦게 출발하기 때문에 4일을 꽉 채워서 여행할 수 있다. 또한 김포·하네다 국제공항은 도심에 위치해 인천·나리타 국제공항보다 시내를 오가는 교통편을 이용할 때 1~2시간 이상 시간을 절약할 수 있으며 교통비도 적게 든다.

김포에서 도쿄까지의 소요시간은 2시간 10분. 기내에서 잠시 휴식을 취하며 일본 입국심사 및 세관검사에 필요한 신고서를 미리 작성해 두자. 신고서는 공항 도착 전에 승무원들이 나눠준다.

하네다 국제공항
羽田国際空港

비행기에서 내려 '도착 到着 Arrivals' 표지판을 따라가면 잠시 후 입국심사장이 나타난다. 그리고 입국심사관에게 기내에서 작성한 일본 입국신고서와 여권을 제시하면 간단한 확인 절차를 거쳐 90일간의 입국허가 스티커를 붙여준다. 이제 짐을 찾아 세관검사대를 통과하면(세관 신고서는 이때 제출) 드디어 도쿄 도착이다.

입국심사와 세관검사를 모두 마치고 공항 밖으로 나오기까지는 보통 30분 정도가 걸린다. 여행 성수기에는 사람이 많이 몰리는 입국심사장을 통과하는 데 시간이 오래 걸리기도 하니 비행기에서 내리자마자 입국심사장으로 서둘러 가는 게 좋다.

김포 국제공항

하네다로 향하는 일본항공

> 지유가오카로 가기 전에 숙소 근처에서 점심 식사를 하고 움직인다.

10:59   11:13   12:30

공항 → 도쿄 시내
空港 → 東京市内

하네다 국제공항에서 도쿄 도심까지의 거리는 약 16km. 공항과 시내를 연결하는 가장 편리한 교통편은 도쿄 시내 남쪽의 하마마츠쵸 浜松町 역까지 운행하는 도쿄 모노레일 東京モノレール이다.

입국장을 빠져나와 정면으로 40m쯤 가면 왼쪽으로 '모노레일 モノレール' 표지판과 함께 도쿄 모노레일의 매표소와 개찰구가 있다. 여기서 교통카드인 모노레일 Suica(p.451)를 구입하고 10:59에 출발하는 열차를 타면 된다.

모노레일 Suica
cost 2000엔
하네다 공항 → 하마마츠쵸 역
도쿄 모노레일
time 14분 소요 **cost** 490엔

숙소 체크인 또는 짐 맡기기, 점심 식사
Check-In

열차가 종점인 하마마츠쵸 浜松町 역에 도착하면 '중앙출구 中央口' 표지판을 따라 한 층 아래로 내려간다. 개찰구를 나가 'JR 線・야마노테 선 Yamanote Line' 표지판을 따라가면 JR 야마노테 선 山手線의 하마마츠쵸 역이 있다. 여기서 JR로 갈아타고 숙소가 위치한 역까지 가면 된다. 참고로 호텔과 한인민박이 모여 있는 신쥬쿠・신오쿠보 역까지는 JR로 23~26분(190엔) 정도 걸린다.

숙소에 도착하면 체크인부터 하는데, 아직 시간이 너무 일러 체크인이 불가능할 가능성이 높다. 이때는 가볍게 돌아다닐 수 있도록 체크인 전까지 짐을 잠시 맡겨두고 나오는 게 요령! 물론 짐 보관은 무료다.

숙소 → 지유가오카
ホテル → 自由が丘

지유가오카로 가려면 사철인 토큐토요코 선 東急東横線을 이용해야 한다. 우선 JR 야마노테 선 또는 지하철을 타고 시부야 渋谷 역으로 간 다음, '토요코 선 東横線' 표지판을 따라 가면 토큐토요코 선의 시부야 역이 나타난다. 여기서 출발하는 열차를 타고 도중의 지유가오카 自由が丘 역에서 내리면 된다. 열차는 보통 各駅停車・급행 急行・특급 特急 등이 있으며 요금은 모두 동일하다. 단, 열차 등급에 따라 정차하는 역과 소요시간이 다르니 주의!

시부야 역 → 지유가오카 역
특급열차 time 8분 소요 **cost** 160엔
급행열차 time 9분 소요 **cost** 160엔
보통열차 time 11분 소요 **cost** 160엔

하네다 국제공항을 오가는 도쿄 모노레일   도쿄의 상징 도쿄 타워   토큐토요코 선의 열차

카틀레야 쇼핑가
カトレア通り

쇼핑가라는 표현이 어색하리만치 좁은 도로지만 은근히 아기자기한 숍들이 눈길을 끈다. 도로를 따라 패션·인테리어 관련 숍과 부티크·유명 제과점이 모여 있으며, 쇼핑가를 중심으로 곁가지처럼 뻗은 좁은 골목 안에도 재미난 숍이 구석구석 숨어 있다.

눈에 띄는 숍은 고급 홈 인테리어 전문점 와타시노헤야 Watashi no Heya, 기상천외한 아이템만 엄선해 놓은 빌리지 뱅가드 Village Vanguard, 프랑스 풍의 주방용품을 취급하는 꽈트르 세종 Quatre Saisons, 프로방스 스타일의 잡화·인테리어 숍 타임리스 컴포트 Timeless Comfort 등이다.

open 11:00~20:00 (숍마다 다름)
close 연말연시 (숍마다 다름)

라 비타
ラ・ヴィータ

미용실·갤러리·카페가 입점한 유러피언 스타일의 초미니 쇼핑센터. 아담한 운하(?)와 그 위에 걸린 다리, 그리고 베니스에서 공수해온 진짜 곤돌라 때문에 흔히 '지유가오카의 베니스'라고 불린다. 숍은 고작 3개뿐이지만 이국적인 외관 때문에 관광객의 발길이 끊이지 않는 명소다. 일상적인 일본의 풍경과는 다른 로맨틱한 곳이라 기념사진을 남기기에도 좋다.

open 11:00~20:00
close 부정기적

거베라 쇼핑가
ガーベラ通り

지유가오카의 메인 스트리트. 고작 왕복 2차선에 불과한 좁은 도로지만 길 양쪽에 중고가 브랜드의 패션·인테리어 전문점이 줄지어 있다. 개성 만점의 셀렉트 숍은 물론, 우리나라에서 구하기 힘든 레어 아이템을 취급하는 곳도 많다.

눈에 띄는 숍은 고양이 다얀 ダヤン을 주인공으로 한 동화책과 아기자기한 캐릭터 상품을 파는 와치 필드 Wachi-field, 내추럴한 디자인의 생활용품 전문점 모모 내추럴 MoMo Natural, 심플하면서도 도회적인 분위기의 가구·인테리어 소품을 취급하는 시봉 Cibone 등이다.

open 11:00~20:00 (숍마다 다름)
close 연말연시 (숍마다 다름)

라 비타

카틀레야 쇼핑가 | 거베라 쇼핑가 | 거베라 쇼핑가의 인테리어 숍

> 지유가오카 역에서 토큐토요코 선을 타고 시부야 역 하차(9분, 160엔). 도보 5분

> 센터가이·스페인자카에는 다양한 식당이 모여 있어 저녁 식사를 해결하기에도 좋다.

> 강추 맛집!
> 우메가오카스시 미도리 梅ヶ丘寿司 美登利 도쿄에서도 손꼽히는 초밥 전문점.
> p.328

9min 17:00   2min 18:00   1min 19:30 ■ Finish

시부야 109
渋谷 109

도쿄의 최신 패션 동향을 한눈에 파악할 수 있는 곳. 20대 취향의 유행 상품을 발 빠르게 소개하는 백화점으로 유명하다. 매장은 지하 2층에서 지상 8층까지 총 10개 층으로 이루어져 있다. 분위기는 동대문의 두타나 밀리오레와 비슷하지만, 보세보다 브랜드 매장의 비중이 높은 게 특징이다. 요란한 음악과 큼직하게 써 붙인 가격표, 최신 유행 아이템으로 꾸민 화려한 디스플레이도 인상적이다. 전반적인 콘셉트는 아메리칸 힙합 캐주얼, 사랑스러운 걸리시 룩, 화려한 레이스의 빅토리안 룩 등이다. 물론 편안한 이시 캐주얼도 찾아볼 수 있다.

open 10:00~21:00
close 1/1

센터가이·스페인자카
センター街·スペイン坂

패션·액세서리 숍, 저렴한 음식점, 할인 티켓 전문점 등이 모인 거리. 주머니가 가벼운 중고생과 젊은이들이 즐겨 찾는 곳이라 그들만의 거리문화가 형성돼 있다. 지금은 잊혀진 지 오래지만 고갸루·루즈삭스·야맘바 등 '사회문제'로까지 비화된 온갖 패션 스타일과 유행이 바로 이 거리에서 비롯됐다는 사실도 흥미롭다.

바로 옆에는 서울의 명동 뒷골목과 비슷한 분위기를 풍기는 스페인자카가 있다. 완만한 언덕을 이룬 골목 양쪽에는 깜찍한 잡화와 패션 소품을 취급하는 40여 개의 숍과 레스토랑이 모여 있다.

open 11:00~20:00(숍마다 다름)
close 연말연시(숍마다 다름)

코엔도리
公園通り

일본 유행의 원점으로 통하는 패션 타운. 세이부·파르코 백화점의 출현과 더불어 시부야의 명소로 급부상했으며, 지금은 언덕을 따라 늘어선 백화점·부티크가 쇼핑과 패션의 거리다운 면모를 유감없이 과시한다. 대표적인 백화점은 세이부·파르코·마루이 시티 등이며, GAP·United Arrows·A/X 등 인기 브랜드의 로드숍도 있다.

인테리어·문구류에 관심 있다면 실용만점의 생활용품과 DIY 상품 전문점 토큐 핸즈 Tokyu Hands, 실용성과 깜찍한 디자인이 돋보이는 잡화·인테리어 소품을 취급하는 로프트 Loft를 놓치지 말자.

open 11:00~21:00(숍마다 다름)
close 연말연시(숍마다 다름)

시부야 109 일본 유행의 원점으로 통하는 시부야 센터가이 코엔도리의 인테리어 숍

Day 2

mission

1. 젊음의 거리 하라쥬쿠 산책

2. 스트리트 패션의 중심지 우라하라쥬쿠 돌아보기

3. 고급 쇼핑가 오모테산도·아오야마 산책

오늘 코스 지도로 보기

www.clzup.co.kr/qr/d23

Japan

JR 야마노테 선 하라쥬쿠 原宿 역 또는 지하철 치요다 선·후쿠토신 선의 메이지진구마에 明治神宮前 역 하차.

09:30 — 2min — 09:40

Start ▶ ─────────── ○

하라쥬쿠 역
原宿駅

일본 트렌드의 중심지 하라쥬쿠의 관문답게 언제나 수많은 사람들로 북적인다. 목가적인 분위기의 영국풍 건물은 1926년 '일왕 전용 열차'의 발착역으로 세워진 것이라 1952년까지는 아무나 이용할 수 없었다고. 지금까지 옛 흔적이 남아 있는 것도 흥미로운데, 현재 사용되는 1·2번 플랫폼 건너편의 텅 빈 플랫폼이 바로 그것이다. 흔히 '궁정(宮廷) 플랫폼'이라고 부르는 이곳은 1월 1일 메이지 신궁 참배 때만 깜짝 개방한다.

주말·공휴일에는 바로 옆의 진구바시 神宮橋에서 기상천외한 차림으로 삼삼오오 모여 앉아 서로의 패션 감각을 뽐내는 파릇파릇한 청춘들과 만날 수 있는 것도 흥미롭다.

메이지 신궁
明治神宮

일본 근대화에 지대한 공을 세운 메이지 일왕(1867~1912)을 신으로 모시는 신사. 서울의 롯데월드 6개가 쏙 들어가고도 남을 만큼 광활한 녹지가 펼쳐진 도쿄의 허파와도 같은 존재다. 신사의 정문에 해당하는 '天' 모양의 나무 기둥인 토리이 鳥居를 통과하면 울창한 숲속으로 참배로가 끝없이 이어진다. 15분쯤 걸으면 신사의 본전이 나타나는데, 주말·공휴일에는 전통 혼례가 열려 색다른 볼거리를 제공한다. 본전 왼쪽에는 '부부목 夫婦木'이라고 부르는 신목(神木)도 있다. 두 그루의 나무가 서로 맞붙은 채 한 그루로 자라는 모습처럼 부부가 백년해로 하라는 깊은 뜻이 담겨 있다.

open 일출~일몰

JR 하라쥬쿠 역

메이지 신궁의 전통 혼례식

| 6min | 11:00 | 3min | 12:00 | 2min | 13:30 |

타케시타도리
竹下通り

1980년대부터 아이돌 사진 전문점으로 인기를 끌어온 하라쥬쿠의 대표 상점가. 지금은 10대들이 열광하는 의류·소품·팬시 숍이 그 인기를 이어가고 있다. 일본 중고생 수학여행단의 필수(?) 여행 코스로도 인기가 높아 좁은 도로는 언제나 사람의 물결로 넘실넘실. 특히 주말이면 전 세계에서 몰려든 관광객들로 북새통을 이룬다. 정말이지 한 걸음 내딛기도 힘들 만큼! 타케시타도리의 쇼핑 포인트는 중고생 눈높이에 맞춘 펑키한 스타일의 패션 소품이다. 타케시타도리의 명물 크레페를 맛보며 숍을 구경하면 윈도우 쇼핑의 재미도 쏙쏙 커질 듯~.

open 11:00~20:00 (숍마다 다름)

라포레 하라쥬쿠, 점심 식사
La Foret Harajuku

하라쥬쿠 뒷골목 패션, 즉 우라하라쥬쿠의 트렌드가 한눈에 들어오는 패션 백화점. 메인 타깃은 10~20대이며 그들을 열광하게 만드는 착한 가격도 매력적이다. 하라쥬쿠 스타일의 로리타룩을 비롯해 스트리트풍 펑크 패션, 섹시룩, 핑크·화이트를 강조한 레이디 라이크 등 도쿄 한복판의 유행 흐름을 피부로 느낄 수 있다. 지하 1.5~1층은 고스로리, 지상 0.5~3층은 고급 여성복, 4~5.5층은 영캐주얼 매장이다. 윗층으로 올라갈수록 발랄한 분위기를 연출하며 우리에게 친숙한 일본 브랜드도 많다.

open 11:00~20:00
close 부정기적(홈페이지 참조)
web www.laforet.ne.jp

우라하라쥬쿠
裏原宿

타케시타도리의 어수선함과는 사뭇 대조적인 분위기의 거리. 골목 구석구석 마이너 브랜드의 부티크와 미용실이 빼곡이 들어서 있다. 이 동네의 패션과 헤어 스타일을 즐기는 남자를 가리켜 흔히 우라하라쥬쿠 계(系), 줄여서 우라하라 계라고 부르는데, 이에 부응해 남성용 숍이 많은 게 눈에 띄는 특징이다. 이로 인해 다른 어떤 곳보다 두 눈을 즐겁게 해주는 '훈남·간지남'이 많은 것도 우라하라쥬쿠의 놓치기 힘든 매력이다. 거리 끝은 이곳과 함께 하라쥬쿠 패션계의 양대 산맥을 이루는 캣 스트리트 キャットストリート와 이어진다.

open 11:00~20:00 (숍마다 다름)

타케시타도리 　 라포레 하라쥬쿠 　 우라하라쥬쿠

> 강추 맛집!
> 마이센 まい泉 하라쥬쿠 최고의 맛집이라 해도 과언이 아닌 돈가스 전문점.
> p.328

🚶 1min　14:30　　🚶 3min　15:00　　🚶 1min　16:00

디자인 페스타 갤러리
Design Festa Gallery

건물 앞을 어지러이 장식한 파이프 오브제와 강렬한 원색의 벽화가 단번에 눈길을 잡아끄는 하라쥬쿠의 숨은 명소. 햇병아리 아티스트의 등용문으로 유명한 미니 아트 갤러리. 갤러리의 기본 콘셉트는 '누구나 자유로이 자신의 작품을 전시하는 것'. 그래서 국적과 전공을 불문하고 도쿄에서 활약하는 전 세계의 신예 아티스트들이 이곳으로 속속 모여들고 있다. 12개의 전시실에서는 매주 새로운 작품을 선보이기 때문에 언제나 신선한 예술적 감성에 흠뻑 취해 볼 수 있다.

open 11:00~20:00
close 봄·겨울의 디자인 페스타 개최일
cost 무료
web http://www.designfestagallery.com

캣 스트리트
キャットストリート

우라하라쥬쿠와 더불어 하라쥬쿠 패션계의 메카로 군림하고 있는 쇼핑가. 우라하라쥬쿠보다 한 단계 업그레이드된 브랜드 숍의 비중이 높은 게 특징이다. 캣 스트리트 한복판을 관통하는 오모테산도를 중심으로 도로 양쪽의 분위기가 확연히 달라지는 것도 흥미로운데, 우라하라쥬쿠와 연계된 동쪽은 스트리트 패션 숍, 시부야와 연결된 서쪽은 고급 브랜드·인테리어·캐릭터 숍이 주를 이룬다. 안나 수이·버버리 블루·블랙 레이블 등의 인기 숍은 주로 서쪽에 모여 있다.

open 11:00~20:00(숍마다 다름)
close 연말연시(숍마다 다름)

오모테산도
表参道

도로를 향해 무성한 가지를 늘어뜨린 느티나무 가로수와 유럽풍 노천 카페, 그리고 줄줄이 늘어선 세계적 명성의 럭셔리 명품 숍 때문에 흔히 '도쿄의 샹젤리제'라고 불리는 곳이다. 특히 신록에 물드는 봄과 낙엽 지는 가을이면 로맨틱한 멋이 한층 더해진다.
오모테산도의 핵심 볼거리는 뭐니뭐니 해도 명품 숍과 현대 건축의 교과서로 통하는 세련된 건물이다. 특히 밤이면 은은한 조명에 물든 건물들이 스타일리시한 도시적인 야경을 보여 준다. 주말과 공휴일에는 수많은 사람들이 한데 뒤엉켜 혼잡의 극치를 이루니 느긋하게 돌아보려면 평일에 가는 게 좋을 듯.

open 10:00~21:00(숍마다 다름)

디자인 페스타 갤러리　　캣 스트리트　오모테산도

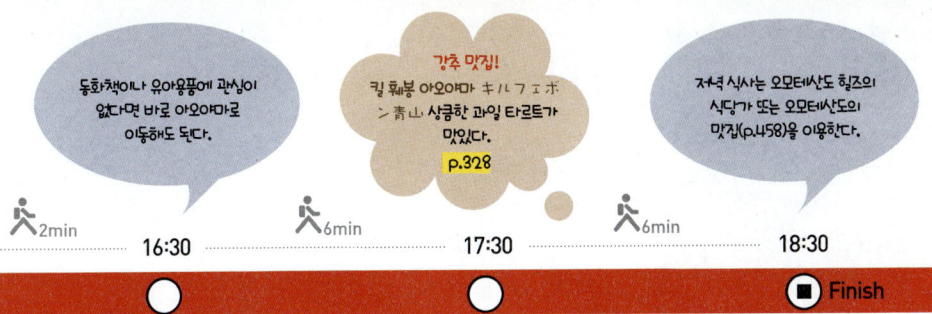

	2min		6min		6min	
	16:30		17:30		18:30	■ Finish

크레용 하우스
Crayon House

동화책 마니아와 어린 자녀를 둔 초보맘에게 인기가 높은 아동 서적 전문점. 여성과 아동 문화를 개척하자는 취지로 문을 열었으며 자연과 가족주의를 테마로 운영하고 있다. 서가에는 온갖 종류의 아동 서적과 동화책이 빼곡하게 꽂혀 있는데, 메인 매장은 일본 및 세계의 동화, 그리고 수입 서적 코너로 꾸민 1층이다. 2층에는 유해재료를 전혀 사용하지 않는 원목 장난감과 봉제인형 코너, 3층에는 여성 서적과 오가닉 화장품·유아 용품 코너가 있다. 지하 1층에는 유기농 식료품 매장과 유기농 음식만 파는 레스토랑도 있다.

open 서점 11:00~19:00,
레스토랑 11:00~23:00
close 연중무휴

아오야마
青山

도쿄의 청담동으로 통하는 럭셔리 쇼핑가. 오모테산도와 함께 도쿄의 유행을 선도하는 곳으로 유명하며, 일본에서 인기 높은 해외·로컬 브랜드의 부티크가 모여 있다. 고급 주택가 사이사이에 숨겨진 숍을 돌아보는 재미도 쏠쏠하거니와 인적이 드문 거리를 거닐며 한적하게 쇼핑을 즐길 수 있는 것도 매력이다. 굳이 쇼핑이 아니어도 패셔너블한 건물이 많아 가볍게 산책을 즐기기에도 좋다.

눈에 띄는 숍은 프라다의 플래그십 스토어 Prada Boutique, 10 꼬르소 꼬모와 꼼데가르송의 합작 브랜드 10 Corso Como Comme Des Garçons 등이다.

open 11:00~20:00 (숍마다 다름)
close 연말연시 (숍마다 다름)

오모테산도 힐즈
表参道ヒールズ

내로라하는 럭셔리 브랜드가 총망라된 초호화 쇼핑몰. 일본 최고의 현대 건축가 안도 타다오 安藤忠雄가 설계한 건물로 더욱 유명하다. 원래 이곳에 있던 일본 최초의 공동주택 도쥰카이 아오야마 아파트(1927년)의 역사성을 보존하면서도 현대적인 오모테산도의 모습을 연출하고자 한 게 기본 콘셉트다. 홀을 중심으로 나선형의 슬로프식 통로가 건물 전체를 연결하는데, 오모테산도의 언덕과 비슷한 경사를 이룬 슬로프는 외부 환경을 실내로 끌어들이려 한 작가의 의도다.

open 월~토요일 11:00~21:00,
일요일 11:00~20:00
close 부정기적

크레용 하우스 | 아오야마의 프라다 부티크 | 오모테산도 힐즈

Day 3

mission

1. 맛난 맥주를 마실 수 있는 에비스 맥주 기념관 견학

2. 개성만점의 숍들이 모인 다이칸야마 산책

3. 고급 쇼핑가 롯폰기 돌아보기

오늘 코스 지도로 보기

www.clzup.com/qr/d24

Japan

JR 야마노테 선의 에비스 恵比寿 역 하차 도보 7분.

전망식당가에서는 런치 타임(11:30~13:30)에 1000엔 전후의 경제적인 메뉴도 선보인다.

11:00 1min 12:00

Start ▶

에비스 맥주 기념관
ヱビスビール記念館

일본 제일의 맥주로 명성이 자자한 에비스 맥주를 소개하는 미니 박물관. 1887년 독일 양조기술로 탄생한 에비스 맥주의 역사와 19세기 말~20세기 초의 맥주 양조장, 비어 홀, 광고 포스터, 맥주를 즐기는 서민들의 모습을 담은 흑백사진, 그리고 지난 120년에 걸친 에비스 맥주병의 변천사를 소개하는 소장품 100여 점이 흥미로운 볼거리를 제공한다. 가이드 투어에 참가하면 각각의 전시품에 얽힌 재미난 이야기도 들을 수 있다. 에비스 테이스팅 살롱의 시음 코너에서는 에비스 맥주를 대표하는 4가지 맥주도 맛볼 수 있다 (유료).

open 11:00~19:00
close 월요일, 연말연시

에비스 가든 플레이스, 점심 식사
恵比寿ガーデンプレイス

높이 167m의 에비스 가든 플레이스 타워를 중심으로 고성(古城) 스타일의 레스토랑·광장·백화점이 오밀조밀 모인 테마 파크형 주상복합 타운. 광장 주위에는 로댕·마요르의 작품을 포함한 조각 18개가 전시돼 있다.
에비스 가든 플레이스 타워는 에비스 최고의 높이를 자랑하는 오피스 타워로 38·39층에 전망대가 있다. 날씨가 좋으면 신쥬쿠·시부야의 고층 빌딩가는 물론 후지 산까지도 볼 수 있다. 전망대에는 한식·일식·중식·양식 등 다양한 메뉴를 선보이는 레스토랑들이 모인 전망식당가도 있다.

에비스 가든 플레이스 타워
전망대 **open** 11:30~23:00 **cost** 무료

에비스 맥주 기념관

에비스 가든 플레이스

> 다이칸야마로 바로 가려면 시부야에서 출발하는 토큐토요코 선을 타고 다이칸야마 代官山 역에서 내려도 된다(130엔).

 30min   5min   1min
13:30   15:00   16:00

큐야마테도리
旧山手通り

다이칸야마의 고급 주택가를 따라 형성된 쇼핑가. 거리엔 외국 대사관이 점점이 위치해 도쿄 제2의 외교가로도 명성이 자자하다. 가로수가 가지런히 정돈돼 있어 봄·가을에는 가볍게 산책을 즐기기에도 좋다.
눈에 띄는 숍은 심플하면서도 고급스러운 스타일을 추구하는 주방용품 셀렉트 숍 Cherry Terrace, 차분한 색상이 돋보이는 프렌치 캐주얼 의류 전문점 Nimes, 핸드 메이드 제품만 취급하는 전통 보자기·수건 전문점 다이칸야마 카마와누 代官山かまわぬ, 최신 유행이 한눈에 들어오는 셀렉트 숍 Beams 등이다.

open 11:00~20:00(숍마다 다름)
close 연말연시(숍마다 다름)

다이칸야마 어드레스
代官山アドレス

다이칸야마의 타워 팰리스로 통하는 주상복합 건물. 17 디세트 Dixsept·더 타워·디 아넥스·레지던스 웨스트·사우스·이스트 등 6개의 건물로 이루어져 있으며, 17 디세트와 레지던스 건물 1~3층에 패션·인테리어숍이 입점해 있다. 특히 눈여겨볼 곳은 17 디세트. 세련된 감각의 부티크와 패션 매장으로 구성된 고급 쇼핑몰이라 구경하는 재미가 쏠쏠하다. 규모도 아담해 부담 없이 돌아볼 수 있는 것도 장점. 차와 먹거리에 관심이 있다면 식품 매장이 입점한 1층도 놓치지 말자. 다양한 차와 예쁜 다구도 판매한다.

open 1층 10:00~22:00,
2·3층 11:00~20:00
close 연중무휴

캐슬 스트리트
キャッスルストリート

하라주쿠의 캣 스트리트와 마찬가지로 구제의류와 패션 소품을 취급하는 숍이 옹기종기 모여 있어 주말이면 쇼핑을 즐기는 이들로 북적인다. 다이칸야마의 인기 숍 대부분이 캐슬 스트리트에 모여 있다는 사실에 주목하자. 잡지에서 툭 튀어나온 듯 잘 차려 입은 멋쟁이들도 두 눈을 즐겁게 한다. 흠이라면 가격이 그리 착하지 않다는 것뿐!
눈여겨볼 숍은 히피·레게 콘셉트의 잡화점 Detente, 남성 구제 의류 전문점 Voice, 유머러스한 스타일의 잡화점 Johnny Jump Up 등이다.

open 11:00~20:00(숍마다 다름)
close 연말연시(숍마다 다름)

큐야마테도리 | 다이칸야마 어드레스 | 다이칸야마 어드레스의 부티크 | 캐슬 스트리트

에비스 恵比寿 역에서 지하철을 타고 롯폰기 六本木 역 하차(170엔). 7·8번 출구로 나간다.

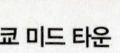

강추 맛집!
Harbs
재료의 풍미가 촉촉이 살아 숨쉬는 진짜 케이크를 맛볼 수 있다.
p.330

🚇 6min　　🚶 10min　　🚶 5min
17:30　　　　19:00　　　　21:00

도쿄 미드 타운
東京ミッドタウン

'예술이 살아 숨쉬는 쾌적한 거리'를 테마로 탄생한 오피스·쇼핑·주거 복합단지. 도쿄에서 두 번째로 높은 건물인 도쿄 미드타운 타워를 중심으로 쇼핑몰 Galleria, 도심 속의 휴식처 Plaza, 자연을 즐길 수 있는 Garden의 3개 구역으로 이루어져 있다. 가장 눈길을 끄는 곳은 럭셔리한 숍으로 가득한 갤러리아다. 지하 1층부터 지상 4층까지 이어진 쇼핑몰에는 최신 패션과 인테리어를 표방하는 120여 개의 숍·레스토랑이 입점해 있다. 희소성 높은 중·고가 브랜드의 비중이 커 20~30대 직장인과 주부들이 즐겨 찾는다.

open 숍 11:00~21:00,
레스토랑 11:00~24:00
close 1/1

롯폰기 힐즈 모리 타워, 저녁 식사
六本木ヒルズ

롯폰기 힐즈의 핵심을 이루는 54층의 육중한 건물. 문화 도심의 역할을 상징하듯 상층부에는 모리 미술관, 하층부에는 서구식 패션·라이프 스타일을 제안하는 웨스트 워크 West Walk 쇼핑몰이 있다. 탁 트인 개방감이 일품인 쇼핑몰에는 유행을 선도하는 90여 개의 숍과 레스토랑이 모여 있어 언제나 수많은 쇼핑객으로 북적인다. 웨스트 워크와 지하로 연결되는 시크한 감성의 쇼핑몰인 힐사이드 Hill Side에도 40여 개의 패션·액세서리·인테리어 숍과 레스토랑이 모여 있다.

open 숍 11:00~21:00,
레스토랑 11:00~23:00
close 연중무휴(숍에 따라 다름)

모리 미술관
毛利美術館

다양한 현대미술 작품을 감상할 수 있는 미술관. 기획전 위주로 운영하기 때문에 전시품이 수시로 교체되니 홈페이지에서 전시일정을 확인하고 가는 게 좋다. 옥상에는 해발 250m의 고공에서 도쿄 시내의 전경과 야경을 한눈에 내려다볼 수 있는 특급 전망 포인트 도쿄 시티뷰도 있다. 전망대 전체를 투명 유리로 만들어 놓아 탁 트인 개방감이 일품이다.

open 월·수~일요일 10:00~22:00,
화요일 10:00~17:00
cost 전시회에 따라 다름
web www.moriart.museum

도쿄 시티 뷰
open 10:00~23:00,
금·토요일 및 공휴일 전날
10:00~01:00
cost 모리 미술관 티켓으로 입장 가능

도쿄 미드 타운　　롯폰기 힐즈 모리타워　　모리 미술관

Day 4

mission
1. 발랄한 감성이 충만한 시모키타자와 산책

2. 대형 백화점이 밀집한 신쥬쿠 쇼핑가 돌아보기

3. 도쿄(하네다)→김포 이동

[오늘 코스 지도로 보기]

www.clzup.com/qr/d25

Japan

> 시모키타자와 역의 북쪽 출구 北口를 나와 오른쪽으로 간다.

 7min~

10:30 — Start ▶ —————— 11:00 ○

숙소→시모키타자와
ホテル→下北沢

시모키타자와의 숍들은 대부분 11:00 무렵부터 영업을 시작하니 오늘은 느긋하게 하루를 시작해도 된다. 일단 체크아웃을 하고 가볍게 돌아다닐 수 있도록 짐은 숙소에 맡겨 놓는다.
시모키타자와로 갈 때는 신쥬쿠 新宿에서 출발하는 오다큐 선 小田急線을 이용한다. JR 또는 지하철을 타고 신쥬쿠 역으로 간 다음 '오다큐 선 小田急線' 표지판을 따라가면 오다큐 선의 신쥬쿠 역이 나타난다. 그리고 4·5번 플랫폼에서 출발하는 아무 열차나 타고 두 번째 정거장인 시모키타자와 下北沢 역에서 내리면 된다.

신쥬쿠 역→시모키타지와 역
오다큐 선
time 7~10분 소요
cost 160엔

시모키타자와 북쪽 쇼핑가, 점심 식사
下北沢北口商店街

좁은 골목을 따라 시크한 스타일의 카페와 레스토랑, 아기자기한 숍들이 늘어선 시모키타자와의 메인 쇼핑가. 산뜻한 외관의 고급 주택과 그 사이사이에 자리 잡은 분위기 만점의 숍들이 멋진 조화를 이룬다. 트렌디하면서도 스타일리시한 음식을 파는 레스토랑이 많아 주말이면 쌍쌍이 몰려나온 연인들로 붐비는 인기 만점의 데이트 코스이기도 하다.
최대의 매력은 도쿄의 유행을 실시간으로 반영하는 트렌디한 숍이다. 언제나 수많은 숍들이 나타났다 사라지기를 반복하니 골목 구석구석 꼼꼼히 살펴보자.

open 11:00~20:00 (숍마다 다름)
cost 연말연시 (숍마다 다름)

시모키타자와 북쪽 쇼핑가 | 개성 만점의 인테리어 소품이 풍부하다

> 사철 오다큐 선의 신쥬쿠 新宿 역 하차, 도보 5분.

> 하네다 공항에는 비슷한 이름의 역이 3개나 있으니 엉뚱한 곳에서 내리지 않게 주의

2min 13:30   7min~ 15:00   25min 17:28

시모키타자와 남쪽 쇼핑가
下北沢南口商店街

스타일리시한 북쪽 쇼핑가와는 상반된 모습의 서민적인 쇼핑가. 세련된 맛은 없지만 소박하면서도 활기찬 시모키타자와 특유의 분위기가 넘친다. 쇼핑가를 따라 라면집·이자카야·빵집 등 소박한 가게가 모여 있으며, 시장통처럼 복작대는 좁은 거리에는 저렴한 생활잡화와 옷가지를 파는 숍이 성업 중이다. 빈티지 장난감 전문점 니쇼메산반치 2丁目3番地, 1940~1970년대의 가구를 취급하는 골동품점 리모네 앤티크 リモーネアンティーク, 1960년대의 의류·잡지·잡화를 파는 앤티크 숍 모쿠요칸 木旺館 등 독특한 개성의 숍을 찾아보는 재미가 쏠쏠하다.

open 11:00~20:00 (숍마다 다름)
close 연말연시 (숍마다 다름)

신쥬쿠도리 쇼핑가
新宿通り

활기찬 에너지로 충만한 신쥬쿠의 메인 스트리트. 거리를 따라 대형 백화점과 온갖 숍이 즐비하며, 일·공휴일(4~9월 12:00~18:00, 10~3월 12:00~17:00)에는 차량통행을 제한하는 '보행자 천국 步行者天国'이 실시된다.

눈여겨볼 곳은 신쥬쿠를 대표하는 역사와 전통의 백화점으로 웬만한 고급 명품 브랜드는 모두 입점해 있는 이세탄 백화점 伊勢丹百貨店, 그리고 20~30대 타깃의 패션 전문 백화점인 마루이 시티 OI City다. 마루이 시티는 이세탄과 달리 합리적인 가격의 로컬 브랜드 상품이 많은 게 특징이다.

open 10:00~20:00 (숍마다 다름)
close 연말연시 (숍마다 다름)

하마마츠쵸 역→하네다 국제공항
浜松町→羽田国際空港

신쥬쿠도리의 쇼핑가를 적당히 구경한 뒤에 숙소로 돌아가 맡겨놓은 짐을 찾는다. 그리고 JR 또는 지하철을 타고 하마마츠쵸 浜松町 역으로 가서 도쿄 모노레일의 하네다 국제공항 행 열차로 갈아탄다(17:28). 내리는 곳은 하네다쿠코코쿠사이센비루 羽田空港国際線ビル 역이다(17:43).

개찰구를 나와 공항 터미널로 이동하기 전에 매표소로 가서 첫날 구입한 교통카드 '모노레일 Suica'를 반납하고 잔액과 보증금(500엔)을 환불 받는다.

**하마마츠쵸→하네다쿠코코쿠사이센비루
도쿄 모노레일**
time 15분 소요
cost 490엔

시모키타자와 남쪽 쇼핑가 | 신쥬쿠도리 쇼핑가 | 신쥬쿠에는 여러 백화점이 모여 있다

 15min   2:20min

원활한 출국수속을 위해 하네다 국제공항으로는 비행기 출발 시각 2시간 전까지 가는 게 좋다.

17:43   19:45   22:05 ■ Finish

하네다 국제공항
羽田国際空港

이제 공항의 '출발 出発口 Departures' 표지판을 따라 출국장으로 이동한다. 참고로 하네다 국제공항의 출국장은 3층에 있다. 출국장에는 여러 항공사의 카운터가 모여 있으니 안내 모니터를 보고 일본항공의 체크인 카운터를 찾아가 항공권과 여권을 제시하고 탑승수속을 한다.

탑승수속 후 남는 시간은 4·5층의 편의시설을 이용하며 보내도 된다. 18세기 도쿄의 거리를 재현한 에도 마켓 플레이스 Edo Market Place 쇼핑가가 흥미로운 볼거리를 제공하며, 5층 전망대에서는 활주로를 박차고 날아오르는 비행기의 모습을 카메라에 담을 수 있다.

일본항공, 하네다 출발
Japan Airline JL095

탑승수속을 마친 뒤에는 같은 층의 출국심사장으로 가서 여권과 보딩패스를 제시하고 출국심사를 받은 뒤 비행기 출발 시각까지 면세구역에서 기다리면 된다. 인천국제공항에 비할 바는 아니지만 면세구역 안에 기념품점과 면세점이 있으니 여기서 기념품이나 선물을 마련하는 것도 좋다. 5%의 소비세가 면세되기 때문에 책이나 과자 등 정가가 매겨진 공산품은 시내보다 조금 저렴하다.

김포국제공항 도착
Kimpo Intl. Airport

김포국제공항은 인천국제공항에 비해 규모가 작아 이용하기 쉽다. 더구나 이용객이 적어 입국심사대와 세관을 통과하는 데 오랜 시간이 걸리지 않는 것도 큰 장점이다.

김포 국제공항의 입국장은 1층에 있으며, 표지판을 따라 지하 1층으로 내려가면 지하철 5·9호선 및 공항철도의 김포공항역이 있다. 단, 공항에서 역까지 이어지는 지하통로가 은근히 길어 이용하기가 조금 불편하다는 사실은 알아둘 것! 입국장 바로 앞에 시내 곳곳을 연결하는 다양한 노선의 시내버스·공항버스 정류장도 있으니 편리한 교통편을 골라서 이용한다.

에도 마켓 플레이스

하네다 국제공항의 출국장   출발 대기 중인 일본항공의 여객기   김포국제공항

휴식 · 온천 · 식도락 여행

80만 원~

도쿄·하코네 4박 5일

도쿄·하코네 4박 5일
travel note

볼거리 ★★★★★
식도락 ★★★★★
쇼 핑 ★★★★☆
온 천 ★★★★★
유 흥 ★★★★☆

휴식과 더불어 도시 여행의 즐거움을 만끽하려는 이에게 어울리는 일정. 도쿄의 명소를 두루 돌아본 뒤 온천 휴양지로 인기가 높은 하코네와 이국적인 감성이 충만한 도시 요코하마에서 차분한 휴식의 시간을 가진다.

day 1
인천→도쿄, 하라쥬쿠
숙박 도쿄

- 07:50 일본항공, 인천 출발
- 10:10 나리타 국제공항 도착
- 11:07 나리타 국제공항→도쿄 시내
- 12:27 숙소 체크인 또는 짐 맡기기
- 14:00 하라쥬쿠 역
- 14:10 메이지 신궁
- 15:30 타케시타도리
- 16:10 디자인 페스타 갤러리
- 17:00 우라하라쥬쿠
- 18:00 오모테산도
- 18:30 오모테산도 힐즈

day 2
츠키지·오다이바
숙박 도쿄

- 08:30 츠키지
- 11:00 오다이바 해변 공원
- 11:30 다이바잇쵸메 상점가
- 12:10 아쿠아시티 오다이바, 점심 식사
- 13:30 자유의 여신상
- 13:50 후지 TV
- 14:50 메가 웹
- 15:30 히스토리 개리지
- 16:00 비너스 포트
- 17:26 오다이바→신쥬쿠
- 18:00 도쿄 도청
- 18:50 오모이데요코쵸, 저녁 식사
- 19:40 카부키쵸

기본 준비

추천 항공편 일본항공
인천 07:50→도쿄(나리타) 10:10
도쿄(나리타) 18:40→인천 21:15
숙박 도쿄 4박
예산 800,000원~
숙박비 14,000엔
(한인민박 다인실 4박)
생활비 20,000엔(5일)
입장료 5000엔
교통비 11,000엔
항공료 29만 원~
※100엔=970원 기준

day 3

하코네

숙박 도쿄

- 07:01 신쥬쿠→하코네
- 09:05 등산열차
- 09:46 조각의 숲 미술관
- 11:30 케이블카 · 로프웨이
- 11:53 오와쿠다니 역
- 12:10 오와쿠다니 자연 연구로, 점심 식사
- 13:50 로프웨이
- 14:20 아시 호수 · 유람선
- 15:00 하코네세키쇼 유적
- 15:30 온시하코네 공원
- 16:00 200계단
- 16:10 삼나무 가로수 길
- 16:30 모토하코네
- 17:15 유넷산
- 19:30 유넷산→도쿄 시내

day 4

요코하마

숙박 도쿄

- 08:00 숙소→요코하마
- 09:05 미나토노미에루오카 공원
- 09:30 야마테 111번관
- 10:00 영국관
- 10:30 요코하마 외국인 묘지
- 11:00 에리스만 저택
- 11:30 베릭 홀
- 12:20 이탈리아 산 정원
- 13:30 점심 식사, 모토마치
- 15:00 차이나타운 · 관제묘
- 16:10 야마시타 공원
- 17:10 오산바시 국제여객 터미널
- 18:00 아카렝가 창고, 저녁 식사
- 20:00 키샤미치
- 20:20 닛폰마루 메모리얼 파크
- 20:52 요코하마→도쿄

day 5

아사쿠사 · 우에노, 도쿄→인천

- 08:40 코인라커에 짐 보관하기
- 09:00 카미나리몬
- 09:10 나카미세도리
- 10:00 센소지
- 11:00 캇파바시도리
- 12:30 아메요코 시장, 점심 식사
- 14:00 우에노 공원
- 14:30 우에노토쇼구
- 15:14 케이세이우에노 역→ 나리타 국제공항
- 16:32 나리타 국제공항 도착
- 18:40 일본항공, 나리타 공항 출발
- 21:15 인천국제공항 도착

요점 정리!

한국에서 아침 일찍, 도쿄에서 밤 늦게 출발하는 항공편 이용

짧은 기간 도쿄를 효율적으로 여행하려면 우리나라에서 아침 일찍, 도쿄에서는 밤 늦게 출발하는 항공편을 선택하는 게 유리하다. 한국에서 도쿄 시내까지 이동하는 데 비행시간을 포함 4~5시간이 걸리며, 돌아오는 날은 비행기 출발 시각 2시간 전까지 공항으로 가야 하기 때문에 자칫 우리나라에서 오후 출발, 도쿄에서 오전 출발하는 항공편을 이용하면 실제로 여행 가능한 시간은 대폭 줄어든다.

도쿄 시내에 숙소를 잡고 근교는 당일치기 여행

숙소는 교통이 편리한 도쿄 시내에 잡는다. 도쿄에서 하코네 · 요코하마까지는 전철로 30분~1시간 30분 거리라 당일치기로 여행하는 게 효율적이다. 가장 저렴한 숙소는 한인민박(1박 3500엔~)이다. 도쿄 한복판에 위치한 신쥬쿠에서 전철로 불과 한 정거장 거리에 있는 코리아타운 신오쿠보에 한인민박이 모여 있다. 한인민박은 '도쿄 민박'으로 검색하면 쉽게 찾을 수 있다.

편리한 교통과 쾌적한 시설을 원하면 전철 · 지하철역과 가까운 비즈니스 호텔(1박 5000엔~)을 이용한다. 호텔은 직접 예약하는 것보다 인터넷 호텔 예약 업체를 통해서 예약하는 게 조금이나마 저렴하다는 사실도 알아두자.

도쿄·하코네
4박 5일

Day 1

mission

1. 인천→도쿄(나리타) 이동

2. 젊음과 패션의 거리 하라쥬쿠 산책

3. 고급 쇼핑가 오모테산도에서 윈도우 쇼핑

※ 일정은 p.434와 동일

오늘 코스 지도로 보기

www.clzup.com/qr/d26

Japan

Day 2

mission

1. 일본 최대의 수산시장 츠키지 구경

2. 오다이바의 상징 자유의 여신상 앞에서 사진 찍기

3. 유럽의 거리를 그대로 재현한 쇼핑몰 비너스 포트 둘아보기

4. 도쿄를 대표하는 유흥가 카부키쵸에서 놀기

※ 일정은 p.438와 동일

오늘 코스 지도로 보기

www.clzup.com/qr/d27

Japan

Day 3

mission

1. 도쿄→하코네 이동

2. 활화산의 중심에 위치한 오와쿠다니 산책

3. 천혜의 비경을 자랑하는 아시 호수 유람

4. 온천 즐기기

5. 하코네→도쿄 이동

오늘 코스 지도로 보기

www.clzup.com/qr/d28

Japan

> 오다큐신쥬쿠 역은 JR 신쥬쿠 역의 서쪽 출구 西口 또는 남쪽 출구 南口로 가면 쉽게 찾을 수 있다.

> 보통열차는 속도가 느리니 반드시 급행열차를 타자! 특급열차는 빠른 대신 추가요금(890엔)이 든다.

06:40 .... 07:01 .... 1:55min .... 08:56 · 09:05

 Start ▶ .... ○ .... ○

오다큐신쥬쿠 역
小田急新宿駅

하코네까지는 사철인 오다큐 선 小田急線을 이용한다. 열차는 JR 신쥬쿠 新宿 역과 맞붙은 오다큐신쥬쿠 역에서 출발한다. 역에 도착하자마자 할 일은 하코네 프리패스 箱根フリーパス 구입이다. 하코네를 여행하려면 신쥬쿠~하코네 왕복열차는 물론 요금이 비싼 등산열차·케이블카·버스·유람선 이용이 필수적이라 이 모든 교통편을 맘대로 탈 수 있는 하코네 프리패스가 꼭 필요하다. 패스는 2·3일권이 있는데 당일치기 여행이니 2일권이면 충분하다. 구입은 티켓 자판기를 이용한다(유인 매표소 08:00~18:00).

하코네 프리패스
cost 2일권 5140엔, 3일권 5640엔

신쥬쿠 → 하코네
新宿 → 箱根

하코네로 갈 때는 도중의 오다와라 小田原 역에서 열차를 한 번 갈아타야 한다. 우선 오다큐신쥬쿠 역의 4·5번 플랫폼에서 07:01에 출발하는 급행 急行 열차를 타고 오다와라 역으로 가는데, 운행 도중 열차가 둘로 나뉘어 각기 다른 목적지로 향하니 오다와라 역까지 가려면 반드시 열차의 앞쪽 차량에 타야 한다.
열차가 종점인 오다와라 역에 도착하면(08:32), 행선지 안내판을 보고 08:38에 출발하는 하코네유모토 箱根湯本 행 열차로 갈아탄다.

오다큐신쥬쿠 역→하코네유모토 역
급행열차
time 1시간 55분 소요
cost 1190엔(하코네 프리패스 이용 가능)

등산열차
登山鉄道

08:56 하코네유모토 역에 도착하면 맞은편 플랫폼에서 09:05에 출발하는 등산열차로 갈아탄다. 이 열차는 마차(馬車) 철도를 1900년에 전철화한 것으로 하코네유모토~고라의 9km 구간을 달리는 동안 13개의 터널과 26개의 교량을 통과하며 하코네 국립공원의 아름다운 자연을 보여준다. 그 사이 표고차가 445m나 높아진다는 사실에 주목하자. 워낙 가파른 경사면을 달리기 때문에 열차가 일직선으로 운행하지 못하고 지그재그로 진행 방향을 바꾸며 산을 오르는 모습이 흥미롭다.

하코네유모토 역→쵸코쿠노모리 역
등산열차
time 38분 소요
cost 400엔(하코네 프리패스 이용 가능)

오다큐 선의 급행열차   등산열차   하코네의 자연을 즐기기에 좋은 등산열차

> 등산열차 쵸코쿠노모리 彫刻の森 역에서 내려(09:43) 3분쯤 걸으면 조각의 숲 미술관이 보인다.

> 쵸코쿠노모리 역에서 11:16에 출발하는 등산열차를 타고 11:19 종점인 고라 强羅 역 하차.

 38min~ 09:46   3min~ 11:19·11:30   10min 11:40·11:45

조각의 숲 미술관
彫刻の森美術館

싱그러운 대자연의 숨결을 만끽할 수 있는 야외 미술관. 초록빛 구릉을 따라 전시된 100여 점의 조각이 주변의 산들과 그림 같은 조화를 이룬다. 미로·로댕·부르델의 작품이 주를 이루며, 영국 출신의 조각가 헨리 무어의 작품 26점도 소장돼 있다. 미술관 제일 안쪽에는 피카소의 작품 300여 점이 소장된 피카소 관도 있다.

피카소 관으로 가는 도중에 있는 전망탑 〈심포니 조각 Symphonic Sculpture〉도 놓치지 말자. 안으로 들어가면 오색찬란한 빛의 향연을 만끽할 수 있으며 탑 꼭대기에서는 미술관 전체가 한눈에 들어온다.

open 09:00~17:00
cost 1600엔

케이블카
ケーブルカー

가느다란 강철 케이블에 매달린 채 고라 强羅 역~소운잔 早雲山 역의 1.2km 구간을 운행하는 케이블카. 소요시간은 고작 10분이지만 그 사이 표고차는 무려 214m나 높아진다. 케이블카는 등산열차의 종주국 스위스에서 수입해온 것인데, 계단식으로 만든 좌석 구조가 이채롭다. 이동하는 동안 주변경관을 즐기려면 케이블카 맨 앞 또는 맨 뒷자리에 앉자. 쟁탈전(?)이 치열한 만큼 재빨리 자리를 잡아야 한다.

고라 역→소운잔 역
케이블카
time 10분 소요
cost 420엔(하코네 프리패스 이용 가능)

로프웨이
ロープウェイ

하코네 제일의 흥미진진, 스릴 만점 코스! 소운잔 역을 출발한 로프웨이가 높은 산등성이를 넘어서는 순간 괴물처럼 입을 벌린 거대한 오와쿠다니 大涌谷 협곡이 펼쳐진다. 붉은 속살을 드러낸 대지와 하얗게 피어오르는 수증기의 모습은 지옥 그 자체. 오와쿠다니의 별명이 '지옥계곡 地獄谷'인 것도 이 때문이다. 이 협곡은 3000년 전의 화산폭발로 형성됐으며 지금도 화산활동이 지속되고 있다. 여기서 분출되는 온천수는 하코네 각지에 위치한 온천의 원천수로 이용되고 있다.

소운잔 역→오와쿠다니 역
로프웨이
time 8분 소요
cost 840엔(하코네 프리패스 이용 가능)

조각의 숲 미술관 · 케이블카 · 로프웨이

> 하코네에는 식당이 별로 없으니 오와쿠다니 자연 연구로 앞의 식당에서 점심을 해결하는 게 좋다.

> 승객이 몰릴 때는 로프웨이를 타는 데 30~40분씩 걸리기도 하니 주말·성수기에는 주의!

8min   11:53   5min   12:10   5min   13:50

오와쿠다니 역
大涌谷駅

하코네에서 대중교통을 이용해 올라갈 수 있는 가장 높은 역이며 높이는 해발 1044m다. 로프웨이의 중간역이기도 한데, 출구로 이어지는 통로 중간에 스위스에서 공수해온 '행복의 종 幸福の鐘'이 있으니 종을 울리며 소원을 빌어 보자.
역을 나와 왼쪽으로 가면 조그만 전망대가 있다. 여기서 지금까지 타고 온 로프웨이 구간을 바라볼 수 있는데, 가느다란 케이블에 매달린 채 공중을 오가는 로프웨이를 보고 있노라면 직접 탈 때와는 또 다른 묘한 전율이 느껴진다.

오와쿠다니 자연 연구로, 점심 식사
大涌谷自然研究路

오와쿠다니의 황량한 화산지형을 온몸으로 체험할 수 있는 곳. 여기저기서 뿜어져 나오는 수증기가 기세등등하게 살아 숨 쉬는 화산의 모습을 유감없이 보여주며, 곳곳에 놓인 '화산가스를 조심하라'는 살벌한 경고판과 흉물스럽게 드러난 바위, 메마른 초목 등이 공포 분위기를 조성한다.
언덕 꼭대기에는 부글부글 끓어오르는 온천수로 달걀을 삶아서 파는 타마고차야 玉子茶屋라는 가게가 있다. 새까맣게 구워져(?) 나오는 쿠로다마고 黒タマゴ(검은 달걀) 1개를 먹을 때마다 수명이 7년씩 늘어난다고!

쿠로다마고
cost 6개 500엔

로프웨이
ロープウェイ

오와쿠다니에서 로프웨이의 종점인 도겐다이 桃源台 역까지의 거리는 약 2.5km이며, 하코네에서 가장 긴 로프웨이 구간을 자랑한다.
여기서는 완만한 산의 경사를 타고 내려가며 우뚝 솟은 후지 산과 푸른 물결이 반짝이는 아시 호수 芦ノ湖, 그리고 이 일대를 동그랗게 에워싼 외륜산(外輪山)의 멋진 풍경을 감상하는 게 포인트다. 제대로 경치를 감상하려면 로프웨이 맨 앞에 앉아야 함을 잊지 말자.

오와쿠다니 역→도겐다이 역
로프웨이
time 18분 소요
cost 1050엔(하코네 프리패스 이용 가능)

> 쿠로다마고

오와쿠다니 자연 연구로의 타마고차야 | 쿠로다마고를 먹는 사람들 | 로프웨이

유람선은 40분 간격으로 운항하며, 11/24~3/19에는 출항시각이 14:00로 변경된다.

유람선 하코네마치 선착장에서 내려 10분쯤 걸으면 하코네세키쇼 유적이 있다.

 18min    30min   5min

14:20   15:00   15:30

아시 호수·유람선
芦ノ湖·箱根海賊船

아시 호수는 40만 년 전의 화산활동으로 생성된 둘레 17.5km의 칼데라호로 하코네 여행의 백미로 꼽히는 곳이다. 맑은 물이 가득한 호수는 울창한 숲과 높은 산에 둘러싸인 천혜의 비경을 자랑한다. 경치를 감상하기에 제일 좋은 방법은 도겐다이~하코네마치 箱根町 구간을 운항하는 유람선이다. 네 척의 배가 운항되는데 해적선·범선 등 생김새가 각기 달라 배 안팎을 구경하는 재미도 쏠쏠하다.

도겐다이→하코네마치
유람선
time 30분 소요
cost 1000엔(하코네 프리패스 이용 가능)
web www.hakone-kankosen.co.jp

하코네세키쇼 유적
箱根関所跡

1619~1869년에 하코네세키쇼 箱根関所라는 검문소가 있던 곳이다. 교토와 에도(도쿄의 옛 이름)를 잇는 교통의 요지인 하코네는 반란군의 조총이 반입되거나, 볼모로 잡아놓은 지방 호족의 처자가 탈출할 가능성이 높은 곳이라 검문소를 세워 물샐 틈 없는 경비를 했다. 통행증 없이 무단통과를 시도한 자는 무조건 사형에 처했다는 사실만 봐도 경비가 얼마나 삼엄했나 쉽게 짐작이 가고도 남을 듯. 옛 모습으로 복원된 건물에는 검문 과정과 여기 거주하던 관리의 생활상을 소개하는 자료가 전시돼 있다.

open 3~11월 09:00~17:00, 12~2월 09:00~16:30
cost 500엔(하코네 프리패스 소지자 입장료 할인)

온시하코네 공원
恩賜箱根公園

아시 호수와 후지 산의 전경이 제일 잘 보이는 특급 뷰 포인트. 호수를 향해 불쑥 튀어나온 조그만 언덕 전체를 공원으로 조성해 하코네에서 이만큼 경치가 좋은 곳도 없다. 이런 연유로 여기에는 일왕가의 여름 별장인 하코네 별궁 箱根離宮이 세워져 있었다. 하지만 1923년과 1930년의 대지진으로 무너져버려 지금은 사진으로만 옛 모습이 전해올 뿐이다. 공원 정상의 호반 전망관 湖畔展望館은 하코네 별궁을 흉내내 최근 재건한 건물로 2층 테라스에서 후지 산과 아시 호수가 한데 어우러진 멋진 경치를 감상할 수 있다.

open 09:00~16:30
close 12/29~1/3
cost 무료

아시 호수와 유람선   하코네세키쇼 유적

온시하코네 공원

> 온시하코네 공원에서 호반 전망관을 바라볼 때 왼쪽 뒤로 돌아가면 200계단이 있다.

 1min   16:00   1min   16:10   3min   16:30

200계단
二百階段

온시하코네 공원에서 삼나무 가로수 길 근처까지 200개의 돌계단이 이어진다. 하코네 별궁과 함께 만들어진 계단에는 세월의 깊이를 보여주듯 초록빛 이끼가 두껍게 덮여 있다. 한 층 한 층 내려가며 단수를 세어 보자. 솔직히 말해 지금까지 이 계단이 모두 몇 개인지 정확히 세어 본 사람은 아무도 없다. 단지 예전부터 그랬기에 모두 200계단이라고 믿고 있을 뿐….

계단을 다 내려가면 끝 쪽에 조그만 다리가 걸려 있는데, 이 다리를 건넌 다음 차도를 넘어가면 삼나무 가로수 길이다. 참고로 이 다리는 카나가와 현 神奈川県에서 뽑은 아름다운 다리 100개 가운데 하나다.

삼나무 가로수 길
箱根杉並木

412그루의 아름드리 삼나무가 만들어 낸 로맨틱한 오솔길. 하늘을 찌를 듯 높이 치솟은 삼나무의 빽빽한 가지가 지붕처럼 하늘을 가리고 있으며, 평균 수령(樹齢)은 350년 이상이다. 따가운 태양과 매서운 눈보라로부터 여행자를 보호하기 위해 도로변에 삼나무를 심기 시작한 게 유래인데, 아무리 눈이 많이 쌓여도 일렬로 나란히 늘어선 삼나무의 모습만 보면 쉽게 길을 찾을 수 있었다고 한다.

원래는 이보다 3배 이상 긴 오솔길이었으나, 1904년 하코네유모토에서 아시 호수까지의 도로공사 당시 부족한 재원을 마련하고자 1000그루가 넘는 삼나무를 벌채하는 바람에 지금처럼 규모가 줄어들고 말았다.

모토하코네
元箱根

하코네 신사를 중심으로 번영을 누려온 유서 깊은 마을이다. 마을의 상징인 붉은색의 이치노토리이 一の鳥居 뒤에는 여러 불상을 모신 조그만 유적이 있다. 카마쿠라 시대부터 에도 시대에 이르기까지 이 일대는 지장(地藏) 신앙의 성지였기 때문에 지금도 60여 개의 석불과 석탑이 남아 있는 것. 험한 산길을 넘는 나그네는 반드시 여기 들러 석불에 공양을 드리며 무사안녕을 기원했다고 한다. 이치노토리이 앞의 유람선 선착장을 등지고 오른쪽으로 100m쯤 가면 정면에 후지 산과 아시 호수, 오른쪽에 수중 토리이 鳥居가 보이는 멋진 경관을 즐길 수 있다 물론 기념 촬영 포인트로도 발군의 위치!

두터운 이끼에 뒤덮인 200계단   삼나무 가로수 길   모토하코네에서 바라본 아시 호수

> 모토하코네에서 17:00에 출발하는 버스를 타고 유넷산마에 ユネッサン前 하차(520엔, 하코네 프리패스 이용 가능).

15min

17:15 ●　　　　　19:30 ■ Finish

Travel Tip

하코네유모토의 온천 즐기기

유넷산은 시설은 좋지만 요금이 만만치 않은 게 흠이다. 저렴한 온천을 원하면 모토하코네에서 버스를 타고 하코네유모토 箱根湯本로 가자(34분, 960엔, 하코네 프리패스 이용 가능). 800~1800엔이면 이용 가능한 여러 온천이 있다.

온천욕을 즐기고 도쿄로 돌아갈 때는 하코네유모토 역에서 출발하는 오다와라 행 열차를 타고 종점인 오다와라 역까지 간 다음, 신주쿠 행 급행열차로 갈아타면 된다(1시간 55분, 1190엔, 하코네 프리패스 이용 가능).

하코네유모토의 주요 온천

캇파텐고쿠 かっぱ天国
open 10:00~22:00 cost 800엔
web www.kappa1059.co.jp

하코네노유 箱根の湯
open 10:00~22:00 cost 1050엔
web www.hakonenoyu.co.jp

텐잔 天山
open 09:00~23:00 cost 1300엔
web http://tenzan.jp

유모토후지야 湯本富士屋
open 12:00~20:00 cost 1800엔
web www.yumotofujiya.jp

유넷산
ユネッサン

하코네 최대의 온천 테마 파크. 유넷산 ユネッサン과 모리노유 森の湯, 두 개의 존으로 이루어져 있다. 유넷산은 수영복을 입고 들어가는 일종의 온천 풀인데 지중해를 테마로 꾸민 실내온천을 중심으로 26개의 실내·노천온천과 위락시설이 모여 있다. 모리노유는 알몸으로 들어가는 전형적인 일본 스타일의 온천이다. 삼림욕 효과가 있는 히노키 탕을 중심으로 자연과 하나 되는 기분을 만끽하는 3개의 노천온천이 매력이다.

open 유넷산 3~11월 09:00~19:00,
11~2월 09:00~18:00,
모리노유 09:00~21:00
cost 유넷산 2900엔,
모리노유 1900엔,
유넷산·모리노유 공통권 4100엔
web www.yunessun.com

유넷산 → 도쿄 시내
ユネッサン → 東京

느긋하게 온천욕을 즐기고 도쿄로 돌아간다. 유넷산마에 정류장에서 19:30 무렵 출발하는 오다와라 小田原 역행 버스를 타면 20:10쯤 종점인 오다와라 小田原 역에 도착한다. 그리고 오다큐 선의 개찰구를 찾아가 하코네 프리패스를 제시하고, 20:19에 출발하는 신주쿠 행 급행열차를 타면 21:55 신주쿠에 도착한다.

유넷산마에→오다와라 역
버스
time 40분 소요
cost 830엔(하코네 프리패스 이용 가능)

오다와라 역→오다큐신주쿠 역
급행열차
time 1시간 36분 소요
cost 880엔(하코네 프리패스 이용 가능)

유넷산의 노천온천 | 지중해풍의 실내 온천

하코네유모토의 온천

mission

1. 도쿄→요코하마 이동

2. 100년 전에 지어진 유럽식 건물 찾아보기

3. 일본 최대의 차이나타운 산책

4. 요코하마 야경 감상

5. 요코하마→도쿄 이동

오늘 코스 지도로 보기

www.clzup.com/qr/d29

Japan

모토마치·츄카가이 역 5번 출구를 나와 오른쪽으로 1분만 가면 공원 입구가 있다.

08:00　　45min~　09:05

Start

숙소→요코하마
ホテル→横浜

요코하마로 갈 때는 시부야에서 출발하는 토큐토요코 선 東急東横線을 이용한다. JR 또는 지하철을 타고 시부야 역으로 간 다음, '토요코 선 東横線' 표지판을 따라가면 역이 나온다. 우선 매표소의 자판기에서 요코하마 왕복 할인권인 미나토미라이 티켓 みなとみらいチケット을 구입하자. 그리고 08:24에 출발하는 모토마치·츄카가이 元町·中華街 행 특급 特急 열차를 타고 종점인 모토마치·츄카가이 元町·中華街 역에서 내린다(09:00 도착).

미나토미라이 티켓
cost 860엔

시부야 역→모토마치·츄카가이 역
특급열차
time 36분 소요
cost 480엔(미나토미라이 티켓 이용 가능)

미나토노미에루오카 공원
港の見える丘公園

항구가 한눈에 내려다보이는 언덕 위에 위치한 공원. 이 일대에 외국인 거류지가 형성될 무렵인 140여 년 전에는 프랑스군과 영국군이 첨예하게 대립하던 곳으로 공원 한켠에는 주둔지 유적이 남아 있다. 워낙 전망이 빼어나 산책·데이트 코스로도 인기가 높으며, 전망 테라스에서는 항구와 야마시타 공원 山下公園의 풍경이 시원하게 펼쳐진다. 날씨가 맑을 때면 항구에 낮게 깔리는 붉은 노을도 아름답다.

전망대 옆에는 분수대와 화단이 정비된 장미정원이 있는데 장미가 만발하는 5월 무렵이 특히 아름답다. 공원 끝에 위치한 빨간 벽돌 건물은 요코하마 출신 작가 오사라기 지로 大仏次郎의 기념관이다.

토요코 선 특급열차 | 미나토노미에루오카 공원

> 야마테 111번관 지하 1층에는 분위기 만점의 찻집, 에노키테이 Enoki Tei도 있다.

2min 09:30   2min 10:00   4min 10:30

야마테 111번관
山手111番館

리조트 분위기가 물씬 풍기는 스페인풍의 저택. 푸른 잔디 위에 세워진 하얀 건물이 무척 아름답다. 1926년에 미국인 환전상이 살던 집인데 장미정원이 내다보이는 다이닝룸과 홈파티가 열리던 널찍한 홀 등이 이 집 주인이 얼마나 부유한 생활을 영위했나 보여준다. 목조 건축의 특성을 한껏 살린 2층 난간과 벽난로의 장식이 멋스러우며 짙은 갈색의 가구가 예스러운 감흥을 한층 더해준다. 전시실에는 이 집을 설계한 J.H. 모건과 그의 일본인 처의 사진, 설계도면 등이 전시돼 있다.

open 7~8월 09:30~18:00, 9~6월 09:30~17:00
close 매월 둘째 수요일, 12/29~1/3
cost 무료

영국관
イギリス館

콜로니얼 스타일의 전형적인 영국풍 건물. 원래 영국 총영사관저로 지어졌다. 현관 왼쪽에는 왕관과 함께 'GR VI 1937'이란 글자가 새겨져 있는데, 영국 국왕 조지 6세 때(1937년) 지어졌다는 뜻이다. 2층에는 침실·휴게실 등 옛 영사관저의 모습을 재현해 놓았다. 바깥으로 볼록 튀어나온 타원형의 베란다는 영국관 특유의 건축양식이다.

open 7~8월 09:30~18:00, 9~6월 09:30~17:00
close 매월 넷째 수요일, 12/29~1/3
cost 무료

영국관의 내부

요코하마 외국인 묘지
横浜外人墓地

개항 당시 페리 제독의 함대에서 사망한 수병이 이곳에 묻힌 게 외국인 묘지의 시작이다. 그 후 40개국 4200여 명의 외국인이 고향으로 돌아가지 못한 채 여기에 뼈를 묻었다. 수십 개의 십자가 너머로 보이는 요코하마 시가지의 모습이 이국적인 정취를 한층 더해주며, 입구의 자료실에 전시된 옛 사진들이 아련한 향수를 느끼게 한다. 종종 문을 닫을 때도 있는데 크게 염려할 필요는 없다. 야트막한 담 너머로 바로 묘지가 보이고, 요코하마 시가지와 어우러진 전망도 바깥쪽에서 보는 게 훨씬 아름답다.

open 10:00~17:00
close 부정기적
cost 무료

야마테 111번관 / 영국관 / 요코하마 외국인 묘지

> 외국인 묘지에서 에리스만 저택으로 이어지는 도로에는 유서 깊은 서양식 건물들이 모여 있다.

 5min 11:00   1min 11:30   12min 12:20

에리스만 저택
エリスマン邸

스위스 무역상 에리스만의 저택. 일본에서 현대 건축의 아버지로 추앙받는 체코 건축가 안토닌 레이먼드가 설계를 맡아(1926년) 일본 건축사에서 큰 의미를 갖는 건물이다. 간결하면서도 효율적인 건물 구조에서 세계적인 건축가 프랭크 로이드 라이트의 숨결이 강하게 느껴지는데, 실제로 안토닌 레이먼드는 프랭크 로이드 라이트의 조수로 일본에 건너와 건축가로 대성한 인물이다. 2층에는 이 일대의 옛 모습을 담은 사진과 요코하마를 대표하는 서양식 주택의 모형을 전시하는 자료실이 있다.

open 7~8월 09:30~18:00, 9~6월 09:30~17:00
close 매월 둘째 수요일, 12/29~1/3
cost 무료

베릭 홀
ベーリックホール

거칠게 마무리한 황토빛 외벽의 건물과 열대수목이 가득한 정원이 남국의 리조트를 떠올리게 한다. 영국인 무역상 베릭의 저택으로(1930년) 이 일대의 서양식 저택 가운데 규모가 가장 크고 복원 상태도 훌륭하다. 1층에는 매일 밤 화려한 연회가 열리던 널찍한 홀과 따사로운 햇살이 내리쬐는 팜 룸 Palm Room, 우아한 분위기의 식당, 2층에는 아기자기하게 꾸민 아들의 방과 옷장·화장대·비녀·부채가 전시된 부인용 침실이 있어 당시 요코하마에 거주하던 서양인의 생활상을 짐작케 한다.

open 7~8월 09:30~18:00, 9~6월 09:30~17:00
close 매월 둘째 수요일, 12/29~1/3
cost 무료

이탈리아 산 정원
イタリア山庭園

이탈리아 영사관이 있던 자리에 조성된 정원으로 요코하마 시내가 훤히 내려다보이는 발군의 경치를 자랑한다. 정원 안에는 시부야에서 옮겨온 외교관의 집 外交官の家과 요코하마 외곽에서 옮겨온 블러프 18번관 ブラフ18番館이 있다. 외교관의 집은 19세기 영국과 미국에서 유행한 빅토리아 양식에 바로크 양식을 가미해서 만든 것으로 중후하면서도 화려한 멋을 뽐낸다.
1923년에 프랑스식으로 지은 블러프 18번관은 동화 속에서 튀어나온 듯 깜찍한 외관이 인상적이다.

open 7~8월 09:30~18:00, 9~6월 09:30~17:00
close 12/29~1/3
외교관의 집 매월 넷째 수요일
블러프 18번관 매월 둘째 수요일
cost 무료

에리스만 저택 남국의 리조트를 연상시키는 베릭 홀 이탈리아 산 정원

> 모토마치 주변에 식당이 모여 있으니 늦은 점심부터 먹고 움직이도록 하자.

 7min 13:30   1min 15:00   1min 15:40

점심 식사, 모토마치
元町

거리를 가득 메운 세련된 부티크와 잡화점이 눈길을 끄는 요코하마 제일의 쇼핑가. 개항 당시 외국인을 상대하던 시장이 발달해 지금의 거리를 이루었으며, 1940년대까지만 해도 외국문물의 유입은 이곳이 도쿄보다 더 빨랐다고 한다. 1~5번가의 다섯 블록으로 나뉜 상점가에는 도쿄에 뒤지지 않는 고급 부티크와 명품 숍이 성업 중이다. 일본 최고의 명품족으로 꼽는 이들이 바로 모토마치 토박이란 사실을 알면 이런 광경에도 절로 고개가 끄덕여질 듯. 액세서리·인테리어 소품 등 이색 아이템을 파는 재미난 숍도 많으니 가볍게 돌아보자.

open 11:00~20:00(숍마다 다름)
close 연말연시(숍마다 다름)

차이나타운
中華街

1859년 개항과 더불어 중국인 노동자들이 몰려들면서 형성되기 시작해 한때는 일본 동부 최대의 차이나타운을 형성하기도 했다. 거리는 중국 분위기를 물씬 풍기는데, 현재 차이나타운에서 화교가 운영하는 상점 수는 500여 개에 이르며 이 가운데 반수가 중국 음식점이다. 동서남북 4개의 입구에는 높이 솟은 패루 牌樓가 있는데, 청룡을 상징하는 동쪽의 조양문은 차이나타운의 번영, 백호를 의미하는 서쪽의 연평문은 평화·안녕, 주작을 상징하는 남쪽의 주작문은 만복, 현무를 의미하는 북쪽의 현무문은 자손의 번영을 기원한다.

open 11:00~20:00(숍마다 다름)
close 연말연시·구정(숍마다 다름)

관제묘
関帝廟

극채색의 문과 지붕을 장식한 섬세한 용 조각이 단번에 눈길을 끄는 중국식 사당이며, 우리에게도 친숙한 《삼국지》의 명장 관우를 신으로 모신다. 관우는 강직한 성품의 소유자로 주군에게 충성을 다한 까닭에 의리의 표상으로 유명하다. 게다가 산술(算術)에 능했기 때문에 중국에서는 무신(武神) 겸 재신(財神)으로 추앙받고 있다. 제단 한가운데에는 주홍빛 얼굴에 발밑까지 내려오는 검은 수염을 늘어뜨린 관우상이 모셔져 있으며, 몽둥이만한 초대형 향을 피우는 모습이 이채롭다.

open 09:00~19:00
cost 무료

검은 수염의 관우상

모토마치 / 차이나타운 / 관제묘의 야경

> 아카렝가 창고로 갈 때는 고가도로 스타일로 정비된 도로인 야마시타린코센 프롬나드 山下臨港線プロムナード를 따라간다.

 10min 16:10

 6min 17:10

12min 18:00

야마시타 공원
山下公園

1923년 관동 대지진 이후 피폐한 일본 경제를 살리기 위해 임해부흥사업의 일환으로 조성된 곳. 지진으로 파괴된 건물의 잔해로 바다를 메워 만든 공원이지만 처참한 과거의 모습은 잊혀진 지 오래다. 시원한 바닷바람이 부는 벤치에 앉아 하얀 물보라를 일으키며 바다를 가르는 유람선과 주변 풍경을 감상하자. 공원 안에는 요코하마 개항 100주년을 기념해 1961년에 세운 요코하마 마린 타워 横浜マリンタワー, 1930~1960년 태평양을 운항하던 초호화 여객선 히카와마루 호 氷川丸, 일본 동요 '빨간 구두'에서 모티브를 따온 빨간 구두의 소녀상 赤い靴はいてた女の子 등 다양한 볼거리도 있다.

오산바시 국제여객 터미널
大さん橋国際旅客ターミナル

7만 톤급 대형 여객선 두 대가 동시에 정박할 수 있는 매머드급 항만시설(길이 430m, 폭 70m). 건물 전체가 목재와 잔디로 뒤덮인 친환경적인 디자인과 보행자의 편의를 최대한 배려한 슬로프 형식의 통로가 눈길을 끈다. 완만한 언덕 모양의 옥상 광장에는 요코하마 일대가 한눈에 들어오는 멋진 전망대가 있다. 물론 야경 감상에도 최고의 명당!

open 09:00~21:30
close 연중무휴
cost 무료

아카렝가 창고, 저녁 식사
赤レンガ倉庫

세월의 흔적이 켜켜이 쌓인 붉은 벽돌(아카렝가)과 육중한 철골 구조물이 로맨틱한 분위기를 연출하는 쇼핑 명소. 1910년대에 지은 세관 건물을 깔끔하게 리뉴얼해 세련된 쇼핑몰로 탈바꿈시킨 탁월한 감각이 돋보인다. 1·2호관 두 동의 건물로 이루어져 있는데 아기자기한 아이템과 감각적인 소품을 취급하는 숍이 가득한 2호관을 집중공략하자. 1호관은 갤러리 위주로 운영하기 때문에 일반인에게는 별 의미가 없다. 분위기 좋은 레스토랑과 가볍게 한 끼 해결하기에 좋은 저렴한 식당도 모여 있으니 지친 다리도 쉴 겸 저녁을 먹고 움직인다.

open 숍 11:00~20:00,
레스토랑 11:00~23:00

야마시타 공원 | 오산바시 국제여객 터미널 | 아카렝가 창고

20:00　　　　　　　　20:52

  Finish

키샤미치
汽車道

해안선을 따라 완만한 곡선의 철로와 목조 데크가 이어지는 호젓한 산책로. 20세기 초에는 아카렝가 창고를 출발해 도쿄로 가는 열차가 달리던 기찻길이었다. 키샤미치(기찻길)란 이름도 거기서 유래한 것. 산책로 주변에는 요코하마를 대표하는 건물들이 나란히 늘어서 있으며 해가 진 뒤에는 야경 감상 포인트로도 제법 인기가 높다. 키샤미치가 끝나는 곳에는 범선 닛폰마루 日本丸 호가 전시된 닛폰마루 메모리얼 파크가 있다. 이 배는 1930~1984년 지구를 45.5바퀴나 항해한 항해 실습용 범선인데, 밝은 조명 속에서 아름답게 빛나는 모습 때문에 요코하마의 야경 포인트로도 유명하다.

요코하마→도쿄
橫浜→東京

도쿄로 돌아갈 때는 닛폰마루 메모리얼 파크 근처에 있는 토큐토요코선의 미나토미라이 みなとみらい 역을 이용한다. 어디서나 금방 눈에 띄는 랜드마크 타워 지하에 역이 있어 찾아가기는 어렵지 않다. 개찰구로 가서 오전에 구입한 미나토미라이 티켓을 집어넣고 역 안으로 들어가면 OK!

열차는 20:52에 출발하는 시부야 방면 급행 急行 열차를 타면 21:27 도쿄의 시부야 역에 도착한다.

미나토미라이 역→시부야 역
급행열차
time 35분 소요
cost 450엔(미나토미라이 티켓 이용 가능)

키샤미치의 야경　　닛폰마루 메모리얼 파크

휴식 · 온천 · 식도락 여행
도쿄·근교 5박 6일

90만 원~

도쿄와 더불어 도쿄 근교의 유명 도시 및 휴양지를 두루 섭렵하는 코스. 하코네·요코하마는 물론 일본 동부의 작은 교토로 통하는 예스러운 도시 카마쿠라 鎌倉도 함께 돌아본다. 800년의 역사를 자랑하는 고즈넉한 사찰과 신사가 즐비해 한가로이 역사 산책을 즐기기에 좋다. 항공편은 일본항공의 인천↔나리타 왕복편, 숙소는 도쿄의 한인민박을 이용한다.

추천 항공편 일본항공
- 인천 07:50→나리타 10:10
- 나리타 18:40→인천 21:15

숙박 도쿄 5박
예산 907,000원~
예산 17,500엔(한인민박 다인실 5박)
생활비 24,000엔(6일)
입장료 6000엔
교통비 13,000엔
항공료 29만 원~
※100엔=970원 기준

기본 준비

Day 1 인천→도쿄, 하라쥬쿠
p.434와 동일

Day 2 츠키지·오다이바
p.438와 동일

Day 3 하코네
p.471와 동일

Day 4 요코하마
p.477와 동일

Day 5 카마쿠라
07:00 신쥬쿠의 오다큐 신쥬쿠 역으로 가서 에노시마·카마쿠라 프리패스 江ノ島鎌倉ノリーパス를 구입한다(1470엔). 신쥬쿠~에노시마의 오다큐 선 왕복 열차는 물론, 에노시마~카마쿠라 구간의 에노덴 전차를 맘대로 탈 수 있는 할인권이라 교통비 절약에 큰 도움이 된다.

이제 07:30쯤 출발하는 오다큐 선의 급행열차를 타고 카타세에노시마 片瀬江ノ島 역으로 간다(70~80분 소요). 역 앞에 위치한 에노시마 江ノ島의 명소와 해변 등을 구경하고 점심 식사를 한 뒤, 에노덴 전차를 타고 1300년 역사를 자랑하는 고찰(古刹) 하세데라 長谷寺와 카마쿠라 대불이 안치된 고토쿠인 高德院으로 간다. 절을 구경하고 나서 다시 에노덴을 타고 종점인 카마쿠라 역으로 가 와카미야오지 若宮大路·츠루가오카하치만구 鶴岡八幡宮 등의 명소와 신사를 살펴보고 17:00쯤 도쿄로 돌아간다.

Day 6 아사쿠사·우에노, 도쿄→인천
p.443와 동일

합리적인 요금과 편리한 스케줄의 일본항공

카마쿠라 대불

카마쿠라의 명물 에노덴

휴식 · 온천 · 식도락 여행

77만 원~

후쿠오카·유후인 2박 3일

travel note

후쿠오카·유후인 2박 3일

볼거리 ★★☆☆☆
식도락 ★★★★☆
쇼핑 ★★★☆☆
온천 ★★★★★
유흥 ★☆☆☆☆

호젓한 휴식의 시간이 필요한 이에게 추천하는 일정. 큐슈의 문화·경제 중심지 후쿠오카와 더불어 고급 온천 휴양지 유후인을 여행한다. 반짝이는 별빛 아래서 즐기는 노천온천은 유후인에서 맛볼 수 있는 최고의 즐거움이다.

day 1

인천 → 후쿠오카, 후쿠오카

숙박 후쿠오카

- 09:10 아시아나항공, 인천 출발
- 10:30 후쿠오카 국제공항 도착
- 11:30 공항→후쿠오카 시내
- 12:00 숙소 체크인 또는 짐 맡기기
- 12:40 캐널 시티 하카타, 점심 식사
- 15:00 쿠시다 신사
- 15:50 구 후쿠오카 현 공회당 귀빈관
- 16:20 아크로스 후쿠오카
- 16:50 텐진, 저녁 식사
- 19:00 텐진 지하상가
- 20:00 나카스·카와바타

day 2

후쿠오카 → 유후인, 유후인

숙박 유후인
패스 북큐슈 레일패스 1일차

- 07:45 후쿠오카→유후인
- 10:01 JR 유후인 역, 숙소 체크인
- 11:00 유노츠보 상점가, 점심 식사
- 13:00 킨린 호수
- 13:30 큐슈유후인 민예촌
- 15:00 유후인 스테인드 글라스 미술관
- 16:00 숙소 체크인, 온천 즐기기

기본 준비

추천 항공편 아시아나항공
인천 09:10→후쿠오카 10:30
후쿠오카 19:45→인천 21:05
숙박 후쿠오카 1박, 유후인 1박
패스 북큐슈 레일패스 3일권
예산 770,000원~
숙박비 20,000엔(비즈니스 호텔 1박, 온천 료칸 1박)
패스 7200엔(북큐슈 레일패스)
생활비 12,000엔(3일)
입장료 2000엔
교통비 1000엔
항공료 34만 원~~
※100엔=970원 기준

day 3

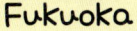

유후인→후쿠오카→인천

숙박 유후인→후쿠오카→인천
패스 북큐슈 레일패스 2일차

11:00 체크아웃, 유후인 산책
12:30 점심 식사, 짐 찾기
14:16 유후인→후쿠오카
16:33 후쿠오카→후쿠오카 국제공항
17:10 후쿠오카 국제공항 도착
19:45 아시아나항공, 후쿠오카 출발
21:05 인천국제공항 도착

큐슈 제일의 온천 휴양지 유후인

요점 정리!

한국 오전, 후쿠오카 오후 출발 항공편 이용
이 일정을 제대로 소화하려면 우리나라에서 08:00~10:00, 후쿠오카에서 19:00 이후에 출발하는 항공편 선택이 필수다. 자칫 한국에서 오후, 후쿠오카에서 오전에 출발하는 항공편을 이용하면 후쿠오카를 오갈 때 최소 하루의 시간을 손해 보게 되니 주의하자.

후쿠오카는 저렴한 숙소, 유후인은 온천 료칸
후쿠오카에서는 저렴한 한인민박(1박 3500엔~) 또는 비즈니스 호텔(1박 5000엔~)을 이용한다. 유후인은 여행의 목적이 온천과 휴식이므로 온천이 딸린 호텔 또는 료칸(일본식 여관)으로 아침 · 저녁 식사를 포함해서 예약한다(1박 15,000엔~). 특히 온천과 제공되는 음식에 신경 쓸 것!

경제적인 북큐슈 레일패스 Kyushu Rail Pass(Northern Kyushu Area)
북큐슈 레일패스는 큐슈 북부를 운행하는 모든 JR 열차를 맘대로 이용할 수 있는 외국인 전용 철도 패스다(3일권 7200엔). 패스 가격이 후쿠오카~유후인 구간의 특급열차 왕복 요금(9100엔)보다 저렴해 무조건 이 패스를 구입하는 게 경비를 절약하는 지름길이다. 우리나라 여행사 또는 후쿠오카의 JR 하카타 博多 역, 후쿠오카 국제공항 1층의 인포메이션 센터에서 판매한다.

후쿠오카 · 유후인
2박 3일

Day 1

mission

1. 인천→후쿠오카 이동
2. 북큐슈 레일패스 교환
3. 세련미가 돋보이는 쇼핑센터 캐널 시티 하카타 구경
4. 큐슈 제일의 번화가 텐진에서 놀기

오늘 코스 지도로 보기

www.clzup.com/qr/e1

Japan

> 공항 이용객이 많으니 인천 국제공항 도착은 늦어도 비행기 출발 2시간 전까지 완료!

09:10  1:20min   10:30

Start ▶

아시아나항공, 인천 출발
Asiana Airlines OZ132

비행기는 아시아나항공의 인천↔후쿠오카 왕복편을 이용한다. 저가항공사에 비해 요금이 조금 비싸지만 한국에서는 오전 일찍, 후쿠오카에서는 오후 늦게 출발하기 때문에 3일을 꽉 채워서 여행할 수 있는 게 최대의 장점이다.

인천에서 후쿠오카까지의 소요시간은 1시간 20분. 음료와 기내식 등의 간단한 서비스를 받고 잠시 휴식을 취하다 보면 눈 깜짝할 사이에 후쿠오카 국제공항에 도착한다. 그동안 일본 입국심사 및 세관검사에 필요한 신고서를 미리 작성해 두자. 신고서는 공항 도착 전에 승무원들이 나눠 준다.

후쿠오카 국제공항
福岡国際空港

비행기에서 내려 '도착 到着 Arrivals' 표지판을 따라가면 잠시 후 입국심사장이 나타난다. 그리고 입국심사관에게 기내에서 작성한 일본 입국 신고서와 여권을 제시하면 간단한 확인 절차를 거쳐 90일간의 입국허가 스티커를 붙여준다. 이제 짐을 찾아 세관 검사대를 통과하면(세관 신고서는 이때 제출) 드디어 후쿠오카 도착이다. 입국심사와 세관검사를 모두 마치고 공항 밖으로 나오기까지는 보통 30분 정도가 걸린다. 주말 · 성수기에는 사람이 많이 몰리는 입국심사장을 통과하는 데 시간이 오래 걸리는 경우도 있으니 비행기에서 내리자마자 입국 심사장으로 서둘러 가는 게 좋다.

인천국제공항 / 후쿠오카 국제공항

> 캐널 시티 하카타 5층에는 유명 라멘집 8개가 모여 있는 푸드 테마 파크 라멘 스타디움 ラーメンスタジアム이 있다.

11:30 🚌+🚇 15min~ **12:00**   **12:40**

후쿠오카 국제공항 → 시내
福岡国際空港 → 福岡市内

공항에서 후쿠오카 시내로 들어갈 때는 입국장 정면의 출구를 나와 1번 정류장에서 국내선 터미널 国内線ターミナル 행 무료 셔틀버스를 탄다. 그리고 종점인 국내선 터미널에서 내려(10분 소요) 지하철로 갈아타면 된다. 국내선 터미널 앞의 지하철 후쿠오카쿠코 福岡空港 역에서 시내 한복판의 하카타 博多 역까지는 불과 두 정거장이다.
오늘은 지하철을 자주 이용하게 되므로 지하철 1일권을 구입하자. 세 번만 타면 본전이 빠진다.

후쿠오카쿠코 역→하카타 역
지하철
time 5분 소요 **cost** 260엔

지하철 1일권
cost 평일 620엔, 토·일·공휴일 520엔

숙소 체크인·짐 맡기기
Hotel Check-In

후쿠오카 시내에 도착하면 우선 예약해 놓은 숙소로 가서 체크인을 한다. 일반적으로 한인민박은 12:00 이후, 비즈니스 호텔은 14:00~16:00 무렵부터 체크인을 할 수 있다. 도착 시각이 너무 일러 체크인이 불가능해도 짐 보관은 무료로 해주니 가볍게 돌아다닐 수 있도록 숙소에 짐을 맡겨 놓고 나오는 게 요령!
대부분의 비즈니스 호텔은 지하철 하카타 博多 역·기온 祇園 역(하카타 역에서 1정거장)·텐진 天神 역(하카타 역에서 3정거장)에 모여 있으므로 지하철을 타고 가면 쉽게 찾을 수 있다. 오늘의 첫 여행지인 캐널 시티 하카타로 갈 때는 지하철 기온 祇園 역에서 내려 3번 출구로 나가면 된다(도보 10분).

캐널 시티 하카타, 점심 식사
キャナルシティー博多

총길이 180m의 인공운하를 중심으로 6개의 건물이 이어져 있어 '운하(Canal)의 도시'란 명칭이 붙은 복합 쇼핑센터. 수백 개의 숍·레스토랑이 모여 있어 후쿠오카를 대표하는 쇼핑과 식도락의 명소로 인기가 높다. 운하를 따라 유려한 곡선을 그리며 이어지는 건물 외관과 발랄한 색상이 멋진 조형미를 뽐내고, 운하에서는 리듬에 맞춰 분수가 뿜어져 나온다. 광장에서는 마술 쇼 등 흥미로운 이벤트가 끊이지 않으며, 해가 진 뒤에는 운하를 따라 색색의 조명에 물든 아름다운 야경이 펼쳐지는 등 다채로운 볼거리를 제공한다.

open 숍 10:00~21:00,
레스토랑 10:00~23:00
web www.canalcity.co.jp

후쿠오카 국제공항의 무료 셔틀버스 | 캐널 시티 하카타 | 캐널 시티 하카타의 야경

> 카와바타도리 상점가 川端通商店街를 지나가면서 여러 가게를 구경하는 재미도 제법 쏠쏠하다.

 6min   14min   3min

15:00   15:50   16:20

쿠시다 신사
櫛田神社

8세기에 세워진 후쿠오카의 수호 신사로 '오쿠시다상 お櫛田さん'이란 애칭으로 통한다. 정문 천장의 회전 원반에는 십이간지의 동물이 새겨져 있으며 그 해의 띠 동물을 복을 부르는 방향으로 돌려놓는다. 이 신사는 후쿠오카의 대표적인 축제인 하카타 돈타쿠 博多どんたく와 하카타기온 야마가사 博多祇園山笠가 열리는 곳으로도 유명하다. 본전 왼쪽의 하카타 역사관 博多歷史館(300엔)에서는 축제와 관련된 다양한 자료를 전시한다. 그 옆에는 수많은 인형과 장식품으로 화려하게 치장된 8m 높이의 거대한 산차 山車가 놓여 있는데 하카타기온야마가사 축제 때 실제로 사용하는 것이다.

open 일출~일몰

구 후쿠오카 현 공회당 귀빈관
旧福岡県公会堂貴賓館

1901년에 개최된 큐슈·오키나와 8개 현 연합회의 당시 귀빈 접대소로 사용된 건물이다. 메이지 시대(1868~1912)에 지어진 몇 안 되는 프랑스 르네상스 양식의 건물로 팔각탑과 프랑스 궁전 양식의 지붕이 독특한 분위기를 풍긴다. 제2차 세계대전 직후 고등재판소·학교·교육청 청사 등으로 사용되다가 1981년 이 자리로 옮겨와 일반에 공개되고 있다. 내부는 옛 모습을 완벽히 복원해 건축 초기의 화려한 면모를 유감없이 보여준다. 밤에 조명을 받은 모습도 제법 아름답다.

open 09:00~17:00
close 월요일, 12/29~1/3
cost 240엔

아크로스 후쿠오카
アクロス福岡

외벽이 온통 초록빛 수목에 뒤덮인 피라미드 모양의 거대한 건물. 심포니 홀·국제회의장·오피스가 한데 어우러진 복합문화센터로 아르헨티나의 건축가 에밀리오 암바즈가 설계를 맡아 1995년에 완공됐다. 이 건물의 매력은 외벽을 따라 계단형으로 조성된 인공정원인 스텝 가든인데, 높이 60m의 옥상까지 이어진 809개의 계단을 오르며 76종, 3만 7000그루의 나무가 빼곡히 심어져 있는 모습을 볼 수 있다. 옥상에는 후쿠오카 시내가 한눈에 내려다보이는 전망대(토·일·공휴일 10:00~16:00)도 있다.

open 5~8월 09:00~18:30, 3·4·9·10월 09:00~18:00, 11~2월 09:00~17:00
cost 무료

쿠시다 신사의 산차 | 구 후쿠오카 현 공회당 귀빈관 | 아크로스 후쿠오카

4min　16:50　　　1min　19:00　　　15min　20:00 Finish

> 숙소로 돌아갈 때는 인근의 지하철 나카스카와바타 中洲川端 역을 이용하면 편리하다.

텐진, 저녁 식사
天神

고층 빌딩과 대형 백화점, 세련된 스타일의 숍, 그리고 온갖 유흥업소가 한자리에 모인 큐슈 제일의 번화가. 20대 초반의 직장 여성을 타깃으로 발랄한 스타일의 여성 패션·액세서리를 취급하는 백화점 텐진 코어 天神그ア, 다양한 스트리트 패션을 선보이는 백화점 텐진 비브레 天神ビブレ, 20~30대 취향의 캐주얼 패션과 액세서리가 주력 아이템인 쇼핑몰 임즈 IMS, 20~40대를 타깃으로 한 후쿠오카 태생의 대형 백화점 이와타야 岩田屋, 인테리어 소품 및 문구 전문점인 로프트 Loft 등은 텐진에 왔다면 한번 들러볼 만한 곳늘이다.

open 10:00~20:00(숍마다 다름)
close 연말연시(숍마다 다름)

텐진 지하상가
天神地下街

바닥은 돌과 벽돌, 천장은 아르누보 문양으로 장식해 한껏 유럽 분위기를 살린 지하 쇼핑가. 의류·액세서리·가방·보석을 취급하는 200여 개의 점포가 늘어선 후쿠오카의 쇼핑 1번지로 현지인에게 큰 인기를 누리고 있다. 상가 곳곳엔 앤티크 느낌을 살린 스테인드글라스, 30분마다 아름다운 음악과 함께 시간을 알려주는 인형 시계가 설치돼 있다.

이 지하상가를 통해 20여 개의 빌딩과 쇼핑센터·백화점이 연결돼 있어 출구 찾기가 쉽지 않으니 밖으로 나갈 때는 안내판을 보고 정확한 출구 번호와 위치를 확인한 다음 움직이는 게 좋다.

open 10:00~20:00(숍마다 다름)
close 연말연시(숍마다 다름)

나카스·카와바타
中洲·川端

후쿠오카는 물론 큐슈 제일의 규모를 자랑하는 유흥가. 낮에는 비교적 얌전한(?) 분위기를 유지하지만 일단 해만 떨어지면 3500여 개의 유흥업소가 일제히 휘황찬란한 네온 불빛을 뿜으며 화려한 본색을 드러낸다. 성인업소의 호객꾼들이 맹렬한 호객 공세를 펼치는 것은 물론 밤을 즐기러 나온 이들과 러브호텔을 기웃거리는 연인들까지 가세해 그야말로 잠들지 않는 후쿠오카의 밤을 연출하는 것!

덩달아 유명한 것은 강변을 따라 늘어선 야타이 屋台라는 일본식 포장마차. 해질 무렵부터 하나둘 불을 밝히기 시작하는데 오뎅·꼬치 등 다양한 먹거리와 주류를 취급해 가볍게 한잔 걸치기에 좋다.

텐진의 백화점　　독특한 인테리어의 텐진 지하상가　　나카스의 명물, 포장마차

Day 2

mission

1. 후쿠오카→유후인 이동

2. 아기자기한 숍들이 모인 유노츠보 상점가 구경

3. 고즈넉한 온천 마을 유후인 산책

4. 온천 즐기기

오늘 코스 지도로 보기

www.clzup.com/qr/e2

Japan

07:45 ——— 2:16min ——— 10:01

Start ▶

후쿠오카→유후인
福岡→湯布院

JR 하카타 博多 역으로 가서 07:45에 출발하는 벳푸 別府 행 특급열차를 타고, 10:01에 JR 유후인 湯布院 역에서 내린다. 이제부터는 북큐슈 레일패스를 사용하므로 따로 티켓을 끊을 필요는 없다.

JR 하카타 역→JR 유후인 역
특급열차
time 2시간 16분 소요
cost 4550엔(북큐슈 레일패스 이용 가능)

북큐슈 레일패스 교환
JR 하카타 역의 큐슈 레일패스 교환 창구인 JR Travel Service Center의 운영 시간은 10:00~20:00(토·일·공휴일 10:00~18:00)이다. 따라서 북큐슈 레일패스 교환은 첫날 후쿠오카에 도착하자마자 끝내 놓아야 한다.

JR 유후인 역, 숙소 체크인
Check In

JR 유후인 역은 무척 조그맣다. 역 구내에 여행 정보와 지도·할인 쿠폰 등을 제공하는 작은 인포메이션 센터가 있으며, 하나뿐인 출구를 나가면 정면으로 마을의 중심가가 펼쳐진다. 역을 등지고 왼쪽에는 유후인의 주요 포인트를 오가는 버스와 마차 정류장, 오른쪽에는 택시 승강장이 있다. 버스는 노선과 운행 시각이 무척 한정적이니 숙소까지의 거리가 멀 때는 택시를 이용하는 게 현명하다.

일반적으로 료칸·호텔의 체크인은 14:00 이후이기 때문에 도착하자마자 체크인을 하기는 힘들다. 대신 짐은 무료로 보관해주니 가볍게 돌아다닐 수 있도록 큰 짐은 숙소에 맡겨 놓고 나오도록 한다.

유후인 행 특급열차   아담한 규모의 JR 유후인 역

11:00 — 7min — **13:00** — 4min — **13:30**

유노츠보 상점가, 점심 식사
湯の坪街道

유후인의 메인 상점가. 차 한 대가 겨우 지나갈 수 있는 좁은 도로 양옆에 100여 개의 숍이 모여 있다. 특산물은 물론 깜찍한 액세서리와 기념품 등 다채로운 아이템을 취급해 쇼핑의 재미를 만끽할 수 있다. 단순히 구경만 해도 시간 가는 줄 모를 정도이니 느긋하게 돌아보자. 특히 인기 높은 숍은 토토로 인형 등 스튜디오 지브리의 캐릭터 상품 전문점 동구리노모리 どんぐりの森, 아름다운 음색의 오르골을 파는 오루고루노모리 オルゴールの森 등이다. 상점가 곳곳에 맛난 군것질거리를 파는 가게와 분위기 좋은 카페 · 레스토랑도 있다.

open 11:00~20:00(숍마다 다름)
close 연말연시(숍마다 다름)

킨린 호수
金鱗湖

바닥에서 차가운 지하수와 뜨거운 온천수가 동시에 샘솟는 특이한 호수다. 그 때문에 일교차가 심한 날은 물안개가 자욱하게 피어올라 몽환적인 분위기를 연출한다. 속이 훤히 비치는 맑은 물에서는 고기 떼가 무리지어 헤엄치는 모습이 보인다. '킨린'이란 이름이 노을빛을 받아 금색(金)으로 반짝이는 물고기 비늘(鱗)에서 유래했다는 사실을 알고 보면 더욱 흥미롭다. 호숫가에는 시탄유 下ん湯란 조그만 노천온천도 있는데, 벽이 없어 밖에서 훤히 들여다보이는 쇼킹한(?) 생김새가 눈길을 끈다.

시탄유
open 10:00~21:00
cost 200엔

큐슈유후인 민예촌
九州湯布院民芸村

큐슈 각지에서 이축 · 복원시킨 17~19세기의 민가로 이루어진 민예품 갤러리 겸 공방. 옛 모습을 그대로 간직한 건물에는 오랜 전통이 느껴지는 토속적인 민예품이 다채롭게 전시돼 있으며, 와시 和紙(전통방식으로 만든 일본 종이) · 염직물 · 도자기 · 유리공예품 · 죽공예품 제작 시연도 볼 수 있다.

누구나 부담 없이 참여할 수 있는 염직물 만들기(1300엔~), 도자기 만들기(1500엔) 등의 체험 프로그램도 운영하니 재미삼아 이용해 봐도 좋을 듯하다.

open 08:30~17:00
cost 650엔
tel 0977-85-2288(예약 문의)

유노츠보 상점가 · 고즈넉한 킨린 호수 · 큐슈유후인 민예촌

유후인 스테인드글라스 미술관까지 가는 길에는 논과 밭이 이어지는 전형적인 일본의 시골 풍경이 펼쳐진다.

30min

 15:00   16:00 ■ Finish

유후인 스테인드글라스 미술관
湯布院ステンドグラス美術館

1800년대부터 수집한 스테인드글라스 작품을 전시하는 미술관. 전시품 가운데는 서양인의 눈에 비친 일본인의 모습을 묘사한 것처럼 독특한 작품도 있다. 미술관은 스테인드글라스를 중심으로 에밀 갈레의 유리 공예품 및 회화를 전시하는 닐즈 하우스와 영국 스타일의 고풍스러운 성 로버트 교회로 이루어져 있다. 교회는 모든 자재를 영국에서 들여다 지은 것으로 기와과 지붕은 160여 년 전에 제작된 골동품이다. 직접 스테인드글라스를 만들어 보는 체험 공방도 운영한다(1시간 소요, 유료).

open 09:00~18:00(교회 행사시에는 일시적으로 휴관하는 경우도 있음)
cost 1000엔

숙소 체크인, 온천 즐기기
Check In

마을 구경을 적당히 한 뒤에는 숙소로 돌아가 체크인을 하고 휴식을 취한다. 유후인에 있는 대부분의 료칸·호텔에는 온천이 딸려 있으니 느긋하게 온천욕을 즐기며 시간을 보내다 저녁을 먹으면 된다. 저녁 식사는 보통 18:00~20:00에 제공되는데, 체크인 때 원하는 시간을 지정할 수 있다. 메뉴는 숙소에 따라 다르지만 일반적으로 지역 특산물로 만든 일식 코스 요리가 제공되는 경우가 많다. 유후인은 워낙 작은 마을이라 마땅히 유흥을 즐길 곳이 없으니 저녁 식사를 마친 뒤에는 숙소에 딸린 온천을 이용하며 시간을 보낸다. 숙소로 돌아가기 전에 시내에서 맥주 등의 야참을 장만해 가는 것도 좋다.

Travel Tip

유후인의 온천

유후인의 매력은 온천! 특히 노천온천이 유명하다. 마을 곳곳에 저렴한 공동온천이 있지만 제대로 분위기를 즐기려면 고급 료칸에서 운영하는 온천을 이용하는 게 좋다. 히가에리온센 日帰り温泉이라고 해서 외부인에게 온천을 개방하는 료칸도 있다.

야마노 호텔 무소엔
山のホテル夢想園

전통 료칸에 딸린 대형 노천온천. 탁 트인 전망이 매력인데 유후인의 전경을 바라보며 느긋하게 온천욕을 즐길 수 있다. JR 유후인 역에서 택시로 5분 거리에 있다.

open 10:00~15:30 **cost** 700엔
web www.musouen.co.jp

유후인코토부키하나노쇼
由布院ことぶき花の庄

분위기 좋은 고급 호텔의 온천을 이용할 수 있다. 쾌적한 노천온천이 자랑이며 폭포탕·자쿠지·사우나도 완비했다. JR 유후인 역에서 도보 4분.
open 12:00~15:00 **cost** 700엔
web www.hananosho.co.jp

쿠아쥬 유후인
クアージュゆふいん

현대적인 시설의 깔끔한 대중온천. 노천온천·폭포탕·사우나·수영장·자쿠지 등을 갖췄다.
open 10:00~21:30
close 매월 둘째·넷째 목요일
cost 500~800엔

유후인 스테인드글라스 미술관   유후인의 노천온천

쾌적한 시설의 온천

Day 3

mission

1. 유후인 마을 산책 및 점심 식사
2. 유후인→후쿠오카 이동
3. 후쿠오카→인천 이동

오늘 코스 지도로 보기

www.clzup.com/qr/e3

Japan

11:00 Start　　　　　12:30

체크아웃, 유후인 산책
Check Out

느긋하게 일어나서 아침 식사를 마치고 체크아웃 전까지 가볍게 온천욕을 즐긴다. 체크아웃 시간은 일반적으로 10:00~12:00 사이이다. 체크아웃을 하면서 큰 짐은 숙소에 맡겨 놓고 가벼운 차림으로 나가서 유후인 시내 산책을 즐긴다.
유노츠보 상점가 · 킨린 호수 주변을 걷거나 마을 외곽으로 이어진 한적한 도로를 거닐며 느긋하게 시간을 보내는 것도 좋다.

점심 식사, 짐 찾기
Lunch

마을 산책을 즐긴 뒤에는 유후인을 떠나기에 앞서 점심 식사를 한다. 점심을 먹기에 좋은 곳은 JR 유후인 역 주변의 식당 또는 유노츠보 상점가에 있는 레스토랑, 킨린 호수 주변의 카페와 레스토랑이다.
점심 식사를 마치고 나서 숙소로 돌아가 짐을 찾은 뒤, JR 유후인 역으로 가면 된다. 숙소가 역에서 가깝다면 별 문제가 없지만, 거리가 먼 경우에는 역까지 가는 데 적잖은 시간이 걸릴 수 있으니 시간 여유를 넉넉히 두고 움직이는 게 좋다. 경우에 따라서는 숙소에서 택시를 불러달라고 부탁하거나, 아예 체크아웃 때 JR 유후인 역으로 가서 코인리커에 짐을 넣어놓는 게 좋을 수도 있다.

깜찍한 부엉이 인형

마을을 누비는 마차

한적한 시골 풍경이 펼쳐지는 유후인

> 기념품점은 공항보다 JR 하카타 역이 훨씬 규모가 크고 종류도 많다.

> 원활한 출국수속을 위해 공항으로는 비행기 출발 시각 2시간 전까지 가는 게 좋다.

 2:17min

 15min~

14:16　　　　　　　16:33　　　　　　　17:10

유후인→후쿠오카
湯布院→福岡

JR 유후인 역으로 가서 14:16에 출발하는 하카타 博多 행 특급열차를 타면 16:33에 종점인 JR 하카타 博多 역에 도착한다.

유후인 역에 너무 일찍 갔을 때는 역 구내의 갤러리를 구경하거나, 플랫폼에 있는 족탕(유료)을 이용하며 시간을 보내도 좋다.

JR 유후인 역→JR 하카타 역
특급열차
time 2시간 17분 소요
cost 4550엔(북큐슈 레일패스 이용 가능)

후쿠오카→후쿠오카 국제공항
福岡→福岡国際空港

열차가 JR 하카타 역에 도착하면 표지판을 따라 지하철 하카타 博多 역으로 가서 후쿠오카 공항 福岡空港 행 지하철로 갈아탄다.

그리고 종점인 후쿠오카쿠코 福岡空港 역(하카타 역에서 두 정거장)에서 내려 1번 출구를 나온 뒤, 정면으로 80m 정도 떨어진 곳에 있는 4번 정류장에서 '국제선 터미널 国際線ターミナル' 행 무료 셔틀버스를 타고 10분쯤 가면 후쿠오카 국제공항에 도착한다. 참고로 무료 셔틀버스는 5~8분 간격으로 운행한다.

하카타 역→후쿠오카쿠코 역
지하철
time 5분 소요
cost 260엔

후쿠오카 국제공항
福岡国際空港

셔틀버스가 국제선 터미널에 도착하면 건물 안으로 들어간다. 후쿠오카 국제공항의 출국장은 3층에 있으며 건물 곳곳에 붙어 있는 '출발 出発口 Departures' 표지판만 따라가면 쉽게 찾을 수 있다.

그리고 안내 모니터에서 아시아나항공의 체크인 카운터를 확인한 뒤 거기로 가서 항공권과 여권을 제시하고 탑승수속을 하면 된다. 공항 규모가 작고 시설도 단출해 이용에 큰 어려움이 없다. 단, 그만큼 숍 등의 편의시설이 부족하니 기념품 등의 쇼핑은 JR 하카타 역에서 끝내고 오는 게 좋다.

후쿠오카 국제공항
web www.fuk-ab.co.jp

JR 하카타 역　　후쿠오카의 지하철　　후쿠오카 국제공항

 1:20min

19:45　　　　　　　　　　　　21:05
○　　　　　　　　　　　　■ Finish

아시아나항공, 후쿠오카 출발
Asiana Airlines OZ135

이제 출국심사장으로 가서 여권과 보딩패스를 제시하고 출국심사를 받은 다음 비행기 출발 시각까지 면세구역에서 기다리면 된다. 면세구역 안에는 몇 개의 조그만 기념품점과 면세점이 있으니 여기서 간단한 기념품을 마련해도 된다. 5%의 소비세가 면제되기 때문에 책이나 과자 등 정가가 매겨진 공산품은 시내보다 조금 저렴하다. 대신 상품 종류가 무척 한정적이라 쇼핑의 재미는 별로 없다.

인천국제공항 도착
Incheon Intl. Airport

인천국제공항에 도착해 입국심사를 마치고 짐을 찾아 입국장 밖으로 나오기까지 걸리는 시간은 30~40분 정도. 입국장은 공항 1층에 있으며, 표지판을 따라 5~10분쯤 걸으면 공항철도역이 나타난다. 입국장 바로 앞에는 서울 시내 및 수도권을 연결하는 여러 노선의 공항 리무진 버스 정류장도 있는데, 노선별로 정류장 위치가 다르니 인포메이션 센터나 안내 표지판 등을 통해 정확한 정류장 위치를 확인하고 이용한다.

공항철도
cost 3950원(서울역)

공항 리무진 버스
cost 5000~1만 5000원
web www.airportlimousine.co.kr

후쿠오카의 명물 병아리빵

후쿠오카 국제공항의 출국장　인천국제공항

Travel Tip
이런 코스도 있어요!

큐슈 여행을 좀더 보람차게(?) 즐기려는 쇼핑 마니아라면 마지막 날 큐슈 최대의 아웃렛인 토스 프리미엄 아웃렛에 들러보자.

Schedule
09:07 유후인→토스 역
10:53 토스 역→
　　　토스 프리미엄 아웃렛
11:20 토스 프리미엄 아웃렛
15:30 토스 프리미엄 아웃렛→
　　　토스 역
16:10 토스 역→하카타 역
16:30 하카타 역→
　　　후쿠오카 국제공항
17:10 후쿠오카 국제공항 도착
19:45 후쿠오카→인천
21:05 인천국제공항 도착

09:07 JR 유후인 역에서 특급열차를 타고 JR 토스 鳥栖 역으로 간다. 그리고 역 앞에서 출발하는 셔틀버스를 타고(20분 소요, 210엔) 토스 프리미엄 아웃렛으로 가서 쇼핑을 즐긴다. 우리에게도 친숙한 명품 브랜드는 물론, 100여 개의 패션·주얼리·인테리어·스포츠 용품 숍이 입점해 있으며, 30~70%가 할인된 착한 가격도 매력이다(10:00~20:00).
쇼핑을 마친 뒤에는 JR 토스 역으로 돌아가 16:10에 출발하는 특급열차를 타고 JR 하카타 博多 역으로 간 다음, 지하철로 갈아타고 후쿠오카 국제공항으로 향한다.

토스 프리미엄 아웃렛

힐링·휴식·온천 여행

74만 원~

후쿠오카 쿠로카와온센 2박 3일

travel note

후쿠오카·쿠로카와온센 2박 3일

볼거리 ★★☆☆☆
식도락 ★★★☆☆
쇼 핑 ★★☆☆☆
온 천 ★★★★★
유 흥 ★☆☆☆☆

자신만의 시간을 온전히 즐기려는 은둔형 여행자에게 꼭 맞는 일정. 첩첩산중 두메산골에서 힐링의 시간을 가진다. 일상에 지친 육체를 푸근하게 녹여주는 온천과 상큼한 자연, 소박한 시골 마을의 정취가 여행의 즐거움을 더해준다.

day 1

인천→후쿠오카, 후쿠오카
숙박 후쿠오카

- 09:10 아시아나항공, 인천 출발
- 10:30 후쿠오카 국제공항 도착
- 11:30 공항→후쿠오카 시내
- 12:00 숙소 체크인 또는 짐 맡기기
- 12:40 캐널 시티 하카타, 점심 식사
- 15:00 쿠시다 신사
- 15:50 구 후쿠오카 현 공회당 귀빈관
- 16:20 아크로스 후쿠오카
- 16:50 텐진, 저녁 식사
- 19:00 텐진 지하상가
- 20:00 나카스·카와바타

day 2

후쿠오카→쿠로카와온센
숙박 쿠로카와온센

- 09:01 후쿠오카→쿠로카와온센
- 12:04 료칸에 짐 맡기기
- 12:30 쿠로카와온센 산책, 점심 식사
- 15:00 료칸 체크인, 온천 순례
- 19:00 저녁 식사, 온천

기본 준비

추천 항공편 아시아나항공
인천 09:10→후쿠오카 10:30
후쿠오카 19:45→인천 21:05
숙박 후쿠오카 1박, 쿠로카와온센 1박
예산 743,000원~
숙박비 20,000엔(비즈니스 호텔 1박, 온천 료칸 1박)
생활비 12,000엔(3일)
입장료 1500엔
교통비 6000엔
항공료 34만 원~
※100엔=970원 기준

day3

쿠로카와온센 → 후쿠오카 → 인천

11:00 체크아웃, 쿠로카와온센 산책
12:30 점심 식사, 짐 찾기
14:00 쿠로카와온센→후쿠오카
16:40 후쿠오카 도착
17:10 후쿠오카 국제공항 도착
19:45 아시아나항공, 후쿠오카 출발
21:05 인천국제공항 도착

Fukuoka

kurokawa

요점 정리!

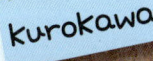

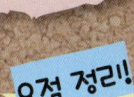

한국 오전, 후쿠오카 오후 출발 항공편 이용

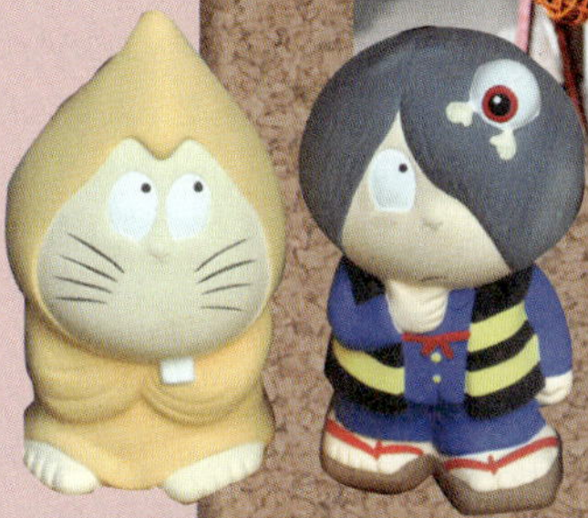

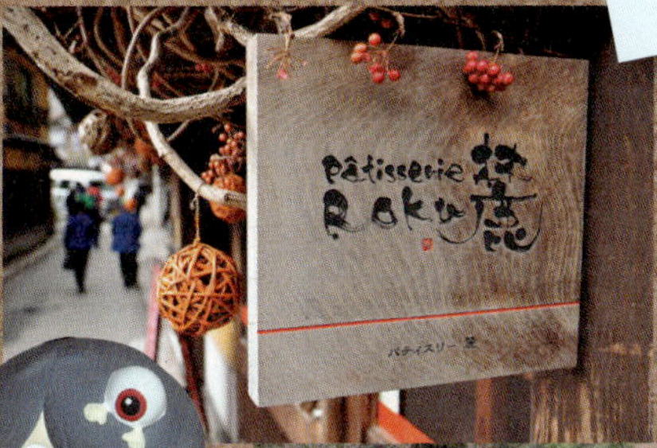

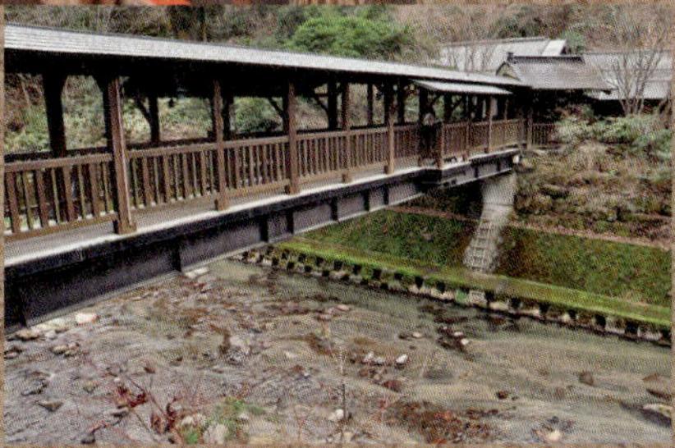

이 일정을 제대로 소화하려면 우리나라에서 08:00~10:00, 후쿠오카에서 19:00 이후에 출발하는 항공편 선택이 필수다. 자칫 한국에서 오후, 후쿠오카에서 오전에 출발하는 항공편을 이용하면 후쿠오카를 오갈 때 최소 하루의 시간을 손해 보게 되니 주의하자.

후쿠오카는 저렴한 숙소, 쿠로카와온센은 온천 료칸

후쿠오카에서는 저렴한 한인민박(1박 3500엔~) 또는 비즈니스 호텔(1박 5000엔~)을 이용한다. 쿠로카와온센은 온천이 딸린 료칸(일본식 여관)으로 아침과 저녁 식사 두 끼를 포함해서 예약한다(1박 15,000엔~). 쿠로카와온센 여행의 목적이 온천과 휴식이므로 그에 걸맞는 숙소가 필요함은 당연지사! 특히 료칸에 딸린 온천과 제공되는 음식의 질에 따라 여행의 만족도가 천양지차로 달라질 수밖에 없는 만큼 꼼꼼한 확인과 비교는 필수다.

예약은 인터넷을 활용한다. 한인민박은 '후쿠오카 민박'으로 검색하면 되며, 료칸은 '일본 료칸' 또는 '일본 료칸 예약' 등으로 검색하면 저렴한 현지 료칸 예약 업체를 찾을 수 있다. 동일한 료칸이라도 예약 업체마다 요금이 조금씩 다르니 여러 업체를 꼼꼼히 비교해 보고 가장 저렴한 곳을 이용하는 게 좋다.

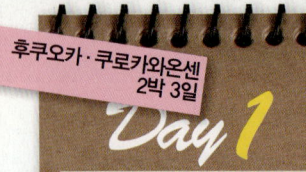

후쿠오카·쿠로카와온센
2박 3일

Day 1

mission

1. 인천→후쿠오카 이동

2. 세련미가 돋보이는 쇼핑센터 캐널 시티 하카타 구경

3. 큐슈 제일의 번화가 텐진에서 놀기

※ 일정은 p.488와 동일

오늘 코스 지도로 보기

www.clzup.com/qr/e4

Japan

Day 2

mission

1. 후쿠오카→쿠로카와온센 이동

2. 쿠로카와온센 산책

3. 쿠로카와온센의 명물 온천 순례하기

오늘 코스 지도로 보기

www.clzup.com/qr/e5

Japan

쿠로카와온센 행 버스는 매일 오전 09:01과 오후 13:54 딱 두 편만 운행한다.

09:01

Start ▶

후쿠오카 → 쿠로카와온센
福岡 → 黒川温泉

쿠로카와온센까지는 직행버스가 운행되며, JR 하카타 博多 역 옆에 위치한 하카타 버스 터미널 博多バスターミナル에서 09:01에 출발하는 쿠로카와온센 행 버스를 타고 종점에서 내리면 된다. 이 버스는 후쿠오카의 텐진 天神에 있는 니시테츠텐진 버스 센터 西鉄天神バスセンター를 경유하므로(09:20) 텐진 주변의 숙소에 묵을 때는 여기서 버스를 타면 편리하다.

티켓은 왕복으로 끊는 게 저렴하다. 성수기에는 자리 구하기가 힘들 수 있으니 예약을 서두르자.

하카타 버스 터미널→쿠로카와온센 버스
time 3시간 3분 소요
cost 편도 3090엔, 왕복 5550엔

하카타 버스 터미널

> 온천 순례를 할 때는 온천욕 30분, 휴식 30분 정도로 이용하는 게 요령이다.

3:03min   12:04   12:30   15:00

료칸에 짐 맡기기
旅館到着

쿠로카와온센은 손바닥만 하다는 표현이 딱 들어맞을 만큼 조그맣다. 버스 정류장은 마을 한복판에 있는데, 주변에 랜드마크로 삼을 만한 건물이 없어 초행인 경우 방향을 가늠하기가 조금 힘들다. 이때는 현지인에게 자신이 예약한 료칸까지 가는 길을 물어보고 움직이자. 마을 외곽에 있는 료칸의 경우 버스 정류장까지 픽업 서비스를 제공하기도 하므로 예약할 때 미리 확인해 두면 편리하다.
일반적으로 료칸의 체크인 시간은 14:00 이후이기 때문에 도착하자마자 체크인을 하기는 힘들다. 대신 짐은 무료로 보관해주니 가볍게 돌아다닐 수 있도록 짐을 료칸에 맡겨놓고 나온다.

쿠로카와온센 산책, 점심 식사
黒川温泉

쿠로카와온센은 마을 끝에서 끝까지 걷는 데 10~15분이면 충분할 만큼 조그만 시골마을이다. 마을 중심부를 가로지르는 2개의 도로를 따라 료칸·온천·숍·레스토랑이 모여 있어 느긋하게 걸으며 구경해도 두어 시간이면 마을 전체를 돌아볼 수 있다. 딱히 눈에 띄는 볼거리는 없으니 한적한 시골마을의 정취를 맛보며 여유롭게 걸어 보자. 민예품을 파는 소박한 가게나 아담한 카페가 골목골목 숨어 있어 산책의 묘미를 더해준다.
점심 식사는 산책을 즐기는 도중에 해결하자. 값이 조금 비싸지만 이곳을 벗어나면 식당 찾기는 힘들다.

open 11:00~20:00(숍마다 다름)
close 연말연시(숍마다 다름)

료칸 체크인, 온천 순례
湯めぐり

쿠로카와온센 여행의 백미는 바로 이 마을의 유명 온천을 돌아보며 목욕을 즐기는 온천 순례다(p.504).
뉴토테가타 入湯手形라는 나무 패찰을 구입하면 쿠로카와온센의 24개 온천 가운데 세 곳을 맘대로 골라서 이용할 수 있다. 온천 이용료가 1회 500엔 정도이므로 세 번만 이용하면 본전은 충분히 빠진다. 온천욕을 즐기려면 간편한 옷차림과 세면도구가 필수이므로 우선 료칸으로 돌아가 체크인을 마치고 온천 순례에 나설 채비를 한 뒤에 움직이는 게 좋다.

온천 순례
open 08:30~21:00(온천에 따라 다름)
cost 뉴토테가타 1300엔

한적한 쿠로카와온센 / 쾌적한 시설의 온천 / 작은 강을 따라 전통 료칸이 모여 있다

19:00

Finish

저녁 식사, 온천
Dinner

3~4시간의 온천 순례를 마친 뒤에는 료칸으로 돌아가 잠시 휴식을 취하다 저녁 식사를 한다. 저녁은 보통 18:00~20:00에 제공되는데, 체크인 때 원하는 시간을 지정할 수 있다. 온천 순례를 마치고 돌아오면 19:00 무렵이 되므로 이 시간에 즈음해서 저녁 식사를 준비해 달라고 부탁하면 된다. 메뉴는 료칸에 따라 다르지만 일반적으로 지역 특산물로 만든 일식 코스 요리가 제공된다.

쿠로카와온센은 워낙 작은 마을이라 마땅히 유흥을 즐길 곳이 없으니 저녁 식사를 마친 뒤에는 료칸에 딸린 온천을 이용하며 시간을 보낸다. 가게가 문을 닫기 전에 맥주 등의 야참을 장만해 가는 것도 좋다.

먹음직한 저녁 식사

Travel Tip

쿠로카와온센 온천 순례

아래에 소개하는 온천들은 뉴토테가타 入湯手形로 이용 가능하다. 온천마다 효능과 분위기가 다르니 각각의 특징을 살펴보고 마음에 드는 곳을 골라서 이용하자.
쿠로카와온센 홈페이지에서 온천 내부 사진과 위치를 확인하고 이용해도 좋다. 자세한 지도도 다운 받을 수 있다.
web www.kurokawaonsen.or.jp

뉴토테가타

이코이료칸 いこい旅館
피부가 매끈해진다는 '미인탕 美人湯'이 있어 여성에게 인기가 높다.

료칸이치노이 旅館壱の井
소박한 분위기의 온천. 신경통·근육통 등에 효험이 있는 유황온천이다.

레키시노야도오카쿠야 歴史の宿御客屋
1722년에 문을 연 유서 깊은 온천. 울창한 삼나무 숲에 둘러싸여 있다.

료칸오쿠노유 旅館奥の湯
일본 민가를 테마로 꾸민 고풍스러운 온천. 남녀혼욕의 노천온천도 있다.

이야시노사토키야시키 いやしの里樹やしき
쾌적한 시설을 갖췄으며 신경통·관절통 등에 효험이 있다.

쿠로카와소 黒川荘
울창한 숲에 둘러싸인 멋스러운 온천. 4개의 노천온천탕이 있다.

료칸코노유 こうの湯
날씨에 따라 온천수의 색이 변한다. 알칼리성 온천으로 피부 보습에 효험이 있다.

산아이코겐 호텔 三愛高原ホテル
고지대에 있어 탁 트인 전망이 일품이다. 쿠로카와온센에서 셔틀버스를 타고 간다.

산가료칸 山河旅館
고즈넉한 분위기가 매력인 온천. 피부 보습에 효험이 있다.

신메이칸 新明館
독특한 스타일의 동굴 온천이 인기가 높다. 아늑한 노천온천도 있다.

난죠엔 南城苑
숲에 둘러싸인 고즈넉한 노천온천과 깔끔한 실내 욕실이 있다.

료칸니시무라 旅館にしむら
90℃의 뜨거운 원천수가 샘솟는 온천. 피부 미용에 효험이 있다.

오야도노시유 お宿のし湯
울창한 숲에 둘러싸인 넓은 노천온천이 매력이다.

오야도노노하나 お宿野の花
울창한 숲에 둘러싸인 매력 만점의 온천. 가을 단풍 때 특히 아름답다.

후지야 ふじ屋
노천온천이지만 벽과 지붕에 가로막혀 있어 약간 답답하다. 사우나도 있다.

후모토료칸 ふもと旅館
아늑한 분위기가 인상적이다. 유황천으로 피부 미용에 효험이 있다.

호잔테이 帆山亭
숲에 둘러싸인 온천. 사시사철 변화하는 쿠로카와온센의 풍경을 감상할 수 있다.

Day 3

mission

1. 상큼한 아침 공기를 마시며 쿠로카와온센 마을 산책

2. 쿠로카와온센→후쿠오카 이동

3. 후쿠오카→인천 이동

오늘 코스 지도로 보기

www.clzup.com/qr/e6

Japan

11:00　　　　　　　　　　　12:30

Start ▶　　　　　　　　　　　●

체크아웃, 쿠로카와온센 산책
Check Out

느긋하게 일어나서 아침 식사를 마치고 체크아웃 전까지 가볍게 온천욕을 즐긴다. 체크아웃 시간은 일반적으로 10:00~12:00 사이다. 체크아웃을 하면서 큰 짐은 료칸에 맡겨 놓고 가벼운 차림으로 나가서 쿠로카와온센 시내 산책을 즐긴다.
온천에 미련이 남는다면 시간이 허락하는 한도 내에서 한두 개 정도의 온천을 추가로 이용하는 것도 좋다.

점심 식사, 짐 찾기
Lunch

적당히 마을 산책을 즐긴 뒤에는 쿠로카와온센을 떠나기에 앞서 점심 식사를 한다. 그리고 숙소로 돌아가 짐을 찾은 뒤, 첫날 도착했던 쿠로카와온센 버스 정류장으로 돌아가면 된다. 숙소가 버스 정류장에서 가깝다면 별 문제가 없지만, 거리가 먼 경우에는 버스 정류장까지 가는 데 적잖은 시간이 걸릴 수 있으니 시간 여유를 넉넉히 두고 움직이는 게 좋다. 쿠로카와에서 후쿠오카로 돌아가는 버스는 1일 2회만(09:30 · 14:00) 운행한다. 이 버스 외에 비행기 출발 시각에 맞춰서 후쿠오카로 돌아갈 수 있는 방법은 전혀 없으니 놓치지 않게 주의하자!

짐은 잠시 료칸에 맡겨 놓는다.

차분한 공기가 감도는 쿠로카와온센의 아침

아기자기한 마을 풍경

원활한 출국수속을 위해 공항으로는 비행기 출발 시각 2시간 전까지 가는 게 좋다.

14:00   16:22   19:45 · 21:05

        ■ Finish

쿠로카와온센→후쿠오카
黒川温泉→福岡

쿠로카와온센에서 후쿠오카 공항까지는 직행버스가 운행된다. 14:00에 출발하는 버스를 타면 16:22에 후쿠오카 공항의 국내선 터미널에 도착한다. 그리고 4번 정류장에서 '국제선 터미널 国際線ターミナル' 행 무료 셔틀버스로 갈아타고 10분쯤 가면 후쿠오카 국제공항에 도착한다. 참고로 무료 셔틀버스는 5~8분 간격으로 운행한다.

쿠로카와온센→후쿠오카 공항 버스
time 2시간 22분 소요
cost 편도 3090엔, 왕복 5550엔

후쿠오카 국제공항
福岡国際空港

셔틀버스가 국제선 터미널에 도착하면 건물 안으로 들어간다. 후쿠오카 국제공항의 출국장은 3층에 있으며 건물 곳곳에 붙어 있는 '출발 出発口 Departures' 표지판만 따라가면 쉽게 찾을 수 있다.
그리고 안내 모니터에서 아시아나 항공의 체크인 카운터를 확인한 뒤 거기로 가서 항공권과 여권을 제시하고 탑승수속을 하면 된다. 공항 규모가 작고 시설도 단출해 이용에 큰 어려움은 없다. 그만큼 숍 등의 편의 시설이 부족하니 기념품 등의 쇼핑은 후쿠오카 공항의 국내선 터미널에서 끝내고 오는 게 좋다.

후쿠오카 국제공항
web www.fuk-ab.co.jp

아시아나항공, 후쿠오카 출발
Asiana Airlines OZ135

이제 출국심사장으로 가서 여권과 보딩패스를 제시하고 출국심사를 받은 다음 비행기를 탄다. 후쿠오카에서 인천까지의 소요시간은 1시간 20분이며, 21:05에 인천국제공항에 도착한다.
인천국제공항의 입국장은 1층에 있으며, 표지판을 따라 5~10분쯤 걸으면 공항철도역이 나타난다. 입국장 바로 앞에는 서울 시내 및 수도권을 연결하는 여러 노선의 공항 리무진 버스 정류장도 있는데, 노선별로 정류장 위치가 다르니 인포메이션 센터나 안내 표지판 등을 통해 정확한 정류장 위치를 확인하고 이용한다.

공항 무료 셔틀버스   후쿠오카 국제공항   인천국제공항

휴식 · 온천 · 식도락 여행

큐슈 온천 일주 3박 4일

82만 원~

큐슈의 문화 · 경제 중심지인 후쿠오카와 더불어 온천 휴양지로 인기가 높은 유후인 · 벳푸를 돌아보는 일정이다. 화산지대 특유의 신기한 자연환경과 아늑한 휴식처를 제공하는 따끈한 온천이 여행의 묘미를 더한다. 항공편은 요금이 저렴한 제주항공을 이용한다. 좌석을 구하기 힘들 때는 티웨이항공을 이용해도 되는데, 요금 · 서비스 · 스케줄은 제주항공과 대동소이하다. 숙박은 후쿠오카의 비즈니스 호텔에서 1박, 유후인과 벳푸에서는 아침 · 저녁 식사가 제공되는 온천 료칸 또는 호텔에서 각각 1박씩 한다. 교통편은 기차를 주로 이용하므로 북큐슈 레일패스 3일권(p.487)을 구입하는 게 경제적이다.

추천 항공편 제주항공
- 인천 15:30 → 후쿠오카 16:45
- 후쿠오카 17:35 → 인천 19:05

숙박 후쿠오카 1박, 유후인 1박, 벳푸 1박
패스 북큐슈 레일패스 3일권
예산 825,000원~

- 숙박비 35,000엔(비즈니스 호텔 1박, 온천 호텔 · 료칸 2박)
- 생활비 16,000엔(4일)
- 패스 7200엔(북큐슈 레일패스)
- 입장료 4000엔
- 교통비 2000엔
- 항공료 17만 원~
- ※100엔=970원 기준

기본 준비

Day 1 : 인천 → 후쿠오카, 후쿠오카
p.488의 공항 · 오후 일정과 동일

Day 2 : 후쿠오카 → 유후인, 유후인
p.495와 동일, 북큐슈 레일패스 1일차

Day 3 : 유후인 → 벳푸, 벳푸
북큐슈 레일패스 2일차. JR 유후인 역에서 10:03에 출발하는 특급열차를 타고 종점인 JR 벳푸 別府 역에서 내린다(11:00 도착). 우선 역 구내의 인포메이션 센터에서 버스 1일권(마이 벳푸 프리 미니 My べっぷ Free Mini, 900엔)을 구입하고, 예약해 놓은 숙소에 들러 짐을 맡긴 뒤 벳푸 최대의 볼거리인 지옥 순례에 나선다. 기기묘묘한 형태의 노천온천들이 흥미로운 볼거리를 제공하며 오니이시보즈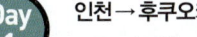우미→야마→카마도→오니야마→시라이케→치노이케→타츠마키 지옥의 순으로 돌아보면 된다. 자세한 내용은 p.520을 참고하자. 지옥 순례를 마친 뒤에는 숙소로 돌아가 체크인을 하고 온천을 즐기며 느긋하게 휴식을 취한다.

Day 4 : 벳푸 → 후쿠오카 → 인천
북큐슈 레일패스 3일차. 숙소 체크아웃을 하고 오전 중에 잠시 벳푸 시내를 구경한다. 그리고 점심 식사를 한 다음, 12:18에 출발하는 특급열차를 타고 종점인 JR 하카타 博多 역으로 간다(14:28 도착). 후쿠오카 국제공항은 면세점이 무척 부실하니 JR 하카타 역 구내의 상점가 · 백화점에서 가볍게 기념품 쇼핑을 하고, 15:20쯤 지하철을 이용해 후쿠오카 공항 역으로 간다(5분 소요, 260엔). 그리고 1번 출구 앞에서 출발하는 무료 셔틀버스를 타고 국제선 터미널로 가(10분 소요) 탑승수속을 하고 17:35에 출발하는 귀국 항공편에 몸을 싣는다.

벳푸의 온천

역사 · 자연 & 식도락 · 온천 여행

97만 원~

북큐슈 일주
4박 5일

travel note

북큐슈 일주 4박 5일

볼거리	★★★★★
식도락	★★★★☆
쇼 핑	★★★☆☆
온 천	★★★★☆
유 흥	★★☆☆☆

규슈의 역사와 자연을 두루 체험하려는 이에게 적합한 일정. 규슈의 쇼핑·식도락 메카 후쿠오카, 이국적인 면모의 나가사키, 활화산이 기세등등하게 살아 숨쉬는 아소, 온천 휴양지 벳푸 등 여러 도시를 여행할 수 있다.

day 1
인천 → 후쿠오카, 후쿠오카
숙박 후쿠오카

- 09:10 아시아나항공, 인천 출발
- 10:30 후쿠오카 국제공항 도착
- 11:30 공항 → 후쿠오카 시내
- 12:00 숙소 체크인 또는 짐 맡기기
- 12:40 캐널 시티 하카타, 점심 식사
- 15:00 쿠시다 신사
- 15:50 구 후쿠오카 현 공회당 귀빈관
- 16:20 아크로스 후쿠오카
- 16:50 텐진, 저녁 식사
- 19:00 텐진 지하상가
- 20:00 나카스 · 카와바타

day 2
후쿠오카 → 나가사키, 나가사키
숙박 벳푸
패스 북큐슈 레일패스 1일차

- 06:34 후쿠오카 → 나가사키
- 08:35 JR 나가사키 역, 짐 보관
- 09:00 일본 26성인 순교지
- 09:30 평화공원
- 10:10 우라카미텐슈도
- 10:50 나가사키 원폭 자료관
- 11:50 원폭 낙하 중심지
- 12:20 데지마
- 13:00 차이나타운, 점심 식사
- 14:30 오란다자카
- 15:20 오우라텐슈도
- 16:00 글로버 정원
- 18:00 시카이로, 저녁 식사

기본 준비

추천 항공편 **아시아나항공**
인천 09:10 → 후쿠오카 10:30
후쿠오카 19:45 → 인천 21:05
패스 **북큐슈 레일패스 3일권**
숙박 **후쿠오카 2박, 나가사키 1박, 벳푸 1박**
예산 **974,000원~**
숙박비 20,000엔(비즈니스 호텔 4박)
생활비 20,000엔(5일)
패스 7200엔(북큐슈 레일패스)
입장료 9000엔
교통비 6000엔
항공료 34만 원~
※100엔=970원 기준

day 3

나가사키 → 쿠마모토 · 아소 → 벳푸

숙박 벳푸
패스 북큐슈 레일패스 2일차

- 06:00 나가사키→쿠마모토
- 08:03 JR 쿠마모토 역
- 08:30 쿠마모토 성
- 11:38 쿠마모토→나카다케
- 14:05 나카다케
- 15:40 쿠사센리
- 17:00 쿠사센리→벳푸

> 쿠마모토의 마스코트 쿠마몬

day 4

벳푸, 벳푸 → 후쿠오카

숙박 후쿠오카
패스 북큐슈 레일패스 3일차

- 09:30 오니이시보즈 지옥
- 10:00 우미 지옥
- 10:30 야마 지옥
- 11:00 카마도 지옥
- 11:30 오니야마 지옥
- 12:00 시라이케 지옥, 점심 식사
- 13:30 치노이케 지옥
- 14:00 타츠마키 지옥
- 15:00 온천 즐기기
- 18:20 벳푸→후쿠오카, 저녁 식사

day 5

야나가와, 후쿠오카 → 인천

- 09:00 후쿠오카→야나가와
- 09:48 니시테츠야나가와 역, 미하시라 신사
- 10:30 야나가와 유람선
- 11:30 오하나 · 쇼토엔 정원
- 12:30 키타하라 하쿠슈 생가 기념관
- 14:06 야나가와→후쿠오카
- 15:00 텐진
- 17:00 후쿠오카→후쿠오카 국제공항
- 17:20 후쿠오카 국제공항 도착
- 19:45 아시아나항공, 후쿠오카 출발
- 21:05 인천국제공항 도착

요점 정리!

한국 오전, 후쿠오카 오후 출발 항공편 이용
이 일정을 제대로 소화하려면 우리나라에서 08:00~10:00, 후쿠오카에서 19:00 이후에 출발하는 항공편 선택이 필수다. 자칫 한국에서 오후, 후쿠오카에서 오전에 출발하는 항공편을 이용하면 후쿠오카를 오갈 때 최소 하루의 시간을 손해 보게 되니 주의하자.

경제적인 비즈니스 호텔이 최고
경제적이면서도 쾌적한 시설을 갖춘 비즈니스 호텔(1박 5000엔~)을 적극 활용한다. 인터넷에서 '일본 호텔' 또는 '일본 호텔 예약'으로 검색하면 저렴한 호텔 예약 업체를 쉽게 찾을 수 있다. 동일한 호텔이라도 예약 업체마다 요금이 조금씩 다르니 여러 업체를 비교해 보고 이용하자.

북큐슈 레일패스 구입은 필수
북큐슈 레일패스는 큐슈 북부를 운행하는 모든 JR 열차를 맘대로 이용할 수 있는 외국인 전용 철도 패스다(3일권 7200엔). 일본은 기차 요금이 무척 비싸기 때문에 교통비를 절약하려면 이 패스가 반드시 필요하다. 우리나라의 여행사 또는 후쿠오카의 JR 하카타 博多 역, 후쿠오카 국제공항 1층의 인포메이션 센터에서 판매한다.

북큐슈 일주 4박 5일

Day 1

mission

1. 인천→후쿠오카 이동

2. 북큐슈 레일패스 교환

3. 세련미가 돋보이는 쇼핑센터 캐널 시티 하카타 구경

4. 큐슈 제일의 번화가 텐진에서 놀기

※일정은 p.488와 동일

오늘 코스 지도로 보기

www.clzup.com/qr/e7

Japan

Day 2

mission

1. 후쿠오카→나가사키 이동

2. 원자폭탄이 투하된 평화공원 방문

3. 큐슈 최대의 차이나타운에서 맛난 중국요리 먹기

4. 이국적인 거리 오란다자카 산책

5. 100년 전 서양인이 주택을 모아놓은 글로버 정원 구경

오늘 코스 지도로 보기

www.clzup.com/qr/e8

Japan

> 아침 식사는 편의점의 샌드위치·도시락 또는 열차 안에서 파는 도시락으로 간단히 해결한다.

06:34

Start ▶

후쿠오카→나가사키
福岡→長崎

아침 일찍 체크아웃을 하고 JR 하카타 博多 역으로 간다. 그리고 06:34에 출발하는 나가사키 행 특급열차를 타고 종점인 JR 나가사키 長崎 역까지 가면 된다. 이제부터는 북큐슈 레일패스를 사용하므로 티켓을 따로 끊을 필요는 없다.

JR 하카타 역→JR 나가사키 역
특급열차
time 2시간 1분 소요
cost 4700엔(북큐슈 레일패스 이용 가능)

북큐슈 레일패스 교환
JR 하카타 역의 큐슈 레일패스 교환 창구인 JR Travel Service Center의 운영 시간은 10:00~20:00(토·일·공휴일 10:00~18:00)이다. 따라서 북큐슈 레일패스 교환은 첫날 후쿠오카에 도착하자마자 끝내 놓아야 한다.

나가사키 행 특급열차

> 나가사키 역 앞의 정류장에서 1·3호선 전차를 타고 마츠야마치 松山町 하차(120엔), 도보 3분.

 2:01min 08:35   4min 09:00    10min 09:30

JR 나가사키 역, 짐 보관
JR 長崎駅

08:35 열차가 JR 나가사키 역에 도착하면 개찰구 밖으로 나온다. 이 역은 규모가 작고 출구도 하나뿐이라 이용에 어려움은 없다.
제일 먼저 할 일은 코인라커 찾기. 나가사키에 도착하자마자 바로 여행을 시작할 예정이니 들고 다니기 힘든 짐은 잠시 코인라커에 넣어 둔다. 그리고 개찰구 오른쪽에 있는 인포메이션 센터로 가서 나가사키 시내의 자세한 지도와 여행 자료를 챙겨 들고 본격적인 여행에 나서면 된다.

일본 26성인 순교지
日本二十六聖人殉教地

1597년 토요토미 히데요시의 천주교 금지령에 따라 오사카·쿄토에서 체포된 스페인 신부 6명과 일본인 신자 20명이 여기서 처형당했다. 그들은 예수가 십자가형을 당한 골고다 언덕과 닮은 이곳을 자신들의 순교지로 선택했다고 한다. 체포 당시 다른 천주교 신자에 대한 경고의 의미로 코와 귀가 잘린 그들은 십자가에 매달린 채 뾰족한 창에 찔려 피를 토하며 죽어갔다. 순교자들은 1862년 교황에 의해 성인(聖人) 명단에 올랐고 100주년 되던 해인 1962년 그들의 명복을 비는 성당과 26성인 기념비가 세워졌다. 기념비 뒤에는 순교자 26명의 붉은 피와 희생을 상징하는 26알의 포도가 조각돼 있다.

평화공원
平和公園

핵병기 폐지와 항구적인 평화를 기원하는 뜻에서 조성한 공원. 원폭이 투하된 8월 9일 오전 11시 2분에는 희생자들의 명복을 비는 위령제가 해마다 열린다. 공원 한가운데에는 평화를 상징하는 비둘기와 학의 날개를 형상화한 평화의 샘이 있는데, 피폭 사망자가 느낀 가장 큰 고통이 바로 갈증이었기 때문에 그들의 목마른 영혼을 달래고자 연못을 만든 것이다. 주위에는 평화를 기원하는 조각이 놓여 있으며 연못 너머로 나가사키의 상징인 평화 기념상이 보인다. 기념상의 수직으로 뻗어 올린 오른팔은 원폭의 위협, 수평으로 뻗친 왼팔은 평화를 상징하며, 희생자들의 명복을 비는 뜻으로 두 눈은 지그시 감고 있다.

일본 26성인 순교지 · 나가사키 시내를 운행하는 전차 · 평화 기념상

JR 나가사키 역

우라카미텐슈도
浦上天主堂

메이지 유신 이후 신앙의 자유를 되찾은 우라카미 浦上의 가톨릭 신도들이 1880년에 지은 이 성당은 약 33년에 걸쳐 완성된 당시로서는 동양 최대의 성당이었다. 하지만 바로 옆에 원폭이 투하되는 바람에 약간의 잔해만 남긴 채 잿더미가 되고 말았다. 지금의 건물은 1959년에 옛 모습과 똑같이 재건한 것이다. 예배 등의 행사가 없다면 안으로 들어갈 수 있으니 잠깐 살펴보자. 1000명이 동시에 들어갈 수 있는 예배당은 예수의 생애와 기적을 묘사한 스테인드글라스·벽화로 장식돼 있다. 성당으로 올라가는 길 왼쪽에는 목이 잘린 채 검게 그을린 천사상이 원폭 투하 당시의 끔찍한 참상을 보여준다.

나가사키 원폭 자료관
長崎原爆資料館

원폭 투하 당시의 참상과 기록이 보존된 전시관. 입구에는 원폭이 투하되기 전 평화로운 나가사키의 풍경을 담은 사진이 전시돼 있다. 하지만 안으로 들어가면 1945년 8월 9일 오전, 히로시마에 이은 두 번째 원폭 투하 직후 아비규환의 현장으로 돌변한 거리가 나타난다. 허허벌판으로 모습을 바꾼 나가사키 일대의 사진, 무너져 내린 건물 잔해와 검게 그을린 채 흉물스럽게 망가진 천사상, 사체와 피폭자의 사진 등 끔찍한 장면이 몸서리를 치게 만든다.

open 08:30~17:30,
5~8월 08:30~18:30,
8/7~8/9 08:30~20:00
close 12/29~12/31
cost 200엔

원폭 낙하 중심지
原爆落下中心地

1945년 8월 9일 오전 11시 2분, B-29 폭격기에서 투하한 원폭이 떨어진 위치를 표시한 검은색의 기념비. 그 주위로는 수천 개의 종이학과 국화가 말없이 놓여 있다. 기념비 옆에 검게 그을린 채 서 있는 탑은 우라카미텐슈도의 벽과 수탑(水塔)의 일부로 당시의 참상을 대변해준다. 원폭이 폭발한 곳은 중심비가 서 있는 곳에서 공중으로 500m 지점이었으며 이와 동시에 반경 2.5km 일대가 파멸의 구렁텅이로 빠져 버렸다. 1945년 12월 집계로 사망 7만 3884명, 부상 7만 4909명을 기록했으니 얼마나 큰 사상자가 발생했나 쉽게 짐작할 수 있을 것이다. 당시 나가사키의 인구는 고작 24만 명에 불과했다.

우라카미텐슈도 나가사키 원폭 자료관 원폭 낙하 중심지

 15min
 4min
 8min

> 마츠야마마치 松山町 정류장에서 전차 1호선을 타고(120엔) 데지마 出島 하차.

> 11:30~14:00의 런치 타임에는 1000엔 전후의 경제적인 중국요리 세트 메뉴를 선보이는 식당도 있다.

12:20   13:00   14:30

데지마
出島

나가사키에 체류하던 서양인들의 거주지를 복원해 놓은 전시관. 데지마는 일본이 쇄국정책을 고집할 당시 서양을 향해 열어 놓은 유일한 교류 창구로 포르투갈·네덜란드 상인이 무역 거점으로 이용하던 곳이다. 19세기 말 일본 정부가 개항을 선언하면서 완전히 철거됐다가 최근 복원작업을 거쳐 지금의 모습을 갖췄다. 내부에는 10여 채의 옛 건물이 있으며 서양 상인이 거주할 당시의 자료와 유물을 전시한다. 안쪽에는 1820년대의 데지마를 50분의 1 모형으로 축소시킨 미니 데지마 ミニ出島가 있어 그 무렵의 모습을 짐작하게 해준다.

open 08:00~18:00
close 510엔

차이나타운, 점심 식사
新地中華街

요코하마·고베와 더불어 일본의 3대 차이나타운 가운데 하나로 꼽히는 곳. 중국 음식점과 상점, 중국풍 건물, 그리고 화교들의 왁자지껄한 대화가 뒤섞여 마치 중국의 한 도시를 방문한 듯한 착각에 빠지게 한다. 원래 이곳은 중국에서 수입한 상품을 저장하기 위한 창고를 세우려고 만든 해안 매립지였다. 19세기 말에는 나가사키로 이주한 중국인들이 이곳에 정착하면서 본격적인 차이나타운으로 성장했는데, 당시 나가사키 인구의 15%가 중국인이었다는 사실만 봐도 얼마나 많은 중국인이 거주했나 쉽게 짐작이 갈 것이다. 합리적인 가격에 맛난 중국요리를 내놓는 식당이 많으니 점심 식사는 여기서 해결하자.

오란다자카
オランダ坂

양식 건물과 바닥에 납작한 돌이 깔린 도로가 이국적인 분위기를 자아내는 언덕길. 이곳이 서양인 거주지로 지정된 때는 1859년이다. 미일 수호통상 조약(1858년)을 계기로 서양인이 물밀듯 유입되자 비좁은 데지마의 시설로는 더 이상 그들을 수용할 수 없어 일본 정부에서 특별히 거주지로 내준 것. 이와 함께 이 일대는 서양인이 경영하는 무역회사·호텔·은행·영사관이 들어선 일본 속의 이국(異國)으로 자리잡았다.

언덕 한켠에는 러시아 영사관으로 지어진 히가시야마테 12번관, 19세기 말 외국인 임대주택으로 조성된 히가시야마테 양풍 주택군 등의 명소도 있다.

옛 모습이 재현된 데지마 / 차이나타운 / 오란다자카

10min   4min   6min

15:20   16:00   18:00

저녁 식사를 마친 뒤 나가사키 역으로 가서 짐을 찾고, 숙소로 가서 체크인을 한다.

    Finish

오우라텐슈도
大浦天主堂

오우라텐슈도의 정식 명칭은 일본 26성인 순교 성당이다. 일본에서 가장 오래된 목조 고딕 건축물이며, 1858년 미일 수호통상 조약에 따라 외국인이 거류지에서 자유롭게 예배를 볼 수 있도록 교회 건축이 허가되자 프랑스의 프티장 신부가 일본 26성인 순교지를 바라보는 위치에 세웠다(1864년). 하지만 원폭 투하 당시 상당 부분 파괴돼 1952년 지금의 모습으로 재건됐다. 성당 제일 안쪽의 제단은 십자가에 못 박힌 예수를 묘사한 스테인드글라스로 장식돼 있으며 1864년 프랑스에서 선물 받은 마리아상도 모셔져 있다.

open 08:00~18:00
cost 300엔

글로버 정원
グラバー園

나가사키 항이 한눈에 내려다보이는 언덕 위에 조성된 10만㎡의 드넓은 정원. 정원의 이름이 된 영국인 무기상(武器商) 토머스 글로버 Thomas Glover의 저택을 중심으로 개항 무렵 서양인이 거주하던 집 8채를 모아 놓았다. 일본에서는 보기 드문 서양식 건물과 아기자기한 정원·분수대 등이 아름답게 조화를 이뤄 두 눈을 즐겁게 한다. 전체를 돌아보려면 2시간 정도 걸리는데, 매표소에서 나눠주는 브로슈어를 참고로 구경하면 편리하다. 자세한 정원 지도와 함께 관람 루트가 표시돼 있다.

open 08:00~18:00,
4/24~5/6 · 7/19~10/9 08:00~21:30
cost 610엔
web www.glover-garden.jp

시카이로, 저녁 식사
四海楼

세계 최초로 짬뽕을 탄생시킨 중국 음식점(1899년 창업). 간판 메뉴는 원조 짬뽕 ちゃんぽん이다. 이곳의 초대 주방장이 가난한 중국인 유학생을 위해 싸고 영양가 있는 음식으로 고안해낸 게 바로 짬뽕이라고. 우리나라와 달리 고추기름을 사용하지 않아 얼큰한 맛은 전혀 없지만, 채소와 해산물이 듬뿍 들어간 담백한 맛은 천하일품이다.
식당이 5층에 있어 나가사키 시내가 훤히 내려다보일 만큼 전망이 훌륭하며, 2층에는 공짜로 구경할 수 있는 짬뽕 박물관도 있다.

open 11:30~15:00, 17:00~21:00

Day 3

mission
1. 나가사키→쿠마모토 이동
2. 난공불락의 요새 쿠마모토 성 견학
3. 쿠마모토→나카다케 이동
4. 맹렬히 분연을 뿜는 활화산 나카다케 구경
5. 드넓은 초원의 쿠사센리 산책
6. 쿠사센리→벳푸 이동

오늘 코스 지도로 보기

www.clzup.com/qr/e9

Japan

 2:03min

06:00 ─── Start ▶ ─────── 08:03

나가사키 → 쿠마모토
長崎 → 熊本

이동 거리가 길기 때문에 아침 일찍 서둘러서 움직여야 한다. 쿠마모토까지 갈 때는 도중의 JR 신토스 新鳥栖 역에서 열차를 한 번 갈아타야 하니 주의하자.

우선 JR 나가사키 역에서 06:00에 출발하는 하카타 행 특급열차를 타고 JR 신토스 역까지 간다(07:30). 그리고 신칸센 新幹線 플랫폼으로 이동해 07:38에 출발하는 카고시마츄오 鹿児島中央 행 신칸센으로 갈아타고 JR 쿠마모토 熊本 역에서 내리면 된다(08:03).

JR 나가사키 역→JR 쿠마모토 역
특급열차+신칸센
time 2시간 3분 소요
cost 8180엔(북큐슈 레일패스 이용 가능)

JR 쿠마모토 역, 짐 보관
JR 熊本駅

JR 쿠마모토 역의 개찰구를 나오면 우선 코인라커를 찾아 큰 짐을 넣어 놓고 가벼운 차림으로 움직인다. 역 앞에는 쿠마모토에키마에 熊本駅前 전차 정류장이 있는데 여기서 출발하는 2호선 전차를 타고 쿠마모토죠 · 시야쿠쇼마에 熊本城 · 市役所前 정류장에서 내려(7정거장, 15분 소요) 5분쯤 걸어가면 오늘의 첫 여행지인 쿠마모토 성이 나타난다.

쿠마모토에키마에→쿠마모토죠 · 시야쿠쇼마에
전차
time 10분 소요 **cost** 150엔

JR 쿠마모토 역

큐슈 신칸센 | 쿠마모토의 전차

> 쿠마모토죠・시야쿠쇼마에 정류장에서 전차를 타고 쿠마모토에키마에 熊本駅前 정류장 하차(15분, 150엔).

🚋+🚶 20min 08:30   🚶+🚋 20min 11:38   🚆 1:09min 12:47・13:25

쿠마모토 성
熊本城

일본 3대 명성(名城)의 하나로 꼽히는 이 성은 임진왜란 당시 우리나라를 침략한 카토 키요마사가 7년에 걸친 대공사 끝에 1607년 완성시켰다. 난공불락의 요새로도 명성이 자자한데 적의 침입에 대비해 가파르게 만든 성벽으로는 쥐새끼조차 기어오를 수 없을 정도다. 성의 면적은 98만㎡이며 성곽 둘레만도 5.3km에 이른다. 이 안에는 원래 3개의 텐슈카쿠 天守閣과 29개의 성문, 18개의 누각, 49개의 성루, 120개의 우물이 있었다고 하며, 워낙 규모가 방대해 전체를 둘러보는 데 2시간은 족히 걸린다.

open 4~10월 08:30~18:00, 11~3월 08:30~17:00
close 12/29~12/31
cost 500엔

쿠마모토→JR 아소 역
熊本→JR 阿蘇駅

쿠마모토 성을 구경한 뒤 11:00까지 JR 쿠마모토 역으로 돌아간다. 그리고 짐을 찾은 다음, 역 구내의 식당가로 가서 이른 점심을 먹는다.

이제 11:38에 출발하는 벳푸 別府 행 특급열차를 타고 JR 아소 阿蘇 역으로 간다(12:47). 이 열차는 도중에 타테노 立野 역에 이르면 열차의 진행방향을 바꾸며 지그재그로 산을 오르는데, 이렇게 오르는 구간의 해발 고도 차이가 무려 190m나 된다. 기차가 힘겹게 산을 오르는 동안 발 아래로는 아름다운 풍경이 펼쳐지니 느긋하게 창밖을 구경하자.

JR 쿠마모토 역→JR 아소 역
특급열차
time 1시간 9분 소요
cost 2240엔(북큐슈 레일패스 이용 가능)

JR 아소 역→나카다케
JR 阿蘇駅→中岳

열차가 JR 아소 역에 도착하면 밖으로 나와 코인라커에 짐을 넣어둔다. 그리고 역 앞에 있는 버스 터미널로 가서 나카다케 中岳 행 등산버스의 출발을 기다린다. 잠시 휴식을 취하려면 JR 아소 역 옆에 위치한 아소 종합안내소 阿蘇総合案内所의 무료 휴게실을 이용해도 좋다.

이제 13:25에 출발하는 등산버스를 타고 종점인 아소잔니시 阿蘇山西 정류장에서 내리면 된다(14:05).

JR 아소 역→아소잔니시
등산버스
time 40분 소요 **cost** 650엔
※날씨가 나쁠 때는 나카다케 견학이 불가능하다. 등산버스 매표소에 견학 가능 여부가 표시돼 있으니 그것을 참고로 일정을 결정하면 된다.

쿠마모토 성   JR 아소 역행 특급열차   나카다케까지 운행하는 등산버스

> 등산버스는 진행 방향 오른쪽 창가 자리의 경치가 좋다는 사실을 기억할 것!

> 아소잔니시 정류장에서 15:35에 출발하는 등산버스를 타고 쿠사센리 草千里 하차(170엔).

> 쿠사센리를 포기하고 곧장 JR 아소 역으로 가면(16:08 도착) 16:13에 출발하는 벳푸 행 특급열차를 탈 수도 있다(18:13 도착).

 40min 14:05   5min 15:40   17:05 ■ Finish

나카다케
中岳

아소잔니시 정류장 앞에서 케이블카를 타고 정상에서 내리면(4분 소요) 웅장한 나카다케의 풍경이 펼쳐진다. 나카다케는 아소의 다섯 개 봉우리 가운데 유일하게 화산활동을 계속하고 있는 봉우리로 높이는 1216m다. 산정에서 내려다보면 입을 쩍 벌린 화구의 모습과 하얗게 올라오는 분연이 장관을 이룬다. 지금이라도 금방 폭발할 것만 같은 나카다케가 최근에 분화를 기록한 것은 1958년과 1979년이다. 주변을 한 바퀴 둘러보는 데는 약 1시간이 걸린다.

케이블카
time 4~11월 08:30~18:00, 12~3월 09:00~17:00(15분 간격 운행)
cost 편도 750엔, 왕복 1200엔

쿠사센리
草千里

온통 초록색 융단을 깔아 놓은 것처럼 드넓은 초원이 펼쳐져 있다. '천리(千里)나 이어진 초원(草)'이란 재미난 이름도 그래서 붙여진 것. 원래 아소 산의 한 봉우리인 에보시다케 烏帽子岳의 북쪽 기슭에 위치한 화구였지만, 분화를 멈춘 뒤 점차 초원화가 진행되면서 지금과 같은 모습으로 변모했다. 가운데의 야트막한 언덕을 오르면 분연을 내뿜는 나카다케의 위험천만한 모습과 호숫가를 따라 한가로이 승마를 즐기는 사람들의 모습이 극적인 대조를 이루는 묘한 풍경이 펼쳐진다. 안으로 이어진 산책로를 따라 쿠사센리 일대를 한 바퀴 도는 데는 1시간쯤 걸리며 건너편에는 휴게소와 화산 박물관이 있다.

쿠사센리→벳푸
草千里→別府

쿠사센리에서 17:05에 출발하는 등산버스를 타고 JR 아소 역으로 간다(17:33). 그리고 짐을 찾은 다음 JR 아소 역에서 19:33에 출발하는 벳푸 행 특급열차를 타고 종점인 JR 벳푸 別府 역에서 내리면(21:31) 오늘 여정의 최종 목적지인 벳푸에 도착한다. JR 아소 역 주변에는 변변한 식당이 없으니 저녁 식사는 열차 안에서 파는 도시락으로 해결한다.

쿠사센리→JR 아소 역
등산버스
time 30분 소요 **cost** 570엔

JR 아소 역→JR 벳푸 역
특급열차
time 1시간 58분 소요
cost 3870엔(북큐슈 레일패스 이용 가능)

나카다케의 화구 | 너른 초원이 펼쳐진 쿠사센리 | 승마도 할 수 있다

Day 4

mission
1. 경제적인 버스 1일권 마이 벳푸 프리 구입
2. 벳푸 여행의 필수 코스 8개 지옥 순례
3. 온천 즐기기
4. 벳푸→후쿠오카 이동

오늘 코스 지도로 보기

www.clzup.com/qr/e10

Japan

> 마이 벳푸 프리 미니로는 벳푸 시내 구간에서 운행하는 카메노이 홈의 #버스를 자유로이 이용할 수 있다.

> 오니시보즈 지옥 앞쪽에는 무료 이용 가능한 족탕도 있다.

08:30  20min~ 09:30

Start ▶

숙소 체크아웃, 짐 맡기기
Check Out

숙소 체크아웃을 마친 뒤 짐을 맡겨 놓고 JR 벳푸 역으로 간다. 숙소가 역에서 먼 경우에는 JR 벳푸 역의 코인라커에 짐을 보관하는 게 편할 수도 있다. 이제 JR 벳푸 역의 인포메이션 센터로 가서 버스 1일권인 '마이 벳푸 프리 My べっぷ Free (미니 Mini)'를 구입한다. 버스 이용이 잦아 활용도가 높은 것은 물론 교통비도 절약할 수 있다.
첫 목적지인 오니시보즈 지옥으로 갈 때는 JR 벳푸 역 서쪽 출구 西口에서 2·5·9번 버스를 타고 우미지고쿠마에 海地獄前에서 내린다.

마이 벳푸 프리(미니)
cost 900엔

오니이시보즈 지옥
鬼石坊主地獄

벳푸 여행의 핵심은 8개의 지옥(=노천온천)을 돌아보는 지옥 순례. 입장료가 적잖이 들어가니 오니시보즈 지옥에서 8개 지옥 공통 입장권을 구입하는 게 경제적이다. 버스 1일권을 제시하면 10% 할인도 해준다.
오니이시보즈 지옥은 뜨거운 진흙이 거품을 만들며 끓어오르는 모양이 마치 중(坊主)의 머리 같다고 해서 이름 붙여진 지옥이다. 733년 무렵 발견됐으며 4개의 연못에서 진흙 거품을 볼 수 있다.

open 08:00~17:00
cost 400엔(8개 지옥 공통 입장권 사용 가능)

8개 지옥 공통 입장권
cost 2100엔

벳푸의 버스

다양한 모습의 지옥은 벳푸의 관광 명소 | 오니이시보즈 지옥

2min   10:00   1min   10:30   4min   11:00

우미 지옥
海地獄

코발트색의 바다를 그대로 옮겨다 놓은 듯한 온천수 연못이 장관을 이룬다. 지하 200m에서 솟구쳐 오르는 물의 온도는 98℃이며 이 물로 5분 만에 달걀을 삶아 낸다. 이 지옥은 1200년 전 츠루미다케 鶴見岳의 폭발로 만들어졌는데 연못 자체가 당시 생성된 분화구라고 한다. 야트막한 전망대에 오르면 우미 지옥 전체를 내려다볼 수 있다. 바로 옆에는 온천수의 열기로 운영하는 온실이 있다. 어린아이가 올라탈 수 있을 만큼 커다란 남미산 수련이 재미난 볼거리를 제공한다.

open 08:00~17:00
cost 400엔(8개 지옥 공통 입장권 사용 가능)

야마 지옥
山地獄

산기슭에 무리지어 쌓인 바위틈으로 엄청난 양의 수증기가 뿜어져 나와 장관을 이룬다. 마치 산 전체가 새하얀 수증기에 뒤덮인 것처럼 보일 정도로 수증기의 온도는 90℃에 이르며, 뜨거운 열기를 이용해 바로 옆의 미니 동물원에서 콘도르 · 아프리카 코끼리 · 라마 · 플라밍고 · 하마 등 20여 마리의 열대 동물을 기른다. 매일 09:00와 13:30에는 관람객이 직접 하마 · 원숭이 · 코끼리에게 먹이를 주는 특별한 이벤트도 선보인다(100엔, 날씨에 따라 시간이 변동되거나 취소될 수 있음).

open 08:00~17:00
cost 400엔(8개 지옥 공통 입장권 사용 가능)

카마도 지옥
カマド地獄

1~6쵸메 丁目의 번지수가 붙은 온천 6개가 있으며 제각기 특징이 다르다. 잇쵸메 1丁目는 90℃의 열탕이 올라오는 붉은색 온천이며, 니쵸메 2丁目의 바위틈에서는 100℃의 증기가 끊임없이 올라온다. 여기에 성냥불이나 담배 연기를 불어 넣으면 증기의 양이 몇 배나 불어나는 신기한 광경이 펼쳐진다. 산쵸메 3丁目는 85℃의 하늘색 연못, 욘쵸메 4丁目는 60℃의 진흙이 끓어오르는 연못, 고쵸메 5丁目는 95℃의 열탕인데 시시때때로 물색이 바뀐다. 로쿠쵸메 6丁目의 온천에서는 95℃의 진흙탕이 끓어오른다.

open 08:00~17:00
cost 400엔(8개 지옥 공통 입장권 사용 가능)

우미 지옥 / 야마 지옥

카마도 지옥

시라이케 지옥 근처의 칸나와 鐵
輪 정류장에서 16·16A번 버스를
타고 치노이케지고쿠마에 血の
池地獄前 하차.

11:30   12:00   13:30

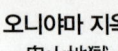

오니야마 지옥
鬼山地獄

98℃의 뜨거운 증기가 뿜어져 나오는 지옥이다. 이 온천열을 이용해 악어를 사육하기 때문에 일명 악어 지옥이라고 부르기도 하는데, 일본 최초로(1924년) 악어 사육장이 만들어진 곳이기도 하다. 현재 호주·미국 등 전 세계에서 들어온 80여 마리의 악어를 키우고 있으며, 수요일 10:00와 토·일요일 10:00·14:30에는 악어 먹이주기 쇼도 한다. 단, 습한 날은 비린내가 무척 심하니 비위가 약한 사람은 주의!
안쪽에는 여기서 사육하던 악어의 박제와 골격 표본을 전시해 놓은 조그만 갤러리도 있다.

open 08:00~17:00
cost 400엔(8개 지옥 공통 입장권 사용 가능)

시라이케 지옥, 점심 식사
白池地獄

온천수가 지하에서 뿜어져 나올 때는 무색투명하지만, 일단 연못에 고이기 시작하면 온도와 압력이 떨어져 우윳빛으로 변하는 신기한 곳이다. 염화나트륨·규산·중탄산 칼슘 성분을 함유해 위장염·피부염에 효과가 그만이라고 한다. 안쪽에는 온천열을 이용해 아마존의 열대어를 기르는 조그만 수족관도 있다. 눈에 띄는 것은 몸길이 1.9m의 피라루크와 식인 물고기 피라니아다.
다음 목적지인 치노이케 지옥 쪽에는 식당이 별로 없으니 이 근처에서 미리 점심을 먹고 이동하는 게 좋다.

open 08:00~17:00
cost 400엔(8개 지옥 공통 입장권 사용 가능)

치노이케 지옥
血の池地獄

산화철을 함유한 점토가 지하에서 뿜어져 나오기 때문에 피로 물든 것 같은 빨간색 온천수로 가득하다. 7세기에 만들어진 가집(歌集)《만요슈 萬葉集》에도 '붉은 연못 赤池'이란 이름으로 등장할 만큼 오래전부터 알려져 온 이 연못은 면적 1300㎡, 깊이 30m로 하루에 1800㎘의 온천수가 뿜어져 나온다. 하지만 온도는 의외로 낮아 78℃에 불과하다. 여기서 채취한 진흙은 피부 질환 치료제를 만들거나 천을 염색하는 데 사용한다. 옆에는 자유로이 이용 가능한 무료 족탕도 있다.

open 08:00~17:00
cost 400엔(8개 지옥 공통 입장권 사용 가능)

오니야마 지옥 / 시라이케 지옥 / 치노이케 지옥

2min　 20min

타츠마키 지옥에서 벳푸 시내의 주요 온천까지는 버스로 20~60분쯤 걸린다.

저렴한 온천에는 수건이 없는 경우도 있으니 개인 수건을 가져가는 게 좋다.

14:00　　　　　15:00　　　　　18:20

 Finish

타츠마키 지옥
龍卷地獄

105℃의 펄펄 끓는 열탕이 솟구쳐 오르는 간헐천이다. 수압이 높아 공중으로 50m 이상 치솟지만 안전을 위해 위에다 보호막을 만들어 놓았다. 분출은 30~40분마다 5분 정도 지속되며 하루에 800㎘ 정도의 온천수가 나온다. 온천수가 분출되는 모습이 소용돌이(타츠마키)와 비슷하다고 해서 지금의 이름이 붙었다.

open 08:00~17:00
cost 400엔(8개 지옥 공통 입장권 사용 가능)

온천 즐기기
温泉浴

지옥 순례를 마친 뒤에는 벳푸 시내의 유명 온천을 찾아가 느긋하게 온천욕을 즐긴다. 서일본 최대의 온천이라는 명성에 걸맞게 대규모 시설을 갖춘 스기노이 팰리스 스기노이 파레스 호텔의 노천온천 타나유 棚湯(09:00~23:00, 평일 1500엔, 토·일·공휴일 2000엔), 19세기 말의 모습이 고스란히 남아 있는 예스러운 분위기의 타케가와라온센 竹瓦温泉(06:30~22:30, 100엔), 전형적인 일본 대중탕 스타일의 에키마에고토온센 駅前高等温泉(06:00~23:00, 200엔), 해변에 위치한 모래찜질 온천 벳푸카이힌스나유 別府海浜砂湯(08:30~18:00, 1030엔) 등이 추천하는 온천이다.

벳푸→후쿠오카, 저녁 식사
別府→福岡

충분히 온천을 즐긴 뒤에는 짐을 찾아서 JR 벳푸 역으로 돌아온다. 그리고 열차가 출발하기 전까지 벳푸 역 구내 또는 역 근처의 식당에서 저녁 식사를 한다.
이제 18:20에 출발하는 하카타 행 특급열차를 타면 20:29에 종점인 후쿠오카의 JR 하카타 博多 역에 도착한다. 북큐슈 레일패스는 오늘 24:00까지 사용 가능하므로 벳푸에서 좀더 시간을 보내려면 18:50~21:00 사이에 출발하는 열차를 타도 된다. 특급열차는 30분 간격으로 운행한다.

JR 벳푸 역→JR 하카타 역
특급열차
time 2시간 9분 소요
cost 5560엔(북큐슈 레일패스 이용 가능)

타츠마키 지옥 / 오랜 역사를 가진 타케가와라온센 / 모래찜질 온천 / JR 벳푸 역

Day 5

mission

1. 후쿠오카→야나가와 이동
2. 작은 쪽배를 타고 즐기는 여유만만 뱃놀이
3. 야나가와→텐진 (후쿠오카) 이동
4. 후쿠오카 제일의 쇼핑가 텐진 산책
5. 후쿠오카→인천 이동

오늘 코스 지도로 보기

www.clzup.com/qr/e11

Japan

09:00  48min 09:48

Start ▶

후쿠오카 → 야나가와
福岡 → 柳川

숙소 체크아웃을 마친 뒤 짐을 맡겨 두고 텐진 天神에 위치한 니시테츠후쿠오카 西鉄福岡 역으로 가자. 여기서 사철인 니시테츠 전철 西鉄를 타고 야나가와로 간다. 열차는 보통 普通·급행 急行·특급 特急이 있는데 요금은 모두 동일하니 속도가 빠른 특급열차를 이용하는 게 좋다.
니시테츠후쿠오카 역에서 09:00에 출발하는 오무타 大牟田 행 특급열차를 타면 09:48 야나가와의 현관에 해당하는 니시테츠야나가와 西鉄柳川 역에 도착한다.

니시테츠후쿠오카 → 니시테츠야나가와 특급열차
time 48분 소요
cost 850엔

니시테츠야나가와 역·미하시라 신사
西鉄柳川駅·三柱神社

니시테츠야나가와 역은 조그만 시골 역이라 이용에 큰 어려움은 없다. 하나뿐인 출구를 나와 10분쯤 걸으면 첫 목적지인 미하시라 신사 三柱神社가 나타난다.
이 신사는 야나가와의 영주인 타치바나 가문의 씨족 신을 모시는 신사로 1826년에 세워졌다. 신사까지 이어지는 참배로에는 벚나무가 심어져 있어 꽃이 만발하는 3~4월이면 아름다운 풍경을 연출한다. 안쪽에는 연못을 중심으로 일본식 정원도 꾸며 놓았다. 본전으로 들어가는 정문은 닛코의 요메이몬 陽明門, 회랑은 미야지마의 이츠쿠시마 신사 厳島神社 등 일본의 유명 건축물을 모방해서 만든 것이다.

야나가와 행 특급열차 미하시라 신사

> 유람선을 타고 가다 보면 곳곳에 위치한 매장에서 음료나 주류를 판매하니 가볍게 몸을 축이며 뱃놀이를 즐겨도 좋다.

 3min   60min   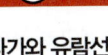 8min

10:30   11:30   12:30

야나가와 유람선
柳川川下り

뱃사공이 노를 젓는 조그만 쪽배. 야나가와 여행의 백미로 꼽힌다. 니시테츠야나가와 역 근처의 시모하쿠쵸 선착장 下百町乗下船場을 출발해 남쪽의 오키바타 선착장 沖端乗下船場까지 3.5㎞의 구간을 60분 동안 이동하며 야나가와의 풍경을 느긋하게 감상할 수 있다. 유람선을 타고 가다 보면 뱃사공이 수로 곳곳의 명소와 이 지역의 역사를 들려주기도 한다. 유람선이 오가는 수로는 야나가와의 영주인 카마치 아키모리가 야나가와 성(城)을 방어하기 위해 16세기에 만들었으며 상수도와 농업용수로 이용되기도 했다.

open 09:00~일몰
cost 1500엔~

오하나·쇼토엔 정원
御花·松涛園

야나가와의 영주 타치바나 아키토라의 별장으로 지어진 저택과 정원이다(1697년). 1908~1910년에는 유러피언 스타일의 세이요칸 西洋館과 응접실·쇼토엔 정원이 추가되며 지금의 형태를 갖췄다. 총 10개의 건물과 정원으로 구성돼 있으며 안으로 들어가면 20세기 초의 고풍스러운 건축양식을 뽐내는 저택을 볼 수 있다. 3300㎡ 면적의 널찍한 쇼토엔은 센다이의 명승지인 마츠시마 松島를 축소해서 만든 정원이다. 1500여 개의 정원석과 280여 그루의 소나무로 꾸며 놓았는데 대부분의 나무가 200년 이상된 고목이라 더욱 눈길을 끈다.

open 10:00~18:00
cost 500엔

키타하라 하쿠슈 생가 기념관
北原白秋家記念館

야나가와 출신의 문인(文人) 키타하라 하쿠슈의 생가를 개조해서 만든 기념관. 전통 창고의 모습이 고스란히 보존된 내부에는 그의 저서와 유품이 전시돼 있다. 조금 떨어진 곳에는 18세기 말 영주의 다실(茶室)로 지어진 토지마 주택 戸島邸이 있다. 초가지붕을 얹은 아담한 건물에서는 정원을 바라보며 차를 마실 수 있었다고 한다. 정원은 표주박 모양의 작은 연못을 중심으로 매화와 이끼 정원을 조화롭게 배치해 사시사철 아름다운 멋을 뽐낸다.

open 09:00~17:00
cost 400엔(토지마 주택 공통권)

야나가와 유람선 | 오하나·쇼토엔 정원 | 키타하라 하쿠슈 생가 기념관

> 야나가와 시내에서 니시테츠야나가와 역까지는 버스 운행이 뜸하니 주의! 걸어가면 1시간쯤 걸린다.

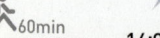
60min   14:06

> 원활한 출국수속을 위해 공항으로는 비행기 출발 시각 2시간 전까지 가는 게 좋다.

15min~
17:00   17:20

야나가와 → 후쿠오카 · 텐진
柳川 → 福岡 · 天神

점심 식사를 마치고 니시테츠야나가와 역으로 돌아가 14:06에 출발하는 후쿠오카 행 특급열차를 타면 14:53 종점인 니시테츠후쿠오카 역에 도착한다.

비행기 출발 시각까지는 아직 여유가 있으니 텐진 天神(니시테츠후쿠오카 역 주변)의 쇼핑가를 구경하며 시간을 보낸다. 대형 백화점 · 쇼핑센터는 물론, 기념품이나 선물을 장만하기에 좋은 숍과 드럭 스토어가 모여 있다. 다양한 카페 · 식당도 있으니 잠시 휴식을 취하거나 귀국 전의 마지막 식도락을 즐겨도 좋을 듯!

니시테츠야나가와 → 니시테츠후쿠오카
특급열차
time 47분 소요
cost 850엔

후쿠오카 → 후쿠오카 국제공항
福岡 → 福岡国際空港

텐진에서 적당히 시간을 보낸 뒤에는 숙소로 돌아가 짐을 찾은 다음 가까운 지하철역으로 간다. 그리고 후쿠오카 공항 福岡空港 행 지하철을 타고 종점인 후쿠오카쿠코 福岡空港 역에서 내린다. 이제 1번 출구를 나와 정면으로 80m 정도 떨어진 곳에 위치한 4번 정류장에서 '국제선 터미널 国際線ターミナル' 행 무료 셔틀버스(5~8분 간격 운행)를 타고 10분쯤 가면 후쿠오카 국제공항이다.

지하철
하카타 역 → 후쿠오카쿠코 역
time 5분 소요 **cost** 260엔

텐진 역 → 후쿠오카쿠코 역
time 11분 소요 **cost** 260엔

후쿠오카 국제공항
福岡国際空港

셔틀버스가 국제선 터미널에 도착하면 건물 안으로 들어간다. 후쿠오카 국제공항의 출국장은 3층에 있으며 건물 곳곳에 붙어 있는 '출발 出発口 Departures' 표지판만 따라가면 쉽게 찾을 수 있다.

그리고 안내 모니터에서 아시아나항공의 체크인 카운터를 확인한 뒤 거기로 가서 항공권과 여권을 제시하고 탑승수속을 하면 된다. 공항 규모가 작고 시설도 단출해 이용에 큰 어려움은 없다. 그만큼 숍 등의 편의시설이 부족하니 기념품 등의 쇼핑은 미리 끝내고 오는 게 좋다.

후쿠오카 국제공항
web www.fuk-ab.co.jp

텐진의 쇼핑가   패셔너블한 숍이 많은 텐진   후쿠오카 국제공항

19:45   1:20min   21:05

○   ■ Finish

아시아나항공, 후쿠오카 출발
Asiana Airlines OZ135

이제 출국심사장으로 가서 여권과 보딩패스를 제시하고 출국심사를 받은 다음 비행기 출발 시각까지 면세구역에서 기다리면 된다. 면세구역 안에는 몇 개의 조그만 기념품점과 면세점이 있으니 여기서 간단한 기념품을 마련해도 된다. 5%의 소비세가 면세되기 때문에 책이나 과자 등 정가가 매겨진 공산품은 시내보다 조금 저렴하다. 단, 상품 종류가 무척 한정이라 쇼핑의 재미는 별로 없다.

인천국제공항 도착
Incheon Intl. Airport

인천국제공항에 도착해 입국심사를 마치고 짐을 찾아 입국장 밖으로 나오기까지 걸리는 시간은 30~40분 정도. 입국장은 공항 1층에 있으며, 표지판을 따라 5~10분쯤 걸으면 공항철도역이 나타난다. 입국장 바로 앞에는 서울 시내 및 수도권을 연결하는 여러 노선의 공항 리무진 버스 정류장도 있는데, 노선별로 정류장 위치가 다르니 인포메이션 센터나 안내 표지판 등을 통해 정확한 정류장 위치를 확인하고 이용한다.

공항철도
cost 3950원(서울역)

공항 리무진 버스
cost 5000~1만 5000원
web www.airportlimousine.co.kr

한국으로 고고싱~

후쿠오카 국제공항의 출국장 | 인천국제공항

Travel Tip

후쿠오카 시내의 또다른 명소

후쿠오카 시내를 구석구석 돌아보려면 후쿠오카 지하철 1일권을 구입해 시내의 명소를 살펴보자. 인기 명소는 다음과 같다.

오호리 공원 大濠公園
후쿠오카 성의 해자(垓字)를 개조해서 만든 대형 공원. 호숫가를 따라 산책로가 정비돼 있어 한가로이 휴식을 즐기기에 좋다.
access 지하철 오호리코엔 大濠公園 역 3번 출구에서 도보 2분.

후쿠오카 타워 福岡タワー
8000장의 반사유리로 뒤덮인 높이 234m의 전망탑. 123m 지점의 전망대에서는 후쿠오카 시내가 360도로 내려다보인다.
open 4~9월 09:30~22:00, 10~3월 09:30~21:00 **cost** 800엔
access 지하철 니시진 西陣 역 1번 출구에서 도보 20분.

시사이드 모모치
シーサイドももち
너른 백사장이 펼쳐져 있는 인공 해변. 산책이나 해수욕을 즐기려는 시민의 발길이 끊이지 않는다.
access 지하철 니시진 西陣 역 1번 출구에서 도보 20분.

후쿠오카 시 박물관
福岡市博物館
구석기 시대부터 현대에 이르는 후쿠오카의 역사를 소개하는 박물관. 역사적 사건이 전개된 순서에 따라 자료를 전시해 놓아 후쿠오카의 역사를 일목요연하게 이해할 수 있다.
open 09:30~17:30
close 월요일, 12/28~1/4
cost 200엔
access 지하철 니시진 西陣 역 1번 출구에서 도보 20분.

기차 여행 & 도시·자연 기행

101만 원~

큐슈 일주
4박 5일

travel note

큐슈 일주 4박 5일

볼거리 ★★★★★
식도락 ★★★☆☆
쇼 핑 ★★★★☆
온 천 ★★☆☆☆
유 흥 ★☆☆☆☆

큐슈 전역을 돌아보려는 이에게 적합한 일정. 후쿠오카를 출발해 남쪽으로 내려가며 성(城)의 도시 쿠마모토, 경이로운 활화산의 아소·카고시마, 신화의 도시 미야자키 등을 여행한다. JR의 다양한 열차를 이용하며 기차 여행의 묘미를 만끽할 수 있는 것도 매력!

day 1

인천→후쿠오카, 후쿠오카

숙박 후쿠오카

09:10 아시아나항공, 인천 출발
10:30 후쿠오카 국제공항 도착
11:30 공항→후쿠오카 시내
12:00 숙소 체크인 또는 짐 맡기기
12:40 캐널 시티 하카타, 점심 식사
15:00 쿠시다 신사
15:50 구 후쿠오카 현 공회당 귀빈관
16:20 아크로스 후쿠오카
16:50 텐진, 저녁 식사
19:00 텐진 지하상가
20:00 나카스·카와바타

day 2

후쿠오카→쿠마모토·아소·카고시마

숙박 카고시마
패스 큐슈 레일패스 1일차

07:24 후쿠오카→쿠마모토
08:03 JR 쿠마모토 역
08:30 쿠마모토 성
11:38 쿠마모토→아소
12:47 JR 아소 역
13:25 등산버스
14:05 나카다케
15:40 쿠사센리
17:00 쿠사센리→카고시마
21:12 JR 카고시마츄오 역 도착

기본 준비

추천 항공편 아시아나항공
인천 09:10→후쿠오카 10:30
후쿠오카 19:45→인천 21:05
숙박 후쿠오카 2박, 카고시마 2박
패스 큐슈 레일패스 3일권
예산 1,017,000원~
숙박비 20,000엔(비즈니스 호텔 4박)
생활비 20,000엔(5일)
패스 14,400엔(큐슈 레일패스)
입장료 6000엔
교통비 6000엔
항공료 34만 원~
※100엔=970원 기준

day 3

카고시마

숙박 카고시마
패스 큐슈 레일패스 2일차

- 09:00 자비에르 기념비
- 09:30 사이고 타카모리 동상
- 10:00 시로야마
- 11:05 센간엔
- 12:30 쇼코슈세이칸, 점심 식사
- 14:15 사쿠라지마 페리
- 14:30 사쿠라지마
- 14:45 나기사 산책로
- 17:00 사쿠라지마→텐몬칸도리
- 17:30 텐몬칸도리, 저녁 식사

day 4

미야자키, 미야자키→후쿠오카

숙박 후쿠오카
패스 큐슈 레일패스 3일차

- 06:00 카고시마→미야자키
- 09:00 미야자키 신궁
- 09:40 민가원
- 10:10 미야자키 현 종합 박물관
- 11:16 미야자키→우도 신궁
- 13:14 우도 신궁
- 15:07 아오시마
- 16:48 아오시마→카고시마, 저녁 식사
- 20:53 카고시마→후쿠오카

day 5

야나가와, 후쿠오카→인천

- 09:00 후쿠오카→야나가와
- 09:48 니시테츠야나가와 역, 미하시라 신사
- 10:30 야나가와 유람선
- 11:30 오하나·쇼토엔 정원
- 12:30 키타하라 하쿠슈 생가 기념관
- 14:06 야나가와→후쿠오카
- 15:00 텐진
- 17:00 후쿠오카→후쿠오카 국제공항
- 17:20 후쿠오카 국제공항 도착
- 19:45 아시아나항공, 후쿠오카 출발
- 21:05 인천국제공항 도착

요점 정리!

한국 오전, 후쿠오카 오후 출발 항공편 이용
이 일정을 제대로 소화하려면 우리나라에서 08:00~10:00, 후쿠오카에서 19:00 이후에 출발하는 항공편 선택이 필수다. 자칫 한국에서 오후, 후쿠오카에서 오전에 출발하는 항공편을 이용하면 후쿠오카를 오갈 때 최소 하루의 시간을 손해 보게 되니 주의하자.

경제적인 비즈니스 호텔이 최고
경제적이면서도 쾌적한 시설을 갖춘 비즈니스 호텔(1박 5000엔~)을 적극 활용한다. 인터넷에서 '일본 호텔' 또는 '일본 호텔 예약'으로 검색하면 저렴한 호텔 예약 업체를 쉽게 찾을 수 있다. 동일한 호텔이라도 예약 업체마다 요금이 조금씩 다르니 여러 업체를 비교해 보고 이용하자.

큐슈 레일패스 구입은 필수
큐슈 레일패스는 큐슈 전역을 운행하는 모든 JR 열차를 맘대로 이용할 수 있는 외국인 전용 철도 패스다(3일권 14,400엔). 일본은 기차 요금이 무척 비싸기 때문에 교통비를 절약하려면 이 패스가 반드시 필요하다. 우리나라의 여행사 또는 후쿠오카의 JR 하카타 博多 역, 후쿠오카 국제공항 1층의 인포메이션 센터에서 판매한다.

큐슈 일주 4박 5일

Day 1

mission
1. 인천→후쿠오카 이동
2. 큐슈 레일패스 교환
3. 세련미가 돋보이는 쇼핑센터 캐널 시티 하카타 구경
4. 큐슈 제일의 번화가 텐진에서 놀기
※ 일정은 p.488와 동일

오늘 코스 지도로 보기

www.clzup.com/qr/e12

Japan

Day 2

mission
1. 후쿠오카→쿠마모토 이동
2. 난공불락의 요새 쿠마모토성 견학
3. 쿠마모토→나카다케 이동
4. 활화산 나카다케와 광활한 초원 쿠사센리 구경
5. 쿠사센리→카고시마 이동

오늘 코스 지도로 보기

www.clzup.com/qr/e13

Japan

아침 식사는 편의점의 샌드위치나 도시락 또는 역 안에서 파는 도시락으로 해결한다.

07:24
Start ▶

후쿠오카→쿠마모토
福岡→熊本

아침 일찍 체크아웃을 하고 JR 하카타 博多 역으로 간다. 그리고 07:24에 출발하는 카고시마츄오 鹿児島中央 행 신칸센을 타고 JR 쿠마모토 熊本 역으로 가면 된다. 이제부터는 큐슈 레일패스를 사용하므로 따로 티켓을 끊을 필요는 없다.

JR 하카타 역→JR 쿠마모토 역
신칸센
time 39분 소요
cost 5330엔(큐슈 레일패스 이용 가능)

큐슈 레일패스 교환
JR 하카타 역의 큐슈 레일패스 교환 창구인 JR Travel Service Center의 운영 시간은 10:00~20:00(토·일·공휴일 10:00~18:00)이다. 따라서 큐슈 레일패스 교환은 첫날 후쿠오카에 도착하자마자 끝내 놓아야 한다.

큐슈 신칸센

> 쿠마모토죠·시야쿠쇼마에 정류장에서 전차를 타고 쿠마모토에키마에 熊本駅前 정류장 하차(15분, 150엔).

 39min 08:03

 20min 08:30

 20min 11:38

JR 쿠마모토 역, 짐 보관
JR 熊本駅

JR 쿠마모토 역에 도착하면 우선 코인라커를 찾아 큰 짐을 넣어두고 가벼운 차림으로 움직인다.

역 앞에는 쿠마모토에키마에 熊本駅前 전차 정류장이 있는데 여기서 출발하는 2호선 전차를 타고 쿠마모토죠·시야쿠쇼마에 熊本城·市役所前 정류장에서 내려(7정거장, 15분 소요) 5분쯤 걸어가면 오늘의 첫 여행지인 쿠마모토 성이 나타난다.

쿠마모토에키마에→
쿠마모토죠·시야쿠쇼마에
전차
time 10분 소요 **cost** 150엔

쿠마모토 성
熊本城

일본 3대 명성(名城)의 하나로 꼽히는 이 성은 임진왜란 당시 우리나라를 침략한 카토 키요마사가 7년에 걸친 대공사 끝에 1607년 완성시켰다. 난공불락의 요새로도 명성이 자자한데 적의 침입에 대비해 가파르게 만든 성벽으로는 쥐새끼조차 기어오를 수 없을 정도다. 성의 면적은 98만㎡, 성곽 둘레만도 5.3km에 이른다. 이 안에는 원래 3개의 텐슈카쿠 天守閣와 29개의 성문, 18개의 누각, 49개의 성루, 120개의 우물이 있었다고 하며, 워낙 규모가 방대해 전체를 둘러보는 데 2시간은 족히 걸린다.

open 4~10월 08:30~18:00,
11~3월 08:30~17:00
close 12/29~12/31
cost 500엔

쿠마모토→아소
熊本→阿蘇

쿠마모토 성을 구경한 뒤 11:00까지 JR 쿠마모토 역으로 돌아간다. 그리고 역 구내의 식당가에서 이른 점심을 먹는다.

이제 11:38에 출발하는 벳푸 別府 행 특급열차를 타고 JR 아소 阿蘇 역으로 간다(12:47). 이 열차는 도중의 타테노 立野 역에 이르면 열차의 진행 방향을 바꾸며 지그재그로 산을 오르는데, 이렇게 오르는 구간의 해발 고도 차이가 무려 190m나 된다. 기차가 힘겹게 산을 오르는 동안 발 아래로는 아름다운 풍경이 펼쳐지니 느긋하게 창밖을 구경하자.

JR 쿠마모토 역→JR 아소 역
특급열차
time 1시간 9분 소요
cost 2240엔(큐슈 레일패스 이용 가능)

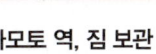

쿠마모토의 전차 · 쿠마모토 성 · 아소 행 특급열차

> 등산버스는 진행 방향 오른쪽 창가자리의 경치가 좋다는 사실을 기억할 것!

 1:09min　　　　 40min

12:47　　　　　　　　　13:25　　　　　　　　　14:05

JR 아소 역
JR 阿蘇駅

열차가 JR 아소 역에 도착하면 근처에 위치한 버스 터미널로 가서 나카다케 中岳 행 등산버스의 출발을 기다린다.

나카다케는 고산지대인데다 유독성 화산 가스가 수시로 분출되는 까닭에 날씨가 나쁠 때는 견학이 불가능하다. 등산버스의 매표소에 나카다케의 견학 가능 여부가 표시되어 있으니 그것을 참고로 일정을 결정하면 된다. 나카다케에 올라갈 수 없을 때는 인근의 쿠사센리만 보고 와도 된다.

잠시 휴식을 취하려면 JR 아소 역 옆에 위치한 아소 종합안내소 阿蘇総合案内所의 무료 휴게실을 이용하자. 아소 여행과 관련된 다양한 정보도 제공한다.

등산버스
登山バス

이제 13:25에 출발하는 등산버스를 타고 종점인 아소잔니시 阿蘇山西 정류장까지 간다.

버스 터미널을 출발한 등산버스가 구불구불 이어진 도로를 올라감에 따라 아소 일대를 병풍처럼 둘러싼 외륜산의 웅장한 경치가 창밖에 펼쳐진다. 30분쯤 가면 차량 진행 방향 오른쪽으로 코메즈카 米塚라는 화산 봉우리가 하나 보이는데, 기근이 들었을 때 아소의 신(神) 타케이와타츠노 미코토가 하늘에서 쌀을 내려준 것이라는 전설처럼 소복하게 쌀이 쌓여 있는 듯한 모습이 이채롭다.

JR 아소 역→아소잔니시
등산버스
time 40분 소요 **cost** 650엔

나카다케
中岳

아소잔니시 정류장 앞에서 케이블카를 타고 정상에서 내리면 (4분 소요) 웅장한 나카다케의 풍경이 펼쳐진다. 나카다케는 아소의 다섯 개 봉우리 가운데 유일하게 화산활동을 계속하고 있는 봉우리로 높이는 해발 1216m다. 산정에서 내려다보면 입을 쩍 벌린 분화구와 하얗게 올라오는 분연이 장관을 이룬다. 지금이라도 금방 폭발할 것만 같은 나카다케가 최근에 분화를 기록한 것은 1958년과 1979년이다. 분화구 주변을 한 바퀴 둘러보는 데는 약 1시간이 걸린다.

케이블카
time 4~11월 08:30~18:00, 12~3월 09:00~17:00(15분 간격 운행)
cost 편도 750엔, 왕복 1200엔

JR 아소 역　　분연을 내뿜는 나카다케와 등산버스　　나카다케

 5min  4:07min

아소잔나시 정류장에서 15:35에 출발하는 등산버스를 타고 쿠사센리 草千里 하차(170엔).

15:40　　　　　　　　　17:05　　　　　　　　　21:12　Finish

쿠사센리
草千里

온통 초록색 융단을 깔아 놓은 것처럼 드넓은 초원이 펼쳐져 있다. '천리(千里)나 이어진 초원(草)'이란 재미난 이름도 그래서 붙여진 것. 원래 아소 산의 한 봉우리인 에보시다케 烏帽子岳의 북쪽 기슭에 위치한 화구였지만, 분화를 멈춘 뒤 초원화가 진행되면서 지금과 같은 모습으로 변모했다. 가운데의 야트막한 언덕을 오르면 분연을 내뿜는 나카다케의 위험천만한 모습과 호숫가를 따라 한가로이 승마를 즐기는 사람들의 모습이 극적인 대조를 이루는 묘한 풍경이 펼쳐진다. 안으로 이어진 산책로를 따라 쿠사센리 일대를 한 바퀴 도는 데는 1시간쯤 걸리며 건너편에는 휴게소와 화산 박물관이 있다.

쿠사센리 → 카고시마
草千里 → 鹿児島

쿠사센리에서 17:05에 출발하는 등산버스를 타고 JR 아소 역으로 간다(17:33). 그리고 18:02에 출발하는 쿠마모토 행 보통열차로 갈아타고 종점인 JR 쿠마모토 역에서 내려(19:25) 저녁 식사를 하고 코인라커에 보관한 짐을 찾는다. 이후 20:15에 출발하는 신칸센을 타고 카고시마츄오 鹿児島中央 역으로 간다.

쿠사센리→JR 아소 역
등산버스
time 30분 소요 cost 570엔

JR 아소 역→JR 카고시마츄오 역
보통열차 + 신칸센
time 2시간 30분 소요
cost 8220엔(큐슈 레일패스 이용 가능)

JR 카고시마츄오 역
JR 鹿児島中央駅

열차가 종점인 JR 카고시마츄오 鹿児島中央 역에 도착하면 역 밖으로 나온다. 이 역은 출구가 두 개(동쪽 출구 東口, 서쪽 출구 西口) 있는데 중심가로 갈 때는 동쪽 출구로 나가면 된다. 호텔이 역에서 먼 경우에는 동쪽 출구를 나와 왼쪽에 있는 정류장에서 전차나 버스를 타고 이동한다.
만약 호텔이 JR 카고시마 鹿児島 역 쪽에 있다면, JR 카고시마츄오 역에서 출발하는 미야자키 宮崎 방면 열차를 타고 한 정거장(약 3km) 다음의 JR 카고시마 역에서 내리자. 큐슈 레일패스를 이용할 수 있기 때문에 추가로 교통비를 들이지 않고 호텔로 갈 수 있다.

광활한 쿠사센리　　카고시마 행 신칸센　　JR 카고시마츄오 역

Day 3

mission
1. 경제적인 카고시마 전차 1일권 구입
2. 시로야마 정상에서 카고시마 조망
3. 화산섬 사쿠라지마 돌아보기
4. 카고시마 제일의 유흥가 텐몬칸도리에서 놀기

오늘 코스 지도로 보기

www.clzup.com/qr/e14

Japan

전차 타카미바바 高見馬場 정류장에서 도보 9분.

08:30 — 6min~ — 09:00
Start

호텔 출발
Hotel

호텔 근처의 전차 정류장으로 가서 첫 목적지인 자비에르 기념비와 가까운 타카미바바 高見馬場 행 전차를 탄다. 그리고 내릴 때 운전사에게서 전차·버스·카고시마 시티뷰(순환 버스)를 하루 종일 맘대로 탈 수 있는 1일권 一日乗車券을 구입한다. 오늘은 전차와 카고시마 시티뷰를 자주 이용하기 때문에 1일권을 구입하는 게 경제적이다. 참고로 1일권은 4번 이상 사용하면 본전이 빠지며, 대중교통 이용시 일일이 잔돈을 준비하지 않아도 돼 편리하다. 1일권은 JR 카고시마츄오 역의 인포메이션 센터에서도 판다.

1일권
cost 600엔

자비에르 기념비
ザビエル記念碑

스페인의 예수회 선교사 프란시코 자비에르(1506~1552)의 업적을 기리는 기념비. 그가 카고시마에 상륙한 것은 1549년인데, 당시 사츠마(지금의 카고시마)의 영주는 서양과의 교역을 바라고 있었기 때문에 포교 활동을 흔쾌히 승낙하며 거처까지 내주었다. 이후 1년 동안 100명의 일본인이 세례를 받을 정도로 포교 활동은 큰 성공을 거두었다.
현재의 기념비와 교회는 자비에르가 일본에 온 지 400년이 된 것을 기념해 1949년에 세운 것이다. 교회 내부는 붉은색과 파란색의 스테인드글라스로 장식돼 있는데 붉은색은 순교자의 피와 자비에르의 정열, 파란색은 염원·정숙 그리고 자비에르가 건너온 바다를 상징한다.

카고시마의 전차

자비에르 기념비

11min~ 09:30   8min   10:00   13min   11:05

사이고 타카모리 동상
西鄉隆盛銅像

우리로서는 그리 달갑지 않은 인물인 사이고 타카모리(1827~1877)의 동상이다. 하급 사족(士族)의 집안에서 태어난 그는 정치적 수완을 발휘해 메이지 유신의 핵심 인물로 등극했으며, 바쿠후 시대의 막을 내리고 일왕 중심의 왕정복고를 수립하는 데 지대한 공헌을 했다. 메이지 정부가 수립된 후에는 요직에 올랐으나 지속적으로 주창해 온 정한론(征韓論; 대륙 정복을 위한 조선 침략론)이 거부당하자 낙향해 후진양성에 매진했다. 그 와중에 메이지 정부와 대립이 격화돼 1877년에는 반란에 준하는 세이난 전쟁을 일으켰다. 결국 전쟁에 패한 그는 시로야마에서 자살했으며 사후 직위가 복권되고 동상이 세워졌다.

시로야마
城山

카고시마 시내를 굽어보는 해발 107m의 야트막한 산. 정상 부근에는 사쿠라지마와 킨코 만 錦江湾이 한 눈에 내려다보이는 조그만 전망대가 있다. 바다 건너에서 하얀 분연을 내뿜는 사쿠라지마의 모습이 감탄을 자아내게 하며 해가 진 뒤에는 아름다운 야경을 감상할 수 있는 명소로 인기가 높다.

이 산은 1877년 발생한 내전인 세이난 전쟁의 무대가 된 곳이다. 산 중턱에는 사이고 타카모리가 할복자살한 동굴도 있다. 하지만 동굴 자체는 특별한 볼거리가 없으니 카고시마 시티뷰를 타고 지나가는 길에 잠깐 보는 정도로 충분하다. 시로야마로 올라갈 때는 버스 진행 방향 오른쪽, 내려올 때는 왼쪽으로 보인다.

센간엔
仙巖園

킨코 만과 사쿠라지마를 배경으로 5만㎡의 드넓은 부지에 조성된 정원. 사츠마(지금의 카고시마)의 19대 영주 시마즈 미츠히사가 1658년부터 만들기 시작해 230여 년에 걸친 긴 공사 끝에 지금의 모습을 갖췄다. 핵심이 되는 부분은 영주의 별장으로 지은 고텐 御殿이다. 1884년 보수 공사 당시 ⅔가량의 건물이 사라졌지만 내부에는 옛 모습을 고스란히 간직한 알현실·침실·욕실·화장실이 남아 있다. 정원 안쪽으로 여러 유적이 모여 있는데 전체를 둘러보는 데는 1시간 30분 정도 걸린다.

open 3/16~10/30 08:30~17:30, 11/1~3/15 08:30~17:20
cost 정원 코스 1000엔(전차 1일권으로 입장료 할인 가능), 고텐 코스 1500엔

사이고 타카모리 동상 / 시로야마에서 바라본 사쿠라지마

센간엔의 고텐

1min 12:30  6min 14:15  15min~ 14:30

> 센간엔에서 카고시마 시티뷰를 타고(14:05) 스이조쿠칸마에 水族館前 하차(14:11), 도보 3분.

쇼코슈세이칸, 점심 식사
尚古集成館

1865년 일본 최초로 조성된 근대식 공장 단지의 일부다. 센간엔 입구 쪽에는 반사로(反射爐)의 유적이 남아 있는데, 거기서 녹인 쇳물을 이용해 이곳의 공장에서 대포 같은 무기와 생활용품을 만들었다. 옛 공장 건물은 1923년부터 박물관으로 사용 중이며, 시마즈 가문의 유물과 근대화 초기의 모습을 담은 흑백사진·자료 등을 전시하고 있다.

쇼코슈세이칸을 관람한 뒤에는 근처의 식당에서 점심을 먹고 다음 목적지인 사쿠라지마로 이동한다.

open 3/16~10/30 08:30~17:30, 11/1~3/15 08:30~17:20
cost 센간엔 입장권으로 입장 가능

사쿠라지마 페리
桜島フェリー

3㎞ 남짓한 바다를 사이로 갈라진 카고시마와 사쿠라지마 桜島를 연결하는 페리. 불과 15분밖에 안 걸리는 짧은 거리지만 쉴새 없이 새하얀 분연이 뿜어져 나오는 화산섬 사쿠라지마로 들어간다는 사실이 묘한 설렘을 느끼게 한다. 페리 요금은 사쿠라지마 페리터미널에서 한 번만 받으니 카고시마 쪽 페리터미널에서는 그냥 타기만 하면 된다.

페리
time 24시간 운항 (15분 간격)
cost 160엔 (전차 1일권으로 페리 요금 할인 가능)

사쿠라지마 페리

사쿠라지마
桜島

섬 한가운데의 화산 봉우리에서 새하얀 분연이 치솟는 카고시마의 상징. 둘레 52㎞, 면적 80㎢의 조그만 섬으로 현재 4800여 명의 주민이 거주하고 있다. 이 섬은 약 1만 3000년 전에 생성됐으며, 화산 관측이 시작된 1955년부터 지금까지 8000회 이상의 폭발을 기록했다. 특히 1974년의 폭발 때는 1개월에 걸쳐 분출된 30억 톤의 용암이 폭 1㎞의 오스미 해협을 메워 사쿠라지마와 오스미 반도가 육로로 이어졌다. 해안도로를 따라 섬을 일주하는 게 보편적인 여행법인데, 대중교통이 전무해 렌터카 이용은 필수다. 차량이 없을 때는 나기사 산책로를 걸으며 해안가의 용암지대를 구경하는 것으로 충분하다.

쇼코슈세이칸 / 사쿠라지마

섬 중앙부의 화산 봉우리

> 사쿠라지마 페리터미널에서 페리를 탈 때 요금(160엔, 전차 1일권으로 할인 가능)을 낸다.

14:45 — 17:00 — 17:30 Finish

나기사 산책로
なぎさ遊歩道

용암이 흘러내려서 형성된 해안을 따라 이어지는 산책로. 전체 길이는 3km 정도다. 산책로 곳곳에 불쑥불쑥 솟아오른 시커먼 기암괴석과 바다 건너에 보이는 평온한 카고시마 시내의 풍경이 묘한 대조를 이룬다. 제일 끝에는 산책로 전체가 내려다 보이는 카라스지마 전망대 烏島展望所가 있다. 산책로 초입부터 전망대까지 왕복하는 데는 2시간쯤 걸린다. 산책로에는 음료수를 구할 곳이 없으니 땀이 많이 나는 한여름에는 미리 음료수를 챙겨가는 게 좋다.
산책로 입구에는 너른 잔디밭이 펼쳐진 공원과 무료 족탕(09:00~일몰)이 있으니 여행에 지친 다리를 잠시 쉬어가도 좋을 듯!

사쿠라지마 → 텐몬칸도리
桜島 → 天文館通り

나기사 산책로를 구경한 뒤에 다시 사쿠라지마 페리터미널로 돌아간다. 그리고 17:00에 출발하는 페리를 타고 카고시마 페리터미널로 간 다음, 7분 정도 걸어가면 전차 스이조쿠칸구치 水族館口 정류장이 있다. 여기서 전차를 타고 4정거장만 가면(8분 소요) 오늘의 최종 목적지인 텐몬칸도리에 도착한다.

사쿠라지마에서 온천 즐기기
나기사 산책로 초입의 코쿠민슈쿠샤 레인보우 사쿠라지마 国民宿舎レインボー桜島에 온천이 있으니 카고시마로 돌아가기 전에 이용해도 좋다.
open 10:00~22:00
cost 300엔, 수건 200엔
web www.rainbow-sakurajima.com

텐몬칸도리, 저녁 식사
天文館通り

1779년 카고시마의 영주가 천문 관측소를 세웠던 곳이라 지금의 이름이 붙었다. 카고시마 최대의 번화가로 전차 선로와 지붕이 덮인 길이 2000m의 아케이드를 따라 백화점·숍·레스토랑이 즐비하다. 밤이면 주점의 네온 불빛이 불야성을 이루는 화려한 유흥가로 대변신한다.

open 숍 10:00~20:00(숍마다 다름), 식당 11:00~23:00(식당마다 다름)
close 연말연시(숍마다 다름)

나기사 산책로 / 기암괴석이 가득한 산책로

카고시마 제일의 번화가 텐몬칸도리

Day 4

mission

1. 카고시마→미야자키 이동
2. 일본 역사의 시작점 미야자키 신궁 관람
3. 일본 신화의 무대 우도 신궁 방문
4. 경이로운 자연 경관이 펼쳐지는 아오시마 산책
5. 아오시마→후쿠오카 이동

오늘 코스 지도로 보기

www.clzup.com/qr/e15

Japan

06:00 — 2:38min~ — 09:00

Start ▶

카고시마 → 미야자키
鹿兒島 → 宮崎

아침 일찍 체크아웃을 하고 JR 카고시마츄오 역으로 가서 코인라커에 짐을 보관한다. 그리고 06:00에 출발하는 미야자키 宮崎 행 특급열차를 타고 종점인 JR 미야자키 宮崎 역에서 내린다(08:22).
이제 08:35에 출발하는 사도와라 佐土原 행 보통열차로 갈아타고 한 정거장만 가면 최종 목적지인 JR 미야자키진구 宮崎神宮 역에 도착한다(08:38). 여기서 15분쯤 걸어가면 미야자키 신궁이 나타난다.

JR 카고시마츄오 → JR 미야자키진구
특급열차 + 보통열차
time 2시간 38분 소요
cost 4220엔(큐슈 레일패스 이용 가능)

미야자키 신궁
宮崎神宮

일본 최초의 왕인 진무 神武 일왕을 신으로 모시는 신사. 그는 일본 통일을 목적으로 큐슈에서 칸사이(오사카 주변부) 일대에 이르는 지역을 평정하고 야마토 왕국을 세운 뒤 스스로 왕으로 추대해 일본 최초의 왕이 됐다.

메이지 유신 직후 신토 神道를 중심으로 한 국가체제를 정비하던 신정부는 왕가의 정통성과 신성함을 극대화하기 위해 전국적인 규모로 신사를 정비했는데, 그 근본이 되는 초대 일왕의 무덤을 버려둘 수 없어 1886년 미야자키 신사를 세우고 1907년에는 지금의 건물을 지었다. 그리고 1914년 일왕가의 신사임을 뜻하는 신궁 神宮으로 승격시켰다.

미야자키 행 특급열차

미야자키 신궁

> 미야자키 신궁에서 민가원으로 가는 길은 울창한 숲에 둘러싸인 오솔길이다. 중간중간 놓인 이정표를 따라간다.

 12min 09:40   1min 10:10   16min 11:16 · 11:20

민가원
民家園

큐슈의 대표적인 민가 네 채를 전시하고 있다. 입구에 있는 메라 米良의 집(1821년)은 미야자키 서부 산악지대에서 옮겨온 것으로 주택과 마구간이 구분된 옛 농가의 전형을 보여준다. 시바 椎葉의 집(1864년)은 북서부에 분포하는 병렬형 농가의 전형을 보여주는데 3개의 방과 부엌이 한 줄로 늘어서 있다. 구 후지타 旧藤田의 집(1787년)은 큐슈 중부의 전통가옥으로 미야자키에서 가장 오래된 민가다. 구 쿠로키 旧黒木의 집(1834년)은 남서부에 분포하는 농가의 구조를 보여주는데, 건물이 두 채로 나뉘어 있는 게 특징이다.

open 09:00~16:30
cost 무료

미야자키 현 종합 박물관
宮崎県総合博物館

자연사 · 역사 · 민속 등 3개의 테마로 미야자키의 면모를 소상히 보여준다. 1층에 위치한 자연사 전시실은 박제와 모형으로 원시의 숲을 실감나게 재현해 눈길을 끈다. 규모는 작지만 동물 · 곤충 표본이 충실하다. 2층의 역사 전시실 코너에 실물 크기로 재현한 1950년대의 민가는 직접 내부로 들어갈 수도 있다. 안에는 옛 물건이 전시돼 있으며 바로 옆의 장난감 코너에는 우리에게도 친숙한 종이인형 · 딱지 등이 전시돼 있다. 농가의 모습을 재현한 민속 코너도 볼만하다.

open 09:00~17:00
close 화요일,
일요일을 제외한 공휴일 다음 날,
12/28~1/4, 6/10~6/13, 9/9~9/19
cost 무료

JR 미야자키진구역→JR 미야자키 역
宮崎神宮駅→宮崎駅

JR 미야자키진구 역에서 11:16에 출발하는 보통열차를 타고 한 정거장 다음의 JR 미야자키 宮崎 역으로 간다(11:20). 그리고 서쪽 출구 西口 오른쪽에 있는 미야자키 버스 센터 宮崎バスセンター로 가서 여권과 항공권을 제시하고 외국인 전용 버스 1일권인 '비지트 미야자키 버스 카드 Visit Miyazaki Bus Card'를 구입한다. 이 카드로는 미야자키 전역을 운행하는 노선버스를 맘대로 이용할 수 있다.

JR 미야자키진구 역→JR 미야자키 역
보통열차
time 4분 소요
cost 160엔(큐슈 레일패스 이용 가능)

비지트 미야자키 버스 카드
cost 1000엔

전통가옥을 모아놓은 민가원 | 미야자키 현 종합 박물관 | 실물 크기 공룡 표본

> 우도진구이리구치 정류장에서 버스를 타고(14:31) 아오시마 青島 하차(비지트 미야자키 버스 카드 이용 가능).

 36min

11:45　　　　　　　13:14　　　　　　　15:07

미야자키→우도 신궁
宮崎 → 鵜戸神宮

미야자키 버스 센터에서 11:45에 출발하는 오비 飫肥 행 버스를 타고 13:14에 우도진구이리구치 鵜戸神宮 入口에서 내린다(13:14). 버스에서 내릴 때는 요금 대신 비지트 미야자키 버스 카드만 제시하면 된다.
이 버스는 큐슈 남부에서 가장 경치가 아름다운 니치난 日南 해안 드라이브 코스를 지나간다. 특히 차량 진행 방향 왼쪽의 전망이 좋으니 자리를 잡을 때는 반드시 왼쪽 창가를 선택하자!

미야자키 버스 센터→우도진구이리구치
버스
time 1시간 29분 소요
cost 1600엔(비지트 미야자키 버스 카드 이용 가능)

우도 신궁
鵜戸神宮

원래 782년에 창건된 절이었지만 일왕의 신격화가 시작된 1868년, 왕가의 계보를 잇는 곳이라 해서 신사로 탈바꿈했다. 일본 신화에 따르면 진무 일왕의 아버지가 여기서 태어났다고 한다. 출생 직후 동굴에 버려진 그는 용궁신의 공주인 어머니가 떼어놓고 간 유방에서 나오는 젖을 먹으며 컸는데, 동굴 안에 있는 바위 오치치이와 御乳岩이 바로 그것이라고. 이런 까닭에 여기서는 산모의 수호신을 모시며 순산을 기원하는 산모와 신혼 여행객이 즐겨 찾는 명소로도 유명하다. 바닷가에는 거북 모양의 바위가 있는데, 거북 등 위의 홈에 돌을 던져 넣으면 소원이 이루어진다고 한다.

open 06:00~19:00

아오시마
青島

일명 '도깨비 빨래판 鬼の洗濯坂'이라고 불리는 파상수성암(波狀水成岩)에 둘러싸인 둘레 1.5㎞의 작은 섬. 파상수성암은 1500~3000만 년 전에 형성된 수성암이 파도에 깎여 만들어진 독특한 형태의 바위를 말하는데, 오랜 세월에 걸쳐 무른 부분은 닳아 없어지고 단단한 부분만 남아 빨래판 모양의 일정한 굴곡을 형성하고 있다. 멀리서 보면 그 모습이 마치 거대한 빨래판처럼 보여 '도깨비 빨래판'이라는 재미난 별명이 붙었다. 밀물 때는 물이 차올라 빨래판의 모습이 사라지니 반드시 썰물 때를 맞춰서 가야 한다. 섬 주위로는 산책로가 정비돼 있어 30분 정도면 섬 전체를 일주할 수 있다.

우도 신궁　　　우도 신궁의 본전　　　아오시마

17:14 · 21:05　　　　　　21:36 · 23:25

　○　　　　　　　　　　　■ Finish

아오시마→카고시마, 저녁 식사
青島→鹿児島

아오시마에서 정면으로 뻗은 길을 따라 10분쯤 걸어가면 JR 아오시마 青島 역이 있다. 여기서 17:14에 출발하는 열차를 타고 종점인 JR 미야자키 宮崎 역에서 내린다(17:47). 카고시마 행 열차 출발 시각까지 1시간 정도 여유가 있으니 역 구내의 식당가에서 저녁을 먹는다. 그리고 18:55에 출발하는 카고시마츄오 행 특급열차를 타면 21:05에 종점인 JR 카고시마츄오 鹿児島中央 역에 도착한다.

JR 아오시마 역→JR 카고시마츄오 역
보통열차 + 특급열차
time 2시간 40분 소요
cost 4220엔(큐슈 레일패스 이용 가능)

카고시마→후쿠오카
鹿児島→福岡

JR 카고시마츄오 역에서 21:36에 출발하는 신칸센을 타면 23:25에 후쿠오카의 한복판에 위치한 JR 하카타 博多 역에 도착한다. 이 열차는 하카타 역이 종점이니 마음 푹 놓고 앉아 있다가 내려도 된다.
호텔이 JR 하카타 역 근처라면 걸어서, 거리가 멀다면 표지판을 따라 지하철역을 찾아간 다음 지하철을 타고 호텔로 이동한다.

JR 카고시마츄오 역→JR 하카타 역
신칸센
time 1시간 49분 소요
cost 10,650엔(큐슈 레일패스 이용 가능)

후쿠오카 지하철
cost 1회 200~360엔

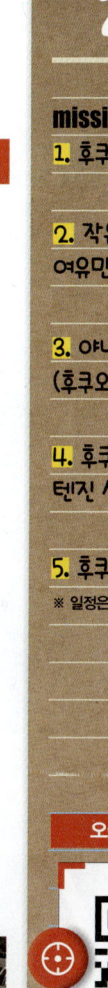

Day 5

mission

1. 후쿠오카→야나가와 이동

2. 작은 쪽배를 타고 즐기는 여유만만 뱃놀이

3. 야나가와→텐진 (후쿠오카) 이동

4. 후쿠오카 제일의 쇼핑가 텐진 산책

5. 후쿠오카→인천 이동

※ 일정은 p.524와 동일

오늘 코스 지도로 보기

www.clzup.com/qr/e16

아오시마의 도깨비 빨래판　후쿠오카 행 신칸센

Japan

식도락 · 도시 기행

57만 원~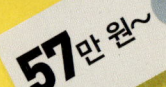

삿포로·오타루
2박 3일

travel note

삿포로·오타루 2박 3일

볼거리 ★★★★☆
식도락 ★★★★★
쇼핑 ★★★★☆
유흥 ★★★☆☆

색다른 일본 여행을 추구하는 이에게 추천하는 일정. 초록빛 자연과 어우러진 도시의 풍광이 신선한 느낌으로 다가오며 한 세기 전의 모습을 간직한 고풍스러운 건물들이 신기한 볼거리를 제공한다. 한여름에도 선선한 기후와 환상적인 눈 축제도 놓치기 힘든 매력이다.

day 1
인천→삿포로, 삿포로
숙박 삿포로

- 08:20 진에어, 인천 출발
- 11:00 신치토세 국제공항 도착
- 11:49 신치토세 국제공항→삿포로 시내
- 12:25 숙소 체크인 또는 짐 맡기기
- 13:00 라멘요코쵸, 점심 식사
- 14:00 구 홋카이도 도청
- 15:00 시계탑
- 15:30 오도리 공원
- 16:00 타누키코지
- 17:20 삿포로 맥주 박물관
- 18:30 삿포로 비루엔, 저녁 식사

day 2
삿포로·오타루
숙박 삿포로

- 09:00 홋카이도 대학
- 11:00 삿포로→오타루, 점심 식사
- 13:00 오타루 운하
- 13:30 운하 플라자
- 14:10 오타루 운하 공예관
- 14:40 구 야스다 은행 오타루 지점
- 14:50 구 테미야 선
- 15:20 사카이마치혼도리 상점가
- 16:00 키타이치가라스 3호관
- 16:40 오타루 오르골당
- 18:00 저녁 식사, 오타루 운하 야경 감상

기본 준비

추천 항공편 진에어
인천 08:20→삿포로 11:00
삿포로 12:00→인천 15:00
숙박 삿포로 2박
예산 576,000원~
숙박비 10,000엔(비즈니스 호텔 2박)
생활비 12,000엔(3일)
입장료 1000엔
교통비 5000엔
항공료 29만 원~
※100엔=970원 기준

day 3

삿포로→인천

- 09:55 호텔→신치토세 국제공항
- 10:31 신치토세 국제공항 도착
- 12:00 진에어, 삿포로 출발
- 15:00 인천국제공항 도착

Sapporo

Otaru

Welcome to Sapporo

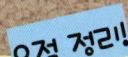

저렴한 진에어 · 티웨이항공의 직항편 이용
우리나라와 삿포로를 오가는 항공편은 저가항공사인 진에어 · 티웨이항공, 그리고 대한항공이 있다. 일본항공과 전일본공수에서 도쿄 · 오사카 경유편도 운항하지만, 갈아타는 시간을 감안하면 이동에만 꼬박 반나절 이상 걸려 이용하기 불편하다. 요금은 저가항공사 29만 원~, 대한항공 54만 원~(유류할증료 · 공항이용료 포함)으로 거의 두 배 정도 차이가 난다.

삿포로 시내의 경제적인 숙소
오타루는 삿포로에서 기차로 32~50분 거리라 삿포로에 숙소를 잡고 당일치기로 다녀온다. 경제적인 숙소는 비즈니스 호텔(5000엔~), 유스호스텔(3200엔~), 게스트하우스(3500엔~) 등이 있으며, 교통이 편리한 JR 삿포로 역 또는 지하철 스스키노 역 주변의 숙소를 이용하는 게 좋다.

홋카이도의 기후에 주의
홋카이도는 한여름인 7~8월에도 아침 · 저녁으로는 초가을 수준으로 기온이 내려간다. 10월 말부터 3월까지 이어지는 겨울에는 살을 에는 듯한 강풍과 함께 엄청난 양의 눈이 내리니 방한장구를 철저히 갖춰야 한다. 또한 겨울에는 휴업하는 관광지 · 숙박시설 · 교통수단도 있으니 주의하자.

삿포로·오타루
2박 3일

Day 1

mission

1. 인천 → 삿포로 이동
2. 라멘요코쵸에서 삿포로의 명물 일본 라면 맛보기
3. 시내 곳곳에 있는 19세기 말의 유럽풍 건물 구경
4. 삿포로 맥주 박물관 견학 & 맥주 마시기

오늘 코스 지도로 보기

www.clzup.com/qr/f1

Japan

공항 이용객이 많으니 인천 국제공항 도착은 늦어도 비행기 출발 2시간 전까지 완료!

08:20 ―――― 2:40min ―――― 11:00
Start ▶

진에어, 인천 출발
Jin Air LJ201

비행기는 진에어의 인천↔삿포로 왕복편을 이용한다. 인천에서 삿포로까지의 소요시간은 2시간 40분. 기내에서 잠시 휴식을 취하다보면 눈 깜짝할 사이에 삿포로의 신치토세 국제공항에 도착한다. 그동안 일본 입국심사 및 세관검사에 필요한 신고서를 미리 작성해 두는 것을 잊지 말자. 신고서는 공항 도착 전에 승무원들이 나눠준다.

주의하세요
진에어의 인천→삿포로 08:20 출발편은 주 4회(월·화·목·일요일)만 운항한다. 금요일에는 출발 시각이 13:10로 변경되니 주의하자.

신치토세 국제공항
新千歳国際空港

비행기에서 내려 '도착 到着 Arrivals' 표지판을 따라가면 잠시 후 입국심사장이 나타난다. 그리고 입국심사관에게 기내에서 작성한 일본 입국 신고서와 여권을 제시하면 간단한 확인 절차를 거쳐 90일간의 입국허가 스티커를 붙여준다. 이제 짐을 찾아 세관검사대를 통과하면(세관 신고서는 이때 제출) 드디어 삿포로 도착이다.

입국심사와 세관검사를 모두 마치고 공항 밖으로 나오기까지는 보통 30분 정도가 걸린다. 주말·성수기에는 사람이 많이 몰리는 입국심사장을 통과하는 데 시간이 오래 걸리는 경우도 있으니 비행기에서 내리자마자 입국심사장으로 서둘러 가는 게 좋다.

web www.new-chitose-airport.co.jp

인천국제공항 / 신치토세 국제공항

 36min~    5min~

11:49　　　　　　　　12:25　　　　　　　　13:00

신치토세 국제공항→삿포로 시내
新千歳国際空港→札幌市内

삿포로 시내로 들어갈 때는 공항 지하 1층의 JR 신치토세쿠코 新千歳空港 역에서 출발하는 공항철도 카이소쿠에아포토 快速エアポート를 이용한다. 11:49에 출발하는 열차를 타면 12:25에 JR 삿포로 札幌 역에 도착한다.

공항 1층의 정류장에서는 공항철도보다 요금이 저렴한 공항버스(1030엔)도 출발하지만, 공항철도보다 시간이 두 배 가까이 걸리고(70~80분 소요) 정류장을 파악하기 힘들어 초행자는 이용하기가 조금 불편하다.

JR 신치토세쿠코 역→JR 삿포로 역
공항철도
time 36분 소요
cost 1070엔

숙소 체크인 또는 짐 맡기기
Hotel Check-In

JR 삿포로 역에 도착하면 표지판에 따라 지하철역으로 간다. 오늘은 지하철을 자주 이용하므로 1일권을 구입하는 게 경제적이다. 평일에는 지하철 전용 1일 승차권 地下鉄専用1日乗車券, 토·일·공휴일에는 지하철 전용 1일 승차권과 사용법은 같지만 요금이 저렴한 도니치카킷푸 ドニチカキップ를 구입한다.

그리고 호텔로 가서 체크인을 하는데, 도착 시각이 너무 일러 체크인(일반적인 체크인 시간은 14:00 이후)이 불가능해도 짐 보관은 무료로 해주니 가볍게 돌아다닐 수 있도록 짐을 맡기고 나오는 게 요령이다.

지하철 전용 1일 승차권
cost 830엔

도니치카킷푸
cost 520엔

라멘요코쵸, 점심 식사
ラーメン横丁

삿포로 명물 가운데 하나인 오리지널 '삿포로 라면'을 맛볼 수 있는 식당가. 폭 1.5m 남짓한 좁은 골목을 따라 30여 개의 라면집이 모여 치열한 경쟁을 벌이고 있는데, 여기에 라면 골목이 형성된 때가 지난 1952년이니 어느덧 60년 이상 맛과 전통을 자랑하며 손님을 끌고 있는 것.

사정이 이렇다 보니 언제부턴가 골목 하나를 사이에 두고 새로운 라면 골목이 생겨나 신(新) 라멘요코쵸와 구(舊) 라멘요코쵸의 양자 대결 구도를 취하게 됐다. 하지만 구관이 명관이라고 맛은 역시 구 라멘요코쵸가 좋은 듯!

 삿포로 라면

JR 삿포로 역　삿포로의 지하철　　　　라멘요코쵸

> 지하철 난보쿠 선 南北線의 삿포로 さっぽろ 역(N06) 하차, 10번 출구에서 도보 7분.

 5min   14:00   12min   15:00   3min   15:30

구 홋카이도 도청
北海道庁旧本庁舎

삿포로 시민에게 '아카렝가 赤れんが (붉은 벽돌)'라는 애칭으로 통하는 건물. 1888년 홋카이도 개척업무를 총괄하는 관청으로 지어졌으며 네오 바로크 양식의 외관이 이국적인 멋을 물씬 풍긴다. 내부는 현재 자료관으로 이용 중인데, 1층에는 개척시대 초기의 사진·그림·문서·자료를 전시하는 홋카이도 도립 문서관이 있으며, 2층에는 홋카이도의 역사와 자연을 소개하는 미니 갤러리, 그리고 옛 모습을 고스란히 간직한 역대 장관 및 지사의 집무실 등이 있다.

open 실내 08:45~18:00
정원 07:00~21:00
close 12/29~1/3
cost 무료

시계탑
時計台

삿포로의 상징으로 유명한 하얀색의 시계탑. 홋카이도 대학의 전신인 삿포로 농업 고등전문학교의 연무장(군사 훈련장)으로 1878년에 완공됐으며, 1881년 미국에서 제작한 지름 1.67m의 시계를 설치하면서 지금의 모습을 갖췄다. 시침 85cm, 분침 63cm의 거대한 크기를 자랑하는 시계의 종소리는 4km 거리에서도 들릴 정도라 1888년 삿포로의 표준시로 정해졌다. 내부에는 삿포로와 시계탑의 역사를 소개하는 작은 자료관이 있으며, 2층에서는 째깍째깍 돌아가는 시계의 내부를 들여다볼 수 있다.

open 08:45~17:10
close 매월 넷째 월요일, 12/29~1/3
cost 200엔

오도리 공원
大通公園

삿포로를 동서로 가로지르는 거대한 경계선이자 홋카이도 최대의 시민 공원. 길이 1.5km, 폭 105m의 드넓은 공원은 140여 년 전인 1869년에 만들어졌는데, 화재 발생시 도시 건너편으로 불이 번지지 못하게 하는 일종의 방화벽 역할을 했다. 융단처럼 깔린 푸른 잔디와 잘 다듬은 가로수가 평화로운 분위기를 자아내는 공원 곳곳에는 유명 작가의 조각과 각종 조형물이 세워져 있어 산책의 재미를 더해준다.

이 공원은 사계절 다양한 축제의 무대로 사용되는데, 여름이면 주요 맥주 메이커가 주관하는 대규모 맥주 축제가 열리고, 겨울에는 화려하기로 유명한 삿포로 눈 축제가 성대하게 막을 올린다.

구 홋카이도 도청   시계탑   오도리 공원

7min  10min   1min

지하철 토호 선 東豊線의 히가시쿠야쿠쇼마에 東区役所前 역(H05) 하차, 3번 출구에서 도보 18분.

삿포로 비루엔 예약이 어렵다면 비슷한 스타일의 키린 비루엔 キリンビール園을 이용한다.
www.kirinbeer-en.co.jp

16:00   17:20   18:30 ■ Finish

타누키코지
狸小路

900m 거리에 200여 개의 숍이 가득한 홋카이도 제일의 쇼핑가. 하지만 1873~1891년에는 타누키 狸라고 부르는 매춘부로 가득한 환락가였다. 물론 지금의 이름도 거기서 유래한 것. 불법 매춘을 단속하기 시작한 1891년부터 매춘굴을 대신해 영화관·백화점·비어 홀 등 다양한 위락시설이 들어서 일대 번화가로 성장했고, 1950년대에 접어들어 지금처럼 현대적인 면모를 갖췄다.
타누키코지는 총 7개의 블록으로 나뉘어 1~7번가의 번지수가 붙어 있는데, 그중에서 백화점가와 연결된 2~4번가가 비교적 화려하고 볼거리도 풍부하다.

open 10:00~20:00 (숍마다 다름)
close 연말연시 (숍마다 다름)

삿포로 맥주 박물관
サッポロビール博物館

1890년에 세워진 삿포로 맥주의 양조장을 개조해서 만든 박물관. 붉은 벽돌을 쌓아올린 유러피언 스타일의 외관과 벽을 휘감은 담쟁이넝쿨이 아름다워 사진 촬영 포인트로도 인기가 높다. 1868년 홋카이도 개척과 함께 시작된 일본 맥주의 역사, 맥주의 양조과정, 1949년부터 지금까지 사용된 다양한 디자인의 삿포로 맥주병과 캔 콜렉션이 흥미롭다.
1층에는 기념품 매장과 맥주 시음 코너(유료)가 있다. 1층의 안내 데스크에서는 15분 간격으로 30분짜리 무료 가이드 투어도 운영한다.

open 10:30~18:30
close 월요일, 연말연시
cost 무료

삿포로 비루엔, 저녁 식사
サッポロビール園

삿포로 맥주 양조장에서 운영하는 비어 가든. 120여 년 전의 벽돌 건물을 개조해서 만든 클래식한 스타일이 돋보인다. 각기 다른 메뉴를 취급하는 3개의 레스토랑이 있는데, 라일락 ライラック에서는 양고기 뷔페, 징기스칸 홀 ジンギスカンホール에서는 양고기·게·초밥 뷔페와 삿포로 맥주를 포함한 각종 주류를 100분간 맘껏 먹을 수 있다. 인기가 상당히 높으니 예약(전화 또는 홈페이지)은 필수!

open 11:30~22:00
close 12/31
web www.sapporo-bier-garten.jp

홋카이도의 명물 게 요리

타누키코지   삿포로 맥주 박물관   맥주 박물관 전시실

Day 2

mission

1. 삿포로→오타루 이동
2. 오타루의 명물 초밥 맛보기
3. 고즈넉한 오타루 운하 산책
4. 20세기 초의 석조 건물이 즐비한 사카이마치 혼도리 구경
5. 오타루 운하 야경 감상
6. 오타루→삿포로 이동

오늘 코스 지도로 보기

www.clzup.com/qr/f2

Japan

지하철 난보쿠 선 南北線의 키타주니죠 北12条 역(N05) 하차, 2번 출구에서 도보 3분.

09:00 — Start ▶ — 12min — **11:00**

홋카이도 대학
北海道大学

홋카이도의 개척과 개발을 위한 인재양성을 목표로 1876년에 개교한 대학. 미국의 선진 농업기술을 받아들이며 농대를 중심으로 한 종합대학으로 발전해 지금은 12개 학부를 거느린 홋카이도 제일의 명문으로 군림하고 있다. 캠퍼스 전체가 초록빛 잔디와 울창한 숲에 둘러싸인 것은 물론, 19세기 말에 지어진 유서 깊은 건물이 곳곳에 남아 있어 삿포로의 관광명소로도 인기가 높다.
축구장 250개 면적과 맞먹는 드넓은 캠퍼스 안에서는 길을 헤매기 십상이니 정문 수위실에서 자세한 캠퍼스 지도를 받아 돌아보는 게 좋다. 학교 전체를 돌아보는 데는 2시간 정도 걸린다.

삿포로→오타루, 점심 식사
札幌→小樽

홋카이도 대학을 보고 나서 JR 삿포로 역으로 간다. 그리고 1·2번 플랫폼에서 11:00에 출발하는 오타루 행 쾌속열차를 타면 11:40 JR 오타루 小樽 역에 도착한다.
오타루 역을 나와 오른쪽(동쪽)으로 16분쯤 걸어가면 이 도시의 명물인 오타루스시야도리 小樽寿司屋通, 즉 '초밥 거리'가 나타난다. 1500~4000엔이면 양질의 초밥을 맛볼 수 있으며, 한글 메뉴를 갖춘 식당도 있으니 점심 식사는 여기서 해결하는 게 좋을 듯!

JR 삿포로 역 → JR 오타루 역
쾌속열차
time 32~40분 소요 **cost** 640엔
보통열차
time 50분 소요 **cost** 640엔

홋카이도 대학의 포플러 가로수길

JR 오타루 역

오타루 운하
小樽運河

1914년부터 9년에 걸쳐 바다를 메워 만든 폭 40m, 깊이 2.5m의 운하. 예전에는 항만시설이 미비해 오타루 항에 화물선이 입항하면 거룻배가 화물선과 운하를 왕래하며 이 앞에 늘어선 창고까지 짐을 날랐다고 한다. 하지만 1950년대에 대형 부두가 완공되면서 운하는 제 기능을 상실했고, 지금은 역사 보존 차원에서 1120m 구간만 남겨놓았다.
예전에 사용하던 창고들은 현재 개성 만점의 레스토랑·주점으로 변신해 관광명소로 인기를 모으고 있다. 운하를 사이에 두고 창고 맞은편에는 63개의 가스등과 조각상이 어우러진 산책로가 정비돼 있어 데이트 코스로도 인기가 높다.

운하 플라자
運河プラザ

1890년에 지어진 창고 건물. 처음에는 한 동짜리 창고였으나 나중에 증축을 거듭해 두 개의 중정(中庭)을 거느린 지금의 형태를 갖췄다. 벽돌을 쌓아 만든 서양식 건물이지만 지붕 양쪽에 샤치호코(화재를 막는 물고기 모양의 동물)를 설치하는 등 일본색을 가미한 게 특징이다.
내부에는 이 도시의 역사를 소개하는 오타루 시 종합 박물관·운하관 小樽市総合博物館·運河館이 있으며, 20세기 초의 가재도구와 생활용품 등을 전시한다.

open 09:00~18:00

오타루 시 종합 박물관·운하관
open 09:30~17:00
close 12/29~1/3
cost 400엔, 겨울철 300엔

오타루 운하 공예관
小樽運河工芸館

2개의 돔형 전망대를 가진 독특한 외관의 건물. 내부에는 유리 공예품 숍이 있는데 인테리어 소품으로 어울리는 고급스러운 상품은 물론, 액세서리로 안성맞춤인 깜찍한 아이템까지 온갖 상품을 취급해 여행자의 발길이 끊이지 않는다. 옥상 전망대에서는 운하와 항구가 내려다보인다. 유리 공예품·오르골·스테인드글라스를 직접 만들어 보는 체험 공방도 운영하며, 소요시간은 10분~1시간 30분 정도다(유료).

open 09:30~18:30,
겨울철 09:30~18:00
cost 무료

오타루 운하   운하 플라자   오타루 운하 공예관   멋진 스테인드글라스

> 구 야스다 은행 오타루 지점의 내부 견학은 불가능하다.

 4min 14:40   3min 14:50   6min 15:20

구 야스다 은행 오타루 지점
旧安田銀行小樽支店

1930년 야스다 은행의 오타루 지점으로 지어진 건물. 그리스 신전을 모방한 외관이 특징으로 입구를 장식한 4개의 원형 기둥이 눈길을 끈다. 이와 같은 독특한 스타일은 20세기 초에 유행한 일본의 은행 건축양식을 잘 보여주는데, 제2차 세계대전 직후 후지 은행 富士銀行 지점으로 사용되다가 1970년부터 홋카이도 신문의 사옥으로 이용되고 있다.

이곳을 중심으로 한 반경 200m 지역은 한 세기 전 홋카이도의 월 스트리트로 불리기도 했는데, 해외교역이 활발히 이루어지던 곳이라 금융업이 발달해 일본 굴지의 은행들이 앞다퉈 지점을 개설했으며, 홋카이도 최대의 금융 그룹인 호쿠요 은행 北洋銀行도 여기서 탄생했다.

구 테미야 선
旧手宮線跡地

홋카이도 개척이 한창일 당시 미국의 기술을 들여다 만든(1880년) 삿포로~오타루 노선의 철도. 일본에서는 요코하마·도쿄의 뒤를 이어 세 번째로 놓인 철도로 역사적 의미가 깊다. 예전에는 삿포로 인근에서 채굴된 석탄이 이 철도를 이용해 오타루 항구까지 옮겨진 뒤 일본 전역으로 수송됐다. 하지만 근래에 들어 석탄 수요가 감소하면서 철도의 기능을 상실해 1985년 폐선됐으며, 지금은 잡초에 뒤덮인 두 줄의 선로만이 남아 과거의 모습을 전하고 있을 뿐이다. 600m 남짓한 길이의 선로 주변으로는 산책로가 정비돼 있으며, 겨울에는 선로 위를 눈 조각과 조명으로 장식하는 소박한 눈 축제가 열린다.

사카이마치혼도리 상점가
堺井町本通り

20세기 초에 지은 창고와 석조 건물이 즐비해 이 도시의 옛 모습을 떠올려볼 수 있는 곳. 지금은 800m 남짓한 길이의 도로를 따라 옛 건물을 개조해서 만든 기념품점과 식당이 즐비하다. 메인 아이템은 오타루의 특산품인 유리 공예품·스테인드글라스·오르골인데, 형형색색의 아름다운 상품이 많아 단순히 구경하는 것만으로도 두 눈이 즐거워진다. 유리 공예품 만드는 모습을 공개하는 공방도 있으니 느긋하게 둘러보자.

구 야스다 은행 오타루 지점 · 구 테미야 선 · 사카이마치혼도리 상점가 · 유리 공예 공방

> 야경 감상을 마친 뒤 JR 오타루 역에서 삿포로 행 열차를(10~20분 간격 운행) 타고 삿포로로 돌아간다.

 1min 16:00   4min 16:40   18min 18:00 ■ Finish

키타이치가라스 3호관
北一硝子三号館

오타루 특산품인 유리 공예품 전문점. 1901년 창업한 키타이치가라스는 생활소품과 관련된 다양한 유리제품을 생산하는 업체로 유명하며, 깜찍한 기념품부터 세련된 인테리어 소품까지 유리로 만든 모든 것을 취급한다. 19세기 말에 지어진 낡은 창고를 개조해 근사한 전시장으로 꾸민 센스가 돋보이는데, 벽과 기둥은 한 세기 전의 모습을 고스란히 간직하고 있다. 세계 각국의 램프와 유리잔·액세서리를 전시하는 램프홀은 화려한 멋이 일품이며, 1층의 카페는 167개의 석유램프가 뿜어내는 은은한 불빛이 아늑한 분위기를 연출한다.

open 09:00~18:00
close 1/1

오타루 오르골당
小樽オルゴール堂

오타루에서 가장 유명한 오르골 전문점. 본점과 3개의 지점으로 이루어져 있다. 본점은 1912년의 창고 건물을 개조한 것으로 홋카이도 개척시대 초기에 유행한 구미 스타일의 건축양식을 잘 보여준다. 높은 천장과 은은한 조명이 유럽의 대저택 분위기를 한껏 자아내며, 4000여 종의 다양한 오르골을 취급한다. 본점 옆에는 헬로키티·토토로 등의 캐릭터 오르골 매장인 유메노오토 夢の音, 길 건너에는 19세기 말의 골동품 오르골을 전시하는 앤티크 뮤지엄 アンティークミュージアム, 봉제인형과 오르골을 판매하는 오타루 카라쿠리 동물원 小樽からくり動物えん 등이 있다.

open 09:00~18:00

저녁 식사, 오타루 운하 야경 감상
小樽運河

오타루 오르골당을 보고 다시 오타루 운하로 돌아가자. 해질녘이면 운하를 따라 늘어선 창고 건물이 환한 조명에 물들며 아름다운 야경을 연출한다. 해가 질 때까지 시간이 남는다면 운하 주변의 식당가에서 저녁을 먹으며 어두워지기를 기다려도 된다.

오타루 운하 맞은편에는 오타루데누키코지 小樽出拔小路라는 이름의 푸드 테마 파크가 있으니 여기서 저녁을 해결해도 된다. 1930년대 오타루의 거리를 재현한 곳으로 포장마차 스타일의 식당 20여 개가 좁은 골목을 따라 모여 있다. 식당은 모두 옛날 선술집과 민가를 흉내내서 만든 것이라 구경하는 재미도 쏠쏠하다.

open 11:00~20:00(업소마다 다름)

키타이치가라스 3호관 | 오타루 오르골당 | 오타루 운하

Day 3

mission

1. 삿포로→인천 이동

원활한 출국수속을 위해 공항으로는 비행기 출발 시각 2시간 전까지 가는 게 좋다.

09:10 —— 36min —— 09:46

Start ▶

호텔→신치토세 국제공항
ホテル→新千歳国際空港

호텔 체크아웃을 마치고 JR 삿포로 역으로 간 다음, 3~6번 플랫폼에서 09:10에 출발하는 공항철도 카이소쿠에아포토 快速エアポート를 타면 09:46에 종점인 JR 신치세쿠코 新千歳空港 역에 도착한다.

JR 삿포로 역→JR 신치토세쿠코 역
공항철도
time 36분 소요
cost 1070엔

신치토세 국제공항
新千歳国際空港

열차가 신치토세쿠코 역에 도착하면 개찰구를 나와 정면에 보이는 엘리베이터를 타고 3층으로 올라간다. 그리고 '국제선 国際線 International' 표지판을 따라가면 공항 출국장을 쉽게 찾을 수 있다.
이제 안내 모니터에서 진에어의 체크인 카운터를 확인한 뒤 거기로 가서 항공권과 여권을 제시한 다음 탑승수속을 한다. 공항 규모가 작고 시설도 단출해 이용에 큰 어려움은 없다. 진에어는 기내식이 제공되지 않으니 탑승수속을 마친 뒤 근처의 식당가에서 가볍게 점심 식사를 하는 게 좋다.

신치토세 국제공항
web http://new-chitose-airport.jp

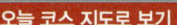
오늘 코스 지도로 보기

www.clzup.com/qr/f3

공항 행 쾌속열차

JR 삿포로 역 / 신치토세 국제공항의 출국장

Japan

12:00   3hour   15:00

○ ─────────────── ■ Finish

진에어 삿포로 출발
Jin Air LJ202

이제 출국심사장으로 가서 여권과 보딩패스를 제시하고 출국심사를 받은 다음 비행기 출발 시각까지 면세구역에서 기다리면 된다. 면세구역 안에는 몇 개의 조그만 기념품점과 면세점이 있으니 여기서 간단한 기념품을 마련해도 된다. 5%의 소비세가 면제되기 때문에 책이나 과자 등 정가가 매겨진 공산품은 시내보다 가격이 조금 저렴하다. 단, 상품 종류가 무척 한정적이라 쇼핑의 재미는 별로 없다.

주의하세요
진에어의 인천행 12:35 출발편은 주 6회 (월·수·목·금·토·일요일)만 운항한다. 화요일에는 출발 시각이 13:00으로 변경되니 주의할 것.

인천국제공항 도착
Incheon Intl. Airport

인천국제공항에 도착해 입국심사를 마치고 짐을 찾아 입국장 밖으로 나오기까지 걸리는 시간은 30~40분 정도. 입국장은 공항 1층에 있으며, 표지판을 따라 5~10분쯤 걸으면 공항철도역이 나타난다. 입국장 바로 앞에는 서울 시내 및 수도권을 연결하는 여러 노선의 공항 리무진 버스 정류장도 있는데, 노선별로 정류장 위치가 다르니 인포메이션 센터나 안내 표지판 등을 통해 정확한 정류장 위치를 확인하고 이용한다.

공항철도
cost 3950원(서울역)

공항 리무진 버스
cost 5000~1만 5000원
web www.airportlimousine.co.kr

Travel Tip

이런 코스도 있어요!

진에어의 삿포로→인천 오후 항공편을 이용할 때는 남는 시간 동안 공항 인근의 아웃렛에 들러 잠시 쇼핑을 즐기는 것도 좋다. 일정은 다음과 같이 변경한다.

Schedule
09:25 호텔→미나미치토세 역
10:00 치토세 아웃렛 몰 레라
14:43 미나미치토세 역→
      신치토세 국제공항
14:46 신치토세 국제공항 도착
16:50 삿포로→인천
19:50 인천국제공항 도착

호텔 체크아웃을 마치고, 09:25 JR 삿포로 역에서 출발하는 공항철도를 타면 09:57 미나미치토세 南千歳 역에 도착한다(840엔). 그 앞에 위치한 치토세 아웃렛 몰 레라 Chitose Outlet Mall Rera는 홋카이도 최대의 아웃렛 몰인데, 100여 개의 패션·인테리어·스포츠 매장이 입점해 있으며 명품보다는 중급 브랜드가 많아 실속 쇼핑을 즐기기에 안성맞춤이다.

쇼핑을 마친 뒤에는 14:43에 출발하는 공항철도를 타고 신치토세 국제공항으로 간다 (3분 소요, 310엔).

치토세 아웃렛 몰 레라
open 10:00~19:00
close 부정기적
access JR 미나미치토세 南千歳 역에서 도보 5분.
web www.outlet-rera.com

신치토세 국제공항   인천국제공항

치토세 아웃렛 몰 레라

식도락 · 도시 · 자연 & 드라이브 여행

80만 원~

홋카이도 중부
3박 4일

travel note

홋카이도 중부 3박 4일

볼거리 ★★★★★
식도락 ★★★★★
쇼 핑 ★★★☆☆
유 흥 ★★★☆☆

홋카이도의 문화와 자연을 체험하는 일정. 삿포로와 오타루에서는 식도락과 문화 기행을 즐기며, 광활한 초원이 펼쳐진 후라노에서는 홋카이도의 대자연을 마음껏 호흡한다. 색색의 꽃들이 들판을 수놓는 여름과 끝없는 설원이 펼쳐지는 겨울 풍경이 무척 아름답다.

day 1

인천→삿포로, 삿포로

숙박 삿포로

08:20 진에어, 인천 출발
11:00 신치토세 국제공항 도착
11:49 신치토세 국제공항→삿포로 시내
12:25 숙소 체크인 또는 짐 맡기기
13:00 라멘요코쵸, 점심 식사
14:00 구 홋카이도 도청
15:00 시계탑
15:30 오도리 공원
16:00 타누키코지
17:20 삿포로 맥주 박물관
18:30 삿포로 비루엔, 저녁 식사

day 2

삿포로·오타루

숙박 삿포로

09:00 홋카이도 대학
11:00 삿포로→오타루, 점심 식사
13:00 오타루 운하
13:30 운하 플라자
14:10 오타루 운하 공예관
14:40 구 야스다 은행 오타루 지점
14:50 구 테미야 선
15:20 사카이마치혼도리 상점가
16:00 키타이치가라스 3호관
16:40 오타루 오르골당
18:00 저녁 식사,
오타루 운하 야경 감상

기본 준비

추천 항공편 진에어
인천 08:20 → 삿포로 11:00
삿포로 12:00 → 인천 15:00
숙박 삿포로 3박
예산 800,000원~
숙박비 15,000엔(비즈니스 호텔 3박)
생활비 16,000엔(4일)
입장료 1000엔
교통비 18,000엔
항공료 29만 원~
※100엔=970원 기준

day 3

후라노

- **숙박** 삿포로
- **교통** 렌터카

06:00 삿포로→후라노
09:50 후라노 치즈 공방
10:30 후라노 와인 공장
11:10 라벤더 정원
11:30 팜 도미타, 점심 식사
13:00 히노데 공원
14:00 칸 농장
14:30 크리스마스트리 나무
15:00 시키사이 언덕
15:30 철학의 나무
16:00 치요다 언덕 전망대
16:30 산아이 언덕 전망대
18:00 후라노→삿포로

day 4

삿포로→인천

09:55 호텔→신치토세 국제공항
10:31 신치토세 국제공항 도착
12:00 진에어, 삿포로 출발
15:00 인천국제공항 도착

Sapporo
Furano

Welcome to Hokkaido

요점 정리!!

저렴한 진에어 · 티웨이항공의 직항편 이용
우리나라와 삿포로를 오가는 항공편은 저가항공사인 진에어 · 티웨이항공, 그리고 대한항공이 있다. 일본항공과 전일본공수에서 도쿄 · 오사카 경유편도 운항하지만, 갈아타는 시간을 감안하면 이동에만 꼬박 반나절 이상 걸려 이용하기 불편하다. 요금은 저가항공사 29만 원~, 대한항공 54만 원~(유류할증료 · 공항이용료 포함)으로 거의 두 배 정도 차이가 난다.

삿포로 시내의 경제적인 숙소
교통 거점인 삿포로에 숙소를 잡고 오타루 · 후라노는 당일치기로 여행한다. 삿포로의 경제적인 숙소는 비즈니스 호텔(5000엔~), 유스호스텔(3200엔~), 게스트하우스(3500엔~) 등이 있으며, 교통이 편리한 JR 삿포로 역 또는 지하철 스스키노 역 주변의 숙소를 이용하는 게 좋다.

국제운전면허증 발급은 필수
후라노에서 렌터카를 빌리려면 국제운전면허증이 필수! 발급 신청은 우리나라의 모든 운전면허 시험장에서 가능하며, 필요한 서류는 국내운전면허증 · 여권 · 여권용 사진 1장이다(발급 수수료 7000원). 현지에서 국제운전면허증과 함께 국내운전면허증 제시를 요구하는 경우도 있으니 모두 챙겨 가자.

홋카이도 중부 3박 4일

Day 1

1. 인천→삿포로 이동

2. 라멘요코쵸에서 삿포로의 명물 일본 라면 맛보기

3. 시내 곳곳에 있는 19세기 말의 유럽풍 건물 구경

4. 삿포로 맥주 박물관 견학 & 맥주 마시기

※ 일정은 p.548와 동일

오늘 코스 지도로 보기

www.clzup.com/qr/f4

Japan

Day 2

mission

1. 삿포로→오타루 이동

2. 오타루의 명물 초밥 맛보기

3. 20세기 초의 석조 건물이 즐비한 사카이마치 혼도리 구경

4. 오타루 운하 야경 감상

5. 오타루→삿포로 이동

※ 일정은 p.552와 동일

오늘 코스 지도로 보기

www.clzup.com/qr/f5

Japan

Day 3

mission

1. 삿포로→후라노 이동

2. 광활한 초원이 펼쳐진 후라노에서 신나는 드라이브

3. 알록달록 곱게 물든 꽃밭 & 라벤더 밭 구경

4. 후라노→삿포로 이동

오늘 코스 지도로 보기

www.clzup.com/qr/f6

Japan

> 성수기에는 렌트카 대여가 힘들 수 있으니 예약을 서두르는 게 좋다.

 5min    10min

06:00 · 09:09   09:50   10:30

Start ▶

삿포로→후라노
札幌→富良野

JR 삿포로 역에서 06:00에 출발하는 아사히카와 旭川 행 보통열차를 타고 JR 아사히카와 역으로 간다(07:56). 그리고 08:05에 출발하는 후라노 富良野 행 쾌속열차로 갈아타고 JR 후라노 富良野 역에서 내린다(09:09). 이제 역 앞의 렌터카 사무실에서 자동차만 빌리면 OK! 차량 진행 방향이 우리나라와 정반대인 것만 빼면 운전에 큰 어려움은 없다. 특히 후라노 주변은 차량 통행이 적어 운전하기도 수월하다.

JR 삿포로 역→JR 후라노 역
보통열차+쾌속열차
time 3시간 9분 소요
cost 2490엔

렌터카
cost 5250엔~(12시간 대여), 7·8월 7875엔~(12시간 대여)

후라노 치즈 공방
富良野チーズ工房

100% 후라노 산 우유만 고집하는 후라노 치즈의 제조과정을 보여주는 공장. 2층에는 치즈의 역사, 일본으로의 전래과정, 세계 각국의 치즈를 소개하는 미니 자료관이 있으며 모형 소를 사용한 우유 짜기 코너(유료)처럼 재미난 체험시설도 있다. 매점에서는 여기서 생산된 치즈를 맛볼 수 있으며 치즈·버터·쿠키·후라노 와인도 판매한다. 바로 옆의 아이스크림 공방에서는 호박·치즈·포도·옥수수 등 후라노 특산품으로 만든 풍부한 향과 맛의 아이스크림도 판다.

open 4~10월 09:00~17:00, 11~3월 09:00~16:00
close 12/31~1/3
cost 무료
web www.furano-cheese.jp

후라노 와인 공장
ふらのワイン工場

후라노 와인의 제조공정을 살펴볼 수 있는 와인 공장. 지하 1층에는 이곳이 오픈한 1970년대부터 생산된 와인을 보관하는 숙성실과 저장실이 있는데 선선한 공기와 함께 시큼한 포도향이 후각을 자극한다. 자세히 보면 각각의 병마다 와인이 생산된 빈티지가 표시돼 있으며 100년 뒤에 내놓을 와인을 숙성시키는 모습이 흥미롭다. 2층에는 와인과 포도 주스 시음 코너(무료)도 있다. 공장 뒤쪽 언덕에 조성된 라벤더 밭에서는 후라노 시내가 한눈에 내려다보인다.

open 9~5월 09:00~16:30, 6~8월 09:00~18:00
close 연말연시
cost 무료
web www.furanowine.jp

렌터카 여행의 최적지 후라노

후라노 치즈 공방 / 후라노 와인 공장

> 팜 도미타의 카페에서는 다양한 음식과 홋카이도 특산물로 만든 맛난 군것질거리도 판다.

 12min 11:10  1min 11:30  10min 13:00

라벤더 정원
ラベンダー園

완만한 경사를 이룬 산기슭을 따라 2만 6000㎡ 규모의 라벤더 밭이 가꿔져 있다. 꽃밭에는 사루비아·베고니아 등 강렬한 색의 꽃도 함께 심어놓아 라벤더와 멋진 대조를 이룬다. 꼭대기까지 리프트를 타고 올라가 내려다볼 수도 있지만 그냥 아래서 보는 게 더 멋진 듯!

open 일출~일몰
close 겨울철
cost 무료

팜 도미타, 점심 식사
ファーム富田

후라노 최대 규모인 6만㎡의 라벤더 밭을 운영한다. 후라노에서 유일하게 9월 말까지도 라벤더 꽃을 볼 수 있다. 라벤더 외에 사루비아·코스모스 등도 함께 재배해 봄~가을에는 농장 전체가 화사한 꽃으로 뒤덮이는 환상적인 풍경을 감상할 수 있다. 안쪽의 포푸리·향수 공방에서 제조공정을 견학하는 재미도 쏠쏠하다. 원내에는 풍부한 향과 맛의 라벤더 아이스크림도 판다.

open 5~9월 08:00~18:00, 10~4월 09:00~16:00
cost 무료
web www.farm-tomita.co.jp

히노데 공원
日の出公園

야트막한 야산을 정비해서 만든 꽃의 공원. 발군의 전망을 자랑하는 정상에서는 시원하게 펼쳐진 3만㎡의 라벤더 밭을 배경으로 카미후라노 上富良野 시가지와 후라노 평야, 그리고 주변 산악지대가 한눈에 들어온다.
전망대 바로 앞에는 하얀색 아치 문에 작은 종이 걸린 '사랑의 종 愛の鐘'이 있는데 기념사진 촬영 포인트로 인기 만점이다. 이 공원이 최고의 아름다움을 뽐내는 시기는 라벤더가 만개하는 7월, 그리고 동틀 무렵과 해질녘이다.

open 4~10월 일출~일몰
close 11~3월
cost 무료

라벤더 아이스크림

> 라벤더가 가장 아름다운 시기는 7월 무렵이다. 농장이 문을 닫는 시기에 주의하자!

 16min 14:00    4min 14:30    6min 15:00

칸 농장
かんのファーム

야트막한 언덕을 따라 원색의 꽃밭이 드넓게 펼쳐진 농장. 라벤더를 비롯한 10여 종의 꽃을 재배하기 때문에 꽃이 피는 6~10월에는 마치 언덕 위에 총천연색의 물감을 흩뿌려 놓은 듯 환상적인 경치를 만끽할 수 있다. 매점에서는 라벤더를 재료로 만든 포푸리와 다양한 공예품을 취급하며, 직접 재배한 감자·옥수수 등의 맛난 먹거리도 맛볼 수 있다.

open 6월 중순~10월 중순 09:00~일몰
close 10월 중순~6월 중순
cost 무료
web www1.ocn.ne.jp/~kanno

크리스마스트리 나무
クリスマスツリーの木

밭 한가운데에 덩그러니 놓인 한 그루의 나무다. 원뿔형의 생김새와 꼭대기에 달린 별 모양의 가지 등이 정말 크리스마스트리를 쏙 빼닮아 지금의 이름이 붙었다. 완만한 언덕을 따라 나무 주위가 온통 초록으로 가득한 봄~가을의 풍경도 아름답지만, 새하얀 설원 위에 이 나무 한 그루만 오도카니 서있는 모습이 서정적인 분위기를 자아내는 한겨울의 풍경도 무척 매력적이다.

시키사이 언덕
四季彩の丘

7만㎡의 대지를 색색으로 수놓는 라벤더·코스모스·해바라기 등 수만 송이의 꽃을 감상할 수 있는 농장. 마치 원색의 꽃으로 모자이크를 만든 듯한 환상적인 풍경을 보여주는 7~9월과 새하얀 설원이 펼쳐지는 한겨울이 가장 볼만하다. 원내에는 직접 재배한 농산물로 만든 음식을 제공하는 레스토랑과 공예품을 취급하는 매점도 있다. 여름철 성수기에는 트랙터를 타고 농장을 일주하거나 카트·버기카를 빌려 타고 주위를 돌아보는 것도 가능하다.

open 4·5·10월 09:00~17:00,
6~9월 08:30~18:00,
3·11월 09:00~16:30,
12~2월 09:00~16:00
cost 무료
web www.shikisainooka.jp

칸 농장의 여름   색색의 꽃으로 물든 후라노   시키사이 언덕의 겨울

 6min 15:30  5min 16:00  3min 16:30

철학의 나무
哲學の木

밭 한가운데에 외로이 서 있는 한 그루의 나무를 말한다. 옆으로 살짝 기울어진 모습이 마치 사색에 잠긴 사람의 얼굴처럼 보인다고 해서 지금의 이름이 붙었다. 초록으로 가득한 자연과 어우러진 봄~여름, 둥글게 말린 건초더미가 나무 주위를 둘러싸고 있는 가을, 소복하게 쌓인 눈 위로 메마른 가지를 드러낸 채 우두커니 서 있는 모습 등 사시사철 다채로운 풍경을 보여준다.

치요다 언덕 전망대
千代田の丘見晴台

후라노 여행의 한 축을 이루는 비에이 美瑛 지역이 한눈에 내려다보이는 전망대. 로켓 모양으로 삐죽 솟은 전망대 위에 오르면 바로 아래로 펼쳐진 드넓은 목장이 보이는데, 양·염소·조랑말 등이 무리지어 움직이는 평화로운 풍경이 무척 매력적이다. 가을에는 이 주변이 온통 코스모스로 뒤덮인다. 후라노의 일반적인 관광지에 비해 찾는 이가 적어 한가로이 휴식을 취할 수 있는 것도 큰 매력이다.

open 24시간
cost 무료

산아이 언덕 전망대
三愛の丘展望公園

해발 2000m급의 타이세츠 산 大雪山과 후라노 일대를 둘러싼 토카치 十勝 연봉(連峰)이 바라보이는 언덕 위에 위치한 전망대. 전망대 주위로는 산책로가 깔끔하게 정비돼 있어 주변 경치를 감상하며 한가로이 거닐기에도 좋다.
시간이 남을 때는 TV 광고의 배경으로 등장하면서 스타급 관광지로 부상한 켄과 메리의 나무 ケンとメリーの木→가족 나무 親子の木→세븐스타 나무 セブンスターの木→마일드 세븐 언덕 マイルドセブンの丘 등의 명소도 돌아보자. 산아이 언덕 전망대에서 차로 10~15분 거리에 위치하며, 네 곳을 모두 둘러보는 데는 1시간 정도 걸린다.

광활한 후라노의 초원 · 치요다 언덕 전망대 · 철학의 나무 · 비에이의 목가적인 풍경 · 산아이 언덕 전망대

> JR 열차를 이용할 경우 출발·도착 시간이 뭐척 늦으니 저녁은 후라노 시내에서 먹고 출발한다.

🚗 40min 18:00

■ Finish

후라노 → 삿포로
富良野 → 札幌

후라노에는 렌터카 반납 시간을 고려해 늦어도 17:40까지는 돌아가야 한다. 그리고 JR 후라노 역 앞의 버스정류장에서 18:00에 출발하는 삿포로 행 고속버스를 타면 20:28 JR 삿포로 역에 도착한다.

버스를 놓쳤을 때는 JR 열차를 이용한다. 20:39에 출발하는 쾌속열차를 타고 JR 타키가와 滝川 역으로 간 다음(21:36), 21:42에 출발하는 보통열차로 갈아타고 JR 이와미자와 岩見沢 역으로 간다(22:24). 그리고 22:32에 출발하는 보통열차로 갈아타면 23:14 JR 삿포로 역에 도착한다.

JR 후라노 역 → JR 삿포로 역
고속버스
time 2시간 51분 소요 cost 2260엔
기차
time 2시간 35분 소요 cost 2490엔

후라노 지역의 쾌속열차

Travel Tip
후라노 자전거 여행

렌터카 대여가 여의치 않을 때는 자전거를 이용하는 것도 방법이다. 단, 기동성이 떨어져 후라노 전체를 돌아보는 것은 무리이며, 후라노의 일부인 비에이 美瑛 지역만 중점적으로 보는 게 현명하다.

우선 JR 삿포로 역 앞의 버스 터미널에서 07:00에 출발하는 고속버스(2060엔)를 타고 아사히카와 旭川로 간다(09:05). 그리고 도보 5분 거리의 JR 아사히카와 旭川 역에서 09:34에 출발하는 후라노 富良野 행 열차(540엔)로 갈아타면 10:07 JR 비에이 美瑛 역에 도착한다.

JR 비에이 역 앞의 대여소에서 자전거를 빌린 뒤, 제루부 언덕→켄과 메리의 나무→세븐스타 나무→가족 나무→마일드세븐 언덕→호쿠세이 언덕 전망 공원→산아이 언덕 전망대→치요다 언덕 전망대→철학의 나무→타쿠신칸→시키사이 언덕→신에이 언덕 전망 공원→크리스마스트리 나무→칸 농장→JR 비에이 역의 순으로 여행을 하면 6~7시간이 걸린다.

삿포로로 돌아갈 때는 JR 비에이 역(17:39)→JR 아사히카와 역(18:16), 아사히카와(19:00)→삿포로(21:00)의 순으로 JR 보통열차와 고속버스를 이용한다.

후라노의 초원

Day 4

mission
1. 삿포로→인천 이동

※ 일정은 p.556와 동일

오늘 코스 지도로 보기

www.clzup.com/qr/f7

Japan

휴식 · 온천 · 식도락 여행

97만 원~

홋카이도
4박 5일

travel note
홋카이도 4박 5일

볼거리 ★★★★★
식도락 ★★★★★
온 천 ★★★★☆
쇼 핑 ★★★★☆
유 흥 ★★★☆☆

홋카이도의 핵심 명소와 온천 휴양지를 돌아보는 일정. 이국적인 분위기로 가득한 삿포로·하코다테, 수정처럼 맑은 호수와 온천이 매력인 토야코, 일본 3대 온천의 하나로 꼽는 노보리베츠를 여행한다. 싱싱한 해산물과 다채로운 먹거리가 여행의 즐거움을 더한다.

day 1
인천→삿포로, 삿포로
숙박 삿포로

- 08:20 진에어, 인천 출발
- 11:00 신치토세 국제공항 도착
- 11:49 신치토세 국제공항→삿포로 시내
- 12:25 숙소 체크인 또는 짐 맡기기
- 13:00 라멘요코쵸, 점심 식사
- 14:00 구 홋카이도 도청
- 15:00 시계탑
- 15:30 오도리 공원
- 16:00 타누키코지
- 17:20 삿포로 맥주 박물관
- 18:30 삿포로 비루엔, 저녁 식사

day 2
삿포로→토야코→하코다테
숙박 하코다테
패스 홋카이도 레일패스 1일차

- 07:00 JR 삿포로 역→JR 토야 역
- 09:30 JR 토야 역→쇼와신잔
- 10:15 쇼와신잔
- 11:00 우스잔, 점심 식사
- 13:10 토야 호수
- 15:00 온천 즐기기
- 17:35 토야코→하코다테

기본 준비

추천 항공편 진에어
인천 08:20→삿포로 11:00
삿포로 12:00→인천 15:00
숙박 삿포로 2박, 하코다테 2박
패스 홋카이도 레일패스 3일권
예산 978,000원~
숙박비 20,000엔(비즈니스 호텔 4박)
생활비 20,000엔(5일)
패스 15,430엔(홋카이도 레일패스)
입장료 6000엔
교통비 6000엔
항공료 29만 원~~
※100엔=970원 기준

day 3

하코다테
- 숙박 하코다테
- 패스 홋카이도 레일패스 2일차

- 09:00 새벽시장
- 10:00 마슈마루 호
- 10:30 카네모리 창고군
- 11:30 메이지 관, 점심 식사
- 13:30 하치만 언덕
- 14:00 가톨릭 모토마치 교회
- 14:30 성 요한 교회
- 14:50 하리스토스 정교회
- 15:30 구 하코다테 공회당
- 16:10 구 영국 영사관
- 17:00 하코다테 산

day 4

하코다테 → 노보리베츠 → 삿포로
- 숙박 삿포로
- 패스 홋카이도 레일패스 3일차

- 09:30 하코다테 → 노보리베츠
- 12:20 엔마도, 점심 식사
- 13:00 지옥계곡
- 15:00 온천 즐기기, 저녁 식사
- 19:18 노보리베츠 → 삿포로
- 21:16 삿포로 도착

day 5

삿포로 → 인천

- 09:55 호텔 → 신치토세 국제공항
- 10:31 신치토세 국제공항 도착
- 12:00 진에어, 삿포로 출발
- 15:00 인천국제공항 도착

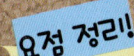

요점 정리!!

저렴한 진에어·티웨이 항공의 직항편 이용
우리나라와 삿포로를 오가는 항공편은 저가항공사인 진에어·티웨이항공, 그리고 대한항공이 있다. 일본항공과 전일본공수에서 도쿄·오사카 경유편도 운항하지만, 갈아타는 시간을 감안하면 이동에만 꼬박 반나절 이상 걸려 이용하기 불편하나. 요금은 저가항공사 29만 원~, 대한항공 54만 원~(유류할증료·공항이용료 포함)으로 거의 두 배 정도 차이가 난다.

이동 거점인 삿포로·하코다테에서 숙박
이동 거점이 되는 삿포로와 하코다테에서 각각 2박씩 한다. 토야코·노보리베츠는 고급 휴양지인 까닭에 고가의 온천 료칸과 호텔뿐이라 숙박비가 비싸고 숙소 구하기도 힘들다. 삿포로·하코다테의 경제적인 숙소는 비즈니스 호텔(5000엔~), 유스호스텔(3200엔~), 게스트하우스(3500엔~) 등이 있으며, 교통이 편리한 JR 역 또는 지하철·전차 역 주변의 숙소를 이용하는 게 좋다.

홋카이도 레일패스 구입은 필수
교통비 절약을 위해 홋카이도의 모든 JR 열차를 맘대로 탈 수 있는 홋카이도 레일패스 구입은 필수(3일권 15,430엔). 우리나라의 여행사, JR 삿포로 역의 트래블 서비스 센터에서 판매한다.

홋카이도 4박 5일

Day 1

1. 인천→삿포로 이동

2. 홋카이도 레일패스 교환

3. 라멘요코초에서 삿포로의 명물 일본 라면 맛보기

4. 시내 곳곳에 있는 19세기 말의 유럽풍 건물 구경

5. 삿포로 맥주 박물관 견학 & 맥주 마시기

※ 일정은 p.548와 동일

오늘 코스 지도로 보기

www.clzup.com/qr/f8

Japan

Day 2

mission
1. 삿포로→쇼와신잔 이동

2. 경이로운 활화산 쇼와신잔·우스잔 등반

3. 아름다운 토야 호수를 바라보며 노천온천 즐기기

4. 토야코→하코다테 이동

오늘 코스 지도로 보기

www.clzup.com/qr/f9

Japan

> 아침 식사는 편의점이나 기차 안에서 파는 도시락을 이용한다.

07:30
Start ▶

JR 삿포로 역 → JR 토야 역
JR 札幌駅 → JR 洞爺駅

호텔 체크아웃을 마치고 JR 삿포로 역으로 가서 07:30에 출발하는 하코다테 函館 행 특급열차를 타면 09:22에 JR 토야 洞爺 역에 도착한다. 이제부터는 홋카이도 레일패스를 사용하므로 따로 티켓을 끊을 필요는 없다.

JR 삿포로 역→JR 토야 역
특급열차
time 1시간 52분 소요
cost 6120엔 (홋카이도 레일패스 이용 가능)

홋카이도 레일패스 교환
JR 삿포로 역의 홋카이도 레일패스 교환 창구(JR Information Desk) 운영 시간은 08:30~19:00이다. 따라서 홋카이도 레일패스 교환은 첫날 삿포로에 도착하자마자 끝내 놓아야 한다.

하코다테 행 특급열차

> 토야코온센 행 버스는 50분~1시간 40분 간격, 쇼와신잔 행 버스는 2시간 간격으로 운행하니 주의하자.

> 쇼와신잔 행 버스는 4월 말~10월 중순에만 운행한다.

> 우스잔 주변의 식당에서 점심 식사를 한 다음 12:55에 출발하는 버스를 타고 토야코온센 버스 터미널로 돌아간다(340엔).

 1:52min
09:22 · 09:30

 45min
10:15

 1min
11:00

JR 토야 역 → 쇼와신잔
JR 洞爺駅 → 昭和新山

JR 토야 역 바로 앞의 버스 정류장에서 09:30에 출발하는 토야코온센 洞爺湖温泉 행 버스를 타고 09:47 토야코온센 버스 터미널에서 내린다. 그리고 터미널 안에 있는 코인라커에 큰 짐을 넣고, 10:00에 출발하는 쇼와신잔 昭和新山 행 버스로 갈아탄 다음 10:15에 종점인 쇼와신잔 정류장에서 내린다.

JR 토야 역→토야코온센 버스 터미널
버스
time 17분 소요 cost 330엔

토야코온센 버스 터미널→쇼와신잔
버스
time 15분 소요 cost 340엔
web www.donanbus.co.jp

쇼와신잔
昭和新山

해발 402m의 쇼와신잔은 1943~1945년에 생성된 우스잔 有珠山의 기생화산이다. 얌전히 분연을 내뿜고 있지만 정상부의 온도는 300℃를 넘을 만큼 핫한(?) 상태! 원래 여기에는 보리밭이 있었는데 화산활동과 더불어 지반이 융기하며 295m나 솟아올라 지금의 산이 만들어졌다. 마침 산이 융기할 때가 제2차 세계대전이 막바지로 치닫고 있던 상황이라 군의 사기를 염려한 군부에서는 이 사실을 극비에 붙이고 민간에 유포되는 것을 막았다는 웃지 못할 실화도 전해온다. 쇼와신잔의 정상 등반은 금지돼 있으며, 산 왼쪽에는 쇼와신잔과 우스잔의 생성과정 및 주변 식생을 소개하는 조그만 전시관이 있다.

우스잔 · 점심 식사
有珠山

해발 727m의 우스잔은 지난 300여 년간 무려 여덟 차례나 분화를 기록하며 토야코 일대를 공포의 도가니로 몰아넣은 장본인이다. 산 정상까지는 우스잔 로프웨이 有珠山ロープウェイ, 즉 케이블카를 타고 올라간다. 6분 정도 오르면 정상에 도착하는데 이 앞에서 길이 두 갈래로 나뉜다. 오른쪽의 토야코 전망대로 가면 토야 호수와 쇼와신잔의 모습이 시원하게 내려다보이며, 왼쪽의 카코하라 전망대로 이어진 300m 정도의 언덕을 오르면 뾰족뾰족 솟은 우스잔의 외륜산과 분연이 피어오르는 화구가 보인다.

우스잔 로프웨이
open 08:15~17:30(15분 간격 운행)
cost 1500엔

토야코온센 버스 터미널

쇼와신잔

우스잔의 전망대

15min　　13:10　　　　　　　　　　15:00　　　　　　　　　　17:35 · 18:37
　　　　　　　○　　　　　　　　　　　○　　　　　　　　　　　■ Finish

토야 호수
洞爺湖

화산 폭발로 생성된 전형적인 칼데라 호이며, 둘레 43km, 지름 11km, 수심 179m에 달하는 거대한 규모를 자랑한다. 이 일대는 홋카이도에서도 비교적 온화한 지역에 속해 겨울에도 호수가 얼지 않는다. 호숫가를 따라서는 호텔·온천·공원이 모여 있다. 산책을 즐기려면 호숫가를 따라 이어진 조각공원을 추천한다. 점점이 놓인 58개의 조각이 호수와 어우러져 멋스러운 분위기를 연출한다. 선착장에서는 호수를 일주하는 고성(古城) 모양의 유람선도 출항한다(50~90분 소요).

유람선
open 4~10월 08:00~16:30, 11~3월 09:00~16:00
cost 1320엔~

온천 즐기기
日帰り温泉

토야 호수 주변은 일본에서도 손꼽히는 온천 휴양지답게 호텔마다 대형 온천이 딸려 있다. 굳이 투숙객이 아니어도 온천을 이용할 수 있도록 개방하는 호텔이 많으니 이용해 보자. 버스 터미널 근처의 인포메이션 센터에서 나눠주는 할인권을 가져가면 요금이 할인되는 곳도 있다. 수건 사용료를 따로 받기도 하니 수건은 직접 챙겨가는 게 좋다.

탁 트인 공간에서 상쾌한 공기를 마시며 노천온천을 즐길 수 있는 곳으로는 토야코만세이가쿠 호텔 洞爺湖万世閣(1000엔~), 토야 선팰리스 호텔 洞爺サンパレス(평일 800엔, 휴일 1500엔), 토야캉코 호텔 洞爺観光ホテル(720엔) 등이 인기가 높다.

토야코→하코다테
洞爺湖→函館

토야코온센 버스 터미널로 돌아가 짐을 찾은 뒤 17:35에 출발하는 토야에키 洞爺駅 행 버스를 타고 17:54에 종점인 토야에키마에 洞爺駅前 정류장(JR 토야 역)에서 내린다. 그리고 잠시 대합실에서 시간을 보내다 18:37에 출발하는 하코다테 函館 행 특급열차를 타면 20:28에 종점인 JR 하코다테 函館 역에 도착한다. 호텔을 찾아갈 때는 역 앞에서 출발하는 전차·버스를 이용하면 편리하다.

토야코온센 버스 터미널→토야에키마에 버스
time 19분 소요 **cost** 330엔

JR 토야 역→JR 하코다테 역 특급열차
time 1시간 51분 소요
cost 5690엔
(홋카이도 레일패스 이용 가능)

토야 호수의 조각공원　　　토야 호수　　　하코다테 행 특급열차

Day 3

mission

1. 활기 넘치는 새벽시장 구경

2. 유럽풍 건물이 가득한 이국적인 하코다테 거리 산책

3. 하코다테 산에서 100만 불짜리 야경 감상

오늘 코스 지도로 보기

www.clzup.com/qr/f10

Japan

JR 하코다테 역에서 도보 1분 또는 5호선 전차 하코다테에키마에 函館駅前 정류장에서 도보 3분.

전시물이 빈약해 굳이 돈 내고 들어갈 필요는 없다. 선체와 주변 풍경을 보는 것으로 충분!

09:00 5min 10:00

Start ▶ ───────────────────○

새벽시장
朝市

부산의 자갈치 시장을 연상시키는 풍경과 상인들의 활기찬 모습에서 하코다테의 활력이 느껴진다. 제2차 세계대전 직후 채소를 파는 조그만 시장에서 시작해 지금은 360여 개의 점포가 모인 대형 시장으로 성장했다. 거래 품목은 하코다테 명물로 통하는 오징어와 게가 주를 이룬다. 시장은 크게 실내와 야외로 구분되는데 실내에서는 주로 채소·생필품, 야외에서는 펄떡펄떡 뛰는 생선과 오징어, 그리고 싱싱한 게를 취급한다. 살이 꽉 찬 굵은 게 다리를 그 자리에서 뚝뚝 잘라 구워주는 인심 좋은 상인도 있으니 두 눈 크게 뜨고 구경하자.

open 05:00~12:00
close 일요일(부정기적)

마슈마루 호
摩周丸

세이칸 터널의 개통과 더불어 파란만장한 생을 마감한 이 배는 1965년부터 1988년까지 하코다테와 혼슈 本州 최북단의 도시 아오모리 青森를 쉴새 없이 오가던 연락선이다. 혼슈를 연결하는 해저 터널이 뚫리기 전까지 수많은 사람을 실어 나르던 5375톤의 선체는 화려한 과거를 뒤로 한 채 자료관으로 이용되고 있다. 내부에 전시된 각종 항해 장비를 통해 지난 과거를 훑어볼 수 있을 듯. 바로 앞의 부둣가에서는 하코다테 산 函館山이 아주 잘 보인다.

open 4~10월 08:30~18:00, 11~3월 09:00~17:00
close 12/31~1/3
cost 500엔
web www.mashumaru.com

새벽시장　　　마슈마루 호

16min   10:30   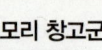1min   11:30   12min   13:30

> 메이지 관 또는 카네모리 창고군의 식당가에서 점심을 먹고 움직인다.

카네모리 창고군
金森倉庫群

지난 130년간 하코다테의 역사와 함께해 온 붉은 벽돌 창고. 여섯 채의 건물이 바닷가에 나란히 서 있는데 1863년 큐슈의 나가사키 長崎에서 하코다테로 이주해 와 크게 성공한 수입업자 와타나베 쿠마시로가 세운 것이며, 현재 내부를 개조해 콘서트홀·비어홀·미술관·식당 등으로 이용하고 있다. 특히 눈여겨볼 곳은 바닷가에서 볼 때 왼쪽 두 번째 건물인 카네모리요모노칸 金森洋物館이다. 개성 만점의 생활잡화·기념품·액세서리를 취급하는 숍이 가득해 윈도우 쇼핑의 재미가 쏠쏠하다.

open 숍 09:30~19:00, 레스토랑 11:30~22:30
close 연말연시
web www.HAKODATE-KANEMORI.com

메이지 관·점심 식사
明治館

20세기 초에 서양 건축기술을 동원해서 만든 벽돌 건물. 1911년에 지어졌으며 건물이 매각된 1962년까지의 50년간 우체국으로 이용됐다. 봄~가을에 걸쳐 건물 벽을 뒤덮는 짙은 초록빛의 담쟁이덩굴과 새빨간 벽돌의 조화가 아름답다. 지금은 오르골 상점·유리공방·테디베어 숍·기념품점 등 대여섯 개의 숍이 입점한 쇼핑센터로 이용 중이다. 바로 뒤에는 깔끔한 스타일의 해산물·디저트 매장인 해선시장 海鮮市場이 있는데, 저렴하게 하코다테 특산품을 맛볼 수 있으니 잠시 들러봐도 좋을 듯.

open 10:00~18:00
close 연말연시
web www.hakodate-factory.com/meijikan

하치만 언덕
八幡坂

하코다테에서 가장 아름다운 경치를 자랑하는 언덕. 언덕 꼭대기에 오르면 가로수 사이로 하코다테 항구와 마슈마루 호의 모습이 보인다. 해가 진 뒤에는 제법 근사한 야경도 볼 수 있다. 언덕의 이름은 1804년 이곳에 세워진 하치만구 八幡宮 신사에서 유래했지만, 신사는 1878년의 화재로 소실됐다. 이 주변은 19세기 말~20세기 초에 외국인 거주지로 이용되던 곳이라 지금도 당시 지어진 고풍스러운 양식 건물들이 남아 이국적인 하코다테의 모습을 보여준다.

하치만 언덕

카네모리 창고군 | 메이지 관 | 다양한 기념품을 파는 메이지 관

> 문 닫는 시간이 이르기 때문에 다른 명소들보다 먼저 가서 보는 게 좋다.

 3min   14:00   2min   14:30   2min   14:50

가톨릭 모토마치 교회
カトリック元町教会

1859년에 프랑스인 선교사 메르메 드 카숑에 의해 지어진 교회. 화재로 소실과 재건을 반복하다가 1924년 지금과 같은 모습의 고딕 양식 교회가 완성됐다. 연보라색으로 치장된 천장에는 곳곳에 금색 별이 그려져 있어 교회답지 않은 아기자기한 스타일이 돋보인다. 정면에 보이는 금색의 화려한 제단, 그리고 회랑을 장식한 십자가를 짊어진 예수의 부조 14개는 모두 이탈리아의 티롤에서 제작된 것으로 교황 베네딕트 15세가 선물한 것이다. 입구 쪽에는 루루드의 성모를 그린 유화와 다다미 방으로 꾸민 일본풍의 예배실이 있다.

open 10:00~16:00
cost 무료

성 요한 교회
聖ヨハネ教会

정식으로는 '일본 성공회 하코다테 성 요한 교회'라는 무척 긴 이름을 가진 영국 성공회 교회. 1874년 영국인 선교사가 민가를 빌려 포교 활동을 시작한 것이 이 교회의 시초라고 한다. 수 차례 화재와 태풍으로 교회 건물이 파손되자 1936년 이 자리로 옮겨와 새로운 교회당을 지었다. 당시에는 노아의 방주를 흉내낸 목조 건물이었으며 40여 년이 흐른 1979년 지금과 같은 모습의 현대적인 스타일로 재건했다. 예배나 특별한 행사가 없을 때는 교회 관계자가 직접 교회의 역사에 대해 설명을 해주기도 한다.

open 일출~일몰
cost 무료

하리스토스 정교회
ハリストス正教会

이국 정취가 물씬 풍기는 러시아풍의 건물. 1859년 초대 러시아 영사관의 부속 성당으로 세워졌으며 정식 명칭은 하코다테 부활 성당 函館復活聖堂이다. 안타깝게도 원래의 건물은 1907년의 화재로 소실돼 1916년에 러시아풍 비잔틴 양식으로 재건됐다. 둥그런 돔형 천장과 지붕에 달린 수많은 십자가, 그리고 이들을 꾸미는 러시아풍 장식이 눈에 띄는 특징이자 최대의 볼거리다. 예전에는 성당에 6개의 종을 설치해 독특한 리듬과 멜로디로 시간을 알려주었기 때문에 '강강데라 ガンガン寺(땡땡 절)'라는 재미난 애칭으로 불리기도 했다.

open 10:00~17:00
cost 무료, 예배당 내부 200엔

가톨릭 모토마치 교회   성 요한 교회   하리스토스 정교회

> 내부에는 영국풍으로 꾸민 아담한 카페가 있으니 잠시 쉬어가도 좋을 듯!

> 산을 내려갈 때는 전망대 앞에서 출발하는 버스를 타도 된다. JR 하코다테 역까지 30분쯤 걸린다(400엔).

 8min   15:30   3min   16:10   15min   17:00   Finish

구 하코다테 공회당
旧函館公会堂

1910년에 지어진 목조 건물이며 홋카이도에 현존하는 메이지시대 양식 건물의 대표작으로 꼽힌다. 좌우대칭을 이룬 구조와 기둥의 머리 부분을 장식한 나뭇잎 모양의 조각은 이 건물만의 두드러진 특징이다. 1911년과 1922년에는 일왕의 홋카이도 나들이 때 거처로 사용돼 중요사적으로 지정되는 영예(?)를 누리고 있다. 1층에서는 옛 모습을 담은 사진과 자료 그리고 과거에 사용하던 가구 등을 전시하며, 2층에는 일왕이 이곳에 머무를 당시 사용한 휴게실과 침실이 옛 모습 그대로 보존돼 있다.

open 4~10월 09:00~19:00, 11~3월 09:00~17:00
close 12/31~1/3
cost 300엔

구 영국 영사관
旧イギリス領事館

1859년 미국과 러시아에 이어 하코다테에 세 번째로 생긴 외국 영사관이다. 당시에는 쇼묘지 稱名寺라는 절을 빌려 영사관으로 사용하다가 1863년 지금의 자리로 옮겨왔다. 하지만 어찌나 운이 없었는지 거듭된 화재로 건물이 소실돼 1913년 영국 정부 상하이 공사국의 도움을 받아 지금의 모습으로 재건했다. 이후 영사관이 폐쇄된 1934년까지 이 자리에서 영사 업무를 보았다고 한다. 지금은 개항 초기 하코다테의 모습과 당시 외국인의 생활상을 모형과 영상으로 소개하는 자료실로 이용하고 있다.

open 4~10월 09:00~19:00, 11~3월 09:00~17:00
close 12/31~1/1
cost 300엔

하코다테 산
函館山

케이블카로 올라가는(5분 소요) 해발 334m의 산. 정상에는 방송용 송신탑, 일본 최초의 기상측정소를 기념하는 블랙스톤 기념비, 하코다테 일대가 한눈에 내려다보이는 전망대가 있다. 날씨가 좋을 때는 하코다테 시가지는 물론 츠가루 해협 너머의 혼슈까지도 한눈에 들어오며, '백만 불짜리'로 통하는 아름다운 야경도 즐길 수 있다. 해 지기 1시간 전쯤 올라가 주변 경치를 느긋하게 구경한 뒤 야경까지 보고 내려오는 게 보편적인 여행법!

케이블카
time 4/25~10/15 10:00~22:00, 10/16~4/24 10:00~21:00
cost 편도 660엔, 왕복 1200엔
web www.334.co.jp

구 하코다테 공회당 | 구 영국 영사관 | 하코다테의 야경

Day 4

mission

1. 하코다테→노보리베츠 이동

2. 노보리베츠온센 & 지옥계곡 산책

3. 느긋하게 온천 즐기기

4. 노보리베츠→삿포로 이동

오늘 코스 지도로 보기

www.clzup.com/qr/f11

Japan

08:49 · 12:05　　　　　3:36min　　12:25

Start ▶ ──────────────────○

하코다테 → 노보리베츠
函館→登別

호텔 체크아웃을 마치고 노보리베츠 온천으로 이동한다. JR 하코다테 역에서 08:49에 출발하는 삿포로 札幌 행 특급열차를 타고 11:48 JR 노보리베츠 登別 역에서 내린다.

그리고 역 구내의 코인라커에 큰 짐을 보관하고, 역 앞의 버스 정류장으로 가서 12:05에 출발하는 노보리베츠온센 登別温泉 행 버스를 타면 12:19에 노보리베츠온센 버스 터미널에 도착한다.

JR 하코다테 역→JR 노보리베츠 역
특급열차
time 2시간 59분 소요
cost 7090엔
　　　(홋카이도 레일패스 이용 가능)

노보리베츠에키마에→노보리베츠온센
버스
time 14분 소요 **cost** 340엔

엔마도, 점심 식사
閻魔堂

지옥 계곡에 산다는 전설의 염라대왕을 재현한 꼭두각시 인형이다. 노보리베츠의 명물인 지고쿠마츠리 地獄祭 때는 행렬의 맨 앞에 서서 큰 눈을 희번덕거리며 거리를 활보(?)하지만 평소엔 얌전히 건물 안에 모셔져 있다. 흥미로운 점은 하루에 대여섯 번 정도 요란한 효과음과 함께 '얼굴 바꾸기 쇼'를 보여준다는 것. 막상 보면 유치하다는 생각이 들기도 하지만 기회가 된다면 한 번쯤 봐두는 것도 나쁘지 않을 듯! 얼굴 바꾸기 쇼의 시각표는 엔마도 앞에 붙어 있다.

엔마도 주변은 식당과 기념품점이 모인 노보리베츠의 중심가(?)다. 지옥계곡에는 식당이 전혀 없으니 여기서 점심을 해결하고 가자.

노보리베츠온센 버스 터미널　　　엔마도

> 비오는 날은 엄청난 수증기 때문에 한치 앞도 안 보일 정도이니 반드시 날씨가 좋을 때 가야 한다.

> 버스 터미널 인근의 인포메이션 센터에서 온천 요금 할인 쿠폰을 나눠준다.

8min | 13:00 | 15:00 | 19:18 · 19:41

지옥계곡
地獄谷

펄펄 끓는 유황천과 골짜기를 가득 메운 짙은 유황 냄새, 그리고 날씨라도 궂을라 치면 대낮에도 음산한 분위기를 풍기는 모습이 마치 지옥같다고 해서 지금의 이름이 붙은 휴화산 지대. 눈이 밝아지는 온천수가 샘솟는 약사여래당, 98℃의 온천수가 주기적으로 뿜어져 오르는 간헐천, 청록색의 거대한 온천 연못이 있는 오유누마·오쿠노유누마, 수시로 색이 변하는 온천 연못 다이쇼 지옥 등 여러 명소가 있다.

지옥계곡 입구→전망대→약사여래당→간헐천→오유누마 전망대→오쿠노유누마→다이쇼 지옥→온천 계곡→도깨비 부자상→노보리베츠 시내의 순으로 돌아보는 데 2시간쯤 걸린다.

온천 즐기기, 저녁 식사
日帰り入浴

노보리베츠는 일본 유수의 온천 휴양지다. 지옥계곡에서 샘솟는 풍부한 수량의 원천수 덕분에 자연스럽게 온천이 발달했고, 이를 활용한 고급 호텔과 료칸도 많다. 이들 중에는 비투숙객에게도 온천을 자유로이 개방하는 곳들도 있는데, 이를 가리켜 히가에리뉴요쿠 日帰り入浴라고 한다.

노천온천이 딸린 고급 호텔 가운데 비투숙객에게 온천을 개방하는 곳으로는 다이이치타키노모토칸 第一滝本館(2000엔), 호텔 유모토노보리베츠 ホテルゆもと登別(1000엔), 노보리베츠만세이가쿠 登別万世閣(1100엔), 노보리베츠 그랜드 호텔 登別グランドホテル(1500엔), 노보리베츠세키스이테이 登別石水亭(800엔) 등이 있다.

노보리베츠→삿포로
登別→札幌

노보리베츠 시내에서 저녁 식사를 마치고 버스 터미널로 돌아간다. 그리고 19:18에 출발하는 노보리베츠에키마에 登別駅前 행 버스를 타고 19:32 종점인 노보리베츠에키마에(JR 노보리베츠 역)에서 내린다. 이 버스는 JR 노보리베츠 역으로 가는 막차이니 놓치지 않게 주의하자.

코인라커에서 짐을 찾은 다음 19:41에 출발하는 삿포로 札幌 행 특급열차를 타면 20:49 JR 삿포로 역에 도착한다.

노보리베츠온센 → 노보리베츠에키마에 버스
time 14분 소요 cost 340엔

JR 노보리베츠 역→JR 삿포로 역 특급열차
time 1시간 8분 소요
cost 4680엔
  (홋카이도 레일패스 이용 가능)

지옥계곡의 전경 | 지옥계곡 산책로 | 오유누마

 1:8min   20:49

■ Finish

삿포로 도착
札幌

JR 삿포로 역에 도착하면 지하철 등을 이용해 예약해 놓은 숙소로 가서 체크인을 한다.

여행의 마지막 밤을 그냥 보내기 서운하다면 삿포로 제일의 유흥가 스스키노 すすきの에 잠시 들러보자. 지하철 난보쿠 선 南北線의 스스키노 역 바로 앞에 위치한 스스키노는 3000여 개의 성인업소·술집·레스토랑이 모인 홋카이도 밤 문화의 메카다. 낮에는 비교적 평온한(?) 분위기를 유지하지만, 일단 해가 떨어지면 번쩍이는 네온사인으로 치장하고 모든 업소가 일제히 영업을 개시한다. 가볍게 맥주 한잔 걸치기에 괜찮은 가게도 있으니 부담없이 돌아보자.

스스키노

Day 5

mission
1. 삿포로→인천 이동

※ 일정은 p.556와 동일

오늘 코스 지도로 보기

www.clzup.com/qr/f12

Japan

Travel Tip

삿포로 근교의 명소
시간 여유가 된다면 삿포로 근교의 명소를 찾아보는 것도 좋다. 대표적인 곳은 다음과 같다.

모이와 산 藻岩山
케이블카와 리프트로 올라가는 해발 513m의 산. 정상에서는 홋카이도 내륙의 풍경은 물론 보석을 흩뿌려 놓은 것처럼 아름다운 삿포로의 야경도 감상할 수 있다.
open 4~11월 10:30~21:30, 12~3월 11:00~21:30 **close** 11/21~11/30
cost 편도 900엔, 왕복 1700엔
access 오도리 공원 또는 스스키노에서 전차를 타고 로푸웨이이리구치 ロープウェイ入口 하차, 무료 셔틀버스로 5분.

히츠지가오카 전망대
羊ヶ丘展望台
양떼들이 한가로이 풀을 뜯는 드넓은 목초지. 꼭대기의 전망대에서는 삿포로 시내를 한눈에 내려다볼 수 있다.
open 5·6월 08:30~18:00, 7~9월 08:30~19:00, 10~4월 09:00~17:00
cost 500엔
access 지하철 토호 선 후쿠즈미 福住 역에서 후쿠 福 84번 버스를 타고 종점 하차.

홋카이도 개척마을
北海道開拓の村
19세기 말부터 20세기 초까지의 건물 53동을 모아 조성한 야외 건축 박물관. 홋카이도 개척 당시의 모습을 재현해 놓은 풍부한 볼거리가 눈길을 끈다.
open 5~9월 09:00~17:00, 10~4월 09:00~16:30
close 4~11월 월요일, 12/29~1/3
cost 830엔, 12~3월 680엔
access JR 삿포로 역에서 카이타쿠노무라 開拓の村 행 JR 버스를 타고 종점 하차.

travel note
나고야 · 게로온센 2박 3일

볼거리 ★★☆☆☆
식도락 ★★★★☆
쇼 핑 ★★★★☆
온 천 ★★★★☆
유 흥 ★☆☆☆☆

도시 여행에 더해 꿀 같은 휴식과 온천을 원하는 이에게 적합한 일정. 대도시에 버금가는 나고야의 번화가에서 쇼핑과 식도락을 즐기고, 한적한 게로온센에서 푸근한 온천에 몸을 담근 채 달콤한 휴식을 취할 수 있다.

day 1
인천→나고야, 나고야
숙박 나고야

- 07:55 제주항공, 인천 출발
- 09:45 나고야 추부 국제공항 도착
- 10:47 추부 국제공항→나고야 시내
- 11:24 체크인 또는 짐 맡기기
- 13:00 나고야 성
- 15:00 노리타케노모리
- 17:00 사카에
- 18:00 오아시스 21, 저녁 식사

day 2
나고야→게로온센, 게로온센
숙박 게로온센

- 08:43 나고야→게로온센
- 10:13 JR 게로 역, 숙소에 짐 맡기기
- 11:00 마을 산책, 점심 식사
- 14:00 온천 즐기기
- 17:30 체크인, 저녁 식사

게로온센은 일본의 10대 온천 가운데 하나!

기본 준비

추천 항공편 제주항공
인천 07:55→나고야 09:45
나고야 16:30→인천 18:30
숙박 나고야 1박, 게로온센 1박
예산 690,000원~
숙박비 20,000엔(비즈니스 호텔 1박, 온천 료칸 1박)
생활비 12,000엔(3일)
입장료 2000엔
교통비 13,000엔
항공료 21만 원~~
※100엔=970원 기준

day 3

게로온센→나고야→인천

- 10:00 체크아웃, 점심 식사
- 12:11 게로온센→공항
- 14:48 츄부 국제공항 도착
- 16:30 제주항공, 나고야 출발
- 18:30 인천국제공항 도착

Nagoya

Geroonsen

I love Nagoya

요점 정리!!

항공편 운항 스케줄에 주의

나고야 노선은 제주항공·아시아나항공·대한항공의 3개 항공사만 취항해 항공편 선택의 폭이 무척 좁다. 최대한 여유롭게 여행하려면 우리나라에서 08:00~10:30, 나고야에서 16:00 이후에 출발하는 항공편을 이용한다. 자칫 우리나라에서 오후, 나고야에서 오전에 출발하는 항공편을 이용하면 나고야를 오갈 때 최소 하루의 시간을 손해 보게 되니 주의하자.

비즈니스 호텔과 온천 료칸 숙박

나고야에서는 비즈니스 호텔(1박 5000엔~), 게로온센에서는 온천이 딸린 료칸(일본식 여관)을 이용한다. 료칸은 아침과 저녁 식사를 포함해서 예약하자(1박 15,000엔~). 게로온센 여행의 목적이 온천과 휴식이므로 그에 걸맞은 숙소는 당연지사! 숙소에 딸린 온천과 제공되는 음식의 질에 따라 여행의 만족도가 달라지는 만큼 꼼꼼한 확인과 비교는 필수다.

예약은 인터넷을 활용한다. '일본 호텔' 또는 '일본 호텔 예약'으로 검색하면 다양한 호텔 예약 업체가 찾아지는데, 동일한 호텔이라도 예약 업체마다 요금이 조금씩 다르니 여러 예약 업체를 비교하고 이용해야 한다. 일반적으로 호텔·료칸은 자체 홈페이지에서 예약하는 것보다 호텔 예약업체를 통해 예약하는 게 좀더 저렴하다.

나고야·게로온센
2박 3일

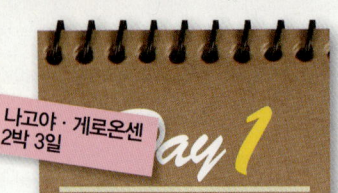

mission

1. 인천→나고야 이동
2. 웅장한 나고야 성 견학
3. 나고야 최대의 번화가 사카에에서 놀기

오늘 코스 지도로 보기

www.clzup.com/qr/f13

Japan

07:55 — 1:50min — 09:45

Start ▶

제주항공, 인천 출발
Jeju Air 7C1602

비행기는 제주항공의 인천↔나고야 왕복편을 이용한다. 같은 항공사의 김포↔나고야 노선은 요금은 동일하지만 운항 스케줄이 나빠 이용하기 불편하다는 사실에 주의하자.
인천에서 나고야까지의 소요시간은 1시간 50분. 잠시 기내에서 휴식을 취하다 보면 어느새 나고야의 츄부 국제공항에 도착한다. 그동안 일본 입국심사 및 세관검사에 필요한 신고서를 미리 작성해 두는 것을 잊지 말자. 신고서는 공항 도착 전에 승무원들이 나눠준다.

나고야 츄부 국제공항
中部国際空港

비행기에서 내려 '도착 到着 Arrivals' 표지판을 따라가면 잠시 후 입국심사장이 나타난다. 그리고 입국심사관에게 기내에서 작성한 일본 입국 신고서와 여권을 제시하면 간단한 확인 절차를 거쳐 90일간의 입국허가 스티커를 붙여준다. 이제 짐을 찾아 세관검사대를 통과하면(세관 신고서는 이때 제출) 드디어 나고야 도착이다.
입국심사와 세관검사를 모두 마치고 공항 밖으로 나오기까지는 보통 30분 정도가 걸린다. 주말·성수기에는 사람이 많이 몰리는 입국심사장을 통과하는 데 시간이 오래 걸리는 경우도 있으니 비행기에서 내리자마자 입국심사장으로 서둘러 가는 게 좋다.

Go! Go! Nagoya

김포국제공항

나고야 츄부 국제공항

 37min

> 호텔에 짐을 맡겨 놓은 뒤 근처에서 점심 식사를 하고 다음 목적지인 나고야 성으로 이동한다.

> 지하철 메이죠 선 名城線의 시야쿠쇼 市役所 역(M07) 7번 출구를 나와 도보 5분.

10:47   11:24   13:00

츄부 국제공항 → 나고야 시내
中部国際空港 → 名古屋市内

공항에서 나고야 시내까지는 사철 메이테츠쿠코 선 名鉄空港線을 이용하는 게 편리하다. 열차가 출발하는 츄부코쿠사이쿠코 中部国際空港 역은 공항 건물과 나란히 연결돼 있으며 입국장을 나와 조금만 걸어가면 쉽게 찾을 수 있다.
우선 매표소에서 메이테츠나고야 名鉄名古屋 역까지의 티켓을 구입하고 10:47에 출발하는 특급열차를 타면 11:24 메이테츠나고야 역에 도착한다. 지정석 이용시 360엔의 추가 요금이 필요하니 반드시 '일반차 一般車(자유석 自由席)'를 타야 한다.

츄부코쿠사이쿠코 역 → 메이테츠나고야 역 특급열차
time 37분 소요
cost 870엔

체크인 또는 짐 맡기기
Hotel Check-In

메이테츠나고야 역에 도착하면 표지판을 따라 지하철 나고야 名古屋 역으로 간다. 시내에서는 주로 지하철을 이용하므로 매표소에서 지하철 1일권 1日乗車券을 구입하자. 네 번만 이용하면 본전이 빠진다.
이제 호텔로 가서 체크인을 하는데, 도착 시각이 일러 체크인이 불가능해도(일반적인 체크인 시각은 14:00 이후) 짐 보관은 무료로 해주니 편하게 돌아다닐 수 있도록 큰 짐은 호텔에 맡겨 놓고 나온다.

지하철 1일권
cost 740엔
※토·일·공휴일과 매월 8일에는 지하철 1일권과 사용법은 동일하지만 요금이 저렴한 도니치에코킷푸 ドニチエコきっぷ(600엔)를 판다.

지하철 1일권

나고야 성
名古屋城

토쿠가와 이에야스가 오사카와 에도(도쿄)의 효율적인 통치를 위해 교통의 요지인 나고야에 세운 성이다. 19세기 말까지 토쿠가와 가문에 대물림되던 이 성은 20세기 초 국가에 귀속됐으나, 제2차 세계대전이 끝나가던 1945년 5월 공습으로 텐슈카쿠 天守閣를 비롯한 성 전체가 파괴됐다. 현재의 건물들은 1959년에 재건한 것이다. 텐슈카쿠 7층에는 나고야 일대가 훤히 내려다보이는 전망대가 있으며, 1~5층에는 나고야 성의 축소 모형, 에도 시대의 풍습과 다이묘의 생활상 등을 소개하는 자료가 가득하다.

open 09:00~16:30
close 12/29~1/1
cost 500엔(지하철 1일권으로 할인 가능)

나고야 시내행 특급열차   나고야 성의 황금 샤치호코   나고야 성

 지하철 히가시야마 센 東山 線의 카메지마 亀島 역(H07) 2번 출구를 나와 도보 8분.

 지하철 히가시야마 센 東山 線・메이조 선 名城線의 사카에 栄 역(H10・M05) 하차

 10min   15:00
 5min   17:00
 1min   18:00 ■ Finish

노리타케노모리
ノリタケの森

일본의 명품 도자기로 유명한 노리타케 ノリタケ의 공장터를 개조해서 만든 박물관 겸 쇼룸. 초록빛 잔디와 아기자기한 분수, 고풍스러운 벽돌 건물이 조화롭게 어우러져 있다. 도예・회화・조각 작품을 전시하는 노리타케노모리 갤러리, 노리타케 도자기 박물관인 모리무라・오쿠라 기념관 캔버스, 세라믹 제품 쇼룸 웰컴 센터, 도자기 제작 체험장 크래프트 센터, 초록빛 잔디와 담쟁이덩굴이 아름다운 엔토츠 광장 등 다채로운 볼거리가 있으며, 고급 도자기를 저렴하게 판매하는 아웃렛 매장도 운영한다.

open 11:00~18:00
close 월요일, 12/26~1/2
cost 무료

사카에
栄

오랜 전통을 자랑하는 음식점과 유흥업소, 대형 백화점이 밀집한 나고야 제일의 번화가. 그 한복판에는 남북으로 길게 뻗은 히사야오도리 공원 久屋大通公園이 있다. 종전 직후 쑥대밭이 된 도시를 정비하는 과정에서 만들어진 공원으로 2km에 걸쳐 펼쳐진 녹지대에는 세계 각국의 자매도시에서 기증한 조형물들이 전시돼 있어 산책 삼아 걸으며 구경하기에 좋다.
사카에는 히사야오도리 공원을 중심으로 크게 세 구역으로 나뉘는데, 북동쪽의 사카에키타 栄北는 앤티크 숍과 레스토랑의 거리, 북서쪽의 니시키 錦는 성인업소가 즐비한 유흥가, 남쪽의 사카에미나미 栄南은 저렴한 술집과 백화점이 모인 쇼핑가다.

오아시스 21, 저녁 식사
オアシス21

하늘을 나는 '물의 우주선' 이미지를 살려서 만든 입체 공원. 길쭉한 원반형 UFO를 4개의 거대한 기둥으로 떠받쳐 하늘에 띄워 놓은 듯한 모습이다. 유선형의 날렵한 외관도 멋지지만 그보다 더욱 환상적인 것은 건물 꼭대기에 위치한 옥상이다. 한가운데에 투명 아크릴로 만든 초대형 인공 연못을 설치해 14m 아래의 지하 광장 모습이 그대로 비친다.
이 주위로는 조용한 음악이 흐르는 널찍한 잔디 공원이 펼쳐져 있어 이름 그대로 도심 속의 오아시스를 느끼게 한다. 환한 조명 속에서 밝게 빛나는 야경도 제법 볼만하다.

open 10:00~22:00
cost 무료

노리타케노모리   노리타케노모리의 정원   오아시스 21

Day 2

mission

1. 나고야→게로온센 이동
2. 소박한 온천 마을 게로온센 산책
3. 느긋하게 온천 즐기기

오늘 코스 지도로 보기

www.clzup.com/qr/f14

Japan

 1:30min

08:43 ────────────── 10:13

Start ▶

나고야→게로온센
名古屋→下呂温泉

호텔 체크아웃을 마치고 JR 나고야 역으로 가서 JR 게로 下呂 역까지의 티켓을 구입한다. 그리고 08:43에 출발하는 특급열차를 타면 10:13 JR 게로 下呂 역에 도착한다. 열차를 탈 때는 되도록 열차 진행 방향 왼쪽 자리에 앉는 게 좋다. 게로온센으로 가는 동안 창밖으로 강과 계곡이 어우러진 혼슈 本州 내륙의 자연경관을 즐길 수 있다.

JR 나고야 역→JR 게로 역
특급열차
time 1시간 30분 소요 **cost** 4820엔

JR 게로 역, 숙소에 짐 맡기기
JR 下呂駅

JR 게로 역은 규모가 무척 작다. 하나뿐인 출구를 나와 오른쪽으로 가면 조그만 관광 인포메이션 센터가 있으니 여기서 마을 지도와 온천·식당 할인 쿠폰 등을 챙겨두자.

역에서 마을 중심부까지의 거리는 약 도보 10분. 하지만 대부분의 호텔과 료칸이 마을 곳곳에 흩어져 있어 걸어가기 힘든 경우도 있으니 무료 셔틀버스나 택시를 이용하는 게 편리하다. 일반적으로 호텔·료칸의 체크인 시간은 14:00 이후이기 때문에 도착하자마자 체크인을 하기는 힘들다. 대신 짐은 무료로 보관해주니 가볍게 돌아다닐 수 있도록 짐을 숙소에 맡겨놓고 나온다.

게로온센 행 특급열차

차창 밖으로 펼쳐지는 혼슈 내륙의 풍경

JR 게로 역

> **강추 맛집!**
> 스가키야 꿀떡田중 히다 소고기 덮밥 ※게로온센은 야들야들한 히다규 飛騨牛 소고기로 유명하다.

> 온천을 즐길 때는 온천욕 30분, 휴식 30분의 페이스를 유지하는 게 요령. 온천마다 개방 시간이 다르니 주의하자.

11:00   14:00   17:30 ■ Finish

마을 산책, 점심 식사
下呂温泉

게로온센은 무척 작은 마을이다. 마을 끝에서 끝까지 거리가 고작 2.5km에 불과해 느긋하게 돌아다닌다 해도 두세 시간이면 충분히 구경하고도 남는다. 관광명소로는 이 지역의 전통 목조가옥이 보존된 게로온센갓쇼무라 下呂温泉合掌村, 약사여래상에 온천수를 끼얹었으며 병이 낫기를 기원하는 풍습이 전해오는 절 온센지 温泉寺, 게로온센의 지질학적 특징을 소개하는 게로하츠 온천 박물관 下呂発温泉博物館 등이 있다.

게로온센갓쇼무라
open 08:30~17:00
close 12/30·31, 1/5·6 cost 800엔

게로하츠 온천 박물관
open 09:00~17:00
close 목요일 cost 400엔

온천 즐기기
日帰り入浴

게로온센은 일본 중부에서 손꼽히는 온천 휴양지다. 특히 눈여겨볼 것은 유메구리테가타 湯めぐり手形라는 온천 자유이용권! 게로온센의 25개 료칸·호텔에서 운영하는 온천 가운데 세 곳을 맘대로 골라 이용할 수 있는데, 온천 요금이 1회 500~1000엔이라 본전은 충분히 빠진다.

게로온센의 정취를 담뿍 맛볼 수 있는 온천으로는 스이메이칸 水明館(1000엔), 유노시마칸 湯之島館(1000엔), 오가와야 小川屋(1050엔), 미야코 みやこ(1200엔), 게로 로열 호텔 미야비테이 下呂ロイヤルホテル雅亭(1000엔), 스이호엔 水鳳園(840엔), 보센칸 望川館(1000엔) 등이 있다.

유메구리테가타
cost 1300엔

체크인, 저녁 식사
Check In

온천을 적당히 즐긴 뒤에는 숙소로 돌아가 체크인을 하고 휴식을 취하다 저녁을 먹는다. 저녁 식사는 보통 18:00~20:00에 제공되는데, 체크인 때 원하는 시간을 지정할 수 있다. 메뉴는 숙소에 따라 다르지만 일반적으로 지역 특산물로 만든 일식 코스 요리가 제공되는 경우가 많다.

게로온센은 워낙 작은 마을이라 마땅히 유흥을 즐길 곳이 없으니 저녁 식사를 마친 뒤에는 숙소에 딸린 온천을 이용하며 시간을 보낸다. 숙소로 돌아가기 전에 시내에서 맥주 등의 야식을 장만해 가는 것도 좋다.

먹음직한 저녁 식사

게로온센의 풍경   유메구리테가타   강가에 있는 무료 노천온천

Day 3

mission
1. 게로온센 마을 산책
2. 게로온센→인천 이동

오늘 코스 지도로 보기

www.clzup.com/qr/f15

Japan

10:00 ······················ 12:11
Start ▶ ○

체크아웃, 점심 식사
Check Out

느긋하게 일어나서 아침 식사를 마치고 체크아웃 전까지 온천욕을 즐긴다. 체크아웃 시간은 일반적으로 10:00~12:00 사이다. 체크아웃을 하면서 큰 짐은 프런트에 맡겨 놓고 가벼운 차림으로 나가서 마을 산책을 즐긴다. 상점가 주변을 걷거나 마을을 관통하는 강가를 따라 거닐며 호젓한 시간을 보내도 좋다. 강가에는 사방이 뻥 뚫린 글자 그대로의 '노천온천'도 있다. 요금은 무료지만 가릴 것 없이 완전히 개방된 공간인 까닭에 웬만한 강심장이 아니고서는 맘 편히 이용하기 힘들 듯!
그리고 게로온센의 특산물인 히다규 飛騨牛 등으로 점심 식사를 마치고 공항으로 떠날 채비를 한다.

게로온센→공항
下呂温泉→中部国際空港

츄부 국제공항으로 갈 때는 도중의 JR 우누마 鵜沼 역에서 열차를 갈아타야 한다. 우선 JR 게로 역에서 12:11에 출발하는 나고야 행 특급열차를 타고 13:28 JR 우누마 역에서 내린다. 그리고 개찰구를 나와 연결통로를 따라서 사철 메이테츠 선 名鉄線의 신우누마 新鵜沼 역으로 간다(도보 3분). 여기서 13:45에 출발하는 츄부 국제공항행 특급열차를 타면 14:48에 종점인 츄부코쿠사이쿠코 中部国際空港 역에 도착한다.

JR 게로 역→JR 우누마 역
특급열차
time 1시간 17분 소요 **cost** 3220엔

신우누마 역→츄부코쿠사이쿠코 역
특급열차
time 1시간 3분 소요
cost 1700엔

고즈넉한 게로온센   나고야를 오가는 열차

> 원활한 출국수속을 위해 공항으로는 비행기 출발 시각 2시간 전까지 가는 게 좋다.

 2:37min 14:48 ········· 16:30 ········· 2hour ········· 18:30

○ ○ ■ Finish

츄부 국제공항
中部国際空港

열차가 츄부코쿠사이쿠코 역에 도착하면 공항 건물로 이동한다. 츄부 국제공항의 출국장은 3층에 있으며 건물 곳곳에 붙어 있는 '출발 出発口 Departures' 표지판만 따라가면 쉽게 찾을 수 있다.
그리고 안내 모니터에서 제주항공의 체크인 카운터를 확인한 뒤 거기로 가서 항공권과 여권을 제시하고 탑승수속을 하면 된다. 공항 규모가 작고 시설도 단출해 이용에 큰 어려움은 없다. 4층에는 기념품점과 여러 숍이 있으니 탑승수속을 마치고 시간이 남을 때는 잠시 이용해도 좋다.

츄부 국제공항
web www.centrair.jp

제주항공, 나고야 출발
Jeju Air 7C1603

이제 3층의 출국심사장으로 가서 여권과 보딩패스를 제시하고 출국심사를 받은 다음 비행기 출발 시각까지 면세구역에서 기다리면 된다. 면세구역 안에는 몇 개의 조그만 기념품점과 면세점이 있으니 여기서 간단한 기념품을 마련해도 된다. 5%의 소비세가 면제되기 때문에 책이나 과자 등 정가가 매겨진 공산품은 시내보다 조금 저렴하다. 단, 상품 종류가 무척 제한적이라 쇼핑의 재미는 별로 없다.

> 나고야에 또 놀러와라냐~

인천국제공항 도착
Incheon Intl. Airport

인천국제공항에 도착해 입국심사를 마치고 짐을 찾아 입국장 밖으로 나오기까지 걸리는 시간은 30~40분 정도. 입국장은 공항 1층에 있으며, 표지판을 따라 5~10분쯤 걸으면 공항철도역이 나타난다. 입국장 바로 앞에는 서울 시내 및 수도권을 연결하는 여러 노선의 공항 리무진 버스 정류장도 있는데, 노선별로 정류장 위치가 다르니 인포메이션 센터나 안내표지판 등을 통해 정확한 정류장 위치를 확인하고 이용한다.

공항철도
cost 3950원(서울역)

공항 리무진 버스
cost 5000~1만 5000원
web www.airportlimousine.co.kr

츄부 국제공항 출국장

한국으로 돌아가는 비행기

인천국제공항

휴식 · 온천 · 식도락 여행

나고야 게로온센 3박 4일

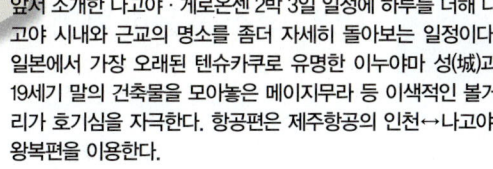
84만 원~

앞서 소개한 나고야 · 게로온센 2박 3일 일정에 하루를 더해 나고야 시내와 근교의 명소를 좀더 자세히 돌아보는 일정이다. 일본에서 가장 오래된 텐슈카쿠로 유명한 이누야마 성(城)과 19세기 말의 건축물을 모아놓은 메이지무라 등 이색적인 볼거리가 호기심을 자극한다. 항공편은 제주항공의 인천↔나고야, 왕복편을 이용한다.

Day 1

김포→나고야, 나고야

p.586와 동일

Day 2

나고야, 이누야마

우선 지하철 1일권을 구입한다. 그리고 지하철 츠루마이 선 鶴舞線의 종점인 카미오타이 上小田井 역에서 사철인 이누야마 선의 급행열차로 갈아타고 이누야마 역에서 내려(20분, 500엔) 23분쯤 걸으면 이누야마 성 犬山城에 도착한다.
키소가와 강이 한눈에 내려다보이는 절벽 위에 우뚝 솟은 이 성은 1537년에 만들어졌다. 성의 중심부인 텐슈카쿠 天守閣는 1600년에 건립된 것으로 현존하는 일본 최고(最古)의 성채로 유명하다. 특이한 점은 일본에서 유일하게 개인 소유의 성이라는 것인데, 19세기 말 국가에 귀속됐다가 성의 수리를 조건으로 전 성주에게 반환돼 지금에 이르고 있다(09:00~17:00, 500엔).
다시 이누야마 역으로 돌아가 동쪽 출구 東口에서 출발하는 버스를 타고 메이지무라 明治村(20분, 420엔)로 간다. 이곳은 19세기 말 메이지 시대의 건축물과 문화재를 옮겨와 그때의 생활상을 재현한 야외 박물관인데, 건물은 물론 돌아다니는 사람과 교통수단까지도 한 세기 전의 모습을 그대로 유지하고 있다(09:30~17:00, 1700엔).
메이지무라까지 보고 나고야 시내로 돌아가면 15:00~16:00쯤 된다. 이제 일본 왕실에 전해오는 보물 가운데 하나인 신검(神劍)이 보존된 아츠타 신궁 熱田神宮(지하철 메이죠 선의 진구니시 神宮西 역 하차), 한 세기의 역사를 자랑하는 나고야 항(지하철 메이죠 선의 나고야코 名古屋港 역 하차) 등을 구경하고 호텔로 돌아간다.

Day 3

나고야→게로온센, 게로온센

p.589와 동일

Day 4

게로온센→나고야→인천

p.591와 동일

추천 항공편 제주항공
인천 07:55→나고야 09:45
나고야 16:30→인천 18:30
숙박 나고야 2박, 게로온센 1박
예산 842,000원~
숙박비 25,000엔
 (비즈니스 호텔 2박, 온천 료칸 1박)
생활비 16,000엔(4일)
입장료 4000엔
교통비 17,000엔
항공료 21만 원~
※100엔=970원 기준

기본 준비

이누야마 성

자연·휴식 & 문화 체험 여행

83만 원~

오키나와 3박 4일

travel note

오키나와 3박 4일

볼거리 ★★★★☆
식도락 ★★★★☆
쇼 핑 ★★★☆☆
드라이브 ★★★☆☆
유 흥 ★★☆☆☆

일본 속의 이국을 체험하는 특별한 일정. 도쿄에서 1500km나 떨어진 외딴 섬 오키나와는 일본 본토와는 전혀 다른 언어와 풍습을 가진 지역이다. 색다른 문화가 여행의 재미를 더하며, 유리알처럼 맑은 바다와 청정자연이 안락한 휴식의 시간을 선사한다.

day 1

인천→나하, 나하

숙박 나하

- 10:35 진에어, 인천 출발
- 12:50 나하 국제공항 도착
- 13:20 공항→나하 시내
- 14:30 슈리 성
- 15:30 타마우둔
- 16:10 킨죠노이시타다미 도로
- 17:10 츠보야
- 17:40 코쿠사이도리

day 2

오키나와혼토 남부

숙박 나하
교통 렌터카 1일차

- 08:00 렌터카 대여
- 08:30 구 해군 사령본부 참호
- 10:00 키얀 곶
- 10:30 히메유리 탑
- 11:00 평화 기념공원, 점심 식사
- 13:00 오키나와 월드
- 14:30 세화우타키
- 15:00 치넨 해양 레저 센터

기본 준비

추천 항공편 진에어
인천 10:35→나하 12:50
나하 13:50→인천 16:05
숙박 나하 3박
예산 830,000원~
숙박비 15,000엔(비즈니스 호텔 3박)
생활비 16,000엔(4일)
입장료 8000엔
교통비 14,000엔
항공료 29만 원~~
※100엔=970원 기준

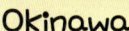

day 3

오키나와혼토 남부

[숙박] 나하
[교통] 렌터카 2일차

09:30 나카구스쿠 성터
10:00 나카무라가 주택
11:00 자키미 성터
11:40 잔파 곶
12:30 마에다 곶, 점심 식사
14:00 만자모
15:10 오리온 맥주 공장
16:40 츄라우미 수족관

day 4

나하 → 인천

10:30 호텔 → 나하 공항
12:00 나하 국제공항 도착
13:50 진에어, 나하 출발
16:05 인천국제공항 도착

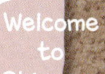

Welcome to Okinawa

요점 정리!

항공편은 요금이 저렴한 진에어 이용
한국→오키나와 직항편을 운항하는 항공사는 진에어와 아시아나항공 두 개뿐이다. 요금은 저가항공사인 진에어가 왕복 29만 원, 아시아나항공이 왕복 45만 원 수준이다(유류할증료·공항이용료 포함). 성수기와 주말에는 자리 잡기가 무척 힘드니 예약을 서둘러야 한다.

저렴한 비즈니스 호텔 또는 리조트 숙박
교통이 편리한 나하 시내의 비즈니스 호텔(1박 5000엔~) 또는 인근의 리조트(1박 1만 엔~)를 이용한다. 예약은 인터넷을 활용한다. '일본 호텔' 또는 '일본 호텔 예약'으로 검색하면 다양한 호텔 예약 업체가 찾아지는데, 동일한 호텔이라도 예약 업체마다 요금이 조금씩 다르니 여러 예약업체를 비교하고 이용해야 한다.

렌터카 이용은 필수
오키나와는 대중교통이 열악해 편하게 여행을 즐기려면 렌터카가 필수다. 렌터카 업체는 인터넷을 검색하거나 나하 공항 국내선 터미널 1층의 안내소를 이용하면 쉽게 찾을 수 있다. 비용은 차종과 시즌에 따라 다르며, 공항·호텔 픽업 등의 부가서비스를 무료로 제공하는 곳도 있다.

오키나와 3박 4일

1. 인천→나하 이동

2. 나하의 상징 슈리 성 관람

3. 나하 제일의 번화가 코쿠사이도리 산책

오늘 코스 지도로 보기

www.clzup.com/qr/f16

Japan

> 공항 이용객이 많으니 인천 국제공항은 늦어도 비행기 출발 2시간 전까지 도착!

10:35 — 2:15min — 12:50

Start ▶

진에어, 인천 출발
Jin Air LJ203

비행기는 진에어의 인천↔나하 왕복편을 이용한다. 인천에서 나하까지의 소요시간은 2시간 15분. 음료 등의 간단한 서비스를 받고 잠시 휴식을 취하다 보면 눈 깜짝할 사이에 나하 국제공항에 도착한다. 그동안 일본 입국심사 및 세관검사에 필요한 신고서를 미리 작성해 두는 것을 잊지 말자. 신고서는 공항 도착 전에 승무원들이 나눠준다.

나하 국제공항
那覇国際空港

비행기에서 내려 '도착 到着 Arrivals' 표지판을 따라가면 잠시 후 입국심사장이 나타난다. 그리고 입국심사관에게 기내에서 작성한 일본 입국신고서와 여권을 제시하면 간단한 확인 절차를 거쳐 90일간의 입국허가 스티커를 붙여준다. 이제 짐을 찾아 세관검사대를 통과하면(세관 신고서는 이때 제출) 드디어 오키나와 도착이다.
입국심사와 세관검사를 모두 마치고 공항 밖으로 나오기까지는 보통 30분 정도가 걸린다. 주말·성수기에는 사람이 많이 몰리는 입국심사장을 통과하는 데 시간이 오래 걸리는 경우도 있으니 비행기에서 내리자마자 입국심사장으로 서둘러 가는 게 좋다.

> 오키나와의 나하로 날아가는 진에어

인천국제공항 | 나하 국제공항

> 점심 식사는 레스토랑이 모여 있는 나하 공항 국내선 터미널의 식당가 또는 호텔 주변의 식당을 이용한다.

> 모노레일 슈리 首里 역 하차, 도보 20분.

 30min~   4min

13:20   14:30   15:30

공항→나하 시내
空港→那覇市内

공항 건물을 나와 오른쪽으로 8분쯤 걸어가면 나하 공항 국내선 터미널을 지나 모노레일 나하쿠코 那覇空港 역에 도착한다. 여기서 모노레일을 타면 나하 시내까지 불과 10분 만에 갈 수 있다. 오늘은 주로 모노레일을 타고 다니므로 1일권 一日乗車券을 구입하는 게 경제적이다. 더구나 1일권을 제시하면 입장료가 할인되는 명소·레스토랑도 있어 활용도가 높다.
시내에 도착하면 예약한 호텔에 들러 체크인부터 한다. 도착 시각이 일러 체크인이 불가능해도 짐 보관은 무료로 해주니 가볍게 돌아다닐 수 있도록 짐은 맡겨 놓고 나온다.

모노레일
cost 1회 230~330엔, 1일권 700엔

슈리 성
首里城

유네스코 세계문화유산 과거 류큐 왕국의 정치·외교·문화 중심지로 450년에 걸친 왕국의 영화를 되새겨 볼 수 있다. 나하 도심에서 2.5㎞ 떨어진 해발 120m의 산 정상에 위치한 이 성은 13~14세기 무렵 짓기 시작했는데, 나하 일대가 한눈에 내려다보일 만큼 지대가 높아 요새로서의 이상적인 입지를 갖췄다. 내부는 20여 개의 관문과 건물로 이루어져 있으며, 건축양식이 한국·중국의 궁전과 닮은 부분이 많아 동북아 국가들과 빈번한 교류가 있었음을 짐작케 한다.

open 4~6월·10~11월 08:30~19:00, 7~9월 08:30~20:00, 12~3월 08:30~18:00
close 7월 첫째 수·목요일
cost 820엔(모노레일 1일권으로 입장료 할인 가능)

타마우둔
玉陵

유네스코 세계문화유산 1501년 류큐 왕국의 쇼신 尚真 왕이 선왕의 유골을 모시기 위해 만든 대규모 합장묘. 2300㎡의 드넓은 부지 위에 동실(東室)·중실(中室)·서실(西室) 등 3개의 석실(石室)이 나란히 이어져 있는데, 육중한 분위기가 왕가의 위엄을 그대로 드러내는 듯하다. 동실에는 국왕과 왕비, 서실에는 왕족, 중실에는 세골(洗骨) 전의 유해를 안치했다고 한다. 입구에 위치한 전시실에서는 타마우둔의 옛 모습, 석실 내부의 구조, 1920년의 장례행렬을 담은 사진, 그리고 역대 왕가의 납골함 등을 전시하고 있다.

open 09:00~18:00
cost 300엔(모노레일 1일권으로 입장료 할인 가능)

모노레일 나하쿠코 역 | 슈리 성 | 타마우둔

말풍선: 모노레일 마키시 牧志 역 하차, 도보 12분.

 10min 16:10
 40min 17:10
 5min 17:40 ■ Finish

킨죠노이시타다미 도로
金城の石畳道

돌로 포장된 도로가 300m 정도 이어지는 언덕길이다. 1522년 무렵 만들어진 것으로 추정되는 이 도로는 원래 슈리 성부터 나하 남부까지 4km나 이어지는 간선도로였다. 맹렬한 오키나와 전투의 포화 속에서도 기적적으로 원형이 보존돼 지금에 이르고 있으며, 도로 양쪽에는 초록빛 담쟁이 덩굴에 뒤덮인 높이 1m 남짓한 돌담이 나란히 이어진다. 언덕 아래로는 나하 시내가 훤히 내려다보인다. 슈리 성 쪽으로 되돌아가는 길이 조금 힘들긴 하지만 산책 삼아 언덕 아래까지 내려가 보는 것도 좋다.

츠보야
壺屋

오키나와를 대표하는 도자기 츠보야키 壺燒의 발상지. 여러 곳에 흩어진 도자기 공방을 한자리에 모아 1682년에 집단 도예촌으로 만든 게 유래라고 한다. 납작한 포석이 깔린 좁은 도로를 따라 전통 양식의 단층 건물과 도자기 공방이 줄지어 있어 오키나와다운 멋을 한껏 느끼게 한다. 츠보야 입구에는 이 지역의 도자기를 소개하는 나하 시립 츠보야 도자기 박물관 那覇市立壺屋焼物博物館도 있다.

나하 시립 츠보야 도자기 박물관
open 10:00~18:00
close 월요일, 12/28~1/4
cost 315엔(모노레일 1일권으로 입장료 할인 가능)

코쿠사이도리
国際通り

나하에서 가장 번화한 거리. 하루 종일 교통체증이 끊이지 않는 1.6km 길이의 왕복 2차선 도로를 따라 기념품점·레스토랑·카페·백화점이 줄지어 있다. 제2차 세계대전으로 쑥대밭이 된 거리에서 지금과 같은 현대적인 모습으로 변모했기 때문에 '기적의 1마일'이라고 부르기도 한다. 북쪽으로는 우리나라의 재래시장과 비슷한 분위기의 헤이와도리 平和通り, 시죠혼도리 市場本通り 상점가가 이어진다. 딱히 살 만한 물건은 없지만 심심풀이로 구경하기에 적당할 듯. 시죠혼도리의 다이이치마키시 공설시장 第一牧志公設市場은 알록달록한 열대어를 식용으로 파는 모습이나 정육점에 걸린 돼지족발·머릿고기 등이 이채롭다.

집을 지키는 수호신 시사

킨죠노이시타다미 도로 / 츠보야 / 코쿠사이도리

Day 2

mission
1. 렌터카 대여
2. 제2차 세계대전 희생자의 넋을 기리는 평화기념공원 방문
3. 오키나와의 코발트빛 바다에서 놀기

오늘 코스 지도로 보기

www.clzup.com/qr/f17

Japan

08:00 —  10min — 08:30
Start ▶ ────────────────── ○

렌터카 대여
レンターカー

예약해 놓은 업체를 찾아가거나 차량 픽업 장소에서 렌터카를 인도 받는다. 계약서 작성과 차량 상태 점검에 20~30분 정도 걸리는데, 반납시 문제가 되지 않도록 흠집 여부는 꼼꼼히 사진을 찍어 놓는 게 좋다. 차량에 장착된 내비게이션은 대부분 일본어 전용이라 사용이 불편할 수 있으니 가능하면 오키나와 전체 도로 지도도 받아두는 게 안전하다.
나하 시내에는 일방통행 구간과 버스 전용차로가 있으니 주의하자. 일단 시내를 벗어나면 도로가 단조롭고 차량 통행도 적어 운전에 큰 어려움은 없다.

렌터카
cost 1일 4500엔~

구 해군 사령본부 참호
旧海軍司令部壕

1944년 미군의 함포 공격에 대비해 지하 깊숙이 파 놓은 일본 해군 오키나와 사령부의 참호. 전쟁 진행 과정과 당시의 무기를 전시한 자료실을 지나 지하로 내려가면 높이 2.3m, 길이 450m의 참호가 희미한 조명과 함께 모습을 드러낸다. 개미굴처럼 이어진 참호는 257m 구간을 일반에 공개하고 있다. 통로를 따라 사령관실·의료실·작전실·발전실 등의 방이 이어지는데, 여기서 4000명의 군인이 생활했다고는 믿기지 않을 만큼 비좁다. 전쟁 말미에는 누울 공간조차 없어 대부분 선 채로 자야 했고 통로는 온통 부상자로 가득했다고 한다.

open 08:00~17:00,
7~9월 08:30~17:30
cost 440엔

나하 시내의 렌터카 대여소 | 구 해군 사령본부 참호

> 평화기념공원은 크게 여섯 구역으로 나뉘며 규모가 상당히 크니 표지판을 잘 보고 다녀야 한다.

 30min 10:00
 10min 10:30
 7min   11:00

키얀 곶
喜屋武岬

높이 50m의 깎아지른 듯한 절벽이 해안선을 따라 길게 이어진다. 여기서 볼 때 오른쪽이 동지나해, 왼쪽이 태평양이다. 전망대에서는 쉴 새 없이 파도가 밀려드는 해안과 기암괴석이 보인다. 오키나와 전투가 막바지에 이르렀을 즈음에는 이 일대에 '철의 폭풍'으로 불리던 미군의 집중포화가 이어졌으며, 벼랑 끝에 몰린 일본군과 주민들이 여기서 뛰어내려 스스로 목숨을 끊었다. 전망대 옆에는 그들의 넋을 기리는 평화의 탑 平和の塔가 세워져 있다.

키얀 곶

히메유리 탑
ひめゆりの塔

오키나와 전투 당시 종군 간호사로 동원돼 사망한 여고생과 교직원 219명의 넋을 기리는 탑. 1945년 3월 23일 오키나와 전투가 발발하자 간호훈련을 받은 여고생과 교직원은 학도대라는 이름으로 전장에 투입돼 부상병 치료와 사체 처리 등 온갖 궂은일을 도맡아 했다. 그럼에도 그들은 '조국을 위해서'라는 일념으로 목숨을 아끼지 않고 전장을 누볐다. 하지만 전투가 막바지에 이르자 미군에 완전히 포위된 일본군은 학도대에게 무책임한 해산 명령을 내렸다. 즉, 미군에 투항도 저항도 할 수 없는 상황을 조장해 스스로 목숨을 끊게 만든 것이다. 이후 그들의 넋을 추모하기 위해 모교의 동창회에서 지금의 탑을 세웠다.

평화기념공원, 점심 식사
平和祈念公園

오키나와 전투 최후의 격전지인 마부니 언덕 摩文の丘에 조성된 드넓은 공원. 중앙 출입구로 들어가 처음 만나는 건물은 횃불 모양의 평화기념당이다. 내부에는 오키나와 전통양식으로 만든 대형 기념상과 추모 작품이 전시돼 있다. 평화기념당 근처에는 한국인 위령탑이 있다. 제2차 세계대전 당시 일본에 강제 징용된 한국인 가운데 1만여 명이 오키나와에서 목숨을 잃었으며, 이 위령탑은 그들의 넋을 기리기 위해 1975년에 세운 것이다. 위령탑 바로 앞에는 오키나와 전투 당시의 생생한 사진과 자료를 전시하는 평화기념자료관, 제2차 세계대전 종전 50주년을 기념해 세운 평화의 초석 등이 있다.

히메유리 탑

평화기념공원

희생자 위령비

 15min  25min   4min

13:00   14:30   15:00 Finish

> 코마카 섬 투어를 마치고 17:30 무렵 나하 시내로 돌아간다. 렌터카로 40~50분 걸린다.

오키나와 월드
おきなわワールド

융기 산호초의 침식작용으로 형성된 종유동인 교쿠센도 玉泉洞를 중심으로 만든 테마 파크. 교쿠센도는 30만 년에 걸쳐 형성된 기기묘묘한 종유석이 가득한 길이 5km의 동굴로 현재 890m 구간이 일반에 공개돼 있다. 동굴을 빠져나오면 우리의 민속촌과 비슷한 분위기의 왕국촌 王国村이 나타난다. 100년 이상된 오키나와 전통 민가를 이축·복원시킨 곳으로 민속 공예품 제작시연과 민속공연을 볼 수 있다. 바로 옆에는 오키나와의 독사로 유명한 하부 ハブ의 생태를 소개하는 하부 공원도 있다.

open 09:00~18:00
cost 왕국촌 620엔, 하부 공원 620엔, 왕국촌·교쿠센도 1240엔, 전체 입장권 1650엔

세화우타키
斎場御嶽

유네스코 세계문화유산 류큐의 시조라 일컬어지는 아마미키요 アマミキヨ가 만든 성소(聖所). 오키나와 제일의 영지(靈地)로 꼽히며 류큐 왕조 시대에는 정기적으로 왕이 제사를 드리러 오던 곳이다. 산 중턱 곳곳에 위치한 거대한 바위 밑에 6개의 성소가 있는데, 가장 눈에 띄는 곳은 산구이 三庫里다. 높이 20m 남짓한 바위가 옆으로 쓰러지면서 삼각형 모양의 동굴을 형성한 곳으로 이 밑에서 각종 제례가 치뤄졌다고 한다. 바위 오른쪽에 달린 커다란 종유석에서 떨어지는 물은 성수(聖水)로 제례에 사용되기도 했다. 지금도 푸짐한 음식과 향을 싸들고 제사를 드리러 오는 현지인을 심심찮게 볼 수 있다.

치넨 해양 레저 센터
知念海洋レジャーセンター

속이 훤히 비치는 코발트빛 바다에서 다양한 해양 스포츠를 즐길 수 있다. 하이라이트는 여기서 6km쯤 떨어진 코마카 コマカ 섬 투어. 보트를 타고 15분쯤 가면 둘레 800m 남짓한 조그만 무인도가 나타나는데 깨끗한 백사장과 수정처럼 맑은 바다가 펼쳐져 있어 물놀이를 즐기기에 안성맞춤이다. 단, 편의시설은 간이 화장실 하나뿐이라 필요한 해양 스포츠 장비(치넨 해양 레저 센터에서 대여 가능)와 음료수는 직접 챙겨가야 한다.

코마카 섬 투어
time 4~10월 09:00~17:30, 11~3월 09:00~17:00
cost 왕복 2500엔(2인 이상 출발)
web www.chinenmarine.co.jp

오키나와 월드의 교쿠센도   세화우타키   치넨 해양 레저 센터

Day3

mission
1. 오키나와혼토 해변 드라이브
2. 해안 절경이 펼쳐지는 마에다 곶·만자모 방문
3. 츄라우미 수족관에서 고래상어 만나기
4. 렌터카 반납

오늘 코스 지도로 보기

www.clzup.com/qr/f18

Japan

💬 나하 시내에서 렌터카로 30분 정도 걸린다.

💬 나카무라가 주택의 돼지우리 후루 フール는 혼채와 이웃방이 제주도의 전통 돼지우리와 무척 비슷하다.

09:30 ————  2min ———— 10:00

나카구스쿠 성터
中城城跡

유네스코 세계문화유산 나카구스쿠 만 中城灣이 한눈에 들어오는 해발 160m의 산 정상에 위치한 산성. 15세기 초에 짓기 시작해 몇 차례의 증축을 거듭하며 지금의 모습으로 완성됐다. 성벽은 자연석과 오키나와 석회암을 정교하게 짜맞춘 것인데, 오키나와에 있는 300여 개의 산성 가운데 조형미가 가장 뛰어나다. 1853년 내항한 페리 제독의 탐사대도 이 성의 모습을 보고 감탄을 아끼지 않았다고 한다. 성벽 위로 이어진 길을 따라 거닐며 잔디에 뒤덮인 성곽 내부와 주변 풍경을 감상하는 것도 제법 운치 있다.

open 08:30~17:00
cost 300엔

나카무라가 주택
中村家住宅

약 280년 전에 지어진 오키나와의 전형적인 농가. 전쟁의 피해를 전혀 입지 않아 옛 모습을 고스란히 간직하고 있다. 정문을 가로막고 있는 돌담, 힘푼 ヒンプン은 중국의 건축양식을 도입한 것으로 밖에서 실내가 보이지 않게 하는 역할을 한다. 내부는 정원·본채·별채·창고·축사 등으로 이루어져 있다. 특히 눈에 띄는 것은 퉁구와 トゥングワ라고 부르는 본채에 딸린 부엌이다. 여기서 불의 신을 모시며 매월 15일마다 제사를 지냈다고 한다. 지붕이 대단히 낮은데 이는 지붕 안쪽을 식료품 수납공간으로 활용하기 위해서다.

open 09:00~17:30
cost 300엔

나카구스쿠 성터　나카무라가 주택

30min	10min	15min
11:00	11:40	12:30

자키미 성터
座喜味城跡

유네스코 세계문화유산 축성술의 대가 고사마루 護左丸가 15세기 초에 지은 성이다. 해발 127m의 야산에 높이 14m 정도의 성곽이 이중으로 둘러쳐져 있으며 성곽의 총길이는 360m 정도다. 2개의 성곽에는 각각 하나씩 아치문이 있는데, 이 모습이 오키나와의 산성 가운데 가장 아름답다고 소문나 있다. 오키나와 전투 때는 일본군의 고사포 진지, 전후에는 미군의 레이더 기지가 설치되기도 했으나 1982년 지금의 모습으로 복원시켰다. 성벽에 오르면 이 일대는 물론 동지나해까지 한눈에 들어올 만큼 전망이 좋다.

open 24시간
cost 무료

잔파 곶
殘波岬

높이 30~40m의 해안 절벽이 2㎞나 이어진다. 곶 한가운데 세워진 등대에 오르면 절벽에 부딪혀 새하얗게 부서지는 파도와 투명한 바다, 그리고 수평선 위로 점점 떠오른 섬들이 보인다. 특히 노을 지는 모습이 아름답기로 명성이 자자하다. 해안 절벽을 따라서는 산책로가 정비돼 있어 산책을 즐기기에 좋으며, 조금 떨어진 곳에는 인공 해변인 잔파비치가 있다. 물은 맑지만 모래사장의 상태가 좋지 않아 해수욕을 즐기기에는 조금 부족하다.

마에다 곶, 점심 식사
真栄田岬

투명한 바다와 아름다운 해안 절벽을 감상할 수 있는 곳이다. 파도가 잔잔하고 바로 앞에 거대한 산호군락이 있어 스쿠버다이빙의 명소로도 인기가 높다. 조그만 정자가 세워진 전망대에서는 이 일대의 환상적인 경치를 즐길 수 있다. 시간이 되면 해안가로 내려가 맑은 바닷물에 잠깐 발을 담가 보는 것도 좋다.
만자모로 가는 도중에 점심 식사를 한다. 조금 외진 지역이라 식당 찾기가 만만치 않으니 어디든 눈에 띄는 곳에서 적당히 해결하는 게 좋다. 아니면 마에다 곶으로 오는 도중에 들르게 되는 번화가 미하마 아메리칸 빌리지 美浜アメリカンビレッジ에서 점심거리를 장만해 오는 것도 방법이다.

자키미 성터   잔파 곶

마에다 곶

25min　14:00　　40min　15:10　　30min　16:40 ■ Finish

> 수족관을 보고 18:00쯤 나하로 돌아가 렌트카를 반납한다. 나하까지의 소요시간은 1시간 30분 정도다.

만자모
万座毛

오키나와혼토 중부에서 가장 유명한 관광지이자 여행의 하이라이트라 할 만하다. 높이 30m 정도의 절벽이 길게 이어지며 그 위에는 초록빛 잔디가 융단처럼 깔려 있다. 전망대 남쪽에는 만자모의 상징인 코끼리 바위가 있다. 그 밑으로는 파란 물감을 풀어놓은 듯한 코발트색의 바다가 펼쳐지는데 물고기의 움직임까지 선명히 보일 정도로 높은 투명도를 자랑한다. 만자모라는 이름은 18세기 초 이곳에 들른 류큐의 왕이 드넓은 잔디밭을 보고 '1만 명이(万) 족히 앉을(座) 만하다'고 말한 데서 유래했다고 한다.

오리온 맥주

오리온 맥주 공장
オリオンビール名護工場

오키나와 토종 맥주로 명성이 자자한 오리온 맥주의 공장이다. 여타 대형 브랜드 맥주에 비해 맛이 조금 밋밋해 호불호가 극명하게 갈리지만 오키나와의 자존심과 같은 존재라 이 지역에서는 시장 점유율 70%를 자랑한다. 공장에서는 맥아와 호프가 황금빛 맥주로 탈바꿈하는 과정을 무료 가이드 투어(견학 40분, 무료 시음 20분)로 돌아볼 수 있다. 시음 때는 갓 뽑은 시원한 생맥주를 맘껏 맛볼 수 있으며, 운전자에게는 맥주 대신 청량음료를 준다.

open 09:20~11:40, 13:20~16:40
close 12/31~1/3
cost 무료
web www.orionbeer.co.jp

츄라우미 수족관
美ら海水族館

740여 종, 2만 1000여 마리의 해양생물을 사육하는 일본 최대의 수족관이다. 길이 35m, 폭 27m, 높이 10m의 초대형 수조 '쿠로시오의 바다 黒潮の海'를 중심으로 다양한 해양생물을 관찰할 수 있는 77개의 수조가 있다. 오키나와의 바다를 주제로 다채로운 전시물을 선보이는데, 가장 유명한 것은 세계 최초로 장기사육에 성공한 고래상어와 만타 가오리·매너티 등이다. 투명한 벽 너머로 유유히 헤엄치는 거대한 고래상어의 모습은 마치 SF 영화를 보는 듯한 착각에 빠지게 할 만큼 환상적이다.

open 3~9월 08:00~20:00, 10~2월 08:30~18:30
close 1850엔
web http://oki-churaumi.jp

만자모의 코끼리 바위　　오리온 맥주 공장

츄라우미 수족관

Day 4

mission
1. 나하→인천 이동

나하 시내에서 나하 공항까지는 모노레일로 10~27분 걸린다.

10:30 ▶ Start

호텔→나하 공항
ホテル→那覇空港

호텔 체크아웃을 마치고 모노레일을 이용해 나하 공항으로 가자. 모노레일의 종점인 나하쿠코 那覇空港 역에서 내리면 육교를 통해 나하 공항 국내선 터미널로 연결된다. 국제선 터미널은 규모가 작고 편의시설도 부족하니 잠시 국내선 터미널에서 시간을 보내다 가는 게 좋다. 국내선 터미널에는 다양한 기념품숍과 식당가가 있으니 여기서 쇼핑과 점심 식사를 해결하자. 진에어는 따로 기내식이 제공되지 않는다.

모노레일
cost 1회 230~330엔

12:00 · 13:50 ■ Finish

나하 국제공항
那覇国際空港

점심 식사를 마치고 국내선 터미널을 나와 왼쪽으로 8분쯤 걸으면 국제선 터미널이 보인다. 진에어의 체크인 카운터를 확인한 뒤 탑승수속을 한다. 이제 출국심사장으로 가서 여권과 보딩패스를 제시하고 출국심사를 받은 다음 13:50에 출발하는 비행기를 타면 16:05 인천국제공항에 도착한다.
인천국제공항에서 입국심사를 받고 짐을 찾아 나오기까지 걸리는 시간은 30분 정도. 입국장 바로 앞에는 서울 시내 및 수도권을 연결하는 여러 노선의 공항 리무진 버스 정류장이 있으며, 표지판을 따라 5~10분 걸으면 공항철도도 이용할 수 있다.

나하 국제공항 / 인천국제공항

Japan

클로즈업 시리즈 ❺
CLOSE UP TOP CITY

초판 1쇄 발행 | 2014년 11월 10일

지은이 | 유재우 · 손미경
발행인 | 승영란 · 김태진
편집주간 | 김태정
마케팅 | 함송이
경영 지원 | 이보혜
표지 디자인 | 김경희
본문 디자인 | Design eve & 김경희

펴낸 곳 | 에디터
주소 | 서울 마포구 공덕동 105-219 정화빌딩 3층
전화 | 02-753-2700 · 2778
팩스 | 02-753-2779
출력 · 인쇄 | 애드샵
등록 | 1991년 6월 18일 등록 제 1-1220호
값 | 18,000원
ISBN | 978-89-6744-071-8 14980 / 978-89-92037-18-1 14980(세트)

※이 책은 에디터가 저작권자와의 계약에 따라 발행한 것이므로
  본사의 서면 동의 없이 어떠한 형태나 수단으로도 이 책의 내용을 이용하지 못합니다.
※클로즈업 시리즈는 에디터가 발행하는 해외여행 가이드북의 시리즈명입니다.
※잘못된 책은 바꾸어 드립니다.